# 조직행동

박오수 저

經文社

# 책을 쓰면서

이 책은 대학 교재용으로 집필하였다. 학부과정은 물론 대학원 과정에서도 기본 교과서로 사용할 수 있도록 조직행동에 관한 이론들과 주제들을 알차고 깊이 있게 구성하였다. 이 책은 조직행동에 관하여 내용이 충실하고 체계적으로 잘 정리되었다는 점을 강조하고 싶다. 최근에 경영학 분야 일부 대학교재들이 지나치게 시각적 효과를 위한 교재 디자인에 관심을 두어 내용이 충실하지 못하여 학생들의 지적욕구를 충족시켜주지 못한다는 비판을 받고 있다.

동서를 막론하고 일부 대학교재들이 내용적 가치보다는 잘 팔려야 하고 인기가 있어야 한다는 부담 때문에 저자들의 뜻이 충분히 교과서에 반영되지 못하는 경우가 많다. 이 책은 팔리지 않더라도 읽어야만 되는 조직행동 교과서로 만들고 싶다는 저자의 고집에 이 책의 출판사도 난감하며 영업에 어려움이 있으리라 생각한다.

이 책은 대학생들이 혼자서도 공부할 수 있도록 쉽게 그리고 관련 내용을 넓고 깊게 다루었다. 이 책을 통해 조직행동에 대해 지식을 잘 정리하고 체계적으로 구축할 수 있으리라 기대한다. 또한 실무자들도 쉽게 읽고 조직행동 관련 지식의 습득과 그 응용을 잘 할 수 있으리라 기대한다.

많은 조직행동 교과서들이 사례를 넣어야 한다는 부담에서 벗어나지 못하고 있다. 경영학 교과서들이 사례를 많이 다루면서 독자들의 이해를 돕는 것은 좋은 추세이다. 그러나 그 사례는 관련 주제나 이론에 매우 적합해야 하고 에피소드나 단편적인 일화로 그쳐서는 안 된다. 사실 조직행동은 우리 일상생활 모습 그 자체가 살아 있는 사례이다. 그래서 이 책에서는 조직행동의보다 많은 주제와 이론들을 충실히 다루다 보니 사례에 할애할 지면이 부족했다.

저자는 대학에서 무려 38년 동안 조직행동을 강의하면서 제대로 된 교과서를 집필하지 못하였는데, 그 이유는 아직도 조직행동에 대해 아는 것보다 모르는 것이 훨씬 많기 때문이다. 이제야 용기를 내어 이 책을 쓰기는 했으나 부족함이 한두 가지가 아니다. 독자들의 질책과 충고를 고맙게 받겠다.

이 책을 오랫동안 기다렸던 분들께 죄송한 마음 금할 수 없으며, 특히 경문사 한용직 회장님께서 저자의 대학원 시절부터 지켜봐 주시고 30년 이상 이 책을 위해 묵묵히 기다려주심에 감사를 표현할 말이 없다. 이 책이 나오기까지 격려를 해주신 지인들과 여러 가지로 도와주신 경문사 한헌주 사장께도 감사드린다. 부족한 나에 대한 우리 가족의 헌신과 사랑이 이 책을 쓰는데 큰 힘이 되었다.

2015년 5월

관악산 기슭에서 **박 오 수**

# 차 례

## PART 01 조직행동이란?



## PART 02 개인수준 조직행동

제 5 장

## 학습과 행동수정



제 6 장

## 동기부여 이론

# PART 03 집단수준 조직행동

## 제 11 장 집단구조와 집단행동

# PART 04 조직수준 조직행동

PART 01

# 조직행동이란?

CHAPTER 01

# 조직행동 서론

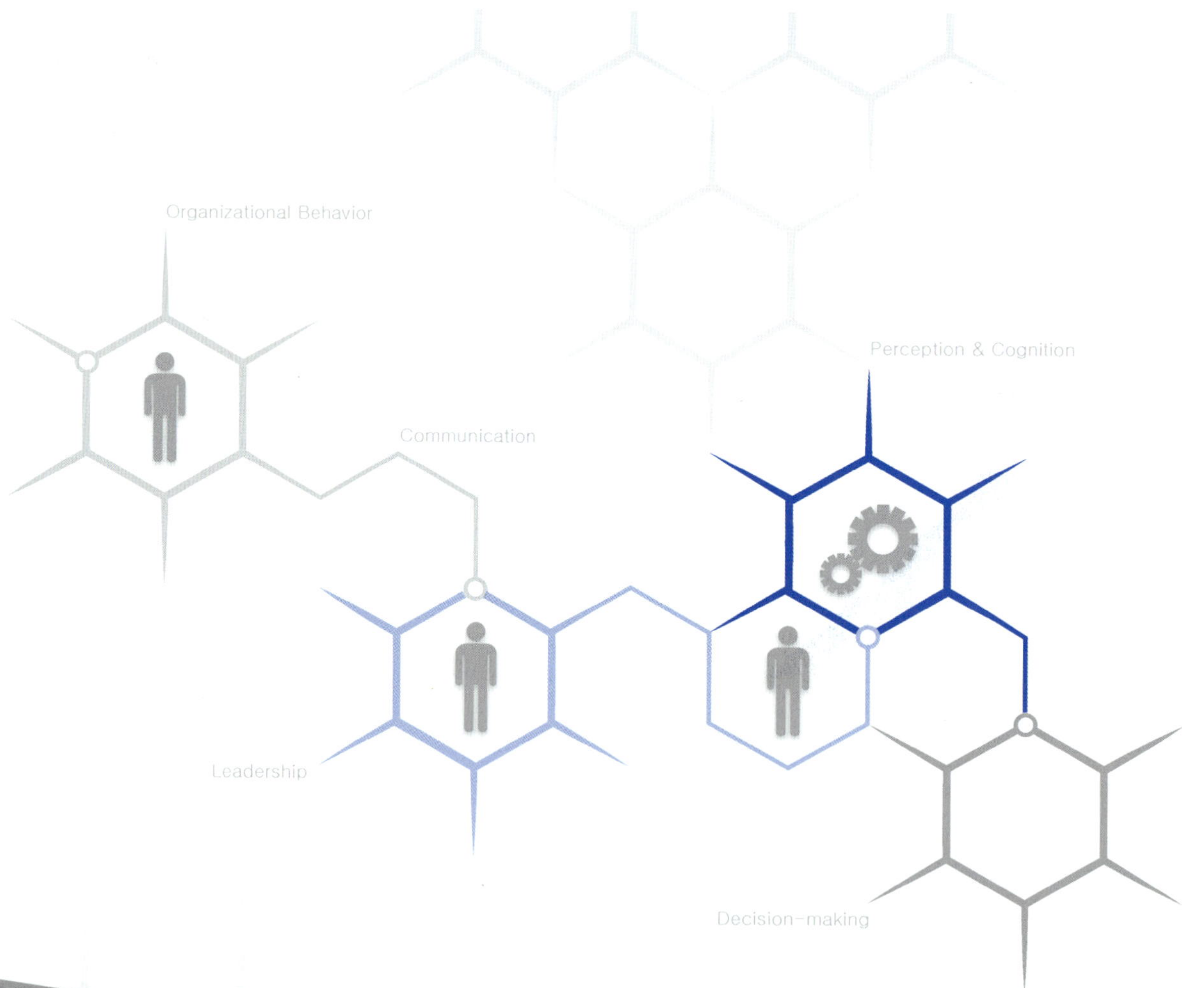

## 들어가기

조직행동은 조직과 조직구성원들간의 행동을 이해하고 설명하고 예측하며 통제 및 관리를 연구하는 학문 분야이다. 이 장에서는 조직행동의 의의와 조직행동의 전개과정 그리고 조직행동의 학문적 성격에 대해 설명한다. 이 책의 구성체계를 개인행동수준, 집단행동수준, 조직전체수준으로 나누어 제시한다.

모든 조직은 사람들로 구성된 사회적 구성체이다. 기업, 정부, 대학, 병원, 교회 등 모든 조직은 그 존재이유와 목적은 다를지라도 사람들로 구성된 사회적 공동체임은 동일하다. 조직의 존재이유와 목적이 다르기 때문에 구성원들이나 조직 또는 그 하위단위의 행동방식도 다르다. 조직성원들이 조직내에서 무슨 일을 왜 어떻게 하며 구성원들 간의 상호작용, 그리고 조직과 조직 하위시스템이 어떻게 구성되고 작동하느냐에 따라 조직목표 달성 정도나 조직유효성 정도가 달라진다.

기업이든 다른 조직이든 간에 조직과 조직구성체들의 행동메커니즘을 잘 알고 있어야 그 조직을 잘 경영할 수 있다. 흔히 기업에서 경영을 결과중심적인 관점에서 주어진 목표달성이나 결과에만 관심을 두다 보면 장기적이고 지속적인 기업성장이 불가하고, 조직의 잠재력마저 상실되어 조직이 쇠퇴하는 경우가 허다하다. 이는 경영의 '과정(process)'의 중요성을 간과했기 때문이다. 조직행동은 이런 경영의 과정(process)을 중시하고 조직의 지속적이고 장기적인 성장과 함께 조직구성원들의 만족과 삶의 질을 향상시키기 위해 생겨난 학문분야이다.

## 1. 조직행동이란

조직행동에 대한 정의는 저마다 다양하지만, 저자는 조직행동은 "조직과 조직구성원의 행동을 ①이해하고 ②설명하고 ③예측하며 ④통제 및 관리를 연구하는 분야"라고 간략하게 정의한다.

**행동을 이해한다**는 것은 행동 그 자체를 있는 그대로 또는 사실대로 인식하는 것이다. 어떤 사람이 '웃는다', '만족한다', '열심히 일한다', '일에 집중한다', '큰 업적을 이루었다' 하는 등은 행동 그 자체를 그렇게 인식하고 이해하는 것이다.

**행동을 설명한다**는 것은 행동들 간의 관계를 연결시키는 것이다. 이런 관계는 다양하다. 단순한 관련성만 지닌 관계가 있는가 하면 앞뒤 순서가 있는 순차적 관계, 그리고 더 나아가서는 인과관계까지 있다. 행동들간의 어떤 관계가 있는가 하는 것을 '설명'한다고 한다. '만족한다'는 행동과 '일에 집중한다'는 행동간에 관계가 있다면 이 두 행동간의 관계에 대한 설명이 가능하다. 그 관계가 순차적이면 먼저 '만족한다'이고 다음에 '일에 집중한다'라고 설명할 것이고, 인과관계적이면 '만족한다'는 '일에 집중한다'의 원인이다 라고 하면서 '만족해야 일에 집중한다', '일에 집중하기 위해서는 만족해야 한다'라고 설명하게 된다.

**행동을 예측한다**는 것은 두 가지 이상 행동들간에 순차적 관계 또는 인과적 관계로 설명될 때, 앞의 행동을 보고 그 다음 따라올 행동을 예측할 수 있다는 것이다. '만족한다'와 '일에 집중한다'가 순차적 또는 인과관계로 설명될 경우, 만족하는 행동을 보고 일에 집중할 것이라는 예측이 가능하다.

이처럼 행동에 대한 예측이 가능하면 **행동에 대한 통제와 관리**가 가능하다. 선행행동이나 원인이 되는 행동을 통제함으로써 결과로 나타나는 행동을 통제할 수 있으며, 이를 통해 행동의 관리가 가능하다. 또한 조직에서 구성원들이 열심히 일하도록 하기 위해서는 무엇을 어떻게 통제하고 관리해 주어야 하는가에 대한 지침을 마련할 수가 있다. 그런데 여기서 중요한 것은 **조직구성원의 행동에 대한 통제와 관리는 인간존중의 철학을 바탕으로 조직구성원으로 하여금 긍정적이고 바람직한 조직행동을 자발적으로 발휘할 수 있도록 해야 한다는 것이다. 궁극적으로 조직행동은 조직구성원들이 바람직한 조직행동을 자발적으로 발휘하도록 하기 위해서 조직행동을 이해하고 설명하고 예측하며 관리하는 것임**을 잊어서는 안 된다. 그렇지 않으면 비윤리적이고 비도덕적이고 행동조작이나 행동수단화적인 조직정치가 나타나게 된다.

조직행동에 대한 연구는 크게 두 가지 관점에 바탕을 두게 된다. 하나는 조직을 보는 관점이고, 다른 하나는 조직 행동에 대한 관점이다. 다음에서 이에 대해 구체적으로 살펴본다.

## 1.1 조직에 대한 이해

조직이란 무엇인가? 그리고 조직행동이란 무엇인가? 어떤 사람은 추상적이고 개념적이긴 하지만 나름대로 마음이나 머릿속에 조직에 대한 그림을 갖고 있을 것이고, 또 어떤 사람은 객관적으로 인정될 수 있는 구체적인 실체와 형체를 제시하면서 조직을 설명하기도 할 것이다. 두 가지 모두 조직에 대한 가능한 설명이다. 사회현상의 하나로서 조직은 사회현상에 대한 이해나 이에 대한 연구접근법이 어떠하냐에 따라 다르게 설명될 수 있기 때문이다.

여기서 우리는 먼저 조직에 대한 다양한 견해와 연구방법이 존재하는 이유를 살펴보겠다. 많은 관점들이나 접근방법들이 있지만, 조직과 조직행동 이해에 비교적 잘 설

명해주고 있는 조직연구의 틀인 Burrell과 Morgan의 조직분석 틀을 살펴본다.[1]

이들은 사회의 본질은 무엇이며 이를 연구하는 사회과학의 본질은 무엇인가에 대해 기본가정을 제시하였다. 사회과학에 대한 철학적 관점과 연구방법론을 제시하고 사회본질에 대한 관점들을 제시하면서 조직연구를 위한 패러다임과 조직연구의 4가지 틀을 제시하였다.

이런 패러다임을 제시하는 하나의 축은 사회과학 연구방법에 대한 철학적 관점을 존재론, 인식론, 인간본성, 연구방법론의 4가지 차원에서 각각 상반되는 주장들을 대비시켰다. 다른 한 축은 사회본질을 보는 눈이다. 사회를 갈등의 체계로 보느냐 질서와 규제의 체계로 보느냐 하는 주장을 대비시켰다.

### 1.1.1 사회과학 연구방법에 대한 관점

우선 사회과학에 대한 연구방법에 대해, 사회현상에 대한 존재론, 그리고 사회현상에 대한 지식의 구축과 관련된 인식론, 사회활동의 주체인 인간본성, 그리고 이런 것들에 대한 연구방법론에 대해 각각 상반되는 주장들을 다음과 같이 설명한다.

**존재에 대한 가정**

존재론에 관한 기본 관점은 크게 두 가지 가정으로부터 출발한다. 존재한다는 것은 개인의 주관적인 마음의 산물이라는 명목론적 관점(nominalism)과 존재한다는 것은 객관적으로 나타나는 실체라는 사실주의적 관점(realism)이다. 명목론적 관점은 존재하는 것에 대해 이름을 붙여주거나 인위적으로 표시한 것은 객관적인 실체 그 자체가 존재한다기 보다, 존재에 대한 의미를 명목적으로 그리고 편의적으로 붙인 것이며, 이는 인식자의 주관적인 인식이며 그 마음속에서 그려낸 하나의 산물이라는 것이다. 반면에 사실주의적 관점은 사회적으로 존재라는 것은 개인의 인식외부의 현상으로, 객관적이고 형체를 지니며 검증 가능한 실체라는 것이다. 따라서 사회현상은 주관적으로 명목적인 이름을 붙이는 것이 아닌 객관적이고 구체적인 실체로 존재하는 것이다.

이런 관점에서 볼 때 '조직'이라는 것도 구성원들의 인식의 집합체로서 주관적 실체에 대해 '이름'을 붙여준 것으로 존재하는지, 아니면 가시적이고 구체적인 형체를 지닌 객관적 실체로 존재하는 것인지에 대한 가정에 따라 조직에 대해 각각 다른 견해가 있을 수 있다.

### 인식론에 관한 가정

지식의 본질이 무엇이며 지식의 형성과 어떤 지식이 옳고 그르냐 하는 것에 대해 두 가지 다른 견해를 제시한다. 반실증주의(anti-positivism)는 사회현상은 사회활동 속에 참여하고 있는 당사자로부터 직접 이해되어야 하며, 관찰자의 입장에서 이해되는 것은 옳은 지식이 아니라는 것이다. 사회현상은 상대적인 것이며 사회활동에 참여하는 당사자가 참여자들의 준거 틀에 의해 주관적으로 자신의 관점에서 이해되어야 한다는 것이다. 이 관점에서는 사회과학은 본질적으로 주관적 관점에서 연구되는 것이라야 하며 자연과학에서처럼 객관적인 지식 창출한다는 것을 거부한다.

반면 실증주의(positivism) 관점은 사회현상들 간의 규칙적이고 인과적인 관계를 설명하고 예측하는 것을 통해 지식이 형성된다는 것이다. 자연과학적 방법이나 경험론적 방법을 통하여 사회현상들의 관계를 규칙성이나 구조적인 틀에 의해 설명하고자 한다.

### 인간본성에 대한 가정

인간본성과 인간행동을 인간과 환경과의 관계에서 설명하고자 하면서, 두 가지 서로 다른 견해를 제시하고 있다. 하나는 인간 속성과 행동은 외부 환경에 의해 지배되고 결정되며 통제된다는 결정론적 관점(determinism)이며, 다른 하나는 인간본성을 자유의지(free-will)를 가진 환경이나 상황의 개척자 내지 통제 가능한 주체로 보는 임의론적 관점(voluntarism)이다. 임의론적 관점은 인간의 자율성과 자유의지를 강조하여 인간을 환경에 의해 통제 받고 지배 받는 것이 아니라, 오히려 환경을 개척하고 통제하여 자신에게 유익한 방향으로 이끌 수 있다고 본다. 반면에 결정론적 입장은 인간속성이나 행동은 외부환경이나 상황에 의해 지배되고 결정된다고 보기 때문에 외부환경이 인간에 미치는 영향을 중요시한다.

### 연구방법론에 대한 가정

앞의 3가지 차원의 가정에 바탕을 둔 사회현상을 어떻게 설명할 수 있느냐에 따라 두 가지 방법론적 전제가 제시된다. 하나는 개별의미 기술적(ideographic) 방법으로 사회현상에 대한 이해는 직접탐구에 의해 얻은 지식을 통해 가능하다는 것이다. 따라서 사회현상 속에 몰입되어 일상생활 가운데 주관적으로 사회현상에 대한 본질과 특성을 찾는 방법이다. 다른 하나는 법칙설정적(nomothetic) 방법으로 자연과학에서 사용하는 방법처럼 가설의 검증, 과학적 실험, 계량분석, 심리테스트, 설문조사 등의 기법을 통하여 사회현상을 설명하고자 하는 것이다.

**그림 1-1**

사회과학 본질에 대한 가정

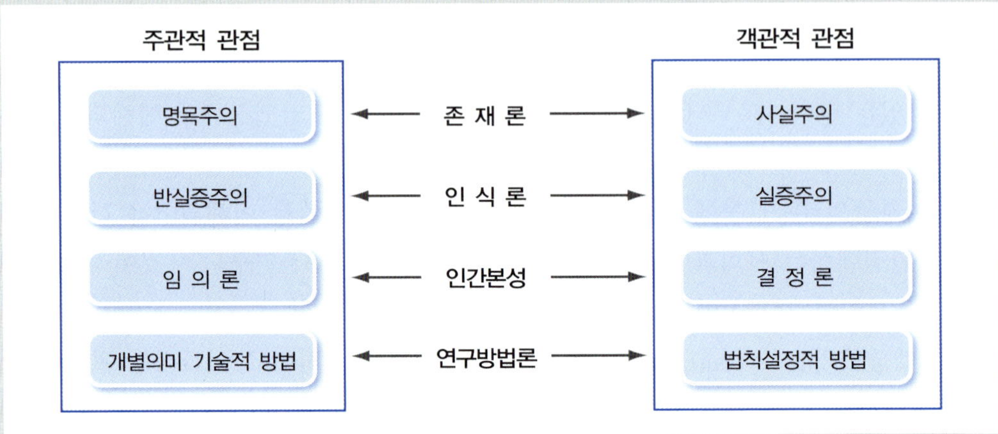


자료 : Burrell and Morgan(1979), p.3.

이상을 토대로 Burrell and Morgan은 다음 〈그림 1-1〉과 같이 사회과학의 본질에 대해 두 가지 견해를 제시했다.

### 1.1.2 사회에 대한 관점

사회의 본질을 어떻게 볼 것이냐에 대한 다양한 관점들이 있었지만, Dahrendorf는 '질서'와 '갈등'의 관점으로 대비시켰다. 질서 또는 통합의 관점은 사회의 본질을 사회 안정, 통합, 기능조정, 사회적 합의 등을 강조하는 것이고, 갈등 또는 강압의 관점은 사회의 본질을 급진적 변화, '갈등, 분리, 강압 등으로 강조하는 것이다. 이러한 관점을 바탕으로 Burrell과 Morgan은 사회를 '규제'와 '급진적 변화'의 두 관점으로 제시하면서 사회본질을 다음 〈표 1-1〉처럼 대비시키고 있다.

**〈표 1-1〉 사회본질에 대한 가정**

| 규제 | | 급진적 변화 | |
|---|---|---|---|
| ① 현상유지 | ② 사회질서 | ① 급진적 변화 | ② 구조적 갈등 |
| ③ 사회적 합의 | ④ 사회적 통합과 응집 | ③ 지배형태 | ④ 모순 |
| ⑤ 유대 | ⑥ 욕구충족 | ⑤ 이탈 | ⑥ 욕구박탈 |
| ⑦ 현실성 | | ⑦ 잠재성 | |

자료 : Burrell and Morgan(1979), p.18.

**그림 1-2** 사회분석의 4가지 패러다임

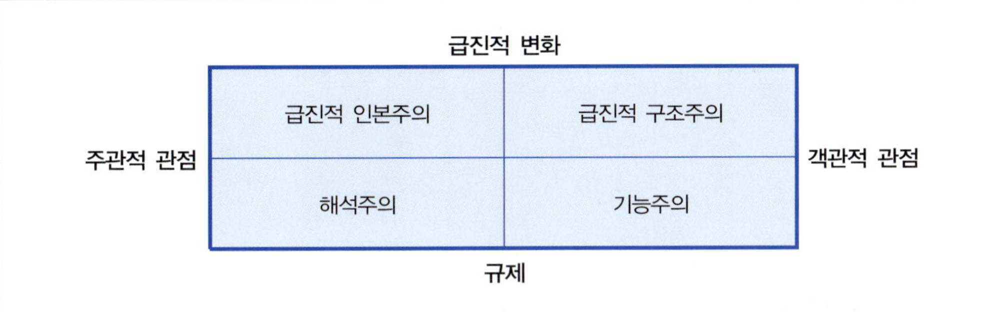


자료 : Burrell and Morgan(1979), p.22.

### 1.1.3 4가지 패러다임

Burrell과 Morgan은 사회의 본질과 이를 연구하는 사회과학의 본질에 대한 대립되는 가정을 전제로 하여 〈그림 1-2〉와 같은 4가지 패러다임을 제시하였다.

이 4가지 패러다임에 기초하여 사회이론들을 다음 〈그림 1-3〉과 같이 분류하였고, 이러한 사회이론을 바탕으로 조직에 대한 관점을 〈그림 1-4〉와 같이 분류하였다. 〈그림 1-4〉에 의하면 조직을 이해하고 설명하는 다양한 이론들이 제시되는 것도 조직을 어떻게 보며 이에 대한 연구를 어떻게 하느냐 하는 것에 대해 패러다임이 다르기 때문임을 알 수 있다.

이처럼 사회현상으로서 조직의 본질을 어떻게 보느냐 그리고 이의 연구를 위한 사회과학적 접근을 어떻게 하느냐에 따라 다양한 조직이론들이 있음을 알 수 있다. 제시된 패러다임은 상호배타적인 것이 아니며 조직을 보는 관점의 차이이기 때문에, 이런 패러다임은 조직을 이해하고 연구하는데 오히려 상호보완적이다. 예를 들면 경영학에서 과거에는 조직은 주로 기능주의적 관점에서 다루어졌지만, 급진적 구조주의 관점은 조직내의 갈등이나 권력구조에 대한 이슈를 경영의 중요한 과제로 대두시켰으며, 해석주의적 관점은 조직문화의 중요성을 제기했다. 그리고 급진적 인본주의적 관점은 반조직이론을 제시하였다. Burrell과 Morgan이 사회본질과 사회과학 본질에 대한 기본가정을 전제로 패러다임을 제시하고 이 패러다임에 근거하여 조직을 보는 관점을 제시한 것은 우리가 조직의 본질을 이해하는데 매우 유익한 것이다. 조직은 어떤 특정 관점에 의해서만 이해되거나 설명될 수 있는 것이 아니며 다양한 관점에 의해서 보다 잘 이해되고 설명될 수 있는 것이다.

**그림 1-3**
사회분석의 패러다임

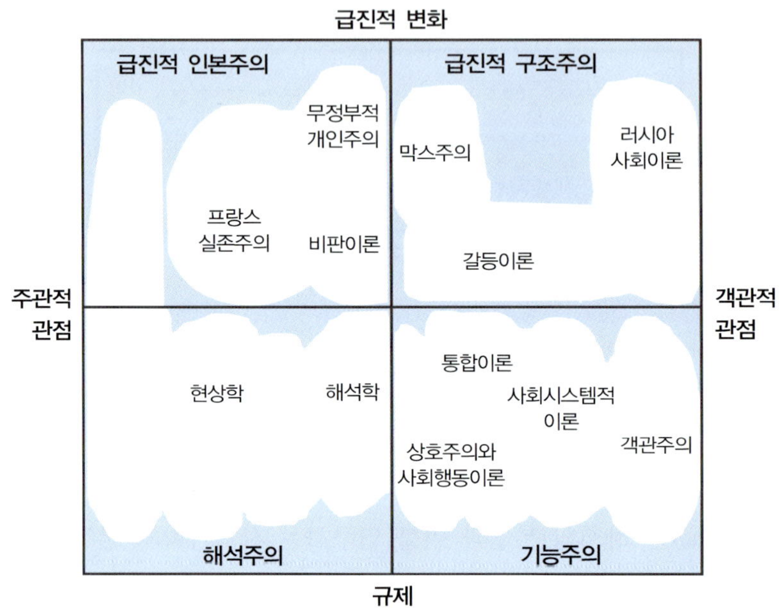


자료 : Burrell and Morgan(1979), p.29.

**그림 1-4**
조직분석의 패러다임

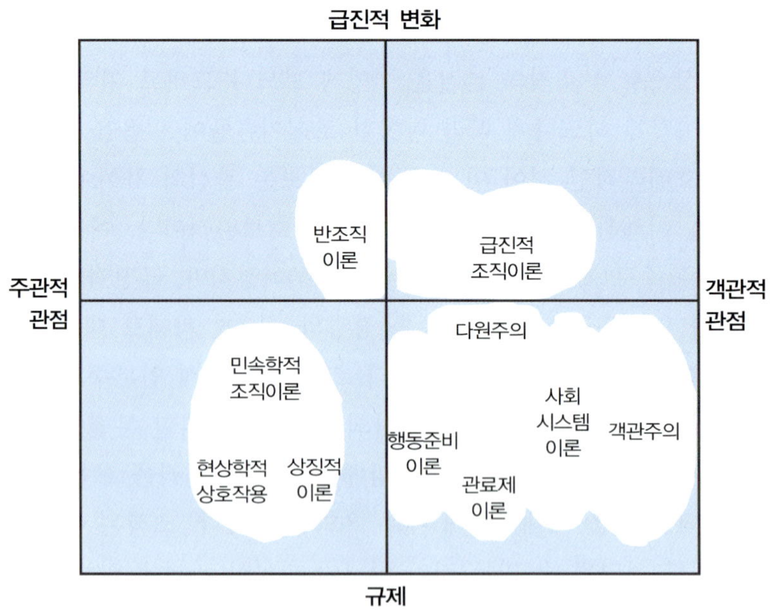


자료 : Burrell and Morgan(1979), p.30.

## 1.2 조직행동에 대한 이해

조직행동을 어떤 관점으로 볼 것이냐에 대해 여러 가지 주장들이 있다. 그 중에서도 Pfeffer는 조직행동을 보는 관점을 3가지로 구분하고, 이 3가지 관점에 따라 분석수준을 개인수준, 집단수준, 조직전체수준으로 나누어 설명하고 있다.[2]

Pfeffer는 기존의 행동에 대한 지배적인 관점인 자극-반응(S→R) 모델에서 행동은 목표지향적이며 의도적이고 합리적이라는 관점과, 행동은 외부여건에 의해 제약되고 통제된다는 기존의 두 견해를 바탕으로, 행동은 예측하기 어려우며 무작위적이고 사회적으로 구축되는 과정이라는 새로운 관점을 제시했다.

첫 번째 관점인 행동은 목표지향적이며 의도적이고 합리적이라는 것은, 행동은 개인의 선택의 결과로 나타나고 이런 선택은 개인의 목적, 욕구, 의도들에 의해 결정된다는 것이다. 그리고 개인의 이런 선택은 실제 행동이 나타나기 전에 일어나기 때문에 합리성 기준에 의해 가능하다는 것이다.

두 번째 관점은 상황주의적 관점에서 행동을 설명하는 것이다. 행동은 개인적인 속성(즉 성격, 인지, 감정, 목표 등)보다는 외적인 자극이나 외부여건의 영향에 의해 결정된다는 것이다. 행동은 개인의 의식적이고 선택적인 결정이 아니라 외부의 제약조건이나 환경적 요인에 의해 결정된다는 것이다. 따라서 개인의 인지는 사전적 행동을 이끌어 내는 것이 아니라, 이미 일어난 행동을 사후적으로 합리화 내지는 의미부여의 역할을 할 따름이다. 합리성이라는 것은 결국 이미 일어난 행동에 대해 사후적으로 그 이유를 설명하는 수단이 될 뿐이다.

세 번째 관점은 행동이라는 것은 항상 일관성을 지닌 것도 아니며 시간이 지남에 따라 변하기도 하고, 행동과 그 결과에 대한 해석도 달라지기도 한다는 것이다. 따라서 행동은 항상 개인의 의도나 목적에 의해 합리적으로 설명될 수 있는 것도 아니며, 외부환경이나 여건에 의해 결정되는 것으로 설명될 수 있는 것도 아니라는 것이다. 조직은 구성원, 조직내의 여러 가지 이슈들, 조직내에서의 문제해결 등이 서로 얽혀 있는 복잡한 과정들의 구성체이다. 따라서 이런 과정 속에서는 합리성이나 외적 요인들이 반드시 행동을 결정한다기보다 구성원들의 감정, 조직내에서 사용되는 언어와 그 의미, 사회구성체로서의 조직현실(socially constructed reality), 조직에서 공유가치와 의미, 조직의 인지과정 등이 행동을 결정한다고 본다. 그렇기 때문에 행동은 예측하기 어려우며 무작위적이고 감정적 특성을 지니며 구성원들과 함께 생활화면서 사회적으로 형성되는 과정의 산물이라는 것이다.

Pfeffer는 조직행동에 대한 이런 3가지 다른 관점에 따라 조직행동관리의 초점도 달라진다고 주장한다. 첫 번째 관점인 행동을 목표지향적이며 의도적이고 합리적 선택이라고 보는 경우, 조직행동은 조직내에서 성과창출과 목표달성을 위한 적극적인 관리의 대상이며 구성원들에 대한 보상과 통제기능을 강화하게 된다는 것이다. 두 번째 관점인 행동은 외적 요소에 의해 통제된다고 보는 경우, 외적 조건이나 조직과 환경의 적합성 관리에 조직행동관리의 초점을 두게 된다. 세 번째 관점인 행동을 무작위적인 것으로 보는 경우 조직행동은 조직내의 상징관리와 의미창출에 초점을 두게 된다.

조직행동에 대한 연구방법도 관점에 따라 다르다. 첫 번째 관점과 두 번째 관점은 조직행동에 대해 사전예측에 대해 가능하다고 전제한다. 첫 번째 관점의 경우 개인의 목표, 욕구, 성격 등에 관한 지식을 바탕으로 연구가 되는 반면, 두 번째 관점은 환경이나 제약요인들에 대한 분석과 지식을 바탕으로 연구하게 되며, 두 관점이 모두 관련 변수들의 상호관계 분석에 초점을 두는 연구방법을 취한다. 반면에 세 번째 관점은 행동에 대한 사전예측이 불가하기 때문에 행동이 일어나는 전개과정에 대한 지식을 바탕으로 연구한다. 변수들간의 상호관계 분석을 위한 정량적 방법이 아닌, 사례분석, 언어분석, 의미분석 등의 정성적 방법을 취한다.

Pfeffer는 이런 행동에 관한 3가지 관점을 개인, 집단, 조직전체의 3가지 분석 수준으로 나누어 조직행동 관련 이론들을 구분하였다. 물론 이 분석 수준들은 엄격하게 선을 그어 구분하는 것은 연구방법론상 문제가 많다. 특히 분석수준을 엄격히 구분할 경우 조직에서 무엇을 행동의 결과 변수나 성과로 보아야 하는 것에 관련된 문제가 생길 수 있으며, 또한 다분석수준(multi-level)의 연구관점에서 생길 수 있는 방법론상의 문제가 있다. 그러나 조직행동의 관점에 대한 이해를 위해서는 유용하다고 생각한다.

이상의 설명을 다음 〈표 1-2〉처럼 요약할 수 있다.

한편 Luthans는 조직행동을 보는 이론적 관점을 인지론적 접근, 행동주의적 접근 그리고 사회학습론적 접근으로 구분하고 있다. 인지론적 접근은 조직행동은 조직구성원의 지각과 인지, 사고, 정보처리과정 등을 통해 일어나는 것으로 구성원의 인지가 행동에 선행된다고 보는 관점이다.[3] 인간행동의 적극적이고 자유의지적 측면을 강조하는 것으로 성격, 모티베이션, 태도 등 잘 설명해 주고 있다. 행동주의적 접근은 Skinner의 자극–반응(S–R)에 기반을 두고 외부환경에 의해 조직행동이 결정된다는 점을 강조한다. 인간의 인지과정은 조직행동을 예측하고 관리 및 통제하는데 별 영향을 미치지 못하고 외적요인에 의해 행동이 제약을 받는다는 것이다. 사회적 학습론적

〈표 1-2〉 조직행동에 대한 관점

| | | 행동에 대한 관점 | | |
|---|---|---|---|---|
| | | 목적지향적, 의도적, 합리적 | 외적 제약과 통제 | 예측불가, 임의적 사회적 형성과정 |
| 분석수준 | 개인 또는 집단 | • 기대이론<br>• 목표설정<br>• 욕구이론<br>• 정치이론 | • 조건적 조작<br>• 사회적 학습<br>• 사회화<br>• 역할이론<br>• 사회적 여건<br>• 사후적 합리성<br>• 사회정보처리 | • 민속학<br>• 조직인지론<br>• 조직언어<br>• 감정/정서 |
| | 전체조직 | • 구조이론<br>• 시장거래이론<br>• 마르크스주의적 관점 | • 조직군생태학<br>• 자원의존 | • 조직패러다임<br>• 의사결정관리<br>• 제도화이론 |
| 연구방법 | 행동에 대한 전제 | • 사전예측가능 | • 사전예측가능 | • 사전예측불가 |
| | 관련지식 | • 개인의 목표, 욕구, 성격 등에 관한 지식 | • 환경요인별 제약요건에 관한 분석과 지식 | • 행동이 일어나는 전개과정에 대한 지식 |
| | 분석방법 | • 변수들 간의 상호관계 분석, 계량적 분석 | • 변수들 간의 상호관계 분석, 계량적 분석 | • 사례분석, 의미분석, 언어분석 |

자료 : Pfeffer(1982), p.13 수정첨가.

관점은 인지론적 접근법과 행동주의적 접근법을 절충한 관점이기도 한데, 조직행동을 인지적, 행동주의적 그리고 환경요인들의 상호교호작용(reciprocal interaction)의 결과라고 본다. 조직행동은 조직구성원, 조직환경 그리고 조직행동 그 자체 3자간의 상호교호작용으로 설명하면서 다음 〈그림 1-5〉와 같이 표현하고 있다.

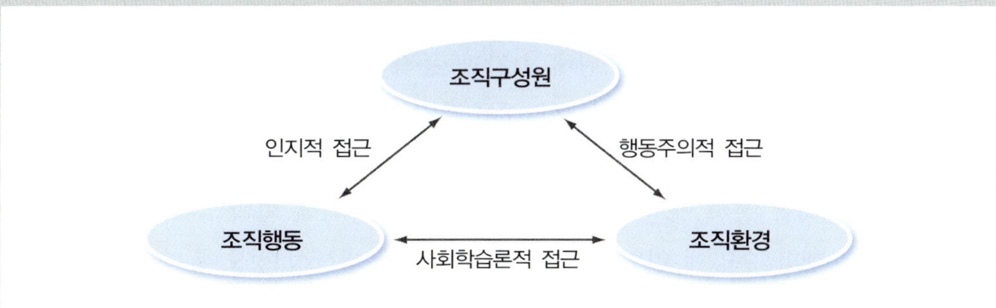


그림 1-5
조직행동의 이론적 접근

자료 : Luthans(2008), p.23.

# 2. 조직행동의 전개과정

조직행동이라는 학문분야가 생겨난 것은 경영학의 발전과정에서 볼 때 불과 50년도 채 안 된다. 고전적 경영학에서 기업내에서 인간의 문제를 중요하게 다루긴 했어도 인간의 사회적, 심리적 측면을 간과하였고, 1930년대 인간관계론이 대두되면서 조직내에서 인간의 행동에 대해 본격적인 관심을 두게 되었고, 이후 행동과학의 발전으로 조직행동이라는 학문분야가 탄생하게 되었다.

## 2.1 고전적 경영이론

고전적 경영이론은 1890년대에서 1930년대에 이르기까지의 경영사상이나 경영이론들을 말한다. 대표적인 것으로는 Taylor의 과학석 관리론, Ford의 경영이념, Fayol의 관리 과정론, 그리고 Follet의 상황의 법칙들이 있다.

### 2.1.1 테일러리즘(Taylorism)

Taylor(1884~1915)는 종래의 경험에 의한 관리(rule of thumb)를 벗어나 과학적 관리에 의해 노동생산성을 높이고 고임금, 저노무비를 실현시키고자 했다. 그는 근로자의 태업을 방지하고 합리적인 의식개혁(scientific mental revolution)을 통하여 노동생산성을 높이고자 했다.[4] 임금절하를 방지하고 노동자들의 태업을 장비하지 위해서 과업(task)이라는 표준작업량을 설정하고, 이를 기준으로 과학적 관리를 하고자 해서 이를 흔히 Taylor의 과업관리제도라고 하기도 한다. 그 당시 과업은 1일 노동자가 할 수 있는 표준작업량을 말하며, 이의 설정을 위해 시간과 동작연구를 시행했다.

작업량관리의 원칙은 과업의 최대화, 표준적인 작업조건, 성공과 실패에 따른 보상의 차별화 등을 제시하였다.[5]

이런 과업관리를 통해 노동자는 제시된 표준작업방식에 따라 주어진 시간에 주어진 작업량을 수행할 수밖에 없었으며, 이에 대한 노동생산성 정도에 따라 차별화된 임금을 받게 되고, 고용주는 노동생산성 증대로 인해 노무비를 절감할 수 있게 된다는 것이다.[6] 그가 제시한 과학적 관리의 기본원칙은 경험이 아닌 과학적 방법, 최대의 성과, 노동자들의 과학적 선발과 교육, 개발 등이다.

Taylor는 그 당시 합리주의의 영향을 받아 인간은 합리적이며 경제적 동기에 의해 행동한다는 경제인관에 바탕을 두고, 개인의 노력에 대해 보수가 주어지는 차별적 성과급제를 실시하였다. Taylor는 개인주의적 윤리뿐만 아니라 집단주의적 윤리를 앞세워 인간협동을 강조하였다. 그에 의하면 과학적 관리는 노사쌍방이 서로 협력하여 많은 부가가치를 창출하고, 이 부가가치를 노사양측이 함께 분배에 참여하는 것을 기본으로 하고 있다.

Taylor의 과학적 관리론은 그 당시 관리의 과학과 관리의 실천을 통합하려는 노력으로 현장중심의 생산과정에서 개인의 생산성향상을 통해 노사간 이해를 추구하고 상호이익을 증대시킬 수 있다는 점에 착안한 것이었다. 그래서 개인적 관점에서 노사간의 이해불일치 해결에만 관심이 있었고, 단체교섭의 주체로서 노동조합이나 노동자 집단을 생각하지 못했다는 비판을 받고 있다. 또한 Taylor의 과학적 관리는 인간노동의 생산성증대에만 치중하여 인간에 대한 기계론적, 결정론적 관점을 가지고 있었기에 인간의 심리적 · 사회적 측면을 고려하지 못했다는 비판을 받고 있다. 이후 Taylor의 과학적 관리론은 기술론적 경영학으로 발전하게 되었고 이는 생산관리 분야뿐만 아니라 마케팅, 회계분야, 인간공학분야 등에 산업공학적 기법을 적용해 관리의 합리화 내지는 과학화로 확대되었다.

### 2.1.2 포디즘(Fordism)

Ford(1863~1947)는 경영을 통해 사회에 봉사해야 한다는 이념을 가졌다. 그는 고객에게는 좋은 품질과 낮은 가격으로 자동차를 제공하고, 종업원에게는 높은 임금을 지급해야 한다는 이념으로 영리보다는 사회봉사가 선행되어야 한다고 주장했다. 이윤은 사회봉사에 대한 결과로 생각했다. Ford는 자신의 경영이념을 실현하기 위해 경영합리화에 의한 생산원가절감을 추구하고자 대량생산을 위해 생산표준화와 이동조립법을 도입했다. 생산의 표준화는 작업과 제품의 단순화(simplification), 부품의 표준화(standardization), 기계와 공구의 전문화(specification), 즉 3S라는 생산관리의 일반원칙을 통해 이루어졌다. 생산방식도 작업조직을 대량생산에 적합하도록 조립선에 의한 이동조립법을 도입하였다.

Ford는 컨베이어에 의한 유동작업조직을 통해서 노동생산성 향상을 도모하고 다른 한편으로는 고객에게 저가격 노동자에는 고임금을 실천함으로써 노동과 자본의 협조를 실현하고자 했다. 이런 Ford의 관리방식인 Fordism은 Taylor의 관리방식과 마찬가지로 유동작업조직에 의해 인간노동의 기계화와 인간성이 무시되었다는 비판을 받고 있다.[7]

### 2.1.3 페욜리즘(Fayolism)

Fayol(1841~1925)의 관리과정론은 프랑스에서 시작되었는데 Taylor의 과학적 관리론과 함께 경영학의 양대 축을 이루는 고전이다. Fayol은 Taylor와 달리 작업관리자가 아닌 사람들로 구성된 조직체의 관리를 위해서는 관리기능이 합리적으로 수행되어야 하고 관리원칙에 따라야 한다고 주장했다. 그가 제시한 관리의 일반원칙은
① 분업, ② 권한과 책임, ③ 규율, ④ 명령일원화, ⑤지휘일원화, ⑥ 개인적 이익의 전체적 이익에 종속, ⑦ 공정한 보수, ⑧ 권한의 집중, ⑨ 계층조직, ⑩ 질서, ⑪ 공정성, ⑫ 종업원의 안정, ⑬ 창의, ⑭ 종업원의 단결의 14가지를 제시하고 있다.[8]

Fayol은 기업활동의 6가지 기능과 관리의 다섯 가지 요소를 다음 〈표 1-3〉과 같이 제시하면서 경영과 관리의 개념을 명확히 구분하고 있다.

〈표 1-3〉 기업활동기능과 관리기능

| 기업활동기능 | 관리기능 |
| --- | --- |
| • 기술적 활동<br>• 영업적 활동<br>• 재무적 활동<br>• 보전적 활동<br>• 회계활동<br>• 관리활동 | • 계획<br>• 조직<br>• 명령 (지시)<br>• 조정<br>• 통제 |

자료 : 김원수, 박오수(2010), p.357에 의거 재구성.

이러한 Fayolism에 나타난 인간에 대한 관심은 다음에 인용된 Geck의 말에서 잘 나타나고 있다.[9]

> "페이욜의 이론체계는 그 핵심에서 인간문제의 해결, 또는 사회문제의 해결을 위한 경영의 노력이었음이 명백하다. 페이욜리즘의 일반적, 경영사회학적 중요성은 일단 경영생활에 있어서의 기능분담, 인간 상호간의 관계와 그 과정을 제시함으로써 경영의 사회적 국면의 분석에 공헌하는데 있었으며, 나아가서 사회적인 경영관계가 가지고 있어야만 할 또는 형성하지 않으면 안 되는 규범을 제시한다는 점에 있었다."

### 2.1.4 폴렛의 상황의 법칙

Follet(1868~1933)은 과학적으로 관리하기 위해서는 관리의 기술적 측면뿐만 아니라 인간적 측면도 과학적 방법으로 접근해야 한다고 주장했다. 그녀는 Taylor의 과학적 관리론은 객관적인 상황의 법칙에 따라 관리되는 경우가 더 합리적이고 과학적일 수 있다고 하였다.[10]

Follet은 경영활동에 참여하는 사람들에 대한 인간관계를 포함한 전체적인 관리에 대해 과학적인 기초지식을 체계화 하려고 노력했다. 그녀는 진정한 과학적관리는 경영관리가 과학화되면 실천적인 경영관리를 지도하는 '상황의 법칙'에 의해야 한다고 주장했다. 즉 생산활동의 본질을 인간협동에 의한 것이고 그것이 합리적으로 되려면 협동하는 사람들을 상황의 법칙에 따르게 하는 것이 인간존중을 하는 것이고 올바른 인간관계를 이룰 수 있다는 것이다. Follet은 인간의 의미를 상황에서 분리시켜 자의적으로 해석하는 추상적인 인간상호관계를 부정하고, 상황을 통하여 구체적인 인간 및 인간 상호관계를 중시하였다.

이상의 고전적 경영이론들의 인간노동에 대한 관심은 노동생산성 향상을 염두에 두고 과학적인 노동활동, 노동에 대한 대가, 기계와 노동의 조합 등에 관심을 두었으나, 인간행동에 대한 기계론적 관점에 치중한 나머지 인간의 심리적·사회적 측면을 무시했다는 비판을 받고 있다. 조직내에서 인간행동에 대한 관심은 있었으나 생산성, 능률, 원가절감 등에 초점을 둔 것들이었다.

## 2.2 인간관계론

고전적 관리론 이후 산업사회학과 산업심리학이 대두되면서 조직내 인간에 대한 관심이 커지기 시작했다. 산업사회분야에서는 Weber의 관료제론에서는 대규모조직이 능률적으로 운영되려면 조직의 합리화가 중요하고, 이를 위해 조직구성원에 대한 합리적 통제 메커니즘의 필요성이 강조되었다. Durkheim은 사회를 집단의식에 지배되는 기계적 사회와 노동의 전문화와 분업화 및 상호의존성을 강조하는 유기적 사회로 나누면서, 유기적 사회에서는 산업유대가 중요하다고 했다. 또한 산업심리학 분야에서는 게슈탈트(Gestalt) 개념을 바탕으로 집단역학과 근로의식 등의 개념이 제시되면서 인간

행동에는 집단적 내지 사회적 측면이 중요함을 제기하였다.

이처럼 인간에 대한 관심이 커지자, 이를 바탕으로 초기 산업심리학자들이 미국의 Western Electric 회사의 Hawthorne 공장에 근무하는 노동자들을 대상으로 이른바 호손실험을 하게 되었다. 이 실험은 네 차례에 걸쳐 진행되었는데. ① 조명실험(1924~927), ② 계전기 조립실험(1927~1932), ③ 면접조사(1928~1930), ④ 배선작업관찰(1931~1932)로 약 8년 동안 지속되었다.

Roethlisberg와 Mayo는 이 실험을 결과로 인간관계론의 이론적 틀을 제시했다. 그들은 조직을 구성원들의 감정, 동기유발, 비논리적 행동 등의 복잡한 상호관계를 가지는 사회시스템으로 보았으며, 이런 조직 속에서 공식조직보다는 감정의 논리를 행동기준으로 삼는 비공식조직의 중요성을 강조했다. 또한 조직구성원들에게 사회적 만족을 주어서 자발적인 협동관계를 유지할 수 있도록 조직은 사회적 기능을 수행해야 한다고 주장했다.[11]

인간관계론자들의 주장은 조직내에서 인간의 사회적 · 심리적 측면을 중시하고 사회적 협동을 강조했다는 점에서 고전적 관리론과는 달리 조직내 인간행동에 대한 연구에 큰 기여를 했다. 조직구성원들은 경제적 보수보다는 사회적 인간, 집단구성원으로서 사회적 욕구를 중요시 여겼으며, 동료관계나 상사와의 관계 그리고 커뮤니케이션 등을 중요시 여긴다는 사실을 밝혀낸 것이다. 이런 점에 초점을 둔 인간관계론자들이 고전적 관리론에서 주장되었던 공식조직의 역할이나 구성원의 경제적 욕구를 지나치게 무시했다는 점과 오늘날 시각에서 볼 때 연구방법론상에 문제점이 있다는 비판이 이후에 나타나기도 했다. 그러나 호손실험 연구는 사회과학분야에서 인간행동을 연구하는데 획기적인 전환점을 마련해 주었다.

## 2.3 행동과학과 조직행동

인간관계론자들의 연구가 이론적으로나 방법론적으로 정밀성의 문제가 제기되었고 이에 대한 과학적 연구의 필요성이 강조되면서 인간행동에 대한 과학적 연구를 하는 행동과학 분야가 나타났다. 행동과학은 인간행동에 대한 경험적 근거와 실증적 자료에 근거하여 과학적 연구방법론을 통해 인간행동과 그 결과에 대해 연구하는 분야이다.

과학적 방법이라 함은 객관적인 방법과 경험적인 증거에 의해 입증되는 인간행동에 관한 일반적이 법칙을 확립해야 하며, 그 증거는 다른 연구자에 의해 증명될 수 있고 그 절차는 누구에게나 검토될 수 있고 반복될 수 있어야 하는 것이다.

이런 과학적 방법에 의해 인간행동에 대한 연구를 하는 행동과학은 다음과 같은 특성을 지녀야 한다.[12]

- 전반적인 연구목적이 행동에 대한 이해, 설명, 예측 및 통제에 관한 것이라야 한다.
- 개념에 정의가 정밀하고 적용과 측정이 가능해야 한다.
- 측정의 신뢰성과 타당성이 있어야 한다.
- 연구방법이 체계적이라야 한다.
- 연구결과가 누적적이라야 한다.

이전까지 인간과 인간행동에 대한 관심과 함께 많은 연구들이 있었으나 그 연구들의 방법론 상의 문제점들 때문에 연구결과가 단단한 이론으로 체계화되지 못했었다. 행동과학은 조직내에서 인간의 사회적 · 심리적 측면이 강조되면서 인간의 욕구, 모티베이션, 인간행동의 메커니즘, 집단역학, 역학과 지위구조 등 다양한 분야에 관심을 두고 과학적 방법으로 연구하면서 활발히 전개된 학문분야이다. 그래서 그 성격도 인류학, 사회학, 심리학 등 사회과학분야의 많은 학문분야들이 서로 복학적으로 연계된 다학제적(interdisciplinary) 성격을 지닌다.

이러한 행동과학의 출현으로 인간의 욕구와 행동에 대한 많은 연구와 이론들이 체계화 되었다. 조직행동분야에서 많이 인용되는 Maslow의 욕구단계설, Skinner의 자극 – 반응(S-R)이론, McGregor의 기업 내에서 인간관, Argyris의 성숙 – 미성숙이론, Barard의 조직균형설 등은 행동과학의 발전으로 숙성된 이론들이다.

## 3. 조직행동의 성격

### 3.1 인간존중

조직행동은 인간존중을 기본정신으로 하는 학문이다. 인간이 다른 동물과 구분되는 것은 자신의 지식과 노동을 통해 가치창출을 할 수 있는 능력을 가졌다는 점이다. 자신의 노동을 통해 가치창출에 보람을 느끼는 것이 가장 인간다운 모습이다. 일을 통해 가치를 만드는 것을 즐거움으로 살 수 있는 것이 인간답게 사는 삶이다. 그러므로 기업 내에서도 종업원들이 일하는 것이 즐겁고 이를 통해 보람을 느낄 수 있도록 해주어야 한다. 이것이 인간존중의 기본이다. 종업원들이 지닌 욕구, 자질, 능력 등의 다양성을 존중해야 하며 자율성을 부여하고 종업원들의 직장생활의 질을 향상시켜야 한다.

### 3.1.1 Y이론적 인간관

인간본성에 대한 다양한 견해가 있다. 동양에서는 성악설과 성선설이 있다. 이는 인간본성에 대해 대립되는 두 가정이다. McGregor는 기업 내에서 인간을 보는 관점을 X이론과 Y이론 두 가지로 대비시켰다. 어느 것이 옳으냐를 따질 수는 없지만, 어떤 인간관을 가졌느냐에 따라 인간과 인간행동에 대한 이해와 평가는 다르게 나타난다. 〈표 1-4〉에 제시된 두 가지 관점은 서로 다르다. 기업내에서 X이론적 인간관은 종업원에 대해 타율적이고 지시와 통제의 필요성을 강조하는 반면, Y이론적 인간관은 종업원에 대해 사율적이고 종업원의 자기관리와 자발적인 일의 수행올 강조히고 있다. 따라서 인간존중의 인간관은 Y이론적 인간관임은 두말할 나위도 없다.

**〈표 1-4〉** X이론과 Y이론

| X이론적 인간관 | Y이론적 인간관 |
|---|---|
| 1. 일하기 싫어하고 가급적 일을 회피한다. | 1. 일하는 것을 좋아하고 일을 자연스럽게 대한다. |
| 2. 일을 싫어하기 때문에 목표달성을 위해 강압, 통제, 벌을 통한 위협을 주어야 한다. | 2. 목표에 몰입하게 되면 스스로 자기 자신을 이끌어나가고 자기통제를 한다. |
| 3. 책임을 회피하고 공식적인 지시를 따른다. | 3. 책임을 잘 수용하고 잘 감당한다. |
| 4. 일과 관련하여 안전을 우선시하고 도전하지 않는다. | 4. 창의적인 의사결정을 할 능력이 있다. |

자료 : Robbinson(2005), *Organized Behavior*, 11th. Ed., PrenticeHall, p.172.

### 3.1.2 다양성의 존중

조직구성원들이 조직에 참여하는 이유가 조직을 통하여 자신의 욕구충족과 개인목표달성을 하고자 하는 것이다. 각각 원하는 욕구나 목표가 다르고 다양하다. 따라서 구성원들의 다양한 욕구들이 개인 차원과 조직 차원에서 어떻게 조화를 이루느냐가 중요하다. 조직은 모든 개인들의 욕구를 일일이 개별적으로 다 충족해 줄 수는 없다. 그러나 개인들의 욕구가 다양하다는 점을 충분히 인정하고 수용해야 한다. 그러므로 획일적인 관리방식에 의해 다양한 욕구가 무시되거나 모든 구성원들이 그 방식에 적응할 것이라는 가정은 잘못된 것이다. 이런 맥락에서 오늘날 조직내 인사관리에서 적재적소배치, 자기개발, 경력개발 등의 중요성이 강조되고 있다.

또한 조직구성원들은 각각 자질과 능력면에서도 다양하다. 저마다 타고난 자질과 능력이 다른 것이다. 구성원들의 다양한 능력과 자질을 존중하는 것이 인간존중의 기본정신이다. 물론 조직으로서는 공동의 목표달성에 필요한 동일한 능력이나 자질이 집결되는 것이 필요할 수도 있다. 필요성에 의해 능력을 개발시켜 주는 것과 능력의 다양성을 인정하지 않고 획일적인 잣대에 의해 능력의 우열을 가리는 것은 다르다. 최근 능력주의 인사라는 말이 유행하면서 종업원들을 조직 나름대로 가지고 있는 획일적인 잣대로 능력유무를 평가하고 이에 따라 인사관리가 이루어지는 것은 진정한 의미에서 인간존중이 아니다. 각자의 능력과 자질의 다양성을 파악하여 더 필요한 능력과 자질을 개발해 주는 것이 조직 차원에서 해야 할 일이다. 제각기 다른 능력을 굳이 비교평가하여 서열화시킬 이유가 없다. 인간존중의 인사관리가 되려면 우선 우리나라 기업의 경우 인사고과에서 능력평가에 대한 틀이 바뀌어야 한다. 인사관리에서 적재적소가 바로 능력과 자질의 다양성을 존중하는 데서 나온 것이다.

조직구성원들은 성격이나 가치관 그리고 태도와 행동도 다양하다. 오늘날 인간존중의 관점에서 볼 때 이런 다양한 성격, 가치관, 태도와 행동을 어떻게 조화시키느냐가 조직의 큰 과제이다. 나와는 다르다고 배척할 수도 없고, 서로 다름을 인정하고 연결과 조화를 추구하는 것이 조직내에서 사회적 통합(social integration)이다.

또한 조직구성원들은 인구통계학적 여러 요소들에 다양성을 지니고 있다. 민족, 문화, 성별, 출신지역, 연령 등 다양한 배경을 지니고 있다. 이런 다양성이 인정되고 수용되며 조화시킬 수 있는 것이 인간존중의 조직행동관리다.

### 3.1.3 자율성의 존중

조직행동은 조직구성원들의 자율성을 존중하고 이를 부여하기 위한 관리방안을 모색한다. 조직행동이 조직구성원의 행동을 이해, 설명, 예측 그리고 통제 및 관리를 하기 위해 연구하는 학문분야인데, 여기서 행동을 통제 및 관리한다는 것은 개인의 자율성을 억제하고자 하는 것이 아니다. 조직구성원들이 자율성을 바탕으로 바람직하고 긍정적인 조직행동으로 나아갈 수 있도록 이끌어주는 것이 조직행동 연구의 기본방향이다. 자율성을 바탕으로 조직구성원들이 창의적이고 긍정적인 성과를 창출할 수 있도록

그림 1-6
자율경영

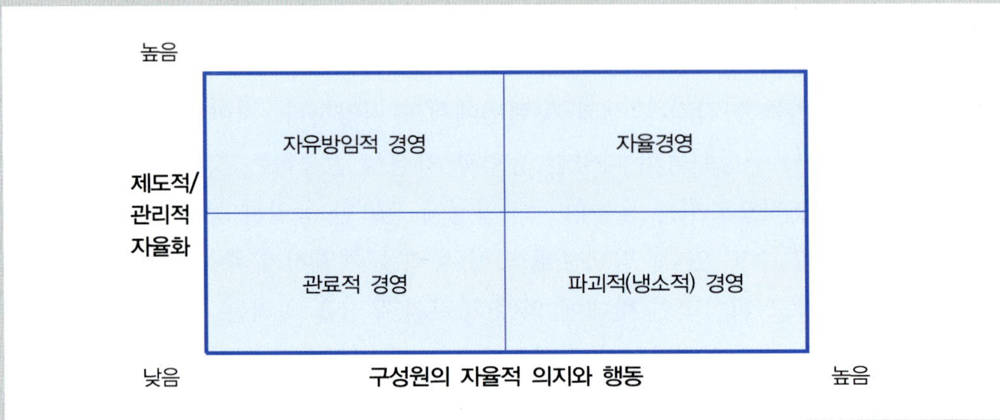


조직행동을 관리해 나가는 것이다.

특히 업무수행과 관련한 조직구성원의 자율성은 직무설계나 조직목표설정에 중요한 요소이다. 많은 직무설계이론들이 개인의 자율성을 전제로 하고 있다. 이미 자율적 자기관리는 조직내에서 구성원의 만족과 직장생활의 질 향상을 통해 조직성과에 핵심 요인임이 밝혀진 사실이다. 팀 제도에 있어서도 팀의 자율성이 팀 빌딩과 팀 성과에 가장 중요함도 실증된 사실이다.

경영전반에 관점에서도 이미 성공한 기업들이 가장 중요시한 것이 자율경영체제의 확립이다. 선진국의 성공한 초우량 기업들의 경영상 특징을 한마디로 표현한다면 자율경영이다. 우리나라의 모기업도 연간 250조 원의 매출을 올리는 세계적 우량기업이 된 것도 약 20여 년 전 자율경영체제로 전환하면서부터였다. 당시 저자는 자율경영을 다음 〈그림 1-6〉과 같이 제시하였다. 조직 차원에서 권한위임과 자유재량권의 부여와 함께 구성원들의 자율적 의지와 행동수준이 함께 만날 때 자율경영이 가능한 것이다. 구성원들이 자율적으로 일하고 그 결과에 책임을 진다는 의식이 중요하다. 따라서 조직행동에서는 자율성이 존중되어야 조직행동연구의 본질이 살아나는 것이다.

### 3.1.4 직장생활의 질 향상

조직구성원들은 조직성과를 위해서 항상 일과 함께 생활한다. 일에 대한 인간관의 기본가정으로서 X이론 Y이론은 사람을 보는 관점이긴 하지만, 이런 관점에서 나타난 인간의 속성은 일과 함께 즐거워하기도 하지만 많은 스트레스 속에서 힘들어하기도 한다. 조직행동 연구는 구성원들로 하여금 조직이 바라는 긍정적인 행동을 이끌어내어 조직목표달성을 목적으로 하지만, 이런 '결과'를 위해서는 '과정'도 중요하다. 조직내에서 생활하는 구성원들의 만족, 심리적 행복, 스트레스 관리, 직장과 가정의 조화 등 직장생활의 질을 향상시키는 그 '과정'이 매우 중요하다. 조직행동연구는 이런 과정을 중시하는 관점에서 출발한다.

조직행동분야에 다루는 이슈들, 개인의 욕구, 모티베이션, 직무몰입, 직무만족, 직무스트레스, 태도와 행동, 일과 가정의 조화, 공정성 등은 조직구성원들의 심리적 행복과 직장생활의 질 향상에 관심을 두고 있는 것들이다. 또한 조직 분위기와 조직문화 개선으로 개인들로 하여금 애사심과 조직몰입을 증대시키고 소속된 조직에 자긍심을 갖게 하는 것도 직장생활의 질을 향상시키고자 하는 것이다.

## 3.2 개인과 조직의 균형

조직행동은 조직과 조직구성원들 간의 대내적 균형과 조직과 환경간의 대외적 균형을 중시한다. 대내적 균형은 개인목표와 조직목표 간의 균형으로 개인은 조직에 기여함으로써 조직목표의 달성은 물론 개인목표의 달성도 이루어져야 한다는 것이다. Barnard는 이런 대내적 균형이 이루어지기 위해서는 개인이 조직에 기여하는 것보다는 조직으로부터 받는 대가가 더 커야 하며, 조직은 개인들의 기여들이 긍정적인 시너지가 일어나도록 관리해야 한다는 것이다.[13]

이러한 긍정적인 시너지가 나타나기 위해서는 조직의 공동의 목표를 위해 같은 방향으로 구성원들의 힘을 모을 수 있어야 한다는 것이다. 그냥 최선을 다해 열심히 일하는 것이 아니라 구성원 모두가 같은 방향으로 힘을 모으고 일해야 그 시너지가 증대되어, 각 개인의 자신의 공헌보다 더 많은 것을 주고도 조직은 남는 것이 있게 되어 유지 발전이 가능하다는 것이다. 다음 〈그림 1-7〉과 같이 A, B, C가 똑같이 열심히 일하지만 일하는 방향에 따라 A는 긍정적인 (+)시너지, B는 제로섬 시너지, C는 부정적(−)시너지를 창출하게 되어, B, C가 많을수록 조직은 망하게 된다.

Barnard에 의하면 조직은 공동의 목표, 구성원들의 공헌의지, 커뮤니케이션들이 합쳐진 협력체계이며, 조직이 유지 발전하기 위해서는 효과성(group effectiveness)과 효율성(group efficiency)을 추구해야 한다고 했다. 효과성은 주어진 목표를 어느 정도 달성

그림 1-7
조직목표의 시너지

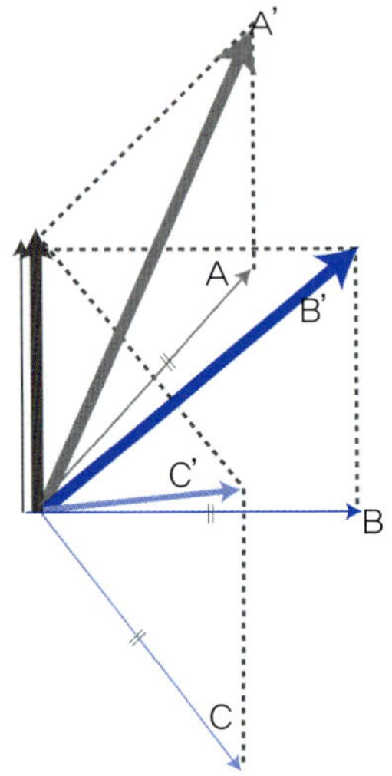


하느냐 하는 목표달성 정도이며, 효율성은 목표달성 '과정'에서 구성원들이 얼마나 만족하느냐 하는 것으로 나타낼 수 있다고 했다.

## 3.3 다학제적 성격

조직행동은 경영학분야에서 체계화되고 하나의 독립된 분야로서 발전하기는 했으나, 다른 인접학문분야들과 학제적(interdisciplinary) 성격을 갖고 있다. 조직과 인간행동에 관한 연구를 하는 분야이기에, 인간, 조직, 사회에 관련된 학문분야인 철학, 심리학, 사회학, 사회심리학, 인류학, 민속학 등은 물론이고, 행동이나 의사결정 기준에 관련된 경제학 정치학 등의 학문분야와 깊게 관련되어 있는 다학제적 성격이다.

조직행동에 관련된 많은 이론들이 심리학이나 사회학에서 이미 정립된 것들이 많으며, 연구방법들도 사회과학의 다른 분야와의 관련성이 깊다. 조직행동분야에서 독자적으로 개발된 이론이나 연구결과들 또한 다른 분야에서 많이 원용하고 있다.

## 3.4 과학적 연구방법

조직행동연구는 과학적 방법에 의해 이론을 구축할 수 있어야 한다. 연역적 방법에 의하든 귀납적 방법에 의하든 구축된 이론은 '좋은 이론(good theory)'이라야 한다. 조직행동에서 '좋은 이론'이라 함은 다음과 같은 특성을 지녀야 한다.[14]

- 과학적 연구에 유용한 이론
- 범위가 명확하게 설정된 이론
- 연구노력이 중요한 결과를 가져오게 하는 이론
- 거듭되는 연구에 의해 견고해지는 이론
- 검증가능한 이론
- 일관성을 지닌 이론
- 간단명료한 이론

이러한 '좋은 이론'을 구축하기 위해서는 조직행동의 연구방법은 과학적이라야 한다. 앞서 언급했듯이 조직과 조직행동에 대한 연구는 크게 개별의미기술적(ideographic) 방법과 법칙설정적(nomothetic) 방법으로 나눌 수 있다. 어떤 방법을 사용하든 연구방법과 절차가 보편타당성을 지닌 과학적 방법이라야 조직행동의 이론을 구축할 수가 있다.

조직행동분야에서 과학적 연구절차는 주어진 연구과제나 연구모형 및 가설에 대한 검증절차가 과학적이라야 한다. 정성적 연구방법을 채택하든 정량적 연구방법을 채택하든 그 연구절차는 보편타당성을 지닌 객관적인 것이라야 한다. 연구절차를 다양하게 설명하기도 하지만, 일반적으로 가장 먼저 행하는 것이 연구설계이다. 주어진 연구주제나 연구가설에 따라 어떤 연구설계(research design)를 하느냐가 그 연구의 과학적 절차에서의 기본이다.

연구설계는 현장실험설계, 실험실 실험설계, 조사방법, 사례연구 등의 몇 가지가 있다. 각 연구설계는 장·단점을 지니고 있어 조직과 조직행동을 연구하기에 완벽하지는 않지만, 그 나름대로 설계방식에 충실하다면 어느 정도 신뢰성 있고 타당성 있는 연구결과를 기대할 수 있다. 다만 어떤 연구설계를 선택하든 항상 염두에 두어야 할 4가지 타당성의 이슈가 있다. 그것은 통계적 타당성, 내적 타당성, 외적 타당성, 구성내용 타당성이다.[15]

연구설계가 이루어지면 조직과 조직행동에 대한 현상이나 변수들의 측정방법이 신뢰성과 타당성(예측타당성, 내용타당성)을 지녀야 한다. 측정방법에 의해 구성된 현상이니 변수들의 자료를 어떤 방식으로 수집할 것인지를 정해야 한다. 자료수집에는 설문지, 인터뷰, 관찰, 문헌조사, 자기진단 등의 다양한 방식이 있는데 연구주제와 목적에 적합한 방식을 선택해야 한다. 그리고 수집된 자료들의 분석을 어떻게 할 것인지에 따라 분석기법이 달라진다. 현상이나 변수들의 관계분석을 하고자 하는 것인지 아니면 이들 간의 유사성이나 근접성을 분석하고자 하는 것인지에 따라 사용될 수 있는 통계적 기법이 다르다. 물론 수집된 자료의 특성들에 따라서 사용될 수 있는 통계적 기법도 다르다. 또한 분석대상의 표본과 자료의 특성에 따라 모수통계분석을 할 것인지 아니면 비모수통계분석을 할 것인지도 선택되어야 한다.

이처럼 조직행동연구가 과학적이기 위해서는 연역적 방법론을 택할 것인지 귀납적 방법을 택할 것인지, 개별의미기술적(ideographic) 방법을 사용할 것인지, 법칙설정적(nomothetic) 방법을 사용할 것인지를 결정하고, 이에 따라 관련 연구절차, 즉 연구설계, 측정, 자료수집, 자료분석기법 등이 적합성을 이루어야 한다.

## 4. 조직행동의 체계

조직행동의 체계를 분석수준과 이론 및 응용으로 나누어 다음 〈그림 1-8〉과 같이 나타내기도 한다. 〈그림 1-8〉에서 제시된 것처럼 광의의 조직행동은 조직행동(OB), 조직이론(OT), 조직개발(OD), 그리고 인사관리(HRM)까지 포함하고 있다.

이 책에서는 인사관리(HRM)를 제외한 조직행동(OB), 조직이론(OT), 조직개발(OD)를 중심으로 분석수준을 개인, 집단, 조직의 3가지로 나누어 구성하였다(〈표 1-5〉 참조).

그림 1-8
조직행동의 영역

| | 거시적 | 미시적 |
|---|---|---|
| 이론 | **조직이론 (OT)** | **조직행동 (OB)** |
| 응용 | **조직개발 (OD)** | **인사관리 (HRM)** |

자료 : Luthans(2008), p.19.

〈표 1-5〉 본서의 체계

■ **개인행동수준**

| 주제 | | 관련 장(chapter) |
|---|---|---|
| • 개인차이와 개인행동에 대한 이해 | ▶ | 제2장 개인차이와 개인행동<br>제3장 지각과 인지, 감정 |
| • 행동에 대한 평가, 판단 및 다른 사람에 대한 판단 | ▶ | 제4장 행동에 대한 평가와 판단 |
| • 행동의 습득과 행동수정 | ▶ | 제5장 학습과 행동수정 |
| • 모티베이션의 이론과 이의 적용과 실천 및 모티베이션 관리 | ▶ | 제6장 동기부여 이론<br>제7장 동기부여 이론의 응용: 보상관리, 목표관리, 직무설계 |
| • 태도형성과 변화<br>• 직무태도와 행동 | ▶ | 제8장 태도와 행동 |
| • 긍정적이고 바람직한 조직행동과 개인성과행동 | ▶ | 제9장 바람직한 조직행동 |
| • 스트레스 관리와 일과 가정의 조화 | ▶ | 제10장 스트레스 관리와 일과 삶의 균형 |

■ 집단행동수준

| 주제 | | 관련 장(chapter) |
|---|---|---|
| • 집단의 구조적 특성과 집단행동 | ▶ | 제11장 집단구조와 집단행동 |
| • 팀의 특성과 팀빌딩 | ▶ | 제12장 팀관리 |
| • 커뮤니케이션의 이론과 실제, 커뮤니케이션 관리방안 | ▶ | 제13장 커뮤니케이션 |
| • 집단의사결정관리 | ▶ | 제14장 의사결정 |
| • 집단 내 갈등관리와 협상전략 | ▶ | 제15장 갈등과 협상 |
| • 조직내에서 권력과 조직정치 | ▶ | 제16장 권력과 조직정치 |
| • 집단목표달성을 위한 리더십 | ▶ | 제17장 리더십 |

■ 조직전체수준

| 주제 | | 관련 장(chapter) |
|---|---|---|
| • 조직의 구조적 특성과 조직행동 | ▶ | 제18장 조직구조와 조직행동 |
| • 조직변화관리와 조직혁신<br>• 조직개발이론과 방법<br>• 조직학습과 학습조직의 구축 | ▶ | 제19장 조직변화, 조직개발, 학습조직 |
| • 조직문화의 창달과 발전 | ▶ | 제20장 조직문화 |

# 주석(endnote)


1 Burrell, G. & Morgan, G. (1979). *Sociological Paradigm and Organizational Analysis*, Heinemann, London, 1~35.

2 Pfeffer, J. (1982). *Organizations and Organization Theory.* Pitman, 5~18.

3 Luthans, F. (2008). *Organizational Behavior*, 11th, ed., McGraw-Hill, 20.

4 Taylor, F. W. (1911). *Principles of Management.* Harper, New York.

5 Taylor, F. W. (1903). *Shop Management.* Harper, New York.

6 Taylor, F. W. (1911). *Principles of Management.* Harper, New York.

7 김원수・박오수. (2010). 경영학사. 문음사, 75~77.

8 김원수・박오수. (2010). 경영학사. 문음사, 358.

9 김원수・박오수. (2010). 경영학사. 문음사, 359.

10 Mctcalf, H. & Urwick, L. (1942). *Dynamic Administration.* The Collected Paper of Mary Parker Follet, Harper & Brothers.

11 김원수・박오수. (2010). 경영학사. 문음사, 120.

12 Luthans, F. (2008). *Organizational Behavior.* Boston, Mass: McGraw-Hill/Irwin, 14.

13 Barnard, C. I. (1938). *The Functions of the Executive.* Harvard University Press.

14 Miner, J. B. (1980), *Theories of Organizational Behavior*, The Dryden Press, 7~9.

15 Cook, T. D. & Campbell, D. T. (1979). *Quasi-Experimentation; Design and Analysis, Issues for Field Settings*, Boston. Houghton Mifflin.

PART 02

# 개인수준 조직행동

CHAPTER 02

# 개인차이와 개인행동

## 들어가기

조직내에서 개인행동이 다양하게 나타나는 데는 여러 가지 이유가 있다. 이 장에서는 개인행동들의 다양한 모습을 이해하고 설명하는데 개인차이가 어떤 영향을 미치는가를 살펴보고자 한다. 개인차이는 여러 가지 측면이 있지만, 조직내에서 개인행동을 이해하고 설명하는데, 개인의 성격, 자아개념, 능력 그리고 개인의 가치관과 윤리관이 가장 많은 개인해동의 차이를 설명해주고 있다.

본장에서는 다음과 같은 내용을 다룬다.

사람은 저마다 다르다. 얼굴 생김새나 신체적 특징은 물론 능력과 기술, 성격, 태도, 가치관 등 모든 측면에서 자기만의 고유한 특성을 지닌다. 심지어 일란성 쌍둥이조차도 성격이나 재능 면에서 판이하게 다른 경우가 대부분이다.

이렇게 서로 다른 개인들이 공동의 목표를 이루기 위하여 모여 있는 조직을 이해함에 있어, 그 구성원들의 개인차이를 이해하는 것은 조직행동을 이해하는 데 중요하다. 개인차이에 대한 상호 이해는 효과적인 팀워크의 바탕이 된다. 조직구성원들이 서로의 차이점에 대해 이해하거나 수용하지 못한다면 갈등과 반목이 생겨나기 쉽다. 특히 조직의 리더는 부하직원의 개인차를 이해하고 그에 따른 리더십을 발휘하는 것이 중요하다.

또한 개인차에 대한 이해는 인재를 적재적소에 배치, 활용할 수 있는 기준을 제시해 준다. 개인의 고유한 능력과 적성을 정확히 파악하게 되면 그 사람의 잠재력을 최대한 이끌어낼 수 있는 직무를 맡길 수 있다. 예를 들어 인사팀에서 똑같이 인력선발의 업무를 담당하더라도, 보다 외향적이고 사교성이 뛰어난 직원에게는 많은 사람을 만나서 설득해야 하는 채용관련 업무를 주고 혼자 하는 일을 선호하고 꼼꼼한 직원에게는 인적자원을 관리하는 데이터베이스를 개발하고 유지하는 업무를 맡긴다면, 각 직원의 직무만족도가 높아지는 것은 물론 개인 및 조직의 성과도 향상될 것이다.

따라서 본 장에서는 조직내의 개인들이 서로의 차이점에 대해 심도 있게 이해할 수 있도록 개인차에 대하여 살펴보고자 한다. 크게 성격, 자기개념, 능력, 가치와 윤리라는 네 가지 측면으로 나누어, 각 측면에서 어떻게 개인차가 발생하며 조직에서는 이를 어떻게 이해하고 활용할 수 있는지 살펴본다.

## 1. 성 격

인간의 행동은 상황적 특성과 개인적 특성이 복잡하게 상호작용한 결과이다. 다시 말해, 개인의 행동은 주위 환경에 따라 달라지기도 하지만 그 사람이 가지고 있는 특성에 따라 달라지기도 한다. 따라서 똑같은 상황이 발생하더라도 사람에 따라 다양한 행동이 나타날 수 있다. 예를 들어 직장에서 중요한 프레젠테이션을 맡게 되었을 때, 어떤 사람은 일찌감치 계획표를 짜고 그에 맞추어 일을 미리미리 해두는 반면 어떤 사람은 융통성과 순발력을 발휘하여 마지막 순간에 많은 일을 처리한다. 이처럼 여러 상황에서 나타나는 개인의 특성을 총칭하여 일컬어 성격(personality)이라고 한다.

성격이라는 용어에 대한 학문적 정의는 학자들마다 매우 다르다. 그러나 여러 학자들의 공통된 의견은 성격이 행동의 일관성 있는 패턴을 나타내는 개인의 특성이라는 것이다. 다시 말해 성격은 사고, 감정, 행위 등 사람들의 행동을 결정짓는 특성이나 경향성의 안정적인 집합이라고 볼 수 있다.[1]

성격 자체는 일에 대한 능력과 관련이 없다. 즉 어떤 성격이 더 유능하다 혹은 무능하다고 단정적으로 말할 수 없는 것이다.[2] 그러나 성격에서 나타나는 개인 간의 차이를 이해하는 것은 성공적인 조직 운영에 꼭 필요한 것이다. 부하들 간의 성격 차를 이해하는 상사는 보다 효과적인 리더십을 발휘할 수 있으며, 동료들 간에도 성격 차를 이해하고, 이를 인정하고 수용함으로써 바람직한 팀 분위기를 도출할 수 있기 때문이다.

## 1.1 성격 차이

그렇다면 사람마다 성격이 다른 이유는 무엇인가? 이 질문은 '성격이 어떠한 과정을 거쳐 형성되기 때문에 개인들 간에 차이가 발생하는가?' 하는 질문으로 바꾸어 표현할 수 있다. 성격 형성에 영향을 주는 주된 요인은 크게 유전적 요인과 환경적 요인으로 구분된다.

### 1.1.1 유전적 요인

사람의 성격형성에서 유전의 영향과 환경의 영향 중 어느 것이 더 중요한가 하는 논쟁이 오래전부터 있어왔다. 이때 유전과 환경의 영향을 비교하기 위하여 흔히 사용하는 방법이 쌍둥이를 대상으로 한 연구이다. 유전적으로 서로 동일한 일란성 쌍둥이와 50% 정도의 유전적 특성만을 공유하는 이란성 쌍둥이를 비교하여, 일란성 쌍둥이들이 이란성 쌍둥이들보다 성격적으로 더 유사하다면 성격형성에서 유전의 영향이 더 크다고 볼 수 있을 것이다. 또한 일란성 쌍둥이 가운데 동일한 환경에서 양육된 경우와 서로 다른 환경에서 양육된 경우를 비교함으로써 유전과 환경의 영향을 비교하기도 한다. 만약 둘 간의 차이가 없다면 유전의 영향이 더 크다는 결론을 내릴 수 있을 것이다.

여러 연구 결과들을 종합하면, 쌍둥이들은 비록 따로 양육되더라도 상당히 많은 행동에서 유사한 특징을 보이는 것으로 드러났다.[3] 예를 들어 70킬로미터 이상 떨어진 곳에서 40여 년간 떨어져 지낸 어느 쌍둥이 형제는 색깔까지 똑같은 동일 모델의 차를 소유하고 있었으며, 똑같은 브랜드의 담배만을 피우고, 같은 이름의 개를 기르고 있었다. 심지어는 매년 가는 휴가지도 일치하였고, 그 휴가지에서 묵는 장소 또한 몇 블록 떨어지지 않은 곳이었다고 한다.

오늘날 학자들은 성격 특성의 약 40%가 유전적으로 결정된다는 결론을 내리고 있다.[4] 그러나 이는 연구마다 다소 편차가 있다. 따로 양육된 일란성 쌍둥이에 대한 최근 연구에서는 유전적 결정요인이 지금까지의 믿음보다 더 큰 역할을 하며, 성격 특성의 50~55%가량이 유전된다는 결론을 내리기도 하였다.[5] 그래서 어떤 성격전문가들은 특정 성격특성이 얼마나 발달할지 그 범위를 정하는 것은 유전적 요인이며, 환경적 요인이 그 범위 내에서 성격을 최종적으로 결정한다고 보기도 한다.

### 1.1.2 환경적 요인

성격 형성에 있어 유전보다는 환경적 영향력이 더 크다고 믿고 있는 행동과학자들도 많다. 앞의 설명에서 성격의 약 40%가 유전적 요인에 의하여 결정된다는 것은 나머지 60%에서 오차를 제외한 나머지 부분이 환경에 의해 결정된다는 것과 같은 의미이다. 성격 형성에 영향을 주는 환경적 요인으로 다음과 같은 것들이 있다.

**문화** 어떠한 문화권에서 태어났느냐에 따라서 개인마다 서로 다른 가치관을 습득하고 어떠한 상황에서는 어떻게 행동해야 하는지에 대한 규준을 학습하게 된다. 또한 문화에 따라 사회 내에서 서로 다른 역할들이 어떻게 수행되어야 하는지가 정의되며, 더 바람직하다고 간주하는 성격 특성도 조금씩 다르다. 예를 들어 집합주의(collectivism)가 강조되는 문화권에서는 나 홀로 보다도 '우리'라는 집합이 중요시되어 개인의 희생이 발생하더라도 집합의 이득을 먼저 생각하는 경향이 있는 반면, 개인주의(individualism)가 강조되는 문화권에서는 무엇보다도 개인의 권리가 중요시된다. 이러한 문화적 차이로 인하여 개인의 가치관이나 사회 속에서의 역할 수행이 형성되게 되는 것이다.

**가족** 조부모와 같은 친척들도 성격 형성에 영향을 주지만, 개인의 성격 발달에서 가장 큰 역할을 하는 사람은 바로 부모와 형제이다. 특히 부모는 다음과 같은 세 가지 방식으로 개인의 성격 발달에 영향을 준다.

- 부모의 행동으로 인해 비롯된 상황이 아이의 특정 행동을 유발한다(예 부모의 이혼이나 실직 등).
- 아이가 강하게 동일시하는 역할 모델이 된다.
- 특정 행동에 대하여 선별적으로 보상하고 처벌한다.[6]

이 외에도 가족의 크기라든가 사회경제적 지위, 종교, 지리적 위치, 형제 내 출생 순서, 부모의 교육 수준 등과 같은 가족의 상황적 요인 등이 성격 차이에 영향을 준다.

**소속 집단** 개인은 가족 외에도 많은 집단에 속하여 성장한다. 어린 시절 함께 놀던 또래집단에서부터 학교에서 형성되는 급우집단을 거쳐 성인기에도 다양한 공적, 사적 집단에 속하게 된다. 이러한 집단 속에서 갖게 되는 역할과 경험이 성격차를 유발하는 또 다른 중요한 원천이다. 어린 시절의 놀이집단이나 급우집단이 성격 형성에 가장 큰 영향을 주긴 하지만, 군대나 직장과 같이 성인기에 경험한 집단의 경험도 성격에 영향을 준다. 따라서 어떤 사람의 성격을 이해하기 위해서는 그 사람이 속해 있거나 과거에 속했던 집단의 특성을 이해하여야 한다.

**삶의 경험** 개인은 삶을 살아가면서 독특하고 고유한 경험을 하게 되며 그러한 경험이 성격의 결정에 큰 영향을 준다. 예를 들어 어린 시절 여러 번 전학을 했던 사람은 새로운 환경에 대한 적응력이 남다르게 발달할 수 있으며, 목숨이 위태로울 정도로 큰 사고를 당했던 사람은 보다 초연하고 느긋한 성격을 갖게 될 수 있다.

이처럼 성격 형성에는 유전적 요인과 환경적 요인이 고루 영향을 끼친다. 이에 최근에는 개별적인 성격 특성은 둘 중 어느 한 요인의 영향을 더 많이 받을 수 있지만, 성격이라는 전체 개념을 놓고 볼 때에는 유전과 환경 두 요소가 모두 중요하다고 보는 균형적인 시각이 대세를 이루고 있다.[7]

## 1.2 성격이론과 성격 유형

여러 성격심리학자들이 성격의 구조나 발달단계 등에 대한 독창적인 이론을 제시하였다. 이러한 성격이론은 성격을 어떠한 관점에서 파악하느냐에 따라 여러 범주로 구분할 수 있다.[8]

### 1.2.1 특질 이론

특질 이론은 Allport라는 성격 심리학자가 처음 제시하였다. 이 이론에 따르면 사람의 성격은 여러 가지 특질로 구성되며, 특정한 특질을 얼마나 지니고 있느냐에 따라 사람마다 성격이 달라진다. 특질(trait)이란 성격의 기본적인 구성 요소로서, 외부의 다양한 자극이나 상황에 대하여 일관성 있는 방식으로 행동하려는 마음의 준비 상태라고 할 수 있다. 특질은 직접적으로 관찰하거나 측정할 수 없으며 행동을 통하여 간접적으로 관찰, 측정된다. 예를 들어 외향성이라는 특질이 있다면 외향성을 많이 지닐수록 사교적이고 활달한 성격이 될 것이고 적게 지닐수록 차분하고 내성적인 사람이 될 것이다. 또한 외향성이라는 특질은 낯선 사람을 만났을 때 얼마나 쉽게 대화를 나누는가, 어떠한 취미를 가지고 있는가 등과 같은 행동을 통하여 미루어 짐작할 수 있다.

그렇다면 인간의 성격을 구성하는 가장 핵심적인 특질은 과연 무엇이며 총 몇 가지나 있을까? 이에 대해서는 학자마다 이견이 분분하다. 이 가운데 가장 경험적으로 잘 입증되어 왔고 많은 학자들의 지지를 받고 있는 두 가지 이론을 소개하면 다음과 같다.

**5요인 이론** 5요인 이론(Big Five Model)에 따르면 인간의 가장 핵심적인 성격 특질은 다음과 같은 다섯 가지로 구성된다.

- 신경증 성향(neuroticism) 혹은 부정적 정서(negative affectivity) : 신경증 성향은 부정적인 감정 상태를 더 많이 경험하거나 자기 자신이나 주위 세상에 대해서 좋지 않

〈표 2-1〉 성격의 5대 요인

| 성격 유형 | 특성 |
|---|---|
| 신경증 성향<br>(정서적 안정성) | 높음 : 안정적, 편안함, 안전함 |
| | 낮음 : 불안정, 염려와 걱정, 불안함, 신경질적, 초조함 |
| 외향성 | 높음 : 활동적, 사교적, 적극적 |
| | 낮음 : 조용함, 내성적, 소극적 |
| 개방성 | 높음 : 호기심 많음, 창의적, 혁신적, 다양성 |
| | 낮음 : 단순함, 비창의적, 보수적, 관습적 |
| 우호성<br>(포용성) | 높음 : 협조적, 인내심, 신뢰성, 친절함 |
| | 낮음 : 비협조적, 냉정함, 불친절, 몰인정 |
| 성실성<br>(신중성) | 높음 : 신중함, 책임감, 계획과 정리됨, 열심히 일함, 성취지향적 |
| | 낮음 : 게으름, 부주의함, 비효율적, 무계획 |

은 방향으로 생각하는 경향을 의미한다. 조직내에서 신경증 성향이 강한 사람은 업무를 할 때 부정적 정서를 경험할 가능성이 높고 스트레스를 더 잘 받는 단점이 있다. 그러나 자신에 대해 비판적이기 때문에 오히려 업무수행의 수준이 높아지기도 한다. 또 신경증 성향이 높은 사람은 집단의사결정을 할 때 냉정한 비판자의 역할을 함으로써 집단에 도움을 줄 수도 있다.

- 외향성(extraversion) : 외향성은 크게 적극성과 사교성이라는 두 가지 요소로 구성된다. 외향성이 높은 사람은 활력이 넘치고 자신만만하며 매사에 능동적이다. 또 다른 사람들과 쉽게 어울리고 자기표현에 망설임이 없다. 일반적으로 외향성이 높은 개인은 조직에서 직무에 대한 만족도가 높고 소속 집단이나 주위 사람들에 대해서 긍정적인 기분을 느끼는 특성이 있다. 그리고 영업이나 고객응대와 같이 사회적 상호작용이 빈번한 일에 보다 적합하다.
- 경험에 대한 개방성(openness to experience) : 경험에 대한 개방성은 다양한 외부 자극에 대하여 얼마나 개방적인 태도를 지녔는가, 얼마나 다채로운 영역에 흥미를 느끼는가, 위험을 감수하고자 하는 의지를 얼마나 지니고 있는가 등을 나타내는 특질이다. 따라서 조직에서는 변화가 잦고 혁신이 필요한 직무, 위험 부담이 큰 직무를 할 때 경험에 대한 개방성이 높은 개인을 필요로 한다.
- 우호성(agreeableness) : 우호성은 개인이 얼마나 다른 사람들에게 호감을 주고 다른 사람들을 잘 보살피며 그들에게 공감할 줄 아는가에 대한 특질이다. 우호성이 낮은 사람은 적개심과 의심이 많고 비협조적이며 무뚝뚝하고 무례한 특성이 있는 반면, 우호성이 높은 사람은 친절하고 협조적이며 관대하고 다른 사람을 잘 믿는다. 조직에서는 원활한 대인관계가 특히 중요한 자리에서 우호성이 높은 개인을 필요로 한다.
- 성실성(conscientiousness) : 성실성은 개인이 얼마나 주의 깊고 신중하며 끈기가 있는가, 얼마나 성실한가를 나타낸다. 성실성이 높은 사람은 조직적이고 책임감이 높으며 실제적이고 철저하고 근면하다. 조직 상황에서는 다섯 가지 요인 가운데 성실성이 보다 중요한 특성으로 꼽힌다. 여러 연구결과 다양한 조직 및 직무에서 성실성이 높을수록 성과가 우수한 것으로 나타났다.[9]

개인의 성격 특질은 위의 다섯 가지 차원의 연속선상에 존재한다.[10] 다시 말해, 특정한 성격요인을 얼마나 많이 가지고 있느냐에 따라 개인의 특성이 드러나게 된다. 그리고 이러한 다섯 가지 특질은 연령대나 문화권에 관계없이 보편적으로 관찰된다.

### 1.2.2 유형 이론

유형 이론(type theory)은 사람의 성격을 여러 가지 범주로 나누어 설명하고자 하는 이론을 통틀어 일컫는 말이다. 예를 들어 사람의 체질과 특성을 네 가지로 나누어 설명하는 사상의학이나 과학적 근거는 밝혀진 바 없지만 우리나라와 일본에서 대중들에게 인기를 얻고 있는 혈액형별 성격론도 유형에 근거하여 성격을 설명하려는 시도 중 하나라고 하겠다.

이렇게 본다면 유형 이론과 특질 이론을 구분하는 것이 그다지 쉽지 않다. 유형을 구분하는 근거가 바로 특질인 것이다. 예컨대 사람을 외향적인 사람과 내향적인 사람이라는 두 유형으로 구분한다면, 외향적인 사람은 어떠한 특징을 지니며 내향적인 사람은 어떠한 특징을 지니는지를 특질에 의거하여 설명하게 된다. 또 유형으로 사람을 분류하는 경우에도 실제로는 그러한 특성을 얼마나 많이 가지고 있는지 기준점을 정해놓고 그 기준점을 초과하느냐 아니냐에 따라 유형을 구분하게 된다. 그렇다면 유형 이론과 특질 이론을 어떻게 구분해야 하는가? 일단은 이 두 이론이 어떤 절대적인 기준에 따른 구분이라기보다는 사람들을 정해진 범주에 따라 구분하는 것을 강조하느냐(유형 이론), 아니면 어떠한 특성의 연속적인 차원에서 개인의 위치를 파악하는 것을 강조하느냐(특질 이론)에 따른 구분이라고 보는 것이 적합할 것이다.[11]

유형 이론에도 여러 가지 종류가 있으나, 이 책에서는 일반인들에게 가장 널리 알려져 있을 뿐 아니라 학교나 기업에서 성격검사를 할 때에 가장 자주 쓰이는 Type A와 Type B 그리고 MBTI 성격유형지표에 대하여 설명하겠다.

**Type A와 Type B** 성격유형 검사 중의 하나로, 어떠한 유형을 성격을 지니고 있는 사람인가에 따라 동일한 상황에 대해 다른 행동 반응을 보일 수 있다. Type A는 적극적이고 스트레스 많이 받는 유형으로, 짧은 시간 내에 더 많은 일을 성취하려고 지칠 줄 모르고 노력하며, 성취욕이 강한 특징이 있다. 반면에 Type B 유형의 사람은 보다 느긋하고 스트레스 덜 받는 유형으로, 비교적 마음의 여유를 가지고 일을 수행하며 작업의 양보다는 질에 중점을 두는 성향이 있다.

**MBTI 성격유형지표** MBTI 성격유형지표(Myers-Briggs Type Indicator)는 분석심리학자인 칼 융(Carl Jung)의 심리유형론을 바탕으로 만들어졌다. MBTI 성격유형지표에서는 〈그림 2-1〉과 같은 네 가지 축을 통해 총 16가지 유형으로 사람들을 분류한다.

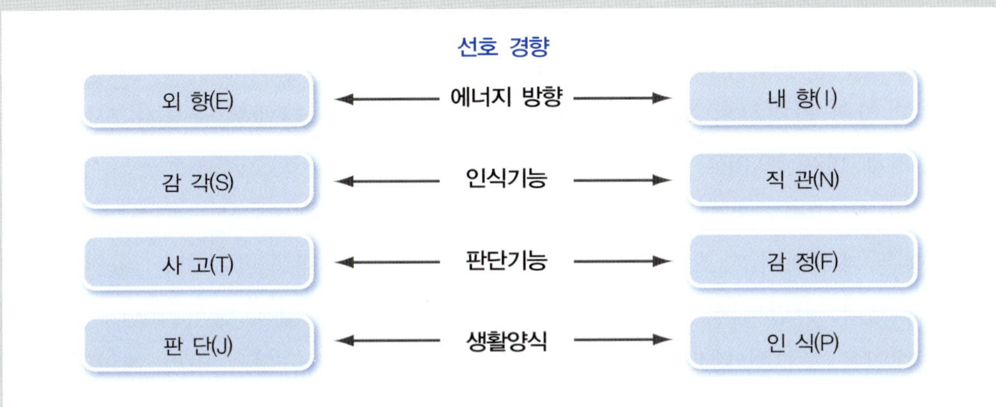


그림 2-1 MBTI 성격유형의 4가지 선호지표

자료 : Myers, Kirby, & Myers(1998).[12]

- 외향형과 내향형(Extraversion & Introversion) : 외부 세계(외향형)와 내부 세계(내향형) 가운데 어디에서 더 많은 에너지를 얻는가, 어디에 더 주의를 기울이고 초점을 맞추는가에 따른 구분이다. 외향형은 일반적으로 인간관계의 폭이 넓고 행동으로 실천하는 속도가 빠르며 주위에서 벌어지는 일에 관심이 많다. 반면 내향형은 인간관계의 폭은 좁지만 깊으며 말이나 행동 이전에 깊이 생각하고 자신만의 감정이나 사고에 충실하다. 조직에서 외향형들은 보다 활동적인 업무를 선호하며 자유롭게 의사소통하고 회의 시에도 발언을 많이 하는 편이다. 내향형들은 조용히 집중할 수 있는 업무나 환경을 선호하고 먼저 신중하게 생각하고 난 뒤에 말하거나 행동에 옮긴다.
- 분석형과 직관형(Sensing & Intuition) : 주로 어떠한 방식으로 정보를 수집하는가에 따른 구분이다. 분석형인 사람은 대개 구체적인 경험이나 감각을 통하여 정보를 수집하고 그것을 신뢰한다. 따라서 전통이나 관례를 중시하며 현실적이고 실용적인 태도를 지닌다. 반면 직관형은 눈에 보이는 것 이면의 의미나 개념, 패턴을 직관적으로 통찰하는 방식으로 정보를 수집한다. 조직에서 분석형인 사람은 구체적이고 상세한 업무지시, 가시적인 결과가 나오는 일을 선호한다. 또 기존의 업무처리방식이나 관례를 중요하게 여긴다. 직관형은 미래에 대한 비전을 제시할 수 있는 일을 선호하며, 반복되는 일을 잘 견디지 못하고 변화와 혁신을 선호한다.
- 사고형과 감정형(Thinking & Feeling) : 사람이 무엇을 근거로 의사결정을 내리고 판단하는가에 따른 구분이다. 사고형인 사람은 논리적이고 객관적인 방식으로 의사결정을 하며, 한번 내린 결정을 확고히 지키려는 경향이 있다. 반면 감정형인 사람은

보다 개인적이고 가치지향적인 방식으로 의사결정을 하며, 관련된 사람들의 상황을 고려하는 특징이 있다. 조직에서 사고형은 감정을 많이 드러내지 않고 다른 사람의 감정보다는 생각에 대해 더 민감하게 반응하는 특성이 있으며, 논리적으로 일을 처리한다. 반면 감정형은 직장에서 사람들 간의 조화로운 관계를 중요시 하며 칭찬이나 격려를 많이 필요로 한다.

- 판단형과 인식형(Judging & Perceiving) : 이 지표는 기본적인 삶의 태도를 나타낸다. 판단형은 계획적이고 조직적이며 매사에 결정을 빨리 내리고자 하는 완결지향성을 가지고 있다. 반면 인식형은 보다 융통성 있고 즉흥적인 삶의 방식을 선호하며 여러 가지 대안을 충분히 검토해 보고 싶어한다. 직장에서 판단형은 미리 계획표를 짜서 체계적으로 일을 추진하며 일을 조기에 완수해 내고자 하는 욕구가 강하다. 반면 인식형은 좀 더 개방적이고 느긋한 태도로 업무에 접근하며 빨리 결론을 내리기보다는 새로운 정보를 많이 수집하고 싶어한다.

### 1.2.3 정신역동 이론

Freud의 연구에 기반한 정신역동 이론(psychodynamic theory)은 행동의 무의식적 결정요소를 강조한다.[13] 프로이트는 성격이 원초아(id), 자아(ego), 초자아(superego)라는 세 가지 요소의 상호작용으로 나타난다고 보았다. 원초아는 인간 본성의 가장 근본적인 요소로서, 심리적 에너지인 리비도(libido)의 저장고이기도 하다. 원초아는 원시적이고 합리적인 통제가 불가능하기 때문에 모든 충동을 즉시 만족시키고 긴장을 즉각적으로 방출하고자 한다.[14] 한편 초자아는 우리가 양심이라고 알고 있는 것과 유사하다. 해야 하는 것과 해서는 안 되는 것에 대한 가치를 포함하며, 사회화 과정을 통하여 형성된다. 따라서 원초아와 초자아 간에는 지속적인 갈등이 존재한다. 자아는 이러한 갈등을 관리하는 역할을 한다. 즉 둘 간의 타협을 시도하여, 초자아의 제약을 고려하면서 원초아의 욕구를 충족시키려는 마음의 조직적, 합리적, 현실지향적인 구조이 바로 자아이다.[15]

이러한 프로이트의 이론 가운데 성격심리학 측면에서 가장 많은 실증 연구가 이루어진 부분이 바로 권위주의적 성격에 대한 것이다.

**권위주의적 성격** 권위주의적 성격(authoritarian personality)을 지닌 사람은 일반적으로 권위 있는 사람에 대한 무의식적인 적대감을 가지고 있으면서도, 윗사람에 대해서는 지나치게 순응적이고 아랫사람에 대해서는 절대적인 복종을 요구한다. 또한 권위주의적 성격을 지닌 사람은 정치적으로 보수적이고 국가주의적이며, 법과 질서를 옹호하는 특징이 있다. 이러한 성향을 지닌 개인들로 구성된 집단은 구성원들 간에 서로 합의에 이르기가 힘들고 참여를 이끌어내기가 쉽지 않다. 또한 참여적 리더십보다는 구조화된 리더십을 선호하는 특징이 있다. 이러한 사람들은 특히 자신이 높은 지위에 있을 때 권력을 강제적으로 사용하는 성향이 있으며, 아부를 하는 부하에게 보상을 하고 집단활동에 대해 강한 개인적 통제력을 행사하는 경향이 강하다.

### 1.2.4 인지적 접근

어떤 학자들은 성격연구에 있어 인간의 인지적 측면을 보다 강조한다. 인지적 성격이론의 초기 선두주자인 Kelly는 사람들이 자신을 둘러싼 외부 세계나 다른 사람의 행동을 이해하기 위하여 사용하는 인지적 전략이 성격의 핵심이라고 보았다. 인지적 전략은 학습 가능한 것이다. 기존에 사용하던 것을 버리거나 바꿀 수도 있고 새로운 전략을 습득할 수도 있다. 이렇게 본다면 성격은 늘 변화 가능한 것이다.[16]

최근에는 Mischel과 Bandura의 사회학습 이론(social learning theory)이 인지적 접근의 대세를 이루고 있다. 이들은 Kelly가 제시한 주제를 발전시켜, 인지적 전략과 구체적인 상황을 연결 지었다. 즉 개인이 사용하는 전략은 그 사람이 처해 있는 상황을 반영한다고 본 것이다. 아울러 Bandura는 뒤의 자기개념 절에서 소개할 효능감의 개념을 발전시키기도 하였다.[17]

여기에서는 성격에 대한 여러 가지 인지적 접근법 가운데 Rotter의 통제 소재 이론에 대하여 자세히 소개하도록 하겠다.[18]

**통제 소재 이론** 통제의 소재(locus of control)란 자신의 삶에 대한 결정권이 어디에 있다고 보느냐를 의미한다. 어떤 사람들은 자신의 운명은 스스로 개척하는 것이라고 믿고, 또 어떤 사람들은 자신보다는 외부의 힘 때문에 운명이 정해지는 것이라고 믿는다. 첫 번째 유형, 즉 자신이 운명에 대한 통제권을 쥐고 있다고 믿는 사람들을 내부형(internals), 외부의 힘에 의해 자신이 통제되고 있다고 믿는 사람들을 외부형(externals)이라 한다.[19]

통제의 소재를 내부에 두느냐 외부에 두느냐에 따라 사람들의 태도나 행동에는 많은 차이가 생긴다. 연구 결과에 따르면 외부형이 내부형에 비하여 직무에 대한 만족도는 물론 관여도도 낮고 결근율이 높은 것으로 나타났다.[20] 또한 내부형이 의사결정을 하기 전에 보다 적극적으로 정보를 탐색하며 성취동기가 높고 환경을 통제하기 위해 더 많은 노력을 하는 것에 비해, 외부형은 보다 순응적이고 타인의 지시에 기꺼이 따른다. 따라서 내부형은 복잡한 정보처리와 학습이 요구되는 보다 전문적이고 관리적인 업무, 능동적이고 독립적인 행동이 필요한 업무에 보다 적합하다. 반면 외부형은 잘 구조화가 되어 있고 루틴화된 직무, 그리고 다른 사람들의 지시를 정확히 따르는 것이 중요한 직무에 보다 적합하다.

### 1.2.5 인본주의 이론

인본주의 이론(humanistic theory)은 개인의 성장과 개선에 초점을 맞추는 인간 중심적인 이론이며, 세계에 대한 개인의 관점을 강조한다. 인본주의 이론의 대표적인 학자인 Rogers는 사람에게는 자기실현, 즉 자신이 될 수 있는 모든 것을 이루고자 하는 기본적 욕구가 있다고 보았다.[21] 간섭이나 방해만 없으면 인간은 자기실현의 방향으로 나아가게 되어 있다는 것이다. 우리가 동기이론의 하나로 알고 있는 Maslow의 유명한 욕구단계설은 이러한 인본주의 이론의 하나이다. 다만 Maslow는 자아실현의 동기가 중요하긴 하지만 이러한 고차원적인 동기가 부각되기 위해서는 하위의 보다 기본적인 동기들이 충족되어야 한다고 보았다는 점에서 Rogers와 차이가 있다. 이러한 인본주의 이론은 자아의 개념을 성격 이론에 통합하는 데에 기여하였다.[22]

### 1.2.6 대인관계 이론

앞에서 살펴본 이론들은 모두 개인에 초점을 맞추고 있다. 즉 개인의 특성이라든가 개인 내부의 심리적 과정을 강조한다. 이에 반해 대인관계 이론(interpersonal theory)은 성격이 사회적 관계에서 생겨나며 오직 사회적 관계 내에서만 의미를 갖는다고 본다. 임상심리학과 사회심리학의 만남으로 탄생한 대인관계 이론에서는 사람은 사회적 인정이나 사회적 지위, 예측 가능성을 필요로 하며 이러한 욕구는 다른 사람들과의 상호작용을 통해 충족된다고 전제한다. 사회적 상호작용은 주어진 상황에서 지켜야 하는 규준, 사람들이 선택하거나 배정받은 역할, 그리고 개인의 자기표현 양식에 따라 달라진다. 그런데 자기표현 양식은 개인의 자기개념이나 정체성에 의해 정해지며, 개인의 정체성은 다시 사회적 상호작용을 통해 발달한다. 다시 말해 이 모든 과정은 개념적

순환 고리를 이룬다.

대인관계 이론의 주요 개념 중 하나가 바로 사교적 능력이다. 여기서 말하는 사교적 능력은 대인관계 상의 통찰력이나 민감성, 주어진 역할을 감당하는 능력, 대인관계를 효과적으로 수행하고 관리하는 능력 등을 의미한다. 아래에서 살펴볼 자기연출 역시 사교적 능력을 강조하는 대인관계 이론의 맥락에서 도출된 개념이다.

**자기연출** 자기연출(self-monitoring)이란 개인이 다른 사람이나 상황이 주는 단서에 의존하여 행동하는 정도를 나타낸다.[23] 자기연출의 정도가 높은 사람은 특정 상황에서 어떠한 행동이 적절한지, 다른 사람들은 어떻게 행동하는지에 관심을 기울이며 그에 맞게 행동하려고 노력한다. 반면 자기연출의 정도가 낮은 사람은 상황적 단서에 그렇게 민감하지 않으며 상황보다는 자신의 내적 상태에 따라 행동한다. 따라서 자기연출의 정도가 낮은 사람들의 행동이 다양한 상황에서 일관성 있게 나타나는 것에 비해 자기연출 정도가 높은 사람들은 상황에 따라 다른 행동을 하기 때문에 더 예측 불가능하고 일관성이 부족한 것으로 보이기도 한다.

그렇다면 자기연출 성향은 개인의 경력이나 직장생활에 어떠한 영향을 줄까? 한 연구에서 연구자들은 MBA 졸업생 139명이 5년간 어떠한 변화를 겪는지 추적하였다. 그 결과 자기연출 정도가 높은 졸업생들은 승진을 더 많이 했고 회사를 더 자주 옮겼다. 이들이 승진을 많이 한 이유는 과제를 완수하여 타인의 기대수준을 충족시키려는 욕구나 사회적 인맥에서 중요한 위치를 차지하려고 노력하는 성향이 더 강하기 때문일 것이다.[24]

아직 조직에서 자기연출 성향이 어떠한 영향을 주는지에 대한 연구는 초기 단계이다. 다만 자기연출 수준이 높은 사람은 작업집단의 규준이나 조직문화, 상사의 피드백에 대해서 보다 민감한 반응을 보이리라는 추론이 가능하다. 또 자기연출 수준이 높은 사람들은 유동성 있는 역할에 잘 적응하기 때문에 팀제와 같은 상황에 보다 적합할 것이다.

## 2. 자아개념

자아개념(self-concept)이란 개인이 타인과 의사소통할 수 있는, 자신에 대하여 가지고 있는 믿음의 총체이다.[25] 심리학적으로 자아개념이 중요한 이유는 다음 세 가지이다.[26] 첫째, 자아(self)는 사람이 세계를 경험하는 주된 창이다. 둘째, 자아는 세상을 해석하는 양식을 반영하는 중요한 인지 구조이다. 셋째, 자아는 개인이 다양한 상황에서 보이는 서로 다른 행동에 통일성을 부여한다.

이러한 자아개념에는 여러 가지가 있을 수 있지만 조직행동을 연구하는 학자들이 특히 중요시 하는 자기개념으로 자존감과 자기효능감, 그리고 자기도식이 있다. 이 가운데 자기도식은 다음 제3장 지각과 인지에서 자세히 살펴보기로 하고, 이 장에서는 자존감과 자기효능감에 대해서 설명하도록 하겠다.

### 2.1 자존감

자존감(self-esteem)이란 자기 자신에 대한 긍정적, 혹은 부정적 평가를 말한다.[27] 자존감이 높은 사람은 자신이 기본적으로 선하고 유능하고 가치 있는 사람이라고 믿는다. 자존감이 낮은 사람은 자신이 쓸모없고 무능하며 무가치한 사람이라고 믿는다. 자존감은 다른 사람이 나에 대해서 어떻게 평가하느냐에 따라 영향을 받을 수도 있고, 내가 마음속으로 어떠한 사람과 나를 비교하여 평가하느냐에 따라 달라지기도 한다.

연구 결과에 의하면 자존감이 높은 것이 낮은 것보다 여러 가지 측면에서 바람직하다고 한다. 조직에서 자존감이 높은 사람은 직무 수행이 더 우수하고 만족감도 높은 편이다. 또한 자존감이 낮은 사람에 비하여 어려운 목표가 주어졌을 때 기꺼이 받아들이고 도전하는 경향이 있다. 또한 일반적으로 더 창의적이고 독립적이며 다른 사람들과 상호작용할 때보다 자발적이다. 자기 자신에 대해 긍정적인 느낌을 가지고 있기 때문에 주어진 이슈에 집중할 수 있고 다른 사람들이 어떻게 생각할까에 개의치 않고 새롭고 독창적인 아이디어에 초점을 맞출 수 있는 것이다. 반면 자존감이 낮은 개인은 다른 사람들의 평가에 지나치게 신경을 쓰게 되어 문제에 집중하거나 창의적으로 사고하는 능력이 저해 받게 된다.

그러나 지나치게 높은 자존감은 특히 어떠한 압력이 있는 상황에 직면했을 때 자

기중심적이고 거만한 태도로 나타날 수도 있다.[28]

## 2.2 자기효능감

자기효능감(self-efficacy)이란 특정 과제를 하는 데에 필요한 일련의 행동을 조직하고 실행할 수 있는 능력을 가지고 있다고 믿는 개인의 신념을 의미한다.[29] 자기효능감은 자존감과 비슷한 개념처럼 보이지만, 자존감이 전반적인 자신의 능력에 대한 보편적 지각임에 비해 자기효능감은 특정 과제에 국한되는 보다 구체적 개념이라는 점에서 차이가 있다.

자기효능감은 후천적인 경험에 의하여 학습되는 자기개념으로서, 다음과 같은 것들을 통하여 형성된다.

- 과거 경험 : 과거의 경험은 가장 강력한 자기효능감의 원천이다. 예를 들어 해당 과제나 그와 비슷한 과제를 성공적으로 완수한 경험이 있다면 그 과제에 대한 자기효능감이 높아진다.
- 대리 경험 : 다른 사람들이 그 과제를 얼마나 성공적으로 수행했는가에 따라 자기효능감이 달라진다. 동료가 그 과제를 수월하게 잘 해내는 것을 관찰했다면 나도 잘할 수 있겠다는 생각이 들어서 자기효능감이 높아진다.
- 다른 사람들의 설득 : 주위 사람들이 해주는 말 역시 자기효능감의 중요한 원천이 된다. 즉 잘할 수 있다는 자신감을 심어주는 지지적 발언을 통해 자기효능감을 높일 수 있다. 특히 그러한 말을 하는 사람이 신뢰할 만할 때, 전문가일 때, 많은 사람들이 같은 이야기를 해줄 때 더 효과적이다.
- 생리학적/정서적 상태에 대한 지각 : 특정 시점의 각성 수준이라든가 감정 상태가 어떻게 지각되느냐에 따라 자기효능감의 수준이 달라진다.

자기효능감은 모티베이션과 업무수행 성과와 밀접한 관계를 가지고 있다. 즉 자기효능감이 높은 개인은 과업과 관련되어 더 많은 노력을 할 뿐만 아니라, 곤경에 빠졌을 때 그것을 견디는 끈기가 있기 때문에 자기효능감이 낮은 사람에 비하여 더 성공적으로 업무를 수행하는 경향이 있다.[30]

# 3. 능 력

능력(ability)이란 개인이 어떠한 일을 할 수 있는 정도를 말하며,[31] 조직 행동을 이해하고 관리하는 데에 중요한 함의를 가진다. 조직 전체의 효과성은 개별 종업원의 성과수준에 따라 달라지기 때문에 능력은 조직 성과의 중요한 결정요소라고 할 수 있다.

전통적으로 개인의 능력은 크게 신체적 능력과 인지적 능력으로 분류되어 왔으나, 이에 덧붙여 최근에는 감성적 능력이 새로운 영역으로 관심의 대상이 되고 있다. 본 책에서는 이 세 가지 능력 가운데 조직 생활에서 주된 관심의 영역이 되는 인지적 능력과 감성적 능력에 대하여 살펴보도록 하겠다.

## 3.1 인지적 능력

인지적 능력에는 많은 유형이 있다. 가장 보편적인 차원이 일반지능(general intelligence)이다.[32] 일반지능은 정신적 기능상의 여러 가지 영역으로 구성되며, 대개 〈표 2-2〉와 같은 여덟 개 영역으로 구분된다.[33]

우리가 흔히 사용하는 지능지수(IQ, intelligence quotient)는 이러한 일반지능을 측정하는 척도 중 하나이다.

〈표 2-2〉 일반지능의 8가지 차원

| 차원 | 설명 |
|---|---|
| 언어능력 | 말과 글을 이해하고 사용하는 능력 |
| 수리능력 | 수리적 문제를 해결하고 숫자를 다루는 능력 |
| 추론능력 | 문제에 대한 해결책을 찾아내고, 서로 다른 문제들을 해결할 수 있는 공통의 원칙을 이해하는 능력 |
| 연역능력 | 관찰한 정보로 적절한 결론을 도출하고, 다양한 사실들이 갖는 함의를 평가하는 능력 |
| 관계인식능력 | 두 대상 간의 관계를 파악하고 그 지식을 다른 상황이나 대상에 대해 적용하는 능력 |
| 기억력 | 단순 연합에서부터 복잡한 진술들의 집단까지, 사물을 기억하는 능력 |
| 공간능력 | 어떤 대상이 자신의 관찰지점과 관련해서 어떤 위치와 배열에 있는지 이해하고 공간적 위치가 변경되면 그 대상이 어떻게 보일지 상상할 수 있는 능력 |
| 지각능력 | 시각적 패턴을 발견하고 패턴들 내 및 패턴들 간의 관계를 파악하는 능력 |

조직내에는 다양한 직무가 존재하며, 직무마다 필요한 지적 능력이 다르다. 일반적으로는 많은 정보 처리를 해야 하는 직무일수록 높은 일반지능 수준, 특히 우수한 언어적 능력이 요구된다. 물론 모든 직무에서 높은 지능지수가 요구되는 것은 아니다. 예를 들어 업무가 반복적이거나 자유재량권을 행사할 여지가 별로 없는 직무일 때에는 지능지수가 높다고 하여 수행이 높아지는 것은 아니다. 그러나 언어, 수리, 공간, 지각 능력은 거의 모든 수준의 직무에서 직무 숙달도와 비례하는 관계가 있음이 밝혀졌다.[34]

## 3.2 감성적 능력과 영성 능력

최근 직무를 수행하는 데에 있어 인지적 능력뿐 아니라 감성적 능력도 중요하다는 연구 결과들이 발표되면서 감성지능(emotional intelligence)에 대한 관심이 고조되고 있다. 감성지능은 자신이나 타인의 감정과 느낌을 정확하게 지각하고 평가하고 표현하며 조절하는 능력을 말한다.[35] 감성지능은 다섯 가지 차원으로 이루어진다(〈표 2-3〉 참조).

이러한 감성지능은 기술적인 측면이 강조되는 직무보다는 사람을 다루는 능력이

**〈표 2-3〉** 감성지능의 다섯 가지 차원

| 정의 | 특징 |
|---|---|
| • **자기인지(self-awareness)** : 자신의 기분과 감정, 욕구는 물론 그것이 다른 사람들에게 어떤 영향을 주는지 인식하고 이해하는 능력 | • 자신감<br>• 현실적인 자기평가<br>• 스스로를 낮출 줄 아는 유머감각 |
| • **자기통제(self-regulation)** : 파괴적인 충동이나 기분을 통제하고 다른 방향으로 발산할 수 있는 능력. 최종판단을 내리거나 행동에 옮기기 전에 한 번 더 생각할 수 있는 능력 | • 신뢰감과 청렴함<br>• 모호함에 대한 인내심<br>• 변화에 대한 개방성 |
| • **동기부여(motivation)** : 돈이나 지위에 대한 욕망보다 고차원적인 욕구에서 비롯된 일에 대한 열정. 에너지와 끈기를 가지고 목표를 추구하는 능력 | • 강한 성취욕구<br>• 실패에 굴하지 않는 낙관적인 태도<br>• 조직몰입 |
| • **감정이입(empathy)** : 다른 사람들의 정서적 상태를 이해하는 능력. 상대방의 정서적 반응에 적절하게 대처할 수 있는 능력 | • 인재를 끌어들이고 보유하는 능력<br>• 異문화에 대한 민감성<br>• 고객에 대한 서비스 |
| • **사회적 능력(social skill)** : 인간관계를 관리하고 인맥을 형성하는 능력. 합의점을 도출하고 서로에 대한 지지적 분위기를 형성하는 능력 | • 변화를 유도하는 능력<br>• 설득력<br>• 팀을 만들고 이끄는 능력 |

자료 : Daft & Noe(2001), p.102.[36]

필요한 직무(관리직이나 영업직 등)에서 개인의 수행 수준에 보다 큰 영향을 준다. 차츰 팀 단위로 일하는 조직이 많아지고 서로 다른 문화권에서 온 사람들과 상호작용하는 일이 늘어남에 따라 감성지능의 중요성도 증가하고 있다.

인지적 능력과 감성적 능력 이외에 Zohar와 Marshall(2000)[37]은 영성적 능력(SQ: spiritual intelligence)을 제안하였다. 이들의 제안에 따르면 영성적 능력이란 잠재의식과 관련된 제3의 프로세스를 의미하는데, 이러한 영성적 능력은 이성과 감성, 그리고 정신과 육체 사이의 교류를 촉진시키며, 성장과 변혁을 담당하는 역할을 한다. 이러한 영성적 능력은 활력을 부여하고 경험을 통합하여 의미를 부여함으로써 인지적 지능이 효과적으로 작용하는데 중요한 역할을 한다.

# 4. 가치와 윤리

## 4.1 가 치

개인차의 또 다른 원천은 가치이다. 가치란 특정한 행동 양식이나 어떠한 존재의 결론적인 상태가 다른 것보다 개인적, 혹은 사회적으로 더 바람직하다고 믿는 지속적인 신념이다.[38] 가치는 태도보다 더 심층적인 수준에 존재하며 보다 보편적이고 기본적이다. 우리는 가치를 통해 자기 자신은 물론 타인의 행동을 평가한다.

개인의 가치는 부모, 친구, 교사, 기타 외부의 참조집단 등 그 사람이 속한 문화적 상황 속에서 발달하며, 생의 초기에 형성된다. 개인은 서로 다른 학습 환경에 노출되며 서로 다른 경험을 하므로 가치는 개인마다 달라지게 된다. 이렇게 생겨난 가치는 비교적 안정적으로 장기간에 걸쳐 지속된다. 그러나 사업 실패라든가 위험한 사고, 사랑하는 이의 죽음, 출산 등과 같은 중요한 삶의 사건들을 겪게 되면 성인기에도 개인의 가치 체계가 변화할 수 있다.

### 4.1.1 도구적 가치와 최종적 가치

인간의 가치 체계에 대해 연구한 선구적 학자인 Rokeach는 가치를 도구적 가치와

〈표 2-4〉 도구적 가치와 최종적 가치

| 도구적 가치 | | |
|---|---|---|
| 정직 | 야심 | 책임감 |
| 너그러움 | 개방적 태도 | 용기 |
| Helpfulness | 청결함 | 능력 |
| 자기통제 | 호감/사랑 | 유쾌함 |
| 독립성 | 예의바름 | 지성 |
| 순종(Obedience) | 합리성 | 상상력 |
| **최종적 가치** | | |
| 세계 평화 | 가족의 안전 | 자유 |
| 행복 | 자기 존중 | 지혜 |
| 공평함 | 구원(salvation) | 부유함 |
| 성취 | 우정 | 국가 안보 |
| 내면적 평화 | 성숙한 사랑 | 사회적 존경 |
| 예술과 자연의 미 | 쾌락 | 활기차고 열정적인 삶 |

자료 : Rokeach(1973).[39]

최종적 가치 두 가지로 구분하였다. 도구적 가치(instrumental value)는 목표를 달성하는 수단을 반영한다. 즉 어떠한 결과적 상태를 획득하기 위하여 사용되는 수용가능한 행동들에 대한 가치이다. 도구적 가치에는 야심, 정직, 용기 등이 포함된다. 최종적 가치(terminal value)는 달성되어야 하는 목표나 존재의 최종 상태를 나타낸다. 행복, 사랑, 기쁨, 자기존중, 자유 등이 최종적 가치에 속한다(〈표 2-4〉 참조). 도구적 가치와 최종적 가치는 개인이 추구해야 할 목표, 그 목표를 달성하기 위한 수용가능한 방법을 제시하는 역할을 한다.

## 4.2 직무 가치

직무 가치(work value)는 조직에서 개인이 직무를 수행하는 것과 관련하여 가지고 있는 가치를 말한다. 이는 개인이 업무를 할 때 무엇이 옳고 그른지를 판단하고 행동하는 기준이 되기 때문에 중요하다.

개인과 관련되는 주요 직무 가치로서 성취, 타인에 대한 배려, 정직, 공정성의 네 가지를 꼽을 수 있다. 성취란 개인이 우수한 경력을 쌓는 것에 얼마나 관심을 가지고 있는가를 나타내는 가치이다. 성취를 중요시 하는 개인은 열심히 일하고 새로운 기술이나 능력을 개발하는 기회를 최대한 활용하는 특성을 보인다. 타인에 대한 배려는 다른 사람을 격려해 준다든가 어려운 일을 도와주는 등 다른 사람에게 공감하고 그들을 보살피는 행동으로 나타난다. 정직이라는 가치는 정확한 정보를 제공하고 개인적인 이득을 위해 다른 사람들을 속이지 않는 행동으로 표현된다. 그리고 공정성 가치를 중요시 하는 개인은 공명정대함을 강조하며 사람들이 가진 다양한 견해를 인정한다.

개인들의 가치 체계가 서로 다르더라도 직장에서 비슷한 가치를 공유한다면 긍정적인 효과가 나타난다. 예를 들어 상사의 가치를 공유하는 부하 직원은 업무에 대한 만족감이나 조직몰입도가 더 높은 것으로 나타났다.[40] 또 가치는 직업 선택에도 영향을 준다. 전통적으로 보수라든가 승진 가능성이 직업 선택에 가장 큰 영향을 준다고 알려져 왔지만, 성취, 타인에 대한 고려, 공정성과 같은 나머지 세 직무 가치가 직업 선택 시에 더 큰 영향을 준다는 연구 결과가 도출되기도 하였다.[41]

## 4.3 윤 리

윤리적 행동이란 개인의 가치, 그리고 조직이나 사회에서 공통적으로 가지고 있는 가치와 일치하는 방식으로 행동하는 행위를 말한다.[42] 특히 자본주의의 근간에서 볼 때 청교도의 프로테스탄티즘은 현대의 직업윤리에 큰 영향을 주었다. 프로테스탄티즘은 물질적 이윤추구라는 인간의 기본적인 욕구에 윤리적 통제를 가함으로서 향락, 방탕, 재산을 낭비하는 일을 절제하고 최선을 다해 일하고 금욕하는 것을 윤리적으로 보았다. 즉 신이 내리신 직업을 최선을 다해 수행하여야 한다는 프로테스탄티즘 윤리는 이에 기반하여 획득한 자산의 양을 신앙적 진실성을 나타내는 것으로 보았다. 결과적으로 프로테스탄티즘 윤리는 자본주의 정신을 더욱 강화하는 것이 되었다.[43] 이러한 윤리적 정신에 기반을 둔 윤리적 행동은 실제로 조직 전체의 성과에 긍정적인 영향을 주었다는 점에서 중요한 의의를 갖는다. 예를 들어 1990년대 초 존슨 앤 존슨 사의 CEO였던 James Burke는 윤리 문제에 많은 주의를 기울이는 회사들의 목록을 작성했다. 존슨 앤 존슨, 코카콜라, 거버, 코닥, 3M 등의 회사가 이 목록에 포함되어 있었다. 그리고 이 회사들의 경영 상태를 살펴보았더니 과거 40년이 넘는 기간 동안 이러한 회사들의 시장가치가 연 11.3%의 비율로 성장해 왔음을 알 수 있었다. 다우존스에 등록된 기업들 전체의 성장률이 6.2%였던 것에 비하면 거의 두 배에 가까운 수치이다.[44]

〈표 2-5〉 월 스트리트 저널에서 정리한 윤리적 문제들

| |
|---|
| • 자기 소유가 아닌 물건을 가져가는 도둑질 |
| • 진실이 아님을 알면서 거짓을 말하는 것 |
| • 잘못된 인상을 만들거나 유지하는 사기나 기만 |
| • 뇌물, 상납 등 |
| • 상대방이 알 권리가 있는 정보를 숨기는 것, 혹은 사적인 정보를 보호하지 않는 것. |
| • 상황을 불공정하게 이용하는 것 |
| • 일을 할 때 일부러 열심히 하지 않는 것 |
| • 다른 사람들을 악용하는 행동(성희롱, 인종차별, 언어폭력 등) |
| • 구성원들을 악용하는 조직의 제도들(불공정한 보상, 권력의 오용 등) |
| • 조직의 규범을 어기는 행위 |
| • 비윤리적 행동에 대해 알고 있으면서 보고하지 않는 것 |
| • 똑같이 바람직하거나 바람직하지 않은 선택안 중 하나를 선택해야 하는 윤리적 딜레마 |

자료 : Wall street journal's report(Nelson & Quick, 2012, p.139에서 재인용).[45]

종업원의 비윤리적 행위는 다른 개인이나 팀, 심지어는 조직 전체에 큰 영향을 줄 수 있다. 따라서 조직은 개인이 윤리적으로 행동하기를 기대한다. 그러나 조직에서 개인이 가지고 있는 윤리적 문제는 그리 간단치 않다. 예를 들어 1992년 미국에서 월 스트리트 저널에 실린 기사를 단 일주일치만 조사해도 60개가 넘는 기사가 조직에서의 윤리적 문제에 대해 다루고 있었다.[46] 이 기사들에서 나타난 윤리적 테마는 표와 같은 12가지 주요 윤리적 문제로 정리된다. 살펴보면 이 문제들이 모두 상황에 따라 다르게 판단할 수 있는, 분명한 답이 존재하지 않는 주제들임을 알 수 있다.

따라서 윤리적 행동은 개인의 특성이나 상황적 특성에 따라 다르게 나타날 수 있다는 결론을 내릴 수 있다. 윤리적 행동에 영향을 주는 개인 수준의 특성들은 다음과 같다.

### 4.3.1 윤리적 행동에 영향을 미치는 개인의 특성

**가치 체계** 개인이 어떠한 가치 체계를 가지고 있느냐에 따라 윤리적 행동은 다르게 나타난다. 가치에 대해서는 앞 절에서 자세히 살펴보았다. 비윤리적인 행위에 대한 유혹에 굴복할 것이냐 말 것이냐를 결정하는 것은 개인의 가치, 즉 무엇이 옳고 그른가에 대한 기본적인 의미부여 체계이다.

**통제 소재** 앞 절에서 살펴본 통제의 소재에 따라 윤리적 행위가 영향을 받는다. 통제의 소재를 내부에서 찾는 사람은 자신이 자기 삶을 통제하고 있고 따라서 자신에게 일어나는 일에 대한 책임이 자신에게 있다고 믿는다. 반면 외부형은 그러한 책임을 운명이나 운, 다른 사람과 같은 외부의 힘으로 돌린다. 내부형은 외부형보다 자신의 윤리적, 혹은 비윤리적 행위의 결과에 대한 책임감을 강하게 느낀다. 외부형은 그러한 행위가 외부 힘에 의해 야기되었다고 믿는 경향이 있다. 연구 결과들에 따르면 내부형이 외부형보다 더 윤리적인 의사결정을 하는 것으로 나타났으며,[47] 사회적 압력에 대하여 더 저항적이고 권위적인 사람이 지시를 했다 하더라도 다른 사람을 해치는 행위를 덜 하려는 성향이 있다.[48]

**마키아벨리형 성격** Machiavelli는 권력을 획득하고 사용하는 법에 대한 책인 『군주론』을 집필한 16세기 이탈리아의 정치가이다. 그는 권력을 획득하는 주된 방법이 다른 사람을 조작하는 것이라고 하였다. 마키아벨리형 성격이란 자기가 원하는 것을 달성하기 위하여 무슨 일이든 하고자 하는 성격 특성을 말한다. 이러한 특성이 강한 사람은 대인관계를 악용하려는 성향이 있고 인간 본성에 대해 냉소적 시각을 가지고 있으며 옳고 그름에 대한 관습적인 개념을 크게 중요시 하지 않는다. 반면 마키아벨리형 성격 특성이 낮은 사람은 충실함이라든가 대인관계에 가치를 두고 사적인 이익을 위해 다른 사람을 조작하는 일을 꺼리며 타인의 의견을 존중한다. 마키아벨리형 성격이 강한 사람들은 자신의 목적을 위해 비윤리적 행위를 더 많이 하는 특성이 있다.[49]

**인지적 도덕 발달** 인지적 도덕 발달(cognitive moral development) 수준 역시 개인의 윤리적 행동에 영향을 준다. 심리학자인 Kohlberg가 제안한 인지적 도덕 발달 모형은 인지적 도덕 개념의 발달이 총 여섯 단계에 걸쳐 일어난다는 것이다. 각 단계를 올라갈수록 사람은 옳고 그름에 대한 타인의 의견에 대해서는 덜 의존적이 되고 자신의 이익을 추구하려는 경향도 낮아진다. 그래서 가장 높은 수준에 도달하면 정의라는 광범위한 원칙에 대해 생각하게 되고 자신이 선택한 윤리적 원칙에 따라 행동하게 된다. 개인이 성숙함에 따라 도덕 수준은 이 단계를 하나씩 올라가며 발달하게 되며 이전 단계로 되돌아가지는 않는다. 대개의 성인이 제3이나 제4단계까지 발달하게 되며, 그 이상의 단계에까지 이르는 사람은 흔하지 않다고 한다.[50]

〈표 2-6〉 인지적 도덕 발달 단계

| 수준 | 단계 | 특성 |
|---|---|---|
| 수준 1 :<br>보상, 처벌, 이득에 따라 윤리적 결정을 한다. | 1단계 | 처벌을 피하려고 규칙을 준수함. |
| | 2단계 | 즉각적 이해관계에 맞을 때에만 규칙을 준수함. |
| 수준 2 :<br>다른 사람이나 사회의 기대에 따라 윤리적 결정을 한다. | 3단계 | 자신과 가까운 사람들의 기대에 부응하려고 노력함. |
| | 4단계 | 더 넓은 범위의 사회의 법이나 그에 따른 책임과 의무를 고려하여 결정함. |
| 수준 3 :<br>보편적 가치에 의한 윤리적 결정 | 5단계 | 사람들마다 서로 다른 가치체계가 있음을 인정하며, 정의와 권리의 원칙에 의하여 결정함. |
| | 6단계 | 자신이 선택한 윤리적 원칙에 따름. 법과 그 원칙이 갈등할 때에는 자신의 원칙에 따름. |

### 4.3.2 윤리적 원칙

철학을 비롯한 여러 학문 분야에서 윤리적 행동을 이끌어내는 보편적인 윤리적 원칙에 대해 연구하여 왔다. 이러한 원칙들은 다음 세 가지 기본적인 가치로 축약할 수 있다.[51] 개인마다 자신의 가치에 따라 이 중 어느 것을 더 중요시할 수 있겠지만, 중요한 윤리적 문제를 결정할 때에는 이 세 가지 원칙이 모두 적용되는 것이 바람직하다.

**공리주의** 공리주의란 최대다수의 최대행복을 추구하는 것을 말한다. 즉 그 결정에 의해 영향을 받는 사람들에게 가장 큰 만족을 줄 수 있는 선택안을 고르는 것을 말한다. 그런데 공리주의는 종종 비윤리적 선택으로 귀결되는데 그것은 이 가치가 수단이 아닌 결과를 통해 윤리성을 판단하기 때문이다. 또 다수를 위해 소수가 심각한 피해를 입을 수도 있다.[52]

**개인의 권리** 개인에게는 자신이 원하는 방식으로 행동할 권리가 있다. 이는 법적 권리에만 국한되지 않는다. 그런데 문제는 개인의 권리가 서로 상충될 수 있다는 점이다. 예를 들어 종업원은 사생활 보호의 권리가 있지만 고용주는 모든 사람의 이메일을 조사할 권리를 가진다.

**분배적 정의** 이 가치에 따르면 다음 두 가지 경우에는 불평등이 수용될 수 있다. 첫째, 사회 내에서 선호되는 지위에 도달할 수 있는 기회가 모든 사람에게 동등하게 주어질 때에는 불평등이 수용될 수 있다. 둘째, 불평등해 보이는 조건으로 인하여 궁극적으로 사회에서 가장 덜 부유한 사람들에게 가장 큰 혜택을 줄 수 있을 때에는 불평등도 수용 가능하다.

## 주석(endnote)


1 Maddi, S. R. (1989). *Personality Theories: A Comparative Analysis*. Dorsey Press.

2 Schmitt, N., Gooding, R. Z., Noe, R. A., & Kirsch, M. (1984). Meta-analyses of validity studies published between 1964 and 1982 and the investigation of study characteristics. *Personnel Psychology*, 37(3), 407~422.

3 Lykken, D. T., Bouchard, T. J., McGue, M., & Tellegen, A. (1993). Heritability of interests: a twin study. *Journal of Applied Psychology*, 78(4), 649.

4 Pervin, L. A. (2003). *The Science of Personality*. Oxford university press.

5 Rose, R. J. (1995). Genes and human behavior. *Annual Review of Psychology*, 46(1), 625~654.

6 Pervin, L. A. (1993). *Personality: Theory and Research* (6th eds.). John Wiley & Sons.

7 Turkheimer, E. (1998). Heritability and biological explanation. *Psychological Review*, 105(4), 782.

8 Hogan, R. (1991). Personality and personality measurement. In *Handbook of Industrial and Organizational Psychology*(Vol.2, 873~919). Palo Alto, CA: Consulting Psychologists Press.

9 Barrick, M. R. & Mount, M. K. (1991). The big five personality dimensions and job performance: a meta-analysis. *Personnel Psychology*, 44(1), 1~26.

10 McCrae, R. R. & Costa, P. T. (1987). Validation of the five-factor model of personality across instruments and observers. *Journal of Personality and Social Psychology*, 52(1), 81.

11 민경환. (2002). 성격심리학. 서울: 법문사.

12 Myers, I. B., Kirby, L. K., & Myers, P. B. (1998). *Introduction to Type. Mountain View*, CA: CPP, Inc.

13 Freud, S. (1949). *An Outline of Psychoanalysis*. New York: Norton.

14 민경환. (2002). 성격심리학. 서울: 법문사.

15 민경환. (2002). 성격심리학. 서울: 법문사.

16 Kelly, G. (2002). *Psychology of Personal Constructs V1: Volume One: Theory and Personality*. Routledge.

17 Bandura. A. (1977). *Social learning theory*. Englewood-cliffs, NJ: Prentice-Hall.

18 Rotter, J. B. (1966). Generalized expectancies for internal versus external control of reinforcement. *Psychological Monographs: General and Applied*, 80(1), 1.

19 Rotter, J. B. (1966). Generalized expectancies for internal versus external control of reinforcement. *Psychological Monographs: General and Applied*, 80(1), 1.

20 Blau, G. J. (1987). Locus of control as a potential moderator of the turnover process. *Journal of Occupational Psychology*, 60(1), 21~29.

21 Rogers, C. (2012). *On becoming a person: A therapist's view of psychotherapy*. Boston: Houghton Mifflin Harcourt.

22 Maslow, A. H. (1943). A theory of human motivation. *Psychological Review*, 50(4), 370~396.

23 Snyder, M. & Gangestad, S. (1986). On the nature of self-monitoring: matters of assessment, matters of validity. *Journal of Personality and Social Psychology*, 51(1), 123~139.

24 Mehra, A., Kilduff, M. & Brass, D. J. (2001). The social networks of high and low self-monitors: Implications for workplace performance. *Administrative Science Quarterly*, 46(1), 121~146.

25 Sedikides, C. & Skowronski, J. J. (1997). The symbolic self in evolutionary context. *Personality and Social Psychology Review*, 1(1), 80~102.

26 Pervin, L. A. (2003). *The Science of Personality*. Oxford university press.

27 Coopersmith, S. (1967). *The Antecedents of Self-esteem*. San Francisco: Freeman.

28 Schlenker, B. R., Weigold, M. F. & Hallam, J. R. (1990). Self-serving attributions in social context: Effects of self-esteem and social pressure. *Journal of Personality and Social Psychology*, 58(5), 855~863.

29 Bandura, A. (1997). *Self-efficacy: The Exercise of Control*. New York: Freeman.

30 Bandura, A. (1997). *Self-efficacy: The Exercise of Control*. New York: Freeman.

31 Lubinski, D. & Dawis, R. V. (1990). Aptitudes, skills, and proficiencies. In M. D. Dunnette & L. M. Hough(eds.), *Handbook of Industrial and Organizational Psychology* (2nd ed.), vol.3: 1~60. Palo Alto, CA: Consulting Psychologists Press.

32 Lubinski, D. & Dawis, R. V. (1990). Aptitudes, skills, and proficiencies. In M. D. Dunnette & L. M. Hough (eds.), *Handbook of Industrial and Organizational Psychology* (2nd ed.), vol.3: 1~60. Palo Alto, CA: Consulting Psychologists Press.

33 Nunnally, J. C., Bernstein, I. H. & Berge, J. M. T. (1967). *Psychometric Theory*(Vol. 226). New York: McGraw-Hill.

34 Hunter, J. E. & Hunter, R. F. (1984). Validity and utility of alternative predictors of job performance. *Psychological Bulletin*, 96(1), 72~98.

35 Salovey, P. & Sluyter, D. J. (eds.). (1997). *Emotional Development and Emotional Intelligence: Educational Implications*. Basic Books.

36 Daft, R. L. & Noe, R. A. (2001). *Organizational Behavior*, Harcourt, New York, NY.

37 Zohar, D. & Marshall, I. (2000). *SQ: Spiritual Intelligence: The Ultimate Intelligence*. London: Bloomsbury.

38 Rokeach, M. (1973). *The Nature of Human Values* (Vol. 438). New York: Free press.

39 Rokeach, M. (1973). *The Nature of Human Values* (Vol. 438). New York: Free press.

40 Meglino, B. M., Ravlin, E. C. & Adkins, C. L. (1989). A work values approach to corporate culture: A field test of the value congruence process and its relationship to individual outcomes. *Journal of Applied Psychology*, 74(3), 424~432.

41 Judge, T. A. & Bretz, R. D. (1992). Effects of work values on job choice decisions. *Journal of Applied Psychology*, 77(3), 261-271.

42 Navran, F. (1992). Your role in shaping ethics. *Executive Excellence*, 9, 11~12.

43 강성화. (2006). 베버 『프로테스탄티즘의 윤리와 자본주의 정신』(해제). 서울대학교 철학사상 연구소.

44 Labich, K. (1992). The new crisis in business ethics. *Fortune*, 20, 167~176.

45 Nelson, D., & Quick, J. (2012). *Organizational Behavior: Science, the real world, and you*. Cengage learning.

46 Cherrington, J. O. & Cherrington, D. J. (1992). A menu of moral issues: One week in the life of The Wall Street Journal. *Journal of Business Ethics*, 11(4), 255~265.

47 Trevino, L. K. & Youngblood, S. A. (1990). Bad apples in bad barrels: A causal analysis of ethical decision-making behavior. *Journal of Applied psychology*, 75(4), 378.

48 Lefcourt, H. M. (ed.). (2014). *Locus of Control: Current Trends in Theory & Research*. Psychology Press.

49 Knouse, S. B. & Giacalone, R. A. (1992). Ethical decision-making in business: Behavioral issues and concerns. *Journal of Business Ethics*, 11(5-6), 369~377.

50 Kohlberg, L. (1973). The claim to moral adequacy of a highest stage of moral judgment. *The Journal of Philosophy*, 630~646.

51 Shaw, W. H. & Barry, V. (1997). *Moral Issues in Business*. Belmont, CA: Wadsworth, ITP.

52 Gauthier, D. P. (1963). *Practical Reasoning: The structure and foundations of prudential and moral arguments and their exemplifications in discourse*. Oxford: Clarendon Press.

CHAPTER 03

# 지각과 인지, 감정

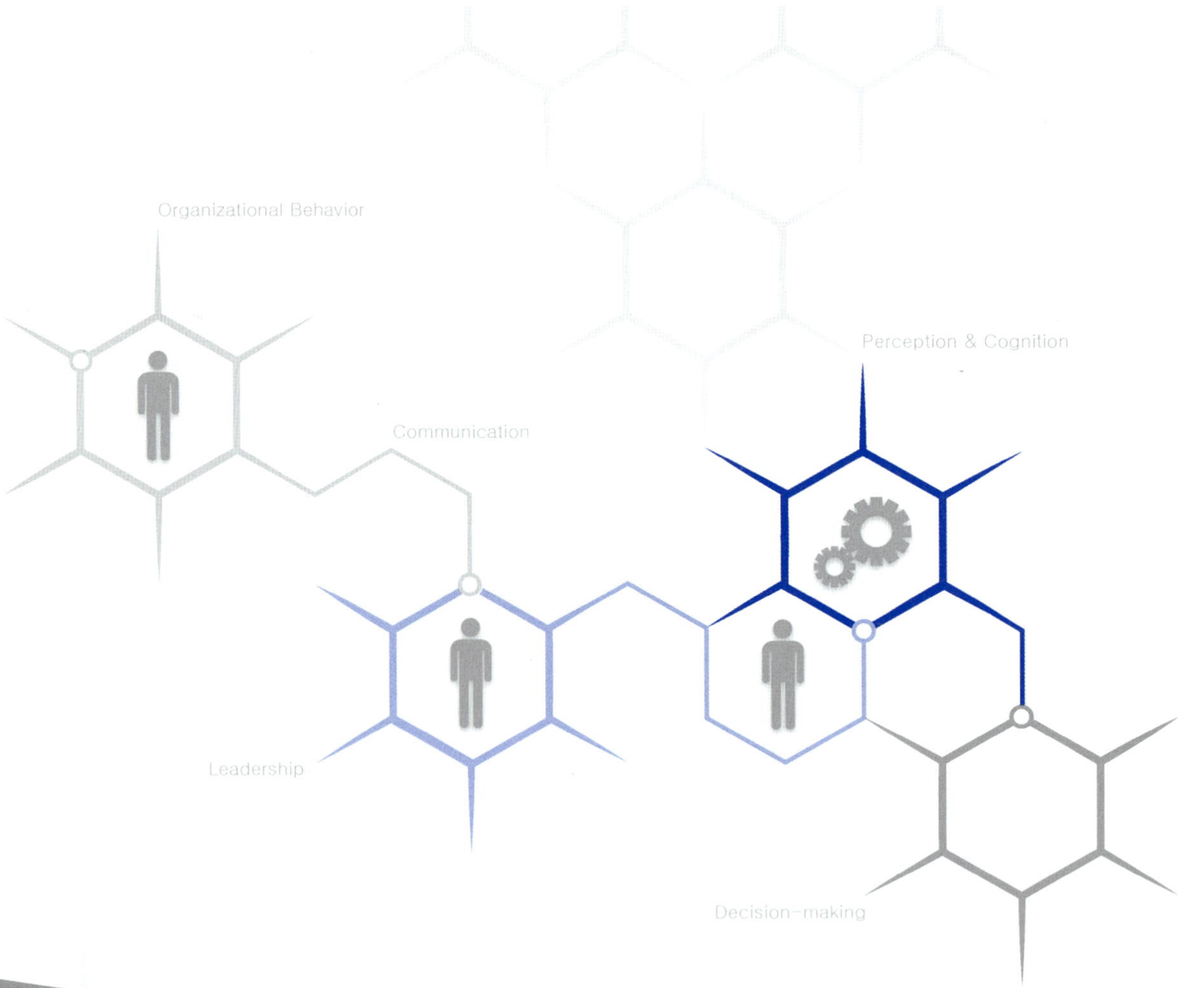

## 들어가기

앞 장에서는 개인의 성격, 자아개념, 능력, 가치와 윤리가 개인행동을 형성함을 살펴보았다. 이런 요소들은 개인행동을 형성함에 있어 개인별로 상대적으로 특성화내지는 구조화되어 있어서 상황이나 직무에 따라 쉽게 변화되지 않는 특성들이다.

다른 한편 개인이 조직내에서 다른 사람들이나 다른 사람들과의 관계를 어떻게 생각하고 느끼느냐에 따라 자신의 행동이 달라진다. 즉 다른 사람을 지각하고 인지하는 과정에 따라 그 사람과 그리고 형성된 관계에 대한 해석과 평가가 달라지고, 이런 과정은 자신의 행동에 영향을 미치게 된다. 또한 자신의 감정 상태나 다른 사람에 대해 느끼는 감정에 따라 자신의 행동도 달라지게 된다.

따라서 본장에서는 개인의 사고과정과 감정 상태에 따른 개인행동을 이해하기 위해 다음과 같은 내용을 다룬다.

일상생활에서 수많은 사람을 만나고 대화하고 함께 어울린다. 처음 만나는 사람들도 있고 이미 잘 알고 있는 사람들도 있다. 우리는 사람들을 만나면 맨 처음 그 사람에 대한 여러 가지 특성이나 모습들을 감각을 통해 받아들이게 된다. 즉, 사회적 지각(social perception)이 일어나는 것이다. 다른 사람을 지각함에 있어서 비록 동일한 사람이 그 대상이라고 하더라도 지각과정은 그때그때 다르게 된다. 왜 그럴까? 이를 위해 사회적 지각에 대해서 먼저 살펴보자.

이런 지각과정을 거쳐 그 사람에 대해 좀 더 깊게 생각하고 관련 정보를 나름대로 체계적으로 처리하는 과정을 갖게 되는데, 이를 사회적 인지(social cognition)이라고 한다. 이런 인지과정을 컴퓨터의 정보처리과정에 잇대어 좀 더 체계적으로 설명하고자 사회정보처리과정(SIP: Social Information Processing Processes)으로 설명하기도 한다.

조직에서 이루어지는 다양한 사람들과의 상호작용은 지각과 인지 과정을 기초로 한다. 예를 들어 상사는 처음 출근한 신입사원을 잠깐 '관찰'하고 그 사람의 '첫인상'을 형성하며, 그 사원이 했던 여러 가지 행동이나 과업을 '기억'하여 그에 따라 '판단'하고 '평가'함은 물론 그러한 평가 결과에 기초하여 그 사람을 대하는 태도가 형성된다. 특히 인력선발 시의 면접이라든가 인사평가에서는 다른 사람을 판단하고 평가한 결과가 선발, 승진의 자료로 사용되기 때문에 정확한 판단과 평가 과정이 중요하다. 따라서 인간의 지각 및 인지 과정에 대해 이해함으로써 조직내의 다양한 개인 행동에 대한 이해와 판단이 올바르게 이루어지게 하는 것이 중요하다.

이 장에서는 인간의 기본적인 지각 및 인지 과정에 대해 살펴보고, 특히 그 대상이 사람일 경우 일어나는 사회적 지각, 사회적 인지 과정에 어떠한 특징이 있는지 보다 자세히 알아보고자 한다.

## 1. 지 각

특정 냄새를 맡았더니 잊고 있던 옛일이 생각난 적이 있는가? 뜨거운 욕탕에 들어갔을 때 처음에는 참기 힘들다가도 조금 지나면 견딜만해지는 이유는 무엇인가? 왜 달은 지평선 가까이에 있을 때에는 커 보이다가 머리 위로 뜨면 작아 보이는가? 이러한 의문을 가져본 적이 있다면, 인간의 지각 과정이 얼마나 복잡한 과정인지 어렴풋이

그림 3-1
감각과 지각의 구분

자료 : Hill(1915)[1]

눈치 챌 수 있을 것이다. 우리는 외부 세계를 단순하고 자동적으로 받아들이지 않는다. 다양하고 복잡한 과정을 거쳐서 받아들인 감각 정보를 능동적으로 재해석한다.

우리가 외부 세계를 이해하는 과정을 파악하기 위하여, 심리학자들은 감각과 지각이라는 두 개의 기본 개념을 분리하여 설명한다. 감각(sensation)이란 유기체와 물리적 환경 간의 최초의 접촉이다. 우리의 감각기관을 통해 시각, 청각, 촉각, 후각, 미각 등 다양한 형태의 감각적 자극이 수집된다.

반면 지각(perception)은 그러한 감각기관에서 들어오는 정보를 선별하고 조직화하고 해석하는 과정이다. 다시 말해 지각이란 환경의 자극을 선별하고 조직화하여 지각자에게 의미 있는 경험을 제공하는 것으로서, 정보의 탐색과 획득, 정보 처리를 포함한다. 지각이 감각 정보를 부호화하는 수동적인 과정이 아니라는 점을 명심하자.

〈그림 3-1〉은 감각과 지각의 구분을 명쾌하게 이해하는 데에 많이 인용되고 있는 것이다. 이 그림은 하얀 바탕과 검은 선으로 우리에게 '감각'된다. 그런데 어느 측면에 초점을 맞추느냐에 따라서 이 그림은 늙고 못생긴 노파로 보이기도 하고 잘 차려입은 아가씨로 보이기도 한다. 매부리코와 주걱턱 모양에 초점을 두면 늙은 노파로 보이게 되고, 속눈썹, 예쁜 턱, 그리고 목걸이라인에 초점을 두면 젊은 여인으로 보이게 된다. 즉 두 가지 그림으로 서로 다르게 '지각'될 수 있는 것이다. 이처럼 감각은 날 것 그대로의 정보를 받아들이는 과정이며 지각은 그 정보에 나름의 해석을 부여하여 이해하

는 과정이다. 이러한 지각 과정의 가장 중요한 특성은 선별성과 조직화이다.

## 1.1 지각적 선별

우리는 물리적, 사회적 자극으로 가득 차 있는 세계에서 살아간다. 그러나 사람의 지각능력은 제한되어 있기 때문에, 감각기관을 통해 들어오는 모든 정보를 모두 똑같은 정도로 완벽하게 처리하는 것은 불가능하다. 예를 들어 지금 여러분이 앉아 있는 의자의 감촉, 옆 사람의 희미한 향수 냄새, 어렴풋이 들리는 환풍기 소리에 일일이 신경을 쓴다면 이 책을 제대로 읽을 수 없을 것이다. 따라서 인간은 지각적 선별(perceptual selection)을 통해 가장 중요한 자극만을 주로 다루고 나머지 자극은 무시하는 경향이 있다. 이때 중요한 역할을 하는 것이 주의(attention)이다. 주의란 특정 대상을 의식적으로 자각하는 과정으로서, 일종의 지각적 여과(filtering)라고 볼 수 있다. 다시 말해 사람은 특정 대상에 주의의 초점을 맞춤으로써 그 대상을 선별적으로 지각하고 나머지는 무시하는 지각적 특성을 지니고 있다.

어떠한 측면이 지각적 선별의 기준이 되느냐는 여러 가지 요소에 따라서 달라지며, 크게 지각자 외부의 요소와 내부의 요소로 나뉜다.[2]

**외적 주의요소**

외적 주의요소란 지각적 선별을 일으키는 외부 자극의 특성으로서, 아래와 같은 것들이 있다.

- 크기 : 외부 자극의 크기가 더 클수록 지각될 가능성이 크다.
- 강도 : 외부 자극이 더 강할수록(더 밝은 빛, 더 큰 소리 등) 지각될 가능성이 크다.
- 대조 : 배경과 반대되는 외부 자극이나 사람들의 기대와 다른 자극이 지각될 가능성이 크다.
- 움직임 : 움직이는 대상은 고정된 대상보다 지각되기가 쉽다.
- 반복 : 반복되는 요소는 단일 요소보다 지각되기가 쉽다.
- 새로움 : 새로운 자극은 주의를 끈다.
- 친숙함 : 친숙한 자극은 주의를 끈다.

### 내적 주의요소

내적 주의요소는 지각적 선별에 영향을 주는 지각자의 특성을 말한다. 많은 요소들이 있지만 이 중 가장 중요한 것이 성격, 학습, 동기, 기대, 경험이다.

- 성격 : 성격은 우리가 무엇을, 어떻게 지각하느냐에 영향을 주는 중요한 요인이다. 여러 가지 성격 측면 가운데 장(場) 의존성(field dependence)이 성격과 지각의 관계를 잘 보여준다. 장 의존적인 사람은 외부의 환경 자극에 보다 많은 주의를 쏟지만 장 독립적인 사람은 주로 신체의 감각에 의존한다. 예를 들어 어떤 물체가 수직으로 서 있는지 아닌지를 판단해 보게 하면, 장(場) 의존적인 개인은 방 모서리라든가 창문과 같이 환경적인 단서에 주로 의지해서 물체의 수직여부를 판단한다. 이에 비해 장(場) 독립적인 개인은 주로 중력의 방향이 어떻게 느껴지는지와 같은 신체적 자극을 이용하여 판단하는 경향이 있다.
- 학습 : 개인의 지각에 영향을 주는 또 다른 내적 요인은 학습이다. 학습은 지각적 틀(perceptual set)의 발달을 결정한다. 지각적 틀이란 동일하거나 유사한 자극에 대한 과거 경험에 비추어 새로운 자극을 특정 방향으로 해석하는 것을 말한다. 우리의 옛 속담에 '자라 보고 놀란 가슴 솥뚜껑 보고도 놀란다'라는 말은 이러한 지각적 틀의 영향을 의미한다.
- 동기 : 동기도 개인이 무엇을 지각하는가에 대하여 영향을 미친다. 지금 가장 시급하고 강한 욕구에 따라 지각에 영향을 주는 것이다. 예를 들어 음악을 듣고 있는 중에 멀리서 희미하게 전화벨 소리가 울린다고 하자. 만약 중요한 전화를 기다리고 있는 중이었다면 전화벨 소리를 알아채겠지만 그런 상황이 아니었다면 음악 소리에 묻혀 들리지 않을 것이다.
- 기대 : 개인이 어떤 기대를 가지고 있으며 그 기대수준이 어느 정도인가 역시 지각적 선별에 영향을 준다. 대부분 사람들은 자신이 기대하고 있는 사건에 대하여 더욱 주의 깊게 받아들인다. 예를 들어 다음 진급 심사에서 자신의 진급에 대해 긍정적인 평가가 내려지기를 기대하는 직원은 사적인 자리에서 상사가 진급 심사에 대해 언급할 경우 이를 의미심장하게 받아들일 것이다. 하지만 진급에 대한 기대가 없는 직원은 상사의 그러한 발언을 그냥 흘려보낼 것이다.
- 경험 : 개인이 어떠한 경험을 가지고 있는가에 따라 같은 현상에 대해 다르게 지각할 수 있다. 예를 들어 IT 기술이 한국보다 뒤떨어진 외국인이 한국의 자동차에 장착된 내비게이션과 무선 인터넷을 보면 굉장히 특이하고 인상적으로 지각할 것이다. 하지만 이에 익숙한 한국 사람이 외국에 나가 이러한 시스템을 본다면 특별히 이를

지각하지 못할 수도 있다. 반면 경험에 의해 보통 사람들이 지각하지 못하는 현상이 부각되어 지각될 수도 있다. 심하게 교통사고를 당한 경험이 있는 사람은 거리에 있는 자동차들을 보고 공포감을 느끼거나 특별히 주의하게 될 것이다. 하지만 이러한 경험이 없는 보통 사람들은 거리에 있는 자동차들을 주의 깊게 지각하지 않고 일상적인 장면으로 흘려보낸다.

## 1.2 지각의 조직화

지각의 조직화(perceptual organization)이란 사람이 환경 자극을 인식 가능한 패턴으로 집단화하는 과정을 말한다. 다시 말해 지각적 선별성에 이어 지각의 조직화가 일어나며, 주의에 의해 선별된 자극이 이제 하나의 전체를 이루게 되는 것이다. 예를 들면 우리는 다리 네 개와 그 위에 얹어진 반듯한 판으로 구성되어 있으며 나무로 만들어진 물체가 '탁자'라는 정신적 심상을 가지고 있다. 그래서 그러한 특성을 지닌 물체를 실제로 지각하게 되었을 때, 입수된 정보를 의미 있는 전체로 조직화하여 그 물체가 '탁자'임을 인식하게 된다.

인간이 어떻게 지각을 조직화 하는가에 대해서는 아직도 밝혀지지 않은 부분이 많지만, 조직화의 대표적 두 가지는 바로 전경-배경의 구분과 지각적 집단화이다.

#### 전경-배경의 구분

우리는 세상을 전경(figure)과 배경(ground)으로 구분하여 인식한다. 이때 전경 또는 도형이란 정해진 모양과 공간상의 위치를 갖는 대상을 의미하며, 배경은 모양이 없고 전경 뒤에서 계속되고 있으며 정해진 장소가 없는 것을 말한다. 이러한 전경-배경의 구분은 앞서 설명했던 감각과 지각의 구분을 더욱 극명하게 보여준다. 앞에서 보았던 〈그림 3-1〉에서도 감각기관으로 입수되는 정보는 달라지지 않는데도 불구하고 무엇을 전경으로 처리하고 무엇을 배경으로 처리하느냐에 따라 노파가 보이기도 하고 고개를 돌린 아가씨가 보이기도 했다. 이러한 구분은 시각 외에 다른 감각에서도 발생한다. 예를 들어 수업시간에 강의를 듣는데 뒷자리에서 소곤대는 학생들의 잡담에 귀를 기울이게 되었다면 교수님의 목소리가 배경으로 사라지고 잡담소리가 전경으로 처리된다. 그러다가 갑자기 교수님이 이름을 불러 질문을 한다면 교수님의 음성이 다시 전경으로 등장한다.

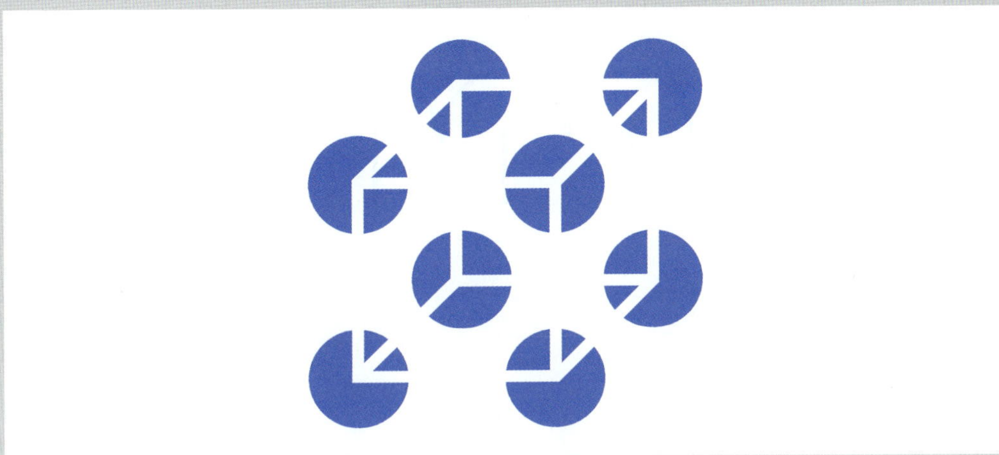

그림 3-2
지각의 집단화

자료 : Bradley & Petry(1977)[3]

**지각의 집단화**

우리는 외부 대상을 지각할 때 여러 대상을 함께 집단화하려는 경향이 있다. 이를 지각의 집단화(perceptual grouping)라고 한다. 지각의 집단화에도 다양한 원칙이 존재하지만 가장 대표적인 것은 다음 네 가지이다.

- 연속성의 원칙 : 대상을 연속되는 패턴의 일부로 지각하려는 경향을 말한다.
- 완결의 원칙 : 대상의 일부가 사라졌거나 보이지 않더라도 그 대상을 완성하여 하나의 전체로서 지각하려는 경향을 말한다.
- 근접성의 원칙 : 서로 가까이에 있는 대상들을 하나의 집단으로 지각하려는 경향을 말한다.
- 유사성의 원칙 : 서로 비슷한 대상들을 하나의 집단으로 지각하려는 경향을 말한다.

〈그림 3-2〉로 우리가 어떻게 지각을 집단화하는지 알 수 있다. 그림에서 여러 가지 모양이 보일 수 있다. 검은 원들에 화살표 같은 흰색들이 있는데 이것을 전체적으로 연결하여 정육면체의 모습이 보인다면 여기에 어떠한 지각의 집단화 원칙이 적용된 것이다.

그림 3-3
생쥐 그림(Doodles illustration)

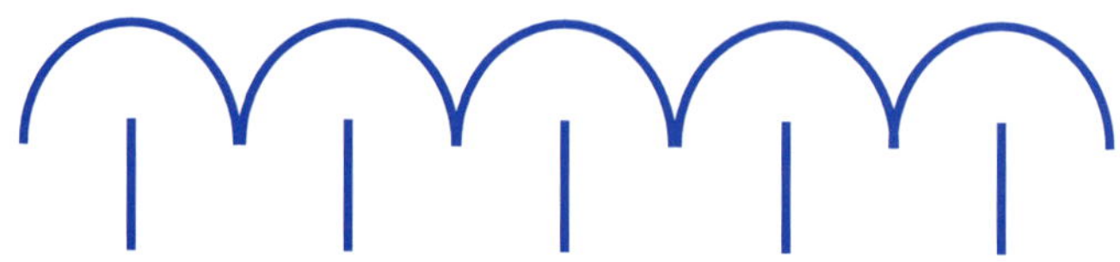

자료 : Luthans(2005), p.180.

## 1.3 지각적 맥락

지각의 조직화 중 가장 정교한 형태가 바로 지각적 맥락(perceptual context)이다. 맥락은 이 맥락 안에 있는 단순한 자극, 사물, 사건, 그리고 사람에게 의미와 가치를 부여한다. 예를 들어 〈그림 3-3〉을 보면, 그림 그 자체는 아무런 의미를 갖지 않는다. 하지만 그림 아래에 '생쥐들의 경주'라는 문구를 써 넣게 되면, 아무런 의미도 없었던 그림이 지각자에게 새로운 의미로 다가오게 된다.

조직 문화나 구조 또한 종업원들이나 관리자들의 지각에 있어 근본적인 환경을 제공한다. 따라서 말로 전하는 지시, 메모, 새로운 정책이나 제안들, 심지어 등을 두드리는 행위조차도 과업 환경에서 발생하였을 때 지각자에게 특별한 의미를 부여하게 된다.

## 1.4 사회적 지각

사회적 지각(social perception)이란 지각의 사회적 측면을 의미하는 것으로서 한 개인이 다른 개인에 대해 지각하는 것을 의미한다. 사회적 지각은 다음의 네 단계를 거쳐 발생한다.

- 주의(attention) : 주의 단계에서는 상대의 첫인상이 지각에 큰 영향을 미친다. 따라서 대상의 인상관리 행동이 지각자의 지각에 영향을 미칠 수 있다.
- 범주화(encoding and categorization) : 지각자는 자신이 가지고 있는 지식이나 경험, 도식 등을 바탕으로 대상을 범주화한다.

- 저장(memory) : 대상에 대한 지각을 사건, 의미, 사람 등을 기준으로 지각자의 기억에 저장한다.
- 검색 또는 회생(retrieval) : 대상에 대한 판단 시에 저장된 기억을 회생 또는 검색하여 사용한다.

사회적 지각은 사람과 사람 사이에서 발생하기 때문에 지각자의 특성과 지각 대상의 특성이 모두 지각에 영향을 미치게 된다. 기업 내에서는 상사와 부하, 동료 사이, 종업원과 고객과 같이 여러 사람을 대상으로 사회적 지각이 빈번하게 일어난다. 따라서 사회적 지각에 영향을 미치는 요소 또한 더욱 복잡하고 많아지게 된다. 예를 들어 상사 개인의 특징이 부하직원들에 대한 지각에 영향을 미칠 수 있다. 자기 존중감이 높은 상사의 경우 부하직원을 긍정적으로 지각하나, 자기 존중감이 낮은 상사의 경우 부하직원을 부정적으로 지각하기 쉽다. 이러한 경우 상사의 개인적 특징은 부하직원들의 성과평가에 영향을 미쳐 객관적이고 정확한 평가를 내릴 수 없게 되므로 주의해야 한다.

## 2. 인 지

일상적인 의미에서 인지라는 말은 지식의 습득을 뜻하는 것으로 쓰인다. 그러나 심리학적인 의미에서 인지의 엄밀한 정의는 감각 정보가 변형되고 감소되고 정교화되어 저장되고 복구되고 사용되는 모든 과정을 의미한다.[4] 이러한 정의에 따르면 인지(cognition)는 앞 절에서 설명한 지각에서부터 보다 고차원적인 정신 활동까지 포함하는 광범위한 개념이다.

이때 정보가 변형된다는 것은 우리가 수동적으로 외부 자극을 받아들이는 것이 아니라 능동적으로 구성한다는 것이다. 여기에 감소와 정교화가 포함된다. 감소란 우리가 특정 자극에만 주의를 기울임으로써 나머지 정보가 상실되는 것을 의미한다. 정교화란 감각적 자극에 무언가를 덧붙이는 것이다. 예를 들어 친구를 만나면 과거에 그 친구와 함께했던 많은 경험이 함께 기억날 것이다. 다음으로 정보의 저장과 복구는 기억 과정이라고 불린다. 저장과 복구는 분리되는 과정이다. 즉 정보가 저장되었다고 해서 늘 복구되는 것은 아니다. 가끔 분명히 알고 있는 단어인데 생각이 안 나고 입에서 뱅뱅 도는 경우는 저장과 복구가 분리된 단계라는 것을 시사한다. 그리고 감각 정보가 사용된다는 것은 정보가 지각, 저장, 복구된 이후에 예를 들어 의사결정을 하거나 문제를 해결하는 데에 적합하게 사용된다는 의미이다.

인지 과정의 앞부분, 즉 지각에 대해서는 앞 절에서 간략히 살펴보았다. 그리고 복잡한 의사결정이나 평가, 판단 과정에 대해서는 제4장에서 다룰 것이다. 여기에서는 인간의 정보처리에 대한 인지적 과정을 소개하고, 그 가운데 기억과정을 자세히 살펴보도록 하겠다.

## 2.1 인간의 정보처리 과정

정보를 습득하고 저장하고 인출하며 사용하는 과정은 수많은 개별 단계로 이루어진다. 정보처리적 접근(human information processing approach)은 이러한 단계에서 구체적으로 어떠한 일이 발생하는지를 연구하는 분야이다. 정보처리적 접근에 의하면 인간의 정보처리 모형은 지각을 통해 감각저장소를 거쳐 패턴이 다시 인식되고 기억에 저장되는 과정을 거친다. 지각과 기억이 순차적으로 일어나는 것처럼 생각될 수 있지만, 때로는 우리가 A라는 사람의 얼굴을 지각하는 순간 그 사람이 A임을 인식하기 위해서는 장기기억에 저장된 A의 얼굴이라는 기억정보가 회상되기도 한다.

감각저장소(sensory store)는 감각정보가 원래 형태대로 짧게 저장되는 곳이다. 우리가 감각기관을 통해 받아들인 정보가 1초도 안 되는 짧은 시간 동안 분석되지 않은 상태로 저장되어, 자극이 물리적으로 종료된 이후 추가 분석을 행할 기회를 준다. 연구결과에 따르면 감각 저장소에 저장되는 정보의 양은 상대적으로 많지만 지속시간이 매우 짧다.

이렇게 잠시 감각저장소에 저장되어 있는 동안 정보는 패턴재인(pattern recognition) 단계를 거치거나, 그렇지 않으면 소멸되고 만다. 우리가 마주치는 패턴은 대개 이미 알고 있던 친숙한 패턴이다. 패턴재인은 감각기관으로 받아들인 패턴을 고양이, 숫자 ‘2’, 문자 ‘공’, 등등으로 분류하는 단계라고 할 수 있다. 이때 주의는 두 가지 역할을 수행한다. 즉 필터기능을 통해 한 번에 재인할 수 있는 정보의 양을 제한하며, 선별기능을 통해 기억에 저장되는 자료의 양을 제한한다. 다음으로 정보는 기억 단계로 넘어간다. 기억은 장기기억과 단기기억으로 구성되며, 이에 대해서는 뒷 절에서 상세히 살펴보도록 하겠다.

## 2.2 기 억

우리의 뇌 속에는 어떠한 유형의 정보가 저장되어 있는가? 인간의 기억은 매우 복잡하기 때문에 이 질문에 대한 답은 생각만큼 쉽지 않다. 심리학자들은 오랜 연구 끝에 기억 속의 정보가 다음과 같은 세 가지 범주로 구분될 수 있다는 결론을 내리고 있다.

- 의미기억 : 의미기억(semantic memory)이란 세계에 대한 보편적이고 추상적인 지식의 총체를 말한다. 한국의 인구는 얼마나 되는가? 새우는 갑각류인가? 연봉제란 무엇인가? 이러한 질문에 대한 답이 바로 의미 기억에 저장되어 있다. 의미 기억을 통해 우리는 감각기관으로 느껴지지 않는 대상이나 상황에 대하여 정신적인 처리를 할 수 있다.
- 일화기억 : 일화기억(episodic memory)은 우리가 개인적으로 경험한 구체적인 사건에 대한 기억이다. 이러한 기억을 통해 우리는 과거로 돌아갈 수 있다. 가장 최근에 누구랑 영화를 보았는가? 고등학교 졸업식 날 기분이 어땠는가? 첫 데이트하던 날은 무엇을 했는가? 이러한 일화기억과 의미기억의 차이를 이해하는 또 다른 방법은 그것과 연관된 의식적 경험이 있는지를 생각해 보는 것이다. 우리가 일화 기억에서 정보를 인출할 때에는 기억이라는 행위를 통한다. 즉 과거에 일어났던 무언가를 다시 경험한다. 반면 의미 기억에서 정보를 인출할 때에는 우리가 이 정보를 알고 있다는 사실을 자각한다. 이는 삶에서 일어난 사건을 기억하는 의식적 경험과는 매우 다르다.
- 과정기억 : 과정기억(procedural memory)은 다양한 과제에 대한 수행과 관련된 기억이다. 자전거를 어떻게 타는가? 넥타이를 매는 법은? 피아노를 연주하는 법은? 과정기억은 기본적인 학습 과정의 산물이다. 의미기억이나 일화기억과 달리 이러한 기억은 말로 옮기기가 어렵다. 그렇게 하려고 하면 너무 자의식이 강해져서 오히려 잘 수행할 수가 없게 된다. 운전경력이 10년이 넘는 베테랑운전자라 하더라도 후진주차하는 법을 구체적으로 말해보라고 하면 핸들을 얼마나 꺾어야 하는지, 어떤 순서로 거울을 확인하는지 등을 쉽게 언어화하기 힘들 것이다.

우리의 기억 속에는 이처럼 여러 종류의 기억이 저장되어 있으며, 이때 기억은 일종의 구조를 지닌다. 학문적으로 볼 때, 인간의 기억 역시 다른 정보처리 과정과 마찬가지로 아직 미지의 영역이나 마찬가지이다. 기억의 구조에 대한 이론도 학자들마다 의견이 분분하다. 그 가운데 가장 많은 인지심리학자들이 받아들이고 있는 이론은 기억이 세 개의 구분되는 구조로 이루어져 있다는 형식모형(modal model)이다. 앞서 소개한 정보처리적 접근도 이 형식모형을 사용하고 있다. 이 모형에 따르면 기억은 감각기억, 단기기억, 장기기억으로 이루어지며, 감각기억의 내용 중 일부가 주의과정을 통해 단기기억으로 이전되고, 단기기억의 내용 중 일부가 정교화 과정을 통해 장기기억으로 이전된다.[5]

감각기억에 대해서는 앞서 감각저장소에 대해 설명하면서 언급하였으므로, 여기에서는 단기기억과 장기기억에 대해 보다 상세히 살펴보도록 하겠다.

### 2.2.1 단기기억

방금 소개를 받은 사람인데 이름이 기억나지 않는다든가, 전화번호를 외워서 막 걸려는 찰나 잊어버렸다든가 해본 경험은 누구에게나 있을 것이다. 이것이 바로 단기기억의 존재를 알리는 경험이다. 단기기억은 짧은 기간 동안 제한된 정보의 양을 저장하는 장소이다. 많은 전문가들이 단기기억을 의식의 작업대쯤으로 간주한다. 즉 지금 이 순간에 처리하거나 사용하고 있는 정보를 일시적으로 보유하는 곳이 단기기억이라는 것이다. 그래서 단기기억을 운용기억(working memory)이라고 부르기도 한다.

**그림 3-4**
기억모델

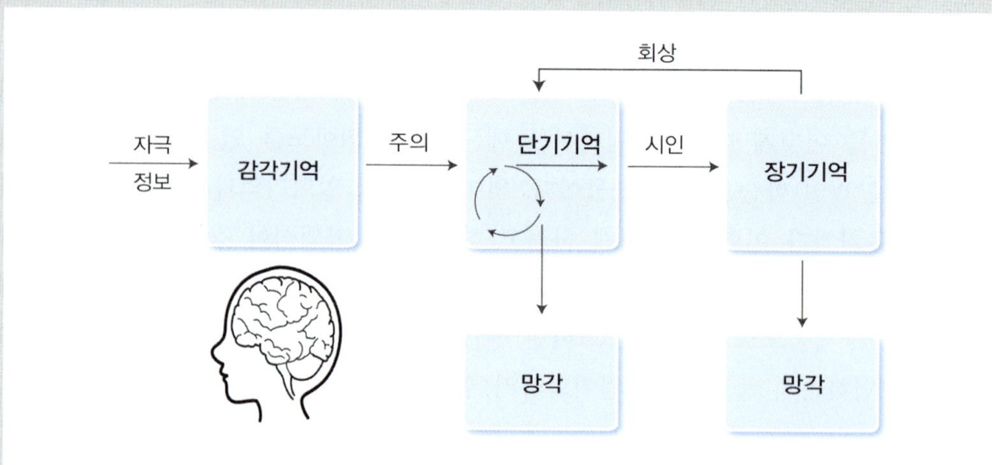


자료 : 현성용 외(2008)[6]

감각기억에서는 정보가 감각기관을 통해 입력된 원형을 거의 그대로 유지한 상태로 저장되었다. 그러나 단기기억에서는 그렇지 않다. 대개의 언어적 정보가(들은 정보이든 읽은 정보이든) 청각적 형태로 저장되는 것이다.[7] 그러나 어떠한 정보는 의미적으로 저장되기도 한다. 그래서 지금 막 외운 단어를 회상해 보라고 하면 사람들은 비슷한 음이 나는 것들끼리 혼동을 하기도 하고 유사한 의미를 지닌 것들끼리 혼동하기도 한다.

그렇다면 단기기억에는 얼마나 많은 정보가 저장될 수 있는가? 학자들 간의 정설은 7~9가지의 정보조각이 저장될 수 있다는 것이다. 이때 정보조각은 관련되는 의미 있는 정보의 단위를 뜻하며, 이를 청크(chunk)라 한다. 한 번에 고작 7~9가지밖에 하지 못하느냐고 생각할 수도 있으나, 하나의 청크 내에 포함될 수 있는 정보의 양은 꽤 많다. 예를 들어서 IBFIMBWBMATWIAC라는 알파벳을 그냥 외우라고 하면 외우기 힘들지만 FBI, IBM, BMW, TWA, CIA라는 의미 있는 집단으로 나누어서 각각을 하나의 청크(chunk)로 만들면 외울 수 있다. 이러한 청킹(chunking) 과정을 통해서 한 번에 7~9개의 정보 조각에 불과한 단기기억의 용량은 꽤 많은 정도로 확장될 수 있다. 한편 대개의 전화번호가 일곱 자리 혹은 여덟 자리(외우기 쉬운 지역번호나 휴대전화 사업자번호를 제외하고)로 이루어져 있는 것 또한 7~9가지라는 인간의 단기기억 용량을 감안한 결과이다.

그러나 단기기억의 정보는 그리 오래 지속되지 못한다. 자꾸 반복하는 등의 적극적 노력이 없다면 단기기억 내 정보는 빠르게 소멸한다. 실험에 의하면 어떤 정보를 외우게 한 다음 거꾸로 숫자를 세라고 하는 등 방금 외운 정보를 머릿속으로 시연할 기회를 박탈하면, 단기기억 속의 정보는 12초 안에 사라진다고 한다.[8]

### 2.2.2 장기기억

장기기억(long-term memory)은 방대한 양의 정보를 거의 영구히 간직하는 저장소이다. 단기기억의 정보가 장기기억으로 넘어가는 것은 앞서 서술했던 정교화시연 과정 덕이다. 정교화시연(elaborative rehearsal)이란 단순히 정보를 반복하는 데에 그치지 않고 뭔가 중요한 인지적 노력을 기울이는 것을 의미한다. 예를 들어 새로운 정보의 의미를 생각한다거나 이미 기억하고 있는 다른 정보와 연관 짓는 과정 등이 여기에 포함된다. 이러한 정교화시연에 관심을 갖는 이론이 처리수준 모형이다.

**처리수준 모형**　기억의 처리수준 모형(levels of processing view)에서는 새로운 정보가 입수되었을 때 그 정보를 얼마나 처리하느냐에 따라서 기억 여부가 달라진다고 본다. 정보는 상대적으로 피상적인 수준에서 얕게 처리될 수도 있고, 많은 노력을 들여서 오랫동안 깊게 처리될 수도 있다. 얕은 처리란 단어를 그저 반복한다든가 대상에 대한 단순하고 감각적인 판단을 하는 것이다. 깊은 처리란 보다 복잡한 비교를 하거나 정보의 의미에 초점을 맞추는 것이다. 예를 들어 외국인이 한국어를 배울 때 '토끼'라는 단어를 보고 단순히 '두 음절로 된 단어로군'하고 생각하는 것보다는 '동물 중에 귀가 길고 깡충깡충 뛰어다니는 가축을 뜻하는 단어야'라고 생각했을 때 나중에 '토끼'라는 단어를 기억할 가능성이 높아진다.

**검색 또는 회생** 이제 여러분은 장기기억이 단기기억과 달리 장기기억은 무한한 용량을 가지고 있으며 매우 오랜 기간 동안 정보를 보유할 수 있다는 것을 알게 되었다. 그렇다면 왜 우리는 학창 시절 시험을 보기 위해 외웠던 것들을 대부분 잊어버리게 되었을까? 이는 그 정보들이 기억에서 사라진 것이 아니라, 기억에 저장되어 있기는 하지만 필요할 때 인출이 되지 않기 때문에 나타나는 현상이다. 무언가를 꼭 기억해내고 싶을 때에는 생각이 나지 않다가 나중에 잊어버리고 있을 때 갑자기 떠오르는 경험 역시 장기기억의 저장과 인출이 서로 분리되는 과정임을 암시한다. 이처럼 이미 기억 속에 저장된 정보를 찾아내는 것을 검색 또는 회생(retrieval)이라 한다.

최초에 장기기억에 저장이 될 때 정보들을 보다 잘 조직화하여 저장한다면 나중에 인출하기가 더 쉬워진다.[9] 또한 검색단서(retrieval cues)를 이용하면 회상이 쉬워진다. 인출단서란 기억 속에 저장되어 있는 정보와 관련되어서 즉시 회상할 수 없는 때에 기억을 해내도록 돕는 자극을 말한다. 오래전에 맡았던 할머니의 향수냄새를 맡고 그동안 잊고 있었던 여름방학의 추억이 갑자기 떠올랐다면 향수냄새가 그 추억에 대한 인출단서로 사용된 것이다. 냄새뿐 아니라 소리, 어떤 광경, 장소 등 많은 것이 인출단서로 활용될 수 있다. 우리가 암기과목 시험을 치를 때 외워야 하는 단어들을 가지고 어떤 이야기를 만들어 암기하는 것은 이러한 인출단서를 활용한 요령이라고 할 수 있다.

## 3. 사회인지

사회인지(social cognition)란 인지의 대상이 사람이며, 사람들이 서로를 지각하고 인식하는 과정이다. 다시 말해 사회인지는 지각자가 다른 사람이나 자신에 대한 정보를 받아들여서 그 정보를 바탕으로 대상이 되는 사람에 대한 추론을 하는 과정을 포괄하는 광범위한 용어이다. 비슷한 용어로서 사회지각(social perception)이라는 용어도 널리 사용되고 있는데, 이 두 용어의 의미 간에는 큰 차이가 없다. 사회인지 과정은 크게 다음과 같은 네 가지 요인에 의해 영향을 받는다.

**대상의 특성** 지각의 대상이 되는 사람의 특성은 사회지각에 영향을 준다. 가장 큰 역할을 하는 것이 외모이다. 키, 몸무게, 추정된 나이, 성별, 얼굴 생김새와 같은 대상의 신체적 특성은 물론 복장도 사회지각에 영향을 준다. 특히 이러한 외모가 사회적 규준과 반대될 때, 보다 강렬할 때, 새롭거나 특이할 때 더 주의를 기울이게 된다.[10] 모든 사람들이 정장을 하고 오는 결혼식장에 혼자 트레이닝복을 입고 간다면 하객들 누구나 그 사람을 나중까지 기억할 것이다. 한편, 구두로 의사소통을 할 때에는 말하는 주제는 물론 어조나 목소리, 억양 등이 사회지각에 영향을 준다. 이때 비언어적인 표현도 서로에 대한 많은 정보를 전달한다. 예를 들어 시선을 마주치는 정도나 표정, 몸의 움직임 등이 상대방에 대한 인상을 형성할 때 영향을 주게 된다. 마지막으로, 지각자가 추론한 대상의 의도도 사회인지에 영향을 준다. 구두 의사소통에서 말하는 주제나 어조, 목소리, 액센터 등도 다른 사람에 대해 지각을 할 때 영향을 준다. 비언어적 의사소통도 타인에 대한 많은 정보를 전달한다. 예를 들면 시선을 마주치는 정도나 표정, 몸의 움직임, 제스처 등이 대상에 대한 인상을 형성할 때 영향을 주게 된다. 마지막으로 지각자가 상대방의 의도를 어떻게 추론했느냐에 따라 그 사람에 대한 사회인지의 결과가 달라진다. 동료직원이 상사에게 차를 타서 가져다주는 것을 목격했을 때, 그 직원이 상사에게 잘 보여 나중에 인사평가에서 좋은 평가를 받고자 했을 것이라고 추론하면 동료에 대한 부정적인 인상이 형성될 것이다. 반대로 적극적이고 친절한 성격의 소유자일 것이라고 추론한다면 오히려 긍정적인 인상이 형성될 것이다.

**지각자의 특성** 지각하는 사람 자체의 특성이 사회인지에 영향을 준다. 먼저, 지각자가 지각대상에 대하여 가지고 있던 기존의 태도나 기대에 따라 다른 결과가 나타날 수 있다. 예를 들어 키가 큰 사람이 키가 작은 사람보다 더 유능하다는 편견을 가지고 있는 면접자는 키가 큰 지원자를 더 긍정적으로 평가할 가능성이 있다. 또한 앞장에서 우리는 기분이 좋을 때 타인에 대하여 더 긍정적으로 평가하는 경향이 있음을 공부한 바 있다. 즉, 그 당시 지각자가 어떠한 기분을 느끼고 있었는지에 따라 사회인지의 결과가 달라진다.[11] 지각자의 자기개념도 사회지각에 영향을 준다. 예컨대 긍정적인 자기개념을 가지고 있는 사람은 다른 사람의 긍정적인 특성을 더 잘 알아차리는 경향이 있다. 마지막으로 지각자의 인지적 구조, 즉 사고의 패턴이 사회지각에 영향을 준다. 어떤 사람들은 사람의 얼굴을 잘 기억하기도 하고, 또 어떤 사람들은 얼굴은 잘 기억하지 못하지만 상대방이 했던 말을 상세히 기억하기도 한다. 이처럼 사회인지의 과정 및 결과는 지각하는 사람 본인의 다양한 특성에 따라 달라진다.

**지각자와 대상의 관계** 지각자와 관찰 대상이 어떠한 관계에 있느냐에 따라 사회인지가 달라진다. 특히 그 둘의 친숙한 정도가 큰 영향을 미친다. 친숙하다는 것은 인상 형성의 근거자료를 수집할 수 있는 관찰의 기회가 여러번 있었나는 것이다. 이러한 관찰을 통해 수집한 정보가 정확하다면 그 사람에 대해 정확한 지각을 하게 된다. 그러나 친숙하다고 하여 항상 올바른 사회지각이 일어나는 것은 아니다. 어떤 사람을 잘 알게 될수록 그 사람에 대한 인식의 틀이 확고해져서, 그 틀에 맞지 않는 정보를 임의로 제외하는 경향이 있기 때문이다. 또 친밀한 정도에 따라 같은 행동이 다르게 해석되기도 한다. 누가 와서 내 등을 한 대 때렸을 때, 친구라면 반가움의 표시로 해석하겠지만 모르는 사람이라면 공격을 가했다고 해석할 것이다.

**상황의 특성** 지각자와 대상이 상호작용하는 상황, 즉 사회적 맥락(social context)도 대상에 대한 지각자의 인상에 영향을 준다. 예를 들어 똑같은 농담을 하더라도 그 농담을 회의석상에서 했을 때와 술자리에서 했을 때 사람들의 반응은 다를 것이다. 그리고 상황 단서의 강도도 사회지각에 영향을 준다. 어떤 상황은 적절한 행동이 무엇인지에 대한 강한 단서를 제공하는데, 그러한 상황에서는 개인의 행동이 개인의 특성을 반영하는 것이 아니라 상황의 특성을 반영하는 것이라고 해석되게 된다. 예컨대 어떤 직원이 무단결근을 했는데 알고 보니 어머니가 위독한 상황이었다면 그 직원이 무책임해서가 아니라 그 상황이 위급했기 때문이라고 생각할 것이다.

## 3.1 사회인지의 과정

그렇다면 이러한 사회인지는 어떠한 과정을 거쳐 발생하는가? 기본적으로는 앞장에서 살펴보았던 일반적 정보처리 과정과 유사한 단계를 거친다. 사회적 정보처리 모형(social information processing model)에서는 사회인지의 과정을 선별적 주의, 부호화 및 단순화, 저장 및 보유, 검색 및 회생이라는 네 가지 단계로 나누어서 설명한다. 이 네 단계 가운데 앞의 세 단계, 즉 선별적 주의, 부호화 및 단순화, 저장과 보유는 사회적 정보가 어떻게 지각되고 처리되어 기억 속에 저장되는지를 설명하는 단계이다. 그리고 맨 마지막의 검색 및 회생 단계는 마음속에 있는 표상이 실세계의 판단과 의사결정으로 이어지는 단계이다(〈그림 3-5〉 참조). 각 단계를 보다 자세히 설명하면 아래와 같다.

**제1단계 : 선별적 주의(selective attention)** 사회인지의 첫 번째 단계는 여러 사회적 자극에 대한 지각이다. 앞서 설명하였듯이 지각은 주의라는 메커니즘을 통해 일부 정보에 대해서만 처리를 하게 된다. 이때 기본적으로 우리는 더 현저한 자극(salience)이나 생동감 있는 자극(vividness)에 주의를 집중한다. 사회적 맥락에서 두드러진 특성을 가지고 있는 사람(예 여러 사람 중 유일한 여성이라든가 탁자의 정중앙에 앉아 있다든가), 혹은 특이한 행동을 하는 사람(예 경찰관이 길에서 수신호를 하는 대신 춤을 춘다)에게 자연스럽게 주의를 기울이게 되는 것이다.

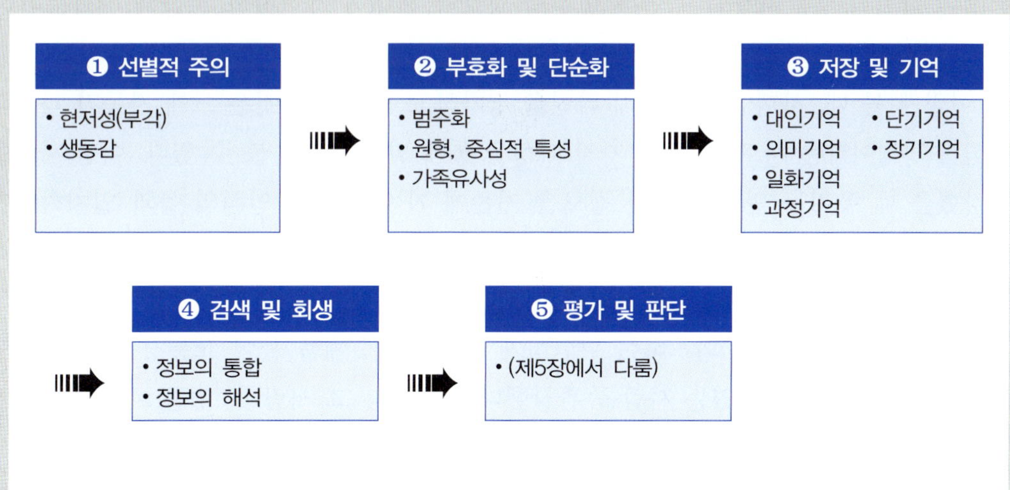


**그림 3-5** 사회적 정보처리과정(사회인지과정)

**제2단계 : 부호화 및 단순화(encoding & simplification)** 선별적 주의를 통하여 관찰된 정보는 일련의 정보처리를 거친다. 다시 말해 원래 형태 그대로 기억되는 것이 아니라 정신적 심상으로 해석되거나 번역되어 저장되는 것이다. 그러기 위하여 지각자는 단편적인 개별 정보를 인지적 범주(cognitive category)에 할당한다. 여기서 범주란 동등하다고 간주되는 여러 대상들의 집합이며, 여러 속성들을 중심특성 또는 원형(prototype)을 기초로 하여 유사성을 중심으로 형성하거나, 여러 속성들이 닮은 모습을 취하는 가족 유사성(family resemblance)에 의해 적당한 이름으로 할당된다.

사람이나 사건, 물체 등 어떤 대상을 지각하고 나면 우리는 그 특성을 도식(schema)과 비교하여 해석하고 범주화한다. 도식이란 자극의 특정한 유형이나 발생여부 등에 대한 정신적 심상, 혹은 인식적 틀을 의미한다. 도식에 대해서는 다음 제4장에서 보다 상세히 살펴볼 것이다. 이렇게 자극을 개별적으로 처리하기보다 집단화하여 처리하는 것은 그렇게 함으로써 정보처리 시간을 줄일 수 있기 때문이다.

**제3단계 : 저장 및 보유(storage & retention)** 이렇게 처리된 사회적 정보 중 일부가 장기기억으로 저장된다. 장기기억의 구조나 특성에 대해서는 앞 장에서 자세히 살펴보았다.

**제4단계 : 검색 및 회생(retrieval & response)** 마지막으로, 어떠한 대상에 대하여 평가하고 판단하거나 의사결정을 내리고 문제를 해결하는 등의 일을 해야 할 때, 우리는 장기기억에 저장되어 있던 정보를 인출하여 사용하게 된다. 우리의 최종적인 판단과 결정은 장기기억에 저장되어 있는 범주적 정보를 꺼내어 해석하고 통합한 결과물이다.

이렇게 볼 때, 사회인지를 통해 타인을 평가하고 판단하는 것은 크게 자동적 과정과 분석적 과정이라는 서로 다른 두 가지 과정을 통해 발생한다고 볼 수 있다. 어떤 사람을 지각했을 때 우리는 먼저 수집된 정보를 기존에 가지고 있던 인식의 틀과 일치하는지 여부를 탐색한다. 만약 일치한다면 이때에는 정보를 기존의 틀, 즉 도식에 따라 자동적으로 처리한다. 이 경우에는 그 사람의 실제 특징보다는 지각자가 원래 가지고 있던 그 범주의 원형(prototype)에 의거하여 판단하게 될 것이다. 예를 들어 교통경찰의 옷을 입고 사거리 한복판에 서 있는 사람을 관찰했다면 우리는 그 사람이 '경찰'이라는 범주에 속하는 것을 알고 '경찰'이라는 범주에 대하여 기존에 가지고 있던 지식에 근거하여 그 사람에 대한 정보를 처리할 것이다. 따라서 그 사람이 하는 이상한 몸짓은 교통정리를 하려는 수신호로 해석되며, 추가적인 정보처리 과정을 거치지 않는다.

반대로 수집된 정보가 기존의 틀과 맞지 않는다면, 지각자는 기억 속의 범주와 잘 맞출 수 있을 때까지 부가적인 정보를 계속 탐색한다. 이러한 능동적이고 분석적인 과정 중 하나를 귀인이라고 한다. 예의 경찰복을 입은 사람이 길 한복판에서 우리가 익히 알고 있는 수신호를 하는 대신 춤을 춘다면 그러한 행동은 우리가 '경찰'이라는 범주에 대해 가지고 있는 기존 지식과 일치하지 않는다. 이 경우 우리는 그 사람의 행동을 보다 더 관찰하여 왜 그 사람이 그러한 행동을 하는지 이유를 알아내고자 할 것이다. 이에 대한 보다 자세한 설명은 다음 제4장에서 다룬다.

## 3.2 사회인지의 오류

사회인지 과정에서는 다양한 오류가 발생한다. 이 가운데 일부는 앞 절에서 이미 설명한 바 있다. 그 외에 중요하게 다루어야 할 대표적 오류로는 다음과 같은 것들이 있다.

**스테레오타입** 스테레오타입(stereotype)[12]이란 어떤 집단의 사람들이 모두 특정 특질을 공유하고 있다는 믿음이다. 가장 대표적인 것이 성별에 따른 스테레오타입, 흑인과 백인 간의 스테레오타입, 출신지역이나 출신학교에 따른 스테레오타입 등이 있다. 예를 들어 우리는 남성이 여성보다 경쟁적이고 논리적이며, 여성은 남성보다 타협력이 뛰어나고 감성이 풍부하다고 생각한다. 이러한 스테레오타입은 다른 사람을 파악할 때 사용해야 하는 정보의 양을 감소시켜 주므로 정보처리 측면에서 효율적인 도구로 사용될 수 있다. 그러나 대개의 스테레오타입은 부정확하기 때문에 문제가 된다. 잘못된 스테레오타입이 존재하면 타인에 대해 부정확한 인상을 형성하게 되며, 그것이 잘못되었다는 신호를 받더라도 무시하게 된다.

**후광효과** 후광효과(halo effect)[13]란 어떤 사람의 한 가지 특성이 그 사람의 전체적인 인상을 결정짓는 것을 말한다. 후광효과 또는 현혹효과의 가장 대표적인 예가 매력적인 외모를 지닌 사람들에 대한 긍정적 인식이다. 대상자들의 사진만 보여주고 성격이나 업무성과 등을 예측해 보라고 하면, 피험자들은 대체로 외모가 더 매력적인 대상자에 대해 좋은 성격과 높은 업무성과를 예측하는 경향이 있다. 이러한 오류가 있기 때문에 요즘 취업을 하려는 사람들은 성형수술까지 받으려고 한다.

**초두효과와 최근효과** 여러 가지 정보를 연달아 제시할 경우에는 제시의 순서가 지각적 오류를 일으킬 수 있다. 초두효과(primacy effect)란 어떠한 정보가 연달아 제시될 때 가장 먼저 제시된 정보가 더 큰 영향력을 가지는 것을 말한다. 사회지각에서 첫인상이 인간관계 초기에 그렇게 막강한 영향력을 가지는 것은 초두효과의 일종이라고 볼 수 있다. 한편 최근효과(recency effect)란 가장 최근에 제시된 정보에 가중치를 부여하는 것을 말한다. 예를 들어 성과평가를 할 때 지난번 평가 바로 직후에 내었던 높은 성과는 기억에서 희미해져 있고 최근에 실패했던 프로젝트만 상사의 기억 속에 강렬하게 남아 있다면 이 직원은 최근효과에 의하여 나쁜 평가를 받게 될 것이다.

**맥락효과** 사회적 판단은 그 판단이 내려지는 맥락에 따라 크게 달라진다. 이를 맥락효과(context effect)라 한다. 사회적 판단에 미치는 맥락의 효과는 크게 두 가지로 구분된다. 하나는 대조효과(contrast effect)이다. 대조란 배경이 되는 맥락과 비교하여 반내되는 쪽으로 판단이 편중되는 것을 말한다. 그래서 사람들은 똑같은 사진이라도 아주 잘생긴 사람의 얼굴 사진을 보여준 다음에 보여주면 더 못생겼다고 평가하는 경향이 있다.[14] 다른 하나는 동화효과(assimilation effect)라 한다. 이는 맥락의 기준과 같은 방향으로 판단이 왜곡되는 현상을 가리킨다. 예를 들어 잘생긴 사람과 덜 잘생긴 사람의 얼굴이 동시에 제시될 때, 사람들은 덜 잘생긴 얼굴만 제시될 때보다 더 긍정적인 평가를 하는 경향이 있다.[15]

**자기충족적 예언** 자기충족적 예언(self-fulfilling prophecy)이란 일종의 기대효과이다. 이는 지각자가 대상자에 대해 잘못된 믿음을 갖게 되면, 대상자의 행동이 결과적으로 그 믿음과 일치하는 방향으로 변화하게 되는 것을 말한다.[16] 또한 지각자는 자신의 잘못된 기대를 계속 유지하는 방향으로 정보를 처리하게 되어 애초의 믿음이 점점 강화된다. 여러 가지 다양한 조직 장면에서 자기충족적 예언이 나타난다. 예를 들어 면접 상황에서 면접자가 피면접자에 대해 부정적 기대를 가지고 있는 경우에는 무언의 메시지를 통해 그러한 기대가 피면접자에게 전달되어(예를 들어 딱딱한 표정 등) 피면접자가 더욱 긴장하게 됨으로써 피면접자의 면접 결과가 더욱 나빠지는 경우가 있다. 따라서 면접이나 인사고과와 같이 타인에 대하여 객관적으로 평가해야 하는 상황에서는 자기충족적 예언으로 인하여 결과가 왜곡되지 않도록 선입견을 배제하려는 노력이 필요할 것이다. 한편 부하 직원의 능력 개발이라는 측면에서는 자기충족적 예언을 적절히 활용할 수 있다. 만약 어떤 팀에 새로운 팀원이 들어왔는데 팀 리더가 그 직원이 뛰어난 잠재력을 가지고 있다고 믿게 되었다고 하자. 그러면 그 팀 리더는 기대효과로 인하여 해당 직원의 수행을 실제보다 더 좋게 평가하고, 의식적, 무의식적으로 긍정적인 피드백을 보낼 것이다. 그러면 그 팀원은 자기충족적 예언을 통하여 자신도 모르게 팀 리더의 기대수준에 부응하는 수행능력을 발휘하게 될 가능성이 높다. 따라서 리더들은 부하 직원들의 능력을 신뢰하고 신뢰의 메시지를 부하 직원들에게 전달함으로써 부하 직원의 잠재력을 최대한 활용할 수 있을 것이다.

**유사성 효과** 유사성 효과(similar-to-me effect)란 자기와 유사한 사람에 대해서 더 긍정적인 평가를 하는 경향을 의미한다. 신입생환영회에서 전혀 모르는 사람들 틈에 있다가 우연히 같은 고향 출신을 만난다면, 그 사람이 더 친절하고 상냥하게 보일 것이며 다른 판단근거가 없더라도 막연히 좋은 사람일 것이라고 생각하게 된다.

**중앙화 경향** 중앙화 경향(average tendency bias)이란 다른 사람을 평가할 때 극단적으로 좋거나 극단적으로 나쁜 평가를 하기보다는 대충 중간쯤 되는 평가를 내리려 하는 경향을 말한다.

## 4. 감정과 인지

지금까지 우리는 인지라는 인간의 정보처리 과정에 대하여 다루었다. 그러나 인간은 기계가 아니므로 외부의 정보를 컴퓨터처럼 처리하는 데에만 그치는 것이 아니라 그것에 대한 어떠한 느낌을 가진다. 이러한 느낌이나 정서를 통틀어 칭하는 단어가 바로 감정(affect)이다. 감정이라는 말은 정서(emotion), 기분(mood), 느낌(feeling) 등을 포괄하는 광범위한 용어이다. Park, Sims, and Motowidlo[17]의 연구에서는 감정을 느낌(feeling), 무차별적 감정(undifferentiated affect), 차별적 감정(differentiated affect)의 세 가지 형태로 구분하였다. 느낌은 긍정적/부정적 느낌의 두 가지고 구분될 수 있다. 무차별적 감정이란 일상생활에서 생기는 감정으로서 기분(mood)이라 하기도 한다. 예를 들어 '오늘 우울해', '오늘 신나' 등이 기분을 나타내는 표현이다. 마지막으로 차별적 감정은 대상으로 인하여 형성되는 감정을 의미한다. 예를 들면, 어떤 사람에 대해 자랑스럽다, 불쌍하다, 화가 난다, 희망적이다 등이다.

감정과 인지는 별개의 것이지만 서로 연관되어 있고 상호작용하는 상호의존적인 구조라고 볼 수 있다. 그러나 학자들마다 감정과 인지의 관계에 대해 보는 입장이 다르다. 어떤 사회심리학자들은 감정이 인지과정의 결과라고 생각한다. 즉 인지적인 과정이 우리의 감정상태에 큰 영향을 준다는 것이다.[18] 그러나 사회심리학자들의 연구에 따르면 그 역의 관계도 성립한다. 즉 감정적인 측면도 사회적인 사고의 다양한 측면에 영향을 준다.[19] 각 의견에 대하여 보다 자세히 살펴보면 아래와 같다.

## 4.1 감정이 인지에 주는 영향

감정상태가 인지에 주는 영향은 아래와 같은 몇 가지 범주로 나누어 볼 수 있다.

**지각에 대한 영향** 감정 상태는 모호한 자극에 대한 지각에 영향을 준다. 일반적으로 긍정적인 감정 상태에 있으면 사람들은 모호한 자극을 더 긍정적으로 지각하고 평가하는 경향이 있다.[20] 예를 들어서 어떤 연구에서 사람을 뽑기 위해 지원자를 면접하라고 하였다. 그런데 지원자들의 조건이 특별히 좋거나 나쁘지 않고 평범하였다. 이때 피험자들은 기분이 나쁠 때보다 좋을 때 지원자에게 더 높은 점수를 주었다.[21] 흥미롭게도 이러한 효과는 지원자들의 조건이 정말로 모호할 때 가장 강하게 나타났다. 다시 말해 지원자가 아주 좋거나 아주 나쁜 조건을 지닌 경우에는 기분의 영향이 큰 폭으로 감소했다.[22]

**기억에 대한 영향** 일반적으로 현재의 기분 상태와 일치하는 정보가 불일치하는 정보보다 더 쉽게 기억된다. 예를 들어 연인들이 서로 다정하게 지낼 때에는 싸웠을 때의 일이 잘 기억나지 않다가도, 기분이 상하는 일이 생기면 지난번 다퉜을 당시의 일이 더 생생하게 기억나게 된다. 또한 기분은 정보가 기억 속에서 조직되는 방식에도 영향을 준다. 긍정적인 감정을 경험하고 있는 사람은 중립적이거나 부정적인 감정상태에 있는 사람보다 더 다양한 기억정보를 활성화하는 경향이 있다. 단어를 제시하고 연상되는 것을 나열해 보라고 했을 때 더 특이한 연상작용을 한다든가, 어떤 범주 안에 들어가는 단어를 말해보라고 했을 때 더 독특한 사례를 나열한다든가 하는 것이다. 예를 들면 운송수단이라는 범주를 대표하는 단어를 대보라고 했을 때 감정상태가 긍정적인 사람들은 '엘리베이터'라고 응답하는 비율이 더 높았다.[23]

**문제해결과 의사결정에 대한 영향** 기분상태는 문제해결이나 의사결정에도 영향을 준다. 예를 들어서 기분이 좋은 피험자는 의사결정과 관련하여 정보를 더 효과적으로 사용하기 때문에 더 효율적인 의사결정이 가능하다.[24] 또한 문제를 해결함에 있어 긍정적인 기분을 느끼고 있는 사람이 더 창의력이 높다. 예를 들면 새로운 문제해결방법을 탐색한다든가 친숙한 물체를 독특한 방식으로 활용하는 등의 측면에서 더 우수하다.[25] 한편 기분은 위험감수 행동에도 영향을 주는데, 긍정적인 기분은 위험을 감수하고자 하는 경향을 강화한다. 기분이 좋으면 결과에 대해 보다 낙관적인 기대를 하게 되기 때문이다.[26]

## 4.2 인지가 감정에 주는 영향

위에서 살펴본 것처럼 감정이 인지에 영향을 주기도 하지만 인지적인 정보처리과정 역시 감정상태에 영향을 준다.

**감정상태가 모호할 때** 감정상태가 모호할 때 우리는 외부단서를 탐색하여 자신의 상태를 판단하고자 하는 경향이 있다. 따라서 어떠한 해석이나 인지적 단서를 선택하느냐에 따라 경험하는 정서나 감정이 달라질 수 있다.

**도식의 영향** 도식(schema)이란 우리가 정보를 처리할 때 사용하는 일종의 인지적 틀이다(도식에 대한 자세한 내용은 다음 장을 참고하기 바란다). 일례로 우리는 어떤 사람을 처음 만났을 때, 그 사람에 대한 한정된 정보만을 가지고 그의 성격을 추론한다. 예를 들어 그 사람의 직업을 통해 성격이 꼼꼼할 것 같다든가 정직할 것 같다든가 하는 등의 추론을 하게 되는데, 이러한 추론이 가능한 이유는 우리가 그 직업이라는 범주에 대한 인지적 틀을 가지고 있기 때문이다. 그런데 이러한 도식은 감정상태에 영향을 줄 수 있다. 예를 들어 어떤 사람이 특정나라 사람에 대한 강한 부정적 편견을 가지고 있다면 그 나라 사람을 만났을 때 부정적 도식으로 인한 혐오감이 촉발되어 부정적인 기분상태를 경험하게 될 것이다.

**귀인의 영향** 다음 장에서 자세하게 소개할 귀인의 개념은 어떠한 현상에 대한 원인을 탐색하는 과정을 말한다. 우리는 무의식적으로 일어나는 일들에 대한 원인을 추론한다. 아침에 밥을 먹는데 어머니가 유난히 짜증을 낸다면 그저 짜증을 내시는구나 하고 생각하기보다는 무슨 이유로 짜증을 내시는지, 아버지랑 싸우신 것인지 등 이런저런 원인을 생각해 보는 것이다. 이러한 과정을 귀인이라 한다. 그런데 귀인을 어떻게 하느냐에 따라 감정이 달라지기도 한다. 예를 들어 길에 서 있는데 어떤 사람이 와서 부딪혔다고 하자. 그 사람에게 화를 낼 것인가 하는 것은 그 행동을 어떻게 해석하느냐에 달려 있다. 즉 실수로 발을 헛디뎠을 것이라고 해석하면 별로 화가 나지 않지만 일부러 밀쳤다고 생각하면 화를 내거나 짜증을 내게 될 것이다.

**기대** 우리가 가지고 있는 기대도 미래의 감정상태에 영향을 준다. 개인이 새로운 상황이나 자극에 대해 어떻게 반응할지에 대한 기대를 가지고 있으면 그 기대가 실제로 그러한 상황이나 자극을 경험했을 때 형성되는 감정에 영향을 주게 되는 것이다.[27] 일상생활에서도 이러한 효과는 흔히 경험할 수 있다. 예를 들어서 어떤 처음 보는 음식이 왠지 마음에 안 들 것처럼 느껴지면 실제로 그 음식을 먹어보기도 전에 먹기 싫어지기도 한다.

**억압** 억압이란 의식적으로 특정한 감정을 억누르는 것을 말한다. 불행하거나 우울한 기분이 들 때에는 의식적으로 그런 생각을 떨쳐버리고 즐거운 마음을 가지려고 노력하기도 하는데, 이는 부정적 감정에 대한 억압이라고 할 수 있다.

우리는 지금까지 인간의 기본적인 지각과 인지과정, 그리고 감정에 대하여 살펴보았다. 다음 제4장에서는 우리가 사회생활을 하면서 다른 사람들과 상호작용을 할 때 이러한 기본적 과정을 통하여 어떻게 타인을 평가하고 판단하게 되는지 보다 자세히 살펴보도록 하겠다.

## 주석(endnote)


1 Hill, W. E. (1915). "My Wife and My Mother-in-Law." *Puck* 16, 11, Nov.

2 Henderson, J. M. & Hollingworth, A. (1999). High-level scene perception. *Annual Review of Psychology*, 50, 243~271.

3 Bradley, D. R. & Petry, H. M. (1977). "Organizational determinants of subjective contour: The subjective Necker cube," *American Journal of Psychology*, 90, 253~262.

4 Neisser, U. (1967). *Cognitive Psychology*. New Tork: Appleton-Century-Crofts.

5 현성용 외. (2008). 현대 심리학의 이해. 학지사.

6 현성용 외. (2008). 현대 심리학의 이해. 학지사.

7 Salame, P. & Baddeley, A. D. (1982). Disruption of short-term memory by unattended speech: Implications for the structure of working memory. *Journal of Verbal Learning and Verbal Behavior*, 21, 150~164.

8 Peterson, L. R. & Peterson, M. J. (1959). Short-term retention of individual verbal items. *Journal of Experimental Psychology*, 58, 193~198.

9 Bower, G. H., Clark, M. C., Lesgold, A. M. & Winzenz, D. (1969). Hierarchical retrieval schemens in recall of categorized word lists. *Journal of Verbal Learning and Verbal Behavior*, 8, 323~343.

10 Levine, M. W. & Shefner, J. M. (1981). *Fundamentals of Sensation and Perception*. Reading, Mass.: Addison-Wesley.

11 Park, J. & Banaji, M. R. (2000). Mood and heuristics: The influence of happy and sad states on sensitivity and bias in stereotyping. *Journal of Personality and Social Psychology*, 78, 1005~1023.

12 Fiske, S. T. & Taylor, S. E. (1984). *Social Cognition*. Addison Wesley.

13 Schermerhorn, J. P., Hunt, J. E. & Osborn, R. N. (1991). *Managing Organizational Behavior*, Wiley.

14 Kenrick, D. T. & Gutierres, S. (1980). Contrast effects and judgments of physical attractiveness: When beauty becomes a social problem. *Journal of Personality and Social Psychology*, 38, 131~140.

15 Geiselman, R. E., Haight, N. A., & Kitama, L. G. (1984). Context effects on the perceived physical attractiveness offaces. *Journal of Personality and Social Psychology*, 20, 409~424.

16 Fiske, S. T. & Taylor, S. E. (1984). *Social Cognition*, Addison Wesley, p.388.

17 Park, O., Sims, H. P., & Motowidlo, S. J. (1986). Affect in organizations: How feelings and emotions influence managerial judgment. In H. P. Sims & D. A. Gioia(eds.). *The Thinking Organization* (215~237), San Francisco, CA: Jowwey-Bass.

18 Isen, A. M. (1987). Positive affect, cognitive processes, and social behavior. In L. Berkowitx (Ed.). *Advances in Experimental Social Psychology* (Vol. 20, 203~253). New York: Academic Press.

19 Forgas, J. P. (1991). Affect and sociap perception: Research evidence and an integrative theory. In W. Stroeve & M. Newstone(eds.) *European Review of Social Psychology*. New York: Wiley.

20 Fiske, S. T. & Neuberg, S. L. (1990). A continuum model of impression formation, from category-based to individuating processes: Influence of information and motivation on attention and interpretation. In M. L. Zanna(ed.), *Advances in Experimental Social Psychology*(Vol.23). New Tork: Academic Press.

21 Baron, R. A. (1987). Interviewer's moods and reactions to job applicants: The influence of affective states on applied social judgements. *Journal of Applied Social Psychology*, 16, 16~28.

22 Baron, R. A. (1993). *Effects of interviews' moods and applicant qualifications on ratings of job applicants*. Manuscript submitted for publication.

23 Isen, A. N., Johnson, N. M. S., Merz, E., & Robinson, G. (1985). The influence of positive affect on the unusualness of work association. *Journal of Personality and Social Psychology*, 48, 1413~1426.

24 Isen, A. M. & Means, B. (1983). The influence of positive affect on decision-making strategy. *Social Cognition*, 2, 18~31.

25 Isen, A. M., Daubman, K. A. & Howicki, G. P. (1987). Positive affect facilitates creative problem solcing. *Journal of Personality and Social Psychology*, 52, 1122~1131.

26 Isen, A. M. & Shalker, T. E. (1982). The influence of mood state on evaluation of positive, neutral, and negative stimuli. *Social Psychology Quarterly*, 45, 58~63.

27 Wilson, T. D., Lisle, D. J. Kraft, D. & Wetxel, C. G. (1989). Preferences as expectation-driven inferences: Effects of affective expectations on affective experience. *Journal of Personality and Social Psychology*, 56, 519~530.

CHAPTER 04

# 행동에 대한 평가와 판단

## 들어가기

앞 장에서 다른 사람에 대한 관련 정보를 어떻게 처리하느냐를 살펴보기 위해 지각, 인지, 감정에 대해 살펴보았다. 이제는 이러한 지각, 인지를 중심으로 다름 사람에 대한 정보처리가 결과적으로 어떤 평가와 판단을 초래하는가를 살펴보고자 한다. 우리는 어떤 사람에 대한 판단을 할 때, 나타난 행동결과만 가지고 판단하지 않고, 그러한 행동을 하게 되는 배경과 과정을 유추하기도 하며, 우리가 가지고 있는 나름대로의 생각의 틀이나 추론 방식에 의해 판단하기도 한다.

본 장에서는 다른 사람에 대한 평가와 판단이 일어나는 여러 가지 유형과 이런 과정에서 나타나는 문제점들을 살펴본다.

앞 장에서 우리는 지각과 인지라는 인간의 정보처리 과정에 대하여 살펴보았다. 지각과 인지의 대상은 크게 사람과 사물이라는 두 가지 범주로 나눌 수 있다. 이 가운데 사람을 대상으로 하는 지각 및 인지 과정은 조직생활에서 매우 중요한 비중을 차지한다. 우리는 조직생활을 하면서 끊임없이 다른 사람과 상호작용을 하게 되며, 그 과정에서 의식적, 혹은 무의식적으로 상대방에 대해 평가하게 된다. 이러한 평가의 내용은 개인적으로는 그 사람을 대하는 태도에 영향을 주며, 공식적으로는 기업을 비롯한 조직에서 시행하는 다양한 인사제도에 활용된다. 예를 들어 상사는 부하직원들의 평소 업무처리 스타일이나 조직원들 간의 협력태도 등을 관찰하고 판단하여 그 결과를 인사평가 시 반영할 것이다. 따라서 조직행동이라는 맥락에서 우리가 어떤 과정을 거쳐 다른 사람들을 인식하고 평가하는지, 또 그러한 과정에서 일어나는 특징으로는 어떠한 것이 있는지 이해하는 것은 매우 중요하다.

본 장에서는 이와 같이 다른 '사람'을 대상으로 하는 인간의 지각과 인지를 바탕으로 일어나는 평가 및 판단과정에 대하여 자세히 다루도록 하겠다.

## 1. 귀인적 판단

사람들은 아주 사소한 관찰을 할 때에도 은연중에 인과관계를 분석한다. 아침에 집에서 나올 때 어머니의 표정이 왜 평소보다 어두웠는지, 교수님은 왜 다른 학생에게 A학점을 주고 나에게는 B학점을 주었는지, 지난번에 친구 소개로 만난 마음에 들었던 사람은 왜 다시 연락이 없는지 등 일상생활의 많은 측면에서 우리는 습관적으로 타인이 한 행동의 원인을 찾고자 한다. 다시 말해 우리는 우리가 속해 있는 사회적 세계를 해석하기 위하여 추론과정을 거쳐 다른 사람들의 행동의 원인을 이해하고 그에 대한 설명을 만들어내려고 한다. 이렇게 인과적 설명을 하는 과정을 귀인(attribution)이라고 한다.

## 1.1 귀인이론

여러 학자들이 사람들이 어떻게 타인의 행동에 대한 원인을 추론하는지에 대하여 독창적인 학설을 제시하였다. 여기에서는 귀인에 대한 가장 대표적인 이론 세 가지를 살펴보도록 하겠다.

### 1.1.1 Heider의 상식심리학 이론

Heider는 초기 귀인이론의 틀을 잡은 학자로서, 우리가 다른 사람의 행동을 어떻게 설명하려 하는지, 그러한 설명을 만들어내는 과정은 어떠한지에 대한 설명을 최초로 시도한 사람이다. Heider에 의하면 우리는 다른 사람들이나 자기 자신에게 발생하는 일을 예측하고 영향력을 행사하고자 하는 욕구를 가지고 있다. 그래서 그러한 욕구를 충족시키기 위해 행동의 원인을 이해하고자 하며, 일종의 과학자처럼 다른 사람들의 행동을 관찰하고 분석하여 설명하고자 한다. 그러나 이러한 과정은 엄밀한 과학적 방식으로 행해지기보다는 상식적인 수준에서 자연 언어를 통하여 이루어진다. 그래서 Heider는 이를 상식심리학(naive psychology)이라 불렀다.

Heider는 귀인을 크게 내부귀인과 외부귀인이라는 두 가지 범주로 구분하였다. 내부귀인 혹은 인물귀인(internal attribution/personal attribution)은 행동을 일으킨 원인이 행위자 본인에게 있다고 보는 것이다. 반면 외부귀인 혹은 상황귀인(external attribution/situational attribution)은 환경의 상황적 특성 때문에 그 행동이 발생했다고 보는 것이다.[1] 직장 동료가 연락도 없이 결근을 했다고 하자. 만약 여러분이 그 동료는 원래 불성실한 사람이기 때문에 결근을 했을 것이라고 생각한다면 그것은 결근이라는 행위의 원인을 불성실이라는 사람의 특성으로 귀인을 한 것이므로 내부귀인에 해당한다. 그러나 집안에 급한 일이 생겼기 때문에 결근을 했을 것이라고 생각한다면 그것은 상황적인 특성에 귀인을 한 것이므로 외부귀인에 해당한다.

### 1.1.2 Jones와 Davis의 상응추론 이론

상응추론 이론(correspondent inference theory)에 따르면 사람들은 어떤 행동을 관찰했을 때 그 행동이 행위자의 지속적인 성격 특성과 일치하는지(즉 '상응'하는지)를 추론하려는 경향이 있다. 다시 말해 이 이론은 우리가 타인의 행동을 근거로 지속적이고 일

**그림 4-1**

상응추론 이론의 예

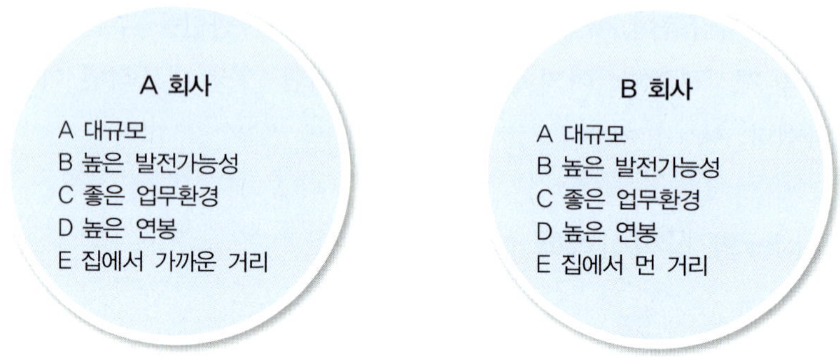


관성 있는 특질이나 경향성을 추론하는 과정에 관심을 갖는다.

상응추론 이론에 따르면 우리는 주로 특이성분석을 통해 타인의 경향성을 추론한다. 한 개인이 어떠한 상황에서 선택할 수 있는 행동에는 여러 가지가 있다. 그 가운데 특정한 하나만을 선택했다는 것은 그 행동만이 가져올 수 있는 특이한 결과가 있기 때문일 것이다. 따라서 그러한 특이한 결과를 찾아내면 그 저변에 깔린 의도와 그 의도의 강도를 추측할 수 있다는 것이 이 이론의 전제이다.[2] 예를 들어 이번에 대학을 졸업하는 철수가 A회사와 B회사에서 동시에 입사 제의를 받고 A회사에 입사하기로 결정하였다. 이 두 회사가 규모나 발전가능성, 업무환경, 연봉 등 모든 면에서 유사하고 유일하게 다른 점이 있다면 A회사가 B회사보다 집에서 좀 더 가깝다는 점이었다면 평가자는 철수가 출퇴근 거리를 중요하게 여긴다고 추론할 것이다. 그런데 만약 A회사가 B회사보다 모든 면에서 더 열악하고 단지 거리만 가까웠는데도 A회사에 입사하기로 한다면, 출퇴근 거리가 철수에게 정말 중요하다는 추론을 하고 철수의 기질(짧은 출퇴근 거리 선호)을 더 자신 있게 추론할 것이다(〈그림 4-1〉 참조).

상응추론 이론에 따르면 이러한 특이성 분석 외에도 관찰자는 다른 여러 가지 단서를 사용하여 행위자의 기질적 특성을 추론한다.

첫째, 행동이 행위자의 선택에 의한 것인지 아닌지의 여부가 귀인에 영향을 준다. 만약 어떤 학생이 동아리방을 열심히 청소하고 있는 것을 보았을 때, 그것이 자진해서 하는 행동이라고 생각하면 그 학생이 착하고 봉사심이 강하다고 기질을 추론하게 된다. 반면 선배가 시켜서 하는 행동이라면 그 행동에서 어떠한 기질을 추론해 내기는 힘들다.

둘째, 행동이 사회적으로 볼 때 얼마나 바람직한가에 따라 달라진다. 행동이 사회적으로 바람직하지 못할 경우에 행위자의 기질에 대한 추론이 더욱 강하게 일어난다. 예를 들어 영화표를 사기 위해 줄을 길게 서 있을 때 얌전히 줄을 서 있는 사람들에 대해서는 특별한 기질을 추론하기 힘들다. 하지만 누군가가 새치기를 하려 한다면 그 사람의 심성에 대하여 귀인을 하게 된다.

셋째, 행위자에 대한 사전 기대가 영향을 준다. 어떤 사람에 대해서 다양한 상황에서 관찰할 기회가 있었다면 그 사람이 보인 일관성 있는 행동을 통해 기질에 대한 기대가 형성된다. 만약 어떤 친구가 늘 자원봉사 활동을 열심히 하고 길에서는 구걸하는 이들에게 적선을 하며 적십자사에 매달 후원금을 보내는 것을 보았다면 여러분은 그 친구가 이타적이고 희생정신이 강하다고 생각할 것이다. 그러므로 어느 날 그 친구가 몸이 불편한 친구의 휠체어를 밀어주고 있는 것을 보았다면 실제로는 다른 이유(선생님이 시켜서 등)에서 한 행동이라도 여러분은 당연히 이타적인 그 친구의 성격 때문에 그런 행동을 한 것이라고 귀인할 것이다. 이때 기대와 일치하지 않는 행동을 관찰한다면 그 정보를 통해 기질적 귀인을 수정할 수도 있다. 예의 그 친구가 길을 가다가 짐을 좀 들어달라는 할머니의 부탁을 거절하는 모습을 보았다면 친구가 그렇게 이타적이지는 않나 보다 하고 자신의 생각을 수정하게 된다.

Jones와 Davis의 상응추론 이론을 요약하자면, 사람들은 그 행동이 얼마나 특이한 결과를 가져다주는지, 특정 행동이 자유롭게 선택된 행동인지, 사회적으로 바람직한지, 사회적 역할이나 기대와 일치하는지 여부를 판단하여 상응추론을 이끌어내고 추론을 보다 정교하게 다듬는다.

### 1.1.3 Kelly의 공변모형

상응추론 이론에서는 지각자가 어떻게 단편적인 행동 증거에서 개인의 특성을 찾아내는지에 초점을 맞추었다. 그러나 행동이 반드시 개인의 특성에만 귀인되는 것은 아니다. 다시 말해, 행동을 상황적 요인에 귀인할 수도 있다. Kelley라는 심리학자도 Heider와 마찬가지로 사람들이 ‘아마추어 과학자’처럼 인과추론을 한다고 보았다. 물론 실험실에서 진짜 실험을 통해 행동을 관찰하는 것은 아니지만 일종의 ‘실험’이라는 관점에서 비교하고 생각한다는 것이다. 여기서 말하는 실험의 관점이란 비슷한 대상을 반복적으로 관찰하여 원인이 되는 사건과 결과를 비교하고 논리적으로 결론을 내리고

그림 4-2
Kelley의 공변모형

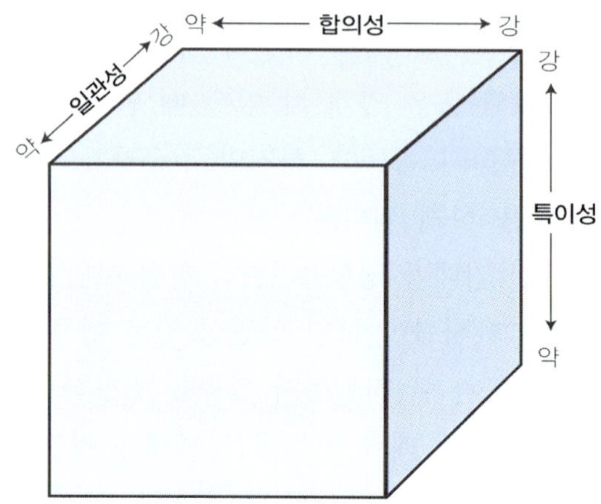


싫어한다는 것이다.

Kelley에 의하면 사람들은 공변 원칙(covariation principles)에 따라 귀인을 한다. 이때 공변이란 함께 변한다, 즉 두 가지 사건이 동시에 발생하여 함께 변화한다는 것을 의미한다. 다시 말해, 무언가가 행동의 원인이 되기 위해서는 그 행동이 일어날 때 원인이 되는 사건도 함께 발생하여야 한다. 역으로, 원인이 되는 사건이 생기지 않으면 특정 행동도 발생하지 않아야 한다.[3]

그런데 우리가 귀인을 하기 위해서 사용할 수 있는 정보의 출처, 즉 원인이 될 만한 정보의 출처는 굉장히 많다. Kelley는 이 가운데 세 가지가 귀인에서 주로 사용된다고 보았다. 먼저 행동을 하는 행위자인 '사람'이 있다. 그리고 행위의 대상이 되는 객체도 행동의 원인이 될 수 있다. Kelley는 이를 '실체(entity)'라고 불렀다. 그리고 마지막으로 시간이나 배경이 행동의 원인이 되기도 한다. 예를 들어 어떤 청소년이 가지고 있는 휴대전화가 잘 되는데도 비싼 새 휴대전화를 샀다고 하자. 만약 행위자에게 귀인을 한다면 저 친구는 낭비벽이 심하다든가 아니면 새로운 기기에 대한 호기심이 많다는 식으로 해석을 할 것이다. 이와 달리 실체에 귀인을 한다면 새 휴대전화가 정말 성능이 뛰어나다든가 그 모델에 무슨 특이한 기능이 있다는 식으로 해석을 할 것이다. 마지막으로 배경에 귀인을 한다면 요즘 청소년들 사이에서는 구형 휴대전화를 쓰는 것이 웃음거리가 되나 보다 하는 식으로 귀인을 할 수도 있을 것이다(〈그림 4-2〉 참조).

사람, 실체, 배경 가운데 어느 쪽으로 귀인을 하는가는 다음 세 가지 정보를 통해 결정된다.

- 합의성 정보(consensus information) : 합의성 정보는 행위자인 '사람'에 대한 정보를 제공한다. 합의성 정보란 주어진 상황에서 다른 사람들도 같은 반응을 보일 것인지, 아니면 그 행위자만 그런 반응을 보이는 것인지를 나타낸다. 해당 상황에서 다른 사람들도 유사한 반응을 보인다면 그것은 합의성이 높은 것이다. 예를 들어 A가 B에게 어떤 제안을 했는데 거절당했다고 하자. A는 B가 왜 제안을 거절했는지 원인을 찾고자 할 것이다. 이때 사용되는 합의성 정보는 A가 제안을 했을 때 다른 사람들은 어떻게 행동했는가이다. 만약 다른 사람들도 대개 거절했다면 합의성이 높은 것이다. 다른 사람들은 거절하지 않았는데 B만 거절했다면 합의성이 낮은 것이다. 이 경우 'B는 제안된 것에 관심이 없나 보다' 하는 식으로 B라는 '사람'에 대한 귀인이 일어날 것이다.
- 특이성 정보(distinctiveness information) : 여기서는 '실체'에 관심을 갖는다. 즉 그 사람이 해당 실체에만 그런 반응을 보이는지 아니면 다른 실체에 대해서도 그런 행동을 보이는지가 바로 특이성 정보이다. 위의 예에서 B가 다른 사람에게는 어떻게 행동했는지를 돌이켜본다면 바로 특이성을 검토하는 것이다. B가 다른 사람들의 제안에는 쉽게 응했는데 A에게만 거부 의사를 밝혔다면 특이성이 높은 것이다. 이 경우에는 B가 한 거절 행동의 대상인 '객체', 즉 A에게 귀인을 할 수 있을 것이다. '나는 다른 사람들에게 인기가 없는 타입인가 보다' 하는 생각이 바로 그런 예이다.
- 일관성 정보(consistency information) : 사람과 자극이 동일할 때 시간이 경과해도 일관성 있는 행동이 나타나는가에 대한 정보가 일관성 정보이다. 상황이 바뀌거나 시간이 경과해도 같은 사람이 같은 행동을 보이는가? 만약 그렇다면 일관성이 높은 것이다. 위의 예로 돌아간다면 A가 술자리에서 B에게 제안을 했든 다른 친구를 통해 간접적으로 제안을 했든 모두 거절을 당했다면 일관성이 높은 것이다. 이렇게 일관성이 높다면 사람이나 실체에 대한 귀인이 발생할 것이다.

귀인이 발생하는 상황에서 이 세 가지 정보의 높고 낮은 정도에 따라 모두 여덟 가지 경우가 생기며 각각에 대한 귀인의 결과도 달라진다는 것이 Kelley의 주장이다. Kelley는 이렇게 사람들이 일종의 과학자처럼 논리적으로 타인의 행동을 설명하려 한다고 보았다.

## 1.2 귀인 오류

이렇게 다른 사람이나 자신의 행동을 관찰하고 그것을 귀인하는 과정에서 올바르게 원인을 추론하는 경우도 있지만 그렇지 못한 경우도 많다. 대표적인 귀인 오류는 다음과 같다.[4]

**기본적 귀인 오류** 사람의 행동이 개인적 특성과 사회적 특성의 상호작용을 통하여 나타나는 것임에도 불구하고, 사회 지각자는 다른 사람의 행동을 상황적 요인보다는 기질적 요인에 귀인하는 특징이 있다. 예를 들어 A가 길을 가다가 B가 누군가에게 마구 화를 내고 있는 장면을 관찰하였다면, B가 특별히 화를 낼만한 어떤 일이 있었다고 생각하기보다는 B가 원래 공격적이고 감정적인 사람이라고 귀인한다. 이러한 경향은 매우 보편적으로 발생하기 때문에 기본적 귀인 오류(fundamental attribution error)라고 부른다.

기본적 귀인 오류의 경향성은 너무나 강하기 때문에 행위자가 외부의 원인으로 인하여 그 행동을 했다는 것을 알고 있는 경우에도 이러한 귀인 오류가 나타난다. 한 실험에서 피험자들에게 쿠바의 지도자 카스트로에 대해 반대하거나 찬양하는 내용의 여러 에세이를 읽고 그에 대해 비평하라고 하였다. 이때 실험자는 피험자들에게 그 가운데 어떤 에세이가 작가 자신의 관점을 자유롭게 기술한 것이며 어떤 에세이가 실험자가 정해준 관점(찬성 혹은 반대)을 단순히 기술한 것인지 알려주었다. 이렇게 에세이가 누구의 의지에 의해 찬성, 혹은 반대를 표명하는지 알고 있음에도 불구하고, 피험자들은 실험자가 시켜서 쓴 경우라도 반-카스트로 에세이를 쓴 사람보다 친-카스트로 에세이를 쓴 사람이 더 카스트로에 대해 긍정적 태도를 가지고 있을 것이라고 평가하였다.[5]

**행위자-관찰자 효과** 행위자-관찰자 효과(actor-observer effect)란 타인의 행동에 대해서는 내부 귀인을 하고 자신의 행동에 대해서는 외부 귀인을 하는 경향을 말한다. 따라서 이는 기본적 귀인 오류와 관련이 된다.

이러한 효과가 발생하는 것에 대해서는 두 가지 설명이 가능하다. 첫째, 행위자와 관찰자가 인과관계를 판단하는 데 사용하는 정보가 서로 다르기 때문이다. 행위자는 그 상황에서 자신의 어떤 느낌을 받았는지, 자신이 어떤 의도를 가지고 있었는지, 무엇 때문에 이러한 의도가 일어났는지 등을 알고 있다. 또한 자신의 과거 행동을 기억하고 있으므로 이와 유사한 상황에서 자신이 어떻게 반응했었는지도 알고 있다. 이러한 정보를 통해 행위자는 자신의 특성보다는 환경적 특성에 귀인하기가 쉽다. 반면 관찰자에게는 그러한 정보가 없기 때문에 행위자의 기질에 대한 귀인을 하기가 쉽다. 둘째, 행위자는 자신의 행동을 직접 관찰할 수 없으므로 환경 정보가 더 부각되는 반면 관찰자가 보기에는 행위자의 행동이 더 인지적으로 부각된다.

**자존적 편파** 우리말에도 '잘되면 제 탓 못되면 조상 탓' 한다는 속담이 있다. 이처럼 성공은 자기 공으로 돌리고 실패에 대한 책임은 부정하는 경우 이를 자존적 편파(self-serving bias)라고 한다. 자존적 편파는 잘된 일의 원인을 자신에게서만 찾으려 하는 자기고양 편파(self-enhancing bias)와 실패의 원인을 부정하려고 하는 자기보호 편파(self-protecting bias)로 나뉘며, 전자가 후자보다 빈번하게 발생한다. 예를 들어 조직에서 사람들은 성과가 우수한 것은 자신이 유능하기 때문이지만 나쁜 성과는 자기 책임이 아니라고 여기는 경향이 있다. 좋은 평가를 받았을 때에는 "난 역시 일을 잘해"라고 생각하지만 평가가 나쁠 경우 "우리 부장님은 사람 보는 눈이 없어"라든가 "저번에 프로젝트에서 실패한 건 경기가 안 좋았기 때문이야"와 같이 외부에서 원인을 찾는 것이다. 일반적으로 자존적 편파는 사람들이 직장에서 자신과 타인을 비교해야 하는 상황에 처했을 때 작용하는 것 같다. 즉 관리자나 종업원들은 일반적으로 자신이 '평균적인' 다른 사람들보다 더 윤리적이고 더 효과적이고 더 일을 잘한다는 식의 생각을 가지고 있다.

## 2. 도식 기반 판단

신입사원을 채용하기 위해 면접을 실시하는 장면을 상상해 보자. 면접관은 실제 면접에서 지원자와 이야기를 나눠보기 이전에, 지원자가 제출한 이력서를 보면서 나름대로 지원자가 어떠한 사람일지에 대한 예측을 할 것이다. 예를 들어 지원자가 어떤 지방 출신인지, 어느 학교를 졸업하였으며 성별은 무엇인지 등에 따라 지원자의 특징이나 사람됨에 대하여 자동적으로 추론하게 된다. 이것이 가능한 이유는, 특정 지방출신은 성격이 어떠하다, 특정 대학을 졸업한 사람들은 어떠어떠한 특징이 있다 등과 같은 정보처리의 틀이 이미 면접관의 머릿속에 존재하기 때문이다. 이러한 정보처리의 틀을 심리학적 용어로 도식(schema)이라 한다.

도식 개념에 따르면 인간은 정보를 받아들이고 저장할 때 구체적인 사례를 단순히 합하여 저장하는 것이 아니라 그 사례들을 연결하여 만들어낸 추상적 형태로서 저장한다. 예를 들어서 A라는 사람이 수첩을 꼼꼼히 정리하고, 약속시간을 정확히 지키고, 책상을 깨끗이 정돈하는 것을 보았다면 그러한 A의 행동을 하나하나 따로 기억하는 것이 아니라 그런 사례들을 모아서 'A는 철저하고 세심한 사람이다'라는 추상적인 명제를 만들어 기억하는 것이다.

따라서 도식이란 특정 개념이나, 특정 유형의 자극과 관련된 체계적 지식이 종합된 일종의 지식체계 또는 인지구조라고 할 수 있다. 이러한 도식이 존재하기 때문에, 사회적 지각자는 새로운 정보를 입수했을 때 그 정보에 대하여 완벽한 정보처리를 하는 것이 아니라 기존에 가지고 있던 사전지식체계, 즉 도식에 의거하여 해당 정보의 의미를 파악하고 처리하는 경우가 많다.

## 2.1 도식의 종류

도식은 크게 인물도식, 자기도식, 역할도식, 사상도식으로 분류된다.[6]

**인물도식(person schema)** 다른 사람들에 대한 정보로 이루어진 도식이다. 여기에는 사람들의 행동의 기초가 되는 성격특성이나 기질에 관련된 지식과, 구체적인 상황에서 사람이 어떠한 의도를 가지고 행동하게 되는가에 대한 지식이 포함된다. 또한 인물도식에는 위의 면접 예에서처럼 특정 범주의 전형적인 사람이 어떠한 특징을 가지고 있는가와 관계된 지식(예 '직업이 목사인 사람은 성격이 온화하고 인자할 것이다')도 저장되어 있고, 구체적인 개별 인물에 대한 복합적 지식(예 'A는 낙천적이고 게으른 편이다')도 저장되어 있다.

**자기도식(self schema)** 자기 자신의 성격, 외모, 행동에 관한 정보로 이루어진 도식이다. 예를 들면 '나는 외향적인 편이다. 나는 일을 할 때 계획표를 짜서 그대로 지키는 편이다' 등과 같은 정보들을 말한다. 그러나 모든 측면에서 자기도식이 형성되는 것은 아니며, 자신에게 중요하다고 판단되는 차원, 자신이 한쪽 극단에 위치하며 그 반대의 성격은 갖고 있지 않다고 확신하는 차원에 대해서 주로 자기 도식이 형성된다.

**역할도식(role schema)** 개인의 사회적 역할에 관한 정보로 이루어진 도식이다. 이때 사회적 역할이란 사회적 지위에 따라 부여된 일련의 규범과 행동을 말한다. 예를 들어서 직업에 따라(경찰, 교사, 등) 그 직업을 가진 사람은 어떠한 행동을 해야 한다는 인식을 우리는 가지고 있다. 사회적 지위에 따라 어떠한 규범에 따라 행동해야 하는지에 대해 형성된, 체계화된 지식치계나 인지구조가 바로 역할도식이다.

**사상도식(event schema)** 특정한 사상(event)들에서 전형적으로 일어나는 일에 대한 관련된 공유된 이해를 말한다. 예를 들어 고급 레스토랑에 처음 가본 사람은 어떻게 행동해야 하는지 잘 몰라 어리둥절할 것이다. 그러나 이미 여러번 가본 사람은 고급 레스토랑에서 행동하는 순서, 즉 종업원이 자리를 안내할 때까지 기다려야 하고 나올 때에는 테이블에서 계산을 하는 등의 행동 양식에 대해 알고 있으므로 당황하지 않는다. 이러한 행동 양식이 바로 고급 레스토랑에서 식사하는 사상과 관련된 사상도식인 것이다. 다시 말해 사상도식에는 행동의 복잡한 순서, 즉 어떤 일을 수행할 때 일어나는 전형적인 순서가 저장되어 있다.

## 2.2 도식에 근거한 판단

도식을 사용하기 때문에 우리는 새로운 정보가 입수되었을 때마다 정보처리의 모든 논리적인 단계를 밟을 필요 없이, 기존에 가지고 있던 사전지식에 의거해서 짧고 간단하게 정보처리를 할 수 있다. 따라서 도식은 많은 양의 정보를 빠르고 경제적으로 처리할 수 있게 해주며, 관련된 정보에 대한 기억을 돕는다. 또한 정보를 해석하고 그로부터 미래의 행동을 예측하고 추론하는 데에 도움을 준다.

이러한 도식적 정보처리의 장점은 인간의 정보처리 능력을 절약할 수 있다는 점이다. 인간이 한 순간에 발휘할 수 있는 인지능력은 제한되어 있다. 만약 도식적 정보처리가 불가능하다면 동시에 많은 정보를 처리해야 하기 때문에 과부하가 일어날 것이다. 따라서 도식은 전형적으로 일어나는 일들을 사전지식에 의거하여 자동적으로 그리고 별다른 노력없이 처리하게 해줌으로써, 제한된 인지능력을 좀 더 관심을 기울여야 하는 독특하고 중요한 정보에 사용할 수 있도록 하는 역할을 한다(〈그림 4-3〉 참조).

**그림 4-3**
도식에 의한 정보처리

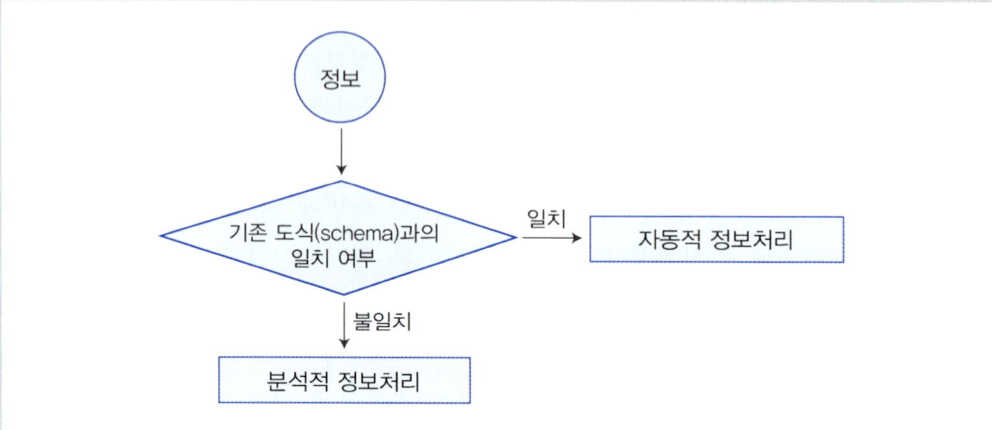


그러나 도식에 의한 판단은 오류의 가능성을 안고 있다. 도식은 일반적으로 지속효과를 갖는다. 지속효과란 입력된 정보가 기존의 도식과 잘 맞지 않더라도 기존 도식에 맞게끔 재해석함으로써 기존의 도식을 계속 유지하려는 경향성을 말한다. 심지어는 도식과 불일치하는 사례를 단순히 무시하는 것이 아니라 도식을 지지하는 것으로 반대 해석하기까지 한다. 따라서 도식은 지속적으로 극단화되고, 상반되는 증거가 제시되어도 잘 변하지 않게 된다.

그렇기 때문에 지각자가 일단 어떤 사람을 한 번 특정 범주로 분류하고 나면 그 분류가 합당하지 못하다는 증거가 제시되더라도 자신의 판단을 고집하게 된다. 예를 들어 '저 사람은 입이 가볍고 미덥지 못해'라고 한번 생각하면, 아무리 그 사람의 성격이 그렇지 않다는 증거를 접하게 되더라도 그것을 무시하거나 아예 기억을 왜곡하게 된다. 이러한 과정을 통하여 고정관념이라는, 편견과 차별에서 나타나는 인지적 오류가 발생하는 것이다.

**조직에서의 시사점** 사회적 도식을 통한 정보처리는 거의 무의식적이고 자동적으로 일어나는 과정이다. 일반 기업과 같은 조직내에서도 여러 사람이 모여 업무 처리를 하거나 공적인 인간관계를 맺는 과정에서 사회적 도식을 통한 정보의 처리와 판단이 발생하게 된다. 이 가운데 직원 채용이라든가 인사고과와 같이 타인에 대하여 평가해야 하는 상황에서, 사회적 도식이 일으키는 인지적 오류가 특히 문제가 될 수 있다.

앞서 들었던 면접의 예에서처럼, 면접관은 지원자에 대해 알고 있는 사전 정보를 통해 관련된 도식을 활성화시키게 된다. 그래서 실제로 면접을 하기 이전에 이미 해당 지원자의 사람됨에 대하여 그 도식을 통해 가지게 된 이미지를 형성하게 된다. 도식은 한번 형성되면 상반되는 증거가 제시되어도 쉽게 변화하지 않기 때문에, 지원자가 자신이 가진 도식과 다른 행동이나 말을 하더라도 그것을 무시하거나 왜곡되게 기억하여 지원자를 정확하게 평가하지 못하고 잘못된 평가를 내릴 우려가 있다.

인사고과에서도 마찬가지이다. 특히 고과대상자의 업무능력이나 업무태도에 대하여 자주, 직접적으로 관찰할 기회가 적었던 높은 직위의 상사일수록, 고과대상자의 실제 모습이 아닌 한정된 관찰정보에서 비롯된 자신의 사회적 도식에 근거하여 평가를 할 가능성이 있다.

따라서 평가 결과의 정확성을 기하기 위해서는, 면접 장면이든 고과 장면이든 평가자에게 사회적 도식으로 인한 오류의 가능성을 주지시키고 가급적 그러한 오류를 피하도록 유도하는 과정이 필요하다.

## 3. 내현성격 이론

우리는 어떤 사람에 대한 관찰 가능한 정보, 예를 들어 외모나 행동, 제스처를 보았을 때 매우 빠르게 그 사람의 성격에 대한 추론을 이끌어낸다.[7] 어떤 사람을 설명하고자 할 때에도 개별 행동을 하나하나 돌이켜 보고 이야기하는 것보다는 그러한 행동을 뭉뚱그려 어떠한 성격특질을 언급하는 것이 더 경제적이고 보편적이다.[8] 만약 누군가가 여러분의 룸메이트가 어떤 사람이냐고 물었을 때 룸메이트가 했던 모든 행동을 돌이켜 보아야 한다면 많은 시간이 걸릴 뿐 아니라 룸메이트를 제대로 설명하기도 힘들 것이다. 따라서 "그 친구는 지난주에 딴 친구가 약속에 늦었을 때 그다지 신경 쓰지 않는 것 같았어. 그리고 어제는 수업시간이 거의 다 되어서야 숙제를 시작하더라구. 그런데 누가 그 친구 소파에 음료수를 엎질렀을 때에도 활짝 웃으면서 괜찮다고 하고 편안하게 대해주었어. 그리고 말이야……" 하고 줄줄 나열하는 것보다는 "그 친구는 느긋하고 태평해. 조금 게으르다고도 할 수 있지만 사람이 참 좋아"라고 요약하여 특질을 설명하는 것이 더 잘 전달될 것이다. 그러면 룸메이트에 대해 물어보았던 사람은 룸메이트가 대강 함께 지내기에 좋은 사람일 것이라고 추론할 것이다.

**그림 4-4**
내현성격이론 모형

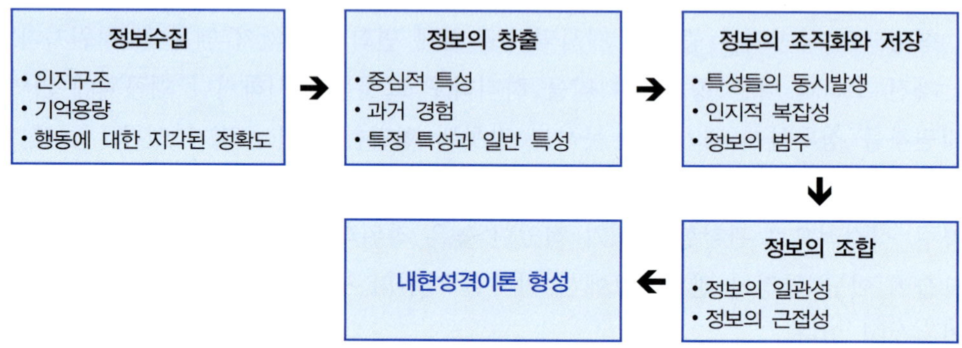


이처럼 우리는 다른 사람의 행동에서 특질을 매우 빨리 이끌어낸다. 뿐만 아니라, 하나의 특질에서 다른 여러 가지 특질을 연상한다. 예를 들어 어떤 사람이 자기 강아지를 매우 다정하고 조심스럽게 다루는 것을 보았다면 그 사람이 친절한 사람이라고 추론할 뿐 아니라, 책임감이 강하고 부지런할 것이라고 막연히 기대하게 된다. 즉 매우 단순한 행동 하나에서도 거의 성격 전체를 추론해내는 경향이 있는 것이다(〈그림 4-4〉 참조).

이렇게 여러 가지 서로 다른 특질들을 연관 지어 놓은 인식적 연결고리를 내현성격이론(implicit personality theory)이라고 한다.[9] 다시 말해 내현성격 이론이란 다양한 유형의 특질이나 행동들 간에 존재하는 관계에 대해 우리가 가지고 있는 전제들의 망이다. 그래서 어떤 사람이 한 가지 특질을 가지고 있다는 것을 앎으로써 그 사람이 다른 특질도 가지고 있을 것이라고 추론하게 된다.[10] 예를 들어 예측 불가능한 사람은 위험하다고 추론한다거나, 말을 천천히 하는 사람은 성격이 느긋할 것이라고 보는 등이다.

사람들은 상대방을 더 많이 알아갈수록 그 사람을 설명할 때 특질을 많이 사용하는 경향이 있지만, 거의 처음 만난 순간부터 다른 사람을 설명할 때 특질을 사용한다.[11] 단순한 외모나 행동에서 성격 특질을 추론하는 경향은 너무나 빠르고 자동적으로 일어나기 때문에 사람들은 대개 자신이 그렇게 하고 있다는 것을 잘 의식하지도 못한다.

# 4. 인상 형성

앞에서 우리는 사람들이 다른 사람의 외모나 행동을 관찰하여 그로부터 매우 빠르게 성격을 추론해낸다는 것을 배웠다. 그렇다면 어떻게 이러한 개별적인 추론을 토대로 전반적인 인상을 형성하는 것일까? 인상 형성에서 가장 중요한 측면은 무엇일까? 서로 일관성이 없어 보이는 정보, 예를 들어 내 룸메이트는 매우 친절하지만 가끔 화가 나면 고래고래 고함을 지르는 것과 같은 정보는 어떻게 통합되는 것일까?

## 4.1 평 가

인상 형성에서 가장 중요한 측면은 바로 평가이다. 이는 우리가 상대방을 좋아하는지, 싫어하는지, 그리고 그 정도는 어떠한지 등에 대한 판단을 의미한다. 물론 우리가 만드는 첫인상은 여러 가지 다양한 차원으로 구성되어 있을 것이다. 친절해 보인다든가, 말수가 적어 보인다든가 하는 차원이다. 그러나 이러한 모든 구체적 특질은 궁극적으로 우리가 그 사람을 좋아하는가 아닌가라는 질문으로 귀결된다.[12] 일단 우리가 어떤 사람을 '좋다-나쁘다'의 차원 상에 위치시키고 나면, 그 사람에 대한 다른 정보를 어떻게 받아들이느냐는 대부분 결정이 되었다고 볼 수도 있다. 그리고 이러한 평가의 결과는 그 사람에 대한 기억에 널리 영향을 미친다.[13] 어떠한 맥락에서 형성된 인상이 긍정적인가 부정적인가는 다른 맥락이나 외견상 관련이 없어 보이는 특징에 대한 판단에까지 확장되는 경향이 있다.

## 4.2 평균 원칙

영희가 소개팅에서 철수를 만났다. 철수는 의대생이면서 매우 종교적이고 테니스를 무척 잘 치고, 외향적인데, 술을 못 마신다고 했다고 하자. 우리는 어떻게 이러한 개별적인 정보를 모아서 단순하고 전체적인 인상을 형성하는 것일까? Anderson은 우리가 평균 원칙(averaging principle)에 따라 다른 사람에 대한 복합적인 인상을 형성한다고 보았다.[14] 소개팅의 예에서 영희는 철수가 재치 있고 똑똑하며 정직하지만 말투가 다소 거만하고 옷을 촌스럽게 입었다는 것을 지각했다. 평균 원칙에 따르면 영희는 철수의 특징을 개별적으로 평가하여 평균을 내는 식으로 이러한 정보를 처리한다. 예를 들어 이러한 특질에 대해서 10점(매우 긍정적)에서 -10점(매우 부정적)으로 평가해 보라는 요청을 받는다고 하자. 영희는 지적인 것에 대해 높은 비중을 두므로 철수의 재치있음과 똑똑함에 각각 최고점인 10점을 매기고 정직함에 대해서는 4점을 주었다. 그리고 영희는 겸손한 사람을 선호하기 때문에 거만한 말투에 대해서는 -5점을, 옷차림에 대해서는 그다지 신경 쓰지 않기 때문에 촌스러운 옷에 대해서는 -1점을 부과했다. 이때 철수의 전체 평균점수는 3.6점이다. 즉 어느 정도 긍정적인 사람이라는 평가가 내려지는 것이다.

그러나 어떤 학자들은 우리가 가산 원칙(additive principle)에 의해 인상을 평가한다고 주장한다. 즉 위의 예에서처럼 모든 점수의 평균을 내는 것이 아니라 단순 합산을 해서 별개의 정보를 통합한다는 것이다. 예를 들어 영희는 철수가 꽤 많이 마음에 들었다(6점). 그런데 영희는 철수와 데이트를 하다가 그가 상당히 느긋한 성격이라는 것을 알게 되었다. 영희는 느긋한 성격에 대해서는 1점을 매겼다. 이 경우, 평균 원칙에 의하면 1점은 평균보다 낮은 점수이므로 전체 평균을 낮추는 효과를 내어 철수에 대한 영희의 호감도는 감소한다. 반면 가산 원칙에 의하면 단 1점이라도 뭔가 긍정적인 특질을 더 알게 되면 전체 점수는 증가한다.

Anderson은 여러 연구를 통해[15] 가산 원칙보다는 평균 원칙이 더 옳다는 증거들을 여럿 찾아내었다. 즉 위와 같은 예에서 영희의 호감도는 증가하지 않고 오히려 감소할 수 있다는 것을 밝혔다. 또한 예를 들어 심하게 부정적인 특질이 두 가지 있는 경우가 심하게 부정적인 특질 두 가지와 약간 부정적인 특질 두 가지가 있는 경우보다 더 나쁜 평가를 이끌어내는 것으로 나타났다. 평균 원칙에 의하면 전자의 경우 두 가지에 대한 평균치가 후자의 경우 네 가지에 대한 평균치보다 더 부정적이기 때문이다.

그리고 추가 연구를 통해 Anderson은 평균 원칙을 수정하여 인상 형성을 더 정확하게 예측하는 가중된 평균 모형(weighted averaging model)을 제시하였다. 이 모형에 따르면 사람들은 모든 특질을 평균하여 전체 인상을 형성하는 것이 아니라 자신이 느끼기에 가장 중요한 특질에 더 많은 가중치를 부여하여 인상을 형성한다.

### 4.3 긍정성 편중과 부정성 효과

대인 지각에서 일반적으로 발생하는 편중 중 하나가 다른 사람을 긍정적으로 평가하려는 경향이다. 다른 사람에 대해서 부정적으로 평가하기보다는 긍정적으로 평가하는 이러한 경향을 긍정성 편중(positivity bias)이라 한다. 예를 들어 한 연구에서 대학생들은 강의 시간에 반드시 만족스러운 경험만 한 것은 아님에도 불구하고 교수의 97%를 긍정적으로 평가하였다.[16]

한편 우리는 인상을 형성할 때 부정적인 정보에 더 주의를 기울이는 경향이 있다. 다른 조건이 동일할 때, 부정적인 특질은 긍정적인 특질에 비해 인상 형성에 더 많은 영향을 끼친다. 이를 부정성 효과(negativity effect)라고 한다. 부정성 효과는 제3장에서 공부했던 지각의 전경-배경 원칙을 통해 이해할 수 있다. 긍정성 편중에서 살펴보았듯이 우리는 부정적인 평가보다는 긍정적인 평가를 내리는 경향이 있다. 따라서 부정적인 특질은 더 특이하게 되어 더 눈에 띄게 되며, 지각적 의미에서 전경으로 처리됨으로써 주의를 집중시키게 된다.

## 5. 사회추론

사회인지의 주된 관심사는 관찰대상이 되는 사람의 특성에 대하여 추론하고 판단하는 것이다. 이를 사회추론과정(social inference process)이라 한다. 사회추론에 대한 연구는 규범이론의 원리를 따른다.[17] 규범이론이란 사회지각자가 추론을 하는 데에 있어 반드시 밟아야 하는 단계가 있으며, 각 단계마다 그것을 수행하는 최적의 방법, 즉 기준이 정해져 있다고 보는 시각이다. 이때의 기준은 가장 정확하고 오류가 없는 정보처리 방식이라고 할 수 있다. 따라서 지각자가 사회추론을 하는 데에 사용한 방법과 결론은 규범적인 모형과 비교하여 그 정확성이 평가된다. 이러한 관점에서는 사회지각자가 합리적인 일종의 아마추어 과학자(naive scientist)라고 본다.

그러나 현실적으로 사회지각자가 항상 이렇게 이상적인 방식으로 정보를 처리하는 것은 아니다. 앞 장에서 우리는 인간이 한 번에 처리할 수 있는 정보처리 용량이 제한되어 있음을 공부하였다. 따라서 사람들은 대개 정보를 철저하고 완벽하게 처리하기보다는 최소한의 인지적 역량을 활용하여 가능한 한 빠르게 정보를 처리하려고 한다. 이러한 관점에 따르면 사람은 인지적 절약가(cognitive miser)라고 할 수 있다. 이 절에서는 인지적 절약가로서 인간이 어떠한 과정을 거쳐 사회추론을 하며 거기에는 어떠한 특징이 있는지 살펴볼 것이다.

## 5.1 사회적 추론의 형성과정

다음 〈그림 4-5〉는 사회추론이 일어나는 과정과 각 단계에서 나타날 수 있는 오류를 간략하게 도해한 것이다. 이제 각 단계에 대해 상세히 알아보도록 하자.[18]

**그림 4-5**
사회적 추론과정

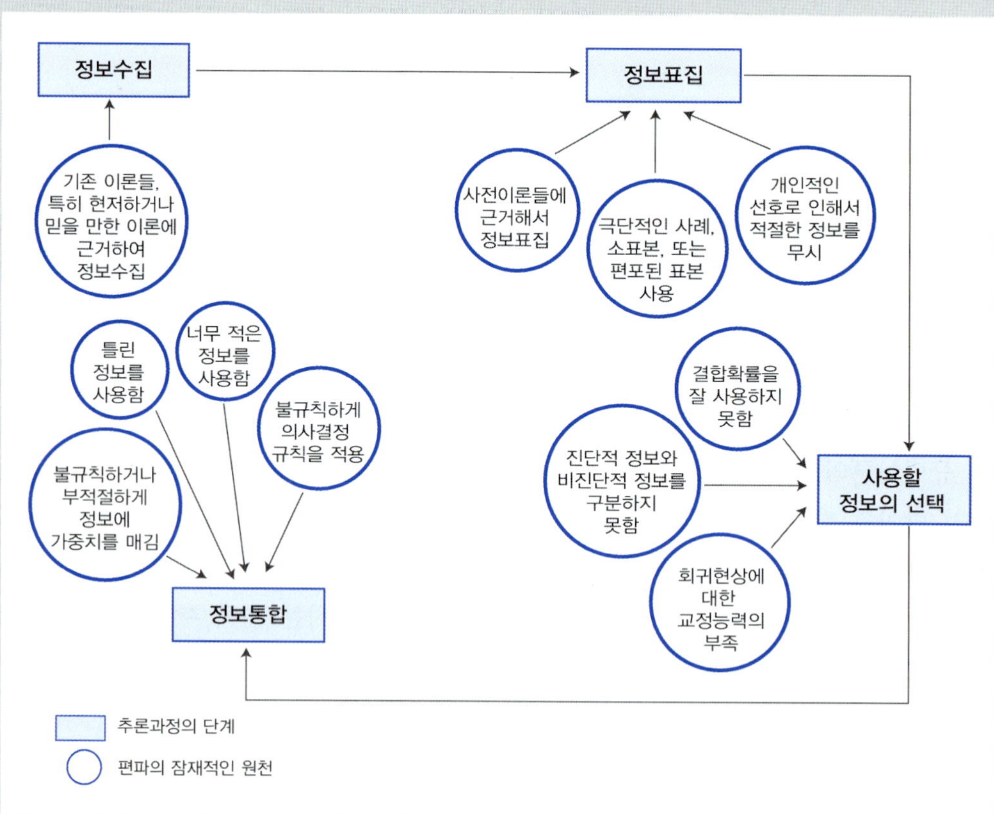


자료 : Fiske & Taylor(1984), p.249.

### 5.1.1 정보의 수집

우리는 일상생활 속에서 서로에 대하여 수없이 많은 복잡한 판단들을 하게 된다. 누군가 여러분에게 "네 친구 A는 어떤 사람이야?"라고 물었다고 하자. 그러면 여러분은 어떠한 종류의 정보를 얼마나 제공해야 할지 순간적으로 판단해야 한다. 규범모형에 따르면 A에 대하여 알고 있는 모든 정보를 검토해야겠지만, 실제로 우리는 극히 일부의 정보만을 사용하여 판단하고 그것을 전달하곤 한다. 이때 개인이 가지고 있던 사전의 기대나 도식과 같은 인식적 틀이 중요한 기준으로 작용한다. A에 대해 물은 사람이 A라는 학생의 지도교수인 경우와 여러분이 곧 A를 소개시켜 주려 하는 친구인 경우, 여러분의 답은 달라질 것이다.

문제는 이러한 인식적 틀, 즉 개인적 이론에 의한 판단이 잘못될 수 있다는 점이다. 첫째, 그 인식적 틀 자체가 잘못되었거나 의심스러울 때 문제가 생길 수 있다. 둘째, 자신만의 독특한 이론에 근거하여 판단하면서도 그 이론이 보편적이고 객관적인 이론이라고 믿고 있을 때에도 잘못된 결과가 초래될 수 있다. 셋째, 주어진 모든 정보를 충분히 고려하지 않은 상태에서 이론을 선택한 경우에도 오류의 위험이 있다.

### 5.1.2 정보의 표집

앞서 설명한 정보수집 단계는 어떠한 정보가 추론과 관련되어 있는지 결정하는 단계이다. 만약 이제 하려는 추론이 이전에 갖고 있던 이론에 의해 왜곡될 수 있다고 판단된다면 새로운 정보를 표집하여야 한다. 이 과정에서 다양한 오류가 발생할 수 있다. 그러한 오류는 크게 다음과 같은 세 범주로 분류된다.

**기초정보의 간과** 사람들은 추론을 할 때 좋은 평가치 정보가 있음에도 불구하고 극소수의 특수한 사례에 강한 인상을 받는 경향이 있다. 신뢰도나 타당성이 확보된 기초정보보다는 일회적인 사례에 더 큰 영향을 받는 것이다. 예를 들어보자. 사람들에게 야구팀 A와 야구팀 B가 다음 주에 경기를 하게 되었는데 A의 승률을 예측해 보라는 질문을 했다. A팀과 B팀은 여태까지 9번의 경기를 가졌으며 8번은 A팀이 이겼고, B팀이 승리한 것은 딱 한 번뿐이었다. A, B팀의 경기를 직접 관람한 적이 없고 오직 과거 전적에 대한 정보만 가진 사람은 B팀의 승률을 낮게 예측하지만, B팀이 유일하게 A팀을 이겼던 극적인 경기를 직접 경기장에서 관람했던 사람은 그러한 기초정보를 무시하고 B팀의 승률을 높게 예측한다. 다시 말해, 사람들은 생생한 일화에 대한 정보가 주어지면 보다 유용하게 사용될 수 있는 기초자료를 무시하는 경향이 있다.

**확률과 회귀에 대한 오해** 간단한 확률정보를 가지고 미래를 예측해야 할 때, 사람들은 크게 다음 두 가지의 극단적 오류를 범한다.

- 결합확률에 대한 오해: 우리가 학창시절 배운 간단한 수학에 의하면, A와 B라는 두 가지 사건이 동시에 발생할 확률은 각 사건이 발생할 확률의 곱으로 계산된다. 즉 단일 사상이 발생할 확률보다 결합확률은 값이 더 작아질 수밖에 없다. 그렇지만 일상생활에서 우리는 특이한 사상이 동시에 일어날 가능성을 더 높게 예측하는 경향이 있다. 어떤 실험에서 "A는 사교적이고 문학적이다"라는 정보를 주고 A가 공학을 전공할 가능성에 대해 물었더니 피험자들은 거의 가능성이 없다고 답변하였다. 그런데 공학을 전공하다가 신문학으로 전공을 바꾸었을 가능성에 대해서는 꽤 높은 확률을 추정하였다. 공학을 전공하다가 신문학으로 바꾸는 것이 더욱 특이한 경우임에도 불구하고, 피험자들은 사교적이고 문학적인 사람이 공학을 전공하는 것을 도저히 상상할 수 없었던 모양이다. 이처럼 우리는 일어난 사상에 대해 강한 사전 기대를 가지고 있을 때 논리적인 확률적 판단보다 더 극단적인 추측을 하는 경향이 있다.
- 회귀현상에 대한 오해: 어떤 부부의 경우, 남편의 키가 190cm 가까이 되고 아내의 키도 180cm의 장신이다. 그들의 아들은 키가 몇 cm쯤 될까? 주위 사람들은 그들 사이에서 너무 키가 큰 아이가 태어날까 봐 걱정을 했을 것이다. 하지만 이 경우, 적어도 확률적으로는, 남편과 아내보다는 오히려 보통 사람들의 평균에 가까운 키를 가진 아이가 태어날 가능성이 더 높다. 신장의 정규분포상에서 볼 때 남편과 아내의 극단치이며, 이런 극단치가 도출될 확률은 매우 적다. 따라서 이들의 키가 이렇게 커버리게 되었던 무선적 요인이 다음 대에서는 사라지고 정상에 더 가까운 신장의 아이가 태어날 확률이 더 큰 것이다. 이렇게 본다면 여러 가지 극단적인 정보가 주어지고 이를 통해 미래를 예측해야 할 때, 주어진 정보를 다소 완화시켜 추론한다면 오히려 정확한 추론을 할 수 있다.

**희석효과** 상황에 따라 사회지각자는 더 보수적인 추론을 하기도 한다. 예를 들어 해외여행 중에 어떤 사람을 만나 대화를 하게 되었다고 하자. 이야기 중에 어떤 사람 A는 자신이 40살이고 10년 동안 다른 사람과 같은 집에 살고 있는데 한 번도 이성과 연애를 해본 적이 없다고 말했다. 이 세 가지 정보를 가지고 혹시 A가 독신주의자인가

하는 생각을 할 수도 있을 것이다. 그런데 A는 계속해서 자신이 변호사이고, 야간대학에서 소설 창작을 공부하고 있으며 파란색 도요타를 몰고 다닌다고 이야기했다면 A가 독신주의자인지 아닌지 확신하기 힘들 것이다. 사실 나중에 주어진 정보는 독신주의자 여부를 판단하는 데에 별 도움이 되지 않는 비진단적 정보이다. 그런데 이런 비진단적 정보가 판단과 직접 연관되는 진단적 정보를 '희석'하여 사회추론을 보다 보수적으로 내리게 하는 효과가 있다. 이를 희석효과라 한다.

### 5.1.3 정보의 통합

사회추론의 마지막 단계는, 알고 있는 정보를 통합하여 결론을 내리는 것이다. 안타깝게도 정보 통합의 측면에서 사람은 규범이론에서 말하는 합리적 판단자의 모습에서 보다 멀어진다. 개별 정보를 통합하는 데에 있어서는 컴퓨터가 인간보다 훨씬 우수하다. 인간의 의사결정 과정은 임의적이고 일관성이 부족하며, 고정관념이나 편애, 잘못된 인식의 틀 등으로 인해 오염되기 쉽다. 정보통합 단계에서 발생하는 오류의 대표적인 예로 다음 두 가지를 들 수 있다.

**공변에 대한 평가** 공변(covariance), 즉 두 사상이 어느 정도로 연관되어 발생하는가를 의미한다. 공변을 파악하기 위해서는 가장 먼저 어떤 정보가 공변을 평가하는 데 적절한 것인지 파악해야 한다. 예를 들어 "뚱뚱한 사람은 낙천적이다"라는 선입견을 검증하려면 낙천적이면서 뚱뚱한 사람과 마른 사람, 낙천적이지 않으면서 뚱뚱한 사람과 마른 사람 이 네 가지 경우의 숫자를 알아야 한다. 그런데 사람들은 이 네 경우를 모두 파악하기보다는 기존의 선입견에 일치하는 정보만을 수집하는 성향이 있다. 다음 단계로는 사례를 표집해야 한다. 세상의 모든 사람들을 다 조사할 수 없기 때문에 네 가지 경우에 대한 사례를 선택해야 하는 것이다. 그런데 사람들은 흔히 주위에서 쉽게 볼 수 있는 사례만을, 그것도 너무 적게 사용하여 판단하는 경향이 있기 때문에 판단이 왜곡되기 쉽다. 공변 평가의 세 번째 단계는 수집된 정보가 기존 선입견과 일치하는지 아닌지 분류하는 단계이다. 이때 애매한 정보는 일치하는 것으로 분류되고 명백히 반대되는 정보는 무시되는 경향이 있다. 넷째, 지각자는 증거를 회상하여 각 증거별 빈도를 추정한다. 그러나 사전에 가지고 있던 인식의 틀에 따라 기억에도 많은 오류가 있을 수 있다.

**상관착각** 상관착각(illusory correlation)이란 실제로는 별 관련이 없는 사상들에 대하여 강한 연관이 있다고 생각하는 오류를 말한다. 시험보기 전에 미역국을 먹으면 시험에 떨어진다는 것과 같은 미신이 이러한 상관착각의 예이다. 시험에 '미끄러지는' 것과 '미역'국을 먹는 것은 사실 아무런 연관이 없는데도, 단지 발음이 유사하다는 이유로 이 두 사건이 공변한다고 믿는 것이다. 상관착각은 잘못된 고정관념의 원천이 될 수 있다. 특히 소수집단에 대한 부정적 고정관념이 상관착각으로 인해 발생한다. 구체적으로 말하면, 일상생활에서 소수집단의 구성원을 접촉할 기회가 상대적으로 적기 때문에, 소수집단 구성원이 하는 부정적 행동을 관찰할 기회는 더욱 적어진다. 따라서 그러한 드문 사상들 사이에 상관착각을 일으키게 되고 소수집단의 구성원이 부정적 행동을 더 많이 한다고 추론하게 되는 것이다.

## 5.2 발견적 방식 : 신속한 추론

이번 학기에 낙제를 했다는 사실을 어떻게 부모님에게 알려야 부모님께 가장 덜 혼날 수 있을까? 익숙해서 편하지만 너무 편해서 남매 같은 연인과 만난 지 얼마 안 되어서 강한 매력이 느껴지는 새로운 연인 중 어느 쪽을 택하는 것이 좋을까? 우리는 대부분의 경우 이처럼 부정확하거나 불완전한 상황에서 복잡한 판단을 내려야 한다. Tversky와 Kahneman은 이런 상황에서 인간이 어떠한 과정을 거쳐 의사결정을 하는가에 대한 논문을 발표하여 학계에 큰 영향을 주었다. 이들은 사람들이 복잡한 문제해결 과정을 보다 간편한 과정으로 대치하는 발견적 방식(heuristics), 즉 일종의 지름길을 사용한다고 하였다. 즉 규범이론에서 말하는 이상적인 정보처리 방식에 따라 의사결정을 하는 것이 아니라, 더 간단하면서도 직관적인 방법으로 의사결정을 한다는 것이다.[19] 발견적 방식에는 크게 대표성 발견, 이용도 발견, 시뮬레이션 발견, 착점과 조정이라는 네 가지 범주가 있다. 이에 대해서는 제14장 의사결정에서 보다 상세히 살펴보도록 하겠다.

## 6. 사회적 추론과 인사평가

지금까지 우리는 다른 사람을 평가하고 판단하는 사회인지의 과정과 특징에 대하여 살펴보았다. 일상생활에서도 상대방의 특성이나 의도 등에 대하여 정확하게 추론하고 파악하는 것이 중요하지만, 이러한 사회인지의 과정은 특히 기업의 중요한 인사관리와도 직결되어 있다. 새로운 사원을 선발하는 면접이라든가, 사원들의 연봉 및 승진 등의 기초자료로 사용될 인사평가에서 평가자는 피평가자에 대해 올바른 판단을 내려야 한다. 그렇지 못할 경우 특정 피평가자가 불이익을 받는 것은 물론 인사의 공정성에 큰 문제를 일으키며 해당 조직에 대한 무형의 손실로 이어질 수 있기 때문이다.

인사평가 방법은 작업량, 작업시간, 판매량과 같이 사회적 추론이나 사회적 판단 과정이 불필요한 비판단적 방법(nonjudgmental method)과 구성원의 행동이나 태도, 기여도 등을 판단해야 하는 판단적 방법(judgmental method)로 구분된다. 대부분의 기업에서 승진이나 보상과 관련된 중요한 인사평가는 주로 판단적 방법에 의해 시행된다. 인사평가 시 인지적 판단과정은 관찰(observation)/주의(attention), 범주화(categorization)/저장(storage), 회상(recall)/평가(evaluation)의 세 영역으로 구분된다.[20]

**관찰 및 주의** 관찰 및 주의 단계에서 평가자는 도식이나 유형화가 형성되어 있는 대상에 대해서는 관찰 시간을 짧게 사용하는 경향이 있다. 또한 평가자가 가지고 있는 과업관련 지식의 정도나, 평가 측정지표를 미리 평가자에게 보여주게 되면 관찰 대상에 대해 어떠한 행동을 집중하여 관찰해야 할지에 영향을 미치게 된다.

**범주화 및 기억 저장** 관찰 및 주의 단계 다음에 평가자는 정보를 범주화하고 기억에 관찰한 정보를 저장한다. 이때 정보의 손실과 왜곡이 발생하게 되면, 다음 단계에서 피평가자에 대한 정확한 정보를 회상할 수 없기 때문에 평가 오류를 일으킨다. 평가자의 인지 스타일은 피평가자 정보의 범주화 및 기억에 영향을 미치는데, 예를 들어 원형(prototype)을 사용하여 정보를 범주화하는 인지 스타일을 가지는 평가자의 경우 피평가자의 전반적 인상을 형성하고 이를 적절한 범주로 분류하여 기억하려 하는 경향이 있다. 이때 평가자의 인지 구조에 가지고 있는 범주와 성과 평가 지표에서 제시하는 성과 범주가 일치하게 되면 정확한 성과평가가 가능해진다.

**회상 및 평가** 평가자는 평소 피평자의 행동을 관찰하고 이를 기억하였다가 인사 평가시 피평가자의 행동을 회상하여 평가한다. 따라서 피평가자에 대해 특정한 인상이 형성되게 되면 이 인상이 인사평가에 영향을 미치는 후광효과가 발생하게 된다. 예를 들어 상사의 일을 잘 도와주는 역할 외에 행동을 잘하는 종업원에 대하여 긍정적인 인상이 형성되게 되면 실제 이 구성원의 과업 수행과는 관계없이 과업성과도 높게 평가하는 현상이 발생하게 된다. 뿐만 아니라 평가자의 인지 능력이나 평가 시 평가자의 정서 상태 등과 같은 평가자 특성들이 회상 및 평가에 영향을 미친다. 예를 들어 인사평가시 평가자가 긍정적 정서 상태에 있다면 피평가자에 대하여 부정적 정보보다는 긍정적 정보를 회상하게 될 가능성이 높아진다.

이와 같이 인사평가 시 거치게 되는 인지적 과정으로 인하여 평가자나 피평가자 그리고 맥락적 특성에 따라 다양한 인지 오류가 발생할 가능성이 존재한다. 이러한 인지 오류를 줄이고 정확한 성과평가를 수행하기 위해서는 조직 차원에서 정확한 성과평가 지표를 마련하고, 평가자들에게 성과평가 과정과 지표에 대한 교육을 실시해야 할 필요가 있다. 예를 들어 전통적으로 기업에서 실시되고 있는 참조 틀 훈련(Frame-of Reference Training: FRT)이나 평가자 훈련(Rater Error Training: RET) 등을 통해 평가자의 자질을 개선하고 오류에 빠지지 않도록 하여 평가 정확성을 도모할 수 있다.

## 주석(endnote)


1 Heider, F. (1951). *The Psychology of Interpersonal Relations*, NJ: John Wiley & Sons.

2 Jones, E. E., & Davis, K. E. (1965). From acts to dispositions the attribution process in person perception. *Advances in experimental social psychology*, 2, 219~266.

3 Kelley, H. H. (1972). Attribution in social Interaction. In E. Jones et al. (eds.), *Attribution: Perceiving the Cause of Behavior*. NJ: General Learning Press.

4 Fiske, S. T. & Taylor, S. E. (1984). *Social Cognition*. Addison-Wesley. 72-88.

5 Jones, E. E., & Harris, V. A. (1967). The attribution of attitudes. *Journal of Experimental Social Psychology*, 3, 1~24.

6 Fiske, S. T. & Taylor, S. E. (1984). *Social Cognition*. Addison-Wesley. 149.

7 Carlston, D. E., & Skowronski, J. J. (1994). Savings in the relearning of trait information as evidence for spontaneous inference generation. *Journal of Personality and Social Psychology*, 66, 840~856.

8 Allen, R. B., & Ebbesen, E. B. (1981). Cognitive processes in person perception: Retrieval of personality trait and behavioral information. *Journal of Experimental Social Psychology*, 17, 119-141.

9 Schneider, D. J. (1973). Implicit personality theory: A review. *Psychological Bulletin*, 79(5), 294~309.

10 Bruner, J. S., & Tagiuri, R. (1954). Person perception. In G. Lindzey(ed.), *Handbook of Social Psychology*(Vol.2, pp.634~654). Reading, MA: Addison-Wesley.

11 Park, B. (1986). A method for studying the development of impressions of real people. *Journal of Personality and Social Psychology*, 51. 907~917.

12 Park, B. & Flink, C. (1989). A social relations analysis of agreement in liking judgments. *Journal of Personality and Social Psychology*, 56, 506~518.

13 Zajonc, R. B., Pietromonaco, P., & Bargh, J. (1982). Independence and interaction of affect and cognition. In M. S. Clark & S. T. Fiske(eds.), *Affect and cognition: The 17th annual Carnegie symposium on cognition*(211~229). Hillsdale, NJ: Erlbaum.

14 Anderson, Norman H. Integration theory and attitude change. *Psychological Review*, Vol. 78(3), May 1971, 171~206.

15 Anderson, N. H. (1959). Test of a model for opinion change. *Journal of Abnormal and Social Psychology*, 59, 371~381.

16 Sears, D. O. (1983). The person-positivity bias. *Journal of Personality and Social Psychology*, 44, 233~250.

17 Fiske, S. T. & Taylor, S. E. (1984). *Social Cognition*. Addison-Wesley.

18 Fiske, S. T. & Taylor, S. E. (1984). *Social Cognition*. Addison-Wesley. 248~266.

19 Kahneman, D., Slovic, P., & Tversky, A. (1982). *Judgment under Uncertainty; Heuristics and Biases*.

Cambridge University Press.

20 Ilgen, D. R. & Barnes-Farrell, J. L. (1993). Performance appraisal process research in the 1980s: What has it contributed to appraisals in USE? *Organizational Behavior and Human Decision Process*, 54, 321~368.

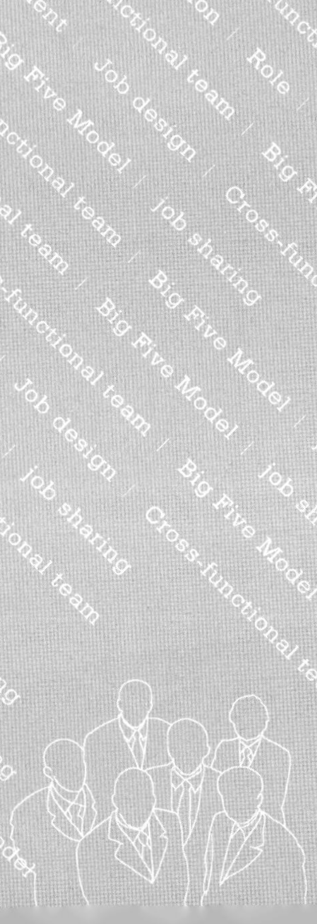

CHAPTER 05

# 학습과 행동수정

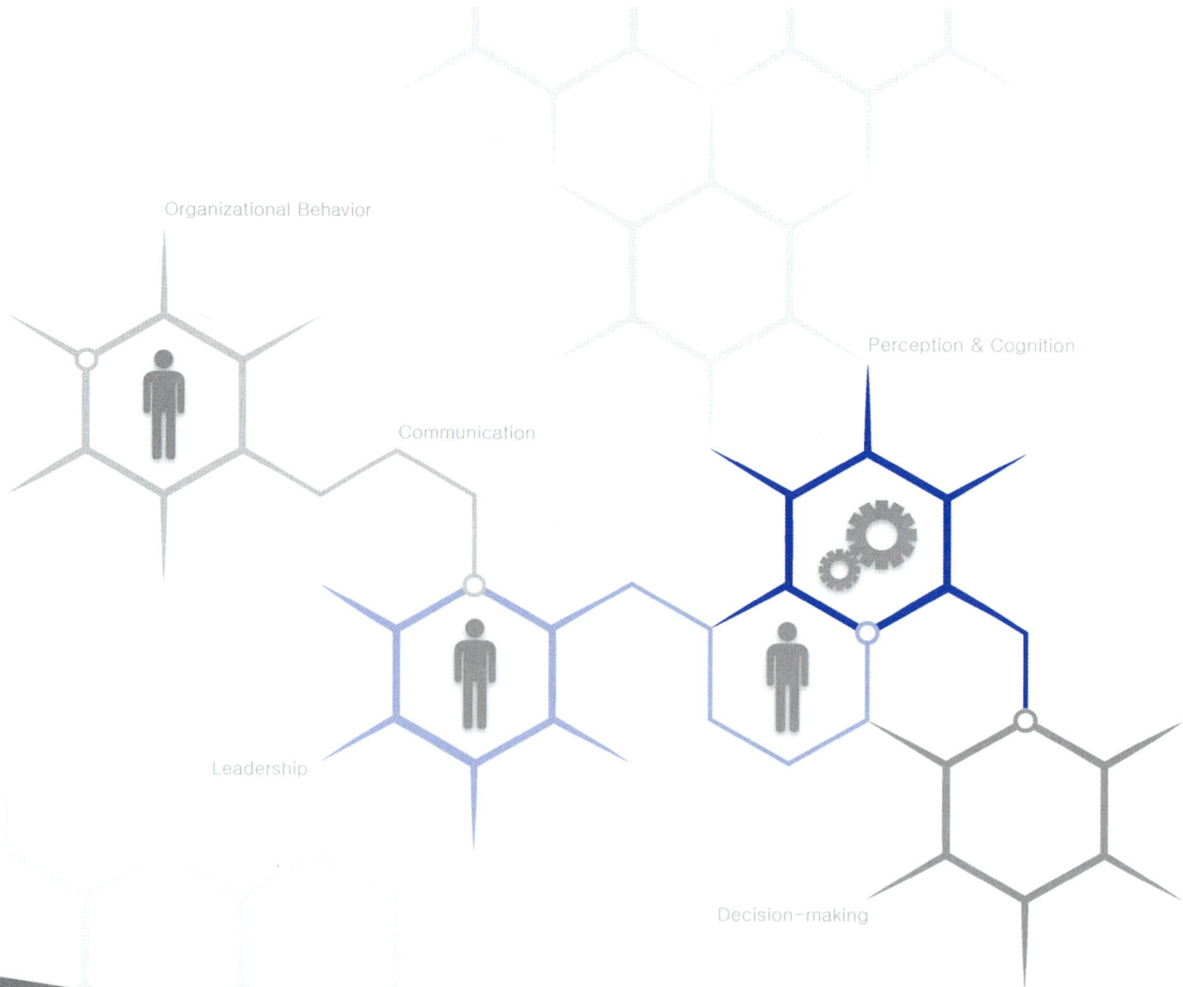

## 들어가기

지금까지 우리는 다른 사람의 행동을 어떻게 이해하고 설명하며 또한 그 행동에 대한 평가 또는 판단을 어떻게 하는지 그 과정을 살펴보았다. 다른 한편으로 조직내에서 구성원들이 보여주는 행동은 어떻게 형성되었는지를 살펴볼 필요가 있다. 어떤 학습과정을 거쳐서 행동이 형성되며, 그리고 그러한 행동형성이 이루어지는 학습과정은 어떤 메커니즘에 의해 촉진 또는 강화되는가를 살펴보고자 한다. 학습과정에서 형성되는 행동은 특정 의도나 목적 방향으로 나타나도록 조직행동의 수정이 가능한지도 살펴보고자 한다.

한 명의 신입사원이 기업 내에서 성장하는 과정을 생각해 보면 조직행동론 학자들이 왜 학습에 관심을 갖는지 깨달을 수 있을 것이다. 대기업에서 실시하는 다양한 형태의 신입사원 연수 및 훈련 프로그램은 신입사원들에게 업무에 필요한 지식을 교육하는 역할도 하지만 그 기업의 문화를 전달하여 신입사원들이 해당 기업의 일원으로서 합당한 행동양식을 몸에 익히게끔 하는 역할도 한다. 또한 신입사원은 부서 배치 후 현장교육이나 다른 선배 직원들의 업무처리 양식을 관찰하여 업무를 익히게 된다. 차후에 인사평가 결과를 토대로 승진심사를 받거나 연봉협상을 하는 과정에서 어떠한 행동이 회사에서 선호하는 행동인지 알게 되며, 더 큰 보상을 받기 위해 그러한 행동을 스스로 실천하려고 노력하게 된다. 이러한 과정은 모두 광범위한 학습의 하나이다.

이처럼 학습을 통해 우리는 지식이나 기술을 습득하기도 하지만(좁은 의미의 학습), 가치관이라든가 태도, 정서적 반응 등을 습득하기도 한다(넓은 의미의 학습). 따라서 조직행동의 맥락에서 말하는 학습이란 일상적 의미의 학습보다 더 폭넓은 용어임을 인지할 필요가 있다.

## 1. 학습과 조직행동

학습을 바라보는 견해는 다양하다. 일례로 동양과 서양 사이에도 학습에 대한 어원풀이는 상이하다. 동양인들에게 학습(學習)이란 지속적으로 '배우고, 계속 익힌다.'는 의미가 합해져서 '자기완성'에 통달하는 것을 의미한다. 반면 서양인들에게 학습(Leis, 인도 · 유럽어)은 그 어원인 track(이랑) 또는 고랑(furrow)이라는 뜻처럼, 어떠한 길(track)을 따라가서 경험을 증대시킨다는 의미를 가진다.[1] 이런 일반적인 의미 이외에도 지금까지 수많은 심리학자들이 인간의 학습에 대해 다양하게 정의해 왔는데 이는 크게 다음의 두 범주로 묶인다.[2]

- 학습은 경험의 결과로 행동 상에 상대적으로 지속적인 변화가 일어나는 것이다.
- 학습은 경험의 결과로 정신적 심상이나 연합 상에 상대적으로 지속적인 변화가 일어나는 것이다.

이 두 가지 정의가 공통적으로 강조하는 것은 학습이 행동이나 정신상의 상대적으로 지속적인 변화라는 점이다. 즉 반드시 영원히 지속되는 것은 아닐지 모르겠지만 상당히 오랜 기간 지속되는 변화를 의미한다. 또한 두 정의 모두 그러한 변화가 경험에 의해 발생한다고 명시하고 있다. 따라서 일시적인 신체적 상태(피로, 약물 등)나 신체의 성숙과정에 의하여 야기된 변화는 '경험'이라고 할 수 없기 때문에 학습에 포함되지 않는다.

반면 이 두 정의는 그러한 변화가 어디에서 일어나느냐에 대하여 다른 견해를 가지고 있다. 첫 번째 정의에 따르면 변화는 행동에서 발생하며, 따라서 우리가 관찰 가능한 외적 변화이다. 이러한 견해를 행동주의적 접근(behaviorism)이라 한다. 두 번째 정의에서는 변화가 정신적인 심상이나 연합, 즉 우리가 볼 수 없는 영역에서 일어나는 것이라고 본다. 이를 인지주의적 접근(cognitivism)이라 한다. 인지주의적 접근에서는 인간의 학습과 관련되는 사고과정을 중시한다. 이러한 인지주의적 학습에서 다루는 인지에 대해서는 제3장 지각과 인지에서 이미 설명하였다. 정보를 지각하여 그것을 기억에 저장하고 필요 시 인출하는 과정이 인지주의에서 말하는 학습과정인 것이다. 이 이외에도 앞서 두 관점의 확장으로 사회적 학습(social learning) 접근으로 학습을 바라보는 관점도 있다.

## 1.1 행동주의적 접근

대부분의 학습이론들은 행동주의(behaviorism)에 기반하여 학습을 바라본다. 이 장의후반부에 다루게 될 강화이론(reinforcement theory) 또한 행동주의에 기반을 두고 있다. 행동주의자들(behaviorists)에 따르면 행동은 그로 인해 발생할 수 있는 결과들의 함수를 통해 결정된다. 예를 들어 집에서 키우는 강아지가 주인이 돌아올 시간쯤 되면 매일 대문 앞에 나와 주인을 기다리고 있는 것은 주인이 항상 자신을 예뻐해 주고 먹이도 주는 사람이며, 대강 이 시간 정도에 귀가한다는 것을 경험으로 알고 있기 때문이다. 따라서 마중을 나와 있으면 주인이 와서 쓰다듬어 주고 함께 놀아주며 먹이를 줄 것이라는 결과에 대한 기대를 가지고 주인을 기다리는 행동을 한 것이다. 이 예는 동물에 대한 예이지만, 인간의 행동도 비슷한 과정을 통해 일어나며 이렇게 결과에 대한 기대를 가지고 행동을 변화시키는 것이 학습이라는 견해가 바로 행동주의적 견해이다. 따라서 행동주의적 입장에서는 특정 행동의 결과를 조절하면 그 행동을 변화시킬 수 있다고 본다. 이러한 전제에서 발전한 강화이론은 고전적 조건형성이라는 초기 학습이론을 토대로 발전하였다.

### 1.1.1 고전적 조건화

Pavlov는 개의 타액 분비에 대한 연구를 수행하여 1904년에 노벨상을 수상한 생리학자이다. Pavlov는 이 연구를 하던 중 재미난 현상을 발견하였다. 그는 개를 묶어놓고 고기를 준 후 개가 흘리는 타액을 수거하곤 했는데, 어느 정도 시간이 지나자 개가 고기를 보거나 냄새를 맡지도 않았는데 먹이를 주는 조교가 실험실에 들어오기만 하면 침을 흘리기 시작하였다. 이에 흥미를 느낀 Pavlov는 이 현상을 보다 체계적으로 연구해 보았다. 그 결과 개에게 먹이를 줄 때마다 특정한 자극(벨소리, 번쩍이는 불빛 등)을 주면, 나중에는 먹이를 주지 않고 그 자극만 제시되어도 개가 자동적으로 침을 흘리기 시작한다는 결론을 얻게 되었다.[3]

이러한 현상을 바로 고전적 조건화(classical conditioning)라 한다. 즉, 고전적 조건화란 조건자극을 무조건 자극과 짝지어 반복 제시함으로써 무조건 반응을 유도하여 행동을 변화시키는 기법이다. Pavlov의 실험에서 개가 먹이를 보면 침을 흘리는 것은 자동적인 생리반응이다. 다시 말해 무조건 일어나는 반응인 것이다. 따라서 먹이를 무조건자극, 타액분비를 무조건 반응이라 부른다. 이때 먹이를 줄 때마다 종소리(조건자극)를 들려준다면 개는 경험을 통해 종소리라는 조건자극 뒤에 항상 먹이가 제공된다는 것을 알게 되고, 결과적으로 조건자극만 제시되어도 타액 분비라는 무조건 반응을 일으키게 된다. 타액 분비라는 행동 상에 변화가 일어난 것이다.

고전적 조건화는 개를 대상으로 한 실험에서 출발한 개념이지만 인간에게서도 이를 통한 학습이 일어난다. 특히 생리적인 작용이나 정서적 반응과 관련되어 이러한 학습이 잘 일어난다.[4] 예를 들어 A대리는 직장상사 B과장만 만나면 손톱을 물어뜯는 버릇이 있다. 이미 없어졌다고 생각했던 어릴 적 버릇이 B과장만 보면 시작되는 것을 깨달은 A대리는 그 이유를 곰곰 생각해 보았다. A대리는 B과장이 어릴 때 자신을 몹시 구박했던 아버지가 사용하던 것과 동일한 향수를 쓴다는 것을 깨달았다. 즉, 향수냄새(조건 자극)가 무서운 아버지(무조건 자극)와 짝지어져, 아버지만 보면 긴장하여 손톱을 물어뜯던 버릇(무조건 반응)이 되살아난 것이다. 만약 A대리가 손톱을 물어뜯는 것은 물론 별 다른 이유 없이 상사 B과장에게 무의식적으로 심한 반감을 품게 되었다면 이는 혐오 조건화가 일어난 것이다. 이처럼 무조건 자극이 특히 부정적인 것이어서 조건

자극이 제시되었을 때 그것을 회피하게 되거나 혐오하게 되는 것을 혐오 조건화라 부른다.

### 1.1.2 조작적 조건화

Skinner는 행동주의적 접근에서 가장 유명한 학습이론가이다. Skinner는 고전적 조건형성에 대한 Pavlov의 아이디어에 매료되어 관련된 연구를 하기 시작했는데, 자극(stimulus)과 자극(response)을 짝짓는 고전적 조건형성과 달리 그의 초점은 주로 자극-반응(즉 행동)의 관계를 강화하는 데에 있었다.[5]

Pavlov하면 '개 실험'으로 대표되듯 Skinner는 '비둘기 상자' 실험으로 널리 알려져 있다. Skinner는 막대를 누르면 먹이가 조금씩 나오도록 장치된 상자(일명 'Skinner상자' 라고 한다)를 만들어, 비둘기를 넣고 행동을 관찰하였다. 처음에 비둘기는 상자 안에서 돌아다니다가 우연히 막대를 누르게 되었고, 나오는 먹이를 받아먹었다. 그러나 이러한 우연이 몇 차례 반복되자 비둘기는 이제 의도적으로 막대기를 눌러 넘치도록 많은 먹이를 얻어내곤 하였다. 즉, 막대누르기 행동과 먹이지급이 관련된다는 것을 경험으로 배워 막대누르기 행동이 강화된 것이다. 이처럼 특정한 행동과 자극을 반복적으로 같이 제시함으로써 그 행동을 변화시키는 것이 조작적 조건화(operational conditioning)이라 한다. 이때 행동 뒤에 긍정적인 자극을 반복 제시하면 그 행동을 더 많이 하게 되고 부정적인 자극을 반복 제시하면 그 행동을 차츰 하지 않게 된다.[6]

조작적 조건화의 가장 초보적인 사례로서 애완동물의 훈련과정을 들 수 있다. 개에게 배변훈련을 시키고 싶을 때, 개가 정해진 장소에 올바르게 배변을 했을 때에는 머리를 쓰다듬어 주고 먹이를 준다. 이것을 반복하면 개는 자신이 한 행동(플라스틱 상자 위에 배변함)과 결과로 주어진 자극(먹이)을 연결하여 플라스틱 상자에 배변하는 것이 좋은 것임을 학습하게 된다. 반대로 엉뚱한 장소에 배변했을 때에는 호통을 치며 가볍게 체벌을 가함으로써 그것이 나쁜 것임을 가르칠 수 있다.

이러한 조작적 조건화는 강화이론(reinforcement theory)으로 발전하였다. 강화이론은 초등학교 저학년 어린이들이 바람직한 행동을 할 때마다 담임선생님이 나누어주는 '참 잘했어요' 스티커나 도장에서부터 조직에서 높은 성과를 보인 직원에게 승진, 연봉인상, 포상 등으로 보상하는 것까지 광범위한 영역에서 활용되고 있다.

## 1.2 인지주의적 접근

행동과 강화 사이의 관계를 강조하는 행동주의적 접근과 달리 인지주의적 접근은 학습을 할 때 일어나는 생각하는 방식이나 정보를 처리하는 과정, 즉 내부적 정신작용을 강조한다.

이를 보여주는 대표적인 예로 Tolman의 실험을 들 수 있다. Tolman은 미로 속에 쥐를 넣어두고 목표지점에 음식을 두었다. 처음에는 쥐가 목표지점에 도달하여 음식을 얻는 데 걸리는 시간이 길었으나, 이를 반복할수록 점차 목표지점에 도달하는 시간이 단축되었다.[7] 쥐는 매번 새로운 갈림길을 만날 때마다 어느 방향으로 갈지 결정을 해야 하는 상황에 맞닥뜨리게 된다. 이때 쥐는 이전의 시도들을 바탕으로, 어느 방향을 선택했을 때 목표지점에 도달할 수 있는 확률을 스스로 정하게 된다. 즉, 쥐는 반복된 시도를 통해 목표지점을 향해 바른 길을 찾을 수 있는 인지적 체계를 강화시킨 것이다. 다른 말로 이는 자극-자극의 관계를 보여주는 것이라도 할 수 있다.

이러한 Tolman의 시험 결과는 이전의 행동주의자들에게 큰 영향을 주었다. 즉, 행동주의자들은 이는 이전의 반응-자극(고전적 조건화), 혹은 자극-반응(조작적 조건화)에 더해 좀 더 복잡한 인간의 인지적 체계를 고려해야 했기 때문이다. 후에 이는 초기 인간관계운동에 큰 영향을 주기도 하였다.

조직에서도 마찬가지로 이와 같은 과정을 통해 학습이 일어난다. 은행에 입사한 어떤 사원은 고객대출상담을 맡게 되었다. 그는 초기에 찾아온 고객들에 대해서 은행에서 대출을 해주어야 하는지 말아야 하는지 결정하기 힘들었다. 비록 매뉴얼이 있기는 했지만, 그것을 사용하는데 익숙하지 않았기 때문에 많은 시간이 걸릴 수밖에 없었다. 하지만 점차 여러 회에 걸쳐 대출업무를 함으로써 그에 익숙해진 그는 고객에게 대출을 승인하기 위해서는 고객의 신용도, 이전의 거래 내역 등을 확인하고 각각 어느 정도 이상일 때 얼마만큼의 금액을 대출해 줄 수 있는지 빠른 시간 내에 결정할 수 있게 되었다. 즉, 그는 대출업무에 대한 나름대로의 인지적 지도(map)를 가지게 됨으로써 대출업무에 대한 학습을 하게 된 것이다.

## 1.3 사회적 학습 접근

행동주의의 대표적 이론인 강화이론은 직접적인 경험이 학습을 유발한다고 보았다. 그러나 항상 직접 경험해 보아야만 학습할 수 있는 것은 아니다. 대학에 갓 입학한 학생은 수업 시간에 선배학생들이 팀별 과제를 발표하는 것을 관찰하고 자기 차례가 되었을 때 비슷한 양식의 자료를 만들어 유사한 틀의 발표를 할 것이다. 회사에 처음 입사한 직원은 굳이 누가 일러주지 않아도 주위의 다른 직원을 관찰하여 어떤 옷차림으로 출근하는 것이 좋은지, 전화를 받을 때에는 어떤 인사말을 넣어야 하는지, 상사에게 결재서류를 쓸 때에는 어떤 양식으로 쓰는 것인지 등을 익힌다.

이처럼 일상생활에서 우리는 다른 사람들의 행동과 그에 따른 결과를 관찰함으로써 학습하기도 한다. Bandura라는 유명한 사회심리학자는 이러한 과정에 대하여 사회학습이론(social learning theory)을 주창하였다.[8] 그런데 사회학습이론은 행동주의적 관점에서 출발했지만 인지이론의 개념을 상당 부분 차용하였기 때문에 점차 사회인지이론(social cognitive theory)의 분야로 발전하였다.[9] 사회 학습적 접근에서는 타인의 행동을 관찰하여 좋은 결과를 야기한 행동을 모방하고 나쁜 결과를 야기한 행동을 회피하는 (혹은 그렇게 해야 한다는 사실을 인지적으로 습득하는) 모방학습(관찰학습) 또는 대리학습(vicarious learning 혹은 modeling)이 일어난다고 주장한다. 특히 이는 앞서 제시한 행동주의적, 그리고 인지적 학습 접근의 확장을 넘어서 이 둘을 모델링(modeling)이라는 새로운 아이디어로 통합한 것이라 볼 수 있다.

### 1.3.1 행동 모델링

사람들은 어떤 행동을 할 때 역할모델의 행동을 관찰하고 관찰한 행동의 중요한 요소를 기억하여 그 행동을 직접 시행함으로써 학습한다. 이러한 과정을 행동 모델링(behavioral modeling)이라 한다. 행동 모델링은 관찰대상자가 존경 받는 사람이면서 그 사람의 행위가 바람직한 결과를 야기했을 때에 가장 효과가 좋다. 예를 들어 최근에 입사한 대졸사원은 그 전에 업무를 잘 수행했던 모범적인 선배사원의 업무처리 방식을 보고 배울 수 있을 것이다. 행동 모델링이 훌륭한 학습방식이 될 수 있는 이유는 비언어적인 지식이나 기술을 주로 이런 방식으로 타인에게서 습득할 수 있기 때문이다.

모델링에 의한 학습은 크게 네 단계를 통하여 일어난다.[10]

첫째, 관찰자는 역할모델의 목표 행동에 주의를 집중한다. 특히, 이때 관찰자는 역할모델의 많은 행동들 중에서도 중요하거나 의미 있다고 생각하는 행동에 집중하게 된다. 따라서 모델링의 자극은 독특함, 정서적 가치성, 복잡성, 일반성, 그리고 기능적 가치가 있어야 한다. 또한 이러한 자극에 주의를 기울이기 위해서 관찰자는 감각능력, 각성수준, 지각체계, 그리고 과거의 강화라는 성격을 가지고 있어야 한다.

둘째, 관찰자는 관찰한 행동 및 그에 따른 결과를 장기기억에 저장한다. 관찰자가 단순히 어떤 행동에 주의를 기울인다고 해서 학습이 일어나는 것은 아니기 때문에, 관찰자는 역할모델의 행동을 기억해야 한다. 관찰자는 본인이 관찰한 행동은 이미지나 언어를 이용하여 상징적으로 부호화 한다. 이런 부호화가 끝나고 나면, 이는 곧 행동을 위한 지참으로서의 역할을 하게 된다. 이에 더해 리허설 또한 기억에 중요한 역할을 하는데, 사람들은 머릿속으로 혹은 실제로 모범이 된 반응 패턴대로 행동해 보면서 그것에 대해 덜 잊어버리게 된다.

셋째, 역할모델이 시연한 행동을 신체적으로 모방하여 반복한다(motor reproduction processes). 이는 곧 의미화된 표상을 적절한 행동으로 전환하는 것을 의미한다. 이러한 행동의 재현은 먼저 관찰자의 신체적 능력이 뒷받침되어야 한다. 예를 들어, 이제 막 축구를 시작한 초등학생이 박지성의 축구 플레이를 아무리 잘 기억했다 해도 똑같은 기술을 구사할 수 없다. 또한 관찰학습은 부분적으로 개인의 구성능력에 따라 달라질 수 있는데, 개인이 새로운 패턴의 행동을 할 수 있는 여러 구성요소들을 중 일부가 없다면, 잘못된 행동이 나타나게 될 것이다. 따라서 이 단계에서는 스스로 자신의 행동을 관찰하는 것은 물론, 정확한 피드백을 통해서 계속적으로 잘못된 점을 수정하는 과정이 필요하다.

마지막으로, 학습한 것을 실제로 수행하려는 동기가 부여되어야 한다. 사회적 학습이론에서는 지식 등의 획득과 실제 행동이 구분한다. 이는 학습이 되었다고 해서 학습된 모든 행동들이 실제로 나타나는 것은 아니기 때문이다. 예를 들어 우리는 영화나 드라마에서 매우 자주 폭력적인 장면을 관찰하며, 실제로 누구나 상대방을 때리거나 흉기로 위협할 수 있는 신체적 조건을 갖추고 있다. 그러나 그렇다고 하여 모든 사람이 그런 폭력적 행동을 모델링하는 것은 아니다. 상대에게 폭력을 행사하고자 하는 동기가 부여되어야 실제로 모델링이 일어나는 것이다. 따라서 이전의 학습된 내용을 실제로 관찰자가 행동하도록 하는 외부적 강화(external reinforcement), 대리적 강화(vicarious reinforcement), 그리고 자기강화(self-reinforcement)와 같은 동기가 필요하다. 다음의 〈그림 5-1〉은 모델링을 통한 학습의 단계를 보여주고 있다. 여기서 강화는 관찰학습에서 중요한 역할을 한다. 강화 이론에서는 모델링 자극(S)이 주어지면, 그에 대한 반응(R)이 나타나고, 이것이 곧 강화자극(S reinf.)으로 이어진다고 설명한다.

하지만 이는 개인이 이전에 학습된 모방행동이 어떻게 타인의 행위와 보상에 대한

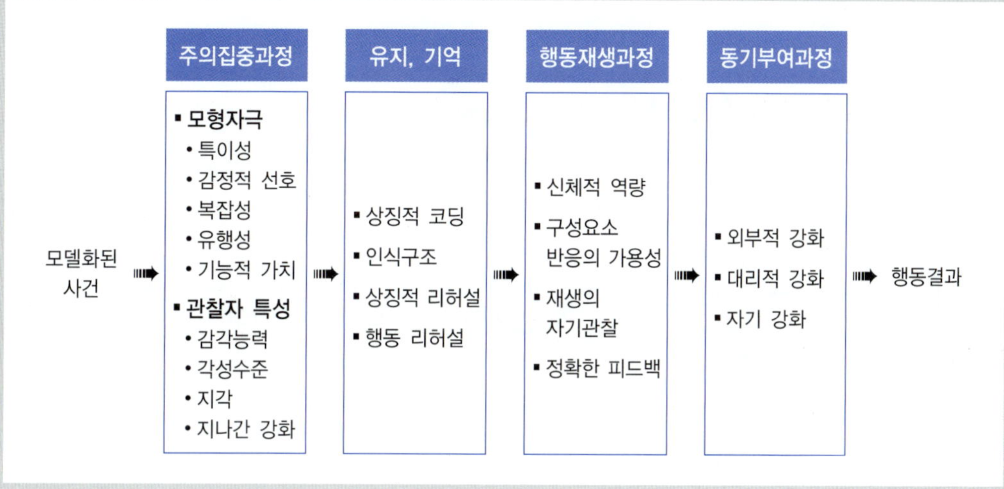


**그림 5-1**
모델링을 통한 사회적 학습과정

자료 : Bandura(1977).

가능성으로 인해 나타날 수 있는지를 설명할 수 있지만, 어떻게 새로운 반응이 관찰에 의해 학습될 수 있는가는 설명하지 못한다. 따라서 사회적 학습이론은 이 강화의 역할을 조금 다른 시각에서 설명한다. 즉, 사회적 학습이론에서는 관찰학습이 어떠한 반응이 나타나기 전에 역할모델의 행동에 노출되는 동안 상징적 부호화를 통해 일어난다고 설명한다. 특히, 강화가 관찰학습에 있어 중요한 역할을 하지만 대개 결과의 영향이라기보다는 선행요소로서 일어난다고 주장하며, 필요조건이라기보다는 촉진요소의 하나로 간주한다. 따라서 모방학습에 대한 강화이론과 사회적 학습 이론의 차이는 강화가 대리학습에서 역할을 하느냐 하지 않느냐가 아니라 어떻게 영향을 미치는가에 있다고 할 수 있다. 다음의 〈그림 5-2〉는 이와 같은 견해의 차를 도식화하여 보여주고 있다.

학습에 대한 사회 학습적 접근은 다음과 같은 점에서 행동주의적 접근과 인지적 접근과 구분될 수 있다.

- 사람은 다른 사람의 행동과 그 행동에 대한 결과를 관찰함으로써 학습할 수 있다. 즉 우리는 타인의 행동을 관찰해서 좋은 결과를 가져온 행동은 모방하고 좋지 않은 결과를 야기한 행동은 회피하는 식으로 학습한다.
- 학습은 행동의 변화 없이도 일어날 수 있다. 강화이론에서는 학습을 행동 상의 변화로 파악하였지만 사회인지이론에서는 관찰만으로도 학습할 수 있기 때문에

그림 5-2
강화와 관찰학습

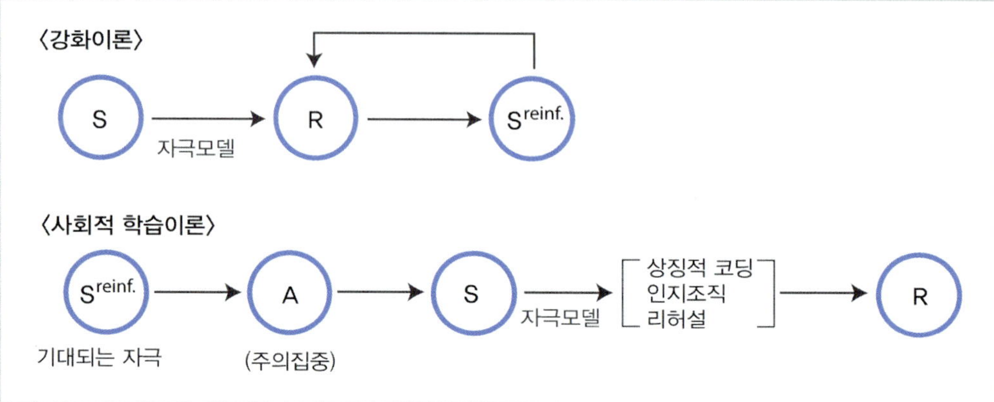


자료 : Bandura(1977).

반드시 행위에 반영되는 것은 아니다. 학습한 것이 나중에 행동으로 나타날 수도 있고 그럴 기회가 없다면 행동화되지 않을 수도 있지만 그렇다고 하여 학습되지 않은 것은 아니다.

- 학습에서 인지가 중요한 역할을 한다. 현대의 사회인지이론자들은 행동-강화 혹은 행동-처벌 연결고리에 대한 개인의 인식이 학습과정의 중요한 요인이라고 주장한다. 또한 미래에 주어질 강화나 처벌에 대한 기대가 사람들이 하는 행동에 많은 영향을 준다고 본다. 또한 주의와 기억과 같은 인지적 과정이 학습에 개입한다고 본다.

### 1.3.2 행동 모델링과 자기효능감

행동 모델링은 관찰자의 자기효능감을 향상시킬 수 있다는 면에서 또한 가치가 있다. 우리는 제2장에서 자기효능감의 개념에 대해 살펴보았다. 자기효능감이란 자신이 어떠한 과제를 성공적으로 수행하는 데에 필요한 능력이나 동기, 기술 등을 가지고 있다고 믿는 개인의 신념으로서, 사회인지이론을 주창한 Bandura가 만든 개념이다.[11] 자기효능감이 높은 사람은 특정 과제에 대해서 '할 수 있다'는 신념을 갖고 있기 때문에 대체로 장애물을 잘 극복하고 높은 성과를 내는 특징이 있다.

행동 모델링을 통해 자기효능감을 높일 수 있는 이유는 특정한 과제를 어떤 식으로 하라고 단순히 말로 듣는 것이 아니라 다른 사람이 수행하는 모습을 직접 지켜봄으로써 더 큰 자신감을 얻을 수 있기 때문이다. 특히 역할모델이 자신이 유사한 특징(같은 성별이라든가 비슷한 연령 등)을 가지고 있으면 동일시가 더 강하게 일어나 효과가 커진다. 그 사람이 주어진 과제를 성공적으로 해낸다면 자기효능감의 상승효과는 더욱 배가될 것이다.

### 1.4 통합적 학습모형

학습은 행동주의적 관점, 인지주의적 관점, 그리고 사회적 학습관점에서 각각 설명하고 있지만 실제학습은 이 세 가지 관점이 통합적으로 일어난다고 보아야 한다. Luthans는 이러한 관점을 제시하면서,[12] 조직내에서 학습이 이루어지는 과정을 조직환경, 조직행동, 그리고 조직참여자 관계로 〈그림 5-3〉과 같이 제시하였다.

이 그림에서처럼 Luthans는 조직내에서 행동이 학습되는 과정을 행동주의적, 인지주의적 그리고 사회적 학습과정을 통합해서 설명하고 있다. Luthans는 조직행동모델을 다음 〈그림 5-4〉와 같이 S → O → B → C 관계로 표현하면서, 이런 과정에서 학습의 중요성을 강조하였다.

그림 5-3
조직학습과정

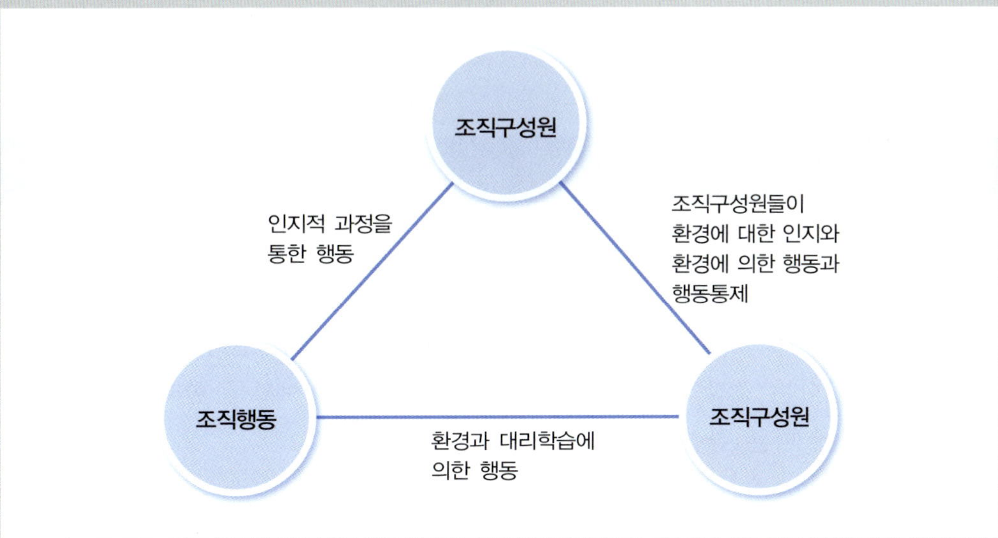


자료 : Luthans(2008), p.23 재구성.

**그림 5-4**

조직행동 모형

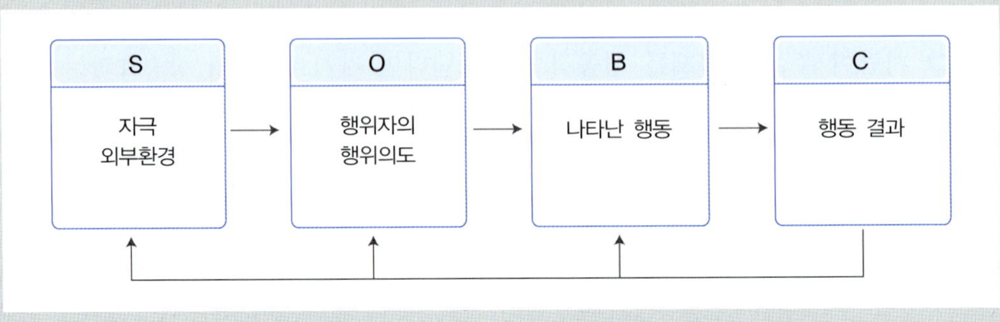


자료 : Luthans, F. Organizational Behavior(1985), p.123 재구성.

〈그림 5-4〉에서 제시된 조직행동은 초창기에 행동은 개인적 요인과 환경적 요인과의 함수라는 행동주의적 관점, 즉 B = *f*(P, E)에서 출발하면서, 그 과정에서 행동주체자의 인지적 과정(O)이 중요함을 설명하였다. 이후 Bandura의 사회적 학습이론이 제시되면서 대리학습 또는 모델링에 의한 학습과정으로서 B→C를 그리고 C→S, C→O의 피드백 과정을 제시한 것이다.

이런 관점에서 볼 때 Luthans가 제시한 S → O → B → C의 조직행동모형은 학습과정에서 행동주의적 관점, 인지적 관점, 그리고 사회적 학습관점을 통합한, 조직행동의 학습과정을 잘 설명해 주는 모형이라 할 수 있다.

## 2. 학습과 강화

여기서는 주로 행동주의적 입장에서 보는 학습으로 강화이론에 대하여 좀 더 자세히 다루도록 하겠다. 특히 학습이 학습자가 행동과 그에 대한 결과 사이의 관계를 인지할 때 일어난다는 조작적 조건화를 중점 기반으로 살펴보도록 한다. 〈그림 5-5〉는 조작적 조건화에 따른 학습과 강화를 보여준다.[13]

그림 5-5
강화의 유형

자료 : George & Jones(2008), p.148 재구성.

## 2.1 강화의 유형

### 적극적 강화

강화(reinforcement)란 바람직한 행동을 개발하거나 더욱 확고히 하려는 시도이다.[14] 강화는 크게 적극적 강화와 소극적 강화로 나뉜다. 적극적 강화(positive reinforcement)란 특정한 행동에 긍정적인 결과물을 짝지어줌으로써 그 행동을 더욱 개발하려는 것이다. 즉, 어떤 개인이 조직내에서 바람직한 행동을 했을 때, 그에 대해 긍정적인 결과를 안겨줌으로써 그 스스로가 해당 행동에 대해 학습하도록 하고, 미래에 유사한 바람직한 행동이 일어날 수 있는 확률을 높이는 것이다. 예를 들어 기업에서 프로젝트를 성공적으로 수행한 팀원들에게 보너스를 지급하는 것은 다음 프로젝트에서도 성공적인 수행을 하게 하기 위한 긍정적 강화의 일종이다.

### 소극적 강화

소극적 강화(negative reinforcement)란 특정 행동에 대한 부정적 결과를 제거하거나 줄여줌으로써 행동을 강화하는 것이다. 이를 회피라고도 한다. 즉, 조직내 개인이 바람직한 행동을 하였을 때 그 사람이 피하거나 혹은 제거하고 싶은 부정적인 것을 없애거나 줄여주는 것이다. 예를 들어 부서나 상사를 잘못 만나서 일하기 힘들어하는 직원에게 다른 부서로 이동시켜주거나 상사를 바꾸어 줌으로써 일을 더욱 잘하게 된다면 이것은 걸림돌이나 불편함을 제거해 주는 소극적 강화가 된다.

〈표 5-1〉 강화와 처벌의 구분

| | 자극의 속성: 좋은 것일 때 | 자극의 속성: 나쁜 것일 때 |
|---|---|---|
| 행동 이후에 제시될 때 | **적극적 강화** (행동이 증가한다) | **처벌 유형 1** (행동이 감소한다) |
| 행동 이후에 제거될 때 | **처벌 유형 2** (행동이 감소한다) | **소극적 강화** (행동이 증가한다) |

자료: Ormrod(2004), p.61.[15]

### 처벌

앞서 다룬 적극적 강화와 소극적 강화가 바람직한 조직내 개인을 학습시키기 위한 것이라면, 처벌과 소거는 조직내 바람직하지 않은 행동에 대한 학습을 다룬다. 처벌(punishment)이란 바람직하지 않은 행동을 없애거나 약화시키려는 시도를 말한다. 처벌은 두 가지 방식으로 이루어질 수 있다. 하나는 바람직하지 않은 행동을 했을 때 부정적인 결과자극을 주는 것이다. 예를 들면, 만약 수업시간에 지각을 세 번 이상 하면 학기말에 학점을 한 등급 내리는 것은 이러한 방식의 처벌이다. 다른 하나는 바람직하지 않은 행동에 대하여 긍정적인 결과자극을 제거하는 것이다. 잘못을 저지른 청소년에게 부모가 용돈을 깎거나 외출을 금지하는 식으로 벌을 주는 것이 이 두 번째 유형의 처벌이다.

그런데 처벌은 예기치 못한 결과를 야기할 수 있다는 점에서 문제가 있다. 처벌을 받는 사람의 입장에서 그것은 매우 불쾌한 경험이기 때문에 부정적인 심리적, 정서적, 행동적 결과가 초래될 수 있다. 예를 들어 어떤 직원이 지각을 반복하여 상사가 불러 호통을 치고 감봉 처분을 내렸다고 하자. 그러자 그 직원이 잘못을 시정하기보다는 오히려 상사에 대해 적대적인 태도를 갖게 되거나 자기 자신에 대해 부정적인 생각을 갖게 되어 '난 역시 게을러. 뭘 해도 안 돼'라는 식으로 자포자기하게 되면 목표했던 방향으로의 행동 수정은 일어나기 힘들다. 따라서 처벌은 주의 깊게 시행되어야 한다.

**소거**

소거(extinction)이란 바람직하지 못한 행동을 처벌하는 것에 대한 대안이다. 이것은 해당 행동에 대해 어떠한 결과자극도 제시하지 않음으로써 행동을 약화시키는 것이다. 다시 말하면 그 행동을 무시하는 것이다. 소거를 통해 행동수정이 가능한 것은 행동이 가능한 결과자극들의 함수로서 일어나기 때문이다. 해봤자 아무런 소용이 없는 행동을 누가 되풀이 하겠는가! 그러나 소거를 통해 행동을 수정하려면 인내심과 시간이 필요하다.

동료직원들 중에 항상 다른 사람에게 비꼬는 말을 하는 직원이 있다고 하자. 이럴 경우 그의 말을 무시하고 아무런 반응을 보이지 않는 것이 매번 그의 말에 반박하는 것보다 더 나은 대책일 수 있다. 그런 말을 함으로써 다른 사람들의 이목을 자신에게 집중시키는 것이 본래의 목적이었다면 오히려 조소를 듣고 그 직원은 무관심의 대상이 될 수 있다. 이때 소거와 긍정적 강화를 함께 실시하면 가장 효과가 좋을 것이다. 예를 들어 그 사람이 뭔가 건설적인 조언을 해주었을 때에는 감사를 표시하면서 냉소적인 비판의 말을 했을 때에는 그저 무시하는 것이 좋은 방책이라고 할 수 있다.

그러나 소거가 항상 효과적인 것은 아니다. 특히 위험한 행동을 했을 때에는 소거보다는 처벌이 더 빠르고 명백한 교훈을 줄 수 있을 것이다. 또한 비윤리적인 행위와 같이 심각하게 좋지 못한 행동을 했을 때에도 소거의 효과는 그다지 좋지 않다.

## 2.2 강화 스케줄

행동이 일어날 때마다 강화하는 것이 더 효과적일까? 아니면 어떤 때에는 강화를 하지만 어떤 때에는 하지 않는 것이 더 효과적일까? 그것은 상황에 따라 다를 것이다. 행동주의 학자들은 일반적으로, 목표로 한 행동이 일어날 때까지는 그 행동이 일어날 때마다 일관성 있게 강화하지만 일단 해당 반응이 자리를 잡고나면 간헐적으로 강화하는 것이 더 효과적이라고 한다.[16] 이에 대해 보다 자세히 살펴보자.

**지속적 강화**는 행동이 일어날 때마다 보상을 제시하는 것이다.[17] 이 방식은 바람직한 행동을 동기부여 하는 데에 있어 매우 효과적이다. 특히 학습의 초기단계에서 그러하다. 하지만 강화자극이 없어지고 나면 소거가 매우 빨리 일어난다. 조직상황에서는 지속적 강화가 시행되기 힘든데, 그 이유는 관리자가 직원의 모든 행동을 감독할 수가 없기 때문이다. 따라서 그다지 현실적인 대안은 아니라고 할 수 있다.

〈표 5-2〉 강화/처벌의 제시 일정

| 제시일정 | 강화/처벌의 성격 |
|---|---|
| • 지속적 제시 | 행동이 일어날 때마다 매번 강화/처벌한다. |
| • 간헐적 제시 | 행동이 일어날 때마다 매번 강화/처벌하는 것은 아니다. |
| ‣ 고정간격 | – 미리 정해진 일정한 시간간격을 두고 강화/처벌한다. |
| ‣ 변동간격 | – 시간간격을 두고 강화/처벌하지만, 그 간격은 매번 변화한다. |
| ‣ 고정비율 | – 정해진 횟수의 행동이 일어나면 강화/처벌한다. |
| ‣ 변동비율 | – 행동이 몇 차례 반복되면 강화/처벌하지만, 반복의 횟수는 매번 변화한다. |

이에 반해 **간헐적 제시**는 강화자극을 특정 행동이 일어날 때마다 주는 것이 아니라 일정한 시간간격이나 행동빈도에 따라 제시하는 것이다. 시간간격을 기준으로 하는 경우, 미리 정해진 간격에 따라 강화하는 것을 **고정간격 강화**, 강화 시마다 시간간격이 매번 변화하는 것을 변동간격 강화라고 한다. 사장이 매월 동일한 날에 사무실을 방문하여 근무상태를 체크하고 보너스를 지급한다면 이는 일종의 고정간격 강화이다. 하지만 고정간격 강화는 높은 수준의 성과를 보장해 주지 못한다. 예를 들어, 이런 사장을 둔 직원들은 보너스 지급일이 다가왔을 때에는 열심히 일하지만 그 날이 지나가고 나면 다시 나태해지게 되는 것이다. 이에 반해 **변동간격 강화** 일정에 따라 사장이 매월 보너스를 줄 대상을 정하러 사무실에 오지만 그 날짜가 매번 바뀐다고 하자. 사장이 언제 나타날지 알 수 없기 때문에 직원들은 매일 긴장을 늦출 수 없을 것이다. 물론 그렇다 하더라도 한번 사장이 다녀가면 적어도 몇 주 간은 오지 않을 것이 확실하므로 수행수준은 어느 정도 감소하게 마련이다. 그러나 고정간격 강화에 비해서는 성과수준을 유지하는 데에 더 효과적일 것이다. 이처럼 변동간격 강화는 보너스 같은 특정 유형의 보상이나 칭찬이나 인정과 같은 유형의 긍정적 강화 등에 있어 보다 효과적이다.

강화 제시의 기준을 시간에 두지 않고 일어난 행동의 횟수에 둘 수도 있다. 행동이 일정 횟수만큼 일어났을 때 강화하는 것을 **고정비율 강화**, 매번 반복되는 빈도가 다르게 적용되는 것을 **변동비율 강화**라고 한다. 예를 들어 영업사원이 에어컨을 10대 팔 때마다 보너스를 지급한다면 이는 고정비율 강화이다. 이 방법은 바람직한 행동을 일정 수준으로 유지하는 데에 있어 꽤 효과적이다. 강화자극을 받으려면 어떻게 해야 하는지에 대해 명확한 메시지를 전달할 수 있기 때문이다. 한편 변동비율 강화를 주면 직원은 매번 성공적 행동을 할 때마다 다음 강화를 받을 수 있는 확률이 증가하기 때문에 열심히 일하고자 할 것이다. 여기서 중요한 것은 강화 간의 간격이 너무 길지 않아서 근로자들이 좌절하거나 노력을 그만두지 않게 하는 것이다. 이 방법도 어느 정도 효과적이긴 하지만 임금인상이나 승진과 같은 공식적인 조직 보상에서 사용하기에는 어렵고 다소 성가시다.

## 2.3 자기조절과 자기강화

### 자기조절

사람들은 직접적, 혹은 간접적 강화와 처벌을 통해 어떤 행동이 바람직하고 어떤 행동이 바람직하지 않은지 학습하게 된다.[18] 그러면서 차츰 옳고 그른 행동에 대한 자신만의 생각을 가지게 되어 적절한 행동을 스스로 선택하게 된다. 이를 자기조절(self-regulation)이라 하며, 사회인지이론에서는 이러한 자기조절의 중요성을 점점 강조하는 추세이다.

자기조절은 다음 네 가지 단계를 통하여 일어난다.

- 기준과 목표의 설정 : 어떤 것이 바람직한 행동인지에 대한 기준을 스스로 만든다. 또한 가치 있다고 생각되는 목표를 세우고 거기에 맞추어 행동한다. 이때 타인의 기준이나 목표에 큰 영향을 받으며, 특히 자신과 유사한 사람의 것을 따라가는 경향이 있다.
- 자기관찰 : 설정한 기준과 목표를 지키고 그것을 달성하려면 자신이 현재 얼마나 잘 하고 있는지 자각하여야 한다. 다시 말해 자신의 수행 중 어느 부분이 잘 이루어지고 있으며 어느 부분은 개선이 필요한지를 알고 있어야 한다.
- 자기판단 : 자신이 설정한 기준에 비추어 자신의 행동에 대하여 판단하고 평가한다.
- 자기반응 : 자기조절이 점점 더 진행되면 목표의 달성 여부나 기준 충족 여부 등에 따라 자신을 강화하거나 처벌할 수 있게 된다.

### 자기강화

우리는 다양한 방법으로 자기조절 행동을 촉진할 수 있다. 이 가운데 하나가 자기강화(self-reinforcement)이다.[19] 자기강화는 자신이 강화에 대하여 통제권을 가지고 있지만 스스로 설정한 목표를 완수하기 전에는 그 강화자극을 취하지 않는 것을 말한다.

예를 들어서 시험공부를 하는 학생이 정해진 부분을 마무리 할 때까지는 빌려놓은 비디오를 보지 않고 참았다가 끝난 뒤 영화를 본다고 하자. 이 학생은 언제든 비디오(강화자극)를 볼 수 있는 통제권을 쥐고 있지만 공부를 일정량 마칠 때까지 비디오를 보지 않았다. 따라서 비디오는 해당 부분을 공부하는 것에 대해 자신이 스스로에게 주는 긍정적 강화이다. 이것을 자기강화라 한다.

오늘날 자기강화의 중요성은 점점 증가하고 있다. 예전에 비해 조직에서 직원들에게 자신의 업무를 통제할 수 있는 권한을 더 많이 위양하고 있으며 긍정적 강화나 처벌을 제시하는 상사의 영향력은 약해지고 있기 때문이다.

## 3. 조직행동 수정

앞서 살펴본 강화이론은 그 자체로서도 조직의 관리자들에게 많은 함의를 줄 수 있지만, 이를 보다 응용한 조직행동 수정이 더욱 실용적 조언을 줄 수 있다. 조직행동 수정(organizational behavior modification, OB Mod)란 강화이론을 조직 상황에 응용한 것

**그림 5-6**
조직행동 수정의 연구흐름

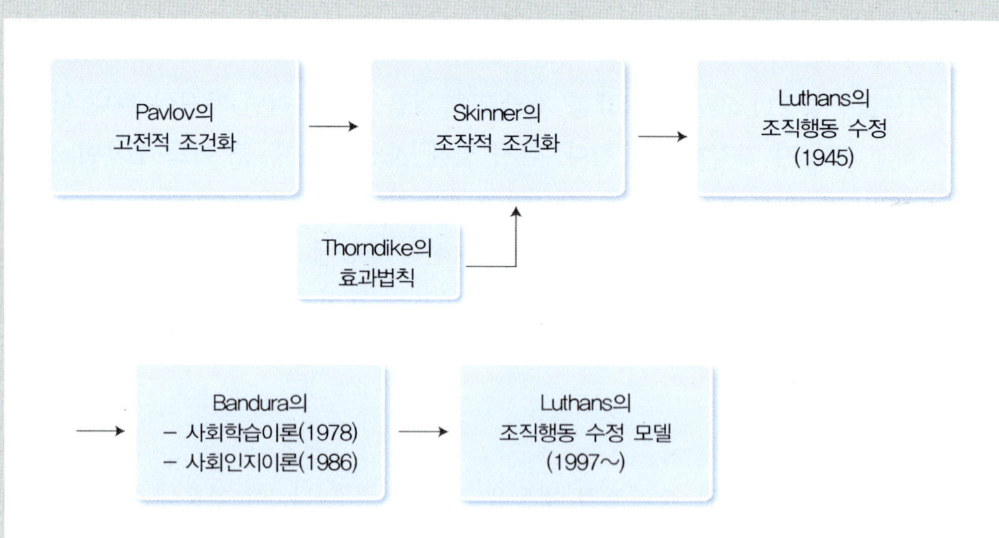


자료 : Luthans(2008), p.391 재구성.

이다. 강화이론의 요체는 어떤 바람직한 행동을 긍정적인 결과와 연결시키면 그 행동의 빈도가 증가하고, 바람직하지 않은 행동을 부정적 결과와 연결시키면 그 빈도가 감소한다는 것이다. 조직행동 수정은 이 가운데 특히 종업원들의 바람직한 행동을 촉진하기 위한 긍정적 강화를 사용한다.

조직행동 수정은 학습의 행동주의적 관점과 사회학습관점이 서로 연결되어 발달된 개념이다. 앞의 〈그림 5-6〉은 조직행동 수정과 관련된 이론들이나 연구들의 흐름을 표시한 것이다.

## 3.1 조직행동 수정의 과정

〈그림 5-7〉에 조직행동 수정의 단계가 간략하게 설명되어 있다.

첫 번째 단계는 성과와 관련된 행동을 정의하는 단계이다. 다시 말해 이 단계에서는 무엇이 바람직하고 무엇이 바람직하지 않은지를 명시한다. 여기에는 세 가지 종류의 활동이 관련된다. 즉, 발생하는 행동 그 자체와 그로부터 야기된 성과, 그리고 그 성과에 의해서 생기는 결과이다. 점원들의 판매행동을 수정하고자 하는 전자제품 대리점 점장이 있다고 하자. 제1단계에서 점장은 점원들이 들어오는 고객들에게 환하게 웃으면서 인사를 하면(행동) 판매실적이 늘어나서(성과) 대리점의 이익이 증가한다(결과)는 예측을 할 수 있다.

다음 단계에서는 관리자가 기본 성과, 즉 행동의 빈도를 측정한다. 즉, 현재의 성과가 어떤 수준인지 측정하는 것이다. 위의 예에서 점장은 각 영업사원이 100명의 고객

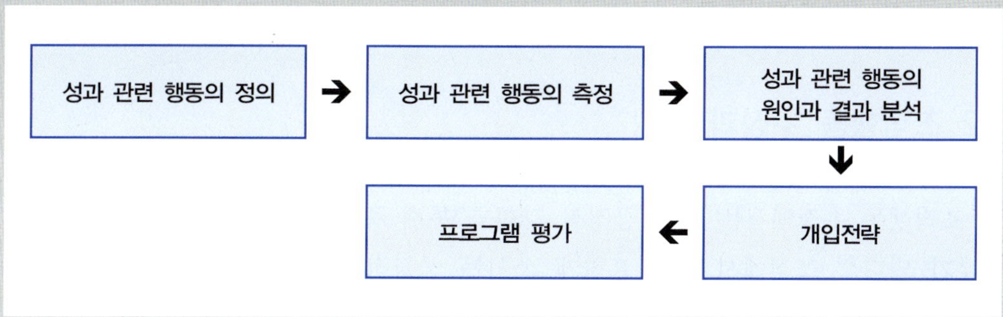


**그림 5-7** 조직행동 수정단계

자료 : Luthans(2008), p.393 재구성.

이 들어왔을 때 몇 퍼센트의 고객에게 반갑게 인사하며 맞는지를 측정할 수 있다. 이처럼 기본 성과 측정은 서로 다른 시간대에 해당 행동이 얼마나 일어나는지 그 퍼센티지를 측정하는 것으로 주로 이루어진다.

세 번째 단계에서는 행동수준의 변화가 어떤 성과나 결과를 가져올지 규정한다. 예를 들어 현재 A라는 직원은 약 20%의 고객에게만 인사를 하며 맞이한다. 만약 A가 60%의 고객을 반가운 인사로 맞는다면, 고객들의 구매율은 과연 얼마나 늘어날 것인가? 구매율은 늘어나지 않고 A만 기진맥진해지는 것은 아닐까? 이에 대해 점장은 현재 60%의 고객에게 인사를 잘 하고 있는 B의 성과와 비교하여 A의 성과를 대강 예측할 수 있을 것이다. 이 단계에 이르면 점장은 적절한 개입 전략을 만들어서 적용하여야 한다. 다시 말해, 높은 수준의 수행에 대하여 보다 많은 보상을 해줌으로써 그러한 수행을 강화하여야 하는 것이다. 대리점의 예에서 점장은 반가운 인사로 고객을 맞이하는 비율이 눈에 띄게 늘 때마다 보너스를 줄 수도 있고 격려나 칭찬의 말을 해줄 수도 있다. 대개의 경우 이러한 강화는 조직의 보상제도와 연계되어 실시된다.

이러한 개입 단계 다음에는 바람직한 효과가 잘 달성되었는지 다시 한번 수행을 측정한다. 달성되지 못했다면 관리자는 개입 전략을 재설계하거나 전체 과정을 반복해야 한다. 예를 들어 점원들이 여전히 고객에게 적절하게 인사를 건네지 않는다면 점장은 다른 형태의 긍정적 강화를 고려해야 할 것이다.

만약 성과가 좋아졌다면 관리자는 긍정적 강화를 정해진 일정에 따라 실시함으로써 바람직한 행동을 유지하여야 할 것이다. 위의 예에서 점장은 변동간격 강화일정을 사용하여 일 년에 몇 차례씩 사전예고 없이 고객에 대한 인사비율을 측정하여 바람직한 수준의 수행을 보인 점원에게 특별보너스를 지급할 수 있다.

마지막으로, 점장은 개별 종업원의 행동이 얼마나 향상되었는지 평가하고, 승진이나 연봉 인상 등으로 보상한다.

## 3.2 조직행동 수정과 보상

조직행동 수정에서는 특히 긍정적 강화를 통해 종업원의 행동을 수정하고자 하는 경우가 많다.[20] 조직에서 가장 흔하게 쓰이는 긍정적 강화자극이라면 금전적 보상이 아닐까 하고 생각할 것이다. 물론 그렇다. 그러나 비금전적 보상의 비중도 생각 외로 크다. 본 절에서는 조직에서 구체적으로 어떠한 종류의 보상이 긍정적 강화의 일환으로 제공되고 있는지 살펴보도록 하겠다.

### 금전적 보상

대부분의 사람에게 금전적 보상은 강력한 긍정적 강화자극으로 작용한다. 그러나 Maslow의 욕구단계에 따르면 돈은 직원의 가장 기본적인 필요요건에 지나지 않는다. 음식, 옷, 집을 사는 물질적 도구일 뿐이다. 따라서 어느 정도 풍족한 생활을 할 수 있을 만큼이 되면 돈은 강화자극으로서의 매력을 잃어야 할 것이다.

최근 연구에 의하면 아무리 임금이 많이 올라도 사람들은 더 높은 임금을 원한다고 한다. 일단 돈이 기본적 욕구를 충족시키고 나면 임금 액수가 일종의 상징과 같은 기능을 하기 때문이다. 돈은 권력과 지위를 의미하며 자신의 성취를 측정하는 수단이 되기도 한다. 그렇기 때문에 성과를 향상시키기 위한 긍정적 강화물로서 효과적으로 사용될 수 있다.비록 돈이 고전적인 경영 이론이나 동기부여 기법에서 비현실적으로 많이 강조되어 있다는 비판은 사실일지도 모른다. 그러나 돈은 그 상징성 때문에 여전히 중요한 보상도구 중 하나이다.

### 비금전적 보상

비금전적인 보상에는 생각 외로 다양한 종류가 존재한다. 이 중에는 조직에 비용을 초래하는 것도 있고 아무 비용이 들지 않는 것도 있다. 다양한 복리후생 프로그램이나 교육 프로그램, 개선된 업무환경 등은 금전의 형태는 아니지만 조직의 입장에서 보면 비용이 소요된다. 한편 사회적인 보상(인정, 칭찬 등)이나 직무설계(더 권한이 큰 업무 배치, 유연작업시간제 실시, 의사결정 참여 등)와 같은 범주의 보상은 비용이 발생하지 않으면서도 오히려 더 막강한 영향력을 발휘하기도 한다. 직무설계에 대해서는 다른 장에서 보다 자세히 살펴보기로 하고, 본 절에서는 이 가운데 사회적 보상에 대해 좀 더 알아보도록 하겠다.

- 사회적 보상 : 인정, 주의, 칭찬과 같은 사회적 보상은 대개의 사람들에게 매우 강력한 긍정적 강화자극이다. 그러한 보상은 아무리 해줘도 지나치지 않다. 하지만 금전적 보상과 마찬가지로, 사회적 보상이 종업원의 수행에 긍정적인 효과를 주기 위해서는 일관성 있게 실시되어야 한다. 칭찬 혹은 격려의 말이나 제스처를 성의 없게 건성으로 한다든가, 아무 때나 적절하지 못하게 한다면 하등의 효과가 없거나 오히려 일종의 처벌로 작용할 수도 있다.

하지만 마음이 담긴 사회적 보상, 특히 목표 행동이 일어난 적절한 시점에 일관성 있게 주어지는 사회적 보상은 대부분의 종업원에게 긍정적 강화로서 효과적으로 작용한다. 게다가 사회적 보상은 금전적 보상과 달리 조직에게 금전적 비용을 초래하지 않는다는 장점이 있다.

- 보상으로서의 피드백 : 현대의 조직에서는 전산화된 정보시스템이 어마어마한 양의 데이터를 쏟아낸다. 그러나 정작 개별 종업원은 자신의 수행에 대하여 거의 아무런 피드백도 받지 못한다. 일반적으로 사람들은 자신이 일을 어떻게 하고 있는지 알고 싶어하는 강한 욕구가 있다. 특히 어느 정도의 성취동기를 가지고 있을 때에는 더욱 그러하다. 여러 연구 결과에 의하면 피드백은 개인의 성과를 향상시키는 경향이 있다. 특히 객관적인 피드백은 긍정적인 효과를 준다. 강한 효과가 있는 피드백은 'PIGS 원칙'을 따른다. 즉 피드백은 긍정적이고, 즉각적이며, 생생하고, 구체적일수록 더욱 효과가 있다.

다음 〈그림 5-8〉에서 제시된 예시는 실제 조직에서 조직행동 수정 프로그램을 적용할 때에 일어나는 절차를 설명해주고 있다.

## 3.3 조직행동 수정의 윤리적 문제

조직행동 수정이 조직에서 행동에 대한 동기부여를 촉진하는 데에 많은 잠재력이 있는 것은 사실이나, 윤리적인 문제를 비판하는 사람들도 적지 않다.[21] 가장 큰 문제는 조직행동 수정 방식이 개인의 권리를 침해할 수 있다는 점이다. 관리자는 강화를 통해 행동수정을 하고자 할 때 무엇이 조직에 유리한가에 초점을 맞추고 개별 직원에게는 무엇이 최선인지를 거의 고려하지 않는다. 따라서 직원들은 열심히 일하고 높은 수준의 제품을 생산하는 등의 행동에 대하여 보상받는 대신, 개인의 성장이나 발달을 증진하거나 스트레스 수준을 낮추는 등의 행동에 대해서는 보상받지 못하게 된다.

또 조직행동 수정이 일종의 '조작'이라는 문제도 있다. 사실 조직행동 수정의 일차적 목적은 타인의 특정한 행동을 유도하는 것이다. 따라서 종업원에게 선택 가능한 일련의 행동을 제시하는 것이 아니라 매우 좁은 행동대안만을 지속적으로 제시해서 결국은 관리자가 승인한 매우 제한적인 행동 외에는 다른 선택의 여지가 없어지는 결과를 초래한다.

**그림 5-8**

조직행동 수정의 적용

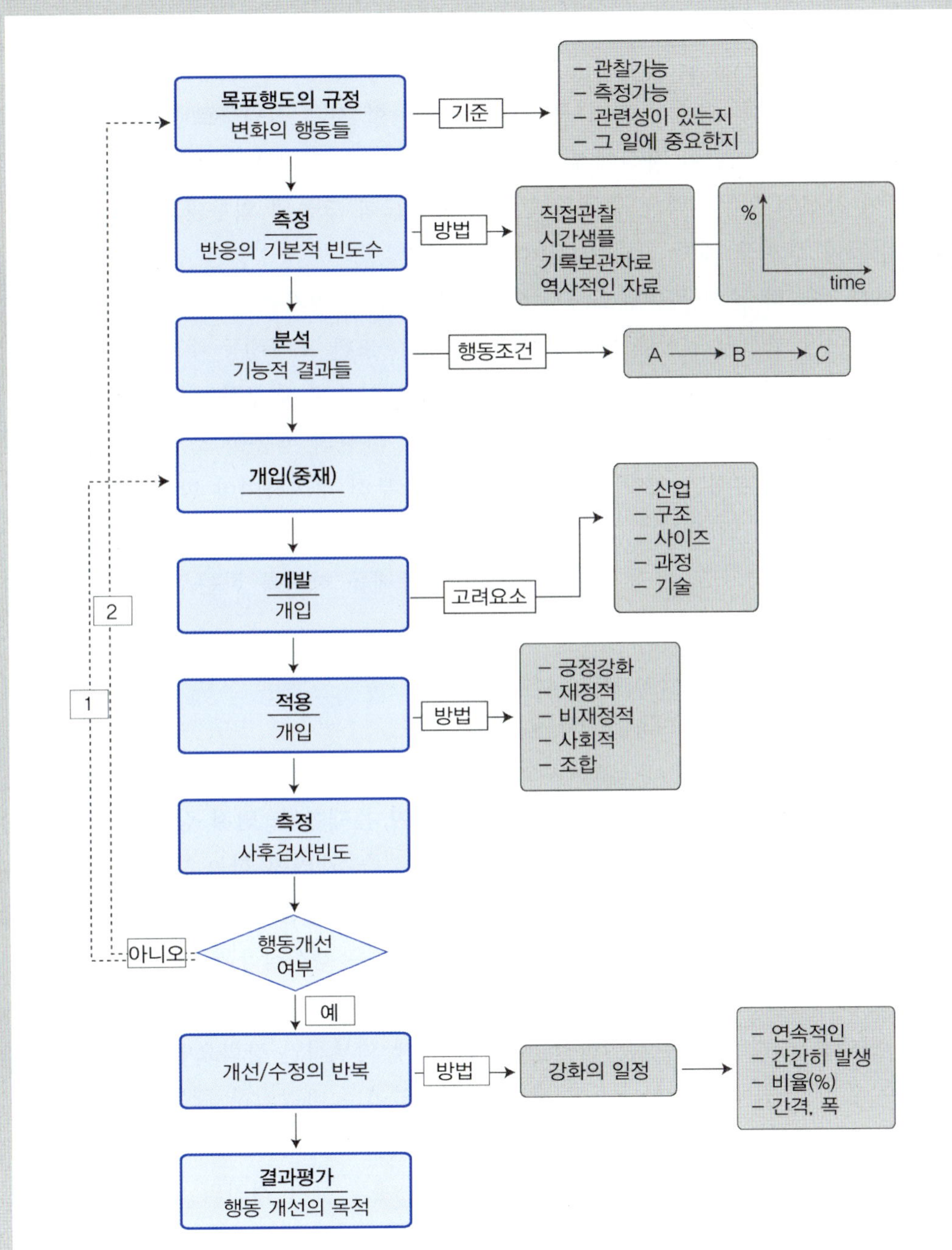


자료 : Luthans(2008), p.392.

이러한 윤리적 문제는 간과되어서는 안 될 중요한 문제이다. 또한 관리자가 조직관리를 위하여 활용하는 다른 많은 방법들이 동시에 행동을 유도하고자 하는 동일한 목표를 가지고 있는 것도 사실이다. 따라서 이러한 오용의 문제는 비단 조직행동 수정만의 문제가 아니다. 여기서 관리자들이 주의해야 할 것은 직원들로 하여금 그들의 행동을 바꾸도록 하는 힘이 자신에게 있다는 것을 인지하고 남용하지 말아야 하며, 또한 직원들이 자신의 업무선택을 충분히 인지하고 있도록 그들의 업무환경에 대한 통제권을 직원들이 갖게끔 해야 한다는 점이다.

이러한 윤리적 문제들을 해소하기 위해서는 우선 경영자들은 조직구성원들을 변화시키는데 있어 자신의 권한을 남용해서는 안 된다. 또한 조직행동 수정 기법을 실제로 적용할 때에 조직구성원들을 실험 또는 조작의 대상으로 취급하는 관점에서 벗어나, 신뢰가 넘치는 분위기를 조성하여 직원들 스스로 자신의 행동을 조직에 바람직한 행동으로 변화시킬 수 있는 자발적 모티베이션을 충분히 부여하여야 할 것이다. 이와 더불어 직원들이 자신의 행동을 객관적으로 인지할 수 있도록 하여, 업무와 관련된 활동들을 조직목표에 스스로 맞출 수 있는 자율적 통제를 하도록 하는 것이 필요하다.

## 3.4 조직행동 수정에 대한 비판

이러한 조직행동 수정에 대해서 몇 가지 비판이 존재한다. 먼저 강화요인들의 이용이 '실제' 행동의 변화를 꾀하지 못한다는 점이다. 즉, 개인이 하는 '척'만 할 수 있다는 것이다. 두 번째로, 조직행동 수정 자체가 인간의 행동을 보는 잘못된 관점이라는 것이다. 즉, 인간의 행동을 개인의 믿음이나 가치, 혹은 정신작용과 별개로 강화요인으로 그에 대한 반응을 자동적으로 수정할 수 있다고 보는 것은 옳지 못하다는 견해이다. 세 번째로 조직행동 수정은 개인들이 지나치게 외부적인 강화요인들(예 급여)에 의존할 수 있다는 점을 지적한다. 즉, 강화요인들 없이는 바람직한 행동들이 나타날 수 없게 한다는 것이다. 마지막으로 강화요인들(특히 긍정적 강화요인들)의 효과가 '실제'라기보다는 '인지된' 것인 성향이 강하다는 점이다. 예를 들어 개인의 인지적 합리화 프로세스에 의해 강화요인들의 효과가 상쇄될 수 있다. 자신에 대한 믿음이 약하고 자신감이 없는 사람은 자신의 행위에 의해 나타난 결과에 대해 확신하지 못한다. 따라서 자신의 행위를 통해 나타난 성공적인 결과에 대한 보상이 주어진다 해도 이것이 추후 행위를 유발하는 긍정적 강화요인으로 작용하지 않을 수도 있다. 따라서 실제 조직의 경영자들은 이러한 조직행동 수정 전략들을 사용할 때에 철저한 선행조사와 그에 따른 계획을 세워야 할 것이다. 예를 들어 각 국가의 문화에 따라 다른 결과가 나타날 수 있기 때문이다.

## 주석(endnote)

1 피터생게(박영종 譯). (1996). 학습조직의 5가지 수련: Field Book. 서울: 21세기북스, 36.

2 Ormrod, J. E. (2004). *Human Learning* (4thed.). Upper Saddle River, NJ: Pearson Prentice Hall. 3.

3 Ormrod, J. E. (2004). *ibid.* 31.

4 Ormrod, J. E. (2004). *ibid.* 34.

5 Ormrod, J. E. (2004). *ibid.* 51.

6 Ormrod, J. E. (2004). *ibid.*

7 Tolman, E. C. (1948). Cognitive maps in rats and men. *Psychological Review*, 55, 189~208.

8 Bandura, A. (1977). *Social learning theory*. Englewood Cliff, NJ: Prentice-Hall, Inc.

9 McShane, S. L., & Von Glinow, M. A. (2003). *Organizational Behavior: Emerging Realities for the Workplace Revolution* (2nd ed.). New York: Mc-Graw-Hill. 51.

10 Bandura, A. (1977). *Social Learning Theory*. Englewood Cliff, NJ: Prentice-Hall, Inc.

11 McShane, S. L., & Von Glinow, M. A. (2003). *Organizational Behavior: Emerging Realities for the Workplace Revolution* (2nd ed.). New York: Mc-Graw-Hill. 51.

12 Luthans, F. (2008). *Organizational Behavior* (11th ed.). McGraw-Hill.

13 George, J. M., & Jones, G. R. (2008). *Understanding and Managing Organizational Behavior*. Upper Saddle River, NJ: Pearson Prentice Hall.

14 Nelson, D. L., & Quick, J. C. (2003). *Organizational Behavior: Foundations, Realities, and Challenges* (4th ed.). Mason, OH: Thomson/South-Western.

15 Ormrod, J. E. (2004). *Human Learning* (4th ed.). Upper Saddle River, NJ: Pearson Prentice Hall.

16 Moorhead, G., & Griffin, R. W. (2004). *Organizational Behavior: Managing People & Organizations* (7th ed.). Boston, MA: Houghton Mifflin Company.

17 Moorhead, G., & Griffin, R. W. (2004). *ibid.*

18 Moorhead, G., & Griffin, R. W. (2004). *ibid.*

19 McShane, S. L., & Von Glinow, M. A. (2003). *Organizational Behavior: Emerging Realities for the Workplace Revolution* (2nd ed.). New York: Mc-Graw-Hill.

20 Luthans, F., & Stajkovic, A. D. (1999). Reinforcement for performance: The need to go beyond pay and even rewards. *Academy of Management Executive*, 13, 49-57.

21 Moorhead, G., & Griffin, R. W. (2004). *Organizational Behavior: Managing People & Organizations* (7th ed.). Boston, MA: Houghton Mifflin Company.

CHAPTER 06

# 동기부여 이론

## 들어가기

이 장에서는 조직구성원들로 하여금 '일할 맛'이 생기게 하는 것이 무엇이며, 또 어떤 과정을 거쳐 형성되는가를 살펴본다. 조직구성원들이 신바람 나게 그리고 열정적으로 일하는 행동을 어떻게 이끌어낼 수 있는가는 조직행동 차원에서 매우 중요하다.

일할 맛이 나도록 동기부여(모티베이션)를 하는 데에는 크게 두 가지 접근법이 있다. 하나는 무엇이 일할 맛을 일으키느냐 하는 내용적 접근(content model)이고, 다른 하나는 어떤 과정을 거쳐 일할 맛이 생기는가 하는 과정적 접근(process model)이다. 이 두 접근법에 관련된 동기부여 이론들을 살펴보고자 한다. 그리고 최근에 제시된 정서와 동기부여에 관한 이론들도 살펴본다.

동기부여(motivation)는 목적하는 행동에 따라 여러 가지가 있다. 즉 목표달성을 위한 동기부여는 그 목표가 무엇인가에 따라 동기부여의 요인이나 과정이 제각기 다를 수 있다. 본 장에서는 조직내에서 성과지향적 목표를 달성하기 위해 열심히 일하고자 하는 행동에 초점을 둔 "일할 맛(motivation to work)"에 초점을 둔다.

동기부여(motivation)란 여러 가지 대안적인 행동 가운데 하나의 행동을 선택하여 거기에 몰입하도록 유도하는 일련의 힘을 말한다.[1] 기말보고서를 좀 더 잘 쓰려고 밤늦게까지 노력하는 학생, 조금이라도 매출을 올리기 위해 일요일에도 고객관리에 여념이 없는 영업사원 등은 모두 높은 수준으로 동기부여가 되어 있다고 할 수 있다. 물론 기말보고서는 쓰다 말고 놀면서 밤을 지새우는 학생이나 매출이 낮음에도 불구하고 휴가를 찾아 쓰기에 급급한 영업사원도 높은 수준의 동기를 가지고 있긴 하다. 즉, 동기 수준은 높되 개인이나 조직의 바람직한 성과목표와는 잘못된 방향이 설정되어 있는 것이다. 따라서 관리자는 조직의 바람직한 성과를 최대화할 수 있는 방향으로 종업원들에게 동기부여 해야 한다.

조직의 직무성과는 종업원들의 능력이나 업무여건, 그리고 종업원들의 동기 수준이라는 세 가지 요소에 의하여 결정된다.

직무성과 = 능력 + 업무여건 + 동기

다시 말해, 높은 수준의 성과를 달성하기 위해서 종업원은 그 일을 할 수 있는 능력, 그리고 그 일에 필요한 자원이나 설비와 같은 환경적 요인을 갖추어야 함은 물론, 그 일을 하고자 하는 동기를 가지고 있어야 한다. 이 셋 가운데 어느 하나라도 모자랄 때에는 성과가 저해된다. 따라서 관리자는 이 세 조건 모두가 충족될 수 있도록 노력해야 한다. 그런데 능력, 업무여건, 동기라는 세 가지 요소 가운데 가장 관리하기 힘든 것이 바로 동기이다. 종업원이 필요한 능력을 갖추지 못했을 때에는 직무기술을 익힐 수 있는 훈련을 시키거나 더 쉬운 일로 바꿔주고 더 능력이 있는 종업원을 데려오면 된다. 재료나 자원, 설비가 부족하다면 그것을 제공할 수 있는 시스템을 갖추면 된다. 그러나 동기가 부족할 때에는 어떻게 종업원으로 하여금 더 열심히 일하게 할 것인지 조직이나 경영자는 고민해야 한다.

따라서 본 장에서는 종업원들은 어떠한 요인으로 인하여 그리고 어떠한 과정을 통해 동기부여 되는지를 다룬 이론들을 살펴볼 것이다. 또한 제7장에서는 본 장에서 살펴본 동기이론들이 어떻게 발전되어 실제 조직에서 응용되어 왔는지 자세히 다룰 것이다.

## 1. 동기부여

동기부여가 무엇인지 이해하기 위해서는 먼저 욕구 불만족과 목표중심적 행동을 이해할 필요가 있다(〈그림 6-1〉 참조).

- 1단계 : 동기부여의 시작점은 욕구이다. 욕구(needs)란 우리가 원하거나 필요로 하는 그 무엇이다. 우리에게 하나 이상의 중요한 욕구가 있으면 동기화된 행동이 일어난다. 이미 만족된 욕구도 행동을 촉발할 수 있지만(예를 들어 어느 정도 높은 삶의 질을 누리는 사람도 그 수준을 계속 유지하고자 하는 욕구가 있다) 대개는 충족되지 않은 욕구가 더 강렬한 느낌과 행동적 변화를 유발하게 된다.
- 2단계 : 욕구불만족이 경험되면 우리는 그 욕구를 만족시킬 수 있는 방법을 찾는다. 어떤 사람은 지금의 연봉보다 더 높은 수입을 원하고 있으며 현재의 직급이 회사에서 자기가 하는 일의 중요성에 비해 너무 낮다고 생각하고 있다. 이 경우 이 사람에게는 세 가지 선택이 가능하다. 인사담당자나 상사에게 연봉인상과 승진을 요구하거나, 연봉인상 및 승진을 기대하면서 더 열심히 일하거나, 더 높은 연봉 및 직급을 보장해주는 새 직장을 찾아보는 것이다.
- 3단계 : 어떠한 방식으로 욕구를 해결할 수 있을지 규명하고 나면 그 가운데 한 행동을 선택하고 실제 수행에 옮겨야 한다. 한 번에 한 가지 이상의 방안을 추진해 볼 수도 있지만 가장 효과적인 것은 하나의 방안에 집중하는 것이다.
- 4단계 : 수행한 행동에 대한 결과로서 보상이나 처벌을 경험하게 된다. 헤드헌터에게

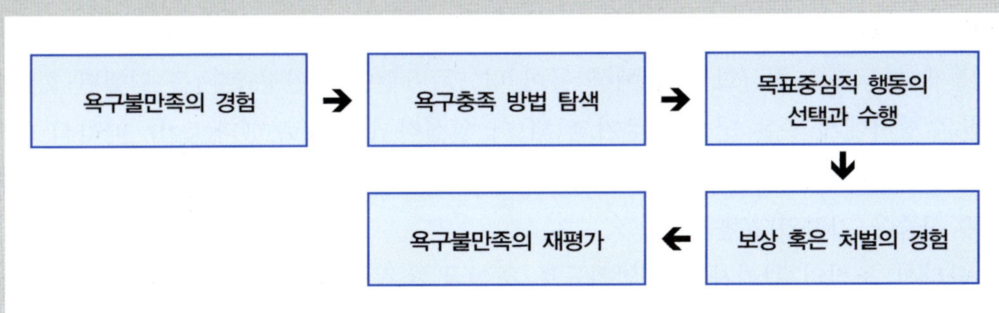


**그림 6-1** 동기부여 모형

자료 : Moorhead & Griffin(2001), p.116 재구성.[2]

전화하여 더 좋은 조건으로 이직을 하게 된다면 그것은 일종의 보상이 될 것이다. 만약 헤드헌터에게 이직을 상담한 일이 상사의 귀에 들어가 오히려 질책을 받고 회사에서 욕을 먹게 되었지만 좋은 일자리는 찾지 못했다면 일종의 처벌을 받은 것이다.

- 5단계 : 마지막 단계로서, 결과적으로 원래의 욕구 불만족이 얼마나 해소되었는지를 평가한다. 예를 들어 어떤 사람이 10%의 연봉인상과 부사장 승진을 원했을 경우, 이 둘 모두를 약속받았다면 만족했을 것이다. 하지만 7%의 연봉인상에 전무 승진을 받았다면, 계속 노력해 볼 것인지, 그저 만족할 것인지, 혹은 앞서 고려해 보았던 다른 대안을 선택할 것인지를 결정해야 할 것이다.

### 조직에서의 욕구와 동기

앞서 말했듯이, 욕구란 개인이 필요로 하거나 원하는 그 무엇이다. 욕구에는 굉장히 다양한 종류가 있는데, 이는 크게 두 범주로 나뉜다. 첫 번째는 일차적 욕구(primary needs)로서, 생존에 반드시 필요한 음식, 물, 주거공간과 같은 것에 대한 욕구이다. 이러한 욕구는 본능적이며 생리학적이다. 두 번째는 이차적 욕구(secondary needs)로서, 보다 심리적이며 환경과 문화를 통해 학습한 욕구이다. 예를 들면 성취, 자율성, 권력, 질서, 친교, 이해 등에 대한 욕구를 말한다. 조직상황에서는 이러한 이차적 욕구의 비중이 상대적으로 높기 때문에, 종업원에 대한 동기부여를 이해하기 위해서는 이차적 욕구를 반드시 고려해야 한다.

또한 사람들의 욕구는 시간에 따라 변화한다. 처음 입사한 신입사원은 적은 연봉으로도 만족하겠지만 어느 정도 경력이 쌓이면 더 많은 수입과 더 높은 직급을 원하게 된다. 따라서 종업원을 특정 방식으로 행동하도록 동기부여하기 위해서는 시간에 따라 변화하는 욕구를 감안하여야 한다.

욕구, 동기, 행동은 밀접하게 연관되어 있다. 개인이 욕구를 느꼈을 때 그 욕구를 가장 잘 만족시킬 수 있다고 판단되는 행동에 대한 동기를 가지게 된다. 그러한 동기는 실제 행동으로 현실화된다. 예를 들어 더 많은 수입과 인정(욕구)을 원했던 회사의 직원은 상사에게 좋은 인상을 주기 위해 더 열심히 일하기로 했다(동기). 따라서 매일 밤늦게까지 사무실에 남아서 일하고 토요일에도 출근하며 완벽한 결재서류를 만들기 위해 신중을 기하였다(행동).

따라서 조직의 관리자가 종업원들로 하여금 조직에 바람직한 행동에 동기부여를 하기 위해서는 이러한 욕구-동기-행동 관계를 명확하게 이해하여야 한다.

# 2. 고전적 동기부여 이론

동기부여에 대한 초기 이론이 모두 학문적으로 체계화된 것은 아니지만, 종업원의 동기부여를 이해하고자 할 때에는 여러 가지로 도움이 된다. 조직행동분야에서 초기 이론은 동기부여에 대한 현대적 접근법에 토대가 되었으며, 일반 사람들의 상식과 직관에 근거하고 있다. 따라서 각 이론의 강점과 약점을 이해함으로써 관리자는 직장에서 종업원을 동기부여 하는 데에 대한 통찰을 얻을 수 있다.

## 2.1 과학적 관리론적 접근

과학적 관리에서 Taylor가 주창한 것에 의하면, 종업원들은 가급적 많은 돈을 벌고자 하기 때문에 경제적인 동기부여가 중요하다는 것이다. 과학적 관리론자들은 종업원들을 동기부여 내지는 직무 만족을 시키는 것이 금전적 보상이라고 생각하여, 성과에 따라서 임금을 달리 주는 차별적 성과급제(differentiated piece-rate system)를 도입 실시하였다. 당시 작업장에서 작업자가 하루에 생산할 수 있는 정당한 성과인 과업을 표준으로 설정하고 이 과업의 달성정도에 따라 차별적으로 금전적 보상을 해준 것이다.

그 당시 이러한 관점에도 일리는 있었다. 하지만 인간의 행동은 금전적인 요인을 비롯한 수많은 요인이 복잡한 상호작용을 함으로써 나타난 결과이다. 따라서 오직 경제적 인센티브만으로 인간의 동기부여와 행동을 파악하기에는 많은 한계가 있었다. 이에 동기에 대한 인간관계적 접근이 생겨나게 되었다.

## 2.2 인간관계론적 접근

종업원들의 동기부여나 직무만족이 경제적 인센티브에 의해 일어난다고 했던 초기의 과학적 관리론자들의 주장은 나름대로 설명력이 있었다. 그러나 시간이 지남에 따라 이러한 주장은 동기부여를 충분히 설명해 주지 못했고, 초기 산업심리학자들을 중심으로 다른 관점이 제시되기 시작했다. 즉 경제적 요인 외에 사회·심리적 요인들이 동기부여와 직무만족에 크게 작용할 것이라는 가정 하에 호손실험을 통해 실증연구를 실시하였다. 1924년에 시작하여 약 8여 년에 걸쳐 호손 공장에서 이루어진 실증연구 결과, 조직내에서 동기부여, 직무만족, 그리고 성과 향상에 사회적·심리적 요인이 매우 중요함을 입증하였고, 이것이 체계적으로 정리되어 인간관계론이라고 하는 사회과학 분야의 큰 하나의 연구흐름을 형성했던 것이다. 이들의 연구결과에 의하면 조직내에서 인간관계(동료관계와 상사관계 등)와 회사정책, 감독기술 등과 같은 것을 통해 나타나는 종업원의 사회적이고 심리적인 요소들이 동기부여나 직무만족에 매우 중요한 영향을 미쳤다. 또한 공식 조직내에 존재하는 비공식 조직의 역할도 그 중요성이 처음으로 인식되기 시작하였다. 조직내에서 인간의 사회적·심리적 측면을 중요시해야 한다는 인간관계론자들의 주장은 과학적 관리론자들이 주장했던 경제적 인센티브에 의해 동기부여 된다는 것의 한계를 극복하는 데 크게 기여했으며, 이후 동기부여에 관한 행동과학적 접근법 출현의 기초가 되었다.

이러한 초기 연구들에서 발전한 동기부여에 관한 연구는 행동과학의 발전과 함께 더욱 활발해졌고, 그 이후 현대의 동기부여 이론은 크게 두 가지 범주로 나뉜다.[3] 하나는 내용중심 모델(content model)로, 종업원들의 욕구의 역동을 설명한다. 예를 들어 사람들이 왜 서로 다른 시기에 서로 다른 욕구를 갖게 되는가 등에 관심을 갖는 것이다. 이러한 내용을 이해하게 되면 우리는 무엇이 그 사람에게 동기를 부여하는지 그 조건을 잘 파악하게 된다. 다른 하나는 과정중심 모델(process model)로 욕구가 어떻게 발생하는지를 직접적으로 설명하기보다는 그러한 욕구가 행동으로 바뀌어 나타나는 과정에 초점을 맞춘다. 다시 말해 과정이론은 사람들이 왜 특정한 방식의 행동을 하는지를 설명한다. 그럼으로써 종업원의 직무태도, 행동 등 여러 가지 결과에 대해 이해하고 설명하고 예측하는 데 도움을 준다.

## 3. 내용중심 이론

내용중심 이론의 출발점은 욕구이론이다. 욕구이론의 기본 전제는 앞서 설명했듯이 인간이 중요한 욕구가 충족되지 못했을 때 그것을 충족하려는 방향으로 동기부여 된다는 것이다.[4] 그래서 욕구이론가들은 무엇이 사람에게 가장 중요한 욕구인지 규명하고 범주화하고자 노력하였다. 다음에 소개할 욕구위계 이론, ERG 이론, 학습욕구이론은 이러한 욕구이론의 하나이다.

### 3.1 욕구단계이론

욕구이론들은 인간 욕구들이 나름대로의 위계나 계층을 이루고 있다고 설명하는 것으로, 이 중 가장 널리 알려진 것이 1940년대에 Maslow라는 심리학자에 의해 개발된 욕구단계이론(needs hierarchy theory)으로 흔히 "욕구5단계설"로 알려진 이론이다. 인간관계적 접근을 취한 학자 중 한 명인 Maslow는 인간이 일련의 욕구를 만족시키고자 하는 본질적 충동을 가진 동물이라고 하면서, 그러한 욕구를 몇 개의 범주로 나누어 하나의 위계로서 정리하였다.[5]

이러한 위계모형에는 다음과 같은 전제가 있다.[6]

- 한번 욕구가 충족되면 그 욕구가 갖는 동기부여의 힘은 중요도가 감소한다. 하지만 한 욕구가 충족되면 다른 욕구가 점진적으로 그 자리를 차지하게 되어 사람들은 항상 어떤 욕구를 만족시키기 위해 노력하게 된다.
- 대부분의 사람에게 있어 욕구의 네트워크는 매우 복잡하며, 여러 가지 욕구가

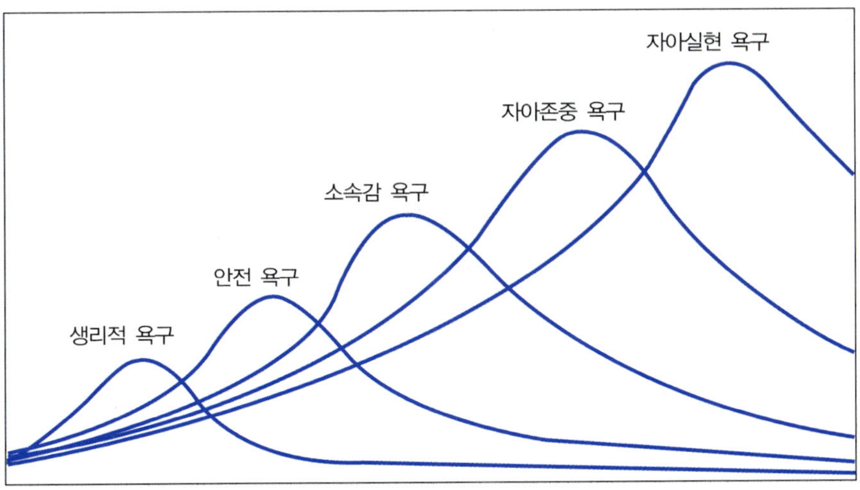


**그림 6-2** Maslow의 욕구단계설

자료 : Maslow(1943), p.374~396 재구성.[7]

동시에 행동에 영향을 준다. 그러나 심각하게 갈증을 느낄 때처럼 어떤 사람이 위급한 상황에 직면하면 그것이 충족될 때까지 그 욕구가 최우선시 된다.

- 일반적으로 높은 수준의 욕구가 행동을 촉발할 만큼 충분히 활성화되려면 그 전에 낮은 수준의 욕구가 충족되어야 한다.
- 낮은 수준의 욕구보다는 높은 수준의 욕구를 충족할 수 있는 방법이 더 다양하다.

욕구단계이론에 따르면 사람에게는 크게 다섯 가지 유형의 욕구가 있다.

**생리적 욕구(physiological needs)** Maslow의 위계에서 가장 낮은 수준에 위치하는 생리적 욕구는 음식, 물, 공기, 주거지 등에 대한 욕구를 말한다. 사람들은 더 높은 수준의 욕구에 주의를 기울이기 전에 이러한 욕구를 만족시켜야만 한다. 따라서 관리자는 종업원들이 생리적 욕구에 의해 동기부여 되어 있는 한 그들은 자기가 하는 일에 집중하지 않는다는 것을 이해해야 한다. 어떤 관리자가 종업원들이 주로 생리적 욕구에 의해 동기부여 된다고 믿는다면 그 사람은 사람들이 돈을 벌기 위한 목적으로 일을 하며, 편안함이라든가 쾌적함과 같은 요소를 중요시한다고 생각할 것이다.

**안전 욕구(security needs)** 고통이나 위협, 질병의 제거, 안전함, 안정감 등에 대한 욕구는 모두 안전 욕구에 해당한다. 생리학적 욕구처럼 안전 욕구도 우리가 살아가는 데에 거의 기본이 되는 욕구이다. 안전 욕구가 강한 개인은 직업의 안정성을 중요시한다. 안전 욕구가 중요하다고 느끼는 관리자는 규칙, 직무안정성, 복리후생과 같은 요소를 강조하게 되며, 혁신적인 업무처리라든가 위험감수적인 보상은 선호하지 않는다.

**친애, 소속감 또는 애정 욕구(affiliation needs)** 우정, 사랑, 소속감 등에 대한 욕구가 친애 욕구이다. 생리학적 욕구와 안전 욕구가 해결되고 나면 친애욕구가 생긴다. 친애 욕구가 동기부여의 주된 원천일 때 사람들이 직업을 통해 따스하고 친밀한 대인관계를 확립하고자 한다. 종업원들이 이러한 욕구를 주로 가지고 있다고 믿는 관리자나 팀 리더는 종업원들에게 지지적인 태도를 보이며, 동료들 간의 화합이라든가 업무 외의 공동 활동(회식이나 문화행사 등), 그리고 팀 기반의 규준 등을 강조하는 경향이 있다.

**자존 욕구(self-esteem needs)** 성취감, 자신이 중요한 사람이라는 느낌, 다른 사람의 인정과 존중 등이 자존 욕구이다. 자존 욕구가 있는 사람은 타인이 자신을 있는 그대로 인정해 주기를 바라며 자기자신이 유능한 사람으로 보이고 싶어한다. 자존 욕구에 초점을 맞추는 관리자는 종업원의 성과를 인정해 주고 다른 직원들 앞에서 보상을 해줌으로써 종업원을 동기부여 하고자 노력한다. 예를 들어 직장 내 게시판에 성과표를 만들어 붙인다든가 하면 고성과를 낸 종업원은 자긍심을 느낄 수 있을 것이다.

**자기실현 욕구(self-actualization needs)** 사람들은 문제해결 능력을 증진시켜 자기실현을 하고자 노력한다. 자기실현을 강조하는 관리자는 종업원의 직무설계에 관심을 가지며, 종업원의 고유한 기술을 활용할 수 있는 특수한 과제를 할당하고, 그원들에게 업무를 계획하고 실행할 수 있는 권한을 위양할 것이다. 자영업을 하는 사람들이 특히 자기실현욕구가 강한 경우가 많다.

## 3.2 ERG 이론

Alderfer는 인간이 욕구의 위계를 가지고 있다는 Maslow의 기본 전제에 동의하였다. 그러나 Maslow와 달리 Alderfer는 인간이 생존 욕구(Existence), 관계 욕구(Relatedness), 성장 욕구(Growth)라는 세 가지 종류의 기본적 욕구를 가지고 있다는 ERG 이론을 제시하였다.[8]

- 생존 욕구 : 물질적인 욕구로서 공기, 음식, 물, 임금, 복리후생, 근무환경 등에 의해 충족된다.
- 관계 욕구 : 동료나 상사, 부하, 친구, 가족 등과 대인관계를 형성함으로써 충족된다.
- 성장 욕구 : 업무에서 창의적이거나 생산적인 기여를 하여 개인의 고유한 성장을 할 수 있는 기회를 찾고자 하는 시도로서 표출된다.

Alderfer의 세 가지 범주는 Maslow의 구분과 유사하다. 생존 욕구는 생리학적 욕구와 안전 욕구, 관계 욕구는 친애 욕구, 성장 욕구는 자존 욕구 및 자기실현 욕구와 대체로 일치한다.

그러나 이 두 모형은 사람들이 서로 다른 종류의 욕구를 만족시키기 위하여 어떻게 노력하는가에 대한 견해 측면에서 차이가 난다. Maslow는 충족되지 못한 욕구가 동기부여를 하며 낮은 수준의 욕구가 충족되기 전에는 높은 수준의 욕구가 활성화되지 않는다고 보았다. 따라서 낮은 수준의 욕구가 충족됨에 따라 욕구위계를 하나씩 올라가면서 욕구를 충족하려 동기부여 된다. 반면 ERG 모형에서는 이러한 충족-진보 과정(fulfillment-progression process)에 덧붙여 좌절-회귀 과정(frustration-regression process)이 있다고 본다. 즉, 어떤 사람이 성장욕구를 충족시키는 데에 있어 지속적으로 좌절하게 되면 관계욕구가 주요 동기부여 원천으로 재등장하게 된다는 것이다. 그래서 개인은 성장욕구를 만족시키려는 시도 대신 관계욕구라는 더 낮은 수준의 욕구를 충족시키는 것으로 되돌아간다. 다시 말해 좌절이 회귀를 야기하는 것이다.

ERG 모형을 실증적으로 검증한 연구는 그리 많은 편이 아니지만, Maslow의 주장처럼 욕구가 다섯 개 범주로 나뉘기보다는 세 개 범주로 나뉜다는 증거가 일부 도출되어 있다. 한편 관리자의 입장에서는 ERG 모형을 통해 중요한 시사점을 얻을 수 있다. 예를 들어, 만약 어떤 직무가 부하의 성장욕구를 만족시켜줄 수 없어서 부하직원의 성장욕구가 차단된다면 관리자는 어떻게 할 것인가? ERG 모형에 따르면 관리자는 그 직원이 관계 욕구나 생존 욕구를 만족시키는 방향으로 방향을 전환하도록 노력하여야 한다.

## 3.3 학습된 욕구 이론

지금까지 다룬 두 가지 내용중심 이론은 개인의 일차적, 혹은 본능적 욕구와 그 상대적 중요성에 대해 다루고 있다.[9] 그러나 사람들은 아동기의 학습이나 부모의 양육방식, 사회적 규준 등을 통해 학습하고 강화받은 이차적인 욕구나 추동(drive)도 가지고 있다. 심리학자 David McClelland가 개발한 학습된 욕구 이론은 이처럼 다양한 학습된 욕구들이 우리에게 동기를 부여한다고 본다. McClelland에 의하면 그 가운데 다음 세 가지 이차욕구가 동기부여에 특히 중요한 역할을 한다.[10]

### 3.3.1 성취욕구

여러 가지 학습욕구 중 가장 널리 연구되고 있는 것이 바로 성취욕구(need for achievement, n. Ach)이다. 성취욕구가 높은 사람은 스스로 노력을 통해 도전적인 목표를 달성하고자 한다. 이들은 여럿이 같이 일하기보다는 혼자 일하는 것을 선호하며 어느 정도의 위험부담이 있는(즉 쉽지 않지만 그렇다고 달성하기가 불가능하지도 않는) 일을 선택하는 경향이 있다. 또 성취욕구가 높으면 주위 사람들이 자신의 일에 대해 명확하게 피드백을 주고, 성과에 대해 인정과 격려를 아끼지 않기를 원한다. 금전적인 보상은 그것이 일종의 피드백이나 인정으로서의 기능을 하지 않는 이상 그다지 이들을 자극하지 못한다. 반면 성취욕구가 낮은 개인은 돈이 금전적인 인센티브로 사용될 때 동기 수준이 더 높아진다.

성공적인 기업가는 성취욕구가 높은 경향이 있는데 아마도 그들이 자신을 위해 도전적인 목표를 설정하고 경쟁에서 살아남기 때문일 것이다. 한편 조직의 관리자의 입장에서는 지나치게 높은 성취욕구보다는 성취욕구가 적절한 수준일 때가 좋을 때도 있다. 왜냐하면, 부하들에게 높은 수준의 목표와 이의 달성도를 요구할 때보다 적절한 성과목표와 함께 업무와 권한을 위양하고 부하직원들을 지지하는 것이 오히려 좋은 결과를 가져올 수 있기 때문이다(이러한 특성은 높은 성취욕구를 가진 사람들에게서는 잘 나타나지 않는다). 그러나 성취욕구가 높은 사람도 마치 자신의 사업을 하는 것처럼 부하들에게 많은 독립성과 기업가 정신을 부여할 때, 부하의 성취욕구도 상사 못지 않게 높은 수준이라면 큰 조직의 일원으로서 좋은 성과를 보일 수 있다.

### 3.3.2 친애욕구

친애욕구(need for affiliation, n. Aff)란 다른 사람으로부터 인정을 받고 싶어하며 타인의 바람이나 기대에 순응하고 갈등과 마찰을 피하고자 하는 욕구를 말한다. 친애욕구가 강한 사람은 다른 사람들과 긍정적인 관계를 맺고자 한다. 그래서 자신에 대하여 좋은 이미지를 형성하고자 하며 호감을 얻기 위해 노력하는 경향이 있다. 또 조직에서는 적극적으로 타인을 도와주며, 회의라든가 기타 상황에서 나타나는 갈등을 원만히 해결하고자 노력한다. McClelland가 말하는 친애욕구가 Maslow의 친애욕구나 Alderfer의 관계욕구와 다른 점은 전자가 나머지 두 가지와 달리 본능적이라기보다는 학습된 욕구라는 측면에 있다.

친애욕구가 높은 종업원은 낮은 친애욕구를 가진 사람에 비하여 다양한 부서가 모여 공동프로젝트를 할 경우 그에 대한 지원업무나 조정하는 역할을 맡겼을 때 더 일을 잘하는 경향이 있다. 또 잠재적 고객과 장기적인 관계를 만들어가는 영업직에서도 더 두각을 나타낸다. 일반적으로 볼 때 높은 친애욕구를 가진 직원은 혼자 일하기보다는 타인과 함께 일하는 것을 선호하며 더 적극적으로 참여하고 갈등을 조정하는 일에 능숙하다.

반면 높은 친애욕구를 가진 사람은 이해관계가 얽힌 일이나 갈등을 초래할 수 있는 의사결정을 내려야 하는 일에서는 서툰 모습을 보일 수 있다. 예를 들어 친애욕구가 높은 중역은 자원배분과 관련된 의사결정에서 우유부단하기 쉽고 덜 공정한 것으로 인식된다는 연구 결과가 많다. 그래서 그러한 의사결정을 해야 하는 직위에 있는 사람들은 상대적으로 친애욕구가 낮아서 타인의 인정에 대한 개인적 욕구에 좌우되지 않고 객관적이고 공정한 의사결정을 하거나 행동할 수 있는 것이 바람직하다.

### 3.3.3 권력욕구

권력욕구(need for power, n. Pow)란 자신의 환경을 통제하고자 하는 욕구를 말한다. 권력욕구가 강한 사람은 타인에 대해 통제권을 행사하고 싶어 하며 리더로서의 위치를 유지하고자 한다. 그들은 설득적인 커뮤니케이션에 의지하고, 회의에서 제안을 많이 하는 경향이 있으며 어떤 상황에 대해 평가적인 발언을 하는 경향이 있다.

이때 권력욕구는 두 가지로 나뉜다. 어떤 사람들은 개인화된 권력(personalized power)에 대한 욕구가 강하다. 즉 권력 그 자체를 좋아하며 자신의 경력이나 기타 개인적 이해관계에 그것을 활용하고자 한다. 권력이 이해당사자들에게 봉사하기 위한 수단으로 사용되는 것이 아니라 자신의 욕구를 충족하기 위한 수단으로 사용되는 것이다. 반면 어떤 사람들은 사회화된 권력(socialized power)에 대한 욕구가 강하다. 즉 사회를 개선한다거나 조직효과성을 증진하는 것과 같이 타인을 돕는 일에 대한 도구로서 권력을 원한다.

기업의 리더나 정치적 리더는 권력욕구가 높아서 타인에게 영향을 주고자 하는 동기가 강한 경향이 있다. 그러나 McClelland는 효과적인 리더가 되려면 개인화된 권력보다는 사회화된 권력에 대한 욕구가 높아야 한다고 주장한다. 이타주의와 사회적 책임감이 강함은 물론 자신의 행동이 타인에게 미칠 영향에 대해 주의 깊게 고려해야 한다는 것이다. 리더는 자신의 권력을 도덕적 기준선 내에서 행사하여야 한다. 이렇게 권력욕구를 윤리적인 기준 내에서 발휘될 때, 부하직원들은 리더를 신뢰하고 존중함은 물론 리더의 비전에 동참하고자 노력하게 된다.

## 3.4 만족–불만족 이론(2요인이론: 동기–위생요인이론)

2요인이론(two-factor theory)은 Herzberg가 1960년대 초반에 완성한 동기부여 이론이다.[11] Herzberg는 약 200명의 회계사와 엔지니어를 인터뷰하여, 직무를 하면서 언제

〈표 6-1〉 Herzberg의 2요인

| 불만족요인(위생요인) | 만족요인(동기요인) |
|---|---|
| • 감독<br>• 작업조건<br>• 인간관계<br>• 임금<br>• 회사정책 · 관리 | • 성취<br>• 인정<br>• 일 그 자체<br>• 책임<br>• 성장 |

자료 : Herzberg et al.(1959).[12]

특별히 만족감을 느꼈고 동기부여되었는지, 그리고 언제 가장 실망하고 동기가 사라졌는지를 물었다. 그리고 그런 좋은 감정과 나쁜 감정을 야기한 원인에 대해 설명하도록 했다. 사람들의 응답을 녹음하여 내용분석이라는 기법으로 분석한 결과 Herzberg는 놀라운 사실을 발견했다. 일에 대한 긍정적 느낌과 부정적 느낌은 완전히 다른 종류의 요소들과 관련되어 있었던 것이다. 예를 들어 낮은 임금은 불만족의 원인이 되지만, 임금을 높게 준다고 하여 만족하는 것은 아니었다. 오히려 인정이라든가 성취와 같은 완전히 다른 이유에서 사람들은 만족감과 동기부여를 느꼈다.

Herzberg의 연구결과 분류된 2요인은 〈표 6-1〉에서 제시된 바와 같이 불만족요인[위생요인]과 만족요인[동기요인]으로 이름이 붙여졌다.

이러한 Herzberg의 연구결과는 만족과 동기부여에 대한 기존의 관념이 부정확하다는 결론을 도출하였다. 〈그림 6-3〉에서 볼 수 있듯이, 전통적으로 직무만족은 만족-불만족이라는 연장선상의, 하나의 구조를 가진 개념으로 파악되었다. 만약 이것이 옳다면 한 요인이 늘어나면 만족하고 줄어들면 불만족하는 식으로 움직여야 한다. 그러나 그의 연구결과에 따르면 만족과 불만족에는 전혀 다른 요인들이 관여하는 것으로 나타났다. 즉, 연구결과 동기부여가 이중구조를 가진 현상이라는 결론이 도출된 것이다.

〈그림 6-3〉에 따르면 동기부여는 만족에서 비 만족(no satisfaction)으로 이르는 하나의 차원과 불만족에서 비 불만족(no dissatisfaction)으로 이르는 다른 하나의 차원으로 구성되는 이중구조를 지닌다. 이때 각각의 차원에 영향을 주는 요인에 대해 Herzberg는 동기부여요인(motivation factors)과 위생요인(hygiene factors)이라는 이름을 붙였다. 전자는 종업원들의 만족 - 비 만족을 결정하는 요인이며 후자는 불만족 - 비 불만족을 결정하는 요인이다.

- 위생요인 : 위생요인에는 회사정책이나 운영방식, 기술적 측면의 관리/감독, 임금, 복리후생 및 업무환경, 인간관계 측면의 관리/감독 등이 포함된다. 이러한 요인은 직무

**그림 6–3**
동기부여와 만족도

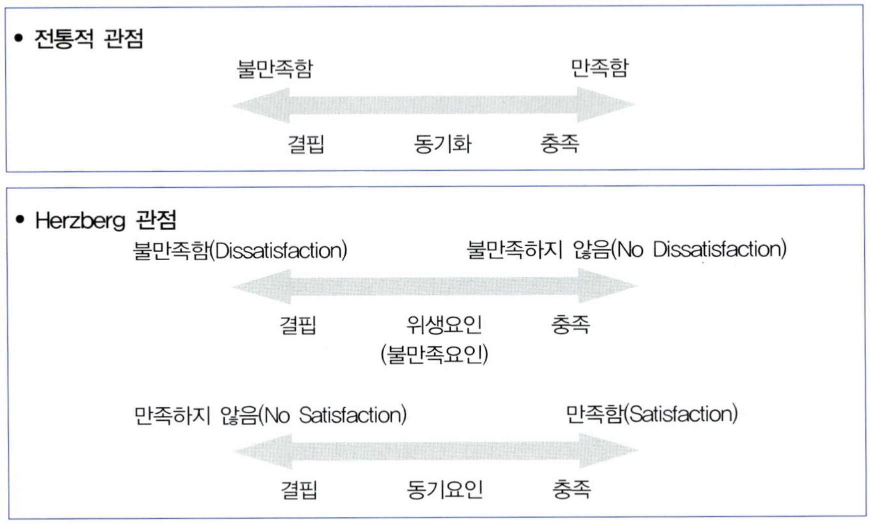


자체보다는 직무가 수행되는 환경에서 발생하며, 직무에 대하여 외적인 요인, 즉 외재적 요인(extrinsic factors)이다. 이러한 요인이 충분하게 제공되지 못할 때 개인은 불만족을 느끼고 동기 수준이 낮아진다. 그러나 이러한 요인이 충분하다고 해서 반드시 만족감을 느끼는 것은 아니며, 그저 불만족을 느끼지 않을 뿐이다.

- 동기부여요인 : 동기부여요인에는 일 자체의 특성이나 주위 사람들의 인정, 성취, 책임감, 그리고 성장과 같은 것이 포함된다.[13] 다시 말해 일을 하면서 무언가를 성취하거나 타인의 인정을 받거나 책임을 완수하는 경험을 통해 일에 대해 긍정적 감정을 갖게 되는 것이다. 이러한 요인은 업무를 할 때 일시적으로 발생하는 것이라기보다는 지속적인 성과에서 비롯된다. 정리하자면 동기부여요인은 직무와 직접적으로 관련되면서 개인이 내적으로 가지고 있는 내재적 요인(intrinsic factors)이다. 이런 요인이 직무에 존재하면 종업원은 만족감을 느끼며 동기 수준이 높아진다. 그러나 이러한 요인이 없다고 하여 불만족을 느끼는 것은 아니며 그저 만족감을 느끼지 못하게 된다.

이러한 2요인 이론을 실제 현장에 적용함에 있어 Herzberg는 2단계 과정을 제시하였다. 먼저 관리자는 불만족을 야기하는 상황을 제거하기 위해 노력해야 한다. 2요인이론에 따르면 불만족을 일으킬 요인을 제거하여 아무 불만족이 없는 상태가 되어야 위생요인을 통해 동기부여를 개선하려는 노력이 제대로 효과를 거둘 수 있다.

많은 이론가들이 자신의 이론을 실제 상황에 어떻게 적용할지에 대한 방법을 제시하지 못한 반면 Herzberg는 관리자가 어떻게 2요인 이론을 적용할 수 있을지 구체적으로 밝혔다. 특히 그는 '직무 충실화(job enrichment)'라고 불리는 기법을 개발하였다. 이 개념에 대해서는 다음 장에서 보다 상세히 살펴볼 것이다. 2요인이론이 실제 관리자들 사이에서 많은 인기를 얻고 있는 것은 Herzberg가 이처럼 이론을 현실에 적용하려는 노력을 게을리 하지 않았기 때문이다.

Herzberg의 이론은 조직내 구성원의 동기부여를 위한 중요한 시사점을 지니고 있다. 앞서 언급한 바와 같이 위생요인(불만족요인)은 불만족을 예방하는 효과가 큰 것이며, 동기요인(만족요인)은 동기부여를 통한 지속적인 만족과 목표행동을 추구하게 하는 효과가 크다. 위생요인은 자세히 살펴보면 주로 조직이나 회사차원에서 관리해야 하는 요인들이다. 즉 회사정책, 임금, 작업조건 등은 회사차원에서 방침과 관리가 이루어져야 하는 요소들이다. 반면 동기요인은 주로 상사가 담당해야 할 요인들이다. 인정, 책임감, 성취감 등은 일상생활에서 상사가 부하들과의 관계에서 관리해야 할 요소들이다. 종업원으로 하여금 "일할 맛"이 나도록 하기 위해서는 회사가 담당해야 할 부분 못지않게 상사가 담당해야 할 부분도 중요하다는 것이다.

지금까지 동기부여에 대한 내용중심 이론을 살펴보았다. 이 네 가지 이론을 비교하여 도해하면 다음 〈표 6-2〉와 같다.

욕구단계 모형은 ERG 모형의 근간을 제공한다.[14] 그래서 이 둘 간에는 중요한 유사점들이 있다. 자기실현 및 자존욕구는 성장욕구와, 친애욕구는 관계욕구와 안전 및 생리학적 욕구는 생존욕구와 유사하다. 그러나 욕구위계이론이 충족-진보과정에 근거한 정적인 욕구체계를 제시하는 반면 ERG 모형은 좌절-회귀 과정에 근거한, 보다

**〈표 6-2〉 내용중심 동기이론들의 비교**

<table>
<tr><th>Maslowd의<br>욕구단계설</th><th>Alderfer의<br>ERG이론</th><th>Herzberg의<br>2요인이론</th><th>McClleland의<br>학습된 욕구</th></tr>
<tr><td>자아실현 욕구</td><td rowspan="2">성장(G)</td><td rowspan="2">동기요인</td><td>성취욕구(n. Ach)</td></tr>
<tr><td>자아존중 욕구</td><td>권력욕구(n. Ach)</td></tr>
<tr><td>소속감 욕구</td><td>관계(R)</td><td rowspan="3">위생요인</td><td>친애욕구(n. Aff)</td></tr>
<tr><td>안전 욕구</td><td rowspan="2">생존(E)</td><td></td></tr>
<tr><td>생리적 욕구</td><td></td></tr>
</table>

융통성 있는 욕구분류체계를 제시한다.

2요인이론은 앞서 말한 두 가지 욕구이론과 모두 관련된다. 만약 위생요인이 존재한다면 욕구위계이론의 안전 및 생리학적 욕구가 충족되었을 것이다. 또한 ERG 이론에서 말하는 관계욕구 및 생존욕구 역시 만족될 것이다. 한편 동기부여요인이 존재한다면 욕구위계이론의 자존 욕구나 자기실현 욕구, 그리고 ERG 이론의 성장욕구가 해결될 수 있을 것이다.[15]

한편 학습욕구 이론과 관련해서, 직무에 대한 위생요인이 충족된다면 친애욕구가 만족될 수 있다. 또 직무 자체가 도전적이고 개인에게 의미 있는 의사결정을 할 기회를 제공한다면 성취욕구를 충족하는 데에 도움이 된다.

## 3.5 내재적 동기부여 이론

종업원들이 일할 맛이 나도록 하는 동기부여의 원천에 따라 내재적(intrinsic) 동기부여와 외재적(extrinsic) 동기부여로 구분할 수 있다. 먼저 내재적 동기부여란 일 자체, 즉 일을 수행하는 자체에 즐거움을 느껴 동기부여가 되는 것을 말한다.[16] 예를 들어 낮은 임금을 받더라도 음악을 연주하는 자체가 좋아 오케스트라에서 연주 단원으로 일하는 바이올린 연주가라던가 백만장자 CEO가 일 자체를 즐기면서 하루에 스무 시간씩 일하는 것 등이 내재적 동기부여에 의한 행동이다. 이러한 내재적 동기부여는 일 자체를 해내는 성취감, 도전감 등의 충족을 통해 내재적 보상을 얻게 된다.

반면 외재적 동기부여란 물질적 혹은 사회적 보상을 획득하거나 처벌을 피하기 위하여 일하는 것을 말한다. 즉 일 자체를 위해서가 아닌 일의 결과를 통해 얻어지는 보상, 예를 들어 임금, 승진, 명성, 칭찬 등을 얻기 위해 동기부여 되는 것이 외재적 동기부여이다. 한 사람이 일을 하는 이유는 내재적 동기부여 혹은 외재적 동기부여 어느 한 가지만으로는 설명하기 힘들다. 정도의 차이는 있겠지만 사람들은 대부분 일을 통하여 내재적 보상과 외재적 보상을 모두 만족시키기를 원한다. 따라서 조직에서는 임금이나 승진 등의 외재적 보상을 충족시켜 줌과 동시에 직무 충실화나 새로운 과업 목표 설정 등을 통하여 종업원들의 내재적 보상에도 주의를 기울여야 한다.

# 4. 과정중심 이론

지금까지 살펴본 내용중심 이론은 업무와 관련하여 어떤 요인으로부터 동기를 유발할 수 있는지 이해하는 데에 도움이 된다. 그러나 내용중심이론은 사람들이 과업과 관련된 목표를 추진함에 있어 왜 여러 가지 행동 가운데 특정 행동을 선택하는지에 대해서는 별다른 설명을 제공하지 못했다. 이러한 선택의 측면을 주로 다루는 것이 동기부여의 과정중심 이론들이다. 과정이론에는 크게 공정성이론과 기대이론이 있다.

## 4.1 공정성이론

공정성이론(equity theory)은 사회적 교환이론(social exchange theory)에 근거를 둔 것으로, 조직내의 사람들은 공평하게 대우받기를 원한다는 단순한 전제에 기반을 둔다.[17] 이때 공정성(equity)이란 우리가 다른 사람들과 비교하여 공평한 대우를 받고 있다는 믿음이며 불공정성(inequity)이란 타인에 비하여 불공평한 대우를 받고 있다는 믿음이다.

공정성이론에 따르면 사람들은 자신과 타인의 결과/투입 비율을 비교하여 공정성을 판단한다(〈그림 6-4〉 참조).

**〈그림 6-4〉** 공정성이론의 기본개념

$$\frac{\text{나의 결과(output)}}{\text{나의 투입(input)}} \text{ 과 } \frac{\text{다른 사람의 결과(output)}}{\text{다른 사람의 투입(input)}}$$

Adams의 공정성이론에 따르면, 조직내 종업원들의 공정성 지각은 다음 네 가지 과정을 거쳐 발생한다. 먼저 해당 기업으로부터 자신이 어떤 대우를 받고 있는지 평가한다. 그러고 나서 비교할 만한 다른 사람이 어떤 대우를 받고 있는지 평가한다. 다음으로 자신의 상황과 타인의 상황을 비교한다. 이 비교가 공정성, 혹은 불공정성의 지각의 근거가 된다. 마지막으로 공정성 혹은 불공정성 지각의 강도에 따라 여러 가지 가능한 반응 중 하나를 선택한다. 다음에서 이러한 과정에 대해 보다 자세히 살펴보도록 하겠다.

### 4.1.1 공정성에 대한 판단

투입이란 개인이 조직에 기여한 것을 말한다. 교육, 경험, 노력, 기술, 충성심 등이 여기에 들어간다. 결과는 그러한 투입에 대한 대가로 조직으로부터 받은 것이다. 보상, 인정, 사회적 관계, 내재적 보상과 같은 것이 포함된다. 이렇게 투입과 결과를 판단할 때 개인은 연봉액수와 같이 객관적인 데이터도 사용하지만 상사와의 인간관계와 같이 주관적인 데이터도 사용한다.

만약 〈그림 6–4〉에서 제시된 나에 대한 비율과 다른 사람에 대한 비율의 값이 같다고 지각되면 개인은 공정하다고 느낀다. 만약 그렇지 않다고 생각되면 불공정성을 지각하게 된다. 그러나 비교된 두 값이 같다는 것이 투입한 것과 결과로 받은 것이 양적으로 각각 동일하다는 의미가 아니라 그 비율이 같다는 의미임을 주지해야 한다. 예를 들어 내가 연봉 3천만 원을 받을 때 직장 내의 다른 동료가 5천만 원을 받더라도, 내가 정시에 퇴근할 때 다른 동료는 매일 야근을 해서 거의 1.5배만큼 더 많은 일을 했다고 생각한다면 그다지 불공정하다고 느끼지 않을 수도 있을 것이다. 반면 다른 사람과 내가 똑같이 연봉 3천만 원을 받는데 나는 업무시간에 커피 한 잔 마실 여유도 없이 많은 일을 처리하는 반면 다른 동료는 맡은 일이 터무니없이 적고 그나마도 여유있게 자신의 개인적인 일을 하고 있다면 불공정성을 느낄 것이다.

이처럼 우리는 공정성을 판단할 때 내가 기울인 노력과 그에 대한 대가를 타인의 노력 및 대가와 비교한다. 그렇다면 우리는 구체적으로 어떤 타인을 비교대상으로 삼는가? 공정성이론은 이 점에 대해 명확히 밝힌 바가 없다. 같은 부서의 사람일 수도 있고, 부서는 다르지만 나와 학력이나 경력이 비슷한 사람일 수도 있고, 아예 과거의 나 자신이 비교대상이 될 수도 있다. 또 직급이 높아지면 같은 조직보다는 다른 조직에 있는 비슷한 직급의 사람과 비교를 할 것이다.[18] 예를 들어서 최고경영자의 경우에는 회사 내에 직접 비교할 대상이 없기 때문에 비슷한 규모의 다른 회사에 근무하는 최고경영자가 참조준거가 될 것이다. 연구결과에 의하면 이렇게 비교를 할 때 종업원들은 좀 더 보편성 있는 결과를 얻기 위해 여러 명의 참조준거에 대해 정보를 수집하는 경우가 많다고 한다. 그러나 비교대상이 누구인가 하는 문제는 그렇게 쉽게 답할 수는 없다.

### 4.1.2 공정성 평가에 대한 반응

불공정성을 느끼게 되면 우리는 불편한 정서적 긴장을 느끼게 된다. 만약 이런 긴장이 아주 강해지면 우리는 불공정성을 줄이기 위한 행동을 하려는 동기를 가지게 된다. 불공정성의 지각을 줄이는 데에는 다음과 같은 여섯 가지 방법이 있다.

**투입의 변경** 낮은 보상을 받은 종업원은 결과가 자신의 보상에 영향을 주지 않을 때 노력과 성과를 감소하려는 경향이 있다. 지나치게 높은 보상을 받은 종업원은 때때로 더 열심히 일하고 더 많이 생산하여 투입량을 늘린다. 그러나 이런 경우는 그다지 흔치 않다.

**결과의 변경** 적은 대가를 받은 사람은 연봉인상을 요청하는 식으로 더 많은 결과를 요구할 수 있을 것이다. 이것이 생각만큼 결과를 향상시키지 못하면 종업원들은 노조에 가입한다든지 하는 보다 공식적인 행동을 취하게 된다.

**지각의 변경** 종업원은 투입이나 결과에 대한 지각을 왜곡하여 공정성을 느끼고자 할 수도 있다. 과분한 보상을 받은 종업원이 특히 이러한 경향이 강한데, 내가 일하는 것보다 돈을 많이 받고 있으니 임금을 낮춰달라고 하는 것보다는 지각된 투입(연공, 지식 등)을 늘리는 것이 더 쉽기 때문이다(㉹ '그래도 내가 이 분야에서 5년이나 있었으니까 당연하지').

**이직** 어떤 사람들은 불공정한 상황을 아예 떠남으로써 불공정 지각을 없애려 하기도 한다. 즉 다른 회사로 옮기거나 퇴직을 하고 다른 길을 모색하는 것이다. 보상을 적게 받는 종업원이 더 자주 결근하거나 지각하거나 자리를 비우는 행동을 하는 것은 이러한 공정성이론의 맥락에서 이해될 수 있다.

**비교대상이 되는 타인에 대한 행동변화 촉구** 비교대상이 되었던 타인의 투입이나 결과를 바꾸어도 공정성 지각이 회복된다. 만약 내가 지나친 보상을 받고 있다는 느낌이 들면 참조준거인 사람에게 좀 더 느긋하게 일을 해보라고 할 수 있고, 내 보상이 상대적으로 적다고 판단되면 비교대상인 사람에게 일 분담량을 좀 더 늘여보라고 촉구할 수 있다.

**비교대상의 변경** 위에서 설명한 방식으로 결과/투입 비율을 바꿀 수 없다고 판단되면 아예 좀 더 나와 유사한 비율을 지닌 사람으로 비교대상을 바꿀 수도 있다.

### 4.1.3 분배 공정성과 절차 공정성

1960년대에 공정성의 개념이 처음 제시된 후 공정성이론에서는 우리가 한 행위(투입)에 대해 어떠한 보상(결과)이 주어졌는지에 주로 초점을 맞추었다. 나의 투입과 결과의 비율을 타인의 비율과 비교하게 되며, 이 과정에서 느낀 공정성, 혹은 불공정성의 지각이 그 사람의 태도나 행동에 많은 영향을 미치게 된다는 것이 공정성이론의 골자였다. 이러한 공정성이론은 조직 공정성(organizational justice) 연구의 맥락에서 분배 공정성(distributive justice)라고 불린다.

1980년대에 이르자 차츰 자원분배라는 의사결정의 결과 그 자체보다는 자원을 분배하는 의사결정의 과정에 보다 초점을 맞추게 되었다. 다시 말해, 사람들은 자신이 어떠한 노력으로 얼마만큼의 결과를 얻었는가는 물론 그 결과를 얻는 과정이 얼마나 공정했는가 역시 중요하게 생각한다. 이와 같은 과정이나 규칙에 대한 공정성 지각을 절차 공정성(procedural justice)라고 한다.[19] 예를 들어 A 회사에서는 연봉을 결정할 때 각 직원과 상사가 개별 면담을 통해 연봉을 협상하고 그 결과가 불만족스러울 때 직원이 이의를 제기할 수 있는 절차가 마련되어 있다. 반면 B 회사는 거의 상사가 일방적으로 연봉을 책정하여 통보하며 이의가 있더라도 그것을 제시할 수 있는 공식적 통로가 없다. 실제로 같은 사람이 A 회사에서 일하는 경우와 B 회사에서 일하는 경우 연봉에는 큰 차이가 없다면 분배 공정성의 맥락에서는 공정성을 지각할 것이다. 그러나 그 연봉을 받기까지의 과정이나 규칙이 그다지 공정하다고 느껴지지 않으므로 절차 공정성은 낮게 나타날 것이다. 여러 연구가 거듭되면서, 조직에서 절차 공정성이 분배 공정성만큼, 혹은 그보다 더 종업원의 태도나 행동에 많은 영향을 미치는 것으로 나타났다.

#### 조직 공정성의 중요성

40여 년간 수많은 조직 공정성의 연구를 통해 분배 공정성과 절차 공정성이 조직구성원의 다양한 태도 및 행동에 광범위하고 강력한 영향을 미친다는 사실을 확인할 수 있었다. 그렇다면 조직구성원으로서 우리는 왜 그렇게 조직 공정성을 중요하게 생각하는 것일까? 이에 대한 학자들의 견해는 크게 다음 세 가지로 정리된다.[20]

- 자기이해 모형 : 자기이해 모형(self-interest model)에서는 조직 공정성을 통해 각 개인이 자신의 이득을 극대화할 수 있기 때문에 그것을 중요시하는 것이라고 제시한다. 즉 절차가 공정하면 궁극적으로 자신에게 유리한 결과를 얻을 수 있다고 믿기 때문에 공정한 절차에 가치를 부여하는 것이다.[21]
- 집단가치 모형 : 집단가치 모형(group value model)에 따르면 개인은 조직 공정성을 통해 자신의 집단 소속에 대한 정보를 얻을 수 있기 때문에 정의를 중요시 한다. 특히 권위 있는 주체로부터 공정한 대우를 받는 것은 집단 내의 자신의 지위에 대한 정보를 제공한다.[22]
- 도덕 모형 : 도덕 모형(moral model)에서는 정의가 추상적인 도덕적 원칙에 근거한다고 본다. 즉 우리는 인간의 도덕적 가치를 존중하고자 하는 기본적인 자세를 가지고 있기 때문에 조직 공정성을 중시한다는 것이다.[23]

조직 공정성을 연구하는 학자들마다 위에서 열거한 세 입장 중 하나를 취하고 있으며, 어느 모형이 절대적으로 우월하다고 말하기는 힘들다. 그보다는 사람들이 조직 공정성을 중요시 하는 이유에는 다양한 원인이 있으며 이러한 원인들이 복잡하게 상호작용하여 조직 공정성이 사람들의 행동에 동기부여하게 되는 것이라고 이해하는 것이 보다 정확할 것이다.

**조직 공정성 지각의 효과**

분배적 정의나 절차적 정의의 지각은 조직에서 큰 영향을 미친다. 우리는 앞 장에서 분배 공정성(즉 공정성이론에서 말하는 공정성)의 지각이 어떠한 결과를 가져오는지 살펴본 바 있다. 종업원의 절차 공정성 지각 역시 경영진에 대한 신뢰라든가, 조직을 떠나고자 하는 의도, 상사에 대한 평가, 조직내의 절도 행위, 직무 만족 등 무수히 많은 영역과 연관된다.[24] 다양한 영역에서, 조직 공정성을 강하게 느낄수록 여러 긍정적인 태도 및 행동 변화가 나타나는 것으로 관찰되어 있다.

특히 최근에는 불공정함을 지각했을 때 나타나는 부정적인 결과에 연구의 초점이 맞추어지고 있다. 예를 들어, 분배 공정성이나 절차 공정성이 약하다고 지각될수록 종업원들은 다양한 형태의 태업에 보다 더 가담하는 것으로 나타났으며,[25] 회사 내에서 비윤리적 행동을 더 많이 하는 것으로 나타났다.[26]

## 4.2 기대이론

Tolman과 Lewin이라는 학자가 처음 만들어낸 기대이론은 Vroom에 의해 조직에서의 동기부여에 적용되었다. 기대이론(expectancy model)은 개인이 여러 가지 대안적 행동 가운데 어떻게 하나를 선택하게 되는가에 초점을 맞춘 것이다. 이 이론의 기본 전제는 우리가 어떠한 대상을 얼마나 원하는가, 그리고 그것을 얻을 가능성이 얼마나 크다고 생각하는가에 따라 동기 수준이 달라진다는 것이다.[27]

다음 〈그림 6–5〉에 기대이론의 기본적인 모형이 제시되어 있다. 이 모형은 노력(effort), 성과(performance), 결과(outcome)라는 세 가지 요소로 구성된다. 기대이론에서는 이 셋 간의 연결고리를 강조하는데 이는 각각 기대감(expectancy), 의미와 가치(valence), 수단성(instrumentality)이라는 용어로 서술된다.

- 노력–성과 기대감(Expectancy) : 노력 – 성과 기대감이란 어떠한 노력을 했을 때 그것이 성공적인 수행으로 나타날 수 있는 가능성에 대한 개인의 지각이다. 이때의 기대는 확률로 정의되기 때문에 0에서 1 사이의 값을 갖는다. 예를 들어 어떤 사람이 수학공부를 하고 있다고 하자. 만약 시험보기 전에 수학공부를 하루 종일 함으로써(노력) 지난번 시험보다 10점 성적이 향상(성과)될 가능성이 0.8 정도라고 생각한다면 노

**그림 6–5**
Vroom의 기대이론

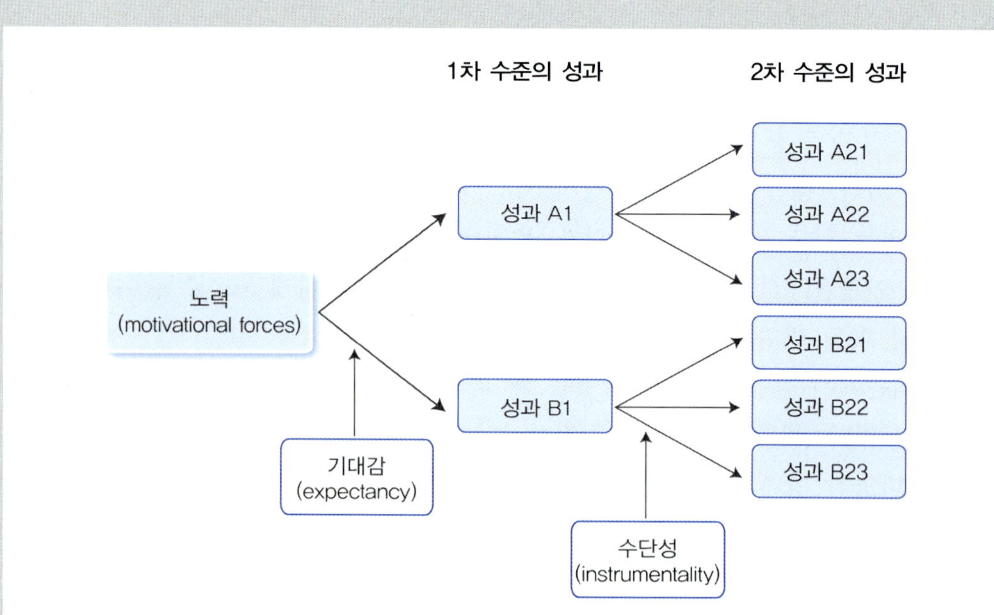

력 – 성과 기대감이 높은 것이다. 하지만 하루 종일 공부해 봤자 성적이 10점이나 오를 가망은 0에 가깝다고 느낀다면 노력 – 성과 기대감이 낮은 것이다.

- 성과–결과의 수단성(Instrumentality) : 성과 – 결과 수단성이란 어떠한 성과가 나타났을 때 그것이 특정한 결과를 가져올 확률에 대한 개인의 지각이다. 어떤 사람이 그 다음의 성적이 10점 오르면(성과) 어머니가 새 휴대전화를 사주실(결과) 가능성이 얼마나 높다고 판단하는지가 바로 성과 – 결과 수단성이다.
- 결과의 의미와 가치(Valence) : 결과(outcome)란 성과로부터 야기될 수 있는 산물이다. 높은 수준의 성과는 임금인상이라든가 승진, 상사의 칭찬, 피로, 스트레스, 쉴 시간의 부족 등등의 결과를 야기할 수 있다. 결과에 대한 의미와 가치(valence)는 그 결과가 개인에 대해 얼마나 상대적으로 매력적인가를 의미하며, 음의 값에서 양의 값을 가진다. 임금인상, 승진, 칭찬 등은 플러스 값의 가치를 갖지만 피로, 스트레스, 여가의 부족 등은 그 값이 마이너스일 것이다. 또 같은 결과라도 사람에 따라 가치가 달라진다. 예를 들어 휴대전화를 처음 가져보는 사람에게는 어머니의 휴대전화 선물이 높은 가치를 갖겠지만, 휴대전화보다는 새 옷을 더 원했던 사람에게는 그다지 가치가 높지 않을 수 있다.

기대이론에 따르면 동기화된 행동이 나타나기 위해서는 세 가지 조건이 만족되어야 한다. 첫째, 노력 – 성과 기대감의 값이 커야 한다. 즉 노력을 하면(매일 야근을 하면서 프로젝트를 준비한다) 좋은 성과를 얻을 수 있으리라는(경쟁프로젝트에서 수주에 성공한다) 기대가 있어야 한다. 둘째, 성과 – 결과 수단성 값이 높아야 한다. 다시 말해 좋은 성과를 얻었을 때 특정한 결과가 얻어질 가능성이 높다는(수주에 성공하면 특별 보너스를 받을 것이다) 기대가 있어야 한다. 마지막으로, 잠재적인 결과들에 대한 모든 가치의 합이 양수여야 한다. 예를 들어 매일 야근을 해서 프로젝트에 성공한다면, 특별 보너스를 받고 상사의 칭찬을 듣는 긍정적 가치의 결과도 있겠지만 악화된 건강, 동료들의 시기와 같이 부정적 가치를 가진 결과도 초래된다. 이때 양쪽을 모두 고려한 결과가 긍정적이어야 해당 행동에 대한 동기 수준이 높아진다.

### 기대이론의 응용

기대이론은 종업원에게 동기를 부여할 수 있는 분명한 지침을 제시한다는 점에서 매력적이다. 기대이론에서 제시하는 동기부여의 방법은 다음 세 가지이다.[28]

- 노력–성과 기대의 강화 : 노력 – 성과 기대는 개인의 자기효능감(self-efficacy)에 의해

영향을 받는다. 자기효능감이 높은 사람들은 특정 과제에 대해서 잘할 수 있다는 태도를 가지고 있으며, 대체로 삶의 다른 장애물에 대해서도 진취적인 태도를 지닌다. 예를 들면 회사는 종업원들에게 그들이 필요한 역량을 가지고 있다는 확신을 심어주고, 분명한 역할 지각을 제시하고 바람직한 성과수준에 도달할 수 있도록 호의적인 상황을 조성함으로써 종업원의 노력-성과 기대를 높일 수 있다. 상담이나 코칭, 긍정적인 피드백도 자기효능감을 높여서 결과적으로 노력-성과 기대를 증진할 수 있다.

- 성과–결과 수단성의 강화 : 성과-결과 수단성을 높이는 가장 확실한 방법은 종업원의 성과를 정확하게 측정해서 더 높은 성과를 보이는 사람에게 더 가치 있는 보상을 제공하는 것이다. 아이디어는 이렇게 단순하지만 이것을 실제 조직에서 제대로 실행하는 것은 그다지 쉬운 일이 아니다. 예를 들어 성과가 낮은 부서에 대해 부서원들의 연봉을 삭감한다면 종업원과 경영진 간의 갈등이 심화될 수도 있다. 게다가 성과 측정 자체가 정확하게 이루어지기 힘들기도 하다. 이처럼 보상이 직무성과와 연결되지 않는 이유에 대해서는 제7장 동기부여-응용 편에서 보다 상세히 살펴볼 것이다.

  성과-결과 기대는 개인의 '지각'이기 때문에 종업원에게 우수한 성과가 높은 보상으로 귀결된다는 '믿음'을 심어주는 것이 중요하다. 단순히 성과기반의 보상제도를 갖추는 데에 그치는 것이 아니라, 보상이 성과에 따라 주어진다는 사실이 종업원들에게 전달되어야 하는 것이다. 즉 보상이 주어질 때 종업원은 그것이 과거 성과에 의거하여 주어진다는 것을 이해해야 한다.
- 결과 가치의 강화 : 성과의 결과는 그것이 가치 있다고 여겨질 때에만 종업원들의 업무노력에 영향을 준다. 이렇게 볼 때 기업은 앞 절에서의 내용중심 이론에서 강조된 욕구나 모티베이션 요소들에 대한 종업원들의 가치부여에 관심을 가져야 한다. 즉 개별 종업원이 어떤 욕구나 보상을 더 중요하게 여기는지 파악하고 이를 고려해야 하는 것이다. 또한 보다 개별화된 보상체계를 개발하여 성과가 우수한 종업원이 매력적인 가치를 지닌 보상을 선택할 수 있도록 해주어야 한다.

  그리고 부정적 가치를 갖는 성과 결과가 긍정적인 가치를 갖는 결과가 주는 효과를 상쇄할 수도 있다는 점에도 주의하여야 한다. 예를 들어, 우수한 성과를 보인 직원에게 이례적인 보너스를 지급할 경우 동료들의 시기라는 예상치 못했던 결과로 인해 보너스의 가치가 떨어질 수 있다.

지금까지 동기부여에 대한 과정중심 모형을 살펴보았다. 공정성이론과 기대이론은 동기부여의 서로 다른 측면을 강조한다. 기대이론에서는 종업원들이 합리적이며, 그 직무에 대한 보상이 자신에게 얼마나 중요한지를 평가한 후에 직무를 수행한다고 본다. 이때 그러한 보상을 받을 가능성이 얼마나 크다고 믿느냐에 따라 종업원의 수행의 질이나 양이 달라진다. 관리자가 해당 직무에서 종업원이 어느 정도의 실적을 낼 것인지에 대한 기대수준을 전달하면, 종업원은 자신의 노력을 통해 그러한 결과(성과, 품질, 결근율 등)를 이끌어낼 수 있는 확률을 계산한다. 이러한 결과는 그 종업원이 평가하기에 가치 있는 보상(높은 임금이나 고용안정성 등)과 연결된다. 이때 관리자의 역할은 보상과 성과를 분명하게 연결지어줌으로써 바람직한 보상을 달성가능하게 만들어주는 것이다. 또한 종업원마다 선호하는 가치가 다르기 때문에 여러 가지 보상 중 하나를 선택할 수 있게 해주면 더욱 효과가 크다.

종업원이 보상의 가치에 대해 판단한다고 보는 기대이론과 달리 공정성이론에서는 종업원들이 자신을 유사한 상황의 타인과 비교하여 공정성을 판단한다고 본다. 공정성이론에 의하면 사람들은 불공정한 상황은 피하고 공정한 상황에서는 좋은 성과를 내고자 하는 방향으로 동기부여된다. 공정성 지각은 종업원마다 다르기 때문에 다양한 상황에서 각자 서로 다른 반응을 보인다.

동기부여에 대한 두 가지 과정이론 모두 보상의 역할, 그리고 개인의 의사결정 과정을 중요시한다. 이러한 과정중심 이론에 따르면 종업원의 성과를 향상시키고자 하는 관리자는 적절한 업무환경을 조성하고 종업원에게 합당한 직무를 주며 성과-보상 체계를 분명하게 만드는 데에 적극적으로 임해야 한다.

## 5. 인지, 정서와 동기부여

### 5.1 인지적 평가이론

인지적 평가이론(cognitive evaluation theory)란 평가 피드백이 종업원의 내재적 동기부여에 미치는 영향을 설명하고 있다.[29] 종업원들의 내재적 동기부여의 정도는 직무를 숙련했다는 느낌이 들면 높아지고 직무에 대해 무능하다는 느낌이 들면 낮아진다. 만일 긍정적 성과 피드백이 종업원이 숙련했다는 느낌을 증진시키면 내재적 동기부여 수준이 높아지고, 부정적 성과 피드백이 무능하다는 느낌을 증진시키면 내재적 동기부여 수준이 낮아지게 된다. 또한 인지적 평가이론은 내재적 동기부여와 외재적 보상과의 관계를 설명하고 있다. 이 이론에서는 내재적 동기부여 수준이 높은 사람에게 물질과 같은 외재적 보상을 주면 오히려 내재적 동기부여 수준이 낮아진다고 주장한다. 예를 들어 가난한 예술가가 자신의 예술혼을 불태우면서 물질적 보상 없이도 창작활동을 하다가 물질적으로 부유해지고 유명해지면 창작활동에 노력을 들이지 않게 되는 경우가 그러한 경우이다. 이와 같은 인지적 평가이론은 종업원들을 내재적으로 동기부여 하기 위하여 어떠한 종류의 피드백을 주어야 하는지에 대한 이해를 제공한다는 점에서 의의가 있다.

## 5.2 귀인과 동기부여

제4장에서 살펴본 바와 같이 인과 관계를 밝히기 위한 귀인은 성취관련 행동과 밀접한 관계를 갖는다. 또한 귀인은 기대와 성과에 직접적으로 영향을 미친다.[30] 다음은 동기부여와 귀인이 어떻게 관련되는지를 설명하고 있다.

**귀인과 기대(attribution and expectancies)** 귀인은 기대와 밀접한 관련을 갖는다. 귀인이 사건의 원인을 찾는 것이라면, 기대는 역으로 원인적 요소의 뒤에 결과가 따르리라는 믿음을 의미한다.[31] 귀인과 기대는 모두 사건과 사건 사이의 관계에 대한 인과추론을 한다는 점에서 공통점을 갖는다. 예를 들어 성공의 결과를 노력에 귀인한다는 것은 다시 말해 노력의 결과 성공을 기대한다는 것으로 전환할 수 있다.

**통제의 소재와 동기부여(locus of control and motivation)** 사건의 원인을 개인이 통제가 불가능한 요인으로 돌리게 되면 포기를 하거나 무기력감을 경험하게 된다. 자신의 운명을 자신이 개척할 수 있다고 믿는 것은 동기부여의 가장 중요한 요소이다. 또한 인간은 자신이 상황을 통제할 수 있고 무엇을 해야 할지 알고 있다고 생각할 때에 자신감을 느끼지만 그렇지 않을 때에는 무기력감을 느끼게 된다. 예를 들어 실패의 원인을 자신의 노력부족으로 돌리게 되리면 다음에는 노력을 많이 하여 실패를 극복하려 할 것이다. 한편 성취욕구가 강한 사람은 자신이 통제 가능한 내부적 요인(예 노력,

능력)에 사건의 원인을 돌리는 경향이 있다.[32] 이러한 관계는 귀인 행위와 동기부여 간에 밀접한 관련이 있음을 보여준다.

**귀인 오류와 동기부여(attribution bias and motivation)** 사람들은 귀인과정에서 인지능력의 한계나 혹은 의도적인 이유로 귀인 오류나 편파를 일으킨다. 예를 들어 성공이나 실패에 대한 귀인을 할 때에 자존감을 지키거나 책임을 회피하기 위하여 귀인 오류를 일으키기도 한다. 예를 들어 자존적 귀인편파(self-serving bias)는 성공의 원인을 내부적 요인으로 실패의 원인을 외부적 요인으로 귀인하는데, 이는 실패의 원인을 자신의 인간적 요인으로 돌림으로서 느끼게 되는 자괴감이나 비난으로부터 자존감을 지키기 위함이다.

이와 같이 귀인은 동기부여와 밀접한 관련을 갖는다. 이러한 관계를 바탕으로 심리학이나 교육학에서는 귀인과 성취관련 행동과의 관계를 이용하여 인과귀인을 변화시킴으로써 성취 행동을 고취시키는 귀인적 치료(attributional therapy)가 응용되기도 한다.

## 5.3 정서와 동기부여

정서는 욕구수준을 증대시키고 욕구충족을 유발시키는 역할을 한다.[33] 예를 들어 개인이 배고픔이나 갈증을 느끼면 이는 불쾌한 정서를 유발하게 되고, 결국 음식을 먹는 등의 적절한 행동을 유발하게 된다. 이와 같은 배고픔이나 갈증 등의 욕구수준이 정서가 증폭하지 않으면 바로 행동을 유발시키지 않는다.

정서 연구자들은 정서를 세 가지 영역으로 구분하였는데, 정서 경험은 이 세 가지 영역의 정서들의 다양한 결합에 의해 표현된다. 〈표 6-3〉에는 이 세 가지 영역에 속하는 정서들이 제시되어 있다.

예를 들어 정서 상태를 '매우 기분이 좋고 편안함(very unpleasant-relaxed)'라고 표현한 것은 제1영역과 제2영역의 정서를 결합한 것이다. 이러한 정서 영역들 중에서 동기부여와 관련 있는 정서의 영역으로서 즐거움-불쾌함(pleasant-unpleasant), 흥분 수준(level of arousal), 그리고 능력 혹은 통제의 정도(degree of competence, or control)의 세 가지 영역이 있다. 실험결과에 의하면 욕망은 즐거움이 예상되거나, 적절한 수준의 흥분, 그리고 적절한 수준의 자신감과 통제감이 있을 때 생기고 이는 동기부여로 연결되었다. 반면 불쾌감이 예상될 때, 매우 높거나 혹은 낮은 흥분 상태에 있을 때 그리고 매

〈표 6-3〉 정서의 영역

| 연구자 | 영역 | | |
|---|---|---|---|
| | 제 1 영역 | 제 2 영역 | 제 3 영역 |
| Wundt(1902) | 즐거움 – 불쾌함<br>pleasant – unpleasant | 긴장한 – 편안한<br>Tense – Relaxed | 흥분감 – 우울감<br>excitement – depression |
| Titchner(1910) | 즐거움 – 불쾌함<br>pleasant – unpleasant | – | – |
| Schlosberg(1954) | 즐거움 – 불쾌함<br>pleasant–unpleasant | 긴장한 – 편안한<br>Tense–Relaxed | 받아들임 – 거절함<br>acceptance – rejection |
| Osgood, Suci and Tannenbaum(1957) | 평가(좋음 – 나쁨)<br>evaluative(good – Bad) | 활동(빠름 – 느림)<br>activity(fast–slow) | 힘, 효능(강함 – 약함)<br>potency(strong – weak) |
| Davitx(1970) | 쾌락적 어조(편안함 – 불편함)<br>Hedonic tone(comfort – discomfort) | 활성화<br>activation | 능력<br>competence |
| Russell and Mehrebian(1977) | 즐거움 – 불쾌함<br>pleasant – unpleasant | 흥분수준<br>degree of arousal | 지배 – 복종<br>dominance – submission |

자료 : Beck(1983), p.44.[34]

우 높거나 낮은 자신감 혹은 통제감을 가지고 있을 때에는 동기부여가 되지 않았다.[35] 이러한 실험결과는 동기부여의 정서적 측면에 대한 설명을 제공한다. 예를 들어 직장 내에서 상사나 동료들과 긍정적 인간관계를 맺어 즐거운 정서 상태를 유지하는 것은 구성원들의 동기부여에 긍정적인 영향을 미치게 된다.

## 주석(endnote)


1 Moorhead, G. & Griffin, R. W. (2001). *Organizational Behavior: Managing people and organizations* (6th ed). New York ; Houghton Mifflin.

2 Moorhead, G. & Griffin, R. W. (2001). *ibid.*

3 McShane, S. & Glinow, M. V. (2014). *Organizational Behavior* (7th ed). McGraw-Hill/Irwin.

4 Moorhead, G. & Griffin, R. W. (2001). *Organizational Behavior: Managing people and organizations* (6th ed). New York ; Houghton Mifflin.

5 Maslow, A. H. (1978). A theory of human motivation. *Current Readings In Management* (Special Indian Edition), 196.

6 Helllriegel, D., & Slocum, J. W. (2010). *Organizational Behavior* (13rd ed). Cengage Learning.

7 Maslow, A. H. (1943). A theory of human motivation. *Psychological Review,* 50.

8 Alderfer, C. P. (1969). An empirical test of a new theory of human needs. *Organizational Behavior and Human Performance*, 4(2), 142~175.

9 McShane, S. & Glinow, M. V. (2014). *Organizational Behavior* (7th ed). McGraw-Hill/Irwin.

10 McClelland, D. C. (1967). *Achieving society*. Simon and Schuster.

11 Moorhead, G. & Griffin, R. W.(2001). *Organizational Behavior : Managing people and organizations* (6th ed). New York ; Houghton Mifflin.

12 Herzberg, F., Mausner, B., & Snyderman, B. B. (1959). *The Motivation to Work*. New York: John Wiley & Sons.

13 Herzberg, F., Mausner, B., & Snyderman, B. B. (1959). *ibid.*

14 Helllriegel, D., & Slocum, J. W. (2010). *Organizational Behavior* (13rd ed). Cengage Learning.

15 Alderfer, C. P. (1969). An empirical test of a new theory of human needs. *Organizational Behavior and Human Performance*, 4(2), 142~175.

16 Ryan, R. M., & Deci, E. L. (2000). Intrinsic and extrinsic motivations: Classic definitions and new directions. *Contemporary Educational Psychology*, 25(1), 54~67.

17 Moorhead, G. & Griffin, R. W. (2001). *Organizational Behavior: Managing people and organizations* (6th ed). New York ; Houghton Mifflin.

18 McShane, S. & Glinow, M. V. (2014). *Organizational Behavior* (7th ed). McGraw-Hill/Irwin.

19 Moorman, R. H., Blakeley, G. L., & Niehoff, B. P. (1998). Does perceived organizational support mediate the relationship between procedural justice and organizational citizenship behavior? *Academy of Management Journal*, 41, 351~358.

20 Ambrose, M. L. (2002). Contemporary justice research: A new look at familiar questions. *Organizational Behavior and Human Decision Processes*, 89, 803~812.

21 Lind, E. A. & Tyler, T. R. (1988). *The Social Psychology of Procedural Justice*. New York: Plenum.

22 Lind, E. A. & Tyler, T. R. (1988). *ibid.*

23 Folger, R. (1998). Fairness as a moral virtue. In M. Schminke(ed.), *Managerial Ethics: Moral management of people and processes* (13~34). Mahwah, NH: Erlbaum.

24 Helllriegel, D., & Slocum, J. W. (2010). *Organizational Behavior* (13rd ed). Cengage Learning.

25 Ambrose, M. L. Seabright, M. A Schminke. (2002). Sabotage in the workplace: The role of organizational injustice. *Organizational Behavior and Human Decision Processes*, 89, 947~965.

26 Greenberg, J. (2002). Who stole the money, and when? Individual and situational determinants of employee theft. *Organizational Behavior and Human Decision Processes*, 89, 985~1003.

27 Vroom, Victor, Lyman Porter, and Edward Lawler. "Expectancy theories." *Organizational Behavior*, 1(2005), 94~113.

28 McShane, S. & Glinow, M. V. (2014). *Organizational Behavior* (7th ed). McGraw-Hill/Irwin.

29 Deci, E. L., & Ryan, R. M. (1980). The empirical exploratoin of intrinsic motivatoinal processes. In L. Berkowitz(ed.). *Advnaces in Experimental Social Psychology* (Vol. 13). New York: Academic Press.

30 Weiner, B. (1986). *An Attributional Theory of Motivation and Emotion*. New York: Springer-Verlag Inc.

31 Beck, R. C. (1983). *Motivation: Theories and principles*, 2nd, NJ: Prentice-Hall, Inc.

32 Beck, R. C. (1983). *ibid.*

33 Tompkins, S. (1981). The quest for primary motives: Biography and autobiography of an idea. *Journal of Personality and Social Psychology*, 41, 306~329.

34 Beck, R. C. (1983). *Motivation: Theories and principles*, 2nd, NJ: Prentice-Hall, Inc.

35 Beck, R. C. (1983). *ibid.*

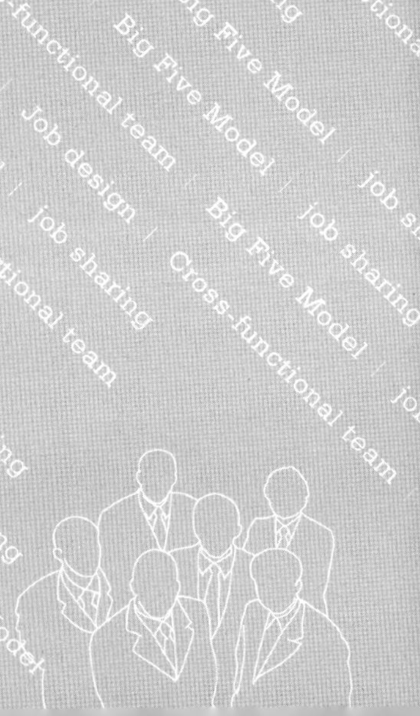

CHAPTER 07

# 동기부여 이론의 응용 :
# 보상관리, 목표관리, 직무설계

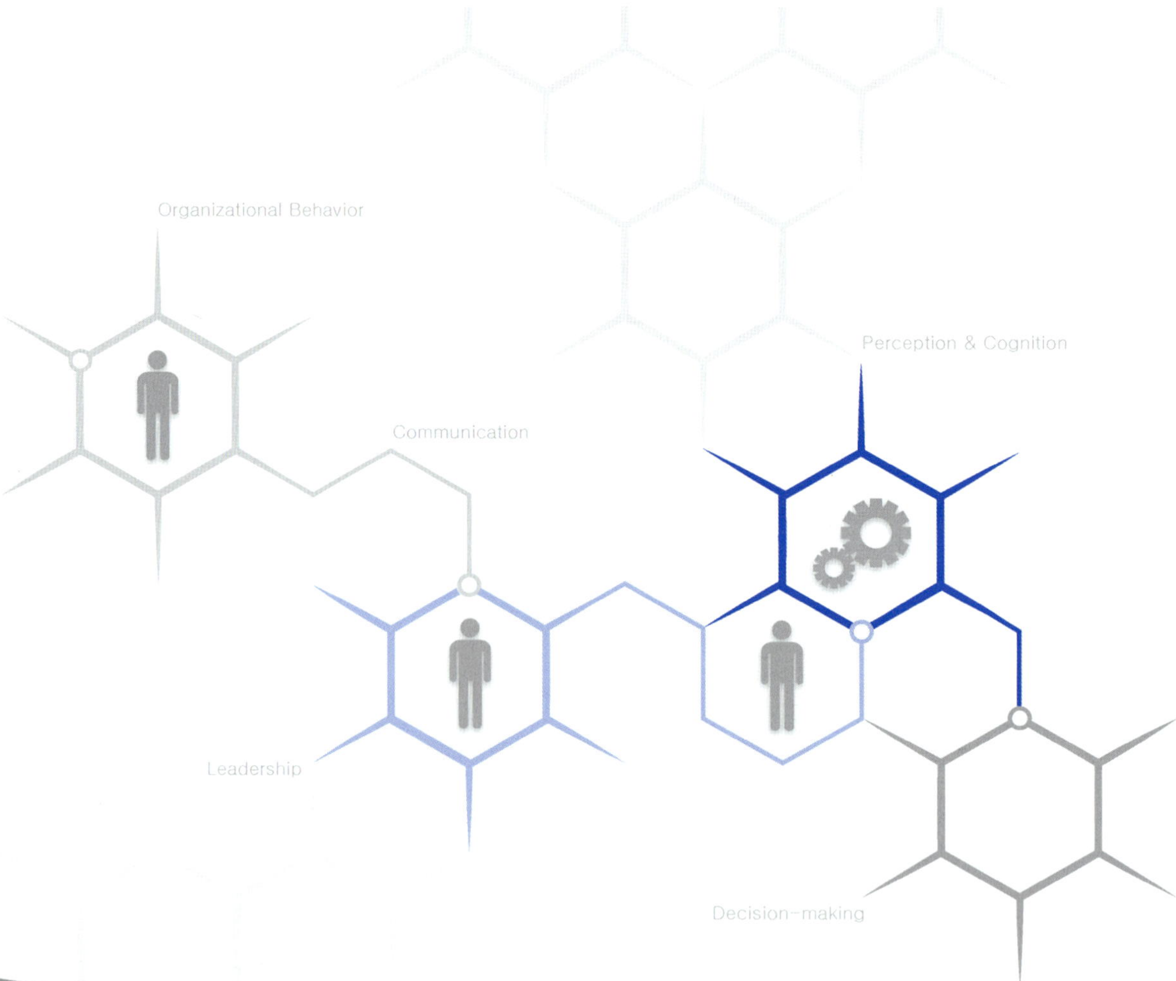

## 들어가기

앞 장에서 설명한 동기부여 이론들이 실제 조직에서 어떻게 활용될 수 있을까? 어떤 조직이든 구성원들의 일할 맛은 조직이 제시한 목표와 같은 방향으로 가야 하며, 동시에 열심히 일한 사람들에 대한 보상이 따라야 한다. 조직내에서 보상관리가 동기부여 이론을 바탕으로 이루어져야 하고, 또한 조직의 목표 관리도 동기부여 이론을 근거로 추진되어야 한다.

또한 조직구성원들의 동기부여는 단순히 자신들에 대한 보상이나 조직목표달성에만 머무는 것이 아니고, 자신들의 자아실현욕구충족이나 자신들이 나름대로 힘이 있다고 생각하는 것도 중요하다. 그리고 동기부여 이론이 실제 조직에서 응용되는 것은 "일 그 자체"와 관련된 직무설계가 어떻게 되는지가 중요하다.

앞 장에서 동기부여에 대한 여러 이론들을 살펴보았다. 이러한 이론들에 따르면 사람은 어떠한 욕구를 만족시키기 위하여 동기부여 되기도 하고, 불공정함의 지각이라든가 기대의 지각 등에 의하여 동기부여 되기도 한다. 또한 개인의 인지과정이나 정서에 따라 동기부여 수준이 달라지기도 한다.[1] 그러나 조직의 관리자 입장에서는 종업원이 단지 동기부여 되는 데에 그치는 것이 아니라 그로 인하여 실제로 조직의 성과가 향상될 수 있는 행동이 유발되기를 원한다. 예를 들어 어떤 종업원이 업무를 통해 사회적 관계를 맺고자 하는 욕구를 느껴서 사회적 관계를 맺을 수 있는 행동에 동기부여 되어 있다고 하자. 이 자체만으로는 실제의 조직성과와 직접적인 관련이 없다. 만약 이 종업원이 고객이나 동료들과 넓은 인맥을 맺고 관리함으로써 자신의 욕구도 충족시키고 조직의 성과를 높일 수도 있다면 가장 바람직하겠지만, 반대로 직장에서 업무보다 동료들과의 인간관계에만 치중하여 이에 필요한 행동들에만 관심을 두고 성과지향적 행동을 소홀히 한다면(㉮ 회식에 나가 밤늦게까지 지내고 근무시간에 낮잠을 잔다) 오히려 성과가 떨어질 수도 있다. 따라서 관리자들은 잠재적 동기부여의 원천을 실제 성과와 연결할 수 있는 현실적인 매개체를 필요로 한다.

이때 현실적 매개체는 크게 종업원의 외재적 동기부여가 될 수도 있고 내재적 동기부여가 될 수도 있다. **외재적 동기부여**(extrinsic motivation)란 과업을 성공적으로 수행했을 때 주어지는 보상이나 긍정적인 평가 등 외적인 목적을 위해 과업을 수행하는 상태를 말한다. 과업을 이러한 외적 목표를 이루기 위한 수단으로 보기보다는 과업 자체를 목표로 삼아 관심과 몰입이 증가된 상태를 **내재적 동기부여**(intrinsic motivation)라 한다.[2] 본 장에서는 먼저 외재적 동기부여의 원천이 되는 보상관리에 대해 알아보고, 다음으로 내재적 동기부여의 원천이 되는 목표관리, 종업원 참여 등에 대하여 살펴본다. 그리고 내재적 동기부여의 원천이 되는 직무설계에 관해서 살펴본다.

# 1. 동기부여와 보상관리

제5장 학습에서 강화이론을 다루면서 조직에서 성공적인 수행에 대한 보상으로서 어떤 것들이 주어지는지 간단히 살펴보았다. 본 장에서는 조직에서 종업원의 수행에 대해 주어질 수 있는 다양한 보상 가운데 금전적인 보상에 대해 좀 더 심도 있게 살펴보도록 한다.

## 1.1 금전적 보상의 의미

금전적인 보상은 종업원과 조직이 맺는 고용관계에 있어 가장 근본이 되는 부분이다. 조직은 종업원의 행동이나 역량 등에 대한 교환의 대가로서 돈을 비롯한 여러 가지 보상을 제공한다. 이처럼 보상은 개인의 기여에 대한 대가로서 기능하기도 하지만, 개인의 목표를 기업의 목표와 일치시키는 역할을 하기도 한다. 즉 내가 보상을 더 많이 받으려면(개인의 목표) 우리 회사가 높은 성과를 거두어야 한다(조직의 목표). 따라서 개인의 목표를 이루기 위해서는 조직의 목표를 염두에 두게 된다.

그러나 금전적 보상이 고용관계에서 반드시 교환의 경제적 매체 역할만 하는 것은 아니다. 금전적 보상은 일종의 상징으로서, 우리의 욕구나 정서, 자기정체성 등에 폭넓은 영향을 미친다.

금전적 보상은 다양한 욕구를 만족시킬 수 있다. 가장 먼저, 금전적 보상이 있으면 음식과 주거지를 마련할 수 있기 때문에 Maslow가 말한 생존욕구를 충족시킬 수 있다. 또 금전적 보상은 사회적 지위와 존경의 상징으로 보일 수 있으므로 금전적 보상을 통해 사회적 욕구를 충족할 수도 있다. 어떤 사람들에게는 금전적 보상이 개인적인 성취를 상징하며, 따라서 금전적 보상은 성장 욕구와도 관련된다. 성취욕구가 높은 사람들은 단순히 금전적 보상에 의해 동기부여 되지 않지만, 금전적 보상은 목표를 달성했다는 일종의 표지, 혹은 피드백과 같은 역할을 하므로 가치 있게 여겨진다. 다시 말해 금전적 보상이 그들의 성공에 대한 일종의 '기록' 역할을 하는 것이다.

우리 주위에서 금전적 보상만큼 여러 사람에게 보편적으로 강렬한 정서적 반응이나 태도를 불러일으키는 보상도 드물다. 어떤 사람들은 금전적 보상에 맹목적으로 사로잡혀 금전적 보상의 노예가 되기도 하고, 어떤 사람들은 금전적 보상의 소유에 따르는 책임에 민감하게 반응하기도 한다. 또한 금전적 보상은 불안이나 우울, 분노, 무기력감과 같은 여러 부정적인 정서를 야기하기도 한다. 어떤 사람들은 돈에 대해 탐욕스러운 태도를 보이지만 상대적으로 관대한 태도를 지닌 사람들도 있다. 이처럼 사람마다 금전적 보상에 대해 가지는 인식이나 태도, 반응이 다르지만 대부분의 사람에게 금전적 보상은 중요한 대상임은 분명하다. 그래서 조직행동론 학자들 중 어떤 이들은 금전적 보상과 관련된 윤리의식에 대해 전문적으로 연구하기도 한다. 즉 사람들이 얼마나 금전적 보상을 자신의 성공에 대한 표상으로 여기는지, 금전적 목표를 추구하는 것이 악한 행동이 아니며 주의 깊게 계획할 필요가 있다고 믿는 정도는 얼마나 강한지 등에 대하여 연구하는 것이다.

금전적 보상에 대한 태도는 사회문화적 가치에 따라 달라진다. 예를 들어 중국, 홍콩, 일본과 같은 나라에서는 돈에 높은 우선권을 부여하지만, 스칸디나비아나 호주, 뉴질랜드 사람들은 평등주의적 관점을 가지고 있어서 자신의 개인적 부를 과시하거나 돈에 대해 공개적으로 이야기하는 것을 그다지 좋아하지 않는다.

사람들은 돈의 소유와 관리의 관점에서 정체성을 형성하기도 한다. 어떤 사람은 낭비벽이 있고 어떤 사람은 충동적으로 쇼핑하며 어떤 사람은 자린고비인데, 이러한 특성이 자기정체성에 반영되는 것이다.

결론적으로, 돈을 비롯한 여러 금전적 보상은 단순히 종업원의 노동에 대한 대가의 차원에 그치지 않는다. 돈은 여러 가지 욕구를 만족시키고, 다양한 정서적 반응을 불러일으키며 개인의 자기정체성 형성에 영향을 준다. 따라서 조직에서 보상 제도를 기획할 때에는 돈의 이러한 특성을 염두에 두어야 한다.

금전적 보상이 무엇을 기준으로 형성되는가에 따라 금전적 보상이 갖는 동기부여의 의미나 효과는 달라진다. 연공중심의 보상은 특히 보상규모가 연공에 따라 증가할 때 지원자들에게 매력요소가 된다. 또한 직원들에게 안정감을 주어 스트레스를 최소화하고 조직에 대한 충성도를 높일 수 있다. 또 연공기반의 보상제도는 종업원의 입장에서 볼 때 종업원이 더 오래 일하면 일할수록 이직에 따른 기회비용이 증가하기 때문에 이직률이 낮아지는 효과가 있다. 반면에 연공중심의 보상은 직무성과를 직접적으로 동기부여하기 힘들다. 내가 일을 열심히 하든 하지 않든 보상이 일정하므로 굳이 더 열심히 일하고자 하는 의욕이 생기지 않는 것이다.

직무평가 및 직무지위에 근거한 보상제도는 종업원들로 하여금 조직위계에서 더 높은 지위를 차지하기 위해 경쟁하게 하는 효과가 있다. 또 이러한 보상제도를 통해 내부 공정성이 확보된다. 즉 하는 일에 따라 공정하게 보상수준이 결정되는 것이다.

역량중심의 보상을 실시하면 종업원은 다양한 역량을 갖추기 위해 노력함으로써 결과적으로 여러 가지 직무 기술을 익히게 된다. 그 결과 조직의 관점에서는 인력의 유동성이 향상되는 효과가 있다. 또 종업원들이 다양한 기술을 갖게 됨으로써 자신이 맡은 직무뿐 아니라 공정 전체의 과정을 이해하고 공정을 개선하는 방안에 대한 통찰을 얻을 수 있어 제품이나 서비스의 질이 향상되는 효과가 있다. 역량급의 경우에는 구체적인 기술을 측정하기 때문에 더 객관적이고 정확한 측정이 가능하지만, 종업원들이 새로운 과제를 익히는 데에 더 많은 시간을 소비하게 된다는 점에서 비용이 많이 든다고 할 수 있다.

성과중심의 보상제도를 실시할 경우 개인의 성과지향적 동기부여 효과는 매우 크다. 집단성과급의 경우 집단구성원은 비용을 절감하고 업무과정의 노동효율성을 증가시키기 위해 동기부여 된다. 집단성과급의 경우 집단 역동과 보상만족도를 개선하는 효과가 있으며, 기대이론에서 말하는 노력-성과 기대가 높아진다. 대부분의 비용절감과 노동효율성 증가가 집단의 통제 하에 있기 때문이다.

## 1.2 효과적인 보상제도의 설계

금전적 보상은 여러 가지 이유에서 비판을 받아왔다. 이 장의 처음에서 설명한 것처럼, 사람들은 외재적 동기가 주어질 경우 오히려 내재적 동기가 낮아지는 경향이 있다. 예를 들어 자신의 일이 그 자체로 재미있고 좋아서 열심히 일하던 사람에게 그 일에 대해 어떠한 보상이 외부에서 주어지면 일 자체에 대한 흥미나 개인적 열정은 오히려 감소하는 경향이 있는 것이다. 또한 금전적 보상은 직장 내의 대인관계 상의 문제를 야기할 수 있다. 성과평가 결과를 임금인상의 근거자료로 사용할 경우 상사와 직원들 간의 갈등이 증가한다는 것이 연구를 통해 증명되기도 하였다. 또 일부 '스타' 종업원과 그렇지 못한 자들 간의 마찰이 야기되기도 한다. 또 다른 비판은 종업원들이 보상되는 행동이나 결과에만 집착하고 그 이상의 새로운 기회를 탐색하려 하지 않기 때문에 창의력이나 위험감수적 행동 등이 저해될 우려가 있다는 것이다.

그러나 이러한 비판이 있다고 해서 성과급을 무시해야 하는 것은 아니다. 오히려 연구 결과들에 따르면 세계에서 우수한 기업에서는 대개 성과급을 채택하고 있다. 다시 말해, 올바르게 사용되기만 하면 적절한 보상체계는 대부분의 종업원에게 유용한 동기부여의 수단이 될 수 있다. 보상의 효과성을 개선하기 위해서는 다음과 같은 전략이 사용되어야 한다.

- 보상의 공정성 유지 : 앞 장에서 설명했듯이 보상의 공정성이 모티베이션에 매우 중요하다. 금전적 보상의 절대적인 금액보다도 조직내에서 공정성이 유지되도록 보상관리를 해야 한다. 임금체계는 대내적 공정성을 위해 설계되는 것이어서 그 기준이 무엇에 근거한 것인지가 중요하다.
- 보상 수준의 적정성 유지 : 금전적 보상은 노동대가와 생활보장이라는 두 기능을 수행할 때 동기부여 기능을 가질 수 있다. 적정한 급여수준이 유지되어야 보상의 정당성이 확보된다.
- 보상과 성과의 연계성 강화 : 성과가 좋은 사람에게는 성과가 나쁜 사람보다 보상을 더 많이 주어야 한다. 이는 단순한 원칙이지만 실제로 적용하기는 그다지 쉽지 않다. 직무성과나 조직시민행동의 많은 요소들이 정확히 측정하기 쉽지 않은데다가, 성과급에 대한 의사결정이 조직내의 정치적 요인에 의해 편중되기 쉽기 때문이다. 기업은 보상을 종업원의 통제 하에 있는 성과와 연결 지어야 한다. 종업원이 자신의 일상적 업무와 보상 간의 관계가 더 분명하다고 생각할수록 성과를 개선하려는 동기수준이 높아진다. 또 보상체계는 상황적 요인에 의한 성과의 변화를 감안할 수 있도록 설계되어야 한다.
- 상호의존적 직무와 팀 보상 : 상호의존성이 높은 직무를 하는 경우에는 개인수준의 보상보다 팀이나 조직수준의 보상이 적절하다. 이러한 상황에서는 개인의 성과를 따로 떼어내어 측정하기가 힘들다. 뿐만 아니라 팀 보상을 함으로써 구성원들이 더욱 협력하고 덜 경쟁하게 되는 효과가 있다.
- 보상의 가치 : 기대이론에서 살펴보았듯이, 보상은 가치 있게 느껴질 때 동기부여 수완으로서 가장 효과가 좋다. 따라서 어떠한 보상제도가 종업원들에게 가장 가치 있게 느껴질 것인가에 대한 고려가 반드시 필요하다.
- 예기치 않은 결과에 대한 고려 : 성과급 체계는 종업원의 행동에 종종 예기치 못한, 그리고 바람직하지 못한 영향을 준다. 미국의 한 피자회사가 시간에 맞춰서 피자를 배달하면 배달원에게 성과급을 주기로 했다. 회사로서는 뜨거운 피자를 제때 배달하여 고객만족도를 높이려는 의도였지만, 결과적으로 배달원들이 무리한 곡예운전을 하게 됨에 따라 사고가 늘어나 오히려 비용만 증가하게 되었다. 이러한 문제를 방지하기 위해서는 보상체계를 설계하기 전에 여러 예상되는 결과를 충분히 고려하고, 가능하다면 사전 시범운영을 통해 먼저 검증해 본 후 조직 전체로 확대하는 것이 좋다.

# 2. 목표관리

앞 절에서는 종업원의 외재적 동기와 관련되는 금전적 보상에 대해 살펴보았다. 이미 언급했듯이 이러한 외재적 동기는 한계가 있으며 더욱 바람직한 것은 종업원의 내재적 동기를 자극하는 것이다. 예를 들어, 아무리 정교하게 설계된 성과기반의 보상급 제도를 마련한다 하더라도, 종업원의 입장에서는 내가 지금 당장 일을 열심히 하느냐 게으름을 피우느냐가 1년 후의 연봉협상에 미치는 영향은 그리 크지 않은 것처럼 지각된다. 오히려 관리자의 입장에서는 종업원들이 그때그때 업무에 집중하고 매진할 수 있도록 종업원들에게 눈에 보이는 목표를 심어주는 것이 더 필요할지도 모른다. 이러한 종업원들의 목표설정과 그 관리에 대하여 다루는 이론으로 목표설정 이론이 있다.

## 2.1 목표설정이론

목표설정(goal setting)은 종업원의 성과를 촉진하는 아주 유용한 방법이다. 첫째, 목표는 동기부여 수준을 관리할 수 있는 유용한 수단이다. 관리자나 종업원은 스스로 목표를 설정해서 그 달성을 위해 나아갈 수 있다. 둘째, 목표는 효과적인 통제의 도구가 된다. 통제란 조직이 얼마나 잘 기능하고 있는지 경영층이 관리감독하는 것을 말한다. 종업원의 단기적인 성과를 장기적 목표를 비교하면 조직의 장기성과를 관리하는 데에 유용하다.

사회학습이론에서는 사람들이 느끼는 성과에 대한 자긍심 혹은 수치심이 목표를 얼마나 달성했는가에 따라 달라진다고 본다. 목표를 달성한 사람은 자신의 성취에 대해 자랑스러워하지만 목표달성에 실패한 사람은 개인적인 좌절감을 느끼고 심지어는 부끄러워할 수도 있다. 이러한 자긍심이나 좌절감의 정도는 그들의 자기효능감에 의해서도 영향을 받는다.

동기부여라는 맥락에서 목표설정이론의 효용을 가장 극명하게 보여준 사람은 사회학습이론가 중 한 명인 Locke와 그의 동료 학자들이었다. Locke의 목표설정이론[3]에서는 의식적인 목표와 의도의 결과로 행동이 나타난다고 전제한다. 그래서 조직내의 종업원들에게 목표를 설정하게 함으로써 관리자가 종업원의 행동에 영향을 줄 수 있게 된다는 것이다. 따라서 사람들이 어떻게 목표를 설정하고 그것을 달성하고자 노력하는

가에 대한 과정을 철저하게 이해하는 것이 매우 중요하다. 초기 목표설정이론에서는 목표의 두 가지 성질 — 목표난이도 및 목표구체성 — 이 성과에 큰 영향을 준다고 보았다.[4]

**목표난이도** 목표난이도란 목표가 얼마나 어려운지, 달성하는 데에 얼마나 많은 노력이 필요한지를 의미한다. 사람들이 목표를 달성하기 위해 일한다면, 목표가 어려울수록 더 열심히 일할 것이라 가정하는 것이 합당할 것이다. 그러나 달성이 아예 불가능하다면 처음부터 포기해버릴 가능성이 있다. 수많은 연구에 의해 목표난이도의 중요성이 입증되어 왔다.

강화자극을 주면 어려운 목표에 대한 동기부여가 촉진될 수 있다. 어려운 목표를 달성하여 보상을 받은 사람은 거기에 대해 아무 보상도 받지 못한 사람에 비하여 이후에도 어려운 목표를 향해 더욱 정진하고자 하는 경향이 있다.

**목표구체성** 목표구체성은 목표가 얼마나 세밀하고 명료하게 정의되어 있는가를 말한다. 단순히 목표를 '생산성 향상'이라고 잡는다면 이는 너무 모호하고 광범위하다. 예를 들어 '다음 6개월 안에 생산성 3% 향상'이라는 목표가 더 구체적이다. 관련 비용, 생산량, 수익성, 성장률과 같이 정량적인 목표가 더 구체성이 높다. 반면 종업원의 직무만족도와 사기, 기업이미지와 명성, 윤리, 사회적으로 책임감 있는 행동 등의 개선과 같이 정성적인 목표는 구체적으로 서술하기가 좀 더 어렵다.

목표난이도와 마찬가지로 구체성은 성과와 밀접한 관련이 있는 것으로 나타났다.

이러한 Locke의 목표설정 이론은 많은 연구자 및 관리자들의 관심과 지지를 받았다. 그래서 Locke은 Latham이라는 동료와 함께 이 모형을 보다 발전시켜서 다음 〈그림 7-1〉과 같은 확장모형을 제시하였다.[5] 이 확장모형은 조직에서 발생하는 목표설정의 복잡성을 이해하는 데에 보다 더 도움이 된다.

확장모형에 따르면 목표지향적인 노력은 네 가지 목표특성의 함수에 의해 나타난다. 이미 논의했던 난이도와 구체성, 그리고 수용과 몰입이다. **목표수용**은 개인이 특정 목표를 얼마나 자신의 목표로서 받아들이는가 하는 것이다. **목표몰입**은 개인이 목표달성에 개인적으로 흥미를 느끼는 정도이다.

이때 조직의 실제 성과는 목표지향적인 노력뿐 아니라 개인의 능력과 특질, 그리고 조직지원의 상호작용을 통해 발생하게 된다. **조직지원**은 조직이 성과를 돕거나 방해하

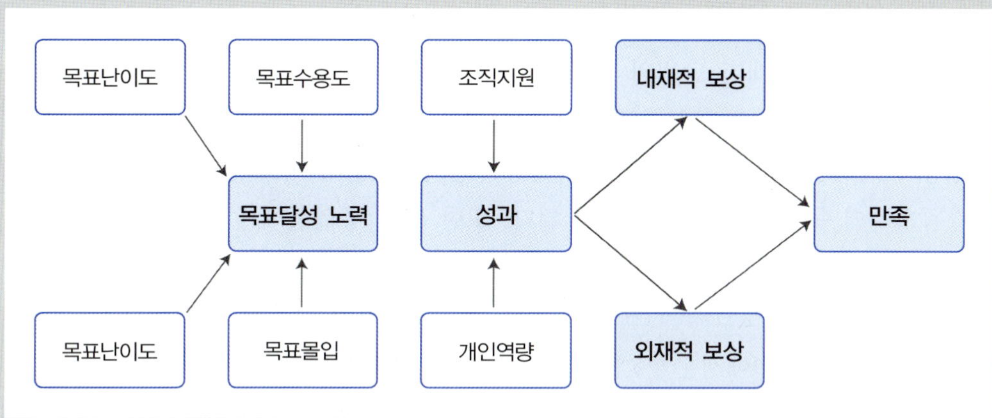


**그림 7-1**
목표설정 모형

자료 : Griffin & Moorhead(2013), p.153.

기 위해 제공하는 그 무엇을 말한다. 긍정적 지원은 목표를 달성할 수 있도록 충분한 인력과 원자재 등을 마련해주는 것을 말한다. 부정적 지원은 예를 들어 고장난 설비를 고쳐주지 않는 등의 행동을 의미한다. 개인의 능력과 특질은 일을 하는 데에 필요한 개인의 특성들이다. 성과의 결과로서 개인은 다양한 내재적, 그리고 외재적 보상을 받게 되며 그 결과 만족감에 영향을 미치게 된다.

## 2.2 목표관리

목표관리(MBO: Management By Objectives)는 1954년 Drucker에 의해 고안된 것으로 Locke의 목표설정이론보다는 더 오래된 기법이다. 먼저 개발된 기법인 MBO는 이후 이론적으로 체계화된 목표설정이론과 그 맥락이 같아서 MBO 시스템에 목표설정이론을 적용하여 동기부여를 잘 설명할 수 있다. MBO는 가시적이고 입증가능하고 측정가능한 목표를 종업원 스스로 설정하여, 일정 기간이 지난 후 목표달성 정도를 평가하여 그에 따라 보상을 지급하는 과정으로 이루어진다. 오늘날 MBO가 조직 관리의 기본틀로서 채택, 시행하고 있다.

기업의 관리자들이 MBO를 선호하는 이유는 MBO를 통해 조직 전체의 목표를 조직내 개별 단위 및 종업원들의 구체적인 목표로 관리할 수 있기 때문이다. MBO에서는 목표는 조직의 목표가 조직내부 구조를 통해 전파되어 내려가는 과정을 고려하여 목표의 개념을 정의한다. 이때 조직 전체의 목표는 조직내의 각 연결된 수준(예를 들어 총괄본부, 부서, 팀, 개인)에 대한 구체적 목표로 변환되므로 목표의 하향전달이 이루어진다. 이 과정에서 개별 단위의 관리자들이나 종업원이 자신의 목표설정에 함께 참여하기 때문에 MBO는 목표의 하향식 할당이 아닌 상향전달적 측면도 포함한다. 이러한 양방향의 목표전달 과정을 통해 결과적으로는 한 수준의 목표가 다른 수준의 목표와 연결됨으로써 목표의 위계가 생기게 된다. 또한 개별 종업원에게 있어 MBO는 구체적인 개인의 성과목표를 제공한다.

이러한 MBO 프로그램은 크게 다음과 같은 네 가지 요소로 구성된다.

- 목표구체성 : MBO에서는 기대되는 성과를 간결하고 명확하게 서술하여 목표를 정의한다. 예를 들어서 비용을 절감하겠다든가 고객서비스를 개선하겠다는 모호한 목표보다는 쉽게 측정하고 평가될 수 있는 구체적인 정량적인 목표로 설정하는 것이 좋다.
- 참여적 의사결정 : MBO의 목표는 상사가 일방적으로 정해서 할당하는 것이 아니라 종업원의 참여 하에 결정하게 된다. 종업원과 관리자가 함께 목표를 선택하고 그것을 어떻게 측정할 것인지 협의하여야 한다.
- 명시된 기한 : 각 목표를 달성해야 하는 기한을 미리 설정한다. 대개 기한은 분기(3달), 반기(6개월), 혹은 1년이다. 따라서 관리자와 종업원은 구체적인 목표와 함께 그것을 언제까지 완수할 것인지 협의하게 된다.
- 성과 피드백 : 마지막으로 MBO에서는 성과에 대한 피드백을 주어야 한다. 즉 목표달성을 위한 수행 상에 장애나 진보나 개선이 있었을 때 시기적절하고 지속적인 피드백을 해줌으로써 개인이 스스로 자신의 과업수행을 감독하고 수정할 수 있게 도와주는 것이 바람직하다. 현실적으로는 그때그때 피드백을 해주는 것이 쉽지 않으므로 일정 주기를 정해 피드백을 해주는 것도 좋다.

MBO는 많은 기업이나 학교, 정부기관, 비영리조직 등에서 사용되는 매우 대중적인 관리기법이다. 그러나 인기가 많다고 해서 MBO가 항상 효과적이라는 의미는 아니다. MBO가 실행되었지만 경영진의 기대에 미치지 못했던 사례도 많다. 그러나 이러한 사례들을 살펴보면 MBO의 기본 개념 자체에 문제가 있었다기보다는 MBO를 제대로 이행하지 못했거나, 실행과정에서 다른 요인들 때문에 문제가 생겼음을 알 수 있다. 예를 들어 결과에 대한 비현실적인 기대나 최고경영층의 몰입 부족, 경영층이 목표달성에 근거해서 보상을 분배하는 능력이나 의지의 부족 등의 원인이 있을 수 있다.

그리고 MBO는 목표달성의 '결과'보다는 목표달성을 위해 나아가는 '과정'에 초점을 둔 기법이다. 따라서 적절하게 계획하고 실행될 경우 MBO는 관리자들이 목표설정 이론을 수행할 수 있는 유용한 도구가 된다.

## 3. 종업원의 참여와 임파워먼트

참여적인 경영과 임파워먼트는 관리자가 종업원에게 동기부여하기 위하여 사용할 수 있는 두 가지 중요한 수단이다. 어떤 의미에서 참여와 임파워먼트는 직무설계의 연장선 상에 있다고 할 수 있다. 왜냐하면 참여나 임파워먼트는 모두 조직내에서 종업원이 직무를 수행하는 방식을 궁극적으로 변화시키기 때문이다. 참여는 종업원이 자신의 일에 대한 의사결정에서 자기의 목소리를 내는 것을 말한다. 임파워먼트(empowerment)는 종업원들로 하여금 스스로 업무목표를 설정하고 의사결정을 하며 책임권한 내에서 문제를 해결할 수 있도록 힘을 실어주는 과정을 말한다. 따라서 임파워먼트는 일 그 자체에 국한되기보다는 일의 맥락이나 업무환경까지 포괄하는, 즉 종업원의 참여를 보다 광범위한 영역에서 증진하고자 하는 더 포괄적인 개념이라고 할 수 있다.

참여와 임파워먼트가 종업원의 동기부여에 있어 중요한 이유는 무엇인가? 1920~30년대의 인간관계론적 접근에 따르면, 종업원은 행복감과 만족감을 느낄 때 더 열심히 일하는 경향이 있다. 이러한 견해에 따라 경영자들은 종업원으로 하여금 다양한 조직활동에 더 많이 참여하게 하는 데에 관심을 갖게 되었다. 업무환경에 대한 의사결정에 종업원을 참여시킴으로써 더 만족감을 주고, 이 만족감이 향상된 성과로 이어지기를 희망한 것이다. 그런데 종업원의 만족감이 단순히 성과를 촉진하는 수단에만 그치는 것은 아니다. 다시 말해, 관리자들은 종업원의 만족감은 조직에 있어 잠재적으로 가치 있는 자원이 될 수 있다는 것을 차츰 깨닫게 되었다. 즉 종업원을 조직효과성에 기여할 수 있는 가치 있는 인적 자원으로 보기 시작한 것이다.

참여나 임파워먼트가 중요한 이유를 우리가 이미 앞장에서 살펴본 욕구중심적 견해라든가 기대이론을 통해 이해할 수도 있다. 성공적으로 의사결정을 하여 결정된 사항을 실행에 옮기고 거기에서 긍정적인 결과가 파생되는 것을 관찰함으로써 종업원은 성취욕구를 충족시키고 타인의 인정과 책임감을 느낄 수 있다. 꼭 높은 성과로 연결되지 않더라도, 조직의 의사결정에 참여하라는 요청을 받는 것만으로도 종업원의 자존감이 향상될 수 있다. 더 나아가, 참여는 종업원의 기대를 명확히 하는 데에 도움을 준다. 즉 의사결정에 참여함으로써 종업원은 자신의 성과와 그들이 가장 원하는 보상 간의 연결고리를 더 잘 이해할 수 있게 된다.

## 3.1 참여의 영역

종업원은 자신의 직무에 대해 의견을 제시하고 의사결정에 참여할 수 있다. 예를 들어 일을 어떻게 할 것인지만 말해주지 말고 종업원들에게 일을 어떻게 할지 스스로 결정하게끔 하는 것이다. 이러한 과정을 통해 종업원이 해당 과업에 대한 자신만의 전문성과 경험을 살린다면 생산성이 더욱 향상될 수 있다.

종업원들로 하여금 업무일정과 같은 행정적인 문제에 대한 의사결정을 하게 하는 것도 도움이 된다. 만약 직무가 상대적으로 독립적이라면 종업원들은 언제 교대를 할지, 점심시간을 어떻게 조정할지 등을 결정할 수 있을 것이다. 또 작업집단이나 팀 또한 구성원들끼리 휴가일정이나 월차 등을 조절하는 것도 가능하다. 더 나아가서 종업원들은 제품의 품질에 대한 의사결정에 참여할 수도 있을 것이다. 이러한 유형의 참여는 성공적인 일본 및 기타 다국적 기업의 특징이며 많은 미국기업들이 이를 따라가고 있다.

## 3.2 임파워먼트

최근 많은 조직에서 종업원의 참여를 전통적인 영역 이상으로 확대하기 위한 적극적 노력을 하고 있다. 의견제안상자 설치, 질의응답 미팅과 같은 단순한 기법만으로도 어느 정도 종업원의 참여를 유도할 수 있다. 그래서 오늘날 조직에서는 '참여'라는 말보다는 보다 포괄적인 관여의 의미를 내포하는 '임파워먼트'라는 용어를 더 선호한다.

일부 기업에서는 종업원에게 임파워먼트를 하기 위한 방법으로서 작업팀 제도를 도입한다. 작업팀 제도는 일본기업들이 '**품질관리 서클**(quality circle)'이라는 제도를 사용함으로써 처음 발생하였다. 품질관리 서클은 일군의 종업원들이 자발적으로 정규모임을 가지면서 품질과 관련된 문제점에 대한 해결책을 제시하는 것이다. 품질관리 서클은 차츰 더욱 광범위한 작업집단으로 발전해 나갔는데, 우리가 보편적으로 팀제라 하는 것이 여기에 해당한다. **팀**(work teams)이란 자신의 업무를 계획하고 조직하며 시행하고 통제하는 권한을 부여받은 일군의 종업원들을 말한다. 이들의 상급자는 전통적인 '보스'의 역할을 하는 것이 아니라 '코치'의 역할을 더 많이 하게 된다.

임파워먼트를 촉진하기 위한 또 다른 방법은 조직화의 전반적인 방식을 바꾸는 것이다. 기본적으로, 조직의 위계를 구성하는 계층의 수를 줄여 탈중앙화를 꾀하는 식으로 조직구조를 변경시키게 된다. 파워, 책임, 권위는 최대한 조직의 하부구조로 이양되며, 업무의 통제권은 실제로 그 일을 하는 사람들의 손에 완전히 맡겨진다.

그러나 어떠한 기법을 사용하는가와 상관없이, 다음과 같은 조건이 선행되어야만 임파워먼트는 조직성과의 향상에 도움을 줄 수 있다. 첫째, 조직은 권한과 자율성을 조직의 하부수준으로 위양하려는 신실한 노력을 기울여야 한다. 의견제안 상자만 잔뜩 만들고 종업원들의 의견이 실제로는 전혀 반영되지 않는 식으로 흉내만 내어서는 안된다. 둘째, 조직은 참여와 임파워먼트를 유지하려는 노력을 일관성 있게 해야 한다. 한번 주었던 권한을 나중에 빼앗아가거나 축소하면 종업원들은 기만당한 느낌을 가질 것이다. 셋째, 조직은 임파워먼트를 계획적, 체계적으로 실시하여야 한다. 경솔하게 한꺼번에 너무 많은 통제권을 주면 오히려 나쁜 결과가 초래될 수 있다. 마지막으로 조직은 종업원들에 대한 교육훈련을 더 많이 실시할 준비가 되어 있어야 한다. 즉, 종업원에게 일을 어떤 식으로 처리할 지 결정할 수 있는 자유를 주되, 그 자유를 가장 효과적으로 사용하는 데에 도움을 줄 추가적인 훈련을 제공해야 한다.[6]

## 4. 직무설계

직무란 직업상의 임무로서, 종업원들은 이 직무 활동을 통하여 수입원을 얻고 의미있는 삶의 질적 경험과 자부심 그리고 타인과의 관계를 형성하게 된다. 조직을 관리하는 기본적인 요소 중의 하나가 바로 이러한 직무를 체계적으로 구조화하는 것인데, 이를 위해서는 종업원들의 동기부여와 직무만족이 이루어짐과 동시에 조직의 생산성 및 효율성을 최적화할 수 있는 직무를 설계하는 것이 핵심이라 하겠다. 직무설계는 관리자가 종업원 개인의 업무나 권한을 결정하는 과정에 초점을 맞추고 있으며, 이러한 직무설계가 얼마나 잘 관리되는가에 따라서 조직과 종업원들의 삶의 질이 달라지게 된다. 본 장은 조직 환경이 지속적으로 변화함에 따라서 기존의 직무설계에 대한 개념과 접근법부터 차례대로 살펴보고 이들이 앞으로 변화하는 환경에 맞추어 어떻게 변화되고 개선되어 가는지 알아보고자 한다.

## 4.1 직무설계의 개념

직무설계(job design)란 종업원에게 직무가 가지고 있는 사회적, 구조적 속성의 의미를 부여하고 만족감을 주어 보다 효율적으로 조직목표를 달성할 수 있도록 직무를 조화롭게 결합하는 것을 말한다. 하나의 직업은 특정 업무들로 구성되어 있으며, 이들 각각의 업무는 조직의 임무와 목적을 이루는 데 있어서 상호 유기적으로 연결되어 있다. 즉, 영업부는 생산이 효율적으로 이루어질 때 활성화될 수 있으며 생산은 자재가 효율적으로 조달될 때 활성화될 수 있는 것이다. 이러한 상호의존성은 조직에 있어서 매우 주의 깊은 직무설계가 필요함을 의미하고 있다. 직무설계는 하나의 특정 직업과 특정 업무들을 연결하고 직무 수행을 위해 어떠한 기술과 설비 및 절차가 사용되어야 하는지를 결정하는 과정으로, 종업원의 임금, 조직구조, 노조, 경영진, 기술, 작업조건, 인사정책 등은 물론 가능한 모든 설계방법의 여부까지 다양한 변수를 복합적으로 고려하여 살펴보아야 한다. 직무를 계획적으로 설계하기 위한 궁극적인 목적은 종업원의 관심과 동기를 불러일으켜 직무에 대한 만족을 충족시키고 나아가 작업성과를 높이려는 것이다.

직무설계는 종업원의 직무만족과 직장생활의 질과 밀접하게 관련되어 있다. 종업원의 직무만족에 대한 많은 연구가 있어왔으나 직무만족이 높은 성과를 보장한다고 확언하기는 어렵다. 회사가 목표를 달성하기 위해 종업원들에게 금전 등의 물리적인 피해를 주거나 위협을 가하는 정신적 스트레스를 줄 경우, 성과는 올라갈지언정 직무만족은 떨어질 수 있기 때문이다. 그러나 이러한 직무불만족은 이직, 결근 또는 파업으로 이어질 수 있기 때문에 장기적으로 직무 성과에 긍정적이라고 볼 수 없을 것이다. 또한 지나친 직무 세분화 등의 잘못된 직무설계가 직무불만족을 초래할 수 있는데 이로써 직무설계와 직무만족이 관계가 있음을 알 수 있다. 자기 직무에 만족한 종업원은 주어진 업무를 충실히 수행할 뿐만 아니라 상사 및 동료와도 원활한 관계를 유지하고 회사 내 규정을 준수할 가능성이 크기 때문에 회사는 종업원의 직무만족에 많은 주의를 기울여야 하며 이를 위해서는 올바른 직무설계가 요구된다.

1960년대 들어서며 잘못된 직무설계로 발생되는 직무불만족에 대한 문제가 불거지게 되었고 이를 통해 종업원들에게 있어서 직장생활의 질(quality of working life)의 중요성이 부각되었다. 직무가 만족스럽지 못한 경우 종업원은 직무를 충실히 이행하기 어려우며 이는 생산성과도 직결되고 나아가 고의적인 결근, 이직 및 파업으로까지 발전될 수 있기 때문에 직무설계에 대한 재작업을 고려할 수밖에 없었던 것이다. 또한 그 당시 자동화 및 기계화로 인해 새로운 직무가 요구됨과 동시에 종업원의 동기부여와 직무만족에 관심을 갖게 됨으로써, 기업은 조직의 효율적인 목표 달성과 더불어 종업원 개개인의 직장생활의 질을 향상시키고자 했던 것이다. 직장생활의 질은 “모든 종업원의 존엄성을 향상시키고 조직 문화상의 변화를 도입하며 종업원의 육체적, 감정적 복지를 증진시키는 경영 철학”[7]을 개념으로 하고 있으며, 많은 조직들이 이에 대한 일환으로 종업원들의 만족 및 조직의 효율성을 높이기 위해 종업원 신뢰, 관여, 문제해결 등에 초점을 맞추어 왔다.[8]

직무설계는 이를 통해 종업원의 태도와 행동을 변화시켜 성과를 향상시키기 위함이며 이에는 직무 자체 특성과 함께 다양한 요인을 고려해야 한다. 직무설계와 관련된 선행연구를 통해 제시된 주요한 고려요인으로 직무특성에 대한 반응에 영향을 미치는 개인적 특성, 기술적 요인의 영향 등을 들 수 있겠다.

직무란 직업상의 임무로서, 종업원들은 이 직무 활동을 통하여 수입원을 얻고 의미 있는 삶의 질적 경험과 자부심 그리고 타인과의 관계를 형성하게 된다. 조직을 관리하는 기본적인 요소 중의 하나가 바로 이러한 직무를 체계적으로 구조화하는 것인데, 이를 위해서는 종업원들의 동기부여와 직무만족이 이루어짐과 동시에 조직의 생산성 및 효율성을 최적화할 수 있는 직무를 설계하는 것이 핵심이라 하겠다. 직무설계는 관리자가 종업원 개인의 업무나 권한을 결정하는 과정에 초점을 맞추고 있으며, 이러한 직무설계가 얼마나 잘 관리되는가에 따라서 조직과 종업원들의 삶의 질이 달라지게 된다. 본 장은 조직 환경이 지속적으로 변화함에 따라서 기존의 직무설계에 대한 개념과 접근법부터 차례대로 살펴보고 이들이 앞으로 변화하는 환경에 맞추어 어떻게 변화되고 개선되어 가는지 알아보고자 한다.

직무설계는 이를 통해 종업원의 태도와 행동을 변화시켜 성과를 향상시키기 위함이며 이에는 직무 자체 특성과 함께 다양한 요인을 고려해야 한다. 직무설계와 관련된 선행연구를 통해 제시된 주요한 고려요인으로 직무특성에 대한 반응에 영향을 미치는 개인적 특성, 기술적 요인의 영향 등을 들 수 있겠다.

**개인차**

개인적 특성의 차이는 종업원의 직무에 대한 인식, 태도 및 행위에 영향을 미치게 된다. 사람마다 똑같은 자극을 받더라도 다른 방식으로 인식하기 때문에 특정한 직무의 객관적인 특성에 대한 인식도 개인적 특성에 의해 영향을 받을 수 있는 것이다. 예를 들어 동일한 과업에 대한 인식도 나이, 교육 수준, 근속연수, 작업자의 인지구조, 작업과 관련한 가치관 등에 따라 다르게 나타난다. 또한 인간의 성장 욕구에 따른 개인차는 업무 다양성과 관련을 가진다. 즉 높은 성장 욕구를 지닌 종업원은 반복되는 업무보다는 여러 가지 다양한 범위의 업무를 수행하길 원하는 반면 성장욕구가 낮은 사람은 복잡한 일, 도전적일 일보다는 쉽고 반복적인 업무를 원하게 되기 때문에 이에 맞게 직무설계가 이루어져야 하고 이는 성과에도 영향을 미치게 되는 것이다.

**기술**

조직에서의 기술이란 조직이 정보, 아이디어 등의 투입물을 산출물로 변환시키는 방식을 의미한다. 직무특성과 같은 직무설계요인은 조직의 중심적인 기술과 직접적인 관계를 가지며, 이는 조직의 중심적인 기술 변화가 직무설계의 변화를 초래하고 직무설계의 변화 또한 중심적인 기술의 변화를 초래함을 말한다. 예를 들어 사전에 정해진 순서에 의해 작업이 이루어지는 조립라인 공장, 은행, 보험회사와 같이 업무처리절차가 표준화되어 있는 작업환경에서는 직무정체성이나 자율성의 정도가 일반적으로 낮기 때문에 조립기술이나 표준화 기술의 변화는 직무정체성 등 직무특성의 변화를 초래할 수 있으며 역으로 직무특성 수준을 높이기 위해 조립기술이나 표준화 기술의 변화를 시도할 수도 있는 것이다. 이와 같은 결과는 제한된 연구결과에 불과하나 중심기술의 변화를 시도할 때 예상되는 직무설계요인의 변화의 영향을 평가하고 이에 대한 종업원의 반응을 고려하거나 또는 직무설계요인의 변화를 시도할 때 기존의 중심기술이 직무설계요인의 변화에 어떠한 영향을 미치는지 고려해야 함을 의미한다.

## 4.2 전통적 직무설계

19세기 초 대부분의 조직은 소규모의 종업원들로 운영되었으며 직무설계 역시 주인 한 사람이 담당하는 것으로 직무에 대한 짜임이나 책임이 제대로 이루어지지 않았다. 그러나 점점 산업화가 이루어지면서 전문화와 직무확장을 위한 경영 방식이 발전하게 되었고 20세기 초에는 대기업 형태의 조직이 출현하면서 고도의 분업화와 직무의 연속성이 중요한 문제로 대두되게 되었다. 이러한 상황 속에서 초기의 직무 설계는 종업원의 만족과 조직의 성과를 높이기 위해 개인과 직무가 조화롭게 어울리는 것에 초점을 맞춘 것으로, 이러한 직무설계를 통해 종업원의 참여와 이에 대한피드백이 이루어지고 이로써 조직은 보다 효율적으로 목표 설정에 이르고자 하였다. 초기 접근법으로는 과학적 관리론, 직무확대, 직무순환 등이 있다.

### 4.2.1 과학적 관리론에서의 직무설계

Taylor를 중심으로 한 과학적 관리론은 동기유발, 직무만족, 높은 과업 성과 등 종업원의 유효성을 증대시키기 위한 최초의 직무설계 방법으로, 조직의 경제적 이익에 있어서 노동자의 효율적인 이용에 초점을 맞춘 것이다. 이는 직무 수행에 있어서 한 가지 최선의 방법이 있고 관리자들이 이 방법을 결정해야 한다는 전제 아래, 조직내의 각 작업 요소를 단순화(simplification), 표준화(standardization), 전문화(specialization)하는 것을 핵심요소로 한다. 직무 단순화(simplification)는 전체적인 작업을 조사하여 가능한 한 최소 작업단위로 세분화하는 것이며, 직무 표준화(standardization)는 세분화된 작업단위를 수행하기 위해 필요한 작업 절차, 도구 및 방법을 통일시켜 규격화하는 것이고, 마지막 직무 전문화(specialization)는 각 종업원에게 한 가지 작업만 수행하도록 하여 작업 능률을 향상시키고자 하는 것이다. 각 직무에 대해 철저히 분석하고 이를 토대로 최대의 효율성과 생산성을 이끌어내는 방법을 실행하고자 하며 이 직무에 대한 작업자의 외적 동기부여를 위해 차별적 성과급제(piece-rate incentive)를 적용한다.

이러한 과학적 관리론은 분업화, 전문화를 최대한 살리고 각 단위를 완전하게 연결함으로써 종업원들의 노동력을 최대 이용할 수 있고, 직무의 간소함으로 미숙련 노동자도 별도의 교육 없이 일을 할 수 있으며 대체 또한 용이하다. 또한 관리와 감독이 쉬우며 생산과정의 불확실성이 줄어듦으로써 작업 속도 및 시간 조정에 따라 생산성 향상을 꾀할 수 있다는 장점을 가지고 있다. 그러나 시간이 흐를수록 과학적 관리론으로 인한 부정적 현상들이 나타나기 시작했다. 반복 작업으로 인해 개인의 성장이 저해되며 작업자가 오직 자신의 부분작업에만 충실하고 그 결과에 대한 피드백이나 그 외의 작업에 대해 신경을 쓰지 않기 때문에 성취감 내지 보람을 찾기 어려우며 기계와 관리자의 지시 속에서 인간 및 노동으로부터의 소외감을 느끼게 되었다. 또한 이는 직무담당자들의 능력을 충분히 활용하지 못하고 일에 대한 흥미와 내적 동기를 유발시키지 못할 뿐 아니라 지겨움, 사기저하 등의 불만을 초래함으로써 결국 태업, 불량률, 결근율 및 이직률의 증가로 이어졌다.[9]

### 4.2.2 직무순환

직무순환, 확대, 충실화 등의 범위적인 직무설계는 앞에서 나온 과학적 관리론의 한계를 극복하기 위해 제안된 접근법으로 직무의 지루함을 덜고 작업자의 흥미와 동기부여를 높이고자 하는 데 초점을 맞추고 있다. 이러한 접근은 과학적 관리론보다 효율성은 떨어질 수 있으나 좁은 직무 영역으로 나타나는 문제점을 극복하고 작업자의 만족과 동기부여를 증가시킨다는 장점으로 1970년대 많은 조직이 아래와 같은 접근법들을 사용하였다.

직무순환(job rotation)이란 작업자들이 완수해야 하는 직무를 그대로 놓아두고 자리만 교대로 이동하는 방법이다. 이는 한 작업자가 같은 직무만 계속하면 지루하고 한 가지 기술밖에 익힐 수밖에 없지만, 자리를 이동하게 되면 다른 동료의 다양한 직무를 배울 수 있고 지루함도 어느 정도 감소시킬 수 있으며 관리인 입장에서도 작업일정이나 고용에 있어서 더 많은 융통성을 가지게 되는 것이다. 여기서 중요한 점은 이러한 직무이동이 체계적으로 이루어져야 하며 작업자들의 동기부여 및 흥미를 유지해야 한다는 것이다.[10]

### 4.2.3 수평적 직무확대

직무확대(job enlargement)란 전문화와 표준화의 원리로부터 벗어나 직무를 재설계하려는 최초의 시도로 과업의 다양성을 증진시키기 위해 직무를 수평적으로 확대하는 것을 말한다.[11] 이는 한 작업자가 다루는 직무의 종류가 다양할수록 만족도가 증가한다는 연구결과에 착안한 것으로,[12] 작업자가 각각의 작업에 임하는 시간이 너무 짧아서 새로운 불만에 빠질 가능성까지 고려하여 몇 개의 작업을 하나의 직무로 합쳐서 시작부터 마무리까지의 직무 사이클을 늘린 것이다. 여기서 작업자는 어느 한도 내에서 자신의 업무 페이스 및 직무 절차를 결정할 수 있으며 품질관리에 책임을 지고 직무상의 오류를 수정할 수 있는 권한을 가진다. 이러한 직무확대는 직무만족과 동기부여를 높이고 생산의 질을 향상시키는 역할을 하지만 단조로운 직무를 확대하는 경우 작업자의 동기부여를 유발시키기 못하며 직무를 다양화함으로써 훈련비용과 직무의 복잡성이 증가되어 현 작업자가 적응하지 못하거나 신규종업원의 채용 기준이 높아지는 문제점이 있었기 때문이다. 또한 다른 동료의 작업을 새로 배워야 하는 불편함을 싫어하는 종업원에게는 부정적인 결과가 나타나기도 하였다. 따라서 이를 시행하려는 기업 측에서는 확대될 직무의 내용과 작업자의 관심유무를 고려하고 이 직무수행에 필요한 시간이나 합당한 임금을 고려하는 등 많은 주의가 필요하다.

### 4.2.4 직무충실화

직무순환과 직무확대가 초기의 단기적 해결책일 뿐 종업원의 근본적인 태도와 행동을 변화시킬 수는 없음이 확인되면서 1960년대부터 좀 더 높은 수준의 동기부여를 통해 근본적, 장기적으로 접근하는 직무충실화(job enrichment)가 이루어졌다. 이는 Herzberg의 2요인이론을 기반으로 직무가 종업원들에게 성취감, 책임감, 발전성 등과 같은 긍정적인 직무경험을 제공할 경우에만 종업원들의 욕구 만족과 내적 동기유발이 이루어지므로 이 한 특성을 지닌 직무내용과 환경을 설계하는 것이다. Herzberg는 이 직무충실화가 포함해야 할 특성으로 다음과 같은 동기부여 요소들을 제안하였다.[13]

- 직접적 피드백 : 직무수행에 대한 평가가 시기적절하며 직접적으로 이루어져야 한다.
- 새로운 학습의 기회 : 직무 이행에 있어서 새로운 것에 대한 배움의 기회를 가져야 한다.
- 업무 페이스 : 자신의 업무영역에 대한 업무 페이스 및 스케줄을 적정 한도 내에서 스스로 계획할 수 있어야 한다.
- 성취감 : 종업원은 자신이 가치 있는 업무를 수행하며 이에 대해 성취감을 느낄 수 있어야 한다.
- 통제권 : 각 종업원은 자신의 업무에 대한 통제권을 가진다.
- 책임감 : 자신의 직무 결과에 대해 책임을 질 수 있어야 한다.

즉, 작업자가 자율권을 가지고 자신이 맡은 일을 직접 구상, 계획하며, 제3자의 감독과 통제를 줄이고 결과에 대해 스스로 평가하고 책임을 짐으로써 사기 증진뿐 아니라 능력개발 기회, 책임감 및 자율성을 획득하여 성취감을 느끼게 하는 것이다. 또한 이는 관리자가 담당했던 계획, 조직, 통제 등의 업무가 작업자에게 주어짐으로써 업무의 단조로움이나 인간과 기술로부터의 소외를 벗어나게 한다. 많은 기업들이 이 직무충실화를 실현하는데 있어서 팀제를 구성하고 팀 구성원이 함께 책임감을 가지고 직무과정을 계획, 통제하며 직무를 이행하였다. 그리고 이는 결과적으로 업무 효율성을 향상시켰을 뿐 아니라 종업원들의 직무만족을 높이고 퇴사율과 결근율도 감소시킴을 보였다.

그러나 이러한 직무충실화가 모든 경우에 효과적이라고 볼 수는 없다. 우선 직무충실화로 인해 부가되는 책임감과 재량권을 원하지 않는 종업원의 경우에는 동기부여가 제대로 이루어지지 않는 등 개인의 개별적 욕구를 구분할 수가 없다. 그리고 직무충실화로 인해 비용이 증가된다는 비판도 따랐다. 단순 작업만 하던 종업원이 직무 계획과 통제에 대한 자율권을 가진다는 것은 그만큼의 능력이 요구됨을 의미하며 이를 위해서는 별도의 훈련 내지 고급 인력채용이 필요하기 때문이다.

### 4.2.5 전통적 직무설계의 한계

초기의 직무설계는 일의 효율성에 초점을 맞춘 과학적 관리론을 시작으로 이를 통해 발생되었던 직무 반복성, 지겨움을 직무순환, 직무확대와 같은 수평적 확대로 극복하고자 하였고, 나아가 종업원의 내적 동기부여를 통해 근원적인 직무만족을 높이고자 직무충실화와 같은 수직적 확대로 발전하였다. 그러나 실질적으로 직무충실화에 대한 많은 보고서가 그에 대한 성공을 과장해 왔으며 이의 실패에 대해 다룬 보고서는 그리 많지 않았다. 또한 직무충실화가 경우에 따라 효과의 유무와 정도가 달라지는데 이런 여러 가지 상황적인 요소들을 배제하였기 때문에 제대로 발전시킬 수 없을 뿐더러 직무충실화를 실행하는 데 있어 필요한 기술, 비용 및 이익을 정확한 수치로 평가할 수 있는 절차가 개발되지 못한 것도 한계가 되었다.[14] 시간이 흐르자 기업의 관리자들은 위와 같은 문제점들로 직무충실화를 활용하지 않게 되었고 좀 더 현실성 있고 정교한 접근법을 시도하였다. 즉, 직무충실화가 가진 기본적 개념을 바탕으로 종업원들의 개인차 및 상황적 요소를 고려하여 좀 더 복잡하고 세심한 직무설계가 등장하게 된 것이다.

## 4.3 근대적 직무설계

전통적 직무설계가 보다 낮은 욕구수준에서의 기술적인 욕구충족에만 관심을 집중했었다면 근대적 직무설계는 종업원의 기술적, 조직적 욕구뿐만 아니라 사회적, 인간적 욕구까지도 충족시킬 수 있도록 직무내용, 작업방법 및 작업 상호간의 관계를 결정하고자 한다. 즉 종업원의 개인적 만족을 증가시키는 방법을 고안하고 사회 기술적인 관점에서 직무가 사람에게 적합하도록 해야 한다는 입장을 취한다. 이러한 접근법으로는 직무특성이론, 사회-기술시스템(socio-technical systems) 모델, 사회정보처리모델(social information processing model) 등으로 종업원 개개인의 만족과 사회적 변화에 초점을 맞추고 있다.

### 4.3.1 직무특성이론

1970년대를 거쳐 1980년대까지 성행한 직무특성 접근법(job characteristic model)은 개인에 대한 직무의 동기부여적 귀인에 초점을 맞추고 직무 반응에 종업원들의 개인차를 고려하여 이론으로 체계화된 것이다.[15] 이는 개인과 직무간의 적합성을 고려한 모델로 종업원의 태도와 행위에 영향을 미치는 직무특성을 규명하여 직무설계 이론의 핵심적인 토대를 이루었는데 먼저 1960년 중반 Turner와 Lawrence의 연구에 의해 본격화되기 시작해 Hackman과 Oldham에 의해 하나의 이론으로 완성되었다.

직무충실화가 작업자에게 계획, 통제에 대한 자율권과 책임을 준 것이라면 직무특성이론은 직무 자체 내에 개인차를 고려하여 자율성과 정체성을 부여한 것이다. 모든 직무는 작업자의 조직 목표는 물론 개인 욕구를 달성할 가능성을 내포하고 있으며 이는 직무가 어떻게 설계되어 있는가 그리고 작업자 개개인이 어떤 욕구와 목표를 가지고 있는가와 깊은 관련을 가진다. 즉, 작업자가 동기부여되어 직무를 완성하기 위해서는 직무이행 시 자신의 욕구를 깨닫고 조직 목표를 달성할 수 있다는 확신을 가질 수 있도록 직무설계가 이루어져야 하는 것이다. 작업자의 욕구에는 상위욕구(자아실현, 자율성, 성취감 등)와 하위욕구(안전, 보상, 단순반복)가 있는데 개인별로 충족하고자 하는 욕구가 다를 것이다. Hackman과 Oldham은 상위욕구 충족을 위한 직무설계에 관심을 가지고 직무특성이 핵심직무차원, 작업자의 핵심적 심리상태, 작업자의 성장-욕구 강도에 영향을 받는다는 직무특성이론 모형을 〈그림 7-2〉와 같이 제시하였다. 우선 핵심직무차원은 내적 동기부여에 영향을 미치는 것으로 다음과 같다.

- 기술다양성(skill variety) : 직무가 작업자의 다양한 기술, 지식, 재능 등을 최대한 사용할 수 있도록 설계된 정도
- 직무정체성(task identity) : 작업자가 맡은 부분적인 직무가 전체적인 직무와 연결되어 있고 이러한 전체적인 과정에서의 자신의 직무를 이해할 수 있도록 설계된 정도

**그림 7-2**
직무특성모델

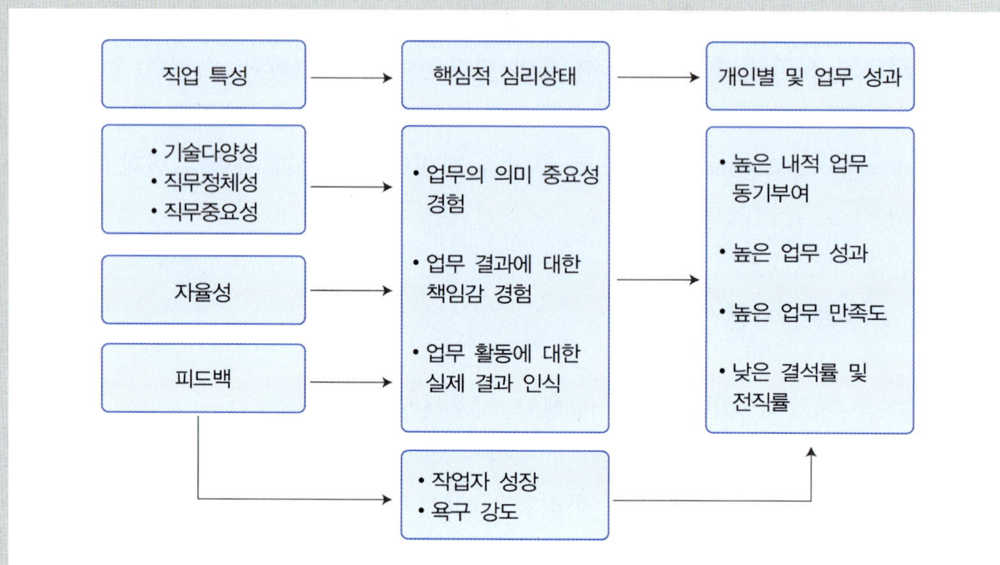


자료 : Hackman, & Oldham(1976).[16]

- 직무중요성(task significance) : 자기 직무가 조직 외부 및 내부의 다른 사람의 작업이나 행동에 실질적인 영향을 미치게 되는 정도
- 자율성(autonomy) : 작업자가 직무수행 시 필요한 작업계획 및 절차를 결정하는 데 있어서 실질적인 자유, 독립성 그리고 자율성을 가지는 정도
- 피드백(feedback) : 작업자가 자신은 물론 상급자, 동료, 고객, 정보시스템 등에 의해서 자신의 작업결과에 대한 직접적이고 명확한 정보를 얻을 수 있는 정도

작업자의 핵심적 심리상태는 위와 같은 직무특성에 대해 작업자가 인식하고 반응하는 정도를 반영하는 것으로 위의 핵심직무차원에 의해 유발되며 이를 높은 수준으로 경험할 시 그는 자신의 직무에 만족하고 긍정적으로 느끼게 된다. 그 내용은 다음과 같다.

- 의미충만성(meaningfulness) : 작업자가 직무 자체를 의미 있고 가치 있는 일로 경험하여 보람과 긍지를 느끼는 것
- 책임성(responsibility) : 작업자가 자신의 직무결과에 대해 책임감을 느끼는 것
- 결과인식(knowledge of results) : 작업자가 자신의 직무를 얼마나 효과적으로 수행하였는가를 지속적으로 알 수 있는 것

직무특성이론에서 제시하는 핵심직무 차원과 핵심적 심리상태의 관계를 구체적으로 보자면, 기술다양성, 직무정체성 및 직무중요성은 종업원이 의미 충만성을 경험하는 데 영향을 끼치며 자율성은 직무결과에 대한 책임감을 유발시킨다. 또한 피드백은 직무 결과를 인식하는 데 영향을 미친다. 작업자의 핵심적 심리상태에 따라서 개인별 다양한 직무결과가 나타나는데 이는 작업자의 성장-욕구 강도에 따라 달라진다.

작업자의 성장-욕구 강도는 작업자가 자신의 능력을 충분히 개발하고 성장하고자 열망하는 정도를 의미하는 것으로 이러한 욕구가 강한 작업자는 약한 작업자에 비해 핵심직무특성에 보다 민감하게 반응하게 된다. 즉, 성장욕구가 강한 작업자는 높은 자율성을 보장받으면 책임감을 강하게 가지며 자율성이 주어지지 않을 시에는 책임감을 거의 느끼지 못한다. 또한 작업자가 높은 수준의 핵심적 심리상태를 경험할 때 성장욕구의 강도가 높으면 높을수록 훨씬 좋은 결과를 보인다. Hackman과 Oldham의 직무특성이론 모형은 핵심직무차원으로 작업자의 핵심적 심리상태가 이루어지고 이는 작업자 개개인의 성장욕구 정도에 의해 조절됨을 말한다.

Hackman은 또한 실무자들이 이 이론을 적용하여 직무를 설계할 수 있도록 다음과 같은 지침을 개발하였다.

- 직무의 조합 : 기존의 직무들을 좀 더 복잡하게 하나의 직무로 조합하여 기술다양성 및 직무정체성을 느끼게 한다.
- 직무의 주체 : 일정업무 범위에 대해 팀을 이루고 책임을 주어 직무정체성, 직무중요성을 느끼게 한다.
- 고객관계 : 작업자가 고객과 직접 만날 수 있는 기회는 다양성, 자율성, 피드백의 정도를 높인다.
- 권한위임 : 직무관계를 수직구조로 하여 더 많은 책임감을 부여한다.
- 피드백 구조의 장치 : 결과에 대해 개방적인 피드백 장치를 설치한다.

### 4.3.2 사회기술 시스템 모델

직무충실화 접근법을 기반으로 한 사회기술 시스템적 접근(socio-technical approach)은 빠르게 발전하고 변화되는 기술에 빠른 의사결정과 유연성으로 신속히 대응하기 위한 조직구조로, 팀이 중심이 되어 기술의 효율성에 대한 조직의 요구와 종업원의 요구를 합하여 성과를 향상시키는 설계법이다. 시스템이란 여러 기능을 수행하는 요소들의 상호 연관된 집합체로, 수많은 하위 시스템으로 구성되며 입력, 변화 과정, 결과,

피드백을 포함한다. 사회기술 시스템적 접근법은 조직을 기술적 하위시스템과 사회적 하위시스템을 통합하는 것으로, 기술적 시스템은 입력요인이 결과요인으로 산출되는 변화과정에 사용되는 재료, 툴, 기계, 프로세스를 말하며 높은 생산력과 낮은 비용을 추구한다.[17] 사회적 시스템은 조직구성원들 간의 상호적 대인관계를 말하는 것으로 서로 간에 신뢰를 바탕으로 동료의 작업 습관, 강점, 약점, 선호 등을 알고 커뮤니케이션을 통해 친밀함을 쌓는 과정을 중요시한다.

이러한 사회기술 시스템적 접근법은 1950~1960년대 광산산업을 연구하던 영국의 Tavistock Institute에서 신기술을 다루기 위한 작업 그룹의 사회적 시스템의 중요성을 언급하여 시작된 것으로, 광산산업에서 발생하는 문제들이 생산 기술의 변화에 따른 물리적 환경 및 사회적 요구의 영향에 대해 적절한 주의를 기울이지 않았기 때문인 것으로 보고 업무 시스템의 기술적 측면과 사회적 측면을 통합하는 새로운 접근법을 제시하였다. 이는 신기술 도입 시 자동화가 증가되면서 나타난 비인간화 현상을 잠재적으로 상쇄시키기 위해 사용된 것으로, 〈그림 7-3〉은 이 모델의 3가지 구성 요소를 잘 보여준다. 그림 상의 최적화된 디자인이란 사회적 및 기술적 시스템의 요구가 잘 부합될 때 조직이 최상의 기능을 수행한다는 것을 의미한다.

1970년대에는 스칸디나비아의 자동차 제조업이 업무에 기술적 혁신을 일으키면서 작업자의 사회적 요구에 부합하기 위한 방법으로 자율적 작업 그룹(autonomous work group)의 개념을 도입하였는데, 이러한 자동조절(self-regulating) 그룹은 종업원이 스스로 업무 과제, 트레이닝, 감독, 상벌체계를 조절하는 등 기존에 경영진에게 할당되던 여러

**그림 7-3**
사회기술 시스템 모델

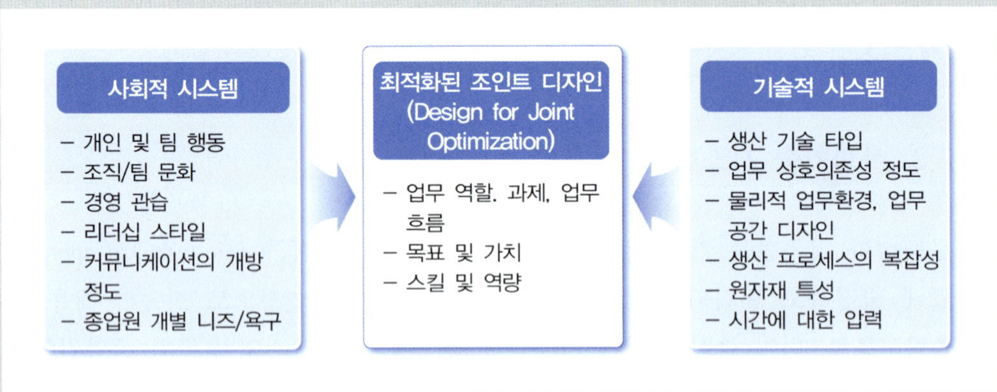


자료 : Cummings(1978).[18]

역할을 수행하며 경영진은 이러한 팀들의 코디네이터 역할을 하게 된다. 이 사회기술 시스템적 패러다임에 따라 자율적 작업 그룹은 사회적, 기술적 시스템을 통합하고 최적화하여 경영진 층을 좁히고 종업원 간의 협동적인 관계를 장려한다.

이러한 자율적 작업 그룹은 기존의 제조업에 종사하던 작업자들이 느끼던 고립감과 지루함을 경감시켰으나, 최근 연구에 의하면 이러한 긍정적인 현상이 장기적으로 지속되지 못하며 오히려 종업원의 스트레스 증가, 직무 만족도 및 조직몰입도 감소, 경영진에 대한 신뢰 부족 등을 초래할 수 있다고 밝힌 바 있다. 이와 같이 자율 작업 그룹의 긍정적 현상이 일시적이라면 오히려 이로 인한 부정적인 측면을 상쇄시키기 위해 더 잦은 직무 재설계가 요구될 것이다.

### 4.3.3 자율적관리팀

1970년대 미국의 General Food에서 최초로 시작되었던 자율적관리팀(self-managed teams)은 집단수준에서 직무 중요성과 직무 정체성을 강조하는 직무충실화 접근법이다. 이는 사회기술 시스템적 접근법을 대체하는 개념으로, cross-functional team, task force, project team, quality circle, venture team 등 다양한 형태를 취하며,[19] 팀 자체가 스스로의 업무를 결정하고 업무의 전체적인 프로세스를 책임지게 된다. 또한 팀 구성원들을 직접 선정하고 팀의 성과에 대해 스스로 평가한다. 여러 연구 결과상으로 자율적관리팀은 직원들의 태도에 긍정적인 영향을 끼치며 앞으로 직무설계 도구로서 중요한 역할을 할 것이라고 하였다. 오늘날에는 General Motors, Hewlett-Packard, Prudential, Motorola, Goodyear, General mills 등 미국 회사의 1/4가량이 이러한 자율적관리팀 방식을 사용하고 있으며 향후 더욱 증가될 것으로 보고 있다.

**Saturn Corporation** General Motors의 자회사인 Saturns Corporation은 최첨단 기술공장에서 신규 자동차 브랜드를 생산하는 데 있어서 자율적관리팀 방식을 사용하였다. 공장을 건설하기 전, Saturn 근로자들은 세계 곳곳을 돌며 160여 개의 여러 시설들을 방문하여 유용한 설비를 눈여겨 본 후, 200여 개의 자율적관리팀을 구성하였다. 각 팀은 팀 구성원 고용문제부터 직무 수행 방법까지 스스로 결정할 권한을 가졌으며 예산 범위 및 원료 공급에 대한 책임도 맡았다. 또한 Saturn은 갈등 관리기술, 의사결정, 그룹 다이나믹스 등 매우 광범위한 직원 트레이닝 프로그램을 구축하였다. 후에 Saturn은 자국 내 자동차 제조업에서 볼 수 없던 이례적인 생산성 향상을 보였는데 이에는 자율적관리팀이 어느 정도 기여한 것으로 보고 있다.

### 4.3.4 사회적 정보처리 모델

사회적 정보처리 모델(social information processing model)이란 종업원이 동료, 매니저 및 그 외의 접촉하는 사람들이 제공하는 사회적 요인들(social cues)에 따라서 자신의 태도 및 행동을 택한다고 전제하는 직무 설계 모델이다.[20] 이 모델이 기본적으로 전제하는 4가지 사항으로는 첫째, 내가 업무환경을 이해하는 데 있어서 다른 사람들이 단서(cues)를 제공하고, 둘째, 내 직무에서 무엇이 중요한가를 판단하는 데 있어서 다른 사람이 도움이 되며, 셋째, 다른 사람들이 내 직무를 어떻게 보느냐를 나에게 말해준다는 것과, 마지막 네 번째로, 내 직무에 대한 다른 사람들의 긍정적인 또는 부정적인 피드백이 내가 직무에 대해 느끼는 점들을 이해하는 데 도움이 된다는 것이다. 이렇게 자신의 직무에 대한 지각 및 반응은 다른 사람들로부터 주어지는 정보로 인해 형성된다. 즉, 개인의 지각에 초점을 맞추어 종업원이 직무의 객관적인 특성보다는 다른 사람들의 의견, 관찰, 반응 등을 포함하는 사회적 정보에 의해 더 큰 영향을 받게 되는 것이다. 따라서 관리자는 직무에 대한 종업원의 지각에 관심을 가져야 하며, 사회적 정보지식에 더 영향 받기 쉬운 새로 고용된 종업원이나 새로운 자리로 이동한 종업원 등에 대해 각별히 신경 써야 할 것이다. 예를 들어, 관리자가 새로 입사한 종업원에게 "여기는 모든 사람들이 잘 어울리는 회사예요. 당신도 이곳을 정말 좋아하게 될 겁니다."라고 말한다면 이 입사한 종업원은 직업에 있어서 사회적 대인관계가 무척 중요하다고 가정하게 되는 반면, "이 회사는 사장이 비열하고 급여 수준도 나빠요. 당신도 이곳을 좋아하기는 어려울 겁니다."라고 말한다면 이 입사한 종업원은 직업의 가장 중요한 측면이 사장과의 관계와 급여 수준이라고 생각하게 될 것이다.

그러나 이 모델이 객관적인 직무 특성을 무시하는 것은 아니다. 직무 특성이 미치는 영향이 다른 사람들로부터 주어지는 사회적 정보에 의해 변경 또는 수정될 수 있는 것이다. 또한 직무에 대한 지각은 객관적인 직무 특성과 사회적 정보의 결합으로 유발되는 것이며,[21] 이는 종업원이 긍정적인 사회적 정보와 잘 설계된 직무에 임할 때 각각 단독적으로 접할 때보다 더욱 호의적인 평을 내린다는 것으로 잘 알 수 있다. 즉, 사회적 정보와 직무 설계는 상호적으로 강화되는 것이며, 부정적인 사회 정보 또는 불완전하게 설계된 직무는 잘 설계된 직무 또는 긍정적 사회 정보의 긍정적인 영향력을 감소시키게 된다.

## 4.4 직무 환경의 변화와 최근 직무설계 접근법

기술의 빠른 변화는 업무 환경에 많은 변화를 일으켰다. 기계가 인력 노동을 대체하면서 업무가 점점 단순화돼가고 사람이 직접 복잡하고 다양한 업무를 수행하는 직무가 점점 감소되었다. 이렇게 점점 지루하고 반복적인 직무가 늘어나면서 근로자들의 직무 만족도가 떨어지게 되었다. 그러나 기술이 진보되어 갈수록 사람들은 지루한 직무에 만족하지 않고 자신이 맡은 직무에 더 책임감을 부여하고 성장의 기회에 집중하여 기술의 발전에 상응하는 트레이닝 및 교육 등으로 업무에 필요한 스킬 및 능력을 갖추고자 하였다. 즉, 직무 자체가 아니라 자신의 만족과 발전에 더 관심을 가지게 된 것이다.

이렇듯 기존의 직무환경은 사람과의 관계를 고려하지 않고 작업 자체에만 초점을 맞추었으나 최근의 직무환경은 작업의 파생적인 문제에 초점을 맞추어 일과 사람과의 적합성을 최우선시 한다. 작업 자체와는 관련되지 않은 근무방식이나 형태 등의 여러 노동여건의 변화를 추구하면서 직무에 임하는 사람의 만족감을 충족시키고 업무와의 적합 수준을 향상시키려 시도하는 것이다. 이러한 기술적, 사회 심리적 요인에 초점을 맞춘 직무설계는 매우 다양하게 제시될 수 있는데, 기업의 관리자 혹은 직무설계자는 우선 기업의 상황을 분석한 후 그에 따른 니즈에 부합하는 조직을 설계해야 한다.

최근의 직무설계 접근법은 크게 네 가지 관점에서 다뤄질 수 있는데, ① 기술적/환경적 변화의 영향, ② 인력의 중요성, ③ 고객과의 접촉/유지의 필요성, ④ 글로벌 조직이다. 매우 빠르게 변화하는 기술과 환경으로 기업들은 사실상 적절한 조직구조를 갖추는 데 있어서 예측하기도 어렵고 장기적으로 유지할 수도 없다. 전자적인 정보처리로 인해 가늠할 수 없이 빠른 정보 전달과 검색이 이루어지기 때문에 기업은 매일매일 종업원 관계, 정보 배포 및 업무 코디네이션 등에 대해 검토해야 한다.

다음은 근무 환경의 변화에 따라 제시된 다양한 직무설계 접근법을 설명한다. 기업의 매니저들은 사회 기술적 시스템, 전략, 구조적 요인, 정보 기술의 변화, 사람, 글로벌 시각 등 다양한 측면의 효과성을 고려하여 그들의 특정 조직에 적합한 조직구조를 설계해야 할 것이다.

### 4.4.1 리엔지니어링

리엔지니어링(reengineering)이란, Hammer 등이 불황을 타개하는 기법으로 제시한 것으로 '비용, 서비스, 속도와 같은 현재의 중요한 평가척도의 극적인 향상을 위해 업무 프로세스를 본질적으로 재사고하고 재설계하는 것'이라 정의된다.[22] 즉, 정보기술을 광범위적으로 사용하여 업무수행에 필요한 시간 및 인력을 줄여서 결과적으로 프로세스에 대한 비용을 줄이는 것이다. 이는 현재 하고 있는 내용에 초점을 맞추어 업무를 바꾸는 것이 아니라 불필요한 정보를 제거하고 단순화하며, 업무처리과정만 변화를 꾀하는 것이 아니라 기업 내 여러 관련 부문에도 변화를 실행한다. 따라서 업무 재설계 시 반드시 직무내용, 조직구조, 관리시스템 등 업무처리 과정에 관련되는 모든 경영요소를 전사적인 차원에서 재구성해야 한다. 업무재설계가 필요하다고 판단되는 영역이 도출되면 이에 대한 범위를 결정하고 업무활동 간의 가치흐름을 파악해야 한다. 여기서 가치 흐름이란 업무 가치의 근원이 업무활동을 통해 고객만족을 획득하는 데서 온다는 것을 인식하여 업무 과정과 업무 간 상호작용이 이루어지는 흐름을 말한다. 즉 고객이 기업으로부터 무엇을 원하는 가를 파악하는 것이 우선이며 그 다음 이에 적합한 전략을 제시해야 한다. 전략이 결정되면, 경영진의 강력한 리더십으로 전략 수행을 위해 조직적 시스템을 설계하기 위한 핵심 인력 팀을 구성해야 한다. 그리고 관리자는 리엔지니어링을 하기 전에 기업이 재설계에 대한 준비가 되었는지, 기업의 업무 활동을 수행하기 위해 사용할 최신 정보기술이 가능한지 확인해 보아야 한다. 정보 기술은 리엔지니어링 과정에 있어서 업무 수행의 한계 제거, 신속한 업무 수행, 경쟁력 획득 등 매우 중요한 역할을 담당한다. 또한 이로써 불필요한 임원층을 줄이고 종업원에게 더 많은 재량권을 부여할 수 있다.

리엔지니어링을 성공적으로 이행하기 위해서는 기업의 관리자가 다음과 같은 4가지 사항을 고려해야 한다.

- 목표 : 관리자는 조직과 리엔지니어링의 목표를 명확히 알아야 한다.
- 문화 : 기업 문화도 리엔지니어링에 상응하여 동시에 변화해야 한다.
- 과정과 성과 : 관리자는 프로세스 및 성과 유형에 따라 각기 다른 목적을 세워야 한다.
- 사람 : 리엔지니어링 프로세스에 관여되는 사람을 명확히 해야 한다.

리엔지니어링은 모든 인력 및 프로세스에 변화를 꾀한다. 따라서 모든 관리자 및 종업원은 기존의 관리방식 및 업무 방식을 신중히 고려하여 유지해야 할 것과 변경해야 할 것을 구분하는 준비가 필요하다.

### 4.4.2 탄력 근로제

탄력 근로제(flexible working hours)란 기존의 직무내용에 초점을 맞춘 설계법과는 달리 직무 상황에 초점을 맞춘 것으로 근로자의 업무와 가족의 요구에 대한 균형을 고려한 것이다. 뒤에 나올 텔레커뮤팅이나 파트타임 고용도 모두 이에 해당된다. 탄력 근로제는 근로자들의 근무시간을 탄력적으로 운영하여 근로자들에게 업무 스케줄에 대한 어느 정도의 재량권을 부여한다.

재량적 근무시스템은 근로자가 정확한 업무일자 및 시간을 선택하여 탄력적인 근로 시간을 취하는 것으로, 정해진 일당 및 주당 업무시간을 맞추는 데 한해서 업무 시작 시간과 끝나는 시간에 대한 선택권을 가진다. 예를 들어, 어떤 사무직을 담당하는 사람의 일당 업무시간이 8시간이라면 오전 7시부터 오후 3시까지 일하거나, 오전 10시부터 오후 6시까지 일하는 것 모두 가능한 것이다.

**텔레커뮤팅** 텔레커뮤팅(telecommuting)이란 근로자가 조직의 물리적 위치로부터 멀리 떨어져 있는 경우 업무 수행을 위해 컴퓨터 및 그 외 통신장비 등의 정보기술을 이용하는 것으로 최근 빠르게 증가하는 추세이다. 특히 영업직에 종사하는 근로자는 많은 시간 오피스 외부에서 근무하기 때문에 집에서 컴퓨터를 이용하거나 휴대폰을 이용함으로써 의견교환 시간을 절약하고 근무 외의 활동에도 여유를 가지며 업무 생산성 또한 향상되었다. 또한 물리적 환경이 제한이 되었던 여러 인력들의 참여로 다양한 인력구조 형성이 가능하고 가치 있는 인력의 장기적인 보유가 가능하다.

**파트타임 고용** 파트타임 고용(part-time employment)이란 정규 근로자가 업무의 예상되는 총 시간보다 적게 업무를 맡는 것을 말한다. 대개 고용주는 비용을 절약하는 차원에서 파트타임 직원 고용을 선호하기도 한다. 파트타임 고용은 1980년대 들어서 잡 쉐어링(job sharing)과 잡 스플리팅(job splitting)으로 변형되었는데, 잡 쉐어링은 전체적인 직무를 주당 시간 및 일자에 따라 2가지 이상의 파트로 나누어 두 사람 이상이 수행하게 하고, 직무 총 책임자가 이를 통합하여 마무리하는 것이다.[23] 이는 업무에 대한 책임감 및 특화성을 제한하지만 각자 맡은 직무의 모든 과제를 수행하면 되기 때문에 한 사람이 아침에 하고 나머지 한 사람이 저녁에 하거나, 한 사람이 일주일의 첫 반을 하고 나머지 사람이 일주일의 남은 반을 근무하는 것 모두 가능하다. 또한 풀타임 업무가 불가능한 인력에게는 업무에 대한 동기부여 및 만족도를 높일 수 있다. 잡 스플

리팅은 시간 스케줄이 아닌 과제 및 스킬에 따라서 업무를 나누는 것이다. 즉, 한 사람이 인터뷰 내용을 받아쓰기를 했다면 나머지 한 사람은 이를 타이핑으로 원고 정리하는 것을 예로 들 수 있다.

### 4.4.3 린 생산 방식

린 생산이란 도요타 자동차에서 창안한 생산 방식으로 다른 말로 Just-In-Time(JIT)이라고 한다. 이는 린 생산방식이 종전의 포드대량주의에 입각하여 재고를 쌓아두고 생산하는 방식을 지양하고 제품과 부품이 적시에 공급되는 시스템을 구축하여 재고비용을 줄이고 종업원의 적극적인 참여를 유도하여 궁극적으로 생산 품질까지 향상시키고자 하는 혁신적인 방식이다. 도요타는 이 방식을 통해 세계적 품질의 자동차 생산기업으로 도약하였으며 전 세계 기업에서도 이를 도입하고자 시도하고 있다. 이 JIT 시스템은 생산 공정에서 비생산적인 시간과 비효율을 제거하는 데 집중하여 공정과 품질의 지속적인 개선을 추구하고 종업원의 적극적인 참여와 재고 감축을 핵심으로 한다. 그러나 이 시스템이 자재소요와 재고를 거의 제거함으로써 상시 부품과 반제품이 필요할 시 이를 공급하는 하위 제조업체가 수시로 공급해야 한다는 부담을 가지게 되어 재고부담을 하청업체에 넘긴다는 비난이 따르기도 한다.[24]

토요타의 대표적 생산방식인 TPS(Toyota Production System)의 핵심은 자원의 낭비를 없애는 것이다. 즉 이를 통해 비용을 낮추고 효율성을 극대화하는데 이를 실현하는 대표 수단이 바로 JIT이다. JIT는 시스템 협력업체와 부품재고량을 거의 제로에 가깝게 유지해 필요할 때 필요한 부품으로 차를 만드는 것이다. 기존 자동차 회사들이 부품공급 시 며칠분 재고량을 한 번에 창고에 입고시켜 생산량에 따라 재고가 소진될 시점에 다시 발주를 하는 방식과는 달리, 이는 결품이 거의 없고 매우 안전하게 재고관리를 할 수 있는 방법이라 할 수 있다.

## 주석(endnote)


1 Moorhead, G., & Griffin, R. W. (2004). *Organizational Behavior: Managing people & organizations* (7th ed.). Boston, MA: Houghton Mifflin Company.

2 Amabile. (1985). Motivation and Creativity: Effects of motivational orientation on creative writers. *Journal of Personality and Social Psychology*, 48, 2, 393~399.

3 Locke, E. A. (1968). Toward a theory of task motivation and incentives. *Organizational Behavior and Human Performance*,3, 157-189.

4 Locke, E. A., & Latham, G. P. (1990). *A Theory of Goal Setting & Task Performance*. Prentice-Hall, Inc.

5 Griffin, R. & Moorhead, G. (2013). *Organizational Behavior: Managing People and Organization*.

6 Luthans, F. (2008). *Organizational Behavior*. McGraw-Hill, 290~293.

7 Kopelman, R. E. (1985). Job redesign and productivity: A review of the evidence. *National Productivity Review*, 4(3), 237~255.

8 Katz, H. C., Kochan, T. A., & Weber, M. R. (1985). Assessing the effects of industrial relations systems and efforts to improve the quality of working life on organizational effectiveness. *Academy of Management Journal*, 28(3), 509-526.

9 Luthans, F. (2008), *Organizational Behavior*. McGraw-Hill, 346.

10 Luthans, F. (2008), *ibid*, 346~347.

11 Luthans, F. (2008), *ibid*, 347.

12 Guest, R. H., & Walker, C. R. (1952). *The Man on the Assembly Line*. Cambridge: Harvard University Press.

13 Herzberg, Frederick I. (1966). *Work and the Nature of Man*, New York: Mentor book.

14 Hackman, J. R. (1975). On the Coming Demise of Job Enrichment, in E. L. Cass & F. G. Zimmer (eds.). *Man and Work in Society*. NY: Van Nostrand.

15 Hackman, J. R., & Oldham, G. R. (1976). Motivation through the design of work: Test of a theory. *Organizational Behavior and Human Performance*, 16(2), 250~279.

16 Hackman, J. R., & Oldham, G. R. (1976). *ibid*, 250~279.

17 Emery, P. E. & Trist, E. I. (1965). "The Causal Texture of Organozational Enioronment," *Human Relations*, 18, 21~32.

18 Cummings, T. (1978). "Self-regulating work groups: A Scio-technical Synthesis." *Academy of Management Review*, 3, 625~634.

19 Barry, D. (1991). Managing the bossless team: Lessons in distributed leadership. *Organizational Dynamics*, 31~47.

20 Thomas, J., & Griffin, R. (1983). The social information processing model of task design: A review

of the literature. *Academy of Management Review*, 8(4), 672~682.

21 Campbell, D. J. (1988). Task complexity: A review and analysis. *Academy of Management Review*, 40~52.

22 Hammer, H. & Champy, J. (1993). *Reengineering the Corporation*. New York, Harper Business.

23 Luthans, F. (2008). *Organizational Behavior*. McGraw-Hill, 45~46.

24 Liker, J. K. & Meier, D. (2006). *The Toyota Way*. McGraw-Hill, 20~213.

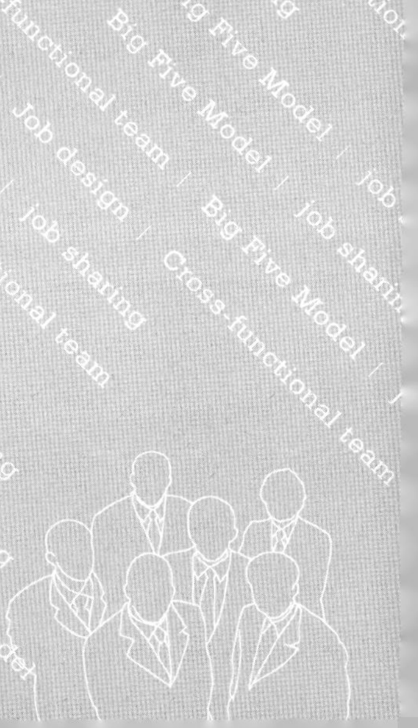

CHAPTER 08

# 태도와 행동

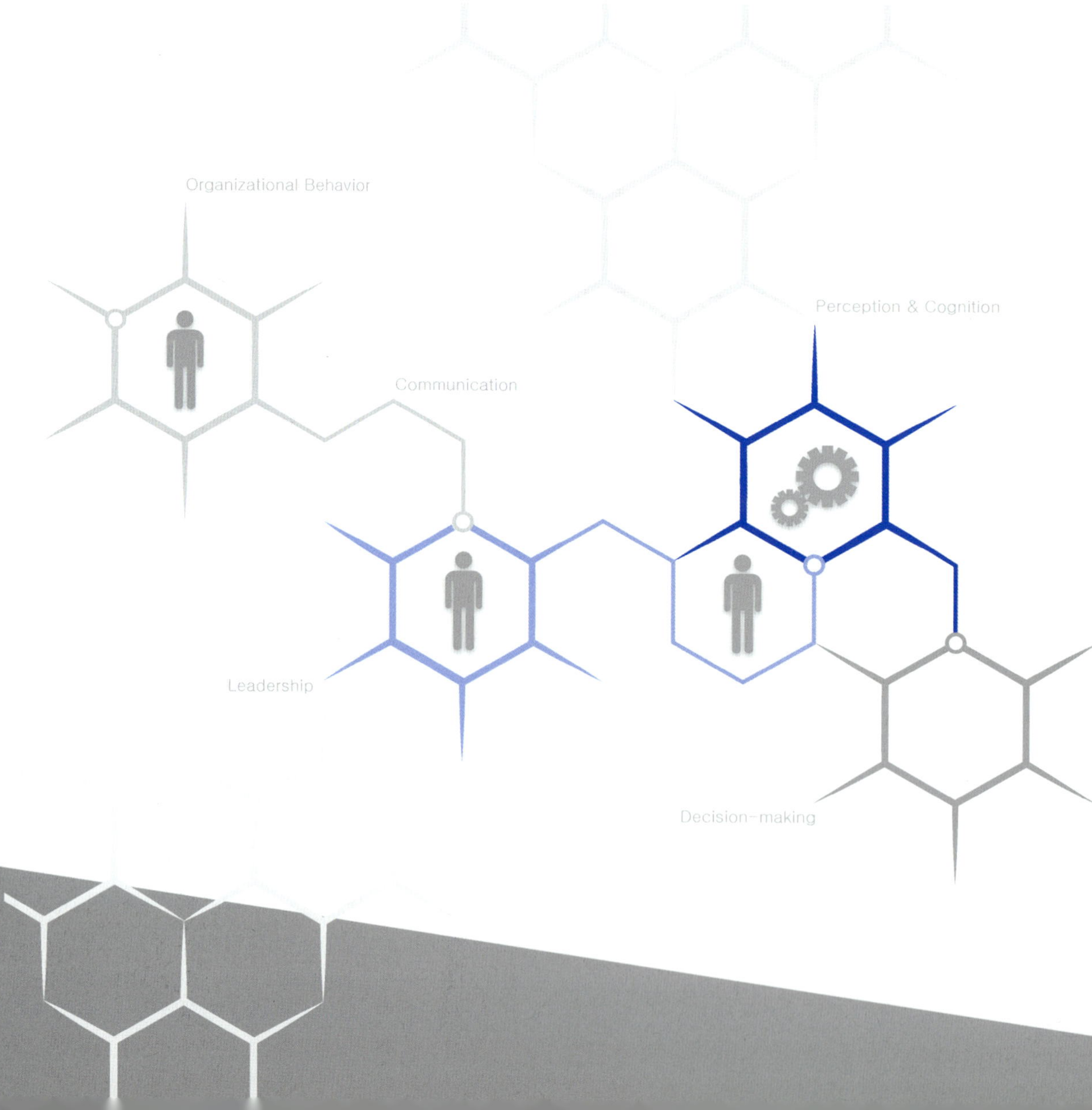

## 들어가기

일상생활에서 상황이나 다른 사람에 대해 갖는 신념이나 느낌 등의 집합체로 나타나는 것이 태도이다. 태도는 인지적, 감정적, 그리고 행동적 요소로 구성되는 것으로 조직구성원들의 행동을 결정하는 중요한 요소이다.

태도는 어떻게 형성되며 또한 태도는 변화 가능한 것인지, 그리고 어떻게 변화되는지를 살펴봄으로써 개인행동을 예측하고 관리할 수 있다. 조직에서 특히 직무태도, 즉 직무만족, 직무몰입, 조직몰입 등은 구성원의 조직행동과 행동결과로서 나타나는 성과와 직결된다. 따라서 태도와 행동 간의 관계를 보다 면밀히 살펴보고자 한다.

우리는 사람들의 생활태도, 일하는 태도, 공부하는 태도, 또는 어떤 문제를 대하는 태도 등을 많이 중요시한다. 여기서 태도란 사물, 사람, 사건에 대하여 평가 및 판단을 하는 것과 관련되어 있다.[1] 사회심리학에서는 인간행동에 대한 사회적인 설명을 할 때 가장 중요시되는 변수로 태도를 들고 있으며,[2] 이는 조직에서 구성원들의 직무행동을 결정하는 주요한 변수로서 태도를 이해하는 것이 매우 중요함을 의미한다.

# 1. 태 도

## 1.1 태도의 개념

태도란 사람들이 특정한 생각이나 상황 혹은 다른 사람에 대해 느끼는 신념(belief)과 느낌(feeling)의 집합체로 정의된다. 대부분의 사람들이 이러한 태도를 통해 각자의 생각이나 느낌을 표현한다. 예를 들어 어떤 종업원이 스스로 회사에서 아주 적은 월급을 받는다고 말한다면, 이는 그 사람이 임금에 대해 가지는 부정적인 느낌을 나타낸다.[3]

이러한 태도는 몇 가지 특성이 있다. 첫째, 태도는 사람을 변화시킬 어떤 계기가 발생하지 않는 이상 유지되는 경향이 있다. 둘째, 태도는 '매우 호의적'에서 '매우 호의적이지 않음' 사이의 영역에서 어디에서라도 정의될 수 있다. 그리고 어떤 사람의 태도는 그 사람이 느낌과 신념을 지닌 대상에 대해서 생긴다.[4]

이는 다음과 같은 예를 통해 이해할 수 있다. 소개로 만난 이성에 대해서 첫인상이나 첫날의 대화를 통해 '매우 괜찮다'라는 호의적인 태도를 지닐 수 있다. 이러한 태도는 계속 만나면서 상대방이 돈을 지나치게 헤프게 쓴다거나, 고집이 너무 세서 내 말은 전혀 들으려 하지 않는 등의 나의 태도를 변화시킬 만한 결정적인 계기가 발생하지 않는 이상 변하지 않는다. 만약 위와 같은 태도 변화의 계기가 생기면 '별로 괜찮은 사람이 아니군'과 같은 비호의적인 태도로 변화할 수 있고, 자기감정을 자제하지 못하고 난동을 부린다면 '매우 괜찮지 않은 사람이다'와 같이 매우 비호의적인 태도로 변화할 것이다. 이러한 일련의 태도 변화는 결국 소개로 만난 이성이 괜찮다는 느낌 내지 괜찮을 것 같다는 신념을 불러일으킨 대상이기에 생겨난 것이다.

태도는 크게 인지적(cognitive), 감정적(affective), 그리고 행동적(behavioral) 요소로 구성된다. 우선 태도의 **인지적 요소**란 어떠한 대상에 대해 가지고 있는 믿음, 견해, 그리고 정보를 포함한다. 예를 들어 태도의 인지적 요소는 '나의 직무는 흥미롭고 도전적이다' 혹은 '나의 상사는 불공정하다'와 같은 의식적이고 평가적인 생각이다.

다음으로 태도의 **감정적 요소**는 정서 혹은 기분에 관련된 요소, 즉 사람이 무언가에 대해서 지니는 느낌을 의미한다. 예를 들어 앞서 흥미롭고 도전적으로 생각하는 직무에 대해 '이 직무가 좋다'라고 느끼거나, 불공정하게 대하는 상사에 대해 '이 상사가 싫다'라고 느끼는 것이 그것이다.

태도의 인지적 요소와 감정적 요소는 서로 밀접하게 관련되어 있으며, 때때로 이 둘을 분리하기가 힘들다. 예를 들어 어떠한 사람이 자신에게 불공정하게 대한다고 인지하면 이 사람에 대해 불쾌한 느낌이 동시에 일어나게 된다. 또한 어떠한 대상에 대한 감정이나 느낌이 강하게 일어나면, 누군가가 인지적 차원의 변화를 일으키려 해도 감정에 의해 행동하게 되는 경우가 많다. 자신의 생일날에 과도한 업무를 시킨 것에 대해 몹시 격분해있는 사람은 상사가 그 업무의 필요성에 대해 설명할지라도 업무 상 협력을 하지 않거나 회사를 그만두는 등의 자신의 분노에 의한 행동을 하게 된다. 이러한 경우 효과적인 관리자라면 조직구성원의 태도의 인지적 요소뿐만 아니라 감정이나 정서적 요소들을 고려할 줄 알아야 한다.

마지막으로 태도의 **행동적 요소**란 누군가에 대해 특정한 방식으로 행동하려는 의도와 관련된 요소를 의미한다. 이는 직무를 좋아하게 된 조직구성원이 업무 시간 이외에도 일을 하려는 의도를 가지게 되거나, 상사를 싫어하게 된 조직구성원이 회사를 그만두려는 의도를 가지게 되는 것을 의미한다.[5]

## 1.2 태도의 형성

태도 연구의 초기에 가장 큰 영향을 준 접근법은 **인지일관성 이론**이다. 이러한 태도에 관한 연구는 제2차 세계대전을 계기로 발달하였으며, 초기 수십 년 동안에는 주로 태도의 개념정의와 태도측정방법에 초점을 두어 연구가 진행되었다. 그 당시에 태도변화에 영향을 미치는 선전과 설득, 반유대주의와 반민주주의 편견, 군대에서의 만족감과 소외감 등이 연구되었다.

이후 **사회인지이론**이 태도 연구에 도입되어 태도의 형성과 변화라는 매개과정을 보다 정교하게 분석할 수 있게 하였다. 메시지 전달자의 특성, 메시지 자체의 속성, 메시지를 받는 자의 특성 및 태도의 지속성과 같은 전통적인 변인들은 초기 연구를 기초로 하여 새로운 방식으로 연구되고 있다.

이들 접근 방법 중 우선 전통적인 인지일관성 이론의 경우에는 사람이 상반된 두 신념 간의 갈등으로 인한 불쾌감을 줄이기 위해 일관성을 추구한다고 보는 반면에, 사회인지적 접근의 경우에는 제한된 기억용량을 효율적으로 사용하기 위해서 부조화를 해소하고 일관성을 추구한다고 본다.

태도는 사람들의 개인적인 가치, 경험, 개성 등 다양한 요인들로부터 영향을 받아 형성된다. 만약 한 개인이 정직성과 고결성에 가치를 둔다면, 우리는 정직하고 도덕성이 있다고 여기는 경영자에 대해 호의적인 태도를 가질 것이다. 또한 어떤 동료와의 갈등으로 인해 그 동료에 대해 부정적이고 유쾌하지 못한 경험이 형성되어 있다면, 그 동료에 대해 부정적인 태도를 지니게 될 것이다.

개인의 기질적 요인 또한 태도형성에 영향을 미친다. 예를 들어 기질적으로 긍정적 정서(positive affectivity) 성향을 가진 사람의 경우 대체로 대상이나 상황을 대하는 태도가 긍정적으로 형성되게 된다. 반면에 부정적 정서(negative affectivity) 성향이 강한 사람의 경우 매사에 부정적인 태도를 가지는 경우가 많다.

직무태도와 관련해서는 전통적으로 상황적 요인들이 직무태도 형성의 주요 요인으로 주목받아왔다. Salancik과 Pfeffer는 조직구성원이 속해 있는 사회적 맥락에서 제공하는 정보가 종업원의 태도를 형성하는 데 영향을 미친다고 제안하였다.[6] 예를 들어 평가나 보상 방법, 동료나 상사의 태도나 행동 등에서 제공되는 정보들이 조직구성원의 인지나 느낌에 영향을 미침으로서 직무태도 형성에 영향을 미친다.[7]

## 1.3 태도의 기능

조직행동에서 태도의 기능을 이해하는 것은 다음의 몇 가지 이유에서 매우 중요하다.[8] 우선, 태도를 이해하면 행동을 이해하는 데 도움을 얻을 수 있다. 예를 들어 어떤 회사의 경영진이 태도 설문 조사를 통해 종업원들이 근무시간에 메신저를 사용할 수 없도록 근무 규율을 변화시킨데 대하여 분노하고 있다는 사실을 알았고, 다음해에 이직률이 급격히 증가했다는 보고를 들었다고 하자. 이때 경영진은 새로운 근무규율에 대한 부정적인 태도 때문에 종업원들이 회사를 그만두는 비율이 늘었다고 판단할 것이다.

또한 태도는 사람들이 근무 환경에 적응하는 것을 돕는다. Katz[9]는 이러한 과정에서 태도가 다음 4가지 기능을 수행한다고 말한다.

첫째, **적응**(adjustment) **기능**은 태도가 사람들이 근무 환경에 적응하도록 돕는 역할을 하는 것을 의미한다. 새로 이직한 회사에서 이전의 경력을 인정해 주고, 자신이 한 역할을 정확히 평가하여 후한 성과급을 준다면 이 직원은 조직에 대해 긍정적인 태도를 지니고 그 업무환경에 잘 적응할 것이다. 이 경우 발생하는 긍정적인 태도는 그 직원이 지금까지 속하지 않았던 생소한 조직의 질서를 새로 익혀야 하고, 인간관계를 새로이 정립해야 하는 등의 어려움을 이겨내고 적응하는 데 도움을 주게 된다.

둘째, **자아방어**(ego-defensive) **기능**은 태도가 종업원 스스로의 이미지(self-image)를 보호하는 기능을 말한다. 별로 유능하지 못한 팀장은 자기의 지휘에 사사건건 도전하는 젊은 팀원을 경험도 없는 주제에 버릇없고 건방지다고 생각할 것이다. 실제로는 팀장이 내린 결정에 비해 팀원이 제기한 대안이 적합하다 할지라도, 팀장은 그 사실을 인정하는 대신에 상대편을 비난함으로써 자신의 자아를 보호하려 할 것이다. 결과적으로 무능한 팀장은 젊은 팀원에 대해 계속 부정적인 태도를 지니게 될 것이다.

셋째, **가치 표현**(value-expression) **기능**은 태도가 사람들이 스스로 지니고 있는 가치를 표현할 수 있게 도와주는 역할을 의미한다. 예를 들어 일에 대한 가치를 지니고 있는 경영자의 경우에는 특정한 개인이나 작업관행에 대한 태도를 펴지게 하는 과정을 통해 스스로의 가치를 전파하려 할 것이다. 회사의 전략기획팀에서도 충분히 할 수 있는 업무 개선조차도 굳이 많은 돈을 써가면서 컨설팅 회사에 의뢰하는 것에도 유수 컨설팅 회사의 명성을 통해 새로이 도입하는 업무 절차에 대해 조직구성원들이 보다 긍정적인 태도를 지니게 하여 개선을 수월하게 하려는 의도가 숨어 있는 것과 유사한 맥락이다.

마지막으로 **지식**(knowledge)**의 기능**으로 태도는 사람들이 자신을 둘러싼 세계를 설명하고 조직할 수 있는 준거의 기준이나 표준을 제공한다. 예를 들어 경영진에 대하여 상당히 부정적인 태도를 지니고 있는 노조원의 경우, 경영진이 무슨 말을 하든지 거짓말을 하거나 고의적으로 진실을 왜곡하여 직원들의 행동을 경영진에게 유리한 방향으로 바꾸려 한다고 생각할 것이다. 이는 실제로 사람의 인식이 얼마나 정확한지와 관계없이 이미 형성되어 있는 태도가 대상이나 상황을 해석하는데 영향을 미칠 수 있음을 보여주는 것이다.

## 1.4 태도의 측정

여론조사, 투표의도, 소비자 선호도 조사 등 우리는 일상생활에서 다양한 태도 조사를 쉽게 접할 수 있다. 정치인들은 국민들의 정치적 태도를 조사함으로써 정책에 반영하며, 기업은 소비자의 태도를 조사하여 신제품 개발에 반영한다. 경영자는 직원들의 직무태도를 측정함으로써 이들을 동기부여 하는 데 활용한다. 이와 같이 태도 측정은 여러 방면에서 중요하게 활용되고 있다. 하지만 태도는 대개 가시적이지 않기 때문에 타인이 직접적으로 관찰할 수 없다. 따라서 태도를 어떻게 측정하느냐, 그리고 얼마나 정확하게 측정하느냐는 태도의 개념과 더불어 중요하게 다루어졌다.

태도 측정은 다음과 같은 어려움을 지니고 있다. 첫째, 사람들의 인지 구조 속에서 각각의 태도는 서로 다르게 개념이 정의되어 있을 수 있기 때문에 측정할 수 있는 태도는 사람들이 그 개념을 공유하고 있어야 한다. 따라서 사람들이 공유하고 있는'일반적인'태도 만이 측정을 하는 의미가 있다. 둘째, 사람들은 각각 상반되는 태도를 동시에 가지고 있을 수 있다. 더욱이 태도는 자주 변한다. 따라서 응답하는 시점에 따라 동일한 사람이라도 한 가지 태도 개념에 대하여 다른 응답을 할 수 있다. 예를 들어 상사에게 호되게 책망을 들은 직후에 직무만족도를 조사했다면 부정적으로 응답할 가능성이 높다. 하지만 동일한 응답자가 뜻밖의 인센티브를 받게 되었다는 소식을 들은 직후 직무만족도를 조사했다면 긍정적인 응답을 할 것이다. 마지막으로 태도를 측정하는 중 응답자의 합리화나 속임이 불가피하게 일어난다는 점이다. 특히 응답자의 도덕적 가치나 사회적 위상의 개념이 포함된 태도를 측정하는 경우 자신의 솔직한 답변보다는 사회적으로 바람직하다고 여겨지는 답변을 하게 된다. 이러한 현상은 태도 조사 시 익명성이 보장되지 않을 때, 사회적 압력이 있을 때 특히 더 많이 발생하게 된다.[10]

태도 측정의 종류로는 여론조사, 연역적 측정이 있다.

#### 여론조사

특정 모집단에서 어떠한 태도가 얼마나 일반적인지를 결정하는 가장 간단한 방법은 투표를 통해 표수를 세거나 전화 응답을 통해 여론조사를 하는 것이다. 예를 들어 특정 대통령 후보에 대한 선호도나 정당에 대한 태도를 알아보기 위해서 지지율을 측정하는 방식이 그 예에 해당된다. '총 500명의 조사자 중 45%가 A 정당을 지지, 30%가 B 정당을 지지, 20%가 C 정당을 지지, 무응답 5%.' 이러한 여론 조사 방식은 모집단 여론의 분포와 범위를 측정할 수는 있지만, 선호도의 강도는 측정할 수 없다는 점에서 단점을 지닌다.

**연역적 측정**

연역적 측정은 기본적으로 경험적으로 고안된 것이 아니라 논리적 고려에 의해 고안된 태도측정 방법이다. 연역적 측정의 방법은 여러 가지가 있다. 먼저 질문에 대하여 여러 개의 대안 답안을 제공하고, 응답자로 하여금 자신의 의견에 가장 가까운 한 가지를 선택하게 하는 방법이 있다. 이 대안 답안들은 단일 선상에 균일한 간격을 가지도록 질문자에 의해 고안된 것이다. 각각의 대안 답안들은 질문자가 자신이 중요하다고 생각되는 정도에 따라 임의로 측정 값을 부여한다. 아래의 '사회적 거리(social distance)' 측정 방법을 살펴보자. 이 측정 방법에서는 응답자에게 대상과의 친밀도의 정도를 질문하고, 다음과 같이 친밀도의 정도를 나열하고 각각의 답안들에 1~7에 해당되는 숫자를 부여하고 있다. 이때 각각의 대안들은 균일한 간격을 갖는다는 전제를 한다.

1 _ 혈연관계
2 _ 개인적으로 친한 친구
3 _ 나와 같은 동네에 사는 주민
4 _ 나와 같은 직장의 동료
5 _ 나와 같은 국가에 사는 시민
6 _ 우리나라에 방문한 외국인
7 _ 다른 나라의 국민

또 다른 연역적 측정의 예로는 리커트 척도(likert scale)가 있다.[11] 다음은 리커트 척도를 사용하여 직무만족도를 측정하는 예를 보여주고 있다.[12]

리커트 척도는 어떠한 태도를 측정하기 위해 해당 태도에 대한 진술문(statements)에 대해 각 개인이 동의하는 정도를(예 1-매우 동의하지 않는다, 3-보통이다, 5-매우 동의한다) 체크하도록 함으로써 비교적 손쉽고 빠르게 태도를 측정할 수 있게 해준다. 이때 좀 더 정확한 측정을 위해 대개 하나의 진술문보다는 복수의 진술문을 이용하며, 몇몇 진술문에 대해서는 의도적으로 역으로 설정하기도 한다(리버스 코딩, reverse coding). 예를 들어 직무만족(job satisfaction)을 측정하기 위해서 아래와 같이 대표적인 몇 개의 설문 문항에 대하여 조직원들이 직접 체크하게 함으로써 각 개인의 직무만족을 측정할 수 있다.

〈표 8-1〉 직무만족 측정의 예

| 직무만족 측정 문항 |
| --- |
| (1) 대체로 나는 나의 직무에 대해 만족한다.<br>(2) 일반적으로 나는 나의 직무를 좋아하지 않는다.(R)<br>(3) 일반적으로 나는 지금의 직장에서 일하는 것을 좋아한다.<br><br>1 = 매우 동의하지 않는다.<br>2 = 동의하지 않는다.<br>3 = 약간 동의하지 않는다.<br>4 = 동의도 부정도 하지 않는다.<br>5 = 약간 동의한다.<br>6 = 동의한다.<br>7 = 매우 동의한다.<br>*(R)은 리버스 코딩된 것을 의미함. |

자료 : Cammann, Fichman, Jenkins, & Klesh(1983).

이러한 연역적 측정방식의 장점은 사람들의 태도를 측정하는 데 있어 경제적이며 쉽게 응용할 수 있다는 것이다. 하지만 논리적으로 각 대안들 간의 거리가 균일하다는 연역적 측정방법의 전제는 실질적으로 현실성이 없다. 위의 '사회적 거리' 측정의 예에서도 나타나듯이, 각각의 답안들 간의 친밀도의 정도는 서로 비교할 수 없다. 혈연관계와 친구와의 사회적 친밀도 간의 심리적 차이는 우리나라에 방문한 외국인과 다른 나라의 국민들과의 사회적 친밀도 간의 심리적 차이와 동일할 수 없다. 즉, 균일하지 않은 태도의 차이에 균일한 수치를 부여하는 우를 범하게 되는 것이다.

## 2. 태도 변화

태도는 변화하지 않는 것이 아니다. 예를 들어 다른 어떤 사람에 대한 새로운 정보의 습득은 태도를 변화시킬 수 있다. 경영자는 현장경험이 없는 신입사원의 능력에 대해 다소 부정적인 태도를 지닐 수 있으나, 같이 한번 일을 해보고 나서 그 신입사원이 매우 재능이 있다는 것을 발견하고 보다 긍정적인 태도를 지닐 수 있다. 이처럼 태도의 대상이 변화하면, 그 대상에 대한 태도가 변화한다. 임금이 낮아서 회사의 보상체계에 불평불만을 그치지 않던 사원도 1,000% 상여금을 받은 후에는 보상체계에 대한 태도를 바꿀 것이다. 또한 어떤 사람에게 태도의 대상이 지니는 의미가 더 중요해지거나 혹은 덜 중요해지느냐에 따라서도 그 사람이 대상에 대해 지니는 태도가 달라진다. 예를 들어 어떤 사람이 똑같이 직속상사와 자주 대화를 하는 것을 목격했더라도 그 사람이 자신과 부장 승진을 겨루는 입사동기인 경우에 생기는 태도와 별 이해관계가 없이 얼굴 마주치면 인사나 하는 파견자의 경우에 생기는 태도에는 분명 차이가 있을 것이다.

일반적으로 오랫동안 지녀왔던 태도는 변화에 저항한다. 원래부터 성질이 고약하기로 이름난 상사가 보고서의 오류를 놓고 고함을 쳤을 경우에는 그렇겠거니 하지만, 이와 달리 오랫동안 자상하게 충고해 준 상사가 돌변하여 얼굴을 붉히며 고함을 지르면서 야단을 쳤을 때는 그 상사에 대한 원래의 태도로부터 야단을 맞은 후에 생긴 태도로 쉽게 변하지 않고 혼란을 겪을 것이다.

일반적으로 태도 변화는 Lewin의 변화 모델에 의해 해빙(unfreezing), 변화(change), 그리고 재동결(refreezing)의 세 단계로 진행된다.[13] 먼저 해빙 단계에서는 기존에 사람들이 지니고 있었던 관성을 극복하거나 기존의 사고방식이 해체된다. 이를 통해 기존 태도를 고수하고자 하는 저항을 극복한다. 다음 단계에서는 변화가 일어나는데, 이때 태도 변화는 다음의 세 가지 차원, 즉 순응, 동질화, 내재화의 차원에서 일어난다.[14]

- 순응(compliance) : 순응은 태도 변화를 통하여 타인이나 타 집단으로부터 보상이나 호의적인 반응을 얻기 위하여, 혹은 처벌을 피하기 위하여 개인이 사회적 압력을 받아들이는 경우 나타나는 태도 변화의 과정이다. 이때 개인은 태도의 대상을 향한 믿음이나 평가 상의 변화가 없어도 보상이나 처벌 등의 사회적 결과물의 영향을 받아 행동의 변화를 받아들이게 된다.
- 동질화(identification) : 동질화는 개인이 타인이나 타 집단과의 관계를 유지하거나 발전시키기 위하여 태도를 변화시키는 과정을 의미한다. 이때 태도의 구체적인 내용은 태도 변화에 큰 영향을 미치지 않는다. 예를 들어 자녀들이 부모의 태도나 신념을 받아들여 특정 정치 정당을 지지하게 되는 경우가 동질화에 의한 태도변화에 해당된다. 즉, 자신이 좋아하거나 존경하는 사람의 행동이나 태도를 닮고 싶어 자신의 태도를 바꾸는 경우이다.
- 내재화(internalization) : 내재화는 개인이 태도의 내용이 내재적인 보상을 주기 때문에 태도의 대상을 향한 믿음이나 평가에 실제적인 변화를 가져오는 경우를 의미한다. 사람들은 자신의 가치체계와 일치하기 때문에 특정 태도나 행동을 받아들인다.

이러한 방식으로 받아들인 태도나 행동은 사람들이 지니고 있었던 기존 가치와 통합되게 된다.

이와 같이 세 가지 차원에서 태도의 변화가 일어난 뒤에는 새로운 태도가 안정적으로 정착하는 재동결 단계에 이른다.

태도의 변화를 위해 여러 가지 방법들이 있다. 크게는 자발적으로 태도 변화가 일어나기도 하지만, 대부분 특정 개입전략을 통해 태도 변화를 유도하는 경우가 많다. 자발적인 태도 변화는 주로 인지부조화를 극복하거나 인지균형을 추구하는 과정에서 일어나며, 특정개입전략으로는 자극－반응의 변화 과정에서 나타난다. 다음은 몇 가지 태도 변화 전략에 대해 살펴보고자 한다.

## 2.1 행동주의적 접근

행동주의(behaviorism) 이론은 Skinner의 자극(S)－반응(R) 이론에 근간하여 반응에 대한 자극을 변화시킴으로써 개인의 태도를 변화시킬 수 있다고 주장한다. 즉, 사람은 어떠한 자극을 받느냐에 따라 반응을 달리하기 때문에 일정한 반응을 이끌어내는 특정한 자극을 줌으로써 태도의 변화를 이끌어낼 수 있다.

예를 들어 자기 일만 충실히 하고 다른 팀원들의 일은 수수방관하는 김대리에게 다른 팀원들의 일을 돕고자 하는 태도(반응)를 이끌어내고자 한다고 가정해보자. 이를 위해 이과장은 김대리에게 그와 함께 일하는 이대리와 박사원의 업무를 돕도록 공식적인 과업(새로운 자극)을 부여했다. 처음에 자신의 일만 하면 되었던 김대리는 자신과 상관없는 다른 사람의 업무를 돕는다는 것에 짜증을 느낄 것이다. 하지만 곧 이대리와 박사원도 김대리가 한 것과 같이 김대리의 업무에 도움을 줌으로써 김대리의 업무성과가 크게 향상되었다. 이로 인해 김대리는 이전의 개인적인 태도를 버리고 다른 팀원들을 일을 적극적으로 돕고자 하는 태도를 갖게 될 것이다.

## 2.2 인지부조화 이론적 접근

1950년대 후반에 Festinger는 인지부조화 이론[15]을 제시함으로써 태도와 행동 간의 연결 관계를 설명했다. 여기서 어떤 사람이 인지부조화를 느낀다는 것은 그 사람이 지니고 있는 여러 개의 인식 간 혹은 행동 간의 불일치가 있다는 것을 의미하는데, Festinger는 사람들이 이러한 부조화 관계를 불편하게 여기기 때문에, 이를 줄이려고 시도할 것이라고 주장했다. 즉, 이러한 시도를 통해 사람들은 보다 안정된 상태를 추구하고, 이는 곧 부조화를 최소화하기 위한 과정이라 할 수 있다.[16]

### 2.2.1 부조화 이론과 선택적 지각

부조화 이론은 여러 인지요인들 간에 발생한 불일치 효과에 초점을 맞춘다. 불일치는 부조화(dissonance)라 일컬어지는 동기적인 상태를 유발하게 된다. 이때 사람은 인지요인들 간에 일관성을 유지하려는 욕구를 지니고 있기 때문에, 부조화를 감소시키기 위하여 인지 및 태도를 변화시키게 된다.

놀이동산에서 바이킹 타는 것을 두려워하고 싫어하는 남자가 마음에 드는 여자를 만났는데 알고 보니 바이킹 끝 쪽에서 일어나서 만세를 부를 정도로 바이킹을 매우 좋아하는 사람이었다고 가정해보자. 이 경우 남자는 여자가 마음에 든다는 긍정적인 태도와 바이킹 타는 것에 대해 부정적인 태도가 서로 불일치하는 상황에 놓이게 된다. 따라서 남자는 여자에 대해 마음에 들지 않게 생각하거나(바이킹 타기를 싫어하는 것과 일치) 혹은 바이킹 타는 것을 좋게 생각하는 등(마음에 드는 여자를 좋아하는 것과 일치) 자신의 태도를 변화시키는 방법을 통해 인지요인들 간의 일관성을 유지하려 할 것이다.

### 2.2.2 일관성 이론과 기억에 대한 평가

태도는 기억의 조직화를 돕는다. 다시 말해 평소의 태도와 관련된 증거는 회상하기 쉽기 때문에 태도와 일치된 추론을 행하게 될 것이다. 이는 태도를 구성하는 증거보다는 태도자체를 회상하는 것이 더 용이하기 때문이다.[17]

조직행동 수업 시간에 팀 프로젝트 형식의 과제를 제출하면서 같은 팀에 속해 있는 팀원들이라고 해도 그 공헌도에 따라 각 팀원들이 서로에게 다른 점수를 매기도록 하였다. 이 경우 평가자는 피평가자인 A가 프로젝트 기간 동안에 A가 몇 분이나 이야기했는지, B는 과제를 몇 장이나 들고 와서 얼마나 반영시켰는지를 정확히 기억하기란 쉽지 않을 것이다. 이러한 경우에 평가자는 A는 우직해 보인다, B는 말만 많고 약

삭빨라 보인다와 같이 평가자 스스로 인식하는 태도를 바탕으로 A와 B에 대한 기억을 상기하여 평가를 내리는 경우가 많다. 실제로는 A는 준비를 해오지 않아서 할 말이 없어 말수가 적었고, B는 적극적으로 준비하고 발표한 것이었다고 해도 그러하다.

팀장이 팀원에 대해 지닌 평소의 태도와 부합하는 기억을 무의식중에 선별하고, 그에 의하여 평가하는 현상은 실제 기업의 팀장이 프로젝트를 같이한 팀원들을 평가할 때도 발생한다. 연봉의 결정뿐만 아니라 기업에서 종업원들의 MBA 프로그램 진학을 지원해 줄 핵심인재인지 여부를 결정할 만큼 중요한 인사평가 과정에서 이런 방식으로 평가가 내려진다면, 실제로 열심히 일했는데도 평가자의 태도에 의해 낮은 평가를 받은 사람은 너무나 억울할 것이다.

## 2.3 설득에 대한 귀인적 접근

태도변화의 다른 한 방법으로 설득이 있다. 설득이 태도변화를 일으키게 하는 과정을 보다 잘 이해하기 위해서는 설득에서 나타나는 전달자 효과에 대한 귀인과정을 살펴볼 필요가 있다.

태도 연구에 영향을 준 초기 사회인지 연구 중의 하나는 귀인이론에서 유래되었다. 태도 연구자들은 전달자의 신뢰성 문제를 귀인적 관점에서 접근하였다. 예를 들어 수신자가 특정한 입장을 옹호하는 전달자의 이유를 어떻게 분석하느냐에 따라서 설득효과가 달라진다. 수신자는 설득메시지의 타당성을 평가한다. 일반적으로 사람들은 전달메시지를 받아들일 때 전달자에게 상황적, 기질적인 제약이 있다는 것을 알고 있다. 따라서 사람들은 이러한 제약을 감안하여 메시지 내용의 타당성을 평가한다.[18]

다시 말해 태도를 변화시킬 목적으로 설득을 하는 데 있어서, 듣는 사람이 실체에 귀인을 하는 것이 아니라 설득하는 사람이나 상황(환경)에 귀인하게 되면 설득력이 떨어지게 되고 결과적으로 태도를 바꾸기 힘들게 될 것이다. 이는 몇 개의 그럴듯한 이유가 있으면 약해보이는 원인이 무시될 수 있기 때문에 발생한다.

전달자가 전하는 메시지가 타당성이 없고 설득력이 없는 것처럼 보일 때, 전달자의 기질적 편견이나 상황적 요인에 귀인한다. 반대로 메시지 전달이 전달자나 상황요인에 귀인하지 않는 경우 그 메시지는 타당성이 있고 설득력이 있는 것으로 여겨진다. 메시지 전달에 대한 귀인을 태도대상자인 실체에 귀인시킬 때 전달자가 객관적인 사실을 제시하는 것처럼 보이며 메시지도 설득적이다. 귀인분석을 통해 메시지나 메시지를 전

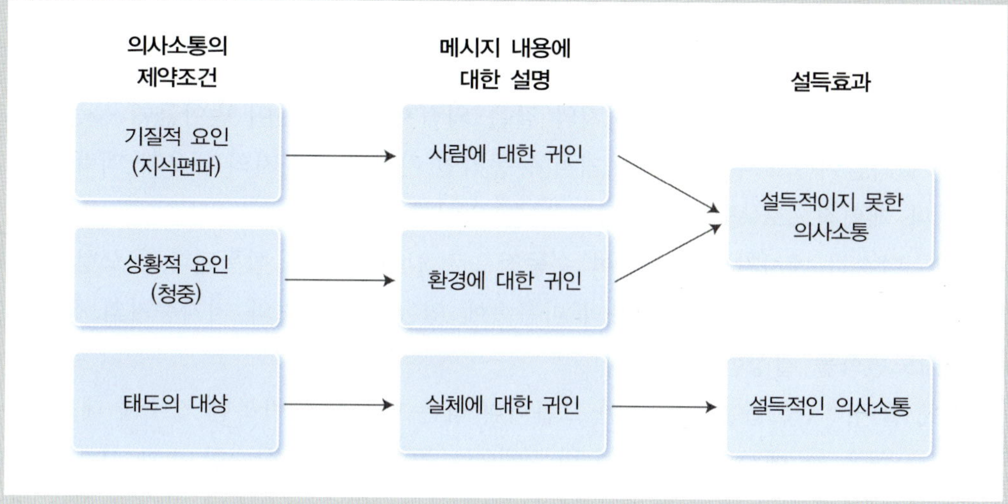


**그림 8-1** 설득에 나타나는 전달자 효과의 귀인적 분석

자료 : Fiske & Taylor(1984), p.345.[19]

달받는 사람의 특성보다 메시지 전달자 요인을 가지고 태도 변화를 설명하려는 것을 상당히 타당성을 지니고 있다.

## 2.4 균형이론적 접근

Heider[20]에 의해 제시된 균형이론(balance theory)은 사람들이 다른 대상에 대해 균형적으로 같은 태도를 취하기를 선호한다고 주장한다. 즉, 여러 대상이 있을 때, 서로가 서로에게 가지는 태도가 서로 불균형을 이룬다면 태도변화를 통해서 균형 상태로 가려하는 경향이 있다는 것이다.

균형이론은 개인의 태도변화를 설명해준다. 예를 들어 A는 자신의 직속 상사인 B를 좋아한다. 하지만 A의 가장 친한 입사동기인 C는 B를 좋아한다고 생각해보자. 이 상황은 A와 C의 B에 대한 생각이 균형상태를 이루었다고 볼 수 있다. 하지만 만약 C는 B를 싫어한다면 어떻게 될까? A는 아마도 C가 본인과 어울리지 않는 사람이라고 생각하거나, 혹은 B가 과연 본인과 어울리는 사람인지 곰곰이 생각하게 될 것이다. 즉, A는 불균형상태에 처하게 되었을 때 본인의 태도를 변화시킴으로써 균형 상태를 이루고자 할 것이다.

## 2.5 인지반응 접근

인지반응분석(Cognitive Response Analysis: CRA)은 태도에 대한 중요한 새로운 접근법으로 태도변화를 설득적인 메시지와 같은 외적자극을 개인이 받아들여 능동적으로 사고한 결과물이라고 주장한다. 여기서 능동적인 사고란 메시지의 내용과 맥락을 정교화하거나 개인적으로 변화, 보완하는 것을 의미한다.[21]

이는 단순히 메시지를 받아들여 수동적으로 암송한 결과 설득된다는 모형과 대조된다. 인지반응분석에서는 지각자의 마음속에 있는 반대증거와 지지증거의 상대적인 수가 태도변화를 결정한다고 한다.

예를 들어, 'A 그룹은 세계적인 그룹이다'라는 메시지를 반복한 경우에 대하여, 수동적인 모형은 그 메시지를 단순히 반복적으로 들어서 암송 학습한 결과 그 메시지에 설득된다고 주장한다. 반면에 인지반응모형에서는 사원이 마음속에 지니고 있는 반대증거와 찬성증거의 상대적인 수가 영향을 끼친다고 한다. A 그룹의 세계지사망과 탄탄한 제휴망 등의 증거를 더 마음속에 지니고 있는 경우에는 그 메시지를 받아들여 '그래 A 그룹은 진정 세계적인 그룹이야'라고 설득될 것이다. 반면에 전근대적인 회사 내 파벌, 계약직 직원에 대한 원시적인 처우 등의 부정적인 증거를 더 많이 마음속에 지니고 있는 경우에는 메시지를 듣는 순간 웃기다는 반응을 보일 것이다.

이러한 설득의 과정과 그로 인한 태도변화에는 자극을 하는데 있어서 1) 전달자의 신뢰성, 2) 메시지의 반복 정도, 3) 메시지의 난이도, 4) 청중의 몰입정도 등의 요인이 영향을 끼친다(〈그림 8-2〉 참조).

1) 피험자의 관여와 최초의 견해에 따라 신뢰도가 결정된다.
2) 언어적 자극을 사용하여 그럴듯한 메시지의 반복은 처음에는 의견일치의 정도를 증가시키나 어느 정도 지난 후에는 감소시킨다. 인지적 반응도 같은 유형을 따른다.
3) 좋은 주장을 담은 이해 가능한 메시지는 더욱 호의적인 인지반응을 유발하며, 더욱 설득적이다.
4) 관여는 생각을 자극하고, 메시지와 전달자에 따라 호의적 혹은 비호의적인 인지적 반응을 유발하고 설득력을 증가 혹은 감소시킨다.

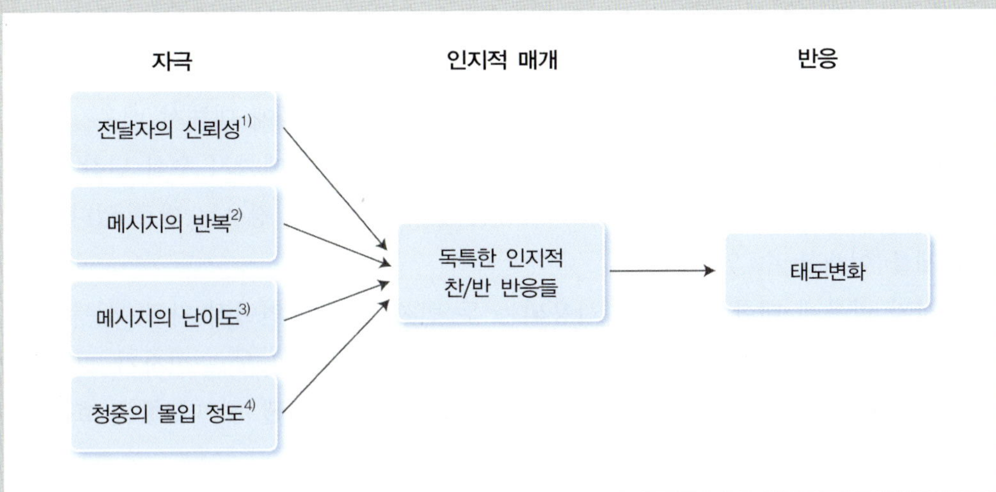


**그림 8-2** 설득의 인지반응분석 모형

자료 : Fiske & Taylor(1984), p.347.[22]

### 전달자의 신뢰성

우선 메시지에 대해서 관여도가 낮은 수신자의 경우는 공신력이 높은 수신자의 경우보다 공신력이 낮은 전달자를 더 부정적으로 생각하는 반면에 관여도가 높은 수신자의 경우는 공신력 있는 전달자를 더 부정적으로 생각한다고 한다.

컴퓨터를 구매할 때 컴퓨터 바이러스가 인체에 감염되지 않나 두려워할 정도로 관여도가 낮은 소비자는 모델에 대해 전문가가 평하는 말을 비전문가가 평하는 말보다 더 중요하게 생각할 것이다. 반면에 스스로 컴퓨터 조립도 해본 등 관여도가 높은 사람의 경우에는 전문가의 평가보다는 그 제품을 구매해본 평범한 소비자들이 인터넷 게시판 댓글로 적은 평가에 더 주의를 기울일 것이다.

### 메시지의 반복

메시지가 어느 정도 반복될 때 사람들은 메시지에 의해서 실제보다 더 잘 설득되지만, 지겨울 정도로 반복되면 역효과가 나타날 수 있다.[23] 예를 들어 변두리 영화관에 가서 인근 지역 사우나의 광고를 반복해서 보면 메시지에 설득되기 이전에 지겹고 짜증이 나서 그 사우나에 대해 부정적인 인식을 지니게 되는 경우를 들 수 있다.

이러한 메시지의 반복에 관한 연구에서는 비언어적 자극(홈쇼핑의 댄스곡)과 언어적 자극(물건을 사라는 쇼핑 호스트의 유혹)으로 나누어 살펴볼 수 있다.

우선 비언어적 자극에서는 사람들이 반복적으로 어떤 자극을 접하게 되면 이를 좋아하게 되는 '단순노출효과'가 제기된다. 이를 위해서는 자극이 생소한 것이어야 하며, 자극에 대한 사람들의 최초반응이 긍정적이거나 중립적이라야 한다. 예를 들어 신혼 첫날에 아내 혹은 남편이 코를 고는 생소한 비언어적인 자극에 대해서 배우자는 대개 부정적인 반응을 보인다. 이 경우 검은 머리가 파뿌리가 될 때까지 수십 년간 그 자극에 단순 노출시킨 후에도 배우자가 그 자극을 좋아하게 되는 경우는 별로 없다는 데서 이 문제를 이해할 수 있다.

메시지 반복에 대한 연구에서 사용되는 두 번째 자극은 언어적 자료, 설득 메시지이다. 이러한 언어적인 자극의 특징은 그 내용이 설득력 있고, 수신자가 그 내용에 대해서 깊이 생각하기를 귀찮아하는 경우 반복적으로 제시될 때 더 좋은 효과가 나타난다.

### 메시지의 난이도

인지반응분석에 따르면 개인의 관여도가 메시지의 난이도에 영향을 미친다. 즉, 메시지가 어려울 경우에 그것에 대한 찬성 및 반대는 그 주제에 대한 사람들의 관여에 의해서 결정된다. 어려운 통계학 강의를 듣고 있다고 생각해 보자. 관여하기를 아예 포기한 학생의 경우는 메시지를 이해할 수 있다 하더라도 강의를 이해하려는 노력 자체를 포기할 것이다. 관여도가 중간 수준인 경우에는 메시지가 어렵게 느껴지는지 혹은 쉽게 느껴지는지의 여부에 따라 난이도에 대한 느낌이 변화하는 정도가 강할 것이다. 그러나 관여도가 높은 경우에는 메시지의 난이도 수준과 상관없이 그 내용을 이해하려는 강한 동기를 지니고 있기 때문에, 메시지의 난이도는 이해력의 정도에 거의 영향을 미치지 못할 것이다. 그 해 행정고시 선택과목으로 통계학을 선택한 학생이라면 강의가 재미가 없어도 물불을 가리지 않고 열심히 들어서 이해하려 할 것이다.

### 청중의 몰입 정도

청중의 몰입 정도는 지속적인 태도변화에도 영향을 끼친다. 또한 대상이나 상황에 관심이 적은 몰입 정도가 낮은 수신자는 인지반응을 거의 하지 않기 때문에 태도변화도 피상적인 반응인 경우가 많다.[24] 휴일에 소파에 누워서 1번부터 80번까지 리모컨으로 이리저리 채널을 돌려대다 우연히 옥장판이나 부황기 광고가 나왔다고 해도 젊고 건강한 사람이라면 그다지 주의를 기울이지 않고 곧바로 채널을 돌려버릴 것이다. 그러나 평소에 활동력이 없이 너무 오래 앉아 있었거나 혹은 술, 담배에 찌들어서 혈액

순환이 안 된다고 느끼고 이를 고치고 싶어하는 사람의 경우라면 채널을 돌리지 않고 그 광고를 주의 깊게 볼 것이다.

## 2.6 장(場)이론적 접근

Lewin의 장(場)이론(field theory)[25]은 개인 자체보다는 개인이 속한 환경에 초점을 맞추고, 그 환경을 변화시킴으로써 개인의 태도변화를 유도할 수 있다고 말한다. 다른 말로 개인의 행동(B)은 개인의 특성(P)과 환경적 요소들(E)의 함수, 즉 $B = f(P, E)$로 표현할 수 있다. 여기서 장(場)이란 물리학에서 차용한 용어로, 물리학에서 장이란 중력, 전기력, 자기력과 같은 힘이 미치는 공간을 이야기한다. 예를 들어 중력장이란 질량을 지닌 물체가 만들어내는 중력이 미치는 공간을 의미한다. 따라서 장이론에서 의미하는 장(場)은 개인과 그를 둘러싸고 있는 모든 주변을 의미한다.

장이론은 집단이 그 부분들의 합보다 크다는 것을 가정한다. 이는 기본적으로 집단 내에 사람들의 행동은 개인과 환경 사이의 상호작용으로 결정된다는 상호작용주의에 기반하고 있다.[26] 개인은 어떤 형태로든 일종의 장에 속하게 되고, 그 장 내에서 어떤 위치를 가지게 된다. 여기서 개인이 차지하는 위치는 곧 그 개인의 태도를 변화시키는 힘으로 작용하게 된다. 따라서 장이론에서는 개인 자체를 변화시키기보다 그가 속한 집단을 변화시킴으로써 태도를 변화시킬 수 있다고 주장한다.

예를 들어 구매부서에 있는 어떤 사람은 매우 개인적인 성격으로 업무처리에 있어서도 본인이 할 일만 끝내고 다른 사람의 일은 나 몰라라 방관하는 태도를 가지고 있다. 만약 그러한 그가 팀워크를 중시하고 개인보다는 팀을 강조하는 기획부서로 옮겨가면 어떻게 될까? 처음에 그는 계속해서 본인의 개인적인 태도를 유지하겠지만, 곧 새로운 부서 사람들과 상호작용을 통해 본인도 개인보다는 팀을 중시하고, 본인의 일뿐만 아니라 다른 사람의 일까지 도와주려는 태도를 가지게 될 것이다. 물론 반대로 그가 기획부서에 있는 동료들에게 본인의 태도를 전파시킬 수도 있다. 즉, 이와 같이 특정 장(場)에 속한 개인들은 서로 상호작용을 하며 각자의 태도변화에 영향을 받게 된다.

## 2.7 태도변화의 장벽

사람들이 태도를 변화시키는 데는 기본적으로 두 가지의 장벽이 있다.[27] 우선, 태도에의 몰입은 조직구성원들이 특정한 원래의 양식에 몰입하여 변화하기를 원하지 않는 경우를 의미한다. 의사결정자들은 심지어 실패한 방식조차도 지속하려고 하는 경향을 보이며 이를 몰입의 상승(escalation of commitment)이라 한다.

1차 대전 당시 영국군 수뇌부는 나폴레옹 전쟁 당시의 전술인 울긋불긋한 군복을 입고 총검을 꽂은 수십만의 보병이 함성을 지르며 일제히 돌격하는 것에 대해 진정한 전투방식이라면서 매우 긍정적인 태도를 취하였다. 따라서 철조망과 참호로 무장한 채 신형 포와 기관총 화망으로 방어하고 있는 독일군에 대해서도 이런 식의 보병 일제 돌격을 고집하였다. 첫 번째 돌격이 참담한 희생으로 끝난 이후에도 지휘관들은 시대에 뒤떨어진 전술에 대한 긍정적인 태도를 버리지 않고 나약한 청년들의 정신 상태를 탓하며 계속해서 돌격 명령을 내렸다. 고위지휘관들의 이러한 태도는 1916년의 솜 전투에서 4개월 동안 영국군 42만 명의 사상자가 발생할 때까지 계속되었다.[28]

다음으로는 정보가 부족한데서 오는 장벽이다. 이런 경우 사람들은 왜 자신의 태도를 변화시켜야 하는지를 이해하지 못한다. 회사에서 사원을 위한 새로운 보상체계를 도입하여도 종업원에 대한 홍보가 부족하여 그 혜택을 제대로 인식하지 못한 상태라면 그 제도에 대해 특별히 만족할 이유가 없을 것이다. 그러나 실제로 시행한 후 실질적인 급여가 늘어났다면 종업원들은 그 제도에 대해 만족하게 될 것이다.

이러한 태도 변화의 장벽을 제거하는 방법들로는 새로운 정보를 제공하거나, 엄포를 이용하거나, 태도와 행동 간의 격차를 해소하거나 동료들에게 영향을 끼치거나, 불만을 지닌 종업원들을 개선에 몰입하도록 하는 방법 등이 있다.

특히 엄포를 이용하여 사람의 태도를 변화시킬 때에는 사람들에게 전달하는 엄포의 수준이 적절해야 한다. 만약 엄포의 수준이 지나치게 낮으면 사람들은 이를 무시할 것이고, 엄포의 수준이 지나치게 높으면 너무 위협적이고 믿기 힘들 것이기 때문에 사람들은 아예 그 메시지를 듣는 것을 거부할 것이기 때문이다. 만약 당신이 팀장이 되어서 팀 회식비를 유용하는데 대해 관대한 문화를 바꾸기 위해서 일종의 '엄포'가 담긴 메시지를 보내야 한다고 가정해보자. 만약 친구하고 먹은 술값을 회식비로 유용하면 그 때마다 알밤을 때린다는 메시지를 보낸다면 엄포의 수준이 지나치게 낮아서 사람들은 이를 무시할 것이다. 반면에 한 번이라도 유용하면 즉시 해고하겠다고 해도 한국적인 상황에서 엄포의 수준이 지나치게 높아서 역시 사람들은 이를 무시할 것이다.

유용한 것으로 적발된 액수를 지불하게 하고 인사고과에 기록하겠다고 하는 것은 적절한 수준의 엄포로 사람들이 주의를 기울이게 하는 효과를 기대할 수 있을 것이다.

다음으로 불만을 지닌 종업원들을 개선에 몰입하도록 하는 주된 방법으로는 현재의 상황에 불만을 지닌 종업원을 그 상황을 개선하는 프로젝트에 참여하게 하는 것으로 이루어진다. 양성평등 실태에 불만을 품은 종업원에게 이를 개선하는 프로젝트 팀에 참여하는 기회를 준다면 현재의 회사 상황에 대해 불만을 품었던 감정이 상당히 개선될 것이다.

# 3. 직무태도

조직구성원들은 기업에 속하여 일을 수행하면서 가지게 되는 직무태도는 업무 그 자체나 급여 등에 다양한 요소들로 인해 형성되는데, 이들 중에서 특히 중요한 태도로 직무만족과 직무몰입, 그리고 조직몰입을 들 수 있다.[29]

직무만족과 직무몰입, 조직몰입 등의 종업원의 직무태도는 조직행동과 인사관리 실무 분야에서도 주요 관심사항이기도 하다. 회사의 인적자원을 관리하거나 부하직원을 관리하는 상사의 입장에서는 이 정도로 월급을 주고 일을 시키는 데 저 친구가 불만이 있지 않나, 혹은 기껏 인건비를 주고 기술을 가르쳐 조직에서 유용한 인재가 되었는데 다른 조직으로 쉽게 옮기지 않을까에 여부를 우선적으로 신경 쓰게 되는 경우가 많다.[30]

## 3.1 직무만족

직무만족(job satisfaction)은 조직행동 분야에서 가장 중요하면서도 많이 연구된 직무태도 중 하나이다. 사람들이 그들의 일에 대해서 만족하거나 혹은 일을 좋아하는 정도를 의미하며 이에 관한 연구는 다양한 관점에서 이루어졌다.[31]

Locke는 직무만족을 어떤 사람의 일 혹은 일한 경험에 대한 평가에서 오는 즐거움 혹은 긍정적인 감정 상태라고 정의하고, 사람마다 직무에서 기대하는 만족도와 실제로 경험하는 만족도 사이의 차이에 의해 직무만족도가 결정된다고 전제한다.[32] 이와 같은 기대치와 실제 만족도와의 관계는 개인마다 가중치를 두는 직무의 특성에 따라 달라진다. 예를 들어 어떤 사람이 직무의 자율권 정도에 큰 가치를 두고 있으며, 실제로 수행하는 직무에 자율권을 기대치만큼 부여받고 있다면 직무만족도가 높아질 것이다. 하지만 직무의 자율권 정도와 관계없이 직무의 다른 측면(예 직무를 통한 외재적 보상)에 가치를 두고 있는 다른 사람의 경우 외재적 보상정도가 기대치만큼 충족되지 않는 이상, 자율권을 부여되는 직무를 수행한다고 해서 직무만족도가 높아지지는 않을 것이다.

최근의 연구결과에 의하면 개인의 기질적 특징들은 직무만족을 설명하는 주요한 요인들이다. 연구결과에 의하면 일반적인 개인의 기질 중 네 가지 긍정적 자기-개념들(positive self-concept 혹은 핵심적 자기-평가: core self-evaluations)인 자기존중감(self-esteem), 일반적 자기효능감(generalized self-efficacy), 내적 통제의 소재(internal locus of control), 정서적 안정성(emotional stability 혹은 low neuroticism)이 높은 사람일수록 직무의 종류와 관계없이 직무만족도가 높은 것으로 나타났다.[33]

직무설계에서 직무특성모델(job characteristics model)에 의하면 다섯 가지 핵심 직무특성들(기술다양성, 과업정체성, 직무중요성, 자율권, 피드백)이 종업원의 직무만족에 영향을 미친다.[34] 이는 일 자체의 특징들이 종업원의 책임감이나 중요성 지각 등과 같은 심리적 상태를 매개로 하여 직무만족에 영향을 미칠 수 있음을 보여주고 있는데, 이러한 직무특성적 요인들은 개인의 기질적 요인들과는 달리 경영자에 의해 통제가 가능하고 변화를 줄 수 있다는 점에서 종업원들의 직무만족을 향상시키는데 의미가 있다.

직무만족은 다음과 같은 세 가지 측면을 고려할 수 있다. 첫째, 직무만족은 결과가 기대를 얼마나 충족시켰느냐에 의해 결정되는 개인의 주관적 개념이라 할 수 있다. 예를 들어 만일 열심히 일한 직원이 자신보다 열심히 일하지 않은 동료가 자신보다 더 많은 보상을 받았다면 일, 상사, 동료에 대해 부정적인 태도를 가지게 될 것이다. 하지만 일한 만큼의 공정한 보상을 받았다고 생각한다면 일에 대해 긍정적인 태도를 형성하게 될 것이다. 둘째, 직무만족은 직무를 수행하는 상황에 대한 정서적 반응이다. 따라서 긍정적 정서 상태와 관련된 개인의 기질적 특징들이 직무만족에 영향을 미친다. 셋째, 직무만족은 일 자체의 특성에 의해 영향을 받을 수 있다. 이와 더불어 직무를 수행하는 과업환경 또한 직무만족에 영향을 미친다. 직무특성모델에서 제안하는 일 자체의 특성과 더불어 직무만족에 영향을 미치는 직무환경적 특성들은 일반적으로 다음에서 설명하는 요인들이 있다.

### 3.1.1 직무만족에 영향을 미치는 요인들

직무만족에 영향을 미치는 요인들은 개인들마다 다양할 수 있다. 하지만 일반적으로 다음의 다섯 가지 주요 요인들을 고려할 수 있다.[35]

- 일 자체의 특성 : 직무 자체의 특성은 직무만족에 영향을 미치는 가장 주요한 요인 중 하나이다. 직무설계의 직무특성 접근법에서는 직무 자체로부터의 피드백과 자율성을 두 가지 주요한 직무관련 동기부여 요인들로 꼽는다. 연구결과 이 두 가지 직무 특성들과 직무 복잡성이 개인의 성격과 직무만족 간의 관계를 매개하는 것으로 나타났다.[36] 좀 더 실용적인 관점에서 일반적으로 일 자체가 직무자에게 흥미롭고 도전을 불러일으킬수록, 그리고 경력개발 기회를 제공할수록 직무만족도가 높아진다.
- 보상 : 임금은 중요한 직무만족의 결정요인이지만, 연구결과 금전적 보상이 일정 수준에 이르면 임금과 직무만족과의 관계는 더 이상 유효하지 않게 된다. 그러나 Herzberg가 설명한 것처럼 임금은 위생요인(불만족요인)으로서 직무불만족을 예방하는 효과는 매우 크다. 예를 들어 미국 기업들을 대상으로 조사한 결과, 연봉 수준이 40,000달러 이상이 되면 더 이상 연봉 수준과 직무만족간의 긍정적인 관계가 유의하지 않은 것으로 나타났다.[37]
- 승진기회 : 승진기회는 직무만족에 대해 다양한 효과를 가지는 것으로 연구결과 나타났다. 이는 승진이 다양한 방법과 다양한 보상을 수반하며 이루어지기 때문이다. 예를 들어 근속연수에 의해 승진한 사람은 직무만족을 경험하지만 이는 성과에 의해 승진한 사람만큼 크지 않다. 또한 승진 시 임금 인상폭이 클수록 더욱 직무만족을 느끼게 된다. 이는 기업에서 하위 직급에서 승진할 때보다 임원급에서의 승진할 때 직무만족이 더욱 커지는 이유이다. 하지만 최근 기업들이 수평적 조직구조를 갖추고 직원들에게 권한을 부여하는 경향이 강해지면서, 과거의 수직적 직급 사다리에 의한 승진이 직무만족에 더 이상 유효하지 않게 되었다. 따라서 긍정적 직무 환경이나 직원들의 성장 및 발전기회 등이 전통적인 승진 기회보다 더욱 중요한 직무만족 결정요인이 되고 있다.
- 상사와 동료 : 상사가 직원에 대하여 어떠한 태도를 가지고 있는가, 혹은 적절한 리더십을 가지고 있는가는 직원들의 직무만족에 영향을 미치는 주요 요인 중 하나이다. 연구 결과에 따르면 상사의 관리 스타일 중 두 가지 측면이 직원들의 직무만족에 영향을 미치는 것으로 나타났다. 첫째, 상사가 얼마나 직원들에게 관심을 가지고

후원해 주는가에 따라 직원들의 직무만족에 영향을 미친다. 상사가 직원들에 대하여 얼마나 일을 잘하는지 살피고 조언을 해주고, 공식적으로 뿐만 아니라 개인적으로도 의사소통을 하는 등의 인간적인 관심을 가져줄수록 직원들의 직무만족들은 높아진다.[38] 둘째, 상사가 과업수행 시 의사결정 과정에서 직원들에게 참여의 기회를 제공할수록 직원들의 직무만족은 높아진다. 일반적으로 직원들이 의사결정에 참여하면 직무만족도는 높아진다. 하지만 많은 연구결과에 의하면 상사에 의해 직원들의 참여 풍토가 형성되는 것이 특정 의사결정에 참여하는 것보다 더욱 직원들의 실질적인 직무만족 향상에 기여하는 것으로 나타났다.[39]

함께 일하는 동료 또한 직원의 직무만족에 영향을 미치는 요인이다. 직장이 개인의 삶에 있어 주요한 사회적 공동체라는 점을 고려할 때, 협력적이고 우호적인 동료관계는 개별 직원들의 직무만족의 원천이 될 수 있다. 특히 오늘날은 과거보다 과업수행에 있어 동료 간의 긴밀한 상호작용을 요하고 있다. 따라서 좋은 동료들과 효과적인 팀워크를 발휘하며 일을 할수록 직무 수행이 즐거워질 것이다. 이와 같이 직무만족에 영향을 미치는 요소로서 동료의 영향력은 과거에 비해 점점 중요하게 다루어지고 있다.

- 물리적 작업환경 : 쾌적성, 안전성, 주변 환경의 매력성과 같은 물리적 직무환경 또한 직무만족에 영향을 미치는 요인들이다. 소음이 심하거나 너무 덥거나 춥다던가, 각종 시설물들이 신체에 위험을 가할 수 있는 등 작업환경이 열악하다고 느끼면 직무에 집중하기 힘들 것이다. 반대로 사람들은 작업환경이 열악하다고 느끼지 않으면 다른 요인들에 비하여 크게 신경을 쓰지 않는다. 즉, 좋은 작업환경은 직무만족에 긍정적 영향을 미칠 수도 혹은 영향이 없을 수도 있다.[40] 하지만 오늘날은 과거에 비해 많은 기업들이 직원들에게 후원적인 작업환경을 제공하는 추세이다. 특히 혁신적이고 창의적인 과업을 요하는 기업들일수록 직원들의 작업환경 개선에 많은 투자를 하고 있다. 친환경적 캠퍼스에 직원들을 위한 각종 편의시설을 갖춘 Google이나 Dreamworks와 같은 기업들의 예는 실질적으로 기업들이 직원들의 창의적 직무 수행에 있어 작업환경을 중요하게 고려하고 있음을 보여주고 있다.

### 3.1.2 직무만족과 성과들 간의 관계

**직무만족과 직무성과** 직무태도와 직무성과 간의 관계에 대한 관심은 1930년대 호손 실험으로 대표되는 인간관계론의 발전과 더불어 최근까지 끊임없이 이어지고 있다. 그 중에서도 직무만족과 직무성과 간의 관계는 상반된 결과들을 제시하며 연구자들의 논란의 중심이 되어 왔다. 1950년대부터 1980년대까지 직무만족과 직무성과 간의 관계를 예측한 연구들의 결과는 서로 불일치하였다. 초기 동기부여 이론들에서는 직무만족과 직무성과간의 관계에 대한 낙관적인 예측을 하였으나, 실증연구 결과들은 일관되게 이러한 예측들을 뒷받침하지 못하였다. 이전의 74개의 연구결과를 종합하여 1985년 실시한 Iaffaldano와 Muchinsky의 메타분석 결과는 직무만족과 직무성과 간에 강한 상관관계가 없음을 제시하였고,[41] 이후 1990년대 연구들에서는 대체로 직무만족과 직무성과 간의 관계가 유의하지 않은 것으로 결론내렸다.[42]

하지만 최근 1967년부터 1999년까지 실시한 312개의 연구결과들을 종합하여 2001년에 발표한 Judge와 동료들의 메타분석 결과에 의하면 직무만족과 직무성과 간에 강력한 상관관계가 있음이 밝혀졌다.[43]

**직무만족과 조직시민행동** 직무만족도가 높은 직원은 조직시민행동에 더 적극적이다. 직무에 만족하는 직원일수록 회사에 대해 긍정적으로 말하며, 동료들에게 도움을 제공하는 등 과업에서 공식적으로 요구하는 활동을 넘어선 활동을 자발적으로 하는 경향이 있다(조직시민행동에 관해서는 다음 제9장에서 다룬다).[44]

**직무만족과 결근율, 이직률** 연구결과에 의하면 직무에 대한 만족도와 이직률과의 부정적 상관관계는 미미한 것으로 나타났다. 반면에 직무에 대한 불만이 있는 경우에는 결근율이 높아지게 된다.[45] 예를 들어 직무에 만족하는 직원일지라도 아무런 벌칙 없이 휴가를 자유롭게 쓸 수 있는 기회가 주어진다면 회사에 나오지 않으려 할 것이다. 만일 직원이 다른 회사로 직장을 옮길 대안들이 있다면 직무에 불만족할수록 결근율이 높아질 것이다. 하지만 이러한 대안적 직무가 없는 사람이라면 직무에 불만족한다 해도 회사에 결근하지 않을 것이다.

직무만족과 이직률 간의 관계는 직무만족과 결근율과의 관계보다는 강하게 나타났다. 이러한 관계는 개인이 가지는 이직 기회에 따라 다르게 나타났는데, 만일 타직장으로 옮길 수 있는 대안이 있는 사람의 경우 직무에 불만족할수록 쉽게 현 직장을 그만두는 것으로 나타났다. 하지만 이러한 이직의 대안이 없는 사람은 직무에 불만족한다 해도 쉽게 현 직장을 그만두지 못한다.[46]

## 3.2 직무몰입

직무몰입(job involvement)이란 개인이 자신의 직무와 심리적으로 동일시하는 정도, 그리고 스스로 인식한 성과 수준이 자신의 가치에 중요하다고 인식하는 정도를 의미한다.[47] 높은 수준의 직무 몰입을 보이는 종업원은 그들이 하고 있는 일에 대해 강한 애착을 가지고 진정으로 염려한다. 단순히 조직에 몰입되어서 일에 대한 인식 정도는 낮은 채로 그냥 '열심히' 하는 것과 진정으로 그 일을 가치 있게 여기고 매진하면서 '열심히' 하는 것은 분명히 다른 것이다.

직무몰입도가 기업의 성과에 미치는 영향에 대해 살펴보면, 우선 종업원의 높은 직무 몰입도는 종업원의 낮은 결근율 및 낮은 이직율과 관련되어 있으며 특히 결근율에 비해서 이직율과의 관련성이 더 높은 것으로 나타났다.[48] 이는 어떤 의미에서 당연한 결과라고 할 수 있는데, 자신이 속한 조직에서 맡고 있는 일에 대한 몰입도가 높은 종업원의 경우에는 그렇지 않은 경우에 비해 다른 조직으로 이직하려는 의도가 적을 것인 반면에, 결근율의 경우에는 직무몰입과 관계없는 다양한 요인들(예 피로, 가정사 등)이 영향을 미칠 수 있는 가능성이 크기 때문이다.

## 3.3 조직몰입

조직몰입(organizational commitment)은 ① 특정한 조직의 구성원으로 남아 있으려는 강한 욕구, ② 조직을 위해 열심히 노력하려는 의지, ③ 조직의 가치와 목표를 믿고 받아들이는 것으로 정의된다. 다시 말해 조직에 대해 종업원이 지니는 충성심에 대한 태도를 의미한다.[49]

이는 몇몇 개인적인(나이, 긍정적 혹은 부정적인 감정) 요소와 조직적인(직무 설계와 상사의 리더십 스타일) 요소에 의해 결정된다. 아무리 직원에게 금전적인 보상을 많이 해준다고 하여도 상사가 마음에 들지 않거나, 직무가 부여되는 방식이 주먹구구식이거나, 혹은 아직 젊어서 한 직장에 매이기 싫다거나 하면 그 직원의 몰입도는 비교적 낮게 나타날 것이다.

조직몰입에는 감정적, 지속적, 규범적 세 가지 차원이 있다.

첫째, 감정적인 몰입(affective commitment)은 종업원이 지닌 조직에 대한 감정적 애착, 정체감, 몰입감 등을 의미한다. 둘째, 지속적인 몰입은 종업원이 조직을 떠날 때 발생하는 비용을 고려하여 생기는 몰입을 의미한다. 마지막으로 규범적인 몰입(normative commitment)은 종업원이 조직에 남아야 한다는 의무감과 관련한 몰입을 의미한다.[50]

예를 들어 유명축구 선수가 세계 최고수준의 축구팀의 감독과 마음이 맞지 않지만, 계약을 어기면 엄청난 위약금을 물어야 하기 때문에 팀을 떠나지 않는다면 이는 지속적인 몰입이다. 하지만 그가 그러한 위약금에 대한 이해를 떠나서 한번 팀에 속했으면 쫓겨나지 않는 한 그 팀의 구성원으로서 기여해야 한다는 책임감이나 윤리적 의식에 의해 그 팀을 떠나지 않는다면 이는 규범적인 몰입이다. 반면에, 그가 팀 내의 다른 선수들과의 팀워크, 선수로서 개인의 발전과 후원에 신경을 쓰는 팀의 처사 등의 경험을 통해 팀을 사랑하고 애착을 가지게 되어서 팀을 떠나지 않는다면 이는 감정적 몰입이라 할 수 있다.

이러한 조직몰입이 실제 기업의 성과에 미치는 영향에 대해서 살펴보자. 감정적 몰입이 높은 종업원의 경우에는 직장을 그만두는 경향이 낮다. 또한 조직몰입이 높은 경우 고객의 만족도가 개선되는 경향이 있는데, 이는 장기 근속한 종업원의 경우 일이 이루어지는 과정에 대한 이해가 높고, 고객들이 알고 있는 종업원과 일을 계속하기를 원하기 때문이다. 감정적인 몰입이 높은 종업원들의 경우에는 업무 성과가 높을 뿐 아니라, 일을 하려는 의욕 및 조직시민행동을 실천하려는 의욕이 높다.[51]

그러나 기존의 조직구성원들의 조직몰입이 높아서 조직을 떠나려 하지 않는 경우에는 조직이 새로운 종업원들을 충원하여 그들의 새로운 지식과 신선한 아이디어를 수용할 수 있는 기회를 잃을 수 있는 가능성이 있다. 또한 조직에 대한 충성이 그 조직에 속한 종업원들을 동조화하여 조직내의 창의성 및 윤리의식이 흐려질 수 있다.

과도한 감정적 몰입보다 더 문제가 되는 경우가 지속적인 몰입을 지원하는 회사의 정책이 지나칠 경우이다. 많은 회사들이 낮은 비용의 대출, 스톡옵션, 보너스의 이연을 통해 종업원을 재정적으로 조직에 옭아매려고 하고 있다. 이러한 재정적 혜택들은 이직률을 줄이기는 하지만, 종업원들의 조직에 대한 감정적 몰입을 증대시키기보다는 지속적 몰입을 증대시키는 경향이 있다. 이는 지속적 몰입이 높은 종업원들이 낮은 성과를 기록하며 조직시민행동에 참여하려는 경향이 낮다는 연구결과까지 나타난 점을 고려하면 적절하지 못한 조치이다.[52] 미국의 자존심으로 불리던 GM사가 신용등급 추락 및 파산 위기에 몰리게 된 데에도 높은 의료·퇴직연금이 일조한 것으로 지적되고 있는 것도 결국은 지속적 몰입을 유지하기 위한 재정적인 지원이 적절하지 않게 운용되었을 때는 도리어 기업을 위기로 내몰 수 있게 된다는 좋은 예이다.[53] 이처럼 고용주들은 지속적 몰입과 조직에 대한 충성을 혼동하여서는 안 될 것이며, 단순히 종업원들을 금전적으로 조직에 묶으려고 시도하기보다(지속적 몰입)는 종업원들의 마음을 묶기 위해 노력하여야 한다(감정적 몰입).[54]

## 4. 태도와 행동

조직에서의 개인의 행동을 이해하려면 기본적으로 각 개인은 서로 다르기 때문에 완벽하게 일치하는 형태의 행동을 나타내는 경우는 거의 없다는 점을 고려해야 한다. 따라서 개인의 행동을 이해하기 위해서는 제2장에서 다룬 개인의 다양한 특성들과 제3장에서 제7장까지에서 다룬 지각, 인지, 감정, 학습, 동기부여 등의 내용을 먼저 이해하여야 한다.

조직행동 영역에서 다루는 직무행동은 조직구성원으로서 과업을 수행하는 중에 나타나는 것으로서 조직효과성에 직접적 혹은 간접적으로 영향을 미친다. 예를 들어 주요한 직무행동들로는 성과, 결근, 이직, 조직시민행동 등이 있으며, 최근에는 직장 내 폭력 등 생산성 저해 행동에 대한 연구들도 이루어지고 있다.[55]

태도와 행동의 관계는 복잡하다. 개인 특성의 차이와 상황요인의 다양성에 따라 태도와 행동 간의 관계가 변화하며, 인지 프로세스 상에서의 편파 및 다양한 사회적 목표 등으로 인하여 태도-행동 간 관계의 일관성이 약화된다.[56]

초기 태도 연구자들은 인지적 과정을 통해 사람들이 지닌 태도가 그들의 행동에 영향을 미친다고 주장하였다. 하지만 1960년대 후반에 이루어진 일련의 연구들은 태도는 행동에 관련되어 있지 않거나, 관련되어 있더라도 가벼운 정도라고 지적하였다. 최근에는 태도와 행동 사이에는 이를 중간에서 조절하는 변수가 있다는 관점이 제기되고 있다. 예를 들어 개인이 중요하게 여기는 태도는 그렇지 않은 태도보다 행동과 밀접한 관계가 있다. 일반적으로는 간접 경험보다는 개인적인 경험에서 나온 인지가 그리고 일시적인 호기심에서 나온 인지보다는 자기 미래에 시사점을 던져주는 인지적 요소가 행동을 더 잘 예측한다.

## 4.1 태도-행동 간 관계

어떠한 태도가 행동과 밀접한 관계가 있는가? 이를 설명하기 위해서 초기 태도-행동 일관성 연구를 살펴볼 필요가 있다. 태도는 여러 가지가 있지만 특정 태도가 행동에 영향을 미친다. 이러한 태도-행동 간의 관계에 영향을 미치는 조절변수는 태도의 중요성, 행동과의 관계성, 기억하기 쉬운 정도, 사회적 압력의 존재여부, 태도에 관한 직접적 경험을 지녔는지의 여부 등을 들 수 있다.[57]

**중요한 태도**란 사람들은 자신이 중요하다고 생각하는 기본적 가치나 자신의 이익, 정체성 등을 반영하는 태도를 의미한다. 사람들은 이러한 태도를 행동으로 강력하게 표출한다. **특정 행동과 직접적으로 관계된 태도**는 행동을 더 잘 예측할 수 있다. 예를 들어 개인의 이직의도가 임금에 대한 불만족보다 회사를 그만두는 행동을 더 잘 예측된다. 또한 **기억에서 쉽게 꺼낼 수 있는 태도**일수록 행동을 더 잘 예측한다. 평소에 자신이 자주 표현하고 타인에게 자주 이야기하던 태도일수록 기억하기 쉽고, 이는 행동으로 표출될 가능성이 커진다. **사회적 압력**이 존재할수록 태도와 행동 간의 불일치가 커질 수 있다. 담배 회사 임직원이 흡연이 폐암의 주요 원인이라는 연구결과를 믿으며 자신은 담배를 피우지 않을지라도 회사에서 흡연을 하는 직원들을 적극적으로 말리지 않는 경우가 그 예이다. 자신의 **직접 경험과 관련된 태도**일수록 행동으로 표출되기 쉽다. 직무경험이 없는 학생들에게 비인격적 상사에 대한 반응을 묻는 것보다 이러한 상사를 경험해 본 회사원에게 묻는 것이 실제 비인격적 상사에 대한 반응을 더 잘 예측할 수 있을 것이다.

이상의 조절변수들은 인지적 측면에서 다음과 같은 효과를 가지기 때문에 태도와 행동 간의 관계에 영향을 미친다. 첫째, 직접 경험이나, 평소에 자신이 특정 태도에 대해 표현한 정도는 행동을 선택함에 있어 많은 양의 정보를 제공한다. 여러 정보들을 토대로 했을 때 사람들은 자신의 선택에 대해 확고해진다. 즉, 자신이 선택한 태도에 대해 확고해져 행동으로 강력하게 표출된다. 둘째, 직접 경험과 관련된 태도는 태도와 경험이 기억 속에 함께 저장되어 있기 때문에 기억으로부터 태도인출이 보다 용이하다. 따라서 어떤 행동을 해야 할 때 행동과 연합된 태도가 머릿속에 쉽게 떠오르게 된다. 셋째, 구체적인 태도는 특정한 행동의 의미를 분명히 해주는 역할을 한다. 반면 모호하고 일반적인 태도는 그렇지 못하다.[58]

태도-행동 간의 일관성을 조절하는 개인의 특성으로는 자아연출(self-monitoring)과 자의식(self-consciousness)을 들 수 있다. 이들 개인특성 요인은 태도와 행동 간의 관계를 광범위하게 검토해보는 데 도움을 준다. 실질적으로 개인차 변인을 사용하여, 사람들이 다양한 상황에서 추구하는 목표는 무엇이고, 어떤 상황을 선호하며, 특정한 상황에서 어떤 행동을 할 것인지를 예측할 수 있다.[59]

#### 자아연출

자아연출(self-monitoring)이란 개인이 상황에 따라서 자신의 행동을 계획하고, 실행하며, 결정하는 것을 의미한다. 자아연출도가 높은 사람은 사회규범 및 상황, 행동양식에 관한 단서에 특히 민감하여 상황에 맞게 자신의 행동을 적응시킨다. 반면에 자아연출도가 낮은 사람은 상황에 관계없이 자기 방식대로 행동하는 특징을 보인다.[60] 새로운 상황에 직면할 때, 자아연출에 능숙한 사람은 "이 상황에서 어떤 사람이 가장 이상적인 사람이며, 내가 어떻게 하면 가장 이상적인 사람이 될 수 있는가?"라고 자문할 것이다. 반면 자아연출이 서툰 사람은 "이 상황에서 어떻게 하면 가장 나답게 행동할 수 있을까?"라고 자문할 것이다. 예를 들어 자아연출도가 높은 사람은 개인적인 약속이 있더라도 상사가 퇴근하지 않는다면 자신도 상황에 맞추어 퇴근하지 않고 기다리고 있을 것이다. 하지만 자아연출도가 낮은 사람은 업무 시간 이후에 상사가 남아 일하고 있을지라도 자신의 일정대로 퇴근할 것이다.

#### 자의식

어떤 사람들은 사회적 대상으로서의 자신을 주목하는 공적 자의식(public self-consciousness)이 강하며, 어떤 사람들은 자신의 내면에 더욱 주목하는 사적 자의식(private self-consciousness)이 강하다. 공적 자의식이 강한 사람들은 자신의 외모나 인상을 중요시 여기는데, 이러한 공적 자의식이 강하고 사적 자의식이 약한 사람은 보여지는 것을 중요시 여기기 때문에 상대적으로 자신의 태도를 잘 인식하지 못하거나, 자신의 태도에 맞게 행동하지 않을 수 있다. 예를 들어 사회구성원이자 회사의 간부로서 모범적인 태도를 보여야 한다고 생각하는 상사의 경우는 부하직원이 잘못을 했더라도 일단 자신의 감정을 억제하고 자제하면서 대응하는 모습을 보일 것이다.

## 4.2 인상관리행동

앞에서 살펴보았듯이 태도와 행동은 일관되게 나타나지 않는 경우가 많다. 이는 태도의 행동적 측면을 의미하는 행동의 의도와 실제 행동과의 관계에 있어서도 마찬가지이다. 하지만 남에게 보이고자 하는 뚜렷한 자기 이미지가 있고, 이 이미지에 맞게 행동하려 노력하다면 행동의 의도와 행동과의 직접적인 관계는 뚜렷해진다.[61] 즉, 뚜렷한 인상관리 의도가 있는 사람은 인상관리행동으로 나타난다.

인상관리 의도란 다른 사람에게 자신에 대한 좋은 인상을 형성하고 부정적인 인상을 피하는 것을 중요하게 생각하고 이를 관리하려는 의도를 의미한다. 이러한 인상관리 의도를 가진 사람은 인상관리 행동을 할 가능성이 매우 높다. 인상을 좋게 하기 위한 행동은 직장생활에서 일어나는 행동의 상당 부분을 차지한다. 예를 들어 오늘날 대부분의 사무직 근로자에게서는 컴퓨터상의 웹브라우저 창으로 사적인 일을 하다가, 상사가 지나가는 것 같으면 급히 엑셀 창을 올리고 일하는 '척'하는 행동으로 나타난다. 사람들은 대개 좋은 인상을 주려고 노력하지만 상황에 따라서는 모호한 인상을 주어서 강력한 인상을 피하려고 노력하는 경우가 있다. 직원들은 인사고과가 다가오는 시기에는 매우 착실하고 성실하게 일할 것이다. 또는 상사가 일은 많고 생색은 나지 않는 일을 맡기려 한다면, 그 일을 하는데 필요한 전문적인 지식을 모르지는 않지만 썩 잘하지도 않는 것처럼 애매하게 행동하여 자신에게 도움이 되지 않는 일을 하는 위험을 피하고 무능하다는 인상을 남기려 하지 않을 것이다.

### 4.2.1 긍정적이고 좋은 인상

사람들은 좋은 인상을 형성하기 위해 여러 가지로 노력한다. 우선 다른 사람과 행동적인 조화를 이루는 것을 한 가지 방법으로 들 수 있다. 만일 상대방이 겸손하게 행동한다면 자신도 그런 인상을 주려고 노력할 것이며, 상대방이 자기를 과시하는 방식으로 행동한다면 자기도 그렇게 노력할 것이다. 그러나 상대방이 어떤 사람인지 분명히 알 수 없을 때 사람들은 대부분 가장 좋은 자신의 이미지를 보여주려고 노력한다.[62]

다음으로 상황규범에 동조하는 것을 들 수 있다. Alexander와 Knight[63]의 지적처럼, 사회적 상황에는 그 상황에 가장 적합한 이미지를 전달해 주는 사회적 행동이 있는데, 이를 상황적 동일시(situated identity)라 한다. 예를 들어 장례식에서 가장 적절한 모습은 검은 옷을 입고 슬픈 표정을 하고 낮은 목소리로 애도의 뜻을 표하며, 생전에 아무리 나쁜 짓을 했다 하더라도 고인에 대해서는 좋은 점만 이야기하는 것이다.

이밖에 다른 사람을 칭찬하거나 아첨하는 것으로 긍정적인 인상을 보일 수도 있다. 어떤 사람의 능력이나 업적을 칭찬함으로써, 그 사람으로부터 자기에 대해 더 많은 관심을 끌 수 있다. 그러나 상대방이 아첨을 아첨으로 받아들이면 오히려 역효과를 초래할 수 있다. 예를 들어 평소에는 그렇지 않다가 인사고과를 하는 시절이 되어서 갑자기 정시보다 1시간 일찍 출근하고 다른 사람이 다 퇴근할 때까지 퇴근하지 않는다면 도리어 경쟁자인 동료로부터 질시를 받을 것이고, 상사에게도 기대하였던 좋은 인상을 주지는 못할 것이다.

### 4.2.2 인상 은닉

사람들이 다른 사람에게 좋은 인상을 주려고 노력하는 경우가 있는 데 반해 사람들이 남에게 애매한 인상을 주려고 하는 경우도 있다. 왜냐하면 긍정적, 부정적인 속성에 맞추어 행동하려는 욕구로 인해 사람들의 자유가 제약받을 수 있는데, 이러한 현상이 특히 두드러질 때 사람들은 특정한 속성을 애매하게 보이려고 노력한다. 예를 들어 다른 사람이 A에게 욕심이 없어 보인다고 이야기하면 이는 듣기에는 좋은 이야기지만, 이 사람의 입장에서는 다른 사람의 기대에 맞추어 행동하기 위해서는 욕심을 부릴 기회를 빼앗겼다고 느낄 수 있다.

### 4.2.3 초라한 인상 관리

대부분의 사람들은 다른 사람에게 자신이 유능한 사람으로 보이기를 원한다. 특히 어떤 사람이 가지고 있는 유능하다는 인상은 그 사람의 행동에 대한 제한 요인이 되지 않지만, 무능하다는 인상은 행동을 할 때 상당한 제한 요인으로 작용한다. 따라서 사람들은 실패의 가능성이 있거나 실제로 실패했을 경우에 이러한 실패가 무능력에서 기인한 것일 수 있기 때문에 무능력한 자기의 속성을 애매하게 표현하여 그것을 감추려고 한다. 이러한 상황에서 무능력한 속성을 애매하게 표현하는 것은 자기 행동의 결과를 통제하고 체면을 유지하며 자존심을 유지하려는 욕구에 의해서 동기부여된다.[64]

실패 또는 잠정적인 실패의 원인을 감추는 초라한 인상 관리의 방법은 여러 가지가 있다. 우선 결과와 불일치하는 어떤 일을 하고(예 성공했던 경우를 회상한다), 동의를 구하고(예 누구나 다 잘하지 못했다), 다른 이유를 제시하여 다른 사람들이 실패의 원인을 자신의 무능력 탓으로 돌리지 않게 하는 방안이 있다. 예를 들어 사람들은 남들이 지켜보는 가운데 실패할 것 같으면 미리 실패를 해명하기 위해서 자기들이 가지고 있는 결함을 과장해서 보여준다. 자기가 무능하다는 속성을 숨기는 것이 실패의 변명거리를 찾는 것보다 더 낫고, 그럴듯한 변명을 하기 위해서는 실패의 원인이 되지만 자기의 이미지를 손상시키지 않는 그럴듯한 핑계거리를 찾아야 한다.

두 번째로 자기불구화(self-handicapping) 전략이 있다. 예를 들어 평소에 시험공부를 열심히 하지 않아서 걱정한 나머지 노력부족이나 능력부족으로 시험에 실패했다고 하기보다는, 실패를 시험 전날의 폭음 탓으로 돌리는 것이 자기불구화의 예이다. 이와 같은 자기불구화 전략을 통해 실패했을 경우 자기 스스로에게나 남에게 덜 수치스러울 것이다. 하지만 현실에서는 자기불구화나 다른 형태로 자기 속성을 모호하게 하여 인상관리를 하려는 것이 도리어 나쁜 인상을 형성할 수 있다. 타인으로부터 자신이 능력부족으로 실패했다는 말은 피할 수 있지만, 대신에 게으르다, 정서가 불안하다, 술주정뱅이다 등의 나쁜 이미지를 줄 수 있다. 게다가 이처럼 불건전하게 인상을 관리하는 태도는 어느덧 습관화되어버리는 속성이 있기 때문에 더욱 문제가 된다.

## 4.3 가설검증행동

사람들은 흔히 행동을 통하여 자신이 세운 가설을 검증한다. 일상생활 속에서 사람들은 흔히 미리 들은 정보나 상황 중에서 파악한 정보를 바탕으로 타인에 대해서나 혹은 자기 자신에 대해 가설을 세운다. 사람들의 이러한 인지분석은 매우 모호하고 불확실한 경향이 있는데, 이러한 인지적 해석은 확정된 것이 아니라 하나의 가설이기 때문에 보다 많은 검증을 통해서만 타당성을 얻을 수 있다. 이때 행동은 사람들이 자신의 인지분석을 확증할 수 있는 수단이 된다. 이와 같은 **가설검증행동**이란 다른 사람이나 자기 자신에 대해 잠정적으로 가지고 있는 가설을 검증하고자 하는 행동을 말한다. 다른 사람에 대한 가설검증행동으로 자기예언충족(self-fulfilling prophecy)적인 행동이나 자기 자신에 대한 가설검증행동이 그 예이다.[65]

### 4.3.1 자기예언충족

자기예언충족(self-fulfilling prophecy)이란 처음 상황에 대해서 왜곡되게 정의해 놓으면, 사람들은 이러한 잘못된 신념을 옳게 만들기 위한 행동한다는 것이다.[66] 자기예언충족은 학생들을 대상으로 한 실험을 통해 증명되었다. 학기 초 교사들에게 무작위로 학생들을 할당한 두 학급 중 한 학급의 학생들은 적절한 관심과 후원이 있으면 학업성취도가 높아질 수 있는 잠재력을 가졌다는 정보를 주었을 때, 실제로 학기말 이 학생들의 실질적인 학업성취도뿐만 아니라 IQ, 사회적 태도 측면에서 아무 정보도 제공하지 않은 학급의 학생들보다 월등하게 향상된 결과를 보였다.[67] 이는 교사들이 자신들이 들은 정보를 바탕으로 형성한 학생들에 대한 가설을 검증하기 위한 방향으로 행동함으로써 자기예언충족이 일어났음을 보여주고 있다.

이러한 자기예언충족이 일어나기 위해서는 우선 표적이 되는 인물과 행동을 기대하는 사람이 서로 상호작용할 수 있는 기회가 있어야 한다. 예를 들어 교사는 기대되는 학생에 대하여 격려하고, 피드백을 주고, 도와주는 것과 같은 세심한 배려를 해주어야 한다. 결과적으로 교사가 긍정적인 기대를 가지고 있는 학생들은 학습할 기회를 보다 많이 갖게 될 것이다. 다음으로는 비언어적인 행동을 통해서 지각자의 기대가 표적이 되는 인물에게로 전달되는 경우를 들 수 있다. 예를 들어 눈을 마주치고, 고개를 끄덕거리고, 미소를 짓는 것과 같은 행동을 의미한다. 면접자의 부정적인 기대가 이러한 비언어적인 행동을 통해 피면접자에게 전해졌을 때 수행력이 떨어졌음을 증명한 연구사례가 있다.[68]

자기예언충족에 관한 연구들에 따르면 이러한 효과는 일상생활 속에서 흔하게 나타난다고 한다. 그렇지만 이 효과는 중요한 몇 가지 단계를 거쳐야 나타난다. ① 지각자는 표적이 되는 인물에 대하여 어떤 기대를 가지고 있어야 하고, ② 지각자는 그 기대에 맞게 행동해야 하며, ③ 표적인물은 지각자의 그런 행동을 해석하고, ④ 지각자에 대해 행동으로 반응하며, ⑤ 표적인물의 행동적 반응은 다시 지각자에게 그가 표적인물에게 갖고 있던 기대와 일치하는 방향으로 해석된다.[69]

### 4.3.2 자신에 대한 가설검증 행동

사람들은 자기 자신에 대한 인식을 스스로의 행동을 통해 검증하려는 경향이 있다. 사람들은 스스로 새로운 역할이나 새로운 이미지를 시험해 보기 위해 이를 행동으로 옮겨본다.[70] 1년간 특정외국에서 어학연수를 마치고 돌아온 학생은 이국적인 이미지를 보이려고 한국에서는 잘 쓰지 않는 털모자를 쓰고 다니고, 그 나라에서 하던 대로 공공장소에서 문을 열고 나가면서 뒷사람이 부딪히지 않게 문을 잡아주는 행동을 하여 사람들이 자신에게 어떤 반응을 보이는지를 살펴볼 것이다. 특히 인생에서의 커다란 변화나 새로운 경험은 자신에 대해 새로운 이미지를 갖게 하는 좋은 기회이며, 이러한 새로운 이미지는 스스로의 행동을 통해 검증된다.

일반적으로 사람들은 그들이 가지고 있던 자기 자신에 대한 신념과 반대되는 사람이나 상황보다는 이를 더욱 확실하게 뒷받침해줄 수 있는 사람이나 상황을 찾는다.[71] 예를 들어 자신이 관대하다고 믿고 있는 상사는 자신이 부하직원을 따뜻하게 타이른 상황을 자주 회상하고, 고함을 지르면서 꾸짖은 상황은 덜 회상할 것이다.

## 4.4 태도와 행동 및 감정

기존의 행동 이론에서는 태도를 중심으로 다루었으나 최근에는 감정에 주목하는 연구가 많다. 태도는 앞장에서 설명한 것처럼 신념, 감정, 행동의도의 세 가지 요소를 포함한다.

최근까지의 연구에서는 태도의 세 요소가 순수하게 합리적인 과정을 통해서 행동에 영향을 끼친다는 견해가 지배적이었다. 이는 〈그림 8-3〉의 좌측에 나타난 것과 같은 과정이다. 인식된 환경 요인은 태도의 대상에 대한 우리의 신념에 영향을 준다. 이러한 신념에 기초하여 우리는 태도의 대상에 대한 느낌을 계산한다. 느낌의 평가와 판단은 행동 의도로 이어지고, 특정한 상황 하에서 이는 행동으로 이어진다.

또한 같은 느낌을 지닌 사람이라도 과거의 경험에 따라서 서로 다른 행동 의도를

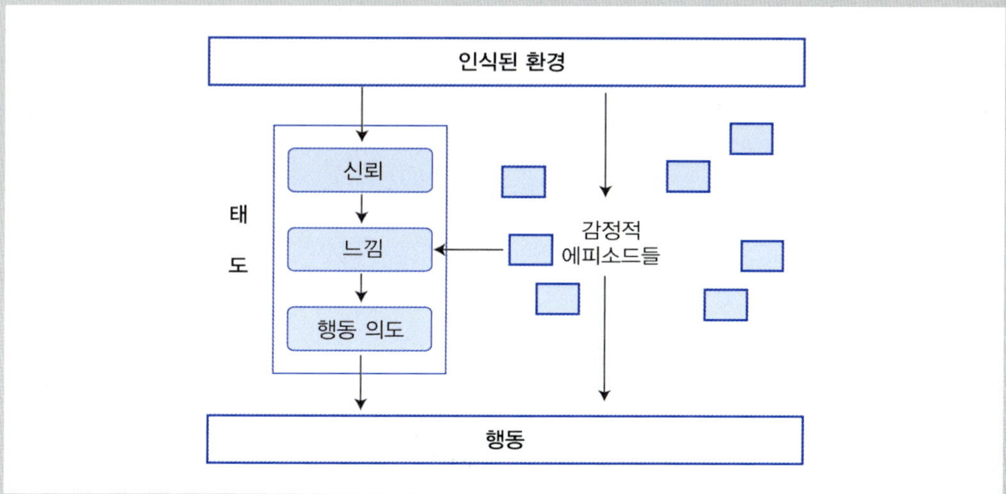


그림 8-3 감정, 태도, 행동 모형

자료 : McShane & Glinow, p.113.[72]

드러낸다. 어떤 사람의 행동을 예측하는 데에 행동 의도는 느낌이나 신념보다 낫다. 이 행동의도조차도 행동과 약한 관계를 지니는 것으로 나타났는데 이는 앞서 능력, 역할 인식, 상황 요인들 역시 개인의 행동에 영향을 미치기 때문이다. 한 예로 지금도 많은 회사원들이 당장이라도 회사를 그만두고 싶은 행동의도를 지니고 있겠지만, 자신의 능력에 대한 불안감, 가족을 부양해야 한다는 책임감, 최악의 구직난이 일어나고 있는 시대상황 등의 요인으로 인해 꾹 참고 다시 출근하고 있다.

〈그림 8-3〉에는 감정적인 에피소드들과 행동이 화살표로 직접적으로 연결되어 있다. 이는 사람들이 행동할 때 판단에 반응할 뿐만 아니라 감정에도 반응한다는 것을 의미한다. 팀장이 팀원으로부터 싫은 소리를 들을 때에는 이런 저런 판단 과정을 거치기 전에 우선 감정이 상해서 얼굴이 굳는 행동이 나타나게 된다. 이는 주의 깊게 행해진 것이 아니라 자동적으로 감정에 대응한 것이다.

## 주석(endnote)

1 Robbins, S., & Judge, T. A. (2011). *Organisational Behaviour*. Pearson.

2 Fiske, S. T., & Taylor, S. E. (1984). *Social Cognition*. Addision-Wesley Publishing Company.

3 Griffin, R., & Moorhead, G. (2011). *Organizational Behavior*. Cengage Learning.

4 Luthans, F. (2005). *Organizational Behavior* (10th ed.). McGraw-Hill.

5 Fiske, S. T., & Taylor, S. E. (1984). *Social Cognition*. Addision-Wesley Publishing Company.

6 Salancik, G. R., & Pfeffer, J. (1978). A social information processing approach to job attitudes and task design. *Administrative Science Quarterly*, 23, 224~253.

7 Griffin, R., & Moorhead, G. (2011). *Organizational Behavior*. Cengage Learning.

8 Luthans, F. (2005). *Organizational Behavior* (10th ed.). McGraw-Hill.

9 Katz, D. (1960). The functional approach to the study of attitudes. *Journal of Opinion Quarterly, Summer 1960*, 163~204.

10 Fishbein, M. (1967). *Attitude Theory and Measurement*, John wiley & Sons.

11 Likert, R. (1932). *A Technique for the Measurement of Attitudes*. New York: Archives of Psychology.

12 Cammann, C., Fichman, M., Jenkins, D., & Klesh, J. (1983). Assessing the attitudes and perceptions of organizational members. In S. Seashore, E. Lawler, P. Mirvis & C. Cammann(eds.), *Assessing Organizational Change: A guide to methods, measures and practices* (p.82). New York: John Wiley.

13 Lewin, K. (1947). Group decision and social change. *Readings in Social Psychology*, 3, 197~211.

14 Kolman, H. C. (1938). Compliance, identification, and internalization: Three processes of attitude change. *Journal of Conflict Resolution*, 2(1), 51~60.

15 Festinger, L. (1957). *A Theory of Cognitive Dissonance*. Stanford, CA: Stanford University Press.

16 Robbins, S., & Judge, T. A. (2011). *Organisational Behaviour*. Pearson.; Fiske, S. T., & Taylor, S. E. (1984). *Social cognition*. Addision-Wesley Publishing Company.

17 Fiske, S. T., & Taylor, S. E. (1984). *Social cognition*. Addision-Wesley Publishing Company.

18 Fiske, S. T., & Taylor, S. E. (1984). *ibid*.

19 Fiske, S. T., & Taylor, S. E. (1984). *ibid*.

20 Heider, F. (1958). *The Psychology of Interpersonal Relations*. New York: Wiley.

21 Fiske, S. T., & Taylor, S. E. (1984). *Social Cognition*. Addision-Wesley Publishing Company.

22 Fiske, S. T., & Taylor, S. E. (1984). *ibid*.

23 Fiske, S. T., & Taylor, S. E. (1984). *ibid*.

24 Fiske, S. T., & Taylor, S. E. (1984). *ibid*.

25 Lewin, K. (1951). *Filed Theory in Social Science*. New York: Harper.

26 Forsyth, D. R. (2006). *Group Dynamics* (4th ed.) Belmont, CA: Thompson

27 Luthans, F. (2005). *Organizational Behavior* (10th ed.). McGraw-Hill.

28 참호에서 보낸 1460일: 사상최악의 전쟁, 제1차 세계대전의 실상, (2005).

29 Griffin, R., & Moorhead, G. (2011). *Organizational Behavior*. Cengage Learning.

30 Robbins, S., Judge, T. A., Millett, B., & Boyle, M. (2013). *Organisational Behaviour*. Pearson Higher Education AU.

31 Griffin, R., & Moorhead, G. (2011). *Organizational Behavior*. Cengage Learning.; Luthans, F. (2005). *Organizational Behavior* (10th ed.). McGraw-Hill.

32 Locke, E. A. (1976). The nature and cause of job satisfaction. In E. D. Dunnette (Ed.), *Handbook of Industrial and Organizational Psychology*(p.1300), Rand McNally, Chicago.

33 Judge, T. A., & Bono, J. E. (2001). Relationship of core self-evaluations traits-self-esteem, generalized self-efficacy, locus of control, and emotional stability-with job satisfaction and job performance: A meta-analysis. *Journal of Applied Psychology*, 86, 80~92.

34 Fried, Y., & Ferris, G. R. (1987). The validity of the job characteristics model: A review and meta-analysis. *Personnel Psychology*, 40(2), 287~322.

35 Fricko, M. A. M., & Beehr, T. (1992). A longitudinal investigation of interest congruence and gender concentration as predictors of job satisfaction. *Personnel Psychology*, 45(1), 99~117.

36 The big give personality dimensions and job performance: A meta-analysis; Mount, M. K., & Barrick, M. R. (1998). Five reasons why the "Big Five" article has been frequently cited. *Personnel Psychology*, 51(4), 849~857.

37 Judge, T. A., Piccolo, R. F., Podsakoff, N. P., Shaw, J. C., & Rich, B. L. (2010). The relationship between pay and job satisfaction: A meta-analysis of the literature. *Journal of Vocational Behavior*, 77(2), 157~167.

38 Buckingham, M., & Coffman, C. (1999). *First, break all the rules: What the worlds greatest managers do differently*. Simon and Schuster.

39 Miller, K. I., &Monge, P. R. (1986). Participation, satisfaction, and productivity: A meta-analytic review. *Academy of Management Journal*, 29(4), 727~753.

40 Luthans, F. (2005). *Organizational Behavior* (10th ed.). McGraw-Hill.

41 Iaffaldano, M. T., & Muchinsky, P. M. (1985). Job satisfaction and job performance: A meta-analysis. *Psychological Bulletin*, 97, 251~273.

42 Brief, A. P. (1998). Attitudes in and around organizations. Thousnad Oaks, CA: Sage.; Côté, S. (1999). Affect and performance in organizational settings. *Current Directions in Psychological Science*, 8, 65~68.

43 Judge, T. A., Thoresen, C. J., Bono, J. E., Patton, G. K. (2001). The job satisfaction-job performance relationship: A qualitative and quantitative review. *Psychological Bulletin*, 127(3), 376~407.

44 Podsakoff, S. B., MacKenzie, J. B., Paine, J. B., & Bacharach, D. G. (2000). Organizational

citizenship behaviors: A critical review of the theoretical and empirical literature and suggestions for future research. *Journal of Management*, 26(3), 513~563.

45 Hausknecht, J. P., Hiller, N. J., & Vance, r. J. (2008). Work-unit absenteeism: Effects of satisfaction, commitment, labor market conditions, and time. *Academy of Management Journal*, 51(6), 1123~1245.

46 Lee, T. H., Gerhart, b., Weller, I., & Trevor, C. O. (2008). Understanding voluntary turnover: Path-specific job satisfaction effects and the importance of unsolicited job offers. *Academy of Management Journal*, 51(4), 651~671.

47 Robbins, S., & Judge, T. A. (2011). *Organisational Behaviour*. Pearson.

48 Robbins, S., & Judge, T. A. (2011). *ibid.*

49 Luthans, F. (2005). *Organizational Behavior* (10th ed.). McGraw-Hill.

50 Luthans, F. (2005). *ibid.*

51 McShane, S. L., & Gilnow, V. (2003). *Organizational Behavior*. McGraw-Hill.

52 McShane, S. L., & Gilnow, V. (2003). *ibid.*

53 서울경제. 2005년 12월 26일. GM 신용등급 추락/파산위기.

54 McShane, S. L., & Gilnow, V. (2003). *Organizational Behavior*. McGraw-Hill.

55 Griffin, R., & Moorhead, G. (2011). *Organizational Behavior*. Cengage Learning.

56 Robbins, S., & Judge, T. A. (2011). *Organisational Behaviour*. Pearson.

57 Glasman, L. R., & Albarracín, D. (2006). Forming attitudes that predict future behavior: a meta-analysis of the attitude-behavior relation. *Psychological Bulletin*, 132(5), 778.

58 Fiske, S. T., & Taylor, S. E. (1984). *Social Cognition*. Addision-Wesley Publishing Company.

59 Fiske, S. T., & Taylor, S. E. (1984). *ibid.*

60 Snyder, M. (1974). Self-monitoring of expressive behavior. *Journal of Personality and Social Psychology*, 30, 526~537.

61 Fiske, S. T., & Taylor, S. E. (1984). *Social Cognition*. Addision-Wesley Publishing Company.

62 Fiske, S. T., & Taylor, S. E. (1984). *ibid.*, 380.

63 Alexander, C. N. Jr., & Knight, G. W. (1971). Situated identities and social psychological experimentation. *Sociometry*, 34, 65~82.

64 Fiske, S. T., & Taylor, S. E. (1984). *Social Cognition*. Addision-Wesley Publishing Company, 383.

65 Fiske, S. T., & Taylor, S. E. (1984). *ibid.*, 386~387.

66 Azariadis, C. (1981). Self-fulfilling prophecies. *Journal of Economic Theory*, 25(3), 380~396.

67 Rosenthal, R., & Jacobson, L. (1968). *Pygmalion in the Classroom: Teacher Expectation and Pupils' Intellectual Development*, by Robert Rosenthal, Lenore Jacobson. Rinehart and Winston.

68 Word, C. O., Zanna, M. P., & Cooper, J. (1974). The nonverbal mediation of self-fulfilling prophecies in interracial interaction. *Journal of Experimental Social Psychology*, 10(2), 109~120.

69 Darley, J. M., & Fazio, R. H. (1980). Expectancy confirmation processes arising in the social interaction sequence. *American Psychologist*, 35(10), 867.

70 Fiske, S. T., & Taylor, S. E. (1984). *Social Cognition*. Addision-Wesley Publishing Company.

71 Swarm Jr, W. B. (1983). Self-verification: Bringing social reality into harmony with the self. *Social Psychological Perspectives on the Self*, 2, 33~66.

72 McShane, S. L., & Gilnow, V. (2003). *Organizational Behavior*. McGraw-Hill.

CHAPTER 09

# 바람직한 조직행동

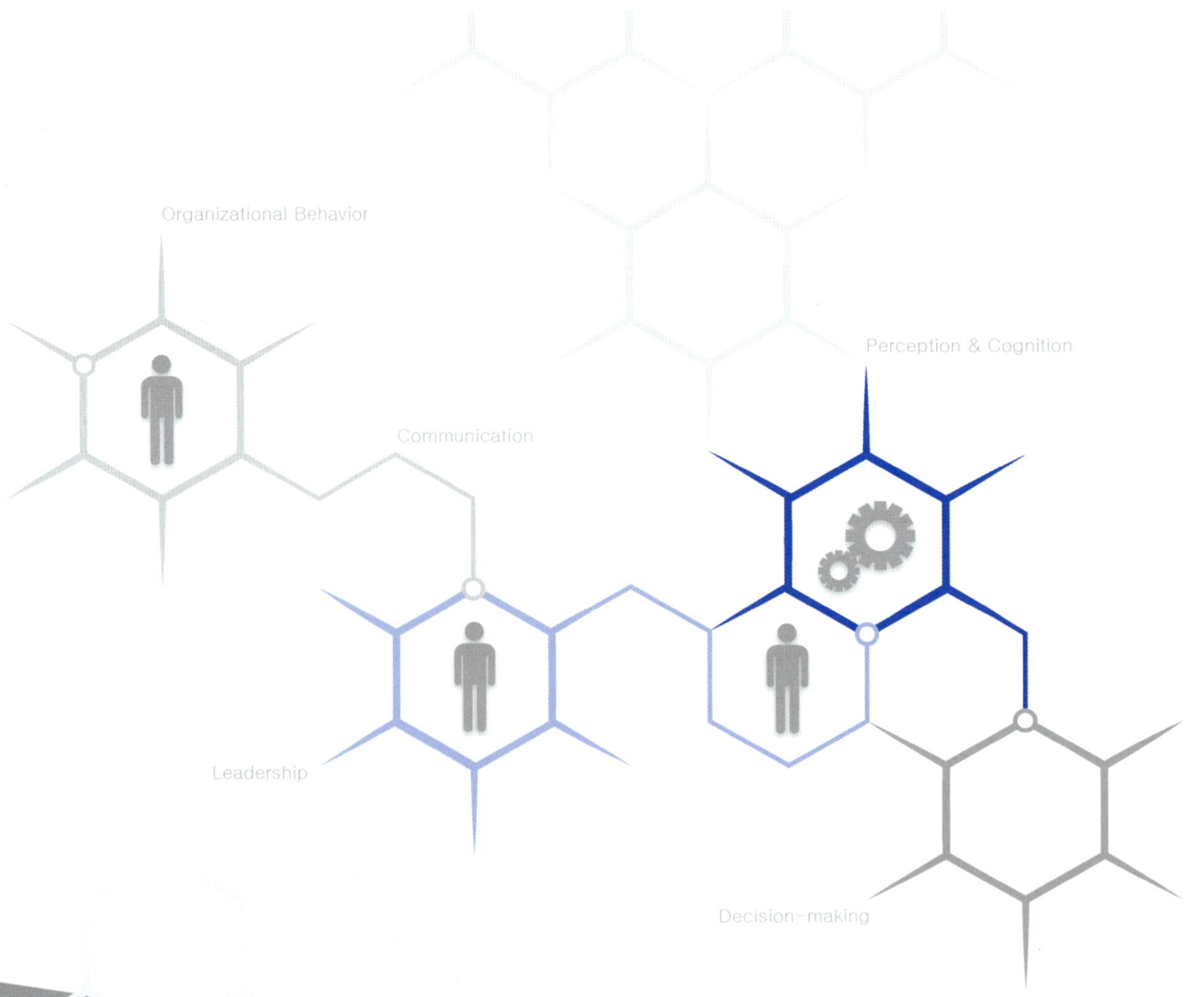

## 들어가기

앞의 제8장에서는 태도와 행동에 관한 이론들과 관련 연구결과들을 살펴보았다. 이러한 태도와 행동에 관한 연구들과 이론들을 바탕으로, 실제 조직내에서 구성원들의 어떤 행동들이 바람직한 것인가를 살펴보고자 한다.

조직행동은 조직구성원들의 행동을 이해하고 설명하고 예측하는 것을 연구하는 분야라고 했는데, 그렇다면 조직행동의 이해와 설명을 바탕으로 어떤 행동을 예측할 수 있으며 또한 구성원들로 하여금 긍정적인 조직행동을 할 수 있도록 조직행동관리가 이루어져야 한다. 그리고 구성원들의 행동들이 조직에서 바람직한 방향으로 나타날 수 있도록 이끄는 것이 필요하다. 따라서 본 장에서는 조직에서 바람직한 조직구성원들의 행동은 무엇이며 어떻게 그런 행동을 이끌어낼 수 있는가를 살펴본다.

조직구성원의 행동을 이해하고 설명하고 예측하며 통제 및 관리를 하는 데 중요한 많은 개념들과 이론들을 앞의 여러 장들을 통해 개인수준에서 살펴보았다. 조직내에서 개인의 성격, 인지와 감정, 학습, 모티베이션 그리고 태도와 행동 등을 살펴봄으로써 조직구성원들로 하여금 바람직한 조직행동을 할 수 있도록 하는 것이 조직행동 관리의 궁극적인 목표이다. 조직에서 일하고 생활하는 구성원들이 인간존중과 삶의 질을 실현하기 위해서는 조직 차원에서 관리도 필요하지만 또한 개인 스스로가 바람직한 조직행동을 위한 노력도 필요하다.

구성원들이 높은 자기효능감, 낙관주의, 희망, 복원력, 심리적 자산, 주관적 행복, 정서지능 향상 등을 통해 긍정적인 조직행동을 발휘해야 한다. 또한 과업을 수행함에 있어 조직목표에 기여할 수 있어야 하고, 조직구성원으로서 몸담고 있는 조직을 위해 조직시민으로서 친사회적 행동과 '좋은 조직시민' 행동을 보여야 한다. 조직과의 건강한 심리적 계약과 신뢰가 구축되어야 하고, 창의적 행동으로 조직발전에 기여해야 한다. 뿐만 아니라 태만, 결근, 이직 등의 업무와 조직 이탈적 행동이나 반생산적인 과업행동은 억제되어야 한다.

이러한 바람직한 조직행동들은 강조하는 것은, 언뜻 생각하면 조직의 양적 성과나 기업의 이익에 별로 도움이 되지 않는 한가한 말로 들릴 수 있을 것이다. 그러나 그렇지 않다. 조직행동을 예측, 통제 그리고 관리한다는 것은 이러한 긍정적이고 바람직한 조직행동들 맥락에서 이루어져야 하며 구성원들을 단순히 인적자원으로만 취급하여 성과달성이나 조직목표 달성의 수단으로만 생각해서는 안 된다. 어떤 조직이든 지속적으로 유지, 발전되어야 하며 이를 위해서는 무엇보다도 조직구성원들의 행동과 역할이 가장 중요하다.

# 1. 긍정적 조직행동

긍정적 조직행동(positive organizational behavior: POB)은 Seligman을 중심으로 1990년대 말 시작된 긍정 심리학 운동(positive psychology movement)에 그 뿌리를 두고 있다. Maslow에 의해 처음으로 제시된 긍정 심리학은 기존의 많은 연구들이 인간 행동의 부정적이거나 병적인 면에 관심을 가져온 것과는 반대로 인간행동의 긍정적인 면을 바라보고자 하는 시도를 의미한다. 일례로 2003년 이전의 현대 심리학 연구를 검색해 본 결과, 부정적인 주제들(㉥ 두려움, 화, 의기소침 등)을 다룬 논문은 약 375,000편이 있었던 반면 인간의 다양한 긍정적인 능력이나 개념들에 관한 논문은 약 1,000편이 있었다.[1] 이는 지금까지 심리학에서 인간의 긍정적인 측면에 대한 관심이 확연하게 적었다는 것을 보여준다.

긍정적 조직행동의 개념을 제시한 Luthans는 긍정적 조직행동 연구를 "오늘날 일터에서 측정 및 계발가능하고, 성과향상을 위해 효과적으로 관리될 수 있는, 긍정적인 것을 바탕으로 한 인적자원의 장점과 심리적 역량에 대한 연구 및 응용"이라 정의하였다.[2] 이와 같이 조직의 긍정적 측면에 초점을 두는 연구 흐름을 긍정조직학(positive organizational scholarship)이라 칭하기도 한다.[3] 물론 이전에도 조직시민행동이나 직무만족과 같이 조직에서 긍정적으로 여겨지는 조직행동 변수들에 대한 연구들이 많이 이루어져왔다. 따라서 긍정 심리학은 패러다임 변화라기보다는 인간 행동에 대한 긍정적 접근의 중요성을 강조하는 시도라고 보는 것이 맞다.

이와 같이 인간의 긍정적인 면을 보고, 인간의 강점을 더 활용하고 계발하고자 하는 움직임은 그 이전에도 많이 진행되어 왔다. 특히 이는 학문적 분야보다는 일반 강연이나 연설, 혹은 일반 대중을 대상으로 한 자기계발서 등을 통해 많이 이루어졌다. 최근 많이 다루어지고 있는 '행복'에 관한 베스트셀러들, 예를 들어 미국 하버드 대학에서 행복학 열풍을 불러일으킨 인기 강좌를 책으로 엮은 '해피어: 하버드대 행복학 강의'[4] 등이 그 대표적인 예라 할 수 있다. 이러한 자기계발서 중심의 실무적 내용들과 기존 연구에서 다루었던 개념들이 긍정적 조직행동에서의 연구결과와 차이가 있음은 다음 다섯 가지 기준을 통해 이해할 수 있다.

- 이론과 연구에 기반
- 타당한 측정도구
- 독특한 개념

• 개발 가능성
• 성과 향상을 위한 관리

긍정심리학을 기반으로 하면서, 위에서 제시한 다섯 가지 기준을 충족하는 긍정적 조직행동들에는 조직내 개인의 자기효능감(self-efficacy), 낙관주의(optimism), 희망(hope), 복원력(resiliency), 심리적 자산(psychological capital) 등이 있다. 또한 더 광범위하게 주관적 행복(subjective well-being)과 정서지능(emotional intelligence)도 긍정적 조직행동에 포함될 수 있다.

## 1.1 자기효능감

자기효능감(self-efficacy)은 긍정적 조직행동 분야에서 이론적으로 가장 잘 계발되어 연구된 개념이다. Bandura에 의해 처음으로 제시된 자기효능감은 '주어진 상황적 요구에 맞춰 동기, 인지적 자원, 그리고 행동방침을 동원할 수 있는 개인의 능력에 대한 믿음을 의미한다.[5] 조직내에서 개인에게 주어진 어떠한 업무를 성공적으로 수행할 수 있는 자신의 능력에 대한 믿음이라고 할 수 있다. 따라서 개인이 가진 자기효능감의 정도에 따라 조직내에서 어떤 장애물을 만나거나 스트레스가 많은 경험을 할 때 그 상황을 해결하기 위해서 얼마나 긴 시간 동안 얼마나 많은 노력을 들일 것인가가 결정된다. 긍정조직학에서 의미하는 자기효능감은 이와 같은 Bandura의 기본적 정의에 기반하여 Bandura가 제시한 일반적 자기효능감(general self efficacy)에서 더 나아가 특정 상황이나 구체적 업무에 대한 개인의 능력에 대한 믿음을 의미하는 특정한 자기효능감(specific self-efficacy)까지를 포함하고 있다. 즉, 긍정조직학에서 자기효능감이란 개인이 주어진 상황에서 '특정한 업무를 성공적으로 수행하기 위해서 동기, 인지적 자원, 그리고 행동 방침을 동원할 수 있는 있다는 자신의 능력에 대한 확신(혹은 자신감)'을 의미한다.

### 1.1.1 자기효능감의 원천

개인의 능력에 대한 믿음의 원천은 다음의 네 가지가 있다.[6]

● 과거의 성취경험 : 자기효능감은 과거의 성취 경험을 반영한다. 이는 곧 능력의 척도

역할을 한다. 과거에 수행한 과업에 대한 개인의 성공경험은 성공에 대한 직접적인 정보를 제공하기 때문에 자기효능감의 가장 강력한 원천이라 할 수 있다. 특히 성공경험에 있어 자신의 능력이나 과업의 난이도를 자신이 제어 가능하다고 여길 때 자기효능감은 더욱 강해진다. 예를 들어 기획실에 있는 어떤 직원에게 미국 시장 진출에 대한 전략을 계획하는 업무가 주어졌다고 하자. 만약 이 직원에게 이러한 업무가 처음으로 주어진 것이라며 과연 자신이 해당 업무를 성공적으로 수행할 수 있을까에 대한 끊임없는 의구심이 들 것이다. 하지만 만일 그가 이전에 일본 시장 진출 전략을 성공적으로 수행한 경험이 있다면 이 경험을 통해 그는 새로이 주어진 업무를 성공적으로 이행할 수 있다는 본인의 능력에 대한 믿음을 가질 수 있다.

- 대리경험 : 타인의 성취나 능력을 발휘하는 모습을 전달함으로써 자신도 할 수 있다는 믿음을 부여하는 역할을 한다. 즉, 개인이 본인이 가진 능력을 평가함에 있어 앞서 제시한 과거의 경험을 활용하기도 하지만 이것이 불가능할 경우 대리경험(vicarious experience)을 통해 자기효능감을 획득하기도 한다. 예를 들어 다른 사람이 어떠한 과업을 성공적으로 수행하는 것을 지켜봄으로써 본인도 그 사람과 같이 해당 업무를 성공적으로 이행할 수 있는 능력이 있다고 믿게 된다. 특히 이는 대리경험의 대상이 본인이 생각한 결과를 창출했거나, 혹은 그 사람과 본인 사이에 유사한 개인적 특성이 존재할 때 더욱 효과적으로 일어난다.[7] 예를 들어 이성 친구가 없는 A가 있다고 하자. 그는 TV에 나오는 유명한 연예인인 B가 새로운 이성 친구를 사귀는 것을 보고 부러워할 수 있는 있으나, 본인이 그와 같이 이성 친구를 쉽게 사귈 수 있을 것이라 생각하지는 않을 것이다. 하지만 본인과 키와 몸집, 그리고 성격이 비슷한 과 동기인 C가 새로운 이성 친구를 사귀는 것을 보게 되면 본인도 그와 같이 이성 친구를 사귈 수 있을 것이라고 생각하게 된다.
- 구두적 설득 : 여타의 사회적 영향들은 개인으로 하여금 어떠한 능력을 가지고 있다고 믿도록 한다. 즉, 주위의 사람들이 당신에게 어떤 업무를 성공적으로 수행할 수 있는 능력이나 재능이 있다고 설득함으로써 당신이 실제로 그러한 능력을 가지고 있다고 생각하게 되는 것이다. 따라서 이는 곧 주위의 사회적인 요소에 의한 설득이라고 볼 수도 있다. 특히, 어려움에 직면해 있을 때 설득을 하는 당사자가 개인이 평상시에 믿고 따르는 인물이라면 그 효과는 더 커진다. 예를 들어 이전과 전혀 다른 새로운 프로젝트의 책임자가 된 A는 평소에 자신을 많이 보아왔고, 자신이 역할모델로 삶고 있는 B가 계속 A가 성공적으로 프로젝트를 이끌 수 있을 것이라 설득함으로써 실제 자신이 그런 능력을 가지고 있다고 믿게 되는 것이다.

**그림 9-1**
자기효능감의 원천

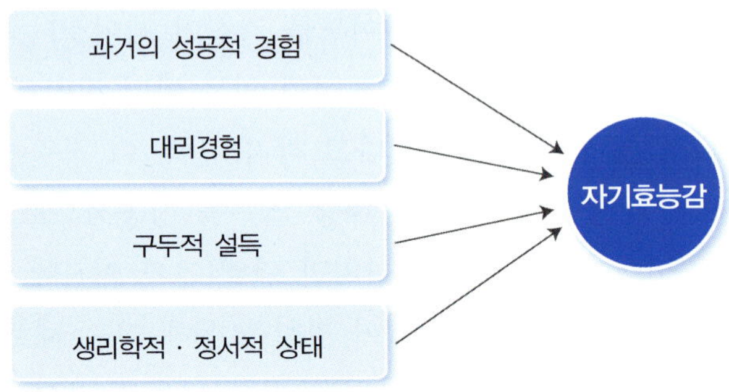


자료 : Bandura(1997), 재구성.[8]

- 생리적 · 정서적인 상태 : 사람은 자신의 능력을 평가하는 데 있어서 부분적으로 생리학이고 정서적인 상태에 의해 전달된 신체적 정보에, 즉 자신이 어떻게 느끼느냐에 의존하게 된다. 예를 들어 개인이 많은 스트레스를 받는 상황이 있거나 부정적인 정서(예 우울함, 낙담)를 느낄 때 낮은 자기효능감을 갖게 된다. 따라서 개인이 이와 같은 스트레스 요인이나 부정적인 정서를 가지고 있지 않을 때 더 성공을 기대하게 된다. 개인은 또한 실패할 것 같은 과업이나 자신에게 버겁다고 느끼는 과업을 맞을 때 심장이 빨리 뛴다거나 손에 땀이 난다거나 하는 등의 생리학적 반응을 일으키는데, 이러한 반응은 대개 좋지 않은 성과로 이어지게 마련이다. 즉, 개인은 자신의 생리적, 정서적 상태를 어떻게 해석하느냐에 따라 일정한 과업에 대한 성공의 기대치가 달라지고, 따라서 이것이 자기효능감에 영향을 미치게 되는 것이다. 예를 들어 중요한 프레젠테이션을 앞둔 어떤 사람이 당일 아침에 갑작스러운 목의 통증을 겪게 된다면 프레젠테이션을 성공적으로 이끌 수 있다는 자신감에 타격을 입을 것이다.

### 1.1.2 자기효능감의 효과

연구결과에 의하면 자기효능감은 조직에서의 대부분의 활동에 긍정적인 영향을 미친다. 특히 사회인지이론에서는 학습에 있어서 자기효능감의 역할을 강조한다. 자기효능감이 개인의 활동과 목표의 선택, 업무에 할애하는 노력, 그리고 그 지속기간에 다음과 같이 영향을 미친다.

먼저 자기효능감은 개인이 스스로 선택하는 활동과 목표에 영향을 준다. 사람은 기본적으로 자신이 성공할 수 있는 업무는 선호하고 실패할 확률이 높은 업무는 기피하기 마련이다. 하지만 자기효능감이 높은 개인은 배우려는 욕구가 강하기 때문에 어렵고 비교적 도전적인 업무를 택하려는 성향이 강할 것이다. 반면 자기효능감이 낮은 개인의 경우 도전적인 업무에 대해 성공보다는 실패할 수 있는 확률이 높다고 판단하여 이를 기피하여 상대적으로 난이도가 낮은 업무를 선호한다. 실제로 자신이 수학을 잘할 수 있다고 믿는 학생들은 수학과목을 듣는 것을 선호하는 반면, 본인이 수학적으로 무능하다고 생각하는 학생들은 수학과목을 기피하는 것으로 나타났다.[9] 또한 자기효능감이 높은 개인일수록 낮은 개인에 비해 상대적으로 높은 목표를 설정한다. 예를 들어 청소년들은 낮은 자기효능감을 보이는 영역보다는 높은 자기효능감을 가지는 분야와 관련된 경력과 직업선택을 하는 것으로 나타났다.[10]

다음으로 자기효능감은 해당 업무에 할애하는 개인의 노력과 그 지속 기간에 영향을 미친다. 자기효능감이 높은 조직구성원들은 대개 자신의 업무에 많은 노력을 기울인다. 비록 그들이 맞고 있는 업무가 도전적이고 어렵다 하더라도 그들이 노력하면 충분히 성공적으로 이행할 수 있을 것이라는 자신감을 가지고 있기 때문이다. 따라서 이런 개인들은 자신의 노력을 많이 기울여 새로운 행동이나 지식을 습득하려는 욕구가 강하다. 예를 들어 수학적으로는 자신 있는 학생은 어려운 응용문제를 만나게 되면 어떻게 해서든 이를 해결하려고 노력하지만, 수학에 영 자신이 없는 학생의 경우에는 쉽게 포기하게 된다.

이와 더불어, 실제 능력의 수준은 같다고 할지라도 높은 자기효능감을 가진 학생들은 낮은 자기효능감을 가진 학생들보다 더 많이 배우려는 성향을 보였고 실제로 더 많은 것을 성취하는 것으로 나타났다.[11] 즉, 같은 능력을 가진 개인들이라 할지라도 학습을 통한 성취의 정도가 각 개인의 자기효능감에 따라 달라질 수 있다는 것을 의미한다.

이외에도 자기효능감은 사고 패턴을 촉진하는 역할을 한다. 즉, 어떤 기술을 수행하는데 있어서 자기효능감이 높은 사람은 자신이 어떤 문제를 어떻게 해결해야 할지 알아낼 수 있을 것이라 자신에게 스스로 말하며 다짐하는 반면, 자기효능감이 낮은 사람은 자신은 그 문제를 해결할 수 없을 것이라 본인 스스로에게 말한다. 즉, 이들은 현재 자신이 해당 문제를 해결할 만한 능력이 없다고 판단을 하기 때문에 성공할 확률보다는 실패할 확률이 더 크다고 생각하는 것이다. 마지막으로 자기효능감은 스트레스나 우울함으로부터 개인이 받는 영향을 줄여준다. 자기효능감이 낮은 개인의 경우 자신의 미래가 어둡다고 생각하는 경향이 강하기 때문에 스트레스나 우울함을 많이 경험하는 경향이 있다. 하지만 자기효능감이 높은 개인은 자신이 그와 같은 상황을 잘 이겨낼 수 있다는 믿음이 있기 때문에 상대적으로 스트레스나 우울함과 같은 요소에 덜 영향을 받는다.

이와 같이 자기효능감은 개인이 과업을 수행하는데 있어 긍정적인 영향을 미친다. 실제 조직내에서 또한 자기효능감은 여러 성과에 긍정적이 효과를 나타내는데, 이전까지의 연구들의 결과들을 기반으로 한 여러 종합분석에서도 자기효능감과 성과 사이에 정(+)의 관계가 있음을 밝히고 있다.[12] 연구결과들에 의하면 조직내에서 자기효능감이 높은 개인일수록 새로운 기술에 대한 적응력이 높고 기술의 획득도 빠른 것으로 나타났다. 또한 새로운 조직에 들어간 개인들도 자기효능감이 높을수록 더욱 잘 적응하는 것으로 나타났다.[13]

### 1.1.3 자기효능감의 계발 및 응용

자기효능감의 계발이 가능하다는 것은 기본적으로 긍정적 조직행동에서 말하는 자기효능감이 특정 업무 중심의 자신의 능력에 대한 믿음으로 정의하고 있기 때문에 가능하다. 즉, 이는 자기효능감을 개인의 특성이라기보다는 상태라는 점에서 접근함으로써 상대적으로 가변적인 성격을 가지고 있기 때문에 훈련이나 교육을 통해 계발이 가능하다는 것이다.

조직내 개인의 자기효능감을 계발하기 위한 방안은 앞서 제시한 자기효능감의 네 가지 원천에 근거하여 생각해 볼 수 있다.[14] 다음의 〈표 9-1〉에서는 자기효능감 계발을 위한 주요 요소와 방법을 제시하였다. 따라서 조직의 관리자들은 자기효능감의 중요성을 인식하고 조직원들의 자기효능감을 높이기 위한 지속적인 노력을 기울여야 할 것이다.

〈표 9-1〉 효과적인 자기효능감의 계발

| 원천 | 주요 요소 | 계발을 위한 제언 |
|---|---|---|
| 과거의 성공적 경험 | 건설적인 피드백을 주고, 피훈련인이 그들이 자신의 성과의 원인임을 알아야 함. | • 많은 연습을 통해서 훈련의 계획에 의해 정해진 성공을 성취하도록 함.<br>• 한 훈련을 여러 부분으로 나누어 각 단계에서 성취감을 느끼게 해줌으로써 스스로의 능력에 확신을 갖게 함. |
| 대리경험 | 역할모델이 피훈련인과 유사한 특성을 지녀야 함.<br>– 성과의 유사성 : 유사한 직무<br>– 특성의 유사성 : 성, 나이, 지위 | • 피훈련자와 유사한 역할모델을 설정함으로써, 역할모델의 성과가 다른 요소가 아닌 그 사람이 가진 기술 때문이라고 생각하게 함.<br>• 역할모델로 하여금 업무 진단적 성격의 조언을 주도록 함. |
| 구두적 설득<br>(혹은 사회적 설득) | 영향력 있는 조언을 함으로써 피드백이 피훈련인의 자신감을 키우는 데 긍정적으로 작용할 수 있도록 함. | • 피훈련인이 성공적으로 업무를 수행할 수 있도록 하고, 그들의 목적 달성을 자신의 능력신장의 증거로 해석하게 함. |
| 생리학적, 정서적 상태 | 피훈련인이 훈련에서 경험하게 되는 생리학적, 정서적인 경험들이 자신의 부족함이 아니라 훈련 그 자체의 성격에서 오는 것이라 해석하도록 함. | • 피훈련인이 어떤 결과를 얻기 위해 많은 노력을 기울일 필요가 있다는 것이 그들 능력의 부족을 의미하는 것이 아니도록 생각하게 함. |

자료 : Mager(1992).[15]

## 1.2 낙천주의

낙천주의(optimism)의 사전적 의미는 '미래나 성공적 결과에 대해 확신을 가지거나 희망을 가지는 것, 혹은 희망적이고 호의적인 관점을 가지는 경향'[16]을 의미하는 것으로 '최고(best)'라는 뜻의 라틴어의 'optimum'에서 유래되었다. 인류학자인 Tiger는 낙천주의를 '자신의 이익이나 즐거움에 대해 사회적으로 바람직하다고 여기는 사회적 혹은 물질적 미래에 대한 기대와 관련된 기분 또는 태도'라 정의하기도 하였다.[17]

### 낙천주의 이론

대부분 심리학자들은 낙천주의를 인간 본성 내지 개인차로 보고 있다. 먼저 낙천주의가 인간의 본성이라고 생각하는 학자들은 사람들이 현재의 실제 사실과 비교해서 자신에 대해 더 긍정적인 편견을 가지는 경향이 있다고 말한다. 즉, 인간이 기본적으로 그러한 성향을 가지고 있다고 생각하는 것이다.

하지만 최근 심리학의 조류에서는 대부분 낙천주의를 개인차로 보고 있다. 즉, 각 개개인이 낙천주의를 가진 정도에 있어서 차이가 있다는 것이다. 낙천주의가 개인의 태도나 행동에 미치는 영향을 보다 잘 설명하기 위해서 크게 두 가지 이론적인 방법, Seligman의 설명적인 방식(explanatory style)[18]과 Carver와 Scheier의 자기규제모형(self-regulatory model)[19]이 사용되고 있다.

**설명적 방식**(explanatory style)에서는 개인이 어떻게 긍정적 혹은 부정적 사건들을 설명하는지를 통해 낙천주의를 이론화시켰다. 예를 들어 부정적인 사건을 접했을 때 그 원인을 외부적 요인(즉, 자신의 과오가 아님)이나 불안정한 요인(즉, 일시적인 방해요인) 혹은 어떤 특정 요인(즉, 오직 그 상황에서만의 문제)에서 찾고, 긍정적인 사건을 대했을 때 그 원인을 개인적인 요인에서 찾는 사람은 낙천적이라 할 수 있다. 이와 반대로 부정적인 사건을 개인적인 요인에서, 긍정적인 사건을 외부적 요인이나 일반적인 요인에서 찾는 개인은 비관적이라 할 수 있다. 특히 Seligman은 이와 같은 것을 학습된 낙천주의라 명명하였다. 여기서 '학습된'이라는 단어는 곧, 긍정 조직학에서 제시하는 기준에서와 같이 계발이 가능하다는 것을 의미하기도 한다.

**자기규제모형**(self-regulatory model)은 모든 인간의 행동은 개인의 목표와 연관하여 해석된다고 주장한다. 이에 따르면 개인이 가지고 있는 목표와 현재 자신의 상태 사이의 불일치를 느낄 때 일종의 평가과정이 시작된다. 만약 개인이 이러한 차이를 극복할 수 있다고 평가하면 그 사람은 목표달성을 위해 더 많은 노력을 기울이게 될 것이지만, 극복할 수 없다고 판단하게 되면 자연스레 자신의 노력을 줄이게 될 것이다. 따라서 낙관적인 개인의 경우 더 많은 노력을 기울여 문제를 해결하려 할 것이고, 비관적인 사람의 경우 쉽게 포기하게 될 것이다.

위의 두 이론은 각기 낙천주의가 어떻게 개인의 태도나 행동을 예측하는지에 대해 다소 차이는 있으나, 두 이론 모두 개인의 낙천주의가 어떻게 조직내에서 긍정적인 결과들과 연관이 되는지를 설명해 주고 있다.

### 낙천주의의 효과

기존의 연구들은 낙천주의가 다양한 긍정적인 결과와 연관이 있음을 보여주고 있다. 특히, 앞서 살펴본 이론적인 틀을 생각해볼 때 낙천주의는 개인으로 하여금 동기부여를 하는 강한 기제로 작용한다. 예를 들어 낙천주의는 신체적 혹은 심리적 건강, 행복(well-being) 등에 긍정적인 영향을 미친다.[20]

이러한 낙천주의는 실제 조직내에서도 여러 긍정적인 효과를 가져오는 것으로 밝혀졌는데, 예를 들어 Seligman은 생명보험사를 대상으로 한 연구를 통해 낙관적인 보험 판매인이 비관적인 판매인들에 비해 더 높은 성과를 가져오는 것을 발견했다. 이에 더해 실제 조직에서 낙천주의가 더 높은 판매성과와 리더십 성과를 예측하는 것으로 나타났다.

하지만 아직까지 조직행동 분야에서는 낙천주의에 대한 연구가 활발하지 못하다. 이는 낙천주의가 조직내에서 부정적인 효과를 가져올 수도 있다는 우려 때문이다. 예를 들어 개인이 미래에 대해 지나치게 낙천적일 경우 현재 고려해야 할 중요한 요소들을 무시해버릴 수 있는 가능성이 존재하기 때문이다. 하지만 최근 증가하고 있는 연구들은 부정적인 효과보다는 긍정적인 효과를 가지고 있음을 보여주고 있다. 이를 반영하여 일부 기업에서는 이를 인재선발과정에서 주요 기준 중 하나로 활용하고 있기도 하다. 낙천주의 또한 조직에 의해 계발될 수 있는데, 대개 자기효능감이나 희망의 계발을 통해 함께 계발될 수 있다.

## 1.3 희 망

희망(hope)이란 쉽게 말해 소원하는 생각이라고 할 수 있는데, 이는 '성공적인 힘(목표지시적 에너지)과 경로(목표를 달성하기 위한 계획)의 상호작용에서 파생된 긍정적인 동기상태'를 의미한다.[21] 희망은 자기효능감의 개념과 어느 정도 유사하지만, 목표를 달성하는 데 있어 자기효능감과 다르게 힘과 경로라는 다른 메커니즘에 초점을 맞춘다. 이전의 연구들 또한 자기효능감과 희망의 개념이 내용상으로나 측정방법상으로 다르다는 것을 보여주고 있다.[22]

### 희망의 효과 및 활용

최근의 희망에 관한 연구들은 조직내에서 개인의 성과와 정(+)의 관계가 있음을 보여주고 있다. 예를 들어 희망은 조직의 수익성은 물론 성과와 직무태도들과 정(+)의 관계가 있다. 희망적인 리더가 이끄는 팀은 그렇지 않은 다른 팀들에 비해서 더 많은 수익성을 나타낼 뿐만 아니라, 부하들 또한 더 높은 직무만족을 보였다. 희망은 다른 긍정 조직행동에서 말하는 개념들과 같이 상태의 특성을 가진, 즉 가변적인 특성을 가지기 때문에 계발이 가능하다. 특히 Snyder는 목표설정 훈련 등을 통해 이의 계발이

가능하다고 주장했다.[23]

**희망의 계발**

희망은 목표지향적 상황에서 목표 설계, 목표달성 방법 창출, 그리고 장애물의 극복의 방법들을 통해 훈련 계발될 수 있다.[24] 먼저 중재자는 훈련 참가자들에게 자신이 개인적으로 중요하게 여기는 목표를 설정하게 한다. 이상적인 목표는 (1) 성공을 측정할 수 있는 구체적인 종료점이 있으며, (2) 참가자들로 하여금 지속적으로 목표 성취를 위해 노력할 수 있도록 하는 접근적인 틀이 있고, (3) 목표 성취 단계마다 성취감을 맛볼 수 있도록 하는 하위 목표를 가진다는 특징을 지닌다. 개인적인 목표를 설정한 후에는 피훈련자들에게 목표를 달성하기 위한 여러 가지 방법들을 고안하도록 하며, 집단 토론을 통해 각자가 설정한 개인 목표와 그 성취 방안들에 대한 의견을 공유할 수 있는 기회를 제공한다. 마지막으로 그 방안들을 목록으로 만들고, 현실적인 방안을 선택하도록 한다. 또한 목표 성취 과정 중에 발생할 수 있는 장애물을 예상하고 이를 극복할 수 있는 방안을 세움으로써 예측능력을 증진시키도록 한다. 이상의 과정이 진행되면서 훈련자는 피훈련자를 격려하고 지속적으로 자기 자신에게 긍정적인 말을 하게 함으로써 희망 능력을 계발한다.

## 1.4 복원력

복원력(resiliency)이란 '역경이나 위험에 직면한 상황에서 긍정적으로 적응하는 패턴에 의해 특징지어지는 현상들'[25]로 정의할 수 있다. Luthans는 이에 더해 긍정적 조직행동 관점에서 '역경, 갈등, 실패 혹은 긍정적인 사건이나 진보, 그리고 책임감의 증대로부터 돌아오는 즉, 회복하는 능력'[26]이라 정의하였다. 전통적으로는 복원력을 일부 사람들이 가진 비상한 능력이라고 보는 반면, 긍정적 조직행동에서는 일반 사람들도 학습할 수 있고 계발할 수 있는 개념으로 보고 있다. 특히, 다른 긍정 조직학에서 다루는 변수들(예 자기효능감, 희망 등)이 주도적 특징을 가지는 변수인 반면에 이 복원력은 자극에 대한 반응적인 변수이다.

**복원력의 효과 및 계발**

복원력은 오늘날과 같이 변화의 속도가 빠르고 불확실성이 팽배한 경영환경에 있어서 조직구성원뿐만 아니라 관리자들, 그리고 조직이 갖추어야 할 필수적인 능력이라 할 수 있다. 조직내에서 종업원의 복원력이 클수록 그들의 상사에 의한 성과 평가에 긍정적인 영향을 미쳤으며, 성과와 만족과도 긍정적인 관계가 있다.

조직원들의 복원력을 계발하기 위해서 Luthans와 그의 동료들은 인적자원개발측면에서 두 가지 접근법, 즉 주도적 접근법(proactive approach)과 반응적 접근법(reactive approach)을 제시했다.[27]

**주도적 접근법**(proactive approach)에서는 긍정 심리학자인 Masten의 논의에 근거하여 세 가지 인적자원 개발 전략을 제시한다.[28] 첫째, 위험 중심적 전략은 주도적이고 적극적으로 부정적인 사건을 야기할 수 있는 상황을 피하고 위험을 줄이는 것이다. 두 번째는 자산 중심적 전략으로서, 여기서의 자산이란 지식, 기술, 능력과 같은 인적 자본을 의미한다. 예를 들어 조직원들에게 자기개발 비용을 제공한다거나 계발 성격의 워크숍을 진행함으로써 고용 적합성을 향상시키는 것이다. 마지막으로 과정 중심적 전략은 개인이 사건이나 경험을 해석하는 방식에 영향을 미치는 것이다. 즉, 후에 다룰 심리적 자산의 네 가지 영역 중 하나인 복원력은 다른 세 가지 영역인 자기효능감, 낙천주의, 그리고 희망의 계발을 통해 동시에 향상될 수 있다는 논리이다.

**반응적 접근법**(reactive approach)에서는 Bonnano의 논의에 근거하여 다음의 네 가지 전략을 제시한다.[29] 첫째, 긍정적인 감정을 이용한 전략이다. 이러한 전략은 웃음이나 미소와 같은 형태로 나타날 수 있는데, 이를 통해 복원력을 강화시킬 수 있다. 둘째, 자기 향상을 이용한 전략이다. 자기 향상능력이 강한 사람은 자신감이 넘치며, 스트레스가 있는 상황에 잘 대처하고 주변 상황에 잘 적응하는 경향을 가지고 있다. 셋째, 귀인을 이용한 전략으로서 통제의 소재를 이용하여 부정적인 사건에 대해 내부적 귀인보다는 외부적 귀인을 하게 함으로써 복원력을 높인다. 마지막으로 대담성을 이용한 전략이다. 대담성은 몰입, 통제, 그리고 도전에 대한 총체적인 인식으로서 스트레스를 유발하는 상황을 자신을 개발하는 상황으로 전환함으로써 이에 잘 대처할 수 있도록 한다.

## 1.5 심리적 자산

심리적 자산(psychological capital)은 앞서 제시한 네 가지, 즉 자기효능감, 낙천주의, 희망, 그리고 복원력을 하나로 통합한 개념이다. Luthans와 동료들은 이를 '① 도전적

**그림 9-2**
심리적 자산

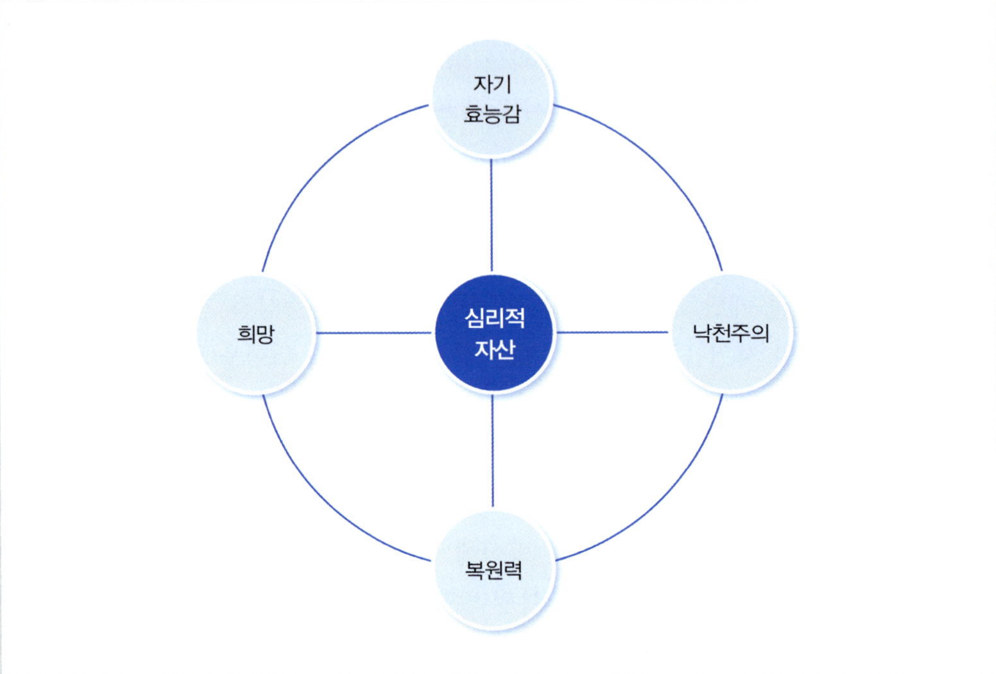


인 과업들을 성공적으로 수행할 수 있도록 필요한 노력을 기울이는 자신감(자기효능감)을 가지고, ② 성공한 현재와 미래에 대해 긍정적으로 귀인하며(낙천주의), ③ 목표를 향해 끊임없이 노력하고, 필요시에는 성공을 위해서 목표를 향한 경로를 수정하고(희망), ④ 문제들이나 역경에 둘러싸여 있을 때나 심지어는 성공한 상황에서도 그것을 넘어서서 회복하는(복원력) 개인의 긍정적인 심리상태'로 정의하였다.[30] 이는 긍정적 조직행동에서 말하는 네 가지 영역의 총합으로, 이 네 가지 개념이 긍정적인 시너지 효과를 낼 수 있다는 데 기반한다.

인적자산이나 사회적 자산이 자원을 투입하고 이것이 미래 수익에 영향을 미치는 경제학적 자본의 개념을 넘어선 것이라면, 심리적 자산은 인적자본(당신이 무엇을 아는지)과 사회적 자본(당신이 누구를 아는지)을 넘어서서 '당신이 누구인지', 그리고 더 중요하게는 '당신이 누가 될 것인지'(즉, 당신의 실제 자아를 가능한 자아로 계발하는 것)를 의미한다.[31]

## 1.6 기타 긍정적 조직행동

앞서 제시한 네 가지 개념 외에도 지혜(wisdom), 용기(courage) 등 광범위하게 긍정적 조직행동에 포함될 수 있는 여러 변수들이 있다.[32] 이러한 다양한 개념들 중에서 주관적 행복(subjective well-being)과 정서지능(emotional intelligence)은 조직행동과 관련하여 관심을 받고 있다.

### 1.6.1 주관적 행복

주관적 행복(subjective well-being)이란 "사람들의 그들의 삶에 대한 정서적이고 인지적인 평가"라 정의할 수 있으며,[33] 우리가 일반적으로 이야기하는 행복이라 할 수 있다. 이는 크게 다음의 네 가지로 구성된다. 첫째, **삶에 대한 만족**은 개인의 삶에 대한 일반적인 판단을 의미한다. 둘째, **중요한 영역에 대한 만족**은 개인이 중요하다고 여기는 것, 예를 들어 일과 관련된 만족이 이 범주에 들어갈 수 있다. 셋째, **긍정적 감정**은 다양한 즐거운 정서이나 기분의 경험을 의미한다. 마지막으로 **낮은 수준의 부정적 정서**로서, 이는 불쾌한 감정이나 기분의 경험이 낮은 것을 의미한다.

주관적 행복은 실제 조직에서도 긍정적인 영향을 미치는데, 예를 들어 주관적 행복은 직무만족과 정(+)의 관계가 있으며 개인의 목적 달성을 위한 노력 과정과도 긍정적인 관계가 있는 것으로 나타났다.

### 1.6.2 정서지능

정서지능(Emotional Intelligence, EI)은 '감정을 정확하게 인지하고, 평가하며, 표현할 수 있는 능력, 사고를 전개할 때 기분을 만들어 내거나 혹은 접근할 수 있는 능력, 감정과 감정적 지식을 이해할 수 있는 능력, 감정적 그리고 지적 성장을 도모하기 위해 감정을 조절할 수 있는 능력'의 네 가지 영역으로 정의할 수 있다.[34] 이후 정서지능은 많은 학자들에 의해 다시 다양하게 정의되었는데, 대개 학자들의 정의는 자신과 타인의 정서 지각, 정서의 조절, 그리고 이러한 지식을 이해하고 활용하는 네 가지 요소를 포함하고 있다.[35] 정서지능을 다음과 같이 5가지 차원으로 나누어 설명하기도 한다.

〈표 9-2〉 정서지능의 요소들

| 요소 | 정의 | 특징 |
|---|---|---|
| **자기인식** | 자기 감정이나 기분을 이해하고 다른 사람에게 미치는 영향을 인식함 | • 자신감<br>• 자기평가<br>• 자기비하적 유머 |
| **자기규제** | 자신의 감정이나 기분을 통제하고 행동 전에 생각을 먼저 함 | • 성실과 정직<br>• 모호성에 대한 인내<br>• 변화의 수용 |
| **동기부여** | 금전적 보상을 떠나 일에 대한 열정과 끊임없는 노력 | • 성취욕구<br>• 실패에 대한 담담함<br>• 조직몰입 |
| **감정이입과 공감** | 다른 사람의 감정을 이해하고 다른 사람의 감정을 잘 다스려 주는 능력 | • 뛰어난 재능<br>• 문화차이에 대한 민감성<br>• 다른 사람에 대한 배려 |
| **사회적 능력** | 인간관계관리와 사회적 관계 및 네트워크 구축 능력 | • 변화주도<br>• 설득<br>• 팀을 이끄는 리더십 |

자료 : Golman(2006), pp.43~44[36] 및 Golman(1998), p.318[37] 재구성.

정서지능은 인간의 상호관계에 영향을 준다. 정서지능이 높은 사람은 감정이입, 자기 감독, 사회적 기술, 협력, 대인관계 등이 높은 것으로 나타났다. 부하의 정서지능은 부하의 직무성과와 직무만족에 영향을 주고, 리더의 정서지능은 부하의 직무만족과 추가적인 역할 수행에 영향을 준다. 이밖에도 선행연구에서는 정서지능이 조직내 다양한 순기능들에 기여함을 보여준다. 개인의 정서지능은 조직내에서 개인의 적응과 변화를 도와주는 역할을 하며 개인의 인지에 근거한 성과에도 긍정적인 영향을 미친다.

다음의 〈표 9-3〉은 정서지능의 주요 선행변수와 결과변수를 보여준다.

하지만 아직까지 정서지능에 대한 정의와 개념화에 따라 측정방식이 상이하여 학문적으로 합의된 기준이 잘 정립되지 않고 있다. 정서지능의 개념화는 크게 두 가지 흐름으로 나눌 수 있다.[38] 먼저 **능력 모형**은 정서지능을 정서적 기능의 인지적 능력의 집합으로 개념화한다. 따라서 이 조류에 있는 학자들은 정서지능을 객관적 측정이 가능한 수준의 지적 능력으로 보아서 과업 기반 테스트를 선호한다. 반면에 **특성-능력 모형**은 정서지능을 광의의 성격적 특성으로 개념화한다. 따라서 이들은 자기 보고식 측정을 선호하는 경향이 있다.

〈표 9-3〉 정서지능의 선행변수와 결과변수

| 선행요인 | 결과요인 |
|---|---|
| ■ 훈련과 교육<br><br>■ 경험<br><br>■ 고정관념 | ■ 개인변수군<br>• 인지성과 분위기 조절<br>■ 관계변수군<br>• 리더십<br>• 호의성<br>• 인간관계<br>■ 사회, 문화변수군<br>• 변화 적응<br>• 효과성<br>• 조직성과 |

# 2. 바람직한 직무행동

기업 내에서 바람직한 직무행동들은 기업에서 성과에 도움이 될 것으로 기대하고 있는 행동, 종업원이 직무범위를 넘어서 자발적으로 수행하는 성과에 혜택이 되는 행동 등 조직내에서 바람직하게 여겨지는 직무 관련 행동이 있다.

## 2.1 과업수행행동

과업수행행동이란 조직에서 조직원이 수행할 것으로 기대하고 있는 모든 직무 관련 행동을 의미한다. 이러한 성과관련행동은 조직에서 조직구성원들에게 주어진 역할과 관련된 역할행동이라 할 수 있다. 과업수행행동은 궁극적으로 조직의 목표를 달성하기 위한 목표 지향적인 행동으로서 직무기술서 상에 명시되어 있거나, 공식화할 수 없는 형태일 경우에는 암묵지의 형식으로 조직구성원들에게 부여된다.

조직의 목표가 분명하다면 이 목표를 달성하기 위해 구체적으로 어떠한 행동이 필요한지, 즉 과업수행행동이 무엇인지를 먼저 정의해야 한다. 실제로 조직구성원들은 수많은 종류의 행동을 한다. 이 중에서 어떠한 행동이 목표를 달성하는데 직접적이고 중요한 영향을 미치는 것인지를 정의하는 것은 쉽지 않다. 따라서 과업수행행동은 수행해야 할 과업의 종류나 절차를 분석하고 이와 관련되어 측정이 가능하고 성과에 직

접적인 영향을 미치는 것으로 정의해야 한다.[39]

과업수행행동이 정의되었다면 이를 평가와 보상 체계와 연결시켜야 한다. 과업수행행동은 조직의 목적 달성을 위한 행동이기 때문에 얼마나 기여했는지를 평가 받고 이에 따라 보상을 받는다는 특징을 지닌다. 그러나 현실에서 과업수행행동의 성취도를 객관적으로 측정하는 것은 쉽지 않다. 예를 들어 단위 시간 내에 몇 개의 휴대폰을 조립하였는지 계량적으로 나타낼 수 있다면 과업수행행동의 성취도를 평가하기 쉬울 것이다. 하지만 조직에서 행하는 대부분의 과업수행행동은 계량화하기 힘들며, 그 결과가 다른 조직구성원들의 성과관련행동과 상호작용하여 나타나며, 장기적으로 결과가 드러나는 경우가 많다. 제약회사의 R&D 부서의 연구개발자의 업무를 생각해 보자. 이 연구개발자는 상업적으로 잠재력이 있는 과학적 성과를 내야 하며, 개발된 제품이 시판되어 실질적인 성과를 창출하기까지는 시간이 걸리며 제조나 마케팅, 판매 등의 다른 부서들과의 협력이 있어야 한다. 이런 경우 조직에서는 연구개발자의 성과를 측정하기 위해 다양한 방법을 사용하여야 하며, 연구개발자의 과업수행행동을 동기부여 시킬 수 있도록 평가 및 보상 메커니즘을 적용해야 한다.

## 2.2 조직시민행동

조직시민행동(organizational citizenship behaviors)이란 "공식적인 보상체계에 의해 직접적으로 인정되지 않으며, 전반적으로 조직의 기능에 긍정적인 영향을 미치는 개인의 자발적 행동"[40]을 의미한다. 조직시민행동은 조직에서 공식적으로 부여한 역할 이외의 행동인 역할 외 행동(extra-role behaviors)의 일종이다. 예를 들어 자신의 근무 시간 이외에도 늦게까지 남아 동료의 업무를 도와주는 행동, 자신의 일이었던 보고서를 자발적으로 노력하여 주어진 기간보다 짧은 시간에 완성하는 행동, 능동적으로 조직의 활동에 참여하는 행동 등이 조직시민행동이라 할 수 있다.

Organ[41]은 조직시민행동을 조직내의 일과 관련해 타인에게 도움을 주는 이타성(altruism), 공식적으로 요구되는 범위를 넘어서 조직에 바람직한 행동을 하는 성실함(conscientiousness), 결과에 승복하는 스포츠맨십(sportsmanship), 타인과의 충돌을 미리 방지하려 하는 예의(courtesy), 조직생활에 요구되는 각종 행사에 관심을 지니고 참가하는 시민적 미덕(civic virtue)의 5가지 하위영역을 세분하였다. Williams와 Anderson[42]은 조직을 대상으로 하는 조직시민행동(OCBO: organizational citizenship behaviors that benefit the organization in general), 사람을 대상으로 하는 조직시민행동(OCBI: organizational citizenship behavior that immediately benefit specific individuals)의 두 가지 영역으로 구분하였다. 사람을 대상으로 하는 조직시민행동은 Organ이 제시한 이타성과 예의 항목과 유사하며, 조직을 대상으로 하는 조직시민행동은 스포츠맨십, 성실함, 그리고 시민적 미덕 항목과 유사하다.

실제 최근 많은 조직시민행동 관련 연구들에서 Williams와 Anderson의 조직시민행동 분류를 이용하고 있다. 예를 들어 어떤 직원이 본인의 일이 아닌데도 업무량이 많은 다른 팀원을 돕는다든가 자리를 비운 팀원의 일을 도와준다면 사람을 대상으로 하는 조직시민행동(OCBI)을 행한 것이라 볼 수 있다. 또한 어떤 직원이 속한 회사의 재산, 예를 들어 무상으로 지급된 문구류를 낭비하지 않고 아껴 쓴다면 조직을 대상으로 하는 조직시민행동(OCBO)을 했다고 볼 수 있다.

이러한 조직시민행동은 오늘날 조직에서는 반드시 필요한 행동이다. 개념적 정의에 의하면 조직시민행동은 공식적으로 조직구성원들에게 요구하지 않으며 평가나 보상과 관련이 없는 행동이다. 하지만 실제로 대부분의 조직에서 조직시민행동을 하는 구성원을 긍정적으로 평가하고 있으며, 더 나아가 조직구성원들 사이에서 원활한 과업 수행을 위하여 필요한 행동이라 인식되고 있다. 특히 동료들 간의 과업 상호의존성이 더욱 커지고 구성원들 간의 상호작용이 활발한 팀제가 일반화되면서 이러한 조직시민행동의 중요성은 더욱 강조되고 있다. 직접적으로 자신이 처리해야 할 과업이 아님에도 불구하고 동료를 도와주는 행동은 팀 내의 협력적인 분위기를 조성하여 팀 성과에 긍정적인 영향을 미치게 된다. 또한 사례로 제시한 도요타의 카이젠 활동과 같이 생산성을 높이려는 조직구성원들의 자발적 노력은 직접적인 성과를 향상시킴과 동시에 조직구성원들의 만족도에도 긍정적인 영향을 미칠 수 있다.

## 2.3 심리적 계약

심리적 계약(psychological contract)이란 개인과 조직 간의 교환에 관하여 조직에 의해 형성된 개인의 믿음을 의미한다.[43] 즉, "내가 회사에 이만큼 기여하면 회사는 내게 얼마만큼을 제공할 것이다" 혹은 "회사가 내게 얼마만큼을 제공하면 나는 회사에 얼마만큼 기여할 것이다"에 대한 개인의 믿음이다. 이는 일반적인 상호 의무나 책임을 명시해 놓은 공식적으로 문서화된 고용계약과는 차이가 있으며, 개인이 주관적으로 갖는 상호의무에 대한 믿음이기 때문에 제 삼자가 이해하기 힘들다는 점에서 암시적 계약(implied contract)과도 차이가 있다.

심리적 계약은 개인이 지니고 있는 것으로서 개인의 주관적 지각에 의해 형성된다는 특징을 지니며, 계약 내용이 개인의 해석에 따라 달라진다. 따라서 한 조직내에서 개인들이 가지고 있는 심리적 계약이 다를 수 있다. 회사와 개인과의 교환관계에 관한 믿음인 심리적 계약의 내용은 대개 현재 조직에서의 개인의 경험에 의해 형성된다. 동일한 회사에서 일하고 있어도 어떤 사람은 평생 이 직장에서 성실히 일하여 삶의 터전으로 삼겠다고 생각하는 반면 어떤 사람은 MBA에 가기까지 잠시 이 직장에서 경력을 몇 년 쌓겠다고 생각할 수 있다. 이 두 사람의 경우 회사가 나에게 이 정도는 해주어야 한다고 생각하는 정도가 다를 것이다. 전자의 경우에는 회사가 가족적인 분위기로 업무 시간 이외에 회식 기회나 체육대회 등의 사회적 활동을 장려하는 것을 선호할 것이며, 후자의 경우에는 근무 시간만 끝나면 MBA 진학을 준비할 개인적인 공부를 하기 위하여 계약상의 의무 이외에 회사가 일체 간섭하지 않는 것을 선호할 것이다. 이와 같이 개인의 인식에 따라 심리적 계약의 정도는 달라지기 때문에, 동일한 회사 내에서도 직원에 따라 회사와의 심리적 계약에 대해 서로 다른 생각을 할 수 있다. 이와 같이 직원들 간의 심리적 계약이 다른 경우 서로 갈등이 야기될 수도 있다. 공채 1기로 입사하여 불철주야 조직의 일원으로서 살아온 상사가 보기에는 이런 저런 핑계로 업무 이외의 회식 등에는 일절 참석하지 않고 퇴근시간 후에는 학원에 가는 젊은 대리의 행동이 못마땅하게 보일 것이다.

### 거래적 계약과 관계적 계약

심리적 계약은 크게 거래적 계약(transactional contract)과 관계적 계약(relational contract)으로 나뉜다. 〈표 9-4〉에서 보여주고 있는 바와 같이 **거래적 계약**은 단기적이고 경제적인 거래이며, 대부분 직무나 과업과 관련되어 있다. 거래적인 심리적 계약에 의한 당사자들의 책임은 매우 좁은 범위에서 명확히 정의되며, 계약기간이 끝날 때까지 바뀌지 않는다. 언제라도 해고될 수 있는 비정규직 직원이 회사와의 관계에서 지니는 심리적 계약이 바로 거래적 계약에 가까울 것이다. 이와 같은 비정규직 직원은 정규직 직원에 비해 조직시민행동과 같이 의무적 과업행동 이외에 자발적으로 조직에 공헌하는 행동을 덜 할 것이다. 반면에 **관계적 계약**은 장기적이며 광범위하며, 사회 정서적인 자원의 교환을 수반한다는 특징을 지닌다. 앞의 예에서 이 직장을 평생직장으로 여기는 직원은 회사에 대해 관계적인 심리적 계약을 가지고 있을 것이다. 반면에 경력을

〈표 9-4〉 고용관계에서 심리적 계약의 유형

| 구분 | 경제적 교환관계 | 사회 / 감정적 교환관계 |
|---|---|---|
| 초 점 | 경제적 | 경제적 및 사회적/감정적 |
| 시 간 | 폐쇄적/단기간의 | 개방적/제약되지 않은 |
| 안정성 | 정적 | 동적 |
| 범 위 | 좁은 | 넓은 |
| 유형성 | 명확히 정의되는 | 보다 주관적인 |

자료 : McShane & Gilnow(2001), p.129; Rousseau & Parks(1993).[44]

위해 잠시 일하는 곳이라고 여기는 직원은 거래적인 심리적 계약을 가지고 있을 것이다. 관계적인 심리적 계약을 지닌 직원은 거래적 계약을 지닌 직원보다 조직이 보상을 추가로 지급하지 않더라도 더 많은 시간 노력을 할 것이며, 조직시민행동을 더 많이 할 것이다.

특히 고용형태는 직원들의 심리적 계약의 형태와 관련이 깊다. 종신 고용된 직원, 정규직 직원들은 그렇지 않은 직원들에 비해 회사와 관계적인 계약을 맺고 있다고 인식하는 경향이 높다.[45] 과거의 안정성이나 충성도를 강조하는 종신 고용의 형태와는 달리 오늘날의 조직에서는 미래 고용가능성을 중시하고, 기업의 훈련 책임보다 개인적인 계발을 강조하며, 단체교섭에서 개인적 협상으로 변화하는 추세를 보이고 있다. 이러한 추세에서 직원들의 심리적 계약의 형태가 관계적 계약에서 점차 거래적 계약의 형태로 변화하고 있다. 이러한 추세는 한국에서도 예외가 아닌데, 특히 1998년을 전후하여 한국 경제에 닥친 위기의 상황에서 많은 기업들이 구조조정을 통한 대량해고를 실시하거나 명예퇴직을 강요한 것은 사회적으로 큰 충격으로 다가왔으며, 이후 한국 기업의 일반적인 고용형태를 바꾸는 계기가 되었다. 뿐만 아니라 이후 세대들에게 있어 조직과의 심리적 계약의 일반적인 인식이 과거와 달라지게 되는 계기가 되었다. 1990년대 후반 이전까지 한국인들에게 있어 직장은 일반적으로 종신토록 고용을 보장해 주는 삶의 터전이었으며, 이러한 직장에 대하여 직원들은 밤늦게까지 자신의 개인적인 생활을 희생해 가면서 조직을 위하여 헌신하는 것을 당연하게 여겼다. 하지만 경제위기가 닥치자 나이가 들어 효용가치가 없는 이들이 제일 먼저 구조조정을 당하였다. 부모세대가 구조조정을 당하는 모습을 목격한 자녀세대들은 평생 한 조직에 몸을 바쳐 일하는 것을 자랑으로 여기던 부모들이 경제적 타격을 입은 것은 물론이고, 심리적 계약을 파기한 조직에 대하여 배신감을 느끼고 이러한 심리적 충격을 극복하기 위해 노력하는 모습을 보고 자랐다. 이러한 세대들은 조직에 대해 관계적인 심리적 계약

보다도 거래적인 심리적 계약을 가지는 경향이 강하다.[46] 심리적 계약의 파기는 조직에 의해 약속된 것과 개인이 받은 것에 대한 개인의 인지적 평가를 통해 이 두 가지가 불일치할 때 발생한다. 심리적 계약의 파기는 기대가 충족되지 않았거나, 조직에 대한 신뢰가 깨졌을 때, 불공정을 지각했을 때, 목표에 대한 개인의 진보를 방해받았을 때, 동기부여를 상실했을 때 인지한다.[47] 조직과의 심리적 계약이 파기되었다고 느끼면 과업수행이나 조직시민행동 등에 부정적인 영향을 미치게 된다.

## 2.4 신 뢰

신뢰(trust)의 바람직한 결과를 달성할 것이라는 기대에 근거하여 상대방에 대한 취약성을 감수하려는 자발적 의지[48]를 의미한다. 다시 말해 신뢰는 다른 사람이나 집단을 신용하는 것으로 이는 상호적인 활동이다. 신뢰는 기본적으로 의지와 위험의 두 기본적인 요소를 지니고 있다. 위험은 신뢰하는 측이 상대방의 신뢰할 수 없는 행동으로 인해 손해를 입을 가능성을 의미하고, 의지는 한 편의 운명이 다른 편의 행동에 의해 결정되는 것을 포함한다. 부하가 평소에 성실하게 업무를 수행하는 것을 보아온 상사는 그를 신뢰하게 되어 중요한 프로젝트의 핵심 자료 수집을 맡길 것이다. 이 경우 상사는 프로젝트의 성공 여부에 있어서 부하에게 의지하게 되는 것이며, 부하가 신뢰를 저버리고 태만하게 근무하여 프로젝트가 실패할 위험도 안고 있다.

#### 신뢰의 핵심 차원

다른 사람을 신뢰할지의 여부를 결정하는 핵심적인 차원들로는 진실성(integrity), 역량(competence), 지속성(consistency), 충성심(loyalty), 개방성(openness) 등 5가지를 들 수 있다.[49] 먼저, **진실성**은 정직하고 믿을 수 있으며 성실함을 나타낸다. 5개 차원 중에서 진실성은 다른 사람을 신뢰할 수 있는지 여부를 판단하는 데 있어서 가장 중요한 차원이다. 또한 '다른 사람의 '도덕적 특성'이나 '기본적인 정직성'에 대한 인식이 없을 경우에 신뢰의 다른 차원들은 무의미하다고 한다. 둘째, **역량**은 개인의 기술 관련 및 대인 관련 지식과 기술 등을 망라한다. 이 사람이 과연 자신이 이야기하고 있는 것에 대해서 제대로 알고 있는가? 당신은 그 능력에 대해서 확신하지 못하는 사람의 말을 듣거나 그에 의존하려 하지 않을 것이다. 따라서 어떤 사람을 신뢰하기 위해서는 그 사람이 하겠다고 말하는 대로 실행할 역량이 있음을 우선 믿을 수가 있어야 한다. 예를 들어 추천하는 곳의 땅을 사면 200%의 수익을 올릴 수 있다는 제안을 받았을 경우, 제안을 한 사람이나 회사가 그런 역량과 기술을 지니고 있다고 믿는다면 그 사람에 대해 신뢰하여 그 땅을 살 것이며, 그렇지 않다면 땅을 사지 않을 것이다. 셋째, **지속성**은 개인의 신뢰도 및 예측가능성과 관련한 개념이다. 예를 들어 당신이 야구경기의 감독이라면 공의 속도가 아무리 빠르더라도 컨트롤이 불안정하거나 투수에게는 중요한 경기를 잘 맡기려고 하지 않을 것이다. 넷째, **충성도**는 다른 사람을 보호하고 체면을 지켜주려는 의도를 의미한다. 신뢰는 당신이 기회주의적으로 행동하지 않는 사람에게 의존할 수 있어야 성립된다. 마지막 차원은 **개방성**이다. 상사는 평소에 수다스러운 모습을 보이는 부하와는 비밀을 엄수하여야 하는 프로젝트를 진행하려 하지 않을 것이다.

### 신뢰의 유형

신뢰의 유형으로는 프로세스에 근거한 신뢰, 특성에 근거한 신뢰, 그리고 제도에 근거한 신뢰가 있다. **프로세스에 근거한 신뢰**는 상대방에 대한 과거의 경험이나 명성에 의해 형성되는 신뢰를 의미한다. **특성에 근거한 신뢰**란 상대방과의 친밀성이나 상대방의 인구통계학적 특성에 의해 형성되는 신뢰를 의미하며, **제도에 근거한 신뢰**는 변호사, 회계사, 의사 등과 같은 제도적 인증이나 규칙, 법률, 보호조항과 같이 제도화된 메커니즘을 기반으로 형성된 신뢰이다.[50]

또한 신뢰의 수준에 따라 억지력에 의한 신뢰, 지식에 기반한 신뢰, 동질화에 기반한 신뢰로 유형을 구분할 수 있다.[51] **억지력에 의한 신뢰**는 신뢰가 깨어졌을 때 따를 보복에 대한 두려움에 기반한 신뢰이며, 신뢰를 한 번 위반할 경우 신뢰관계가 파괴될 수 있다. 처음 가는 컴퓨터 수리점에 컴퓨터 수리를 맡겼는데, 수리 후 컴퓨터를 살펴보니까 CPU가 싸구려로 바뀌어 있는 것을 목격했다면, 컴퓨터 수리점에 변상을 청구하고 다시는 그 수리점을 신뢰하지 않을 것이다. 이때 고객과 컴퓨터 수리점 직원에게 형성된 신뢰가 억지력에 의한 신뢰이다. 억지력에 의한 신뢰는 결과가 명확하고 신뢰관계가 깨어진 데 대해서 실제로 처벌이 따른다.

**지식에 기반한 신뢰**는 상대편의 행동을 예측할 수 있는 충분한 정보를 지니고 있을 때 형성되며 조직내에서 일어나는 신뢰 관계의 대부분이 이러한 형태이다. 역시 컴퓨터 수리 후 CPU가 싸구려로 바뀌어 있는 것을 발견했지만, 5년 동안 거래했어도 이런 일이 없었던 곳이었고, 수리일 전날에 그 컴퓨터 수리점 사장과 밤을 새워서 술을 마신 것을 안다고 가정해 보자. 이런 경우라면 일시적인 실수라고 이해하여 신뢰관계를 지속할 것이다. 이와 같은 지식에 기반한 신뢰는 상대편의 행동을 예측할 수 있는 충분한 정보를 지니고 있는 데서 발생한다. 이러한 지식은 상대방과의 경험이 축적되어 형성되며, 시간이 감에 따라 상대방을 예측할 수 있고 신뢰할 수 있다는 확신을 준다. 지식에 기반한 신뢰 수준에서는 상대가 일시적으로 신뢰를 저버리는 행동을 했다고 해서 신뢰관계가 즉시 깨지지는 않는다. 상대편의 명백한 신뢰관계 위반에 대해서 충분히 설명하거나 이해할 수 있다고 믿으면, 그 사실을 받아들이고, 상대편을 용서하며, 이 관계를 지속한다.

**동질화에 기반한 신뢰**는 당사자들이 각각 서로의 의도를 이해하고 상대편이 원하는 것을 감지하는 상호관계에 기반한다. 이는 가장 높은 수준의 신뢰로 신뢰 관계를 이루는 당사자 사이에 감정적인 관계가 있을 때 나타난다. 이러한 상호이해는 서로가 서로를 위해 효과적으로 행동할 수 있는 정도까지 발전한다. 예를 들어 십 년이 넘게 거래해 온 컴퓨터 수리점이라면 단순히 의뢰한 하드디스크의 업그레이드뿐만 아니라, 의뢰를 맡긴 사람이 한창 게임을 즐기고 싶어할 것임을 말하지 않고도 눈치 채고, 마더보드와 그래픽 카드까지 알아서 바꾸어주는 경지에 이를 것이다. 이때 고객과 컴퓨터 수리점 직원과의 관계에서 형성된 신뢰가 동질화에 기반한 신뢰이다. 이러한 수준의 신뢰에서 통제는 최소한의 수준에 머무르며, 의문의 여지가 없는 충성이 존재하기 때문에 상대편을 감시할 필요가 없다. 조직에서는 오랜 기간 동안 함께 일을 해온 파트너들이 서로를 속속들이 아는 경우, 이러한 동질화에 기반한 신뢰관계가 형성되게 된다.

조직에서 신뢰는 조직구성원들의 행동에 영향을 미친다는 점에서 중요하다. 도요타가 놀랄 만큼 종업원의 참여를 이끌어낸 주요한 요인의 하나는 종신고용이라는 심리적 계약을 지킬 것이라는 확신을 종업원에게 심어준 데 있다. 도요타는 1950년대 부도를 면하기 위해 구조조정을 한 후 일시적이나마 창업주가 사장직에서 물러났으며, 이후로는 종신고용을 유지하고 있다. 1998년 미국의 신용평가기관 스탠다드 앤 푸어스(S&P)에서 도요타가 구조조정 대신에 종신고용을 유지하고 있다는 이유로 신용등급을 하향 조정하려고 했을 때도 당시 사장이었던 오쿠다는 이에 크게 반발하고 종신고용을 고수하였다.[52] 이런 정도의 기업의 노력이 있었기에 종업원들은 도요타가 종신고용을 고수할 것임을 신뢰하고, 그 심리적 계약의 반대급부로서 조직에 대한 헌신과 자발적인 참여를 계속하여 도요타 경쟁력의 원천을 형성하는 것이다.

또한 신뢰는 거래적 교환관계를 기반으로 하는 사내 인재시장을 운영하는 데도 또한 필요하다. 공식적인 사내 인재시장을 만들어 내려면 시장의 틀 내에서 기업과 구성원들이 공정하게 가치를 교환할 수 있다는 확신을 심어주기 위해 많은 노력을 기울여야 한다.[53] 종업원이 회사가 일시적인 경영기법의 유행에 따라 제도를 변화시키는 것이고, 실제로 사내 인재시장의 기능을 수행할지 의심스럽다고 여긴다면, 사내 인재시장의 원활한 운영 역시 쉽지 않을 것이다. 이처럼 종신고용의 대가로 종업원의 자발적인 헌신을 이끌어내거나 혹은 철저히 거래적인 시장의 개념으로 일에 대해 정확한 대가를 줌으로써 생산성을 높이려 하는 시도 모두에 있어서 신뢰가 중요함을 알 수 있다.

## 2.5 창의적 행동

조직에서 나타나는 바람직한 직무행동으로 최근 주목 받는 것이 창의적 행동이다. 여기서 창의성(creativity)이란 흔히 새롭고 동시에 유용한 아이디어를 만들어내는 것을 의미한다.[54] 이는 곧 개인이 속한 조직 혹은 팀에 새로운 발전의 기회를 제공하는 행동으로서 끊임없는 고민과 관심, 그리고 열정의 소산물이라 할 수 있다. 즉, 창의성이란 단순히 무(無)에서 유(有)를 창조하는 과정이라기보다는 기존의 것들을 바탕으로 새로운 것으로 응용하고 활용하는 온고지신(溫故知新)의 과정이라고 볼 수 있다.

창의성은 오늘과 같이 변화의 속도가 빠르고 경쟁이 치열한 사회에서 조직이 생존하고 성장하는데 중요한 역할을 한다. 개인의 창의적 행동 혹은 성과는 지적능력, 경험에 대한 개방성, 자기효능감과 같은 개인의 특질에 의해 많은 영향을 받는다. 지적능력은 문제를 새로운 방법에서 접근하고 이전에 가진 생각의 경계에서 벗어날 수 있는 개인의 능력으로서 창의적 사고를 하는데 기여한다. 성격 5요인 중 환경의 변화를 받아들이고 위험을 감수하며 모호성을 견디는 개인의 특질인 경험에 대한 개방성이 높을수록 창의적일 가능성이 높다. 또한 자기효능감이 높은 사람일수록 어려운 과제에 끈기있게 도전하여 창의적인 행동을 하는데 기여한다.[55] 이 밖에도 위험에 대한 회피정도, 모호성에 대한 감수정도, 통제의 소재, 자신감, 내재적 과업동기 등의 요인들이 개인의 창의성과 관련이 있다.[56]

Amabile은 평범한 능력을 가진 모든 사람들은 어느 정도는 어떤 영역, 어떤 시간에서 창의적인 일을 할 수 있다고 주장한다. 다시 말하면 작업의 환경 요소가 창의적 행동의 수준과 빈도 모두에 영향을 미칠 수 있다고 설명하며, 주어진 영역에서 창의성 창출을 위해 개인에게 필요한 3가지 요소를 제안하고 있다.[57]

### ① 전문성

창의성에 주된 영향을 미치는 구성 요소 중에 첫째는 전문성이다. 이것은 모든 창의적 일을 위한 기본 바탕이 되는 것으로, 자기 직무 분야에 대한 지식의 축적 정도, 기술적 풍부성, 직무 분야에서의 특별한 재능을 의미한다. 연구 결과에 의하면 지능이 높은 사람들이 모두 창의성이 높다고는 할 수 없으나, 지적 능력이 개인의 창의성에 상당한 전제조건이 된다고 한다. 이것은 주어진 문제를 해결하기 위해서 혹은 주어진 과제를 수행하기 위한 인지적 탐색의 장이며, 과거의 경험과 기술, 재능은 직무 관련 분야에 이미 존재하고 있는 실체들을 결합해서 새롭고 유용한 산출물을 이끌어내는 배경이 되는 것이다.

### ② 창의적 사고 기술

두 번째 중요한 요소는 창의적으로 생각하는 기술이다. 창의적 사고 기술은 주어진 문제에 대해 기존 생각을 벗어난 시각과 사고를 가지며, 남들이 보지 못한 새로운 문제나 가능성을 찾아내는 능력으로, 포기하지 않고 문제를 지속적으로 추진해 가는 기술을 포함한다. 이때 창의성 발현을 위한 지식과 경험, 그리고 사고 유형을 가지고 있더라도 창의적인 성격적 특징이 없다면 창의적인 산물을 실제 생산하고 그 잠재력을 최대화 하기는 어렵다. 즉, 이러한 창의적 사고 기술은 개인의 성격적 특질에 의해서도 영향을 받는데, 위험을 기꺼이 감수하고자 하는 것, 불명확하고 모호함에 대한 관용, 어려운 문제에 맞서는 끈기, 사회의 판에 박힌 사고방식에 따르지 않으며 조급하게 보상을 원하지 않고 기다릴 줄 인내와 관계가 있다.[58] 따라서 창의적 사고 능력은 창의적인 성과 창출을 위해 원재료인 '영역기술'에 좀 더 새롭고 흥미로운 맛을 낼 수 있는 추가적인 양념 역할을 한다고 볼 수 있다. 이렇듯이 창의적 사고 기술은 창의적 행동을 구성하는 중요한 요소이다.

### ③ 과업 동기부여

마지막 요소인 과업 관련 동기부여는 주어진 과제에 대한 접근을 결정짓는 동기에 관한 것으로, 작업 환경에 의해 직접적인 영향을 받는다. 이런 동기부여는 내재적 동기부여(호기심이나 흥미, 도전에 이끌려 업무 자체에 대한 몰두나 깊은 관심에 의한 동기부여)일 수도 있고, 외재적 동기부여(일 자체가 아니라 일에 대한 평가, 사회적지지, 물질적 보상 등 다른 목표를 달성하고자 하는 욕구에 의한 동기부여)일 수도 있다. 이때 사회적 환경은 개인이 그 과제를 수행하는 데 가장 결정적인 영향을 미치며, 창의적 결과가 가장 일어나기 쉬울 때는 그 사람이 어떤 과제를 수행하려고 하는 내재적 동기부여를 갖고 있을 때이다. 즉, 외재적 모티베이션은 매우 구조화된 직무의 성과를 촉진시키고자 할 때 유용하며, 내재적 모티베이션은 창의적 노력이 필요한 휴리스틱적(heuristic) 직무 특성에 더 적합하다고 제시한다. 위에 언급한 두 가지 요소가 한 사람이 주어진 영역에서 업무를 수행할 수 있는 능력이 있는가를 결정해 준다면, 마지막 요소인 내재적 과업 동기부여는 개인이 실제로 무엇을 실천할 것인가를 결정해 주는 요소이다. 즉, 개인이 가진 전문성과 창의적 사고 능력을 실질적으로 창의적 성과를 창출하기 위해서 사용할 것인가는 과업 관련 동기부여에 의해 좌우된다. 어떤 과제를 수행하려고 하는 강한 내재적 동기부여를 갖고 있는 개인은 다른 영역에서부터 기술을 가져와 사용할 수 있고, 목표하고 있는 영역에서 필요한 기술을 자발적으로 습득하기 위해서 노력을 기울일 것이다.[59]

요약하면, 창의성은 개인이 갖고 있는 전문적 지식 및 창의적으로 사고할 수 있는 기술들이 강한 내재적 관심과 열정이 함께할 때 발현될 수 있다. 그리고 이 창의성은 위에 언급한 전문성, 창의적으로 사고할 수 있는 기술, 과업 관련 내재적 모티베이션 세 가지 요소의 수준이 높을수록 더욱 향상된다. 그리고 이 세 가지 요소 모두가 개인의 창의성에 필요하며, 어느 한 가지 요소만으로는 창의성을 높이기에 충분하지 못하다는 것에 유의해야 한다. 충분한 창의적 성과를 확보하려면 이들 요소 가운데 어느

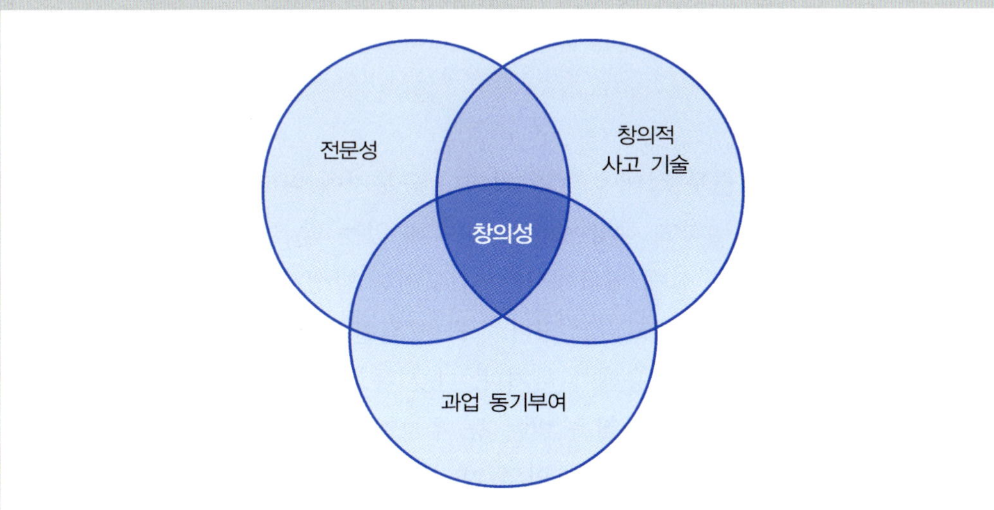


**그림 9-3** 창의성의 구성요소

자료 : Amabile(1997), p.43.[60]

하나도 없어서는 안 되며, 세 요소 모두의 수준이 최종적인 창의적 성과의 수준을 결정하는 것이다. 이런 창의성 상호작용을 그림으로 표현하면 〈그림 9-3〉과 같다.

조직 차원에서 이러한 개인의 창의적 행동을 계발하기 위해 여러 가지 방법을 사용할 수 있다. 예를 들어 창의적 행동을 조직 문화의 일부로 만듦으로써 조직원들에게 이를 장려 및 계발할 수 있다. 3M과 같이 미래 수익의 일정비율은 반드시 새로운 제품으로부터 창출되어야 한다고 명시적으로 공시하여 창의적 조직문화를 장려하는 경우가 그 예가 될 수 있다. 조직 차원에서 비록 아이디어가 불완전하거나 정교하지 않더라도 조직구성원들에게 이를 발전시킬 기회를 제공함으로써 창의적인 행동을 동기부여할 수 있다.

## 3. 바람직하지 못한 직무행동

조직내 바람직하지 못한 행동이란, 곧 팀 또는 조직의 성과를 저해하는 직무 관련 행동을 의미한다. 이들 행동 중 대표적인 것은 결근과 이직 그리고 반생산적 과업행동이다.

### 3.1 결 근

결근이란 종업원이 근무 상태에 있지 않거나 근무지에 나타나지 않는 것을 의미한다. 종업원의 결근은 자명하게 해당 종업원이 속해 있는 팀, 나아가 조직의 운영에 부정적인 영향을 줄 것이다. 실제 미국에서는 이로 인해 발생하는 직접적인 금전적 비용이 수백만 달러에 이른다고 보고되고 있다.[61] 또한 직원이 결근을 할 경우 조직은 이를 대신하기 위해 임시 직원을 고용해야 하거나, 다른 동료가 결근한 사람의 업무를 대신 처리하여 본인의 업무 수행에 차질을 빚는 등 추가적인 비용이나 손실이 발생하는 부담을 안게 된다. 특히 직원의 결근은 업무 간 상호의존성이 높은 경우 그 문제는 더 심각해질 수 있다.

조직내 결근은 개인의 특성이나 조직에 대한 부정적인 인식으로 인해 일어난다. 예를 들어 심리적 고통, 특히 우울함을 많이 느끼는 개인일수록 더 높은 결근율을 보인다. 또한 조직내에서 불공정성을 많이 인지할수록, 직무에 대한 만족도가 낮을수록 결근율이 높아진다. 조직에 대한 불만족이나 불평으로 인한 고의적인 결근은 조직성과를 저해시킨다.

## 3.2 이 직

이직이란 종업원들이 그들의 직장을 떠나는 경우를 의미한다. 조직 입장에서는 특히 생산성이 높은 종업원들의 자발적 이직의 경우, 이직으로 인하여 치러야 하는 비용이 크다. 따라서 조직은 구성원들의 이직의도를 파악하고, 이것이 실제 이직으로 이어지지 않도록 관리해야 한다. 조직구성원들의 이직은 직무, 조직, 개인, 노동 시장, 가족 등의 다양한 차원의 요인들과 관련되어 있다. 일반적으로 직무와 조직원 사이의 적합도가 낮을 때 이직이 일어나는 경우가 높다.

앞서 제시한 과업 성과도 조직의 성공을 좌우하는 중요한 행동이지만, 오늘날과 같이 이직이 빈번한 상황에서는 재능 있는 인재들을 받아들이고 지속적으로 유지하는 것의 중요성도 점차 커지고 있다. 특히 최근에는 종신고용의 개념이 약화되었기 때문에 개인이 경력개발을 위하여 한 회사에서 어느 정도 경력을 쌓은 후 그 경력과 노하우를 가지고 동종의 더 나은 기업으로 이직해버리는 경우가 빈번하게 발생하고 있다. 이러한 경우 회사의 입장에서는 그 직원에 대한 훈련개발비용과 회사의 노하우 유출이라는 심각한 손실을 입게 된다. 특히 이러한 이직은 산업 내 기업 간 경쟁이 심한 경우 회사에 막대한 손실을 입힐 수 있다.

## 3.3 반생산적 과업행동

최근에는 결근과 이직뿐 아니라 기타 작업장에서 나타날 수 있는 여러 부정적인 행동을 따로 구분하여 반생산적 과업행동, 혹은 작업장일탈행동, 반사회적 직무행동이라 한다. 반생산적 과업행동은 조직과 조직원들에게 해를 끼치기 위해 의도된 행동을 의미한다. 이는 저항, 공격이나 절도와 같은 명백한 행동은 물론 의도적으로 조직의

〈표 9-5〉 직장 내 보고된 폭력사건(응답자 수 270명)

| 사건 유형 | 전체 사건 수 | 기업당 사건의 평균수치 | 사건의 비율(%) |
|---|---|---|---|
| 부적절한 언어 | 2,362 | 12.37 | 54 |
| 언어적 모욕 | 571 | 3.01 | 13 |
| 폭력적 언어로 위협 | 326 | 1.73 | 7 |
| 성희롱 | 266 | 1.35 | 6 |
| 가택침입 | 228 | 1.19 | 5 |
| 밀치기 | 170 | .90 | 4 |
| 주먹다짐 | 115 | .59 | 3 |
| 종업원이 위협하는 이메일을 받음 | 91 | .48 | 2 |
| 스토킹 | 71 | .37 | 2 |
| 강도 | 39 | .21 | 1 |
| 종업원이 위협하는 이메일을 보냄 | 39 | .21 | 1 |
| 폭탄 설치 위협 | 33 | .16 | 1 |
| 무기를 사용해서 공격 | 16 | .09 | 0 |
| 자살/자해 | 16 | .08 | 0 |
| 강간/성폭력 | 6 | .03 | 0 |
| 총격 | 4 | .02 | 0 |
| 나이프 공격 | 2 | .01 | 0 |
| 치명적인 폭력(폭력으로 인한 사망) | 1 | .01 | 0 |

주의 : 응답자에게 복수 응답을 허용했기 때문에 비율의 합이 100%가 되지 않음.
자료 : 미국 SHRM 직장폭력 조사, 2004.

지침을 따르지 않거나 혹은 부정확하게 업무를 처리하는 다소 수동적인 부정적 행동까지 포함한다.[62]

미국 SHRM(Society for Human Resource Management)의 조사에 의하면 설문에 참여한 미국 기업의 인사담당자들의 3분의 2 이상이 소속된 기업에 어떤 형태로던지 폭력이 발생하였다고 진술하고 있다. 〈표 9-5〉를 보면 가장 흔한 형태의 폭력은 부적절한 언어, 언어적 모욕, 언어적인 폭력 위협이었고, 총격이나 나이프 공격 등도 발생했다.[63]

이러한 반생산적 과업행동은 앞서 제시한 조직시민행동의 반대개념이라 할 수 있다. 연구결과에 의하면 조직시민행동과 반생산적 과업행동 사이에 부(−)의 관계가 있음이 밝혀졌다.[64] 반생산적 과업행동은 타인에 대한 욕설, 위협, 직무회피, 사보타지(sabotage), 절도 등의 형태들이 있다. 이러한 반생산적 과업행동은 조직을 대상으로 하는 것과 사람을 대상으로 하는 것으로 구분할 수 있다. 예를 들어 같은 부서 내에 있는 다른 사람에게 무례하게 행동한다면 이는 개인에 대한 반생산적 과업활동이랑 볼 수 있으며, 본인의 능력과 무관하게 일부러 과업을 늦게 처리한다면 이는 조직에 대한 반생산적 과업행동이라 할 수 있다. 이러한 반생산적 과업행동들 역시 조직에 더욱 많은 비용부담을 준다.

반생산적 과업행동의 행동의 원인으로는 스트레스, 조직불공정 지각, 마키아벨리즘이 있다. 스트레스는 직장 폭력과 공격성의 원인으로 알려져 있고, 조직이 불공정하다고 인식한 경우는 절도, 사보타지, 규율 준수의 실패 등으로 이어진다. 개인특성 중 마키아벨리즘도 생산성 저해행동과 연관이 있다고 알려져 있다.

## 주석(endnote)


1 Wright, T. A. (2003). Positive organizational behavior: An idea whose time has truly come. *Journal of Organizational Behavior*, 24(4), 437~442.

2 Luthans, F. (2002). Positive organizational behavior: Developing and managing psychological strengths. *The Academy of Management Executive*, 16(1), 57~72.

3 Dutton, J. E., & Sonenshein, S. (2007). Positive organizational scholarship. In C. Cooper, & J. Barling(eds.). *Encyclopedia of Positive Psychology*. Thousand Oaks, CA: Sage.

4 Shahar, T. B. (2007). *Happier: Learn the secrets to daily joy and lasting fulfillment*. New York: McGraw Hill.

5 Bandura, A. (1997). *Self-efficacy: The exercise of control*. New York: W. H. Freeman.

6 Bandura, A. (1997). *ibid.*

7 Bandura, A. (1977). Self-efficacy: Toward a unifying theory of behavioral change. *Psychological Review*, 84, 191~215.

8 Bandura, A. (1997). *Self-efficacy: The exercise of control*. New York: W. H. Freeman.

9 Eccles, J. S., Wigfield, A., & Schiefele, U. (1998). Motivation to succeed. In W. Damon and N. Eisenberg(eds.), *Handbook of Child Psychology* (5th ed., Vol. 3). New York: Wiley.

10 Bandura, A., Barbaranelli, C., Caprara, G. V., & Pastorelli, C. (2001). Self-efficacy beliefs as shapers of children's aspirations and career trajectories. *Child Development*, 72, 187~206.

11 Bandura, A. (1997). *Self-efficacy: The exercise of control*. New York: W. H. Freeman.

12 Bandura, A. (1986). *Social Foundation of Thought and Action: A social cognitive theory*. Englewood Cliffs, NJ: Prentice Hall.

13 Bandura, A. (1997). *Self-efficacy: The exercise of control*. New York: W. H. Freeman.

14 Holden, G. (1991). The relationship of self-efficacy appraisals to subsequent health related outcomes: A meta-analysis. *Social Work in Health Care*, 16, 53~93; Stajkovic, A. D., & Luthans, F. (1998). Self-efficacy and work-related performance: A meta-analysis. *Psychological Bulletin*, 124, 240~261.

15 Mager, R. F. (1992). No self-efficacy, no performance. *Training*, April, 34~36

16 *The Oxford english dictionary*. Oxford: Clarendon Press, 1989.

17 Tiger, L. (1979). *Optimism: The biology of hope*.

18 Buchanan, G. M. & Seligman, M. E. (eds.). (2013). *Explanatory Style*. Routledge.

19 Carver, C., & Scheier, M. (1981). *Attention and Self-regulation: A control theory approach to human behavior*. New York: Springer-Verlag.

20 Scheier, M., & Carver, C. (1987). Dispositional optimism and physical well-being: The influence of generalized outcome expectancies on health. *Journal of Personality*, 55, 169~210.

21 Snyder, C. R., &Forsyth, D. R. (1991). *Handbook of Social and Clinical Psychology: The health*

*perspective*. Pergamon Press.

22 Snyder, C. R. (2002). Hope theory: Rainbows in the mind. *Psychological Inquiry*, 13, 256~258; Bryant, F. B., & Cvengros, J. A. (2004). Distinguishing hope and optimism. *Journal of Social and Clinical Psychology*, 23, 273~302. 등 참조

23 Snyder, C. R. (2002). Hope theory: Rainbows in the mind. *Psychological Inquiry*, 13, 256~258.

24 Snyder, C. R. (2002). *ibid*, 256~258.

25 Masten, A. S. & Reed, M. J. (2002). Resilience in development. In C. R. Snyder and S. Lopez (eds.). *Handbook of Positive Psychology*, (75), Oxford, U.K.: Oxford University Press.

26 Luthans, F. (2002). The need for and meaning of positive organizational behavior. *Journal of Organizational Behavior*, 23(6), 695~706.

27 Luthans, F., Vogelgesang, G. R., & Lester, P. B. (2006). Developing the psychological capital of resiliency. *Human Resource Development Review*, 5(1), 25~44.

28 Masten, A. S. (2001). Ordinary magic: Resilience processes in development. *American Psychologist*, 56(3), p.227; Masten, A. S., & Reed, M. G. J. (2002). Resilence in development. In C. R. Snyder & S. Lopez (eds.), *Handbook of Positive Psychology*, 74~88, Oxford.

29 Bonanno, G. A. (2004). Loss, trauma and human resilience: Have we underestimated the human capacity to thrive after extremely aversive events? *American Psychologist*, 59, 20~28.

30 Luthans, F., Youssef, C. M., & Avolio, B. J. (2007). *Psychological capital*. Oxford, U.K.: Oxford University Press.

31 Luthans, F., Youssef, C. M., & Avolio, B. J. (2007). *ibid.*

32 Nelson, D., &Cooper, C. L. (eds.). (2007). *Positive Organizational Behavior*. Sage.

33 Diener, E. (2000). Subjective well-being: The science of happiness and a proposal for a national index. *American Psychologist*, 55(1), 34.

34 Goleman, D. (1995). *Emotional Intelligence*. Bantam.

35 Goleman, D. (1995). *ibid.*

36 Goleman, D. (1995). *ibid.*

37 Goleman, D. (1998). *Working with Emotional Intelligence*. Bantam.

38 Goleman, D. (1995). *Emotional Intelligence*. Bantam.

39 Luthans, F. (2008), *Organizational Behavior*, 11th ed., McGraw-Hill, 393-395.

40 Organ, D. W. (1988). *Organizational Citizenship Behavior*. Lexington, MA: Lexington Books.

41 Organ, D. W. (1988). *ibid.*

42 Williams, L. J., & Anderson, S. E. (1991). Job satisfaction and organizational commitment as predictors of organizational citizenship and in-role behaviors. *Journal of Management*, 17(3), 601~617.

43 Argyris, C. (1960). *Understanding Organizational Behavior*; Roehling, M. V. (1997). The origins

and early development of the psychological contract construct. *Journal of Management History*, 3(2), 204~217.

44 McShane, S. L., & Von Glinow, M. A. (2001). *Organizational Behavior*, McGraw-Hill.

45 Conway, N., & Briner, R. B. (2002). Full-time versus part-time employees: Understanding the links between work status, the psychological contract, and attitudes. *Journal of Vocational Behavior*, 61(2), 279~301.

46 한국경제신문, 2006년 1월 19일자 기사, '[2635세대 뜬다] 사상, 이념엔 무관심. 개인주의 무장' 참조.

47 Conway, N., & Briner, R. B. (2005). *Understanding Psychological Contracts at Work. A critical evaluation of theory and research*. Oxford, UK: Oxford University Press.

48 Mayer, R. C., Davis, J. H., & Schoorman, F. D. (1995). An integrative model of organizational trust. *Academy of Management Review*, 20(3), 709~734.

49 McShane, S. L., & Gilnow, V. (2003). *Organizational Behavior*. McGraw-Hill.

50 Kramer, R. M., &Tyler, T. R. (eds.). (1995). *Trust in Organizations: Frontiers of theory and research*. Sage Publications.

51 Costigan, R. D., Iiter, S. S., &Berman, J. J. (1998). A multi-dimensional study of trust in organizations. *Journal of Managerial Issues*, 303~317.

52 조선일보, 2006년 6월 25일자 기사, '직원 목 자르는 CEO는 자기부터…' 참조.

53 Cropanzano, R., & Mitchell, M. S. (2005). Social exchange theory: An interdisciplinary review. *Journal of Management*, 31(6), 874~900.

54 Amabile, T. M. (1988). A model of creativity and innovation in organizations. *Research in Organizational Behavior*, 10(1), 123~167.

55 Feist, G. J., & Barron, F. X. (2003). Predicting creativity from early to late adulthood: Intellect, potential, and personality. *Journal of Research in Personality*, 37(2), 62~88.

56 Woodman, R. W., Sawyer, J. E., & Griffin, R. W. (1993). Toward a theory of organizational creativity. *Academy of Management Review*, 18(2), 293~321; George, J. M., & Zhou, J. (2001). When openness to experience and conscientiousness are related to creative behavior: an interactional approach. *Journal of Applied Psychology*, 86(3), 513.

57 Amabile, T. M. (1997). *Motivating Creativity in Organizations*, 40(1), 43.

58 Barron, F. (1955). The disposition toward originality. *The Journal of Abnormal and Social Psychology*, 51(3), 478.

59 Harter, S. (1978). Effectance Motivation Reconsidered: Toward a Developmental Model. *Human Development*. 21, 34~64; Dweck, C. (1986). Motivational Processes Affecting Learning. *American Psychologist*, 41, 1040~1048.

60 Amabile, T. (1997). Motivating Creativity in Organizations: On Doing What You Love and loving what you do. *California Management Review*, 40(1), 39~58.

61 Dunn, L. F., & Youngblood, S. A. (1986). Absenteeism as a mechanism for approaching an optimal

market equilibrium: an empirical study. *Review of Economics and Statistics*, 68, 668~674.

62 Fox, S., Spector, P. E., & Miles, D. (2001). Counterproductive Work Behavior(CWB) in response to job stressors and organizational justice: Some mediator and moderator tests for autonomy and emotions. *Journal of Vocational Behavior*, 59, 291~309.

63 SHRM workplace violence survey research. (2004).

64 Dalal, R. S. (2005). A meta-analysis of the relationship between organizational citizenship behavior and counterproductive work behavior. *Journal of Applied Psychology*, 90, 1241~1255.

CHAPTER 10

# 스트레스 관리와 일과 삶의 균형

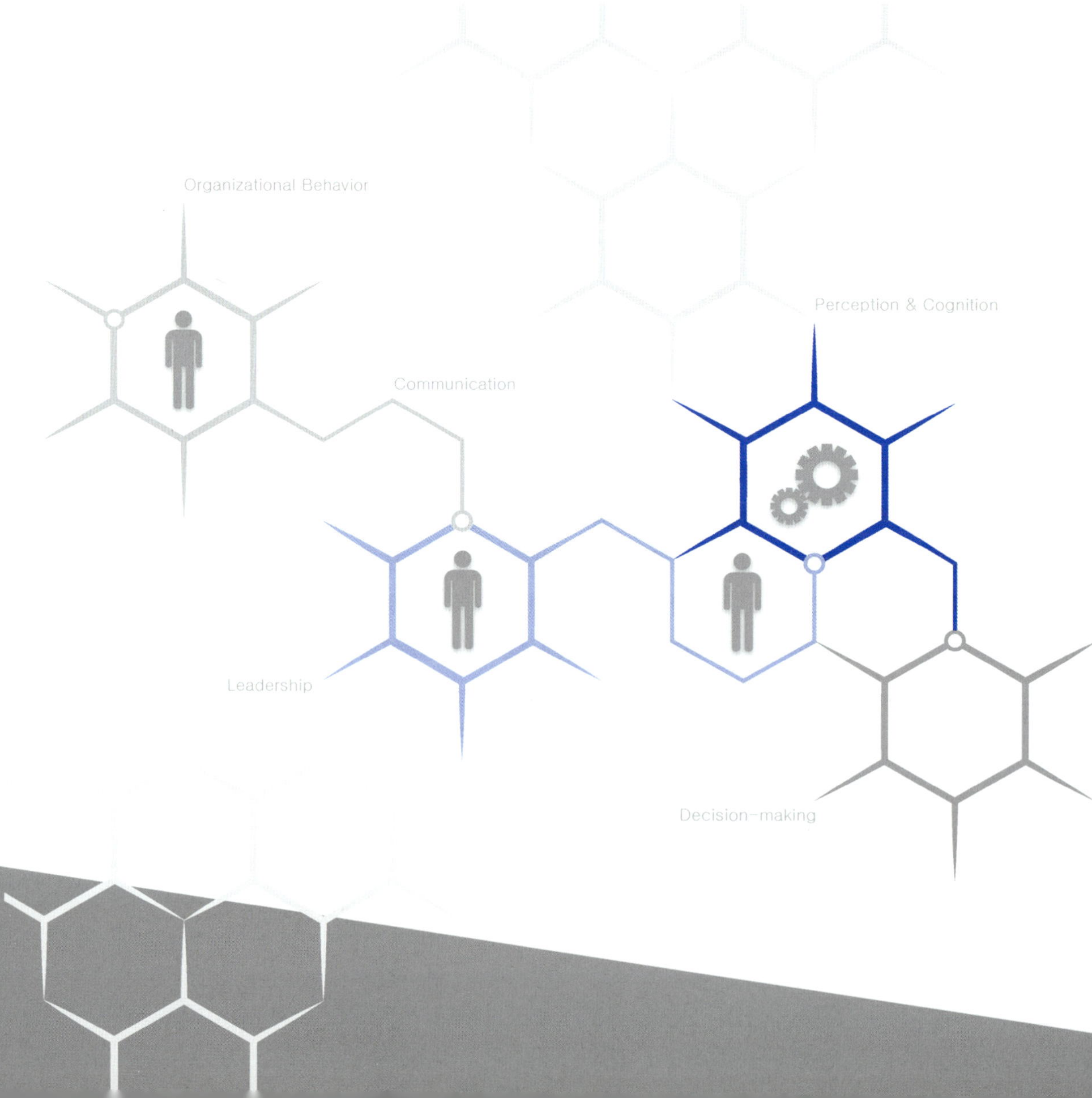

## 들어가기

앞 장에서 바람직한 조직행동으로 긍정적 조직행동들과 바람직한 직무행동들을 살펴보았다. 조직이나 조직구성원들이 조직의 목표달성이나 개인목표달성을 위해 원하는 행동들이다. 조직행동을 관리함에 있어서 조직구성원들이 이런 행동방향으로 나아갈 수 있도록 하는 것이 바람직하다.

그러나 다른 한편 조직구성원 입장에서는 이런 과정에서 자신과 일 그리고 삶과의 관계에서 적합성이 유지되지 못하면 많은 스트레스를 받게 된다. 개인과 조직의 목표달성을 위해 바람직한 조직행동 추구도 중요하지만, 일과 삶의 균형도 매우 중요하다. 따라서 본 장에서는 스트레스 관리를 통한 조직구성원들의 일과 삶의 균형추구에 대해 살펴본다.

사회가 복잡해지고 빠르게 변할수록 우리는 수많은 스트레스 요인들에 노출되게 된다. 경영 환경이 불확실해짐에 따라 종업원들은 신분에 불안을 느끼면서 힘들어졌으며, 사회에서의 경쟁에 뒤지지 않기 위해 일에 몰두할수록 가족이나 개인의 삶을 돌아볼 여력이 부족하여 스트레스를 받는다. 이러한 스트레스는 개인의 감정뿐만 아니라 행동에도 영향을 미치며, 스트레스의 결과 개인의 건강에 심각한 문제가 생기기도 한다. 실제로 스트레스로 인한 소진을 경험한 종업원들은 임금을 많이 주는 회사를 떠나 임금이 적게 받더라도 삶의 균형을 찾을 수 있는 직장으로 옮기기도 한다. 따라서 종업원의 스트레스를 관리해 주지 않는 회사는 종업원의 이직이나 비생산성과 같은 스트레스로 인해 발생하는 손실을 입고 있다. 이와 같이 오늘날의 스트레스 관리는 비단 개인의 문제가 아니라 조직 차원에서 고려해야 할 문제로 인식되고 있다.

본 장에서는 직장생활에서 스트레스의 개념과 스트레스의 원인을 살펴보며, 개인적·조직적 차원에서 응용할 수 있는 스트레스 관리법에 대해 살펴보도록 한다.

## 1. 스트레스의 개념

우리는 살면서 다양한 스트레스를 경험한다. 졸업을 앞둔 대학생들은 어떤 회사에 취직할지를 두고 걱정하며, 회사에 다니는 사람들은 기한 내에 작성해야 할 프로젝트 보고서 때문에 걱정이다. 일뿐만이 아니다. 자녀를 가진 직장인들은 자신이 직장에 있는 동안 어린 자녀가 놀이방에서 잘 지내는지 걱정이다. 이와 같이 스트레스는 한 가지 이유에서뿐만 아니라 여러 가지 이유에서 동시에 유발되기도 한다.

스트레스란 '사람들이 중요하다고 여기지만 자신이 이를 통제할 수 없거나 효과적으로 처리할 수 없다고 생각하는 기회 또는 위협에 대한 경험'을 말한다.[1] 이러한 스트레스의 개념에서 세 가지 특징들을 살펴볼 수 있다.

첫째, 스트레스는 기회와 위협 모두에 의해 경험할 수 있다. 예를 들어 매우 중요한 승진 시험을 앞둔 사람은 시험을 잘 볼지 못 볼지 걱정하며 스트레스를 받는다. 승진 시험은 이 사람에게 이익을 가져다주는 기회이지만 결과에 대해 불확실성을 느낀다면 스트레스가 되는 것이다. 반면 경기침체는 비정규직 직원에게는 위협이 된다. 경기침체로 인하여 회사가 감원을 결정하게 되면 비정규직 직원은 일자리를 잃게 될 확률이 높아지기 때문이다. 일자리는 생계와 직결되는 것이기 때문에 중요한 문제인데, 회사의 감원 결정은 비정규직 직원이 자신이 통제할 수 없기 때문에 스트레스가 되는 것이다.

둘째, 스트레스는 개인이 중요하다고 인식하는 사건에 대해 발생한다. 예를 들어 작업 중인 컴퓨터가 바이러스에 감염되었다면 하던 작업을 잠시 멈추고 백신 프로그램을 작동시켜 바이러스를 치료할 것이다. 백신 프로그램을 가동하는 동안 작업 중이던 프로그램을 멈추어야 하지만 평상 시 같으면 이는 크게 중요한 사건은 아니다. 하지만 한 시간 후에 리포트를 마감 제출해야 하는데 갑자기 컴퓨터가 바이러스 때문에 정지한 경우, 이 사건은 매우 중요하게 인식되고 스트레스가 될 것이다. 컴퓨터가 바이러스에 감염되었기 때문에 이를 치료하느라 컴퓨터를 사용할 수 없게 되어 리포트 마감 시간을 어기게 되고 이로 인해 불이익을 받게 되기 때문이다.

셋째, 스트레스는 자신이 통제할 수 없는 불확실한 사건에 대해 발생한다. 중요한 기회나 위협을 자신이 통제할 수 있고 효과적으로 처리할 수 있다는 확신이 있다면 스트레스를 느끼지 않는다. 정형외과 수술을 여러 번 해본 의사는 아무리 복잡하고 어려운 수술일지라도 수술 결과에 대한 확신이 있기 때문에 여러 번 해본 수술에 대해서는 스트레스를 느끼지 않을 것이다. 하지만 만일 수술 환자가 건강 상태가 매우 안 좋아 수술 결과가 불투명한 특수한 상황이라면 의사는 스트레스를 느낄 것이다.

마지막으로 스트레스는 지각에 따라 달라진다. 사람들이 스트레스를 경험하는 것은 잠재적인 기회나 위협을 얼마나 지각하는지, 그리고 이를 얼마나 통제할 수 있다고 지각하는지에 달려있다. 어떤 사람은 직무순환을 새로운 일을 배우고 자신의 경력을 확대하는 기회로 지각하지만 어떤 사람은 이를 자신의 현재 지위를 위태롭게 할 수 있는 위협으로 지각하기도 한다. 자기효능감이 높은 사람은 같은 사건에 대해서도 해낼 수 있다는 자신감을 갖지만 자기효능감이 낮은 사람은 자신이 해낼 수 없다는 생각에 스트레스를 받는다. 이와 같이 스트레스는 개인의 지각 과정과 밀접한 연관이 있다.

## 1.1 개인차와 스트레스

스트레스의 개념에서 살펴본 바와 같이 스트레스는 개인에 따라 그 지각하는 정도가 달라진다. 여기에서는 제2장에서 다루었던 개인 차이에 따라 스트레스의 지각에 어떠한 영향을 미치는지를 다루어보도록 한다.

### 성격과 스트레스

제2장에서 다루었던 개인차 중에는 성격이 있다. 스트레스와 관련되어 연구된 성격들로는 성격 5요인, 자존감, Type A/Type B 성격유형, 통제의 소재 등이 있다. 이런 성격유형과 스트레스와의 관계를 살펴본다.

**성격 5요인** 개인이 가진 성격은 사람이 실제 스트레스를 지각하는 정도에 영향을 미친다. 신경증 성향(neuroticism)이 높은 사람은 자기 자신이나 직무, 조직, 그리고 자신 주변에 있는 사람들에 대하여 부정적으로 바라보는 경향이 있다. 이러한 사람들은 불확실한 상황이나 변화를 위협으로 지각하는 경향이 강하며, 자신이 이러한 위협이나 기회를 잘 처리할 수 없다고 생각하기 쉽다. 이러한 이유로 신경증 성향이 높은 사람은 낮은 사람보다 더 많은 스트레스를 지각한다.[2]

반면 외향성(extraversion)이 강한 사람은 적극적이고 사교적인 특징을 가진다. 이러한 사람들은 내향적인 사람들보다 스트레스를 덜 받는다. 예를 들어 많은 사람들 앞에서 발표를 해야 할 때나 영업직이나 서비스직 같이 낯선 고객들을 상대해야 하는 직무에서 외향성이 강한 사람은 스트레스를 덜 느낄 것이다.

경험에 대한 개방성(openness to experience)이 높은 사람은 외부 자극에 대해 개방적인 태도를 가지며, 위험을 감수하고자 하는 의지가 높다. 대부분의 사람들은 잦은 환경 변화에 스트레스를 받는다. 창업주라 할지라도 기업을 시작할 때 처한 여러 가지 위험들로 인하여 스트레스를 받는다. 하지만 경험에 대한 개방성이 높은 사람은 다채로운 환경 변화에 흥미를 느끼며, 위험한 상황을 즐기는 성향이 강하기 때문에 스트레스를 적게 느낄 것이다.

**자존감** 자존감(self-esteem)이란 자신에 대해 얼마나 긍정적인 평가를 내리고 있는가를 말한다. 자존감이 낮은 사람은 자신이 무능하고 무가치하다고 여기며, 자존감이 높은 사람은 자신이 가치 있는 사람이라고 여긴다. 자존감이 높은 사람은 자신에게 처한 기회나 위협을 효과적으로 처리할 수 있다고 생각하기 때문에 업무나 환경변화에 대해 스트레스를 덜 느낄 가능성이 크다.

**Type A/Type B 성격유형** A유형(type A)의 성격을 가진 사람들은 B유형의 사람과 다른 방식으로 스트레스를 경험할 것이다. A유형 사람들은 성취욕구가 강하며, 경쟁적이며, 참을성이 적으며, 타인에게 적대적인 태도를 보인다. 이러한 사람들은 짧은 시간에 많은 일을 하기를 바란다. 반면 B유형(type B) 사람들은 느긋하며, 일에 크게 몰두하지 않는다. 연구 결과에 의하면 A유형 사람들이 B유형 사람들보다 스트레스를 더 받는 경향이 있다.

**통제의 소재** 자신의 삶의 결정권이 자신에게 있다고 믿는 내부형(internal) 사람들은 외부의 힘에 의해 자신이 통제되고 있다고 믿는 외부형(external) 사람들에 비하여 스트레스를 덜 느낀다. 즉, 기회나 위협에 처했을 때 이를 자신이 통제할 수 있다고 지각하는 경우 사람들은 스트레스를 덜 느낀다. 따라서 자신에게 일어나는 사건을 자신이 통제할 수 있다고 믿는 내부형 사람들은 외부형 사람들에 비하여 스트레스를 덜 느끼게 되는 것이다.

**능력과 스트레스**

사람들은 저마다 능력에 있어서 차이가 나며, 이는 스트레스를 지각하는데 영향을 미친다. 직장에서는 특히 업무 수행 능력이 부족할 경우 스트레스를 느끼게 된다. 예를 들어 80년대 초중반 컴퓨터가 회사에 보급되어 사용되기 시작했을 때에, 컴퓨터 사용법을 몰랐던 기존 종업원들은 컴퓨터 사용에 상당한 스트레스를 받았다. 이에 회사 차원에서 컴퓨터 사용법을 가르치기 위한 훈련을 실시하였는데, 이 훈련 자체도 종업원들에게는 스트레스가 되었다. 특히 기계 사용이 미숙한 직원의 경우 컴퓨터 사용 자체에 대한 두려움과 이해의 부족으로 더욱 스트레스를 받았다.

정서지능(emotional intelligence)의 정도도 스트레스 지각에 영향을 미칠 수 있다. 자신의 정서나 타인과의 관계 속에서의 정서를 컨트롤할 수 있는 능력을 의미하는 정서지능이 높은 사람일수록 대인관계에서 발생하는 부정적인 정서로 인한 스트레스를 덜 받을 것이다.

## 1.2 스트레스 반응

스트레스를 지각하는 것은 개인마다 차이가 있다. 따라서 스트레스에 대한 반응 또한 사람마다 다르게 나타난다. 여기에서는 보편적으로 나타나는 스트레스의 반응적 현상들을 생리적, 심리적, 행동적 측면으로 나누어 살펴보도록 한다. 이러한 세 가지 측면의 반응들은 결과적으로 개인의 행복이나 과업수행, 더 나아가 집단이나 조직의 성과에 영향을 미친다.

### 생리적 반응

하루 종일 극도의 스트레스에 시달린 날 밤새도록 불면증에 시달린 경험이 누구나 한 번쯤은 있을 것이다. 이와 같은 수면장애는 스트레스의 생리적 반응 중 하나이다. 스트레스를 받으면 손바닥에 땀이 나는 증상, 갑자기 얼굴에 열이 달아오르는 증상, 심장이 두근두근 뛰는 증상, 혈압이 상승하는 증상, 갑자기 배가 아픈 증상, 두통, 어지럽고 메스꺼워지는 증상, 심장마비, 면역체계가 약해지는 증상 등이 누구나 스트레스를 받았을 때 한 번쯤은 경험해 본 생리적 반응들이다.

이러한 생리적 반응들은 사람들마다 일정치 않다. 또한 같은 스트레스의 강도를 느낄지라도 사람마다 나타나는 생리적 반응은 다르다. 가장 심각한 생리적 반응은 장기적으로 스트레스에 노출된 후에 나타나는 증상이다. 예를 들어 심장 질환이나 고혈압, 심장마비와 같은 증상들이 대표적인 예인데, 이러한 증상들은 갑작스러운 과로사를 일으킬 수 있다는 점에서 주의해야 한다.

### 심리적 반응

가장 흔한 스트레스의 심리적 반응은 압박적인 느낌이나 정서를 경험하는 것이다. 이는 단순한 불쾌감에서부터, 분노, 걱정, 조소, 증오, 적의 등으로 발전하는데, 행복과는 거리가 먼 부정적인 감정들이다.[3]

또 다른 스트레스에 대한 심리적 반응은 스트레스를 경험할 때 더욱 부정적인 태도를 갖게 되는 것이다. 스트레스에 시달리는 종업원들은 자신이 수행하는 직무나 회사에 대해 더욱 부정적인 시각을 갖게 되기 때문에 직무 만족도나 조직몰입도가 낮아지게 된다. 또한 스트레스를 받는 사람들은 자신이 인정받지 못한다고 느끼며, 일로 인해 자신의 삶이 방해받고 있다고 느낀다.

**소진(burnout)** 심리적 · 정서적 · 육체적으로 극도로 피로한 상태를 의미하는 소진(burnout)은 매일 매일의 스트레스가 장기화되는 것을 경험한 사람에게 나타나는 스트레스의 심리적 반응의 특별한 케이스이다. 소진은 다른 사람을 돌보고 보호해야 하는 책임을 지고 있는 사람에게 특히 주로 나타난다.[4] 예를 들어 간호사나 의사, 사회복지사, 교사, 변호사, 경찰관 등의 직종은 이들 직업의 성격상 소진을 경험할 가능성이 크다.

소진의 주요 징후로는 성취 욕구의 저하, 감정적 소진, 그리고 비인간화를 들 수 있다.[5] 소진을 경험하고 있는 종업원들은 다른 사람을 도와줄 수 없으며, 자신의 일을 성취할 수 없다고 느낀다. 이들은 절망적인 상황에서 도움을 요청하는 사람들을 대해야 하는 끊임없는 스트레스로 인하여 감정적으로 지친다. 소진된 종업원들은 때때로 도움을 필요로 하는 사람을 비인간적으로 대하게 된다. 즉 사람을 인간적으로 대하기보다는 대상으로 생각하게 되는 것이다. 소진된 사회복지사가 부모 없는 아이를 두려움에 떠는 어린아이로 대하는 것이 아니라 처리해야 할 입양 케이스의 하나로 대하게 되는 것이 비인간화의 예이다. 만일 이러한 사회복지사가 아이들을 냉담하게 대하게 된다면 심리적 소진이 행동적 결과로 나타나게 되는 것이다.

### 행동적 반응

스트레스와 과업 성과 간의 관계는 관리자들이 가장 많이 관심을 가지는 것이다. 연구에 의하면 종업원들이 느끼는 스트레스와 과업수행은 역 U자 관계를 가진다.[6] 〈그림 10–1〉을 살펴보면 어느 정도까지 스트레스를 받으면(A 지점) 과업성과가 향상된다. 하지만 A 지점을 넘어서 과도한 스트레스를 받게 되면 오히려 과업성과에 부정적인 영향을 미치게 된다.

〈그림 10–1〉의 결과에 의하면 어느 정도의 긴장, 즉 스트레스는 생산성 향상에 긍정적인 영향을 미치게 됨을 알 수 있다. 스트레스가 생산성에 긍정적인 영향을 미치는 이와 같은 현상은 모티베이션 이론에 의해서도 설명될 수 있다. 예를 들어 모티베이션 이론에서는 종업원들에게 어려운 목표를 설정하고 이를 달성하면 보상을 주는데 이는 어느 정도의 스트레스를 유발한다. 하지만 이러한 경우 스트레스는 종업원들이 목표를 달성할 수 있도록 하는 에너지원이 된다. 시험을 앞둔 학생이나 경기를 앞둔 운동선수에게 있어 어느 정도의 긴장은 아드레날린을 분출시켜 좋은 성과를 내도록 한다. 하지만 스트레스 수준이 너무 높다면 이는 성과에 악영향을 미친다. 시험을 앞두고 너무 많이 긴장하게 되면 그 전날까지도 기억했던 내용들을 시험 때 잊어버리게 되는 경우도 있다.

또 다른 스트레스의 행동적 결과로는 대인관계에서의 긴장, 결근, 이직 등이 있다. 스트레스를 많이 받게 되면 스트레스를 덜 받을 때보다 다른 사람을 고려하거나 이해하는 것이 힘들어지게 된다. 예를 들어 과도하게 스트레스를 받고 있는 사람은 사소한 문제에도 다른 사람에게 날카롭게 대하기 때문에 서로 간에 갈등이 발생하기도 한다. 또한 자신이 일하고 있는 직종에서 과도한 스트레스를 받게 되면 다른 직종으로 옮기기도 한다.

**그림 10-1**

스트레스와 과업성과 간의 관계

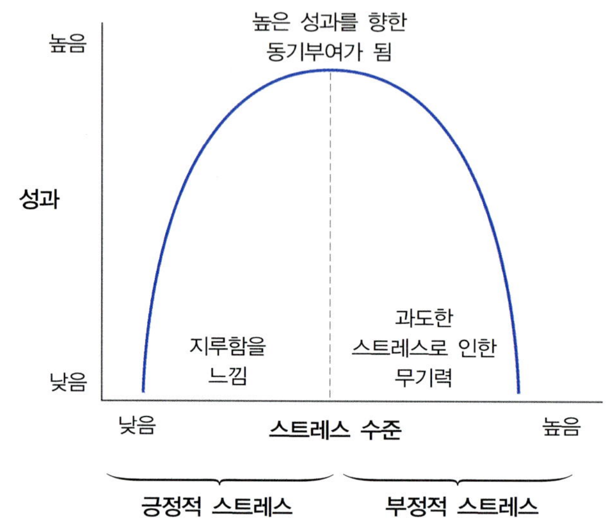


자료 : George & Jones(2008), p.292.[7]

## 2. 스트레스의 원인

무엇이 스트레스를 유발하는 것일까? 스트레스의 원인은 크게 5가지 종류로 구분할 수 있는데, 개인 생활, 직무 수행, 속해 있는 집단이나 조직 특성, 일과 삶의 불균형, 그리고 외부 환경의 불확실성의 5가지가 그것이다.[8] 잠재적인 스트레스의 원인들이 실제 스트레스를 유발시키는지와 이로 인해 유발된 스트레스가 긍정적 효과를 가지는지 부정적 효과를 가지는지는 개인 차이 따라, 그리고 스트레스 원인을 어떻게 지각하고 해석하는지에 따라 달라진다. 또한 5가지 스트레스의 원인들이 복합적으로 작용하여 앞에서 설명한 생리적 · 심리적 · 행동적 반응들을 도출하기도 한다.

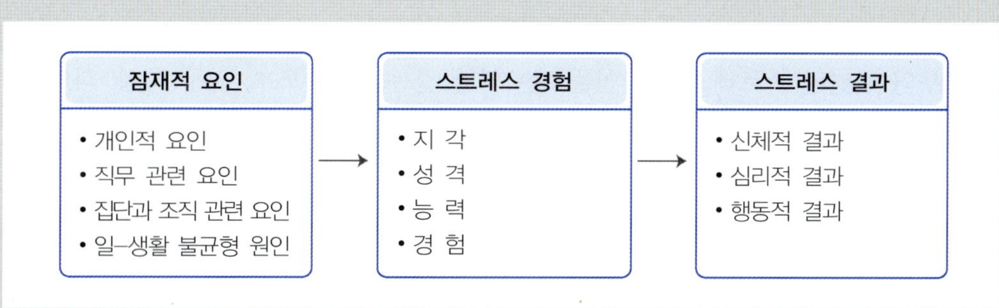


**그림 10–2** 스트레스의 원인과 결과

자료 : George & Jones(2008), p.294.[9]

## 2.1 개인 생활에서 원인

개인 생활에서 받는 스트레스는 직무 수행에 영향을 미치게 된다. 예를 들어 평소에 고객에게 친절하고 예의 바른 서비스 직원도 배우자와 싸우고 나온 날은 고객에게 짜증을 내기도 한다. 평소에 부하직원들에게 개방적이고 친절한 태도로 대하던 상사도 자녀가 학교에서 문제를 일으키면 부하직원들에게 신경질적으로 대할 수 있다. 이와 같이 직원들의 개인 생활이나 가정생활에서의 문제가 곧 회사에서의 직무 수행에 영향을 미친다.

개인 생활에서의 스트레스의 원인은 주요 생애 사건과 사소한 생애 사건의 두 가지로 구분할 수 있다.[10] 주요 생애 사건은 감정뿐만 아니라 육체적인 위협까지 포함하는데, 예를 들어 가족의 죽음, 이혼, 심각한 질병, 감옥 구속 등이 그것이다. 이러한 사건들은 개인의 스트레스나 행복에 큰 영향을 미치게 된다. 한편 긍정적인 주요 생애 사건들 또한 개인에게 스트레스를 줄 수 있다. 예를 들어 결혼이나 육아, 주택 구입, 거주지 이전 등의 주요 사건들은 개인에게 있어 긍정적 기회가 되는 사건들이지만 동시에 스트레스의 원인이 된다.

스트레스는 또한 스트레스의 원인들이 동시에 발생할수록 커지게 된다.[11] 졸업을 앞둔 어떤 대학생이 이사를 해야 하고, 오랜 친구는 갑작스럽게 큰 질병으로 수술을 받고, 결혼도 해야 하고, 직장도 구해야 한다고 생각해 보자. 이와 같이 여러 가지 스트레스의 원인들에 동시에 직면할 경우, 각각의 스트레스 원인들의 강도가 강하지 않더라도 높은 수준의 스트레스를 유발하게 된다.

## 2.2 직무 관련 원인

직무와 관련된 스트레스의 원인들로는 역할 갈등, 역할 모호, 업무 특성, 과업 통제 정도 등이 있다.

**역할 갈등** 역할이란 조직내에서 종업원의 직위에 맞게 과업 수행을 위해 기대되는 행동이나 과업을 말한다. 역할 갈등(role conflict)은 이러한 기대되는 행동들이 서로 충돌할 때 발생한다.[12] **역할 간 갈등**(inter-role conflict)은 종업원들이 두 개의 역할을 수행하는데 이 역할들이 충돌할 때 발생한다. 예를 들어 은행원이 수익을 내려하는 은행의 정책과 어려운 사정에서 대출을 받기를 원하는 고객의 요구 간의 균형을 이루려 할 때 역할 간 갈등이 발생하게 된다. 또한 한 종업원이 다른 상사들로부터 상반되는 지시를 받았을 때 **역할 내 갈등**(intra-role conflict)을 경험하게 된다. 마지막으로 회사의 가치와 개인의 가치가 상반될 때 **개인-역할 간 갈등**(person-role conflict)을 경험하게 된다. 예를 들어 신약 개발을 위해 동물을 대상으로 실험하는 회사에서 동물 보호 운동가가 일한다면 이 사람은 개인-역할 간 갈등으로 인한 스트레스를 겪게 될 것이다.

**역할 모호** 역할 모호(role ambiguity)는 종업원들이 자신의 해야 할 일이나 달성해야 하는 성과의 정도, 과업 수행 권한의 정도, 작업 조건 등이 불확실할 때 발생한다.[13] 이러한 역할 모호로 인한 스트레스는 특히 신입사원들이 새로운 직장에 들어와 과업이나 작업환경에 익숙하지 않을 때 발생한다. 또한 산업 내 경쟁이 심하여 비즈니스 환경이 자주 변화하고 이에 따라 직무 책임이 수시로 변하는 조직에서 구성원들이 역할 모호로 인한 스트레스를 겪기 쉽다.

**업무 특성** 보통 사람들은 작업량이 너무 많으면 스트레스를 받으나, 반면 작업량이 너무 적어도 스트레스를 받는다. 짧은 시간에 너무 많은 일을 처리해야 하는 경우, 또는 오랜 시간 작업을 해야 하는 경우 사람들은 스트레스를 받는데, 이와 같이 과도한 작업으로 인하여 종업원들은 건강하지 못한 생활 습관을 갖게 되고 이는 심장 질환이나 과로사로도 연결된다.[14]

반면 주어진 작업량이 너무 적거나 자신의 능력을 발휘할 수 없을 정도로 하찮은 일만 주어질 경우에도 스트레스의 원인이 될 수 있다. 예를 들어 MBA를 마치고 회사에 입사한 종업원에게 문서 복사나 회식 장소를 결정하는 등의 간단한 일을 맡긴다고 생각해 보자. 틀림없이 이 종업원은 자신의 능력을 발휘할 수 없는 이 직장에서 스트레스를 받고 결국에는 더욱 중요한 일을 할 수 있는 회사로 옮길 것이다.

**과업 통제** 종업원들은 업무 수행 방법이나 시간을 자신이 통제할 수 없을 때 스트레스를 받는다. 예를 들어 기계나 감시 장비에 의해 업무 수행이 통제될 때, 혹은 다른 사람에 의해 업무 스케줄이 통제 당할 때 스트레스를 받게 된다. 정보통신의 발달은 업무를 효율적으로 수행할 수 있게 한다는 장점도 있지만, 이메일이나 핸드폰에 의해 언제라도 과업 지시를 받을 수 있고 보고를 할 수 있게 된 점은 종업원들에게 오히려 스트레스를 주고 있다.

## 2.3 집단 및 조직 관련 원인

개인이 속해 있는 집단과 조직의 특성들은 이들에게 많은 영향을 준다. 개인의 스트레스에 영향을 주는 집단요인은 크게 다음 두 가지 유형으로 구분할 수 있다.

**집단 응집성의 부족** 개인이 속해 있는 집단의 응집성 즉, 공동체 의식은 종업원들에게 큰 영향을 미친다. 특히 조직의 하부 구조로 내려 갈수록 종업원들은 자신이 속해 있는 집단이 얼마나 잘 뭉치는가에 영향을 받게 된다. 예를 들어 집단 구성원들 간 갈등이 존재할 때, 상사가 엄격하여 구성원들 간의 활동을 제약할 때, 다른 구성원들이 특정 개인을 배척할 때 등과 같은 이유로 집단 응집성이 낮을 경우, 이러한 집단에 속한 구성원들은 스트레스를 받게 된다.

**구성원의 사회적 후원 부족** 또한 종업원들은 응집력 있는 집단에서 다른 구성원들로부터 받은 사회적 후원에 영향을 받는다. 집단 구성원들과 기쁨과 고통을 함께 나누면서 종업원들은 정서적으로 안정을 찾고 힘든 일도 극복할 수 있다. 만일 집단 구성원들 간의 이러한 사회적 후원이 부족하다면 집단 내에서 종업원들은 매우 스트레스를 받을 것이다.[15]

조직관련 요인들 역시 종업원들의 스트레스에 매우 직접적인 영향을 미친다. 급변하는 환경에 적응하여 치열한 경쟁 속에서 성과를 창출하기 위하여 기업들은 조직 차원의 다운사이징(down-sizing), 리스트럭처링(restructuring), 리엔지니어링(reengineering) 등을 통해 변화를 모색하고 있다. 이러한 변화들은 종업원들의 과업뿐만 아니라 이들의 생활에 직접적인 영향을 준다는 점에서 스트레스의 원인이 된다. 특히 다운사이징의 경우, 이를 통해 종업원들이 직장을 잃게 된다는 점에서 종업원 생애 주요한 사건을 결정짓는 스트레스의 원인이 된다. 뿐만 아니라 다운사이징은 회사에 남아 있는 사람들에게도 장기적으로 스트레스를 주게 된다.[16] 소위 '생존자'들은 회사에 남아 있어도 미래에 자신도 해고 대상이 될 수 있다는 불안감, 친구와 동료를 잃은 충격, 그리고 작업량 증가 등으로 스트레스를 받는다.

스트레스에 영향을 미치는 조직 차원의 요인들은 경영정책과 전략, 조직구조와 설계, 커뮤니케이션과 의사결정 시스템, 그리고 과업 환경의 네 가지 유형으로 구분할 수 있다. 〈표 10-1〉은 이러한 각 유형에서의 스트레스의 원인들을 보여주고 있다.

**〈표 10-1〉 조직 차원의 스트레스의 원인들**

| 경영정책과 전략 | 커뮤니케이션과 의사결정 |
|---|---|
| • 구조조정<br>• 경쟁심화<br>• 성과급 제도, 인센티브 제도<br>• 관료제적 규율<br>• 첨단기술 도입 | • 엄격한 통제<br>• 상명하달식 커뮤니케이션<br>• 성과 피드백의 부족<br>• 의사결정 참여 기회의 부족<br>• 처벌 중심의 평가 시스템 |
| **조직구조와 설계** | **과업환경** |
| • 중심화와 공식화<br>• 경영진 간 갈등<br>• 특수화(specialization)<br>• 역할 모호성과 갈등<br>• 개발 기회의 부족<br>• 경직되고 불신적인 조직문화 | • 소음<br>• 너무 높거나 낮은 작업장 기온<br>• 오염된 공기<br>• 악취<br>• 위험한 환경<br>• 약한 조명<br>• 육체적·정신적 긴장<br>• 유해한 화학약품 혹은 방사선에 노출 |

자료 : Luthans(2005), p.381.[17]

## 2.4 일과 가정의 불균형 관련 원인

직장과 가정은 개인에게 있어 가장 중심이 되는 두 영역이다. 사람들은 직장에서 회사원, 간호사, 트럭 운전사, 노동자임과 동시에 가정에서는 부모, 자식, 배우자, 그리고 사회에서는 자원봉사자 등의 역할을 동시에 가지고 있다. 이와 같이 다중 역할을 수행해야 하는 오늘날의 사람들에게 일과 가족 생활의 균형을 이루는 것은 매우 중요한 과제이다.[18] 예를 들어 어린 자녀가 있는 맞벌이 부부가 두 배우자 모두 직장에서 해야 할 일이 많다면 이는 커다란 스트레스가 된다. 이러한 경우 양육을 위하여 직장 생활에서의 기회를 포기하거나, 비용을 들여 자녀를 양육할 시설이나 사람을 찾아야 한다. 또한 직장에서의 업무로 인하여 가정에서의 문제나 가족으로서 책임을 수행할 수 없다면, 혹은 반대로 가정 문제로 인해 업무 수행에 지장을 준다면 이는 직장인과 가족으로서의 두 역할을 모두 수행해야 하는 사람에게 스트레스가 된다. 이러한 역할 간 갈등의 한 형태인 일-가정 갈등은 최근의 노동력의 구성변화와 맞벌이 가족의 증가, 그리고 성 역할에 대한 인식변화에 따라 중요한 스트레스의 원인이 되고 있다.

### 2.4.1 일-가정 갈등의 유형

일-가정 갈등의 유형은 시간 근거 갈등, 긴장 근거 갈등, 그리고 행동 근거 갈등의 3가지 유형으로 구분된다.[19]

**시간 근거 갈등** 시간 근거 갈등은 한 영역에서 요구되는 역할을 수행하기 위해 다른 영역에서 요구되는 역할을 제대로 수행할 수 없을 때 발생한다. 예를 들어 직장에서의 과도한 스케줄로 인하여 물리적으로 가족에 기여할 수 없거나, 물리적으로 가족에 기여할 시간이 있을지라도 직장에서의 역할수행에 집중하여 가족으로서의 역할수행에 집중하지 못하고 소홀할 때 시간 근거 갈등이 발생하게 된다.

**긴장 근거 갈등** 긴장 근거 갈등은 한 영역에서의 역할수행으로 인해 발생한 긴장과 피로가 다른 역할 수행에까지 영향을 미칠 때 발생한다. 예를 들어 이혼이나 부부 갈등 등으로 인한 긴장, 걱정, 피로, 우울과 같은 긴장 증상이 직장에서의 역할 수행을 어렵게 할 때 긴장 근거 갈등이 발생한다.

**행동 근거 갈등** 행동 근거 갈등은 두 역할 간에 기대되는 행동이 불일치할 때 발생한다. 직장에서 이성적이고 경쟁적인 행동이, 가정에서 따뜻하고 관용적인 행동이 요구될 때 행동 근거 갈등이 발생한다.

### 2.4.2 일-가정 불균형의 원천

일-가정 불균형의 이유는 가족 환경적 특성, 직업 환경적 특성, 그리고 사회 인구학적 특성의 3가지로 구분할 수 있다.[20]

**가족 환경적 특성** 돌봄이 필요한 어린 자녀의 존재, 가족 생활주기, 맞벌이 여부, 가사노동시간 등은 일-가정 불균형에 영향을 미치는 가족 환경적 특성이다. 돌봄이 필요한 어린 자녀가 있을 때 부모는 시간부족에서 오는 일-가정 불균형을 경험한다는 것이 주된 결과이지만, 최근 연구에 의하면 6세 미만의 취학 전 자녀가 존재하면 남성의 일-가정 균형감을 높이는 것으로 나타났다. 가사노동시간은 여성의 취업이 증가하면서 남녀의 가족 내 역할수행의 공평성 측면에서 일-가정 불균형 지각에 영향을 미치는 가족 환경적 특성이다.

**직업 환경적 특성** 과도한 노동시간, 근로자의 육체적·정신적 노력과 부담을 의미하는 업무량 등은 일-가정 불균형을 초래하는 직업 환경적 특성이다. 최근 들어 직장에서 출퇴근 자율제도나 탄력근무제와 같이 직무융통성을 높이는 제도를 실시하거나, 조직구성원으로 하여금 업무 계획을 자율적으로 결정할 수 있도록 자율권을 부여하는 것은 개인이 받고 있는 역할요구에 대한 시간과 노력의 재분배를 가능케 하여 일-가족 불균형으로 인한 스트레스를 낮추는 방안이다.

**사회 인구학적 특성** 과거에 비해 최근 세대는 직장에서의 역할뿐만 아니라 개인과 가정의 삶을 중요시하는 경향이 강해지고 있다. 따라서 '좋은 직장'의 기준으로서 과거에는 연봉이나 발전 가능성이 주요하게 고려되었던 반면, 요즘에는 개인의 삶을 얼마나 보장하는가가 주요하게 고려되고 있다. 이와 같이 젊은 세대에서 일-가정의 균형을 중요시함에 따라, 이들의 직무만족이나 조직몰입, 이직의도 등에 일-가정 불균형이 중요한 영향을 미치고 있다. 이와 같이 연령이나 소득, 교육수준 등은 일-가정 균형을 얼마나 중요하게 여기느냐에 영향을 미치는 사회 인구학적 특성이다.

## 2.5 외부 환경 관련 원인

조직은 열린 시스템으로서 외부 환경과 상호작용하고 외부 환경 변화의 영향을 받는다. 사회적/기술적 변화, 세계화, 경제상황, 인종과 계급, 국가나 지역 분쟁, 전쟁 등 조직 외부 환경의 요소들은 개인의 스트레스에 직접적 혹은 간접적인 영향을 미친다. 의학의 발달로 인간의 수명이 연장되고 질병이 퇴치되었지만 현대를 살아가는 사람들은 더욱 더 큰 정신적 스트레스에 시달리고 있다. 도시화나 첨단기술 등은 사람들의 삶을 더욱 분주하고 속도감 있게 만들었지만 이러한 라이프스타일을 가지고 있는 사람들은 과거의 느리고 한가했던 삶을 살았던 때에 비하여 정신적 긴장감과 강박증에 시달리고 있다.

오늘날 사회적 문제가 되는 가족의 붕괴 역시 개인의 스트레스의 원인이 된다. 개인주의적 가치 풍조의 만연으로 인한 이혼율 증가, 기러기 아빠 등과 같은 현상들은 개인 생활을 넘어서 직장생활에까지 부정적인 영향을 미치는 사회 현상들이다.

인종이나 성별, 연령과 같은 사회학적 변수들도 스트레스의 원인이 된다. 아직까지 우리나라는 인종 갈등이 다른 국가에 비해 심각하지는 않지만, 점차 혼혈 가족이나 외국인들이 증가하고 있는 추세이다. 따라서 이제까지 단일민족 국가였던 우리나라의 민족성은 오히려 소수 민족에 대한 갈등을 심화시킬 수 있다. 타 국가의 문화를 수용하려 하지 않거나 혼혈인들에 대해 배타적인 태도는 직장 내에서 구성원들 간의 갈등을 불러일으킴으로서 스트레스를 유발한다.

전반적인 경기 침체나 국가 간 무역협정 등도 개인 스트레스의 원인이 된다. 특히 오늘날과 같이 세계 경제가 한 국가의 경제처럼 밀접한 영향을 받는 상황에서는 타 국가의 경기 침체가 다른 국가 국민의 생활에 직접적인 타격을 주어 스트레스를 유발한다. 예를 들어 미국 경기의 침체는 바로 한국의 수출 산업에 영향을 주어 한국 경기 침체를 유발한다. 경기 침체로 인하여 물가가 상승하면 소비 심리가 위축되고 이는 한국의 일반 국민들에게 스트레스의 원인이 된다. 물가 상승으로 인하여 생활비, 교육비, 기타 경비들이 상승하게 되어 스트레스를 받으면 이는 직장생활에도 영향을 미치게 된다.

# 3. 스트레스 관리

궁극적으로 얼마만큼의 스트레스를 경험하느냐 그리고 이 스트레스가 개인, 집단, 혹은 조직에 긍정적 혹은 부정적인 영향을 미치느냐는 앞에서 논의하였던 스트레스의 원인들을 어떻게 관리하느냐에 달려 있다. 스트레스를 관리하는 방법으로는 문제 중심적 방법과 감정 중심적 방법이 있다.

문제 중심적 방법은 스트레스의 원인을 직접적으로 처리하는 단계들과 관련이 있다.[21] 예를 들어 해고의 위협을 당할 때, 다운사이징을 실시하지 않는 다른 직장을 알아보는 것이 문제 중심적 방법이다. 이러한 문제 중심적 방법이 성공적일 때, 종업원들이 스트레스의 원인이 되는 기회나 위협들을 처리하는 데 도움이 된다.

감정 중심적 방법은 종업원들의 자신의 감정이나 정서를 조절하여 스트레스를 관리하는 것이다.[22] 예를 들어 해고의 위협에 처해 있을 때, 정기적으로 운동을 함으로써 자신의 감정과 정서를 다스려 스트레스를 경감시키는 것이 감정 중심적 방법이다. 이러한 감정 중심적 방법은 개인이 통제할 수 없는 기회나 위협에 의해 발생하는 스트레스를 관리하기에 적절하다.

## 3.1 개인 차원의 스트레스 관리

### 3.1.1 개인 차원의 문제 중심적 관리방법

문제 중심적 방법은 구체적인 스트레스 원인을 관리하는 대처 전략이다. 여기에서는 개인 차원의 스트레스 관리방법으로 3가지 문제 중심적 방법들을 소개한다.

**시간 관리** 과도한 작업량으로 인하여 스트레스를 받고 있을 때 이를 해결하기 위한 방안 중 하나가 시간 관리이다. 이는 제한된 시간 안에서 요구되는 작업을 마칠 수 있도록 도와주는 방법이다. 시간 관리는 일반적으로 다음과 같은 세 단계를 거친다.

첫째, 기간 안에 마쳐야 하는 과업들의 리스트를 작성한다.

둘째, 과업들의 중요성을 고려하여 우선순위를 정한다. 이때 과업의 중요성뿐만 아니라 일과 생활의 균형을 고려하여 우선순위를 정한다.

셋째, 각 과업들을 마치는 데 얼마나 시간이 걸릴지를 계산하여 이에 따라 각 과업을 진행할 날짜를 계획한다.[23]

시간 관리는 개인뿐만 아니라 조직 차원에서도 구성원들이 효과적으로 시간을 관리할 수 있도록 도와주는 전략이다. 시간 관리는 특히 일과 생활의 균형을 고려하여 시행해야 한다. 생활과의 균형을 고려하지 않은 채 무리하게 과업 중심으로 우선순위를 부여하고 진행하면 오히려 효율성이 떨어진다.

때로 종업원들은 더 많은 일을 해야 한다는 압박감 때문에 동시에 여러 가지 과업을 하기도 한다. 예를 들어 회의 중에 보고서를 작성한다던가, 동료의 이야기를 들으면서 이메일을 읽는 것이 그것이다. 연구에 의하면 이러한 멀티태스킹(multi-tasking)은 오히려 효율성이 떨어진다.[24] 더욱이 두뇌 활동 중 동일한 프로세스를 사용해야 하는 과업들을 동시에 할 경우 효율성이 저하되기 쉽다. 예를 들어 상사와 전화로 대화하고 있는 중에 이메일을 작성하려 한다면, 이 두 가지 일은 모두 언어적 프로세스를 요구하는 것이다. 이때 한 가지 일이 다른 일을 방해하게 되어 효율성이 저하된다.

**조언자에게 도움을 요청** 조직에서 경험이 많은 선배나 동료에게 조언을 요청하는 것은 스트레스를 관리하는 효과적인 방법이다. 직장 내에서 역할 갈등이나 역할 모호성, 과도한 작업량, 어려운 과업책임 등으로 인하여 스트레스를 받고 있을 때 이를 이미 경험하고 극복한 경험자의 조언은 문제를 해결할 수 있는 해결책을 얻을 수 있고, 이는 스트레스를 낮추는 데 도움을 준다. 이와 같이 조언자에게 도움을 요청하는 방법은 개인 차원에서뿐만 아니라 조직 차원에서 스트레스를 관리할 수 있는 문제 중심적 방안 중 하나이다. 예를 들어 많은 기업에서 실시하고 있는 멘토링 프로그램(mentoring program)은 신입 사원과 이들에게 조언을 줄 수 있는 있는 선배 사원을 연결하여 줌으로써 스트레스를 관리하고 성과를 높이는 데 도움을 준다.

**역할 협상** 역할 협상(role negotiation)이란 종업원들이 역할 갈등이나 역할 모호성, 과도한 혹은 너무 적은 작업량으로 인한 스트레스를 줄이기 위하여 자신의 역할을 바꾸려는 시도를 의미한다.[25] 작업량이 과도한 종업원이 추가적인 업무를 지시받았을 때 이를 거부하는 것이 역할 협상의 하나이다.

### 3.1.2 개인 차원의 감정 중심적 관리방법

직장생활을 하는 종업원들은 스트레스를 유발하는 문제들이나 기회들을 관리하는 문제 중심적 방법과 더불어 이로 인한 감정이나 정서를 관리하는 방법도 배워야 한다. 개인 차원의 감정 중심적 방법으로는 운동, 사회적 후원, 그리고 임상 상담 등이 있다.

**운동** 운동은 스트레스를 관리하는 효과적인 감정 중심적 방법 중 하나이다. 운동은 이를 하는 동안 긴장의 연속인 일터에서 몸과 정신을 벗어나게 함으로써 스트레스를 조절하는데 도움을 준다. 조깅, 수영, 테니스, 걷기 등 다양한 형태의 운동은 말단 직원부터 최고경영자까지 누구나 쉽게 할 수 있는 스트레스 관리 방법이다. 실제로 뉴욕시 소방서에서 근무하였던 상담원은 9·11 테러 이후 수백 명의 동료의 죽음을 경험해야 했던 뉴욕시 소방관들이 요가를 통해 이러한 스트레스를 관리하는 데 도움을 받을 수 있었다고 보고하였다.[26]

**사회적 후원** 사람들은 문제에 직면해 있거나 스트레스를 받을 때 본능적으로 다른 사람에게 도움, 즉 사회적 후원을 구한다. 친구나 친척, 동료, 또는 조언자로부터의 사회적 후원은 스트레스를 관리하는 효과적인 감정 중심적 방법이다.[27] 어려운 일이 있을 때 자신의 고민을 털어놓고 위로를 받음으로서 사람들은 감정적·정서적으로 안정을 찾게 된다. 따라서 의지할 수 있는 사람이 얼마나 되느냐, 그리고 이 사람들과의 관계의 질이 어느 정도인가는 스트레스를 경감시키는 데 중요한 영향을 준다.

**임상 상담** 가끔 과도한 스트레스에 시달리는 사람이 이를 혼자 힘으로 해결하기 어려운 경우 전문가로부터 임상 상담이나 도움을 받기도 한다. 훈련을 받은 전문적 심리상담가나 정신과 의사들은 긴장된 상황으로부터 스트레스를 받고 있는 사람들이 이를 극복할 수 있도록 도움을 준다.

## 3.2 조직 차원의 스트레스 관리

### 3.2.1 조직 차원의 문제 중심적 관리방법

조직 차원에서 직원들의 스트레스를 줄이기 위하여 시행할 수 있는 방안으로는 직무 재설계, 직무순환, 고용보장, 유연적 작업 스케줄, 직무 공유, 종업원을 위한 편의시설 제공 등이 있다.

**직무 재설계와 직무순환** 만일 종업원이 역할 갈등이나 모호성, 과도한 작업량 등으로 스트레스를 받는다면 직무를 재설계하거나 작업 환경을 개선함으로써 스트레스를 경감시킬 수 있다. 예를 들어 직무 수행에 있어 자율권을 부여하는 것은 역할 갈등을 줄일 수 있으며, 피드백을 제공함으로써 역할 모호성을 줄일 수 있다. 과도한 작업량으로 인한 스트레스는 작업량을 적절하게 조절함으로써 줄일 수 있으며, 너무 사소한 일을 맡고 있어 스트레스를 받는 경우라면 직무와 관련하여 높은 기술 수준을 요구하는 과업이나 의미 있는 과업을 맡김으로서 이를 줄일 수 있다. 만일 직무 재설계가 불가능하다면 종업원들에게 정기적으로 다양한 직무를 경험하게 하는 직무순환 제도를 실시함으로써 이들의 스트레스를 관리할 수 있다.

**불확실성의 감소** 직장생활 중 종업원들은 종종 어떻게 과업을 수행해야 할지, 목표와 기대 간의 갈등을 어떻게 처리해야 할지, 그리고 서로 모순되는 과업들을 어떻게 처리해야 할지에 대한 불확실성으로 인하여 스트레스를 받는다. 만일 종업원들이 회사가 무엇을 원하는지, 회사가 원하는 목표 수준이 어느 정도인지에 대해 불확실하게 알고 있다면 이는 스트레스의 원인이 된다.

이러한 불확실성을 줄이는 방안 중 하나는 종업원들이 그들의 직무 수행에 영향을 미치는 의사결정 과정에 참여하게 하는 것이다. 의사결정 과정에의 참여를 통해 종업원들은 회사의 변화방향과 이에 어떻게 적응해야 할지에 대한 정보를 얻을 수 있다. 또한 불확실성을 줄일 수 있는 방안으로서 조직 전반적으로 의사소통을 활성화시키는 방안이 있다. 이를 통해 종업원들은 과업 현장에서 발생하는 정보가 무엇을 의미하는지 정확히 알 수 있기 때문에 의사소통의 불확실성 때문에 생기는 불필요한 오해로 인한 스트레스를 줄일 수 있다.

**고용보장** 기업 차원에서 가능하다면 종업원들에게 고용을 보장해 주고, 이를 통해 회사가 자신들을 후원하고 있다는 신뢰를 형성하는 것은 종업원들의 스트레스를 줄이는 효과적인 방안이다. 물론 오늘날과 같이 치열한 경쟁 상황 속에서 기업이 종업원들의 고용을 보장해 주는 것은 어려운 일이다. 따라서 종업원을 해고해야 할 때에도 회사가 종업원들에게 정직하게 확실한 정보를 제공하고, 해고 사실을 미리 알림으로서 이들이 다른 대안을 찾거나 정신적으로 충격에 대비를 할 시간을 마련해 주어야 한다.

**종업원 편의시설 제공** 회사 차원에서 종업원들의 생활 측면을 후원해 줄 수 있는 시설들을 마련하는 것은 이들의 일과 생활의 불균형으로 인하여 초래되는 스트레스를 줄여주는 효과적인 방안이 된다. 예를 들어 사내에 보육시설을 마련하는 것은 어린 자녀를 둔 부모의 역할과 직장인으로서 역할 간의 갈등에 시달리는 종업원들의 스트레스를 줄여준다. 실제 직장 내 보육시설에 자녀를 맡긴 종업원들은 같은 건물 안에 자녀가 있기 때문에 안심할 수 있으며, 출근시간부터 퇴근시간까지 운영되기 때문에 과업수행에 지장을 주지 않는다는 점 때문에 이를 반기고 있다.

**유연적 작업스케줄과 직무 공유** 유연적 작업스케줄은 특히 일과 개인 생활 간의 불균형으로 인해 초래되는 스트레스를 줄이는 데 효과가 있다. 예를 들어 유연적으로 작업 스케줄을 운영함으로써 아픈 자녀나 부모님을 돌봐야 하는 종업원들에게 시간을 내어줄 수 있다. 직무공유란 한 가지 직무를 여러 직원이 번갈아가며 담당하도록 하는 것을 말한다. 예를 들어 한 직원은 오전 시간에, 다음 직원은 오후 시간에 직무를 담당하는 식으로 직무공유를 운영할 수 있다. 이러한 직무공유를 통해 가정생활을 돌봐야 하는 종업원들에게 도움을 줄 수 있다. 하지만 이러한 직무공유는 직무를 공유하고 있는 종업원들 간의 의사소통이 잘 이루어지고, 기업의 입장과 종업원원의 입장 모두에 대한 이해가 있어야 효과적으로 이루어질 수 있다.

### 3.2.2 조직 차원의 감정 중심적 관리방법

기업은 사내에 사원복지시설을 운영, 조직후원 인식의 증진, 근로자 원조 프로그램, 안식년 · 휴가 제공 등을 통해 종업원들의 감정과 정서를 관리하여 스트레스를 줄일 수 있다.

**사원복지시설** 많은 회사들이 종업원들이 회사 내에서 편리하게 이용할 수 있는 시설들을 운영하고 있다. 예를 들어 사내에 운동 시설을 운영함으로서 직원들이 편리하게 운동을 할 수 있게 하며, 자전거 출근자들을 위하여 샤워실을 제공하는 등이 그것이다. 기업은 이러한 시설들을 운영함으로써 종업원들이 업무에서 받는 스트레스를 해소하여 직장생활을 효율성을 높일 수 있도록 돕고 있다.

**조직후원** 조직후원(organizational support)이란 조직이 얼마나 직원들의 행복을 위하고 있으며, 이들의 요청에 귀를 기울이고, 문제가 발생했을 때에 이들을 도와주려 하는지, 그리고 직원들을 공정하게 대하고 있는지를 의미한다.[28] 종업원들은 회사가 자신들을 돌보고 있다는 것을 알고 느낄수록 정서적 · 감정적으로 스트레스가 줄어들게 된다.[29] 연구에 의하면 조직이 자신들을 후원하고 있다고 인식하고 있는 간호사들은 병원에서 AIDS 환자들을 돌보는 업무를 맡았을 때 스트레스를 덜 받았다.[30] 또한 종업원들이 조직이 후원하고 있다는 인식을 높게 할수록 해고나 다운사이징으로 인하여 유발되는 감정적 · 정서적 스트레스를 덜 받게 된다.

**근로자 원조 프로그램** 근로자 원조 프로그램(Employee Assistance Programs: EAPs)이란 회사가 종업원들에게 스트레스를 관리할 수 있도록 전문적 도움을 제공하는 프로그램을 말한다. IBM이나 General Motors 등의 많은 회사에서 이 프로그램을 운용하고 있다. 예를 들어 직원들에게 무료로 심리상담가에게 상담을 받을 기회를 제공하거나, 알코올 중독, 가족문제 등과 같은 심각한 문제들에 직면한 직원들에게 전문 상담을 제공하는 것이 그것이다. 이러한 근로자 원조 프로그램이 효과를 거두기 위해서는 무엇보다도 개인적인 문제를 가지고 상담을 요청한 직원들이 이로 인해 그들의 회사생활이나 경력에 부정적 영향을 받지 않도록 회사 차원에서 기밀을 보장해 주어야 한다. 직원들이 건강한 라이프스타일을 유지할 수 있도록 격려하는 프로그램 역시 근로자 원조 프로그램의 하나이다. 예를 들어 Du Pont사의 경우 점심시간이나 퇴근 시간 이후 4주~10주 정도 소요되는 EAPs를 운영하는데, 금연, 체중조절 등의 내용을 다루어 직원들이 건강한 라이프스타일을 가질 수 있도록 도와주고 있다.[31]

**안식년, 휴가 제공** 종업원들에게 휴가나 안식년을 제공하는 것은 업무로 인한 스트레스에서 벗어나게 함으로써 이들의 감정과 정서를 조절할 수 있도록 도와준다. 정기적으로 종업원들에게 휴가를 제공한다든가 일정한 기간 동안 일한 뒤 일 년간 과업에서 벗어나 재충전의 시간을 주는 안식년 제도 등은 종업원들이 과업 현장에서 느끼는 긴장감에서 벗어나게 하여 스트레스를 완화시키고, 새로운 자기 개발의 시간을 제공한다는 점에서 오히려 과업 효율성이 높아질 수 있다.

지금까지 개인적, 조직적 차원에서 스트레스를 관리하는 방안으로서 문제 중심적 방법과 감정 중심적 방법을 살펴보았다. 사람들은 보통 이 두 가지 방법을 모두 사용하여 스트레스에 대처한다. 이러한 스트레스 관리 방법을 성공적으로 수행한다면 많은 스트레스를 경험하지 않고도 기회나 위협들에 효과적으로 대처할 수 있다. 특히 조직 차원에서 직원들의 스트레스를 사전에 관리하는 방안들을 시행한다면 직원들이 과도한 스트레스를 경험하지 않고도 효율적으로 과업에 집중할 수 있도록 도와줄 수 있다.

## 4. 일과 삶의 균형

앞서 살펴본 바와 같이 개인과 일 간의 관계, 그리고 일과 가정 간의 관계가 스트레스의 원인이다. 개인과 일간의 적합성을 통해 스트레스를 관리하고 개인의 직무만족과 생산성을 증대시키고자 다양한 직무설계 방식이 제시되었다. 여러 가지 직무설계 중에서도 특히 개인과 일의 균형을 통해 직장생활의 질을 높이고자 하는 것이 Q.W.L. 접근법을 통한 직무설계 방식이다.

Q.W.L.(Quality of Working Life)은 1950년대 Trist가 제시한 사회 기술적 접근법에 의해 노동소외문제를 해결하고 근로자 중심의 사고를 바탕으로, 일과 그리고 관련된 기술이 근로자의 사회적, 심리적 특성을 중심으로 설계되어야 한다는 주장이다. 초창기에는 노동생활의 질과 관련된 문제해결에만 초점을 두었으나 이후 노동자의 의사결정 참여 단계로까지 확대되었다. 특히 작업설계, 작업환경 개선, 그리고 성과와 보상의 연계 등의 의사결정에 적극 참여하는 것으로 이어졌다.

직장생활의 질 향상을 위해서는 우선 개인과 일 사이의 적합성이 이루어져야 한다. 개인과 일 사이에 적합성이 이루어지지 않으면 개인은 직무에 대한 보람을 느끼지 못하고 이는 스트레스의 주된 요인으로 작용하게 된다. 작업환경도 개선되어야 한다. 물리적 작업 환경의 개선뿐만 아니라 근무방식, 업무수행 방식 등에 이르기까지 일하는

그림 10-3
스트레스 관리와 삶의 질

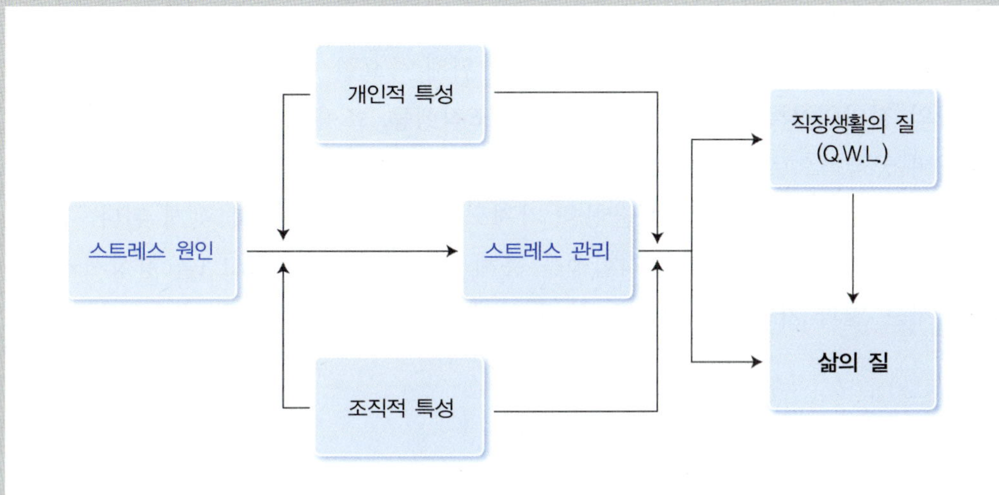


여건이 개선되어야 한다. 이를 통해 개인의 욕구나 목표, 그리고 특성등과 일이 조화를 이루고 있다는 근로자의 인식이 중요하다.

다음으로는 직무성과에 대한 보람을 느낄 수 있어야 한다. 일과 개인 간의 적합성을 통해 직무 가치를 높게 인식하고 직무성과를 통해 성취감을 맛볼 수 있어야 종업원의 직무만족도도 증가되어 일하는 보람을 느낄 수가 있다. 직무성과에 따른 보상도 적당하게 그리고 공정하게 이루어져야 한다. 금전적 보상뿐만 아니라 내재적인 보상과 자기보상이 이루어질 수 있어야 한다. 더 나가서는 이런 과정과 관련된 의사결정 과정에 종업원들이 참여하여 참여적 경영이 이루어져야 수준 높은 Q.W.L.이 이루어진다.

Walton은 Q.W.L.의 성공적인 정착을 위해서 다음과 같은 8가지의 내용들을 제시하였다.[32]

① 적절하고 공정한 보상
② 안전하고 좋은 작업환경
③ 종업원 역량개발
④ 성장과 안정
⑤ 개인과 조직의 조화를 통한 사회적 통합
⑥ 종업원 권리보호에 대한 제도적 장치
⑦ 일과 삶의 균형
⑧ 소속 조직의 사회적 책임

직장생활의 질을 향상시키기 위한 선행 요인들은 모두 스트레스가 관련된 요인들이기도 하다. 개인적인 특성, 일과 개인의 적합성, 경력개발 욕구, 직무몰입, 조직몰입 등의 요소들은 직장생활의 질을 향상시키기 위해 중요한 선행 요인들이다. 그리고 직장생활의 질의 향상은 직무만족, 바람직한 조직행동, 조직성과와 유효성 등의 결과를 초래하며 궁극적으로 종업원의 삶의 의미와 삶의 질을 높이는 역할을 하게 된다. 따라서 스트레스 관리는 일과 삶의 균형을 가져오는데 중요한 의미를 갖게 된다. 결국 스트레스 관리는 일과 개인 간의 적합성을 통해 직장생활의 질(Q.W.L.)을 향상시키고, 더 나아가서는 일과 가정과의 균형을 통해 삶의 질을 높이는 결과를 가져오게 된다.

## 주석(endnote)


1 Lazarus, R. S. (1966). *Psychological Stress and Coping Processes*. New York: McGraw-Hill.

2 Burke, M. J., Brief, A. P., & George, J. M. (1993). The role of negative affectivity in understanding relations between self-reports of stressors and strains: A comment on the applied psychology literature. *Journal of Applied Psychology*, 78, 402~412.

3 Watson, D., & Tellegen, A. (1985). Toward a consensual structure of mood. *Psychological Bulletin*, 98, 219~235.

4 Maslach, C. (1982). *Burnout: The cost of caring*. Upper saddle river, NJ: Prentice Hall.

5 Lee, R. T., & Ashforth, B. E. (1990). On the meaning of maslach's three dimensions of burnout. *Journal of Applied Psychology*, 75, 743~747.

6 Karasek Jr, R. A. (1979). Job demands, job decision latitude, and mental strain: Implications for job redesign. *Administrative Science Quarterly*, 285~308.

7 George, J. M., & Jones, G. R. (2008). *Understanding and Managing Organizational Behavior* (5th ed.). New York: Prentice Hall.

8 George, J. M., & Jones, G. R. (2008). *ibid.*

9 George, J. M., & Jones, G. R. (2008). *ibid.*

10 George, J. M., & Brief, A. P. (1992). Feeling good-doing good: a conceptual analysis of the mood at work-organizational spontaneity relationship. *Psychological Bulletin*, 112(2), 310.

11 Holmes, T. H., & Masuda, M. (1974). Life change and illness susceptibility. In B. S. Dohrenwend & B. P. Dohrenwend (Eds.), *Stressful Life Events: Their nature and effects* (45~72). New York: Wiley.

12 Kahn, R. L., & Byosiere, P. (1992). Stress in organizations. In M. D Dunnette & L. M. Hough (Eds.), *Handbook of Industrial and Organizational Psychology*, 2nd Ed., vol.3 (571~650), Palo Alto, CA: Consulting Psychologists Press.

13 Saks, A. M., & Ashforth, B. E. (1996). Proactive socialization and behavioral self-management. *Journal of Vocational Behavior*, 48(3), 301~323.

14 Kahn, R. L., & Byosiere, P. (1992). Stress in organizations. In M. D Dunnette & L. M. Hough (Eds.), *Handbook of Industrial and Organizational Psychology*, 2nd Ed., vol.3 (571~650). Palo Alto, CA: Consulting Psychologists Press.

15 Manning, M. R., Jackson, C. N., & Fusilier, M. R. (1996). Occupational stress, social support, and the costs of health care. *Academy of Management Journal*, 39(3), 738~750.

16 DeFrank, R. S., Konopaske, R., & Ivancevich, J. M. (2000). Executive travel stress: Perils of the road warrior. *The Academy of Management Executive*, 14(2), 58~71.

17 Luthans, F. (2005). *Organizational Behavior* (10th ed.). McGraw-Hill.

18 Cole, Y. (2003). *Work-life in a down economy: Morale boost or revenue flush*. Diversity Inc.

19 Greenhaus, J. H., & Beutell, N. J. (1985). Sources of conflict between work and family roles. *Academy of Management Review*, 10(1), 76~88.

20 한경혜 · 장미나. (2009). 기혼남녀 근로자의 일 · 가족 균형과 관련요인. ≪가족과 문화≫, 21(1), 85~115.

21 Ference, T. P., Stoner, J. A. F., & Warren, E. K. (1977). Managing the career plateau. *Academy of Management Review*, 2, 602~612.

22 Abdelnor, B. T., & Hall, D. T. (1981). *Career Development of Established Employees*. New York: Center for research in career development, Columbia university.

23 Lakein, A. (1984). *How to Get Control of Your Time and Your Life*. New York: Peter H. Wyden.

24 Shellenbarger, S. (2003). Multitasking makes you stupid: Studies show pitfalls of doing too much at once. *Wall Street Journal*, February 27.

25 French, W. L., & Bell, C. H. (1973). *Organization Development: Behavioral Science Interventions for Organization Improvement*. Englewood Cliffs, NJ: Prentice-Hall.

26 Forster, S. (2003). Companies say yoga isnt's a stretch: Physical, emotional benefits are praised as more firms look to cut health costs. *Wall Street Journal*, October 14.

27 Cohen, S., & Wills, T. A. (1985). Stress, social support, and the buffering hypothesis. *Psychological Bulletin*, 98(2), 310.

28 Eisenberger, R., Fasolo, P., & Davis-LaMastro, V. (1990). Perceived organizational support and employee diligence, commitment, and innovation. *Journal of Applied Psychology*, 75(1), 51.

29 Sull, D. N. (2003). Managing by commitments. *Harvard Business Review*, June, 82~91.

30 George, J. M., Reed, T. F., Colin, B. J., & Fielding, J. (1996). Contact with AIDS patients as a source of work-related distress: Effects of organizational and social support. *Academy of Management Journal*, 35, 157~171.

31 U.S. Department of Health and Human Service. (1992). *National Survey of Worksite Health Promotion Activities: A summary report*. Washington, DC: U. S. Department of Health and Human Services.

32 Walton, R. E. (1974). Improving the quality of working life. *Harvard Business Review*. May-June.

PART 03

# 집단수준 조직행동

CHAPTER 11

# 집단구조와 집단행동

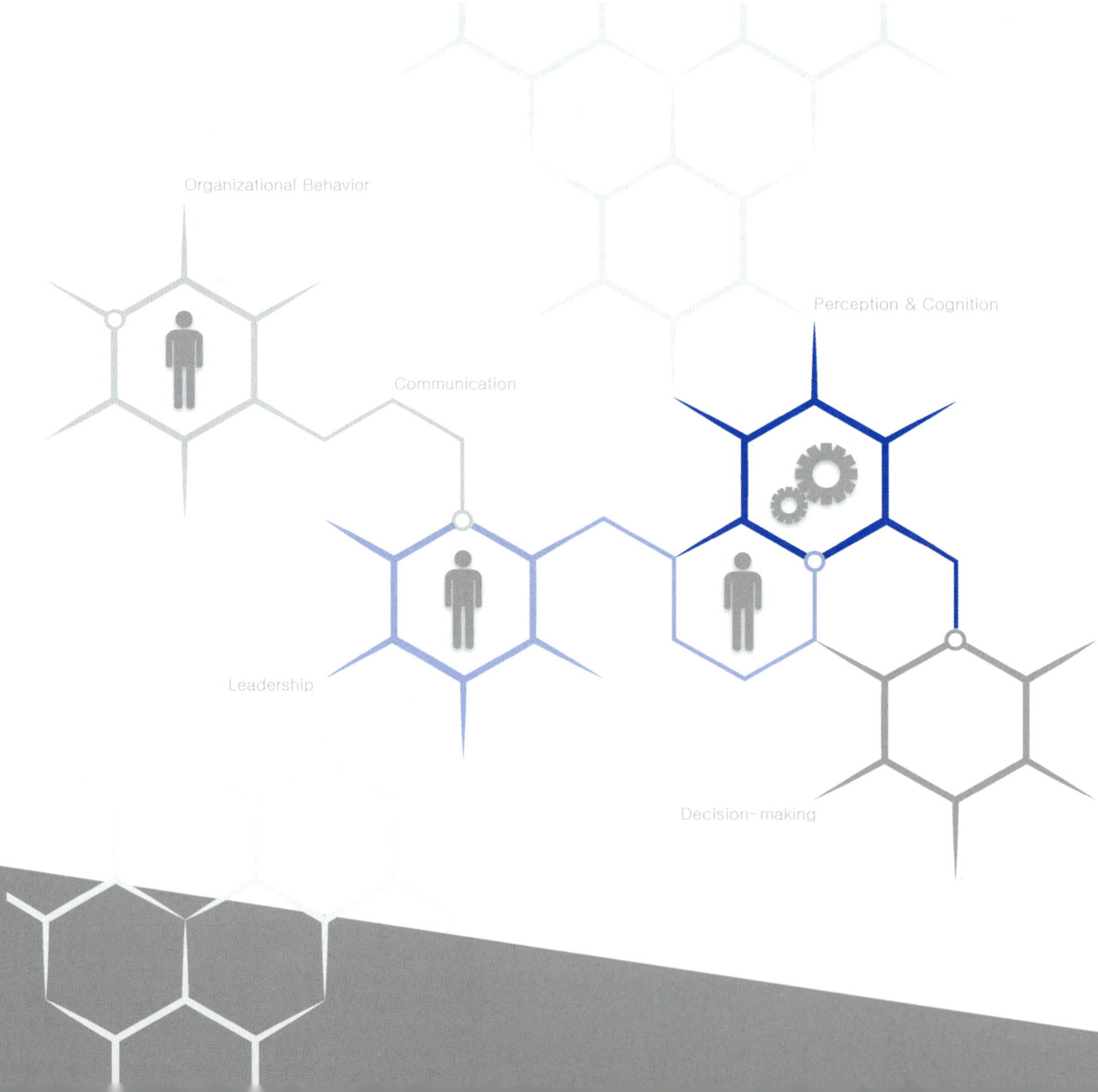

## 들어가기

집단행동은 단순히 집단구성원들 각각 행동의 집합이 아니다. 집단이 지니는 구조적 특성과 과정적 특성이 있기 때문이다. 각 구성원들의 집합체로서 나타나는 집단행동은 조직내에서 가장 가시적으로 실현되고 관찰될 수 있는 부분이며, 이는 집단의 성과와 조직성과에 직결되어 있다.

따라서 본 장에서는 집단의 형성과 발전단계 집단의 구조적 특성을 중심으로 집단행동을 이해하고자 한다. 집단의 특수한 형태로 최근에 팀제를 도입 실시하고 있는 조직이 많은데, 이에 대해서는 다음 장에서 별도로 다룬다.

집단(group)은 조직 행동연구에 있어서 중요한 사회적, 사회심리학적인 분석의 단위로서 인식되어 왔다.[1] 집단연구는 특히 그 역동성 분석에 초점을 맞추어 왔는데, 집단 역동성(group dynamics)이란 사회적 상황에서 발생하는 집단 구성원들 간의 상호작용과 영향력을 말한다. 조직행동 분야에서 연구되고 있는 집단 역동성은 조직의 공식적 · 비공식적인 과업 집단과 팀 구성원들의 역동성에 초점을 맞추어 팀제의 운용이 조직에서 활성화되어 왔다.

초기에 과업집단과 팀제는 도요타, 모토로라, General Mill, General Electric과 같은 거대기업에서 활용되었다. 하지만 최근에는 제조업뿐만 아니라 서비스업에서도 과업집단과 팀제가 광범위하게 이용되고 있으며, 집단의 연구와 그 적용에 대한 연구가 활발히 진행되고 있다.

집단을 둘러싼 사회적 환경은 끊임없이 변화하고 있다. 예를 들어 집단생활보다는 개인적인 욕구와 성취를 중요시하는 성향이 강한 집단이나 팀의 구성원이 많은 경우 집단행동을 관리하기란 쉽지 않다. 따라서 기업에서는 집단 구성원들의 협동을 증진시키기 위한 해결책으로써 집단수준에서의 보상이나 성과측정 방안을 마련하여 생산성을 높이기 위해 고심하고 있다. 본 장에서는 집단과 팀의 특징, 그리고 그 역동성에 관하여 살펴보도록 한다.

# 1. 집단의 특성

## 1.1 집단의 개념

사회생활을 하는 우리 모두는 각기 학교 집단이나 작업 집단. 가족 집단, 종교 집단 등에 속하여 집단 구성원으로서 행동을 하게 된다. 일반적으로 집단은 크게 두 가지 모습으로 나눌 수 있다. 하나는 대형 할인 매장에서 물건 값을 지불하기 위해 출납원 앞에 줄지어 있는 사람들의 집단처럼, 앞뒤로 서 있는 사람들 간에 서로 친밀감이라든지 상호 작용을 하는 모습을 찾아보기는 힘든 형태이다. 단지 물건 값을 지불하고자 하는 공통된 목적만이 이들을 줄지어 서 있게 만든 것이다. 또 다른 형태는 기업의 팀장회의와 같이 모든 팀장들이 회사의 당해 년도 목표를 달성하고자 서로 간에 토론하는 상호 작용을 하는 모습이다. 이들은 비교적 안정된 구조를 가진 집단의 구성원으로서 자격을 가지고 있다.

비록 일상생활에서는 이 두 집합을 분리하지 않고 '집단'이라 칭하고 있기는 하지만, 전자의 예와 같은 집합은 우리가 이 장에서 다루려 하는 '집단'이라 할 수 없다. 집단이라는 것은 단순히 사람들의 집합체가 아니며 서로간의 상호 작용을 통해 공통의 목적을 달성하고자 노력하며, 비교적 안정된 구조 속에서 서로간의 관계를 지속시키고 소속감을 느끼는 2인 이상의 사람들의 집합이라야 한다.[2] 이러한 집단의 주요한 특징을 네 가지로 구분하여 살펴보면 다음과 같다.

집단의 가장 두드러진 특성 중 첫 번째는 2인 이상의 구성원 간의 사회적 상호 작용이며, 이는 집단 구성원 상호 간에 서로 일정한 영향을 미치며, 상호 작용의 당사자들은 보통 언어(의사의 교환)나 비언어(서로간의 미소의 교환 등)로 서로에게 영향을 미치게 된다.

둘째, 집단은 안정된 구조를 가지고 있어야 한다는 특징을 지닌다. 비록 집단은 시간의 진행이나 목표의 변경 등으로 인하여 다소간의 변화 가능성을 지니고 있을지라도 집단 구성원들을 하나로 묶고 하나의 단위로 행동할 수 있게끔 하기 위한 '안정된 구조'를 지니고 있다. 구성원이 시간에 따라 끊임없이 변화하는 고속버스 대합실에 모인 사람들의 집합은 이러한 의미에서 집단이 될 수 없다. 집단이 되기 위해서는 이보다 더 높은 수준의 안정성이 요구된다.

셋째, 집합 내의 모든 구성원들이 공통의 관심과 목적을 지니고 있어야 한다는 것이다. 예를 들면, 우표 수집가들의 모임은 구성원 상호간의 동일한 관심을 기초로 하여 조직된 집단일 것이다. 어떤 집단은 집단을 통해서 구성원 상호간의 공통의 관심과 목적을 더 쉽게 달성할 수 있을 것이라는 기대 하에 구성되기도 한다.

집단의 마지막 특성은 집단에 속한 사람들 자신이 집단의 일원이라는 자각이 있어야 한다는 것이다. 집단은 자신들이 집단의 구성원이라 여기는 사람들의 집합체이며 또한 이러한 자각을 지닌 사람들[구성원]과 그렇지 않은 사람들[비구성원] 간의 구분이 가능하다. 예를 들면 기업의 재무부서나 취미 집단인 체스 클럽에서는 누가 그 집단의 구성원이고 구성원이 아닌지의 구분이 명확하다. 하지만 상점에서 계산대 앞에 줄지어 서 있는 구매자들은 자신들을 집단의 일원으로 간주하지는 않는다. 비록 그들이 육체적으로 가깝게 서 있고 몇 마디 대화를 나누기도 하지만 돈을 지불해야 한다는 목적 이외에 특별한 목표를 공유하고 있지도 못하기 때문에 그 줄에 서 있는 사람들과 다른 사람들을 구분하거나 동일시하지 않는다.

## 1.2 집단 역동성

집단 내에서 일어나는 과정들은 다음과 같은 여러 가지들이 있다.

- 사회적 상호작용의 장(場)을 제공하는 집단의 역량
- 집단 구성원의 행위에 영향을 미치는 집단 구조의 영향력
- 집단의 크기에 따른 집단 다양성
- 목표 성취를 위한 견인차로서의 집단의 유용성
- 집단이 응집력을 가지게 되는 과정
- 시간의 흐름에 따른 집단의 변화

Lewin은 이러한 집단 내 과정들을 표현하기 위하여 "역동성(dynamics)"이라는 단어를 사용하였다. Lewin이 사용한 "역동성(dynamics)"이라는 단어에는 집단의 영향력이 강력하고, 집단의 활동이 적극적 · 유동적이며, 집단의 작용이 새로운 변화를 일으키는 촉매제의 역할을 할 수 있다는 의미가 포함되어 있다.

또한 "집단 역동성(group dynamics)"은 집단 내에서 발생하는 역동적인 과정뿐 아니라 이 과정에서 나타나는 인간 행위와 동시에 인간들이 이루는 집단에 대한 과학적인 연구가 가능하다는 것이다. Cartwright와 Zander는 집단 역동성을 '집단의 특징과 집단의 발전, 그리고 집단과 개인, 집단과 집단, 집단과 더 큰 기관들 간의 상호관계의 법칙에 대한 지식을 탐구하는 영역'이라 하였다.[3] Cartwright와 Zander는 그들의 연구에서 집단 역동성이 아닌 것들을 지적하였는데, 예를 들어 심리적인 행복감이 소집단의 참여를 통해 증진될 수 있다고 주장하는 임상학적관점은 집단 역동성이 아니다. 또한 개인이 사회적 상호작용을 원만하게 할 수 있게 하는 지침이나 특정 규칙들만으로는 집단 역동성이 될 수 없다. 또한 집단의 성과나 운영방법 등에 대한 좌우명들의 엉성한 집합은 집단 역동성이 아니다. 집단 역동성 연구에서는 집단의 다양한 측면에 대해 이론을 구축하고 이러한 이론의 실증을 통해 집단 역동성을 과학적으로 분석하려 시도한다.

집단 역동성 연구는 크게 사회학과 심리학 분야에서 이루어져왔다. 사회학적인 관점에서는 사람들이 이루는 집단 그 자체와 이러한 집단이 어떻게 사회의 구성원이나 다른 집단으로부터 영향을 받고 또 영향을 미치는지에 대해 초점을 맞추었다. 한편 심리학에서는 홀로일 때보다는 집단을 이룸으로써 발생하게 되는 개인의 사상, 행위, 감정 등의 연구에 초점을 맞추었다.

Steiner는 집단 역동성 연구의 역사에 대한 분석에서 사회학자와 심리학자가 거의 동시에 집단 역동성에 대해 발견했다고 언급하고 있다.[4] 먼저 사회학에서의 집단 역동성의 연구는 1800년대 후반 초기 사회학자들이 "사회는 사람들 간의 기본적인 결속(solidarity)에 기반한다"고 언급한 데서 출발한다.[5] 예를 들어 Durkheim은 사회적 삶은 일차적 집단(primary groups) 안에서의 인간관계에 기반하며, 사회와 문화를 지탱하고 있는 프로세스를 이해하기 위해서는 집단을 이해해야 한다고 주장하였다.[6]

이러한 일련의 연구들은 개인을 이해하기 위해서는 개인이 집단에 의해 어떠한 영향을 받는지에 대해 설명할 수 있어야 한다는 것을 말해주고 있다.

그 밖에도 집단에 관한 연구는 다른 많은 영역에서 응용되었다. 그 중에서도 경영학에서는 과업 환경에서 집단이 조직의 효과성에 기여하는 관점에서 연구되어 왔다.

# 2. 집단 형성과 발전

## 2.1 집단 형성

사람들이 집단을 형성하고 집단에 참여하게 되는 이유로는 경제적 욕구, 심리적 욕구, 안전의 욕구, 사회적 욕구 등이 있다.[7]

**경제적 욕구** 집단은 개별적으로 행동하는 것보다 조직화된 환경에서 더 많은 경제적 효익이 발생할 것이라 판단될 때 사람들에 의해 조직되는 경향이 있다. 예를 들어 기업에서 경영층의 압력에 대응하기 위하여 노동조합이라는 집단을 형성하는 것이나 경영층에서도 자신들의 급여 결정에 단일한 목소리를 내기 위하여 집단을 형성하는 것은 개별적으로 행동할 때보다 집단화된 행동으로 더 많은 경제적 효익을 창출할 수 있기 때문이다.

**심리적 욕구** Freud는 그의 저서[8]에서 인간은 집단의 구성원이 됨으로써 기본적인 심리적 욕구를 만족시킬 수 있다고 하였다. 대부분의 인간들은 어린 시절 가족이라는 집단 안에서 이러한 욕구를 경험하며, 이 가족 집단 안에서 아이는 소속감, 위험으로부터의 보호감을 느낌으로써 심리적 만족감을 얻게 된다. 또한 Freud는 인간이 성인이 되어서는 무의식중에 가족 집단을 대체하기 위한 수단으로서 집단을 이용한다고 언급하였다.

**안전의 욕구** 대부분의 사람들은 다른 사람들이 자기와 동일한 문제를 가지고 있거나 동일한 이슈에 관심이나 소망을 가지고 있다고 판단할 때 이러한 문제나 이슈에 대해 동기 유발이 되거나 최소한 그러한 생각을 하고 있다는 것에 대해 안심한다고 한다. 다시 말해 혼자서는 자신의 판단이 잘못되었거나 보편적인 판단에서 벗어난 판단일지 모른다는 두려움을 가질 수 있다. 그러나 일단 그 자신의 문제나 관심이 다른 사람들과 공유된다고 판단되는 상황에서는 자신의 판단과 결심이 강화됨을 느끼며 자신 있게 이를 행위로 옮길 수 있게 된다.

**사회적 욕구(social need)** 지금 종이와 펜을 꺼내어 자신의 가장 친한 친구 열 사람의 이름을 순서대로 나열해 보자. 그리고 나서 이 리스트 중에서 자신과 함께 일하고 있는 사람이나 일한 적이 있는 사람들의 이름에 표시를 해보자. 이름이 적힌 대부분의 사람들이 자신의 주변에서 함께 일하는 사람들일 것이다.

현업에서 퇴직한 사람들을 대상으로 하여 질문해 보면, 그들 중 대부분은 그들의 작업 환경이나 작업 성격, 상사와의 관계가 아니라 작업장 내 동료들과의 관계를 다른 것들보다 더 많이 그리워하고 있다.

인간은 사회적 동물이며, 매일 많은 시간을 자신과 다른 사람이 속한 집단 내에서 생활한다. 또한 대부분의 사람들은 친구를 가장 많이 그리워하며 원하고 있다.

이와 같은 이유들에 의해 사람들은 집단을 형성하고 또 집단에 참여하게 된다. 사회심리학에서는 집단 형성을 설명하기 위한 이론들을 발전시켜 왔는데, 가장 기초적인 이론으로서 근접성 이론(propinquity theory)이 있다. 이는 단순히 공간적 · 지역적으로 가까이 있기 때문에 사람들이 서로간의 연합을 맺는다는 것이다. 이 이론에 의하면, 같은 학급에서 바로 옆에 앉은 학생들은 교실의 양쪽 끝에 각각 앉은 학생들보다 집단을 형성하기 쉬우며, 같은 공장이나 사무실에서 일하는 조직구성원들이 물리적으로 멀리 떨어져 있는 구성원들보다 집단을 구성하기 쉽다. 이 이론은 실증 연구들에 의해 뒷받침되고 있으며, 표면상으로는 집단 형성의 이유를 설명하는데 있어 커다란 장점을 가지고 있다. 하지만 이 이론은 집단 형성의 복잡성을 설명하지 못하며, 최근의 세계

그림 11-1
집단 형성의 균형이론

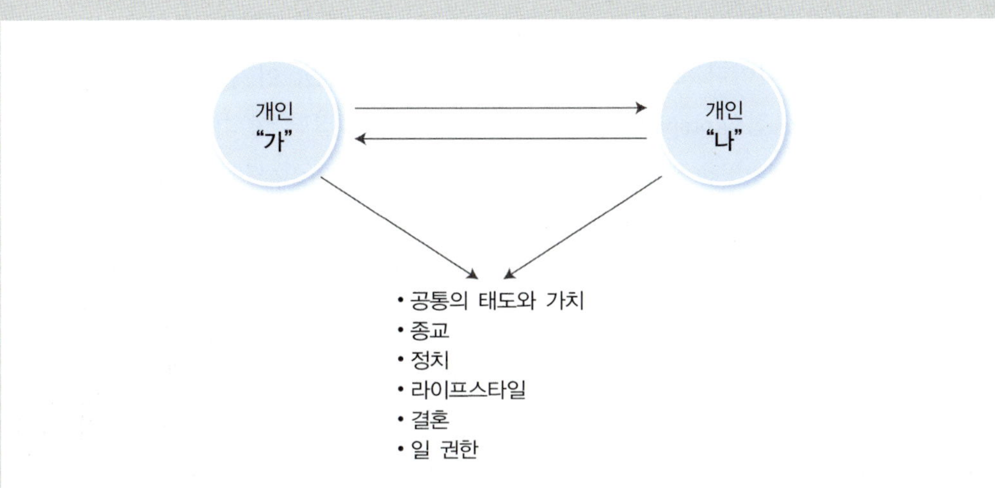


자료 : Luthans, F.(2008), p.308.

화경향, 전자 통신의 발전이 공간적 · 지역적 한계를 극복하고 있는 현상을 설명하지 못한다는 단점이 있다.

좀 더 포괄적으로 집단 형성의 이유를 설명하는 이론으로는 활동과 상호작용, 그리고 정서에 기반한 Homans의 고전적 이론이 있다.[9] 이 세 가지 요소들은 서로간에 직접적으로 관계를 가지고 있다. 사람들이 같은 활동을 할수록 서로간의 상호작용이 많아지고 그들의 정서(sentiments: 다른 사람들이 자신과 얼마나 비슷한지 또는 다른지)가 강해질 것이다. 또한 사람들 사이의 상호작용이 많아질수록 공유된 활동과 정서가 증대되며, 다른 사람에 대한 정서가 강해질수록 공유된 활동과 상호작용이 증대될 것이다. 이 이론은 집단 형성과 그 과정의 이해에 크게 기여하였다. 이 이론에서 가장 중요한 요소는 상호작용으로서, 집단 내에 있는 사람들은 단지 물리적으로 가깝기 때문에[근접성] 또는 먼 거리에서는 전자 통신을 이용해 상호작용하는 것이 아니라, 서로간의 협동과 문제해결을 통해 집단의 목표를 성취하기 위해 상호작용하는 것이다.

가장 포괄적인 이론 중 하나는 Newcomb의 균형 이론(balance theory)이 있다.[10] 이 이론에 의하면 공통의 관련 목표와 주제에 대해 유사한 태도를 가진 사람들이 서로 집단을 형성하게 된다. 〈그림 11-1〉은 균형 이론을 도식화한 것이다.

그림에서 살펴보면, 개인 "가"는 개인 "나"와 상호작용하고 관계나 집단을 형성할 것이다. 왜냐하면 서로간의 공통의 태도와 가치들을 가지고 있기 때문이다. 일단 이 관계가 형성되면, 이 참가자들은 서로간의 유인과 공통적 태도 간의 균형을 유지하기 위하여 노력한다. 만일 이 둘 사이의 균형이 이루어지지 않으면 다시 균형을 찾기 위한 노력이 행해질 것이다. 또한 균형이 회복되지 않는다면, 이 관계는 해체될 것이다. 균형 이론에서는 근접성(propinquity)과 상호작용 모두가 집단 형성에 있어서 중요한 역할을 한다.

사회심리학에서의 또 다른 집단 형성이론으로는 사회적 교환 이론(social exchange theory)이 있다.[11] 이 이론에서는 사회적 상호작용을 경제 활동과 유사하게 보고 있다. 즉, 사업가가 투입되는 수익과 비용에 근거하여 새로운 사업에 대한 의사결정을 내리듯이 개인들 또한 그들 간의 관계에서 발생하는 보상과 비용에 근거하여 그 상호작용의 바람직성에 대한 의사결정을 내린다는 것이다. 개인들 간의 상호작용에서 발생하는 보상에는 그 관계로부터 제공되는 만족감이나 욕구충족 등이 포함되며, 비용에는 관계 때문에 느끼는 절망감이나 불만족감등이 포함된다. 일반적으로 사회적 교환 이론은 상호작용에 대한 개인들의 선호가 "미니맥스(minimax)" 원칙에 근거한다. 즉, 사람들은 집단이 자신에게 최대한의 보상을 제공하고 반면에 최소한의 비용을 제공할 때, 그 집단에 참여하게 될 것이다.[12]

## 2.2 집단의 발전단계

여러 이론들에서 언급하고 있는 일반적인 집단 발전의 단계를 살펴보면 다음과 같다.[13]

**형성 단계(Orientation, Forming)** 집단 발전 모델의 첫 번째 단계가 집단형성이며, 이 단계는 집단의 목표와 구조, 리더십의 불확실성 혹은 혼돈으로 특징 지워진다. 모든 집단의 활동은 집단 구성원들이 그들의 행동 상식이나 목표, 집단 내에서의 역할 등을 정의하고 습득하고자 노력하는 것에 중점을 두게 된다. 또한 구성원 간의 상호 작용의 양상도 다양한 모습으로 시험되어 때로는 기각되기도, 때로는 채택되기도 한다. 일반적으로 집단에 속한 사람들이 자신들을 집단의 일부로 이해하기 시작할 때 이 단계가 완성된다고 여겨진다.

이 기간 동안 구성원들은 서로 친숙해지고, 의사의 교류가 활성화되기 시작하며 점차적으로 집단의 목적에 대한 자신들의 기대를 공유하여야 하며, 집단의 규범을 파악하고자 노력한다. 또한 집단의 구성 목적을 이해하고 그에 따른 자신들의 역할을 파악하기 시작한다.

**갈등 단계(Conflict, Storming)** 이 단계에는 갈등이나 대결, 염려, 비판 등이 발생하게 되며, 집단 내에서 개인의 힘이나 영향력을 강화하기 위한 분쟁이 빈번하게 된다. 또한 구성원들의 감정적 측면이 강화되어 집단 구성원 간의 자원 배분이나 업무에 관련된 행위에 대한 의견 불일치, 책임의 소재 등에 대한 다툼 등이 수반된다. 갈등단계에서 특히 중요한 요소는 집단의 구체적인 과업이나 전반적인 목표를 재정의하는 것이다. 이 단계에서 집단 구성원들의 집단의 목표에 대한 도전은 만일 그러한 갈등이 종국에 집단에 더 큰 집단응집력(group cohesion)[14]을 가져오고 집단구성원들을 수용하는 결과를 낳게 된다면 오히려 집단 전체적인 면에서는 많은 도움이 될 것이다. 집단응집력(group cohesion)은 집단 구성원들과 집단을 연결하는 결속력의 강도, 집단의 단결(집단의식), 집단 구성원과 집단에 대한 매력, 집단 구성원들이 집단의 목표를 달성하기 위하여 그들의 노력을 결합시키는 정도를 말한다. 그러나 갈등이 점차 극단적으로 강화되고 역기능을 발생시킨다면 결국에 집단은 해체되거나 더 높은 단계의 집단 수준으로 발전하기 어려운 상태에 놓이게 된다.

**구조화 단계(Structure, Norming)** 갈등 단계가 갈등과 대결로 특징 지워지는 반면 구조화 단계는 협력과 협동으로 특징지워진다. 이 단계는 집단 응집성이 상당히 발달하는 시기이다. 집단 구성원 간에 정보 교환이 원활해지고 상대방과의 의견 차이가 서로간에 별다른 무리 없이 받아들여지며, 집단 구성원들이 서로간의 합의에 의해 설정한 집단 차원의 목표 달성을 위하여 적극적으로 노력한다. 이 단계에서는 또한 구성원들 간의 유인과 몰입이 점차 커지게 되며, 집단 정체성이 형성된다.

이 단계에서의 주된 논의는 과업이나 책임이 집단 구성원 간에 어떻게 분배되며 구성원들이 다른 사람의 성과에 대하여 어떻게 평가하는가 등에 관한 것이다. 또한 조직구성원 각각의 개인적인 차이가 인지되며 이렇게 인지된 개인의 기술이나 능력에 따라서 과업할당이 이루어진다. 만일 집단이 자신의 권한 분쟁을 해결할 능력을 소유하고 있다면 집단 응집력이 높아지게 되어 집단의 목표에 대한 실현 가능성이 증대하게 된다. 이 단계에서는 구성원은 종종 그들이 집단의 목표를 추구함에 있어서 성공할 수 있다는 자신감이 증대되고, 그들의 단기적 효과도 두드러지게 나타난다. 하지만 개인의 기대를 저버리는 상황이 발생하는 경우에는 집단의 장기적 효과성이 갈등의 해소와 구성원들의 기대감의 재형성에 있어서 중요한 역할을 하게 된다.

〈표 11-1〉 집단의 5가지 발전 단계

| 단계 | 주요 프로세스 | 특징 |
|---|---|---|
| 1. 형성 단계 | – 구성원들 간에 친밀감 형성<br>– 의존과 포용의 이슈<br>– 리더 수용과 집단 합일 | – 주저하는 태도<br>– 조심스러운 의사소통<br>– 모호성에 대한 고려<br>– 적극적 리더, 고분고분한 구성원들 |
| 2. 갈등 단계 | – 절차에 대한 불일치<br>– 불만족의 표출<br>– 구성원들 간의 긴장<br>– 리더와의 대립 | – 아이디어에 대한 비판<br>– 저조한 참석<br>– 적개심, 대립<br>– 연합의 형성 |
| 3. 구조화 단계 | – 응집성과 조화의 증대<br>– 역할, 기준, 관계의 설정<br>– 신뢰와 의사소통의 증대 | – 절차에 대한 합일<br>– 역할 모호성의 감소<br>– '우리'의식의 증대 |
| 4. 실행 단계 | – 목표 성취<br>– 높은 과업 중심성<br>– 성과와 생산성을 강조 | – 의사결정<br>– 문제해결<br>– 상호 협조 |
| 5. 해체 단계 | – 역할의 종료<br>– 과업의 완성<br>– 의존성의 감소 | – 분열과 철회<br>– 독립성과 감정의 증대<br>– 후회 |

자료 : Tuchman(1965).[15]

**실행 단계(Work, Performance)** 집단이 제 기능을 발휘하게 되는 집단 발전 단계 중 가장 성숙한 단계로서 이 단계에서는 집단의 구조가 정해지고 각 구성원의 역할이 이해되며 또한 무리 없이 수용되어진다. 집단 응집력이라든지 집단에 대한 몰입을 강하게 느끼는 시기이기도 하다. 개인 간의 차이는 그것이 구성원들에게 좋게 느껴지거나 나쁘게 느껴지거나 상관없이 집단 내부에 수용되며, 갈등은 집단 내에서 서로간의 의사 교환 등의 토론의 과정을 거쳐 해결된다. 여기서의 집단 토론은 합리적인 의사결정의 형태로 이루어지며 합의를 이루어내기 위한 어떠한 외부 압력이나 거짓된 만장일치의 모습을 띠지는 않는다. 집단의 구성원들은 집단의 프로세스를 인식하고 있으며 또한 집단 내에서의 그들의 참여의 범위 정도에 대하여서도 잘 알고 있다.

**해체 단계(Dissolution, Adjourning)** 해체 단계는 집단 활동의 종결을 위한 단계라 할 수 있다. 물론 많은 집단들은 영속성을 지니기 때문에 해체단계를 거치지 않기도 하지만, 위원회, 프로젝트 그룹, 태스크포스 등의 임시 집단에서는 이 단계가 집단의 해체를 의미하게 된다. 때때로 일부 집단은 의식적으로 해체를 결의하는 행위를 통하여 이러한 해체단계를 거치기도 한다. 이는 주로 집단이 과업을 완수하였거나 구성원들이 자신들의 독자적인 행보를 선택하였을 경우에 발생한다. 이 단계는 특히 구성원들 간에 집단을 이탈할 준비가 되었다는 느낌을 공유한다는 특징을 지닌다. 또한 이 단계는 집단의 성공적인 과업 수행으로 인한 긍정적인 감정으로 특징지워지거나, 목표 미달성에 대한 좌절감과 손상, 나아가 울분의 감정으로 특징지워질 수 있다. 조직 전체 차원에서의 규모축소, 합병, 파산 등으로 인하여 영속성을 지녀야 할 집단이 해체의 기로에 서는 경우가 후자의 예가 될 것이다.

이상의 각 단계별 주요 프로세스와 특징을 요약하면 앞의 〈표 11-1〉과 같다.

## 3. 집단의 유형

집단의 유형에는 다양한 종류가 있다. 집단 형성의 이론은 두 사람간이 유인에 기초하여 논의되지만, 실생활에서 집단은 두 사람간의 집단보다 훨씬 더 복잡한 양상을 보인다. 집단의 유형으로는 소규모, 대규모 집단이 있으며, 1차(primary) 집단과 2차(secondary) 집단, 연합(coalition), 멤버십 집단과 준거집단(reference groups), 내부집단과 외부집단, 공식집단과 비공식집단이 있다. 각각의 집단의 형태는 서로 다른 특징을 가지며, 집단 구성원에게 미치는 영향도 다르다.

### 3.1 1차 집단과 2차 집단

종종 소집단과 1차 집단(primary group)은 같은 의미로 쓰인다. 하지만 이 두 집단은 차이가 있다. 소집단은 규모에 있어서 소규모라는 조건을 만족시키는 집단이다. 즉, 구체적인 조직구성원의 수는 정해져 있지 않지만 구성원들 간의 직접 대면 상호작용과 의사소통이 충분히 일어날 수 있을 정도로 규모가 작아야 한다. 하지만 1차 집단은 소규모임과 동시에 구성원들 간의 동지애, 충성심, 가치의 공유가 있어야 한다. 따라서 모든 1차 집단은 소집단이 될 수 있지만 소집단이라 해서 반드시 1차 집단이 되는 것은 아니다.

1차 집단의 대표적인 예로 가족과 동료집단이 있다. 초기에는 일차집단이 사회화 집단(socializing group)으로 제한되어 있었다. 그러나 Hawthorne 연구 이후 그 개념이 더 넓게 적용되고 있다. 작업 집단은 명확히 일차집단의 특성을 가진다. 연구에 의하면 일차집단은 환경조건이나 맥락과 관계없이 개인행동에 많은 영향을 미친다. 최근의 많은 기업들이 자율관리팀을 조직함으로써 일차집단의 힘을 이용하기 시작했다.

반면 사회가 복잡해지고 그 규모가 확대되면서 사회체제를 유지하기 위한 법, 정치, 종교, 경제, 교육체계 등의 사회구조들이 발달하였다. 이러한 사회구조들을 2차 집단이라 할 수 있다. 예를 들어 전문가 연합, 노조, 기업, 종교집회 등이 2차 집단의 예이다. 이러한 2차 집단 내에서 개인들은 역할 또는 지위를 부여받으며 이에 따라 권한이 부여된다. 따라서 집단 구성원들 간의 관계는 주로 공식적이고 형식적이다. 2차 집단은 1차 집단에 비해 공식적으로 조직되어 있으며 규모도 크다. 또한 1차 집단에 비해 그 존속기간이 짧으며 집단 구성원들의 정서적 몰입이 덜하다는 특징을 가진다.

## 3.2 연 합

최근의 연구에서 사회구조가 점차 조직들 간의 전략적 제휴 형성 패턴에 영향을 주는 것으로 나타났지만,[16] 좀 더 미시적인 차원에서는 조직내에서 개인들 간 또는 집단들 간의 연합(coalition)이 집단 역동성 연구의 중요한 영역으로 여겨져 왔다. 연합의 개념은 이론적으로 다른 방향에서 전개되어 왔으나, 포괄적인 문헌고찰에 의하면 연합은 다음과 같은 특징을 가지고 있다.[17]

- 개인들 간의 상호작용 집단
- 특정 목적을 위해 구성원들에 의해 의도적으로 구성됨
- 공식적 조직구조와의 독립성
- 공식적 내부 구조의 취약
- 집단 구성원들 간의 상호 지각
- 구성원들의 목적을 달성하는 데 집중되어 있음
- 외부적 결합
- 협정 하에 집단적으로 행동

다른 집단 유형과의 공통되는 특징을 가지기에 앞서, 연합은 조직내에서 별개의 영

향력을 가지는 실체이다. 예를 들어 대규모 조직의 구성원들은 갈등과 비효율적인 경영을 극복하기 위하여 연합을 형성하기도 한다.

### 3.3 그 밖의 집단 형태들

1차 집단과 연합과 더불어, 조직행위 연구 분야에서 중요하게 다루는 집단의 형태가 있는데, 멤버십 집단과 준거집단(reference group), 내부 집단과 외부 집단이 그것이다. 멤버십 집단은 개인들이 실제로 소속된 집단으로서 직업별 노동조합이 그 예이다. 준거집단이란 개인들이 소속되고 싶어하는 집단으로서 상류사회집단이 준거집단의 예가 될 수 있다. 내부 집단은 주된 가치를 공유하고 있는 집단을 말하며, 외부 집단은 외부에서 들여다보는 집단을 말한다.

또 다른 집단 형태의 구분으로는 공식적 집단과 비공식적 집단이 있다. 현대 조직에는 공식적으로 조직된 수많은 과업 집단들이 있다. 부서별 위원회, 교차기능팀(cross-functional team) 등이 그러한 예이다. 비공식 집단은 정치적 목적이나 공통의 관심사, 친목 등을 목적으로 조직된 집단으로서 집단 구성원들은 제한된 자원과 보상을 공유하려 한다. 이러한 비공식 집단의 역동성은 다음 절에서 더욱 자세히 다루도록 한다.

## 4. 집단성과

집단의 성과는 크게 생산성 측면과 인간적 측면으로 구분하여 볼 수 있다. 먼저 인간적 측면에서의 집단의 성과는 집단이 집단 구성원들의 욕구를 충족시켜, 집단 구성원들을 유지하고 집단에 몰입하도록 하는가를 의미한다. 생산성 측면에서의 집단의 성과는 집단 목표에 의해 설정한 과업 수행의 질적·양적인 결과를 의미한다.

집단성과에 영향을 미치는 요인들로는 집단이 속해 있는 외부적 환경(조직의 환경), 집단을 이루는 구성원들의 특징, 그리고 집단구조 등이 있다.[18] 〈그림 11-2〉는 집단성과와 관련되는 요인들을 보여주고 있다.

집단이 속해 있는 조직의 맥락을 의미하는 외부적 환경에는 조직의 전략, 권한구

그림 11-2
집단성과 모형

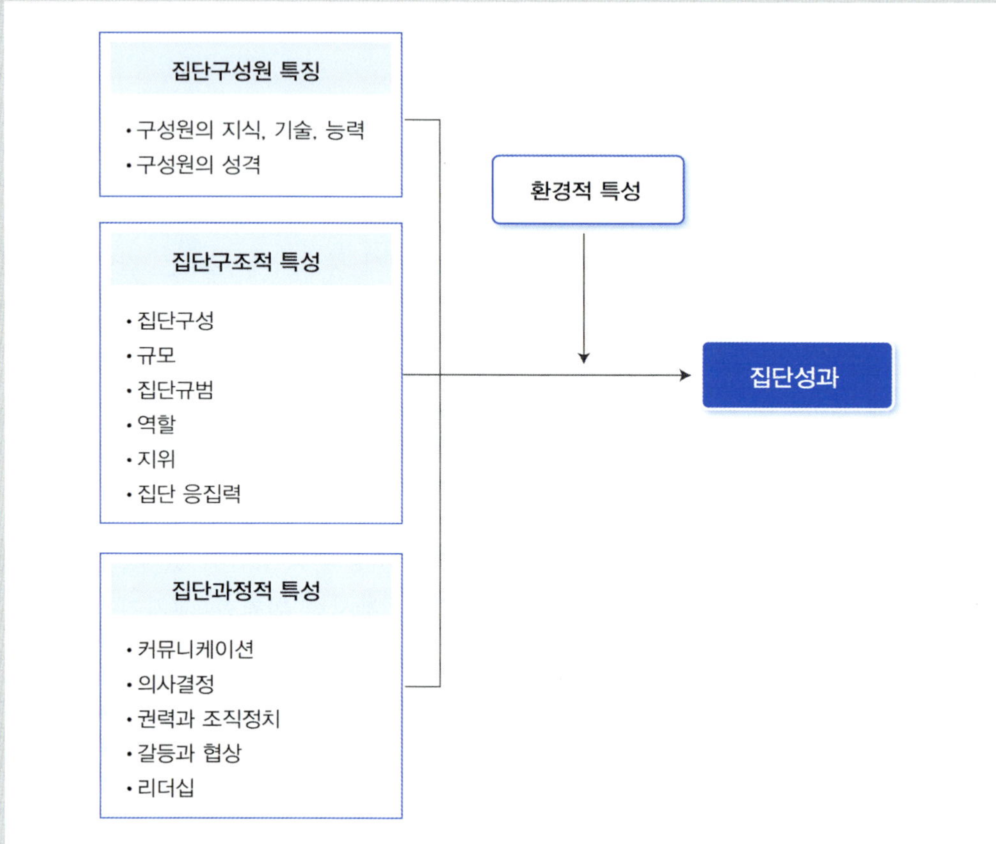


조, 공식적 규제, 조직문화, 인사제도, 자원, 물리적 작업환경 등이 있다. 이러한 조직적 특징 속에서 집단이 정의되게 된다는 점에서 조직의 특징은 집단성과에 영향을 미치게 된다. 집단의 특징으로서 집단 구성원의 특징이나 집단의 구조적 특징은 집단규범이나 응집력과 같은 집단 내부 프로세스에 영향을 미쳐 집단성과를 결정하는 중요한 요인들이다. 따라서 집단의 리더는 집단성과 향상을 위해서 응집력이나 집단규범, 상호신뢰 등의 집단 구조적 특성들이 형성되고 발전하는 단계를 이해하고 관리해야 한다. 본 장에서는 집단성과에 관련된 집단구조적 요인들을 살펴보고, 집단과정에 관련된 커뮤니케이션(13장), 의사결정(14장), 갈등과 협상(15장), 권력과 조직정치(16장), 그리고 리더십(17장)은 이후 연결해서 다루기로 한다.

## 4.1 집단 외부적 환경

과업집단은 더 큰 조직에 있는 하부 시스템이며, 그것이 속해 있는 조직의 규칙과 정책 안에서 운영된다. 모든 과업집단은 외부 환경에 의해 영향을 받게 된다. 이러한 외부 환경에는 조직의 전반적인 전략, 권한구조, 공식적 규제, 조직내 조직문화, 인사 제도, 자원, 물리적인 작업환경 등의 조직 내부 환경들이 있다.[19]

**조직의 전반적 전략** 조직의 전반적 전략은 일반적으로 최고경영자에 의해 세워지며, 조직의 목표와 이를 달성하기 위한 것이다. 특정 시점에서 조직이 추구하는 전략은 과업집단으로 분배되는 자원의 양을 결정함으로써 과업집단에 영향을 미치게 된다. 예를 들어 재고판매나 사업 종료 등의 전략은 과업집단에게 분배되는 자원기반을 축소시키며, 집단 구성원들의 불안을 증가시키며, 잠재적으로 내부집단 갈등을 증대시키게 된다.[20]

**권한구조** 조직의 권한구조란 '누가 누구에게 보고하는가', '누가 의사결정을 하는가', '개인이나 집단이 어떤 의사결정을 할 수 있도록 권한을 부여받았는가' 등을 말한다. 이 구조는 과업 집단이 조직의 계층과 집단의 공식적 리더, 그리고 집단 간의 공식적인 관계에서 어디에 위치하고 있는지를 결정한다.

**공식적 규제** 조직은 조직구성원들의 행동을 표준화하기 위해 규칙, 절차, 정책, 직무기술서 등과 같은 공식적인 규제들을 두고 있다. 예를 들어 맥도널드는 주문을 받고, 햄버거를 만들고, 음료수를 따르는 표준화된 생산과정을 가지고 있다. 이때 과업집단 구성원의 재량은 상당히 제한되게 된다. 종업원에 대한 조직의 공식적 규제가 강화될수록 과업집단 구성원들의 행동은 더욱 일관성 있고 예측 가능하게 된다.

**자원** 최첨단 장비와 도구를 소유하고 있으며 풍부한 재정적 자원을 지니고 있는 조직에서는 집단들 역시 풍부한 자원을 소유할 수 있다. 조직의 자원이 제한적일수록 그 과업집단의 자원도 제한적이게 된다. 조직에 의해 집단으로 분배되는 자금, 시간, 원자재, 장비와 같은 자원은 집단의 행동에 많은 영향을 미치게 된다.

**조직문화** 모든 조직은 구성원들로 하여금 수용할 수 있고 수용할 수 없는 행동이 무엇인지 규정하는 명문화되지 않은 문화를 가지고 있다. 조직에 들어온 조직구성원들은 시간이 지나면 조직의 문화가 무엇인지를 이해하게 된다. 예를 들어 회사에서 어떤 옷을 입어야 하는지, 규칙이 어느 정도까지 엄격하게 적용되는지, 어떤 종류의 행동들이 문제를 일으키는지 혹은 그냥 넘어가도 되는지 등은 조직의 문화에 따라 다르다. 또한 많은 조직들이 모든 구성원들에게 조직의 가치를 공유하게 하는 전체문화와 더불어 과업집단을 중심으로 하는 하위문화를 형성하고 있다.

**인사제도** 과업집단의 구성원은 집단 구성원이기 이전에 그 집단이 속한 조직의 구성원이다. 예를 들어 비용감축 프로젝트 팀의 구성원은 먼저 기업의 종업원으로서 고용된 자이다. 따라서 조직에서 종업원들을 선발하기 위하여 적용하는 기준에 의해 과업집단의 구성원들이 어떠한 사람일지 결정되게 된다. 또한 집단은 조직 시스템의 일부로서, 조직이 성과를 어떻게 평가하는지 어떤 행동이 보상받는지에 따라 집단 구성원의 행위가 영향을 받게 된다.

**물리적 작업환경** 집단을 둘러싸고 있는 물리적 작업환경은 집단 구성원의 행동에 중요한 영향을 미친다.[21] 예를 들어 작업장의 규모나 물리적 동선, 장비의 배열, 조명의 밝기, 소음의 방지 등의 작업환경에 따라 과업집단의 상호작용을 위한 기회를 창출할 수도 있고 이를 방해하는 장벽이 될 수도 있다. 만일 직원들의 책상에 벽이 없고 너무 가까이 붙어 있는데다가 감독관의 사무실이 멀리 떨어져 있다면 구성원들이 작업에 집중하지 못하고 서로 이야기를 하거나 빈둥거리는 일이 발생할 가능성이 높아질 것이다. 이와 같이 물리적 작업환경은 과업 성과나 집단 구성원의 행동에 영향을 미치게 된다. 이러한 작업환경을 구성하기 위하여 전문적인 기법들이 필요하다.

## 4.2 집단 구성원

집단의 잠재적 성과에 크게 영향을 미치는 요인으로서 집단 구성원들 개인이 집단으로 가져오는 자원들이 있다. 개인들이 지니고 있는 자원은 크게 지식, 기술, 능력과 같은 역량과 개인의 성격 두 가지로 구분할 수 있다.

**구성원의 지식, 기술, 능력** 집단의 성과는 개별적 집단 구성원들의 지식과 기술, 능력을 평가함으로써 예측할 수 있다. 때때로 평범한 선수들로 구성된 팀이 훌륭한 코치를 만나 코치의 결단력과 팀워크로 더 나은 선수들로 구성된 팀을 이긴 사례를 볼 수 있을 것이다. 하지만 이러한 사례는 극히 이례적인 경우이다. 물론 집단의 능력은 단순히 각 집단 구성원들 개인 능력의 합은 아니다. 그러나 이러한 집단 구성원 개인들의 능력은 집단 구성원이 할 수 있는 일이 무엇인지, 집단 내에서 이들이 얼마나 효율적으로 과업을 수행할 수 있는지를 예측하게 해주는 지표가 될 수 있다.

**구성원의 성격** 집단 구성원의 성격과 집단의 태도 또는 집단의 행동과의 관계에 대한 연구들이 많이 행해져왔다. 이러한 연구들의 일반적인 결론에 의하면 각 문화에서 긍정적이라고 여겨지는 태도들과 집단의 생산성, 사기, 응집성 간에 상관관계가 있었다. 집단에서 긍정적으로 평가되는 구성원의 태도는 사교성, 독창성, 개방성, 유연성 등이며, 반면 부정적으로 평가되어지는 것으로는 권위주의, 우월감, 관습 무시 등으로 나타났다. 이러한 성격과 태도는 개인이 다른 집단 구성원들과 어떻게 상호작용해야 할지에 강하게 영향을 미침으로써 집단의 성과에 영향을 미치고 있다.

어떤 성격이 성공적인 집단의 성과를 유발하는지에 대한 정확한 답은 없다. 특정한 단일 성격이 집단의 성과에 미치는 영향은 매우 작다. 하지만 여러 가지 개인의 성격이 함께 집단의 성과에 미치는 영향은 매우 크다.

## 4.3 집단구조

집단의 구조적 특성으로서는 역할, 규범, 집단의 위상, 집단의 크기, 집단의 구성, 집단 응집성 등이 있다.

### 4.3.1 집단구성

집단의 구성은 집단 생산성을 결정하는 데 중요한 역할을 한다.[22] 집단구성은 집단 구성원의 동질성(homogeneity)과 이질성(heterogeneity)으로 표현될 수 있다. 만일 집단 구성원들이 연령, 과업 경험, 교육수준, 전공, 문화적 배경과 같은 측면에서 유사하다면 이 집단은 동질하다고 할 수 있다. 반면 집단 구성원들이 위와 같은 측면에서 차이가 난다면 이 집단은 이질적이라고 할 수 있다. 예를 들어 동질적인 집단은 유사한 전공을 가진 조직구성원들이 집단을 이루었을 때 창출된다. 비록 이 집단 내의 구성원들의 연령이나 과업 경험 등이 다를지라도 과업을 수행하기 위한 중요한 요인, 즉 전공에 관해서는 동질하다.

많은 연구들이 집단의 구성과 집단 생산성과의 관계를 밝히기 위해 시도해 왔다. 집단의 구성원들의 연령과 재직기간 이질성이 클수록 이직률이 커졌다. 또한 집단 구성원의 연령과 경험이 차이가 날수록 구성원들의 교체가 빈번했다.[23] 일반적으로 단순하며, 협동이 요구되고, 연속적이며, 신속하게 처리해야 할 집단 과업을 수행할 때는 동질적인 집단이 효과적이다. 반면, 복잡하고, 집합적인 노력이 요구되며(즉, 각각 구성원들이 다른 과업을 수행하고 이것들의 합이 성과로 나타날 때), 창조성이 요구되며, 신속하게 처리할 필요가 없는 과업을 수행할 때에는 이질적 집단이 효과적이다. 예를 들어 새로운 상품의 개발을 위한 아이디어를 개발하기 위한 과업을 수행하기 위해서는 서로 다른 구성원들에게서 가능한 다양한 의견이 제시될 수 있는 이질적 집단이 효과적일 것이다.

조직구성원들의 문화적 다양성의 증대로 인해 조직의 다양성이 증대되고, 많은 기업들이 다른 국가의 기업들과 합작회사를 형성하거나 전략적 제휴를 맺어 프로젝트 팀을 형성하는 경우가 빈번해짐에 따라 집단 구성의 중요성이 더욱 커졌다.[24] 문화적 차이는 이에 따라 권한, 불확실성 등의 중요한 요소들을 바라보는 시각이 달라지기 때문에 집단 과업의 수행에 있어서 중요한 변수가 된다. 이러한 추세의 증가에 따라 다른 문화적 배경을 가지고 있는 집단 구성원들을 어떻게 다루어야 할지에 대한 관심이 점차 증대되고 있다. 일반적으로 다양한 문화적 배경을 가진 구성원으로 이루어진 집단은 구성원들 간의 신뢰가 부족하며, 다른 문화에 대한 스테레오타입(stereotype)으로 인하여 문제가 발생할 수 있으며, 의사소통 문제가 발생할 가능성이 크다. 따라서 이러한 다문화 집단이 원활히 기능하지 않을 것이라는 점을 인식하고, 과업을 수행하기 이전까지 집단이 원활하게 기능할 수 있도록 해야 한다.

### 4.3.2 규 모

집단의 규모(size)는 집단 구성원들의 전반적인 행동과 집단성과에 영향을 미친다. 많은 구성원들로 이루어진 집단은 가용할 수 있는 자원이 더 많다고 볼 수 있으며, 많은 양의 비교적 독립적인 과업을 수행할 수 있다. 집단에서 아이디어를 창출할 때, 구성원들이 많을수록 더 많은 아이디어를 창출하는 것으로 볼 수 있다. 하지만 집단이 점차 커져 일정한 수준을 넘어서게 되면 구성원들 간의 상호작용이나 의사소통의 복잡성이 커지기 때문에 의견의 합일에 이르기가 어려워진다. 따라서 구성원 수에 따른 아이디어 창출의 비례관계는 점차 줄어들게 된다.[25]

대규모 집단에서는 상호작용과 의사소통이 형식화되어 있는 경우가 많다. 대규모 집단에서는 회의를 통해 안건을 정하고 규약이나 절차를 걸쳐 토론을 진행한다. 때문에 집단의 규모가 커지면 일부 집단 구성원의 참여가 제약될 수 있으며, 참가율이 감소하게 된다. 만일 집단에 기여 또는 참여하려는 시도가 다른 구성원들에 의해 방해를 받으면 일부 조직구성원들은 집단에 기여하려는 노력을 하지 않을 수도 있다. 더욱이 대규모 집단에서는 과업과 관련된 상호작용보다는 사회적 상호작용을 위하여 대인관계를 맺을 수 있는 기회가 많이 있으며, 사회적 태만이 발생하기 쉽다. 하지만 이러한 부정적 현상들은 과업의 특징, 집단 구성원들의 특징, 집단 리더십의 능력에 따라 조절이 가능하다.

따라서 가장 이상적인 집단의 규모는 집단 구성원들이 효과적으로 상호작용하고 서로에게 영향을 미칠 수 있는가에 달려 있다. 또한 이러한 집단 내에서의 효과적인 상호작용은 집단의 발전, 과업의 형태, 의사소통, 잠재적 갈등을 관리하는 리더의 능력에 의해 영향을 받는다.

### 4.3.3 규 범

집단의 규범(norm)은 집단 내에서의 적절한 행동에 대한 집단 구성원들의 공통적 신념이나 사고 체계라 할 수 있다. 따라서 집단 규범에는 집단 구성원들의 행동에 대한 일반적인 기대수준이나 행동 방식 등이 담겨 있게 된다.[26] 모든 집단은 개인 행동의 적절성 등을 평가하기 위해 자체적인 집단의 규범과 기준을 마련해 둔다. 예를 들면, 직장 내에서 상사가 퇴근하기 전에 먼저 퇴근할 수 없다는 규범이 만들어졌다고 하자. 이때 작업자들은 별다르게 수행해야 할 과업이 없더라도 단지 그들의 상사가 퇴근을 하지 않았기 때문에 퇴근시간 이후에도 남아서 시간을 흘려보내야 한다. 즉 그들의 업무는 사실상 종결되었지만, 규범 때문에 사무실을 뜨지 못하는 것이다.

일반적으로 집단의 규범은 구성원의 개성을 제한하고 창의성과 개인의 자율성을 침해하는 경향을 띠게 된다. 그러나 다른 한편으로 규범은 집단 내에서의 행위의 예측 가능성을 크게 해주고 집단의 활동을 구축하는 데에 도움이 된다. 전형적인 강의시간의 상황을 생각해 보자. 대부분의 학생들은 발표를 하기 위해서는 한 손을 들고 지적을 받을 때까지 있어야 한다는 규범을 지켜야 하는 경우, 이러한 규범은 비록 구성원들로 하여금 통찰력 있는 발언을 하는 데는 도움을 주지 않을지라도 수업 시간을 효율적으로 진행하는 데 필요한 것이다. 비록 모든 사람이 참여할 수는 없지만 수업 진행자는 모든 사람들이 일시에 발언할 경우의 혼란을 피하고 수업을 이끌어갈 수 있게 되는 것이다.

### 규범의 형성

집단이 발전하면서 집단 구성원들의 여러 가지 행동에 대한 다양한 규범을 만들어낸다. 그 중에서도 가장 중요한 집단 규범은 집단의 주요 관심사, 즉 집단의 최종 목표에 관한 것이다. 일반적으로 집단은 그들의 최종 목표를 달성하기 위한 규범에 대해서는 구성원들로 하여금 반드시 지킬 것을 요구하고 있다. 운동 경기에 있어서도 득점을 하기 위하여 팀 주장의 지시를 따라 총체적으로 움직여야 한다는 규범을 선수들에게 강력하게 요구하지만, 기타의 사항들 즉 스티커의 부착위치, 손목 밴드의 착용 여부 등에 대해서는 그것들이 집단의 핵심 목표 달성을 위해서 그다지 중요하지 않은 내용이므로 별다른 규정을 두고 있지 않을 수 있다.

집단의 규범은 집단의 생존을 위해, 집단 구성원의 행동을 보다 예측 가능토록 하기 위해, 집단이 혼란스런 상태로 빠져드는 것을 막기 위해, 그리고 집단의 중심 가치를 표현하고, 자신의 정체성을 나타내기 위해 만들어진다.

집단 규범의 발생 원인은 다음의 상반된 두 가지 이론으로 설명될 수 있다. 먼저 규범을 집단 구성원들의 공유된 태도나 신념의 산물로서 보는 것이다. 이러한 공유된 태도는 집단 구성원들이 토론을 통해 이끌어낸 합의나 유력한 집단 구성원의 의견에 의해 형성된다. 만일 집단 구성원 중 아무도 이 견해에 대하여 반대하지 않는다면, 집단 전체는 이 유력한 인사의 의견을 전적으로 수용하게 된다.

집단의 규범 형성에 대한 다른 하나의 설명은 집단의 규범을 집단 행위의 산물로서 보는 것이다. 이에 따르면 집단을 형성하는 개인들은 어떻게 행동할 것인가에 대하여 결정한 후에 행동하기 보다는 우선 서로 간에 상호 작용을 겪고 그 이후에 자신들의 행동을 설명하거나 정당화할 필요를 느끼게 된다. 따라서 집단의 규범은 집단의 행위에 대한 정당화나 설명을 위해 형성된다고 볼 수 있다.[27]

### 규범 위반

규범 위반은 집단규범이 구성원 개인의 신념과 배치될 경우에 발생한다. 규범은 각 구성원들에게 각기 다른 정도로 수용되는 것이 일반적이다. 어떤 규범은 모든 구성원들에게 거의 완벽히 수용되기도 하고, 어떤 규범들은 부분적으로만 수용되기도 하는 것이다.

집단 규범의 준수는 집단 구성원으로서의 자격을 유지하는 데에도 필수적인 요소이다. 집단 목표를 달성하기 위한 중요한 규범들을 지키지 않는 구성원들의 경우 집단에 의하여 강제 탈퇴 또는 무시당하거나, 조롱을 받는 등 집단의 제재를 받게 되는 것이 일반적이다.

집단의 리더는 그 신분상의 지위를 이용하여 다른 집단 구성원들에 비하여 규범을 어기기 쉽다. 실제로 어떤 리더들은 자신들이 일반 집단 구성원들에 비하여 우월한 위치에 있음을 보여주기 위해 몇몇 규정을 의도적으로 어기기도 한다. 작업자는 업무 시간에 늦지 말아야 된다는 규정을 강력히 적용하지만 감독자의 경우 그들의 직권으로 때에 따라서는 늦을 수도 있다는 태도를 보인다. 많은 연구들은 상당히 높은 지적인 수준을 지닌 집단 구성원들이 그렇지 못한 집단 구성원들에 비하여 집단의 규율을 제대로 지키지 않다고 보고하고 있다. 그러나 매우 권위주의적이고 독재적인 개성을 지닌 집단 구성원들은 그렇지 않은 집단 구성원들에 비하여 집단의 규율을 더 적극적으로 지키는 경향이 있다고 한다.[28]

집단의 규범은 성질상 잘 변화하지는 않는다. 새로운 규범이 제정되거나 기존의 규범이 바뀌기 위해서는 그것이 집단 구성원들에게 새로운 방향을 구체적으로 제시하고 새로운 행동의 기준으로써 합리성을 내포하여야만 한다.

### 4.3.4 역 할

역할(role)은 집단이나 조직내에서의 개인의 행동을 이해하는 데 매우 유용한 개념이다. 역할은 지위나 직업에 따른 기대되는 행위를 모두 포함한다. 조직내에서 구성원들의 역할은 그의 직함이나 직무 명세서를 통해서도 간략히 알 수 있다.

비공식 집단에서는 역할이 표면적으로 명시되지 않으며, 한 구성원이 집단 내에서 여러 가지 역할을 수행할 수도 있고, 여러 구성원이 교대로 한 가지 역할을 수행하는 경우도 있을 수 있다. 하지만 공식 집단에서는 역할이 명시되어 있다. 조직에 의해 할당된 역할은 조직의 목표 달성을 위한 활동들을 체계적으로 나누어 수행하며 그 활동에 대한 책임까지도 할당하게 된다.

### 역할 차이 및 유형

때때로 사람들은 의도적으로 역할을 창출한다. 집단 또한 리더, 비서, 하부집단의 장을 선출하고 이들을 조직화함으로써 집단의 효율성을 향상시키고자 할 것이다. 집단이 의도적으로 공식적인 집단 구조를 형성하지 않는다면 비공식적인 집단 구조라도 형성할 것이다. 초기에 집단의 구성원들은 그들을 단지 집단 구성원으로서만 생각하다가 서로 다른 역할을 부여받게 되면서 구체적인 성과를 수행하게 되고, 다른 구성원들과 특정한 방식으로 상호작용하게 된다.

그렇다면 집단에는 어떠한 역할들이 있는가? Benne와 Sheat[29]의 연구에 의하면, 집단은 기본적으로 과업의 성취와 구성원들 간의 관계 지속이라는 두 가지 요구를 만족시켜야 한다. 이에 따라 집단에서의 역할은 수행하는 일과 관련된 과업 역할과 구성원들 사이의 상호작용에서 발생하는 사회적 관계와 관련된 사회정서적 역할로 구분된다.

과업 역할은 집단의 목적과 과업, 그리고 구성원들의 과업 수행에 있어서 서로를 지원하는 것에 초점을 맞추고 있다. 과업 역할로는 전문가 역할, 직능역할, 조직관리역할 등이 있다. 사회정서적 역할이란 집단 구성원들 간의 대인관계와 정서적 욕구와 관련된 역할로서 집단구성원들을 후원하며, 대인관계에서 수용적 행동을 하는 것을 포함한다. 조정역할, 후원적 역할, 분위기 조절 역할 등이 사회정서 역할의 대표적인 예이다. 과업역할은 집단의 목표 성취를 촉진하며, 사회정서적 역할은 집단 내의 대인관계의 긴장과 스트레스를 줄인다.

### 역할 모호성

집단 내에서 어떤 역할들은 다른 역할들보다 더 복잡하다. 어떤 역할은 하나의 행동 유형만을 수행하지만 다른 역할은 여러 가지 행동 유형을 수행해야 한다. 복잡한 역할을 수행하는 사람은 집단 내에서 높은 지위를 획득할 수 있지만 동시에 정신적 스트레스를 받을 수 있다. 특히 역할과 관련된 행동들이 모호하게 정의되어 있거나, 행동들 간의 갈등을 일으킬 때 더욱 큰 스트레스를 받게 된다.[30] 역할 스트레스를 유발하는 원인으로는 역할 모호성(role ambiguity)과 역할 갈등(role conflict)이 있다.

먼저 집단구성원이 수행하는 역할은 시간이 지나면서 서로 간에 상호작용을 하기 때문에, 그 역할에 대한 책임과 기대가 때때로 잘못 정의되기도 한다. 집단에서 공식적으로 역할을 정의했을지라도 역할 수행자나 나머지 집단 구성원들이 새로운 역할의 책임을 명확하게 이해하지 못한다면, 역할 모호성을 경험할 수 있다.

역할 모호성이라 함은 역할전달자와 역할수행자 간의 정보가 정확하게 일치하지 않는 현상이다. 모호성은 일반적으로 맡겨진 직무에 대한 혼란에서 발생하게 되는 것으로, 대부분의 직무들이 정확히 표현된 직무명세서를 갖추고 있지 못하거나 하위자들이 그들이 해야 할 일에 대하여 충분한 정보를 갖고 있지 못한 경우, 상급자들의 지시가 명확하지 않은 경우에서 주로 발생한다.

역할 모호성은 집단 구성원들로 하여금 좌절, 불만족, 스트레스를 느끼게 한다. 하지만 일정 정도의 모호성은 오히려 바람직한 결과를 보이기도 한다. 경우에 따라서 구성원들은 집단 내에서 그들 자신의 환경을 나름대로 구축하고자 하는 바람을 가지고 있기 때문이다. 즉 모든 환경이 상급자들에 의해 정하여지는 상황보다는, 오히려 약간의 모호성을 바탕으로 자신의 주관에 따른 행위가 가능해지기 때문이라 할 수 있다.

### 역할 에피소드

역할 에피소드(role episode)는 역할 전달자와 역할 수행자가 역할을 부여하고 수행하는 프로세스를 설명하고 있다. 역할 에피소드는 역할 기대(role expectation: 조직내 특정 지위에 있는 사람의 행동에 기대되는 역할 수준), 전달 역할(sent-role: 역할 전달자로부터 전달되는 역할), 받은 역할(received-role : 역할 수행자가 부여 받았다고 지각한 역할 또는 역할 기대), 그리고 역할 행동(role behavior: 역할 수행자가 수행한 역할)의 네 가지 개념으로 구성된다.

〈그림 11–3〉을 살펴보면 역할 에피소드에서는 역할 기대가 역할 행동에 영향을 미치며, 역할 행동의 정도는 다시 역할 전달자가 다음에 역할 수행자에게 부여할 역할 기대의 수준이나 역할 수행자에 대한 태도에 영향을 미치게 된다. 화살표 ①은 역할이 전달되는 경로를 나타내며, 화살표 ②는 역할 전달자가 역할 수행자가 기대되는 역할을 수행했는지의 정도를 측정하게 되는 피드백 경로를 나타낸다.[31]

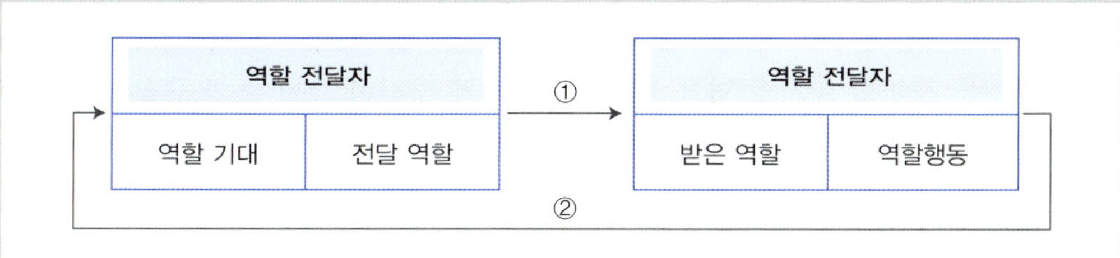


**그림 11–3** 역할 에피소드 모델

자료 : Katz & Kahn(1978), p.196.

만약 역할 수행자의 태도가 역할 기대와 일치하지 않는다면 역할 전달자의 행동은 역할 수행자가 역할 기대와 일치할 때와 달라진다. 예를 들어 역할 전달자는 역할 수행자가 역할 기대를 충족시키게 하기 위하여 대안적 역할 기대를 제시하던가, 압력을 가하는 등의 행동을 취하게 될 것이다. 이와 같이 역할 에피소드는 역할 전달자와 역할 수행자 간의 순환적인 프로세스를 설명하고 있다.

### 역할 갈등

역할 갈등(role conflict)은 한 사람이 동시에 여러 가지 역할을 수행할 때 나타난다. 만일 하나의 역할로부터 요구되는 다양한 활동들이 다른 역할로부터 요구되는 활동들과 맞물린다면 역할 수행자는 거의 갈등을 느끼지 못할 것이다. 하지만 이 역할들과 관련된 적절한 행동에 대한 정의가 모순된다면, 역할 갈등이 발생하게 된다.[32]

역할 갈등은 부여받은 역할과 역할행동 간의 불일치를 경험함으로써 발생한다. 역할 갈등과 역할 모호성을 발생시키는 상황은 매우 다양하며 개인적이다. 지시된 역할이 확실하고 특정적이라는 측면에서 역할 갈등은 역할 모호성과 동일한 의미는 아니다.

지시된 역할(received role)과 역할행동(role behavior) 간의 불일치는 다음과 같은 4가지 양상의 역할 갈등을 만들게 된다.[33]

- 단일 지시자에 의한 역할 갈등 : 단일의 역할 지시자가 한 개인에게 모순된 역할들을 요구할 때 개인이 경험하게 되는 갈등이다.
- 다수의 지시자들에 의한 역할 갈등 : 2인 이상의 역할 지시자가 한 개인에게 모순되는 역할을 요구할 때 개인이 경험하게 되는 갈등이다. 대부분의 조직에서 구성원들이 지시자가 다수일 경우 이러한 역할 강등을 경험하게 된다. 예를 들어 과장과 부장이 요구하는 과업이 다를 경우 이러한 모순된 지시를 받는 부하직원은 역할 갈등을 경험하게 된다.
- 개인과 역할 간 갈등 : 개인적인 신념이나 가치관과 부여받은 역할 간의 불일치가 발생할 때 이러한 갈등이 발생하게 된다. 퇴근 전에 몇 시간이 걸려도 리포트를 모두 완성하라는 상관의 지시가 있을 경우, 이 지시가 자신이 그날 초과 근무를 할 수 없는 상황이거나 초과 근무 자체가 바람직하지 않다고 생각될 때 느끼게 되는 갈등이다. 상급자의 불법적이고 비윤리적인 지시가 있을 때, 이 지시가 자신의 신념과 가치와 어긋날 때 이러한 갈등을 느끼게 되는 것이다.
- 역할 과부화 : 상충하는 여러 가지 역할을 한 번에 요구하는 경우 역할 과부화(role

overload)가 발생하곤 한다. 조직 내부에서나 개인적인 생활 속에서도 개인들은 많은 역할을 담당하게 된다. 그러나 우리는 동시에 두 곳 이상에서 머무를 수 없기 때문에 한 번에 여러 가지 역할을 수행할 수 없는 경우가 발생하곤 한다. 따라서 역할의 순차성을 스스로 결정하여 이를 수행하여야만 하는 경우가 많다. 조직내에서 담당하는 역할뿐만 아니라, 조직 외에서 담당하여야 할 역할, 즉 가정의 주부로서의 역할이나 어머니로서의 역할, 그 밖의 친목단체에서의 담당자로서의 역할 등 많은 활동을 담당하게 된다. 이러한 다중의 역할은 동시에 수행할 수 없다는 제약으로 인하여 시간이나 관심, 충성도 등의 갈등이 발생한다.

역할 갈등의 또 다른 구분으로는 역할 간 갈등과 역할 내 갈등이 있다. 역할 간 갈등이란 동시에 부여된 역할들 사이에서 모순이 생길 때 발생하는 역할 갈등이며, 역할 내 갈등이란 하나의 역할 내에서 수행해야 하는 행동들 사이에 모순이 생길 때 발생하는 갈등이다. 예를 들어 역할 간 갈등이란 한 사람이 회사원, 아버지, 남편으로서의 역할을 수행하는데 이 역할들 간에 모순이 발생할 때 나타나게 된다. 역할 내 갈등의 예로서는 다음 경우가 있다. 한 공장의 감독관이라는 역할은 제품의 품질을 관리하고, 새로운 직원들을 훈련시키며, 직원들의 목표 달성에 대한 피드백을 주어야 한다. 동시에 이 감독관은 상위 관리자에 의해 지시를 받고 감독을 받는다. 즉 팀 구성원들은 이 감독관에게 자신들을 후원해 줄 것을 기대하지만 상위 관리자들은 이 감독관에게 충성심과 순종을 기대하고 있는 것이다. 이와 같이 감독관이라는 한 역할에 기대되는 행위들 간의 모순이 나타날 때 역할 내 갈등이 발생하게 된다.

이러한 역할 갈등은 집단 구성원들의 사기를 낮추며 직무 스트레스를 유발하는 잠재적인 원인이 된다.[34] 그렇다면 집단 구성원들이 이러한 역할 갈등에 대처하기 위해서 집단에서 할 수 있는 일은 무엇이 있을까? 먼저 역할에 대한 요구를 명백히 해야 한다. 각 역할에 대해 직무기술서를 마련하거나 역할에 기대되는 행위에 대한 피드백을 주는 것은 그 예가 될 수 있다. 또한 모순되는 역할들을 다른 장소에서 다른 시간에 수행하도록 작업장을 설계하는 것도 역할 갈등을 줄일 수 있는 방법이다. 하지만 이러한 경우에 잘못된 시간에 잘못된 역할을 수행하게 되면 상당한 혼란이 야기되므로, 특정한 역할을 수행하는 개인들은 자신의 역할을 신중히 수행해야 한다.[35]

### 4.3.5 지 위

지위(status)란 조직내 개인의 서열 또는 위상을 의미한다. 지위는 직책이나 연령, 임금수준 등의 여러 가지 지위 요소들에 의해 결정되는데, 집단 내 개인이 가지고 있는 위상은 다른 집단 구성원들로부터 자신이 어떠한 평가를 받고 있는지를 반영하고 있다고 볼 수 있다. 만일 개인에게 부여된 지위가 개인이 가진 지위 요소들과 일치한다면 모든 사람들은 각각의 지위에 동의할 것이다. 하지만 어떤 개인에게 부여된 지위와 지위요소가 불일치한다면 다른 구성원들은 이 지위에 불만하게 되고 여러 가지 부작용이 발생하게 될 것이다.[36] 지위체계로는 공식적인 지위체계와 비공식적인 지위체계가 있다.

**공식적 지위체계**

공식적인 지위체계는 조직내에서 발생하며 각 계층을 나타내어 주는 특정한 상징을 가지게 된다. 이러한 상징은 그 사람의 중요성을 나타내는 가시적인 것으로서 직함, 업무관계, 급여 및 부가적 혜택, 업무 스케줄, 작업장 위치 등이 있다.

**직책** 조직은 일반적으로 조직 계층에서 서로간의 위치에 대한 상대적인 지위를 부여하여 직함을 형성하고 있다. 회사 조직에서 사장, 부서장, 부장, 과장 등은 조직내에서 그 사람의 위상을 표현하고 있는 것이다.

**업무관계** 조직내에서는 자신과 같이 일을 하고 있는 사람들의 지위에 의해 자신의 지위가 영향을 받는 경우가 많다. 이러한 모습은 우리의 주변에서 흔히 관찰된다. 예를 들면, 비슷한 업무로 여겨지는 비서들일지라도 그가 회장의 비서인지, 일반 임원의 비서인지에 따라 다름을 볼 수 있다. 일반적으로 더 높은 상사를 모시는 비서의 경우가 더 높은 지위를 차지하고 있다고들 생각하게 된다. 각 개인들은 그들이 누구와 즉 어느 지위의 사람과 함께 일하는가, 혹은 조직의 목표 달성에 얼마나 결정적인 업무를 수행하는가, 속한 집단이 얼마나 중요한 집단인가 등에 따라서 그들의 사회적 지위가 달라지게 된다.

**급여수준** 조직에서 지급받는 급여나 상여는 이를 받는 사람의 지위를 나타나게 된다. 일반적으로 많은 급여를 받는 사람들은 그보다 적게 받는 사람들에 비하여 상대적으로 높은 지위에 있을 것이라 여겨진다. 또한 부가적 혜택의 경우에 있어서도 더 많은 여행의 기회, 회사 차량의 이용, 더 많은 판공비의 사용 등이 그 사람의 신분을 간접적으로 나타내게 된다.

**자율권 정도** 업무 스케줄에 있어서 얼마나 자율권을 지니고 있는지의 정도에 의해서도 지위의 구분이 가능하다. 일반적으로 감독자의 경우에는 그들의 출퇴근이나 외출이 자유롭다. 그에 비하여 아래의 계층에 있는 일반 작업자의 경우에는 주어진 업무 스케줄을 엄격하게 따라야 한다.

**사무실 크기 및 위치** 사무실의 위치나 크기, 시설 등이 이 사무실을 이용하는 개인의 지위를 반영하는 경우가 있다. 현실적으로 책상의 재질이나 의자의 등받이 높이, 사무실의 방향, 벽에 글린 그림의 종류나 수, 화장실이나 일반 편의시설까지의 거리 등의 물리적 특징들이 개인의 지위를 나타내는 데 매우 중요한 사안이 되고 있다.

**비공식적 지위체계**

위에서 나열한 공식적인 조직내에서의 지위뿐만 아니라, 비공식 조직의 체계 하에서도 지위의 차이가 나타나게 된다. 비공식적인 지위는 개인이 가지는 자질이나 경험 등에 기인하여 나타나게 된다. 아주 긴장된 상황에서도 특유의 침착함을 보이면서도 결정적인 순간에 가장 효과적인 의사결정을 할 수 있는 능력의 소유자로 인정받는 사람이 있는가 하면 집단의 분위기를 온화하게 이끌어 나갈 줄 아는 유머의 소유자로서의 능력을 인정받는 사람도 있다. 이러한 사람들의 경우에는 다른 사람들이 가지지 못한 특별한 능력의 소유자로서 타인들에게 널리 인정을 받게 되고 믿고 의지할 만한 사람으로 인식된다. 이 이외에도 많은 특질들이 영향력을 발하게 되어 비공식적으로 지위의 차이를 발생시키기도 한다.

또한 개인이 가지는 독특한 과거의 경험이 비공식 지위를 창출하기도 한다. 올림픽 경기에서의 금메달리스트는 오랜 세월이 지난 후에도 다른 사람들로부터 존경과 관심을 받게 되고, 천재지변 등의 급박한 위험에서 다른 사람들을 구출하기 위해 자신의 목숨을 건 사람들의 경우에도 많은 시간 후에도 존경을 받게 된다. 이 이외에도 박사학위를 소지하거나 하는 등의 학문적 성과를 이룬 사람들도 비록 교육과 관련이 없는 분야일지라도 교육 분야에서 비공식 지위를 소지하게 되는 경우를 볼 수 있다.

### 집단 내에서 지위 관계가 미치는 영향

조직의 상황을 정확히 진단하기 위해서는 이러한 지위가 어떻게 개인과 집단의 행위에 영향을 미칠 수 있는가에 대하여 알아볼 필요가 있다. 지위 관계는 개인간의 의사소통, 집단 규범의 형성 등에 영향을 미친다.[37]

**개인 간 의사소통** 사람들 간의 커뮤니케이션 중에서도 그들의 지위의 차이가 있음이 나타난다. 예를 들어 높은 지위에 있는 사람들은 낮은 지위의 사람들에 비해 보다 권위주의 적인 톤으로 말하거나 명령조로 이야기한다. 한편 같은 실수에 대해서도 낮은 지위의 사람들은 직설적인 표현으로 비난을 받곤 하지만, 높은 지위의 사람들은 이러한 지적을 매우 우회적으로 받는 것이 대부분이다. 뿐만 아니라 우리가 일상생활 속에서도 볼 수 있듯이, 상관은 하급자의 이름을 부르는 경우가 허다하나, 하급자는 상관을 칭할 때, 계급으로 호칭하거나 '님'자를 붙인다.

**모임 형성** 사람들은 일반적으로 자신들과 동일한 지위의 사람들과 모임을 형성한다. 부서장들은 다른 부서의 장(長)과 모임을 조직하고, 하급자들은 같은 하급자들 간의 모임을 만든다. 하위 계층의 사람들이 그들의 상위 계층 사람들과의 모임을 꺼리는 이유는 무엇일까? 같은 모임에 모인 사람들 중에 자신의 상급자가 있다는 사실이 그들에게 매우 부담이 되며 일시적인 스트레스를 가져다 줄 수 있기 때문이다. 상급자의 경우도 마찬가지이다. 이들이 비록 일시적으로는 하급자들과 모임을 같이 할 수도 있으나 지속적인 모임에서는 지위가 현저히 다른 개인들은 서로간에 불편한 느낌을 받게 되고, 급기야 자신과 같은 지위의 사람들과의 모임을 선호하게 된다.

**집단 규범 형성** 집단 구성원들은 일반적으로 높은 지위의 사람들에게 존경심을 가지고 있다. 따라서 집단 규범을 형성할 때 높은 지위를 가지고 있는 사람들의 의견은 중요하게 반영된다. 이와 같이 상위 지위의 사람들의 발언이 하위자들보다 더 큰 신뢰도를 가지고 있기 때문에 의사결정의 순간에 더 많은 영향력의 행사가 가능하며, 하위계층의 사람들은 상위 계층의 발언에 이의를 제기하거나 불만을 표출하지 않는 경우가 많다.

**집단 규범 위반** 집단의 규범에 대한 일탈행동이 발생했을 경우, 이 일탈행동이 상위 지위자에게서 발생했는가 하위 지위자에게서 발생하였는가는 따라 대응에 차이가 있음을 보여주고 있다. 하위 지위자에 의한 일탈행동은 집단에 대한 반항의 표시로 인식되어, 이에 대하여 집단 구성원은 비난을 하게 된다. 그러나 상위 지위자에 의한 일탈행동은 어느 정도 그들이 가지고 있는 특권으로 인식이 되고, 이에 대하여 집단 구성원들은 별다른 비난을 하지 못한다. 상위 지위자들은 집단의 목표 달성에 기여한 바가 크거나, 집단의 규범 제정에 결정적인 역할을 해왔기 때문에 집단 구성원 일반은 상위 지위자들이 비난의 두려움 없이 일탈행동을 행하는 것에 대하여 관대한 경향을 보인다.

**외부 지위** 조직 내부에서의 어떤 사람의 지위는 조직 외부에도 비슷하게 투영되는 모습을 보인다. 개인의 사회적 지위나 공동 사회에서의 위치는 조직에서의 그들의 지위와 직접적으로 연관되어 있다. 따라서 조직의 장(長)과 같은 상위 지위자들은 자신들의 조직 이외의 분야에서도 책임자로 임명되는 경우가 허다하다.

### 4.3.6 집단 응집성

집단의 응집성(group cohesiveness)이란 집단 구성원들이 그 집단에 남아 있으려는 욕망과 같은 개념이다. 응집성이 높은 집단의 구성원들은 서로간의 애정을 가지며, 집단의 목표를 받아들이고 자신들의 업무가 집단 목표의 달성을 위해 기여할 수 있도록 노력하게 된다. 반면에 집단 응집성이 낮은 집단은 집단 구성원들이 서로 시기 질투하며 서로 상이한 목표를 지니고 업무에 임하는 경우가 많다. 한마디로 집단의 응집성이란 한 집단에 속해 있음에 따른 협동 정신이며 "나"보다는 "우리"를 중심으로 사고함을 의미한다.[38]

이러한 집단 응집성의 형성에 영향을 미치는 몇 가지 중요한 요소를 살펴보면 다음과 같다.

**집단 구성원 자격** 집단의 구성원이 되기 위한 과정이 어려우면 어려울수록 그 집단의 응집성은 높아지는 현상을 볼 수 있다. 힘든 선발과 훈련과정을 거친 집단의 경우를 생각해 보자. 이와 같은 경우라면 '어려운 시험에 합격하였다'든지 어려운 난관을 함께 극복한 동질감이 그들로 하여금 서로 협력할 수 있는 토대를 제공하게 되며 다른 사람들과 자신들을 분리하여 사고하게 한다. 돈만 내면 자격을 획득하거나 별다른 통제 없이 구성원의 자격이 주어지는 경우에는 집단 외의 사람과 집단 구성원 간에 이질적인 측면에 대한 부각이 없기 때문에 집단의 응집성이 발현되기 힘들다.

**외부 위협 또는 경쟁** 한국과 일본 간의 축구 경기를 통해서 우리는 같은 한국인으로서의 동질감과 연대의식을 가지게 된다. 우리 편 선수가 넘어지거나 다치게 되면 자신의 일처럼 안타까워하고 득점을 하면 자신의 일로 여기듯 기뻐한다. 이와 같이 집단의 응집성은 외부의 위협이나 경쟁이 있는 경우에 더욱 강화되는 현상을 보인다. 사람들은 공동의 적과 대면할 때 협동을 하는 경향이 강하다. 이러한 응집성을 가짐으로써 집단 구성원들은 집단에 속하여 더욱 안전하고 외부로부터 보호를 받을 수 있다는 생각을 갖게 될 뿐만 아니라, 공동의 적에 대항하기 위해 상호간의 협력을 강화하게 된다. 이러한 상황에서는 집단 내에서 불화를 일으키는 사소한 의견의 불일치가 거의 발생하지 않게 되거나 발생하더라도 대수롭지 않게 처리한다.

**동고동락(同苦同樂)** 일반적으로 집단 구성원 간에 함께하는 시간이 많으면 많을수록 집단 응집성은 높아진다. 많은 시간을 함께하며 자신들의 상호 작용에 제한을 받지 않는다면 상호간의 연대의식을 개발하는 데 큰 도움이 될 것이다.

**집단의 규모** 소규모 집단일수록 집단 응집성이 높아지는 경향이 있다. 이는 집단의 규모가 커질수록 집단 구성원 간의 친목이나 우호적인 상호작용을 기대하기 힘들기 때문이다.

**성공의 경험** 집단 구성원들의 노력에 의해 목표를 달성한 경험이 있거나 다른 집단과의 경쟁에서 승리한 집단일수록 집단 응집성이 더 높아짐을 볼 수 있다. "Everyone loves a winner"라는 말도 있듯이 집단의 성공은 구성원들을 연대의식 속에 함께 묶어 둘 수 있게 한다.

응집성이 높은 집단이 낮은 응집성을 지닌 집단에 비하여 집단의 활동에 대하여 보다 적극적으로 대처하며 집단의 목표를 보다 잘 수용하고, 이직이나 결근이 적다. 높은 응집성을 지닌 집단은 협력이 필요한 과업을 원활하게 수행하며, 때로는 매우 높은 생산성을 보이기도 한다.[39] 이와 같이 비록 높은 집단 응집성이 집단의 목표 달성과 관련된 긍정적 측면들과 높은 상관관계가 있기는 하지만, 때에 따라서는 집단 응집성으로 인하여 역기능이 발생할 수도 있다. 일단의 집단 사고로 인하여 맹목적으로 집단 목표를 추구할 수도 있고 이러한 집단사고가 심해지면 인간을 위한 집단보다도 집단을 위한 인간이 되기 쉽다.[40] 때로는 전체적인 시각을 상실하여 집단 전체의 이익을 위한 활동보다는 단지 자신이 속한 집단의 이익만을 위해 행동하는, 즉 부분 최적화를 위하여 전체 최적화를 상실하게 되는 경우가 발생한다. 응집성이 높은 집단에서의 폐해는 우리의 주변에서도 흔히 목격된다. 집단이기주의에 사로 잡혀 국가 전체적인 시각을 고려하지 못하게 되는 것이라면, 이는 소속 집단의 높은 응집성에서 비롯된 것이라 볼 수 있다.

## 5. 비공식 집단

공식적으로 조직된 집단, 팀과 더불어 작업장에서 비공식집단은 조직 행동의 역동성에 있어서 중요한 역할을 한다. 공식집단과 비공식집단의 가장 큰 차이점은 공식집단이 공식적으로 집단의 목표와 관계를 규정하고 있음에 반해, 비공식집단은 그렇지 않다는 것이다. 이러한 차이점에도 불구하고, 공식집단과 비공식집단을 완전히 분리된 실체로 이해하는 것은 잘못된 것이다. 이 두 가지 집단 유형은 공존하는 것이며, 분리할 수 없는 경우가 많다. 모든 공식 조직은 비공식 집단을 가지고 있으며, 모든 비공식 조직은 결국에는 공식 집단의 모습으로 발전될 수 있다. 비공식 집단의 중요성은 1920년대 호손실험을 바탕으로 한 인간관계론자들에 의해 크게 부각되었다.

### 5.1 비공식 집단의 규범과 역할

비공식 집단은 작업장 내에서라도 인간의 기본적 사회적 욕구를 만족시키기 위해 조직이 추구하는 목표나 과업에 관계없이 자연스럽게 조직된 집단이다. 즉 특별한 조직 기술이나 규칙, 세부적인 설계 없이 태어난 집단이라 할 수 있다. 비공식 집단의 구성에 있어서 가장 중요한 특징 중의 하나는 집단 구성원들이 동일한 관심을 가지고 있다는 점이다. 공식 집단과 마찬가지로 비공식 집단에서 역시 규범과 역할이 발생하게 된다. 많은 행동과학자들은 이 두 단위 사이의 차이점에 대하여 지적해 왔으나, 개념상으로 이 둘은 매우 비슷하다. 규범이란 행위의 '의무'로서, 이는 집단에 의하여 결정된 수용 가능한 행위를 규정한 것이다. 규범은 다음과 같은 조건하에서 집단에 의해 강화되어진다.

- 규범이 집단의 생존을 돕고, 이익을 제공할 때
- 규범이 집단 구성원들이 기대할 수 있는 예측 가능한 행위를 만들고, 이를 단순화할 때
- 규범이 집단 구성원들 간의 인간관계가 혼란스럽게 되는 것을 막는 것을 도울 때
- 규범이 집단의 중심 가치와 목적을 나타내고 집단의 정체성에 대한 특징을 명확하게 해줄 때[41]

역할은 규범들의 패턴으로 구성되어 있다. 역할이란 개인에 의해 행해지는 직책 또는 지위를 말한다. 역할은 구축된 규범에서 나오는 기대를 가지는 직책으로 정의된다. 집단에서는 나타나는 비공식적 역할들은 다음과 같다.

- 촉진자 : 상호작용이 없는 개인들 간 또는 집단 간의 관계를 연결함
- 완충자 : 혼란을 초래하고 사기를 침체시키는 부정적 또는 실망적인 정보나 뉴스를 걸러내고 집단 구성원들을 보호하는 역할
- 로비스트 : 집단의 효율성과 중요성을 외부에 알리는 역할
- 협상자 : 자원을 획득하기 위해 협상하는 권한을 집단으로부터 부여받은 자
- 대변인 : 집단의 목소리의 역할[42]

## 5.2 비공식 집단의 종류

비공식 집단은 이익집단과 우호집단으로 구분된다.

**이익집단** 같은 부서나 작업집단 내에 속하지 않은 사람들이 상호간의 공통의 목적을 달성하기 위해서 조직된 집단이다. 최근 이러한 이익집단은 친목을 목적으로 하는 단순한 모임의 형태에서 발전하는 경우도 있다. 이익집단은 집단구성원의 수, 집단이 보유한 인적·물적 자원, 응집력, 리더십 등의 요인에 따라서 행사하는 영향력이 달라질 수 있다.

**우호집단** 집단들은 구성원들의 연령이나 정치적 신념, 윤리적 배경, 취미, 활동분야, 주거지 등이 유사하다는 이유로 형성되는 경우가 많다. 이러한 집단은 그들의 상호 작

용이나 커뮤니케이션을 작업 외 활동에까지 확대하는 경향이 있다. 우호 집단은 비공식 집단이지만 때에 따라서는 경영층에서 이러한 우호집단의 존재를 확인하고 이를 통제하거나 최소한 영향력을 행사하여 조직의 목표를 우호집단에 심으려하기도 하며, 이들 집단과 좋은 관계를 유지하고자 노력한다.

## 5.3 비공식 집단의 기능

공식 집단과 마찬가지로 비공식 집단은 장점과 단점을 동시에 가지고 있다. 공식 집단의 연구와는 반대로 비공식 집단 연구는 기능적 측면보다 역기능적인 측면이 주목받았다. 예를 들어 목표 간의 갈등, 제한적 성과, 변화에 대한 저항 등이 비공식 집단의 역기능으로 언급되어진다. 하지만 최근에 조직 연구는 비공식 집단의 기능적 측면에 대해서도 인식하기 시작했다. 비공식 집단에의 실질적인 이점은 다음과 같다.

- 좀 더 유기적이고 효과적인 전체 시스템을 만들 수 있다.
- 경영자 능력의 부족한 부분을 채울 수 있다.
- 조직구성원의 정서적 측면을 충족시켜 줄 수 있다.
- 의사소통을 증진시킨다.

비공식 집단의 불가피성과 힘 때문에, 이러한 비공식 집단의 기능들은 집단의 목적을 성취하기 위해 이용된다. 비공식적인 사회적 네트워크는 공식적 계층을 능가하는 막대한 영향력을 발휘하고 있다.

## 주석(endnote)


1 Turner, M. E. (ed.). (2014). *Groups at Work: Theory and Research*. Psychology Press.

2 Katzenbach, J. R., & Smith, D. K. (1993). The discipline of teams. *Harvard Business Review* (March – April), 111~120.

3 Cartwright, D. (1968). The nature of group cohesiveness. *Group Dynamics: Research and Theory*, 91.

4 Steiner, I. D. (1974). Whatever happened to the group in social psychology?. *Journal of Experimental Social Psychology*, 10(1), 94~108.

5 Cooley, C. H. (1956). *Social Organization*. Transaction Publishers; Durkheim, E. (1951). *Suicide: a study in sociology*.

6 Durkheim, E. (1964). *The Division of Labor in Society*. New York: Free Press.

7 Forsyth, D. R. (1990). *Group Dynamics*. Clifornia. Wadsworth, Inc.

8 Freud, S. (1922). *Group Psychology and the Analysis of the Ego*. London: Hogarth.

9 Hormans, G. C. (1950). *The Human Group*. Harcourt. New York: Brace & World.

10 Newcomb, T. M. (1961). *The Acquaintance Process*. New York: Holt.

11 Thibaut, H. W., & Kelley, H. H. (1959). *The Social Psychology of Groups*. New York: Wiley.

12 Adams, J. S. (1965). Inequity in social exchange. In L. Berkowitz(Ed.), *Advances in Experimental Social Psychology*, Vol.2 (267~299). New York: Academic Press.

13 Tuckman, B. W., & Jensen, M. A. C. (1977). Stages of small-group development revisited. *Group & Organization Management*, 2(4), 419~427.

14 Forsyth, D. R. (1999). *Group Dynamics*. Belmont, CA: Wadsworth.

15 Tuckman, B. W. (1965). Developmental sequence in small groups. *Psychological Bulletin*, 63(6), 384~399.

16 Gulati, R. (1995). Social structure and alliance formation patterns: a longitudinal analysis. *Administrative Science Quarterly*, 40, 619~-652.

17 Stevenson, W. B., Pearce, J. L., & Porter, L. (1985). The concept of 'coalition' in organization theory and research. *Academy of Management Review*, April, 261~262.

18 Goodman, P. S., Ravlin, E., & Schminke, M. (1987). Understanding groups in organizations. In L. L. Cummings & B. M. Staw(eds.), *Research in Organizational Behavior*, 9 (124~128). Greenwich, CT: JAI Press.

19 Paulus, P. B., & Nagar, D. (1989). *Environmental Influences on Groups*. Hillsdale, NJ: Erlbaum.

20 Krantz, J. (1985). Group processes under conditions of organizational decline. *The Journal of Applied Behavioral Science*, 21(1), 1~17.

21 Oldham, G. R., & Fried, Y. (1987). Employee reactions to workspace characteristics. *Journal of*

*Applied Psychology*, February, 75~80.

22 Shaw, M. E. (1976), *Group Dynamics*. McGraw-Hill.

23 O'Reillym C. A. Ⅲ, Caldwell, D. F., & Barnett, W. P. (1989). Work group demography, social integration, and turnover. *Administrative Science Quarterly*, March, 34, 21~37.

24 Webber, S. S., & Donahue, L. (2001). Impact of highly and less job-related diversity on work group cohesion and performance: a meta-analysis. *Journal of Management*, 27, 141~162.

25 Shaw, M. E. (1976), *Group Dynamics*. McGraw-Hill.

26 Shaw, M. E. (1976), *ibid.*

27 Shaw, M. E. (1976), *ibid.*

28 Shaw, M. E. (1976), *ibid.*

29 Benne, K. D., & Sheats, P. (1948). Functional roles of group members. *Journal of Social Issues*, 4(2), 41~49.

30 Kahn, R. L., Wolfe, D. M., Quinn, R. P., Snoek, J. D., & Rosenthal, R. A. (1964). *Organizational Stress: Studies in role conflict and ambiguity*. New York: Wiley.

31 Katz, D., & Kahn, R. L. (1978). *The Social Psychology of Organizations*.

32 Brief, A. P., Schuler, R. S., & Van Sell, M. (1981). *Managing Job Stress*. Boston : Little, Brown.

33 Graen, G. B., (1976). Role-making processes within complex organizations. In M. D. Dunnette(Ed.), *Handbook of Industrial Organizational Psychology*. Chicago: Rand McNally.

34 Kemery, R. A., Bedeian, A. G., Mossholder, K. W., & Touliatos, J. (1985). Outcomes of role stress: a multisample constructive replication. *Academy of Management Review*, 28, 363~375.

35 Gross, E., & Stone, G. P. (1964). Embarrassment and the analysis of role requirements. *American Journal of Sociology*, 70, 1~15.

36 Christe, A. M. & Julian, B. (2010). Beyond Status: Relating Status Inequqlity to Performance and Health in Team. *Journal of Applied Psychology*, 95, 920~934.

37 Shaw, M. E. (1976). *Group Dynamics*. McGraw-Hill.

38 Shaw, M. E. (1976). *ibid.*

39 Shaw, M. E. (1976). *ibid.*

40 Janis, I. (1982). *Groupthink*. Boston.

41 Hellriegel, D., Slocum, J. W., & Woodman, R. W. (1989). *Organizational Behavior*. West, St. Paul, Minn.

42 Thompson, L. L. (2004). *Making the Team*. Pearson/Prentice Hall, Upper Saddle River.

CHAPTER 12

# 팀 관리

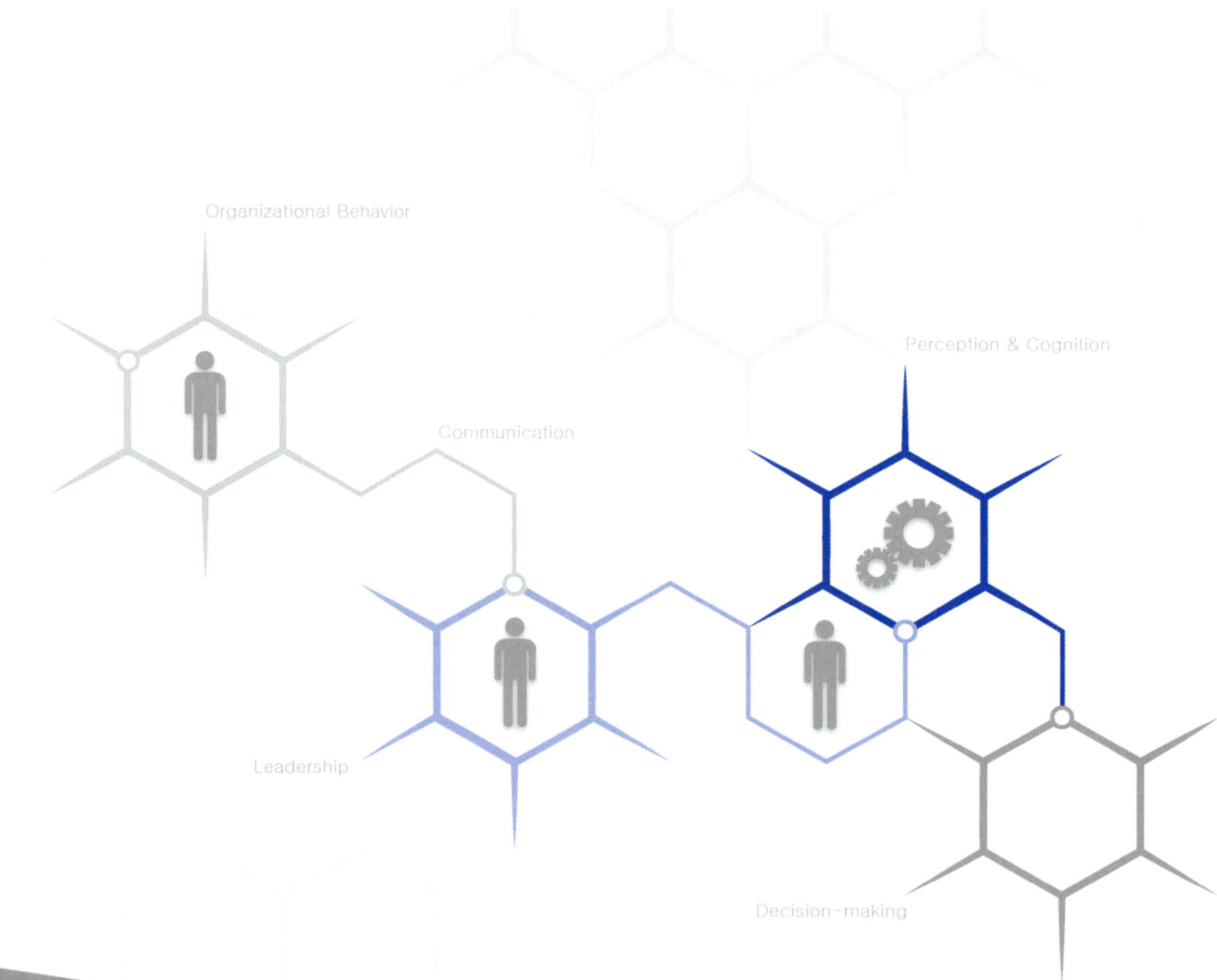

## 들어가기

앞 장에서 집단구조와 집단행동에 관하여 살펴보았다. 집단의 특수한 형태인 팀은 기본적인 부분은 집단과 유사하지만, 팀은 팀 목표달성을 위해 팀 구성원들의 강한 목표몰입과 상호신뢰와 협력 그리고 문제해결을 위한 자율성 등이 집단보다 훨씬 강하게 작용하는 탄탄하고 탄력있는 구성체이다.

최근 많은 조직들이 팀 제도를 조직하위시스템의 기본으로 하고 있다. 따라서 팀의 특성과 팀 빌딩의 효율적 구축과 관리를 통해 팀의 효과성을 증진시키는 메커니즘을 이해해야 한다. 팀 성과 창출을 위해서는 팀의 역기능을 제거하고 창의적인 팀이 되도록 해야 한다.

앞 장에서 우리는 집단에 대하여 전반적인 내용에 대하여 알아보았다. 여기에서는 집단의 특수한 형태인 팀에 대한 일반적인 내용과 집단과의 차이점, 운영 방법 등에 대하여 고찰하고자 한다. 따라서 조직내에서 발견되는 여러 가지 형태의 팀이 설명되고 나아가 조직과 과업의 상황에 맞는 적절한 팀의 구성에 지침을 마련해 줄 수 있을 것이다.

## 1. 팀의 개념과 유형

자율관리팀(self-direct team, self-managing team), 자율적 작업집단(autonomous work groups), 참여적 관리(participative management) 등 많은 이름의 팀들이 조직에서 활용되고 있다. 조직에서 집단과 팀이 서로 교환 가능한 단어로 쓰이고 있지만, 사실 이 둘은 같은 개념이 아니다. 팀은 집단보다 "협동적인 행위"를 더욱 강조한다. 하지만 보통 '위원회(committee)', '집단(group)', '팀(team)' '프로젝트 팀(task force)'은 서로 교환 가능한 단어로 사용되고 있다.

집단은 서로 상호작용을 하여 상대방에게 영향을 미치고 또한 영향을 받으며, 특정 목표를 성취하기 위하여 모인 둘 또는 그 이상의 사람들을 의미한다. 과업집단(work group)이란 각각의 구성원들이 자신의 일의 책임감을 가지고 과업을 수행하기 위하여 의사결정을 하고 정보를 공유하기 위해 상호작용하는 집단을 의미한다. 이러한 과업집단이 반드시 공동의 노력을 요구하는 집합적인 과업을 수행하는 것만은 아니다. 하지만 팀은 구성원들의 협력을 통해 개별 구성원의 성과를 단순 합한 것 이상의 양적 시너지를 창출한다는 특징을 지닌다.

또한 집단 구성원은 집단 내에서 각자의 욕구를 만족시키기 위해 노력하고 사실상 집단의 목표는 소홀히 할 수도 있다. 이것이 바로 팀과 집단의 차이점이다. 팀에서는 모든 팀 구성원들이 공동의 목표에 전념해야 한다. 따라서 팀은 공동의 목표를 가진 집단이라 말할 수 있다. 좀 더 구체적으로 팀을 정의하면 "공동의 목적과 구성원들 서로간에 책임이 있는, 상호보완전인 기술을 가지고 있는 소수의 사람들"을 의미한다.[1] 이 정의에 의하면 팀은 소집단과 같이 소수의 구성원들로 이루어져 있다. 왜냐하면 팀에 필요한 상호작용과 영향 과정은 구성원들의 수가 적을 때 발생할 수 있기 때문이다. 구성원의 수가 많아지면, 서로 상호작용하고 영향을 미치기 어려워지고, 구성원들 간의 보완적 기술을 십분 활용하여 목적을 성취하기 힘들어진다.

팀은 과업을 수행하기 위해 적합한 능력과 기술을 가진 사람들로 구성된다. 팀에서는 보통 세 가지 형태의 능력과 기술이 요구된다. 첫째, 팀은 작업을 수행하기 위하여 전문적이고 기능적인 능력을 가진 구성원들을 필요로 한다. 둘째, 팀이 문제를 확인하고, 일의 순서를 결정하고, 대안을 평가하고, 거래들을 분석하며, 팀이 나아갈 방향을 결정하는 것을 돕기 위한 문제해결능력과 의사결정 능력이 필요하다. 셋째, 의사소통 흐름을 관리하고, 갈등을 해결하고, 지원을 제공하며, 모든 팀 구성원들의 흥미를 인식하는 대인관계 능력이 필요하다. 모든 팀 구성원들이 이 세 가지 능력들을 소유하고 있는 것은 아니며, 특히 팀이 처음으로 형성될 때에는 서로 다른 구성원들이 다른 능력들을 가지고 있을 것이다. 그러나 팀이 성장하고 발전하여 성숙되면 팀 구성원들은 이 능력들을 점차 갖추게 될 것이다.

팀은 집단과 다르게 팀의 주어진 목표달성을 위해서 구성되고 이에 전념한다. 목표는 팀의 초점이 되며, 이를 달성하기 위하여 모든 의사결정을 내리고, 모든 행위를 한다. 팀은 그 존재의 이유와 강한 팀 정체성과 팀에 대한 몰입을 창출하는 활동들을 수립하기 위하여 많은 노력을 한다. 이러한 프로세스는 팀 구성원들이 서로에 대한 신뢰를 구축하는데 도움을 준다.[2]

일반적으로 조직에서 찾아볼 수 있는 팀의 유형에는 문제해결팀(problem solving team), 자율경영팀(self-managed teams), 교차기능팀(cross-functional teams), 가상팀(virtual teams)의 네 가지가 있다.

## 1.1 문제해결팀

문제해결팀(problem solving team)의 특징은 팀의 구성원들이 거의 같은 부서에서 일하고 있으며 매주 일정 시간 동안 생산에 있어서의 품질의 향상, 효율성 제고, 작업 환경의 개선 등의 사안에 대하여 토론을 벌인다는 것이다. 문제해결팀 안에서 구성원들은 자신들의 아이디어를 공유하게 되고, 어떻게 하면 작업 공정과 방식을 개선할 수 있는지 등에 관한 의견을 나눈다. 이러한 문제해결팀의 대표적인 형태가 1980년대 유행했던 품질 분임조(QC, Quality Circle)이다. 이 팀에는 보통 8~10명 정도의 책임을 분담한 종업원과 감독자가 속해 있으며, 이들은 정기적으로 모여서 품질에 관한 논의를 하거나 문제의 원인을 조사하고, 해결책을 찾기 위해 노력하며 이를 처리하는 활동을 함께 수행하게 된다.

## 1.2 자율경영팀

문제해결팀은 나름대로의 역할을 수행했지만, 종업원들로 하여금 작업에 관련된 의사결정 과정에 참여시키는 제도적 장치로서의 역할에는 미흡했다. 따라서 문제해결뿐만이 아니라 해결책을 실행하고 그에 대한 결과의 책임까지도 주어지는 실질적인 자율적 조직을 만들어갔다.

자율관리팀(self management team)은 10~15인으로 구성된 작업 집단으로서, 그들은 작업의 계획 및 스케줄을 스스로 관리하며 작업의 속도에 대한 통제권을 가지고 운영에 대한 의사결정을 하고 작업 중 발생한 문제점에 대하여 일련의 대처 행위를 할 수 있는 등의 상당히 폭넓은 자율권을 가지고 있으며, 나아가 자신의 팀 일원을 스스로 선택하고 팀 구성원들의 평가를 서로가 하는 완전 자율관리팀으로 발전하기도 한다. 이에 따라 기존 감독자들의 역할은 현저히 감소하게 된다.

## 1.3 교차기능팀

관료제적 수직적 권한구조의 역기능에 대한 인식이 커지고 이에 따라 수평적 권한설계를 선호함에 따라 많은 기업에서 교차기능팀(cross-functional teams)을 빈번하게 활용하고 있다. 교차기능팀은 특정 과업을 수행하기 위하여 다양한 부서 또는 다양한 전문기능을 가진 개인들로 구성된 팀이다. 예를 들어 항공사에서 저가 항공료 전략을 수행하기 위하여 교차기능팀은 객실승무원, 예약담당, 램프관리 등의 다양한 직무를 수행하고 있는 팀원들로 구성한다.

교차기능팀이 성공적으로 목적을 수행하기 위해서는 팀 내부 차원과 팀을 운영하고 있는 조직 차원에서의 기준이 상호 만족스러워야 한다. 교차기능팀들 간의 조화를 이루기 위해서는 조직에서 다섯 가지 단계를 수행해야 한다.

첫째, 팀 구성원들을 신중하게 선별

둘째, 팀의 목표를 명확히 설정

셋째, 팀이 어떻게 기능해야 할지를 모두가 이해하도록 확신시킴.

넷째, 집중적인 팀 빌딩(team building)을 통해 구성원들의 사기를 진작시키고, 그들의 노력으로 인한 효과를 볼 수 있도록 함.

다섯째, 눈에 띄는 결과를 달성함으로써 조직구성원들이 사기를 고취시킴.

최근의 실증연구 결과에 의하면 팀 구성원들의 교차 훈련(cross-training)과 전반적인 기능 훈련이 정보 공유, 팀 상호작용, 팀 성과를 향상시키는 것으로 나타났다.[3]

## 1.4 가상팀

정보통신기술의 발달과 세계화 경향의 증대, 빠른 과업처리 속도의 중요성 증대로 인하여 구성원들이 직접 대면 접촉을 통하여 상호작용해야 할 필요성이 사라지고 있다. 오늘날 조직구성원들은 먼 거리에 있어도 이메일, 전화, 화상 회의, 팩스, 위성 전송, 인터넷 등의 전자적 수단을 통해 의사소통을 할 수 있다. 먼 거리에서 과업을 수행하는 구성원들로 가상팀(virtual team)이 형성된다. 예를 들면 자택근무자도 가상팀에 소속될 수 있다. 세계적으로 가상팀은 증가하고 있는 추세이다.

가상팀은 "구성원들이 공동의 목적을 가지고, 공간, 시간, 조직의 경계를 뛰어넘어 의사소통을 하고 협력하기 위하여 정보통신 기술을 사용하며 상호의존적으로 과업을 수행하는 팀"[4]으로 정의할 수 있다.

가상팀과 일반적으로 팀 구성원들이 직접 대면 접촉을 하는 팀의 차이점은 다음과 같다. 첫째, 음성적 정보(어조, 억양, 목소리 크기 등)와 비언어적 정보(눈의 움직임, 표정, 손의 움직임, 그 밖의 바디랭귀지)가 존재하지 않는다. 둘째, 구성원들 간의 사회적 접촉이 제한되어 있다. 셋째, 시간과 공간의 제약을 쉽게 극복할 수 있다. 직접 대면 대화에서 사람들은 비록 비언어적 정보를 이용하여 의사소통을 명확하게 파악할 수 있지만 전자매체를 이용한 상호작용에서는 이것이 불가능하다. 따라서 가상팀에서는 구성원들 간의 사회적 관계와 직접적 상호작용의 결핍으로 인하여 어려움을 겪기도 한다. 또한 팀 구성원들이 개인적인 만남을 가질 수 없어 사회적이고 정서적인 정보를 교환하는 것이 불가능하기 때문에 더욱 과업 지향적으로 운영되는 경향이 있다.

## 2. 팀 효과성 증진방안

팀의 효과성은 팀이 얼마나 그 목적을 성취하고, 전체 조직을 위하여 과업을 성공적으로 수행했는지에 근거하여 측정된다. 팀이 효과적으로 운영되기 위해서는 팀이 일반적으로 직면하게 되는 역기능과 문제들을 극복해야 한다. 장기적 팀 효과성 모형에서는 팀이 생산적인 분위기 속에서 운영될 수 있도록 팀에 대한 지원과 팀 몰입, 보상 시스템, 의사소통 시스템, 물리적 공간을 갖춘 적절한 환경의 창출이 포함되어 있다.[5] 또한 과업은 상호의존적으로 설계되어야 하며, 팀 규모는 가능한 소규모여야 하며, 팀 구성원들은 일할 의욕과 능력을 모두 고려하여 선발해야 한다. 팀 응집성은 팀 구성원들 간의 상호작용과 접촉을 장려하거나, 다른 조직구성원들이 팀에 참여하는 것을 어렵게 만들어 팀 구성원들이 팀에 참여하는 것을 자랑스러워하게 함으로써 강화할 수 있다.[6] 이와 더불어 팀의 성공과 외부 경쟁과 도전의 존재는 응집성을 더욱 강화시킬 수 있다. 여기에서는 실증연구들에 의해 팀 효과성을 증진시키기 위한 방안으로 제기된 팀 빌딩, 협력증진, 팀장 리더십, 다양성 관리에 대해 살펴보기로 한다.

### 2.1 팀 빌딩

팀 빌딩(team building)은 과업집단의 성공이 훈련을 통해 개발된 협력적인 상호의존성에 의해 결정될 수 있다는 전제에서 출발하였다.[7] 작업장의 팀 훈련은 스포츠 팀의 팀 훈련과 유사하다. 농구 팀의 멤버들이 팀의 승리를 이끌기 위하여 각자의 기량과 에너지를 어떻게 한데 모아야 하는지를 배워야 하는 것과 같이 기업에서의 과업수행 팀의 구성원들 역시 그들의 노력과 다른 팀 구성원들의 노력을 어떻게 조화시켜야 하는지를 배워야 한다. 이를 위해서는 팀의 목표를 설정하고, 과업의 유형을 설정하며, 팀의 정체성을 형성해야 한다. 또한 팀 구성원 각각은 그들의 활동들과 대인관계에서의 스트레스를 어떻게 조화시켜야 하는지를 배워야 한다.[8]

어떻게 해야 조직은 나은 팀을 만들 수 있을까? 이를 위해서는 목표설정, 역할 정의, 대인관계 프로세스의 분석, 응집성 구축, 문제해결이 필요하다.

**목표설정** 팀은 목표를 추구하는 집단으로서 이 목표가 명확해야만 팀이 효과적으로 기능할 수 있다. 일단 팀의 전반적인 목표가 명확해지면, 이를 성취하기 위하여 과업을 설정해야 한다. 일반적으로 팀은 목표가 명백하고, 구성원들이 정기적으로 진척사항을 피드백 받을 수 있을 때 더욱 효과적으로 기능할 수 있다.[9] 팀 구축자는 목표가 명확하지 않은 팀에게 임무나 비전을 명확히 하도록 해야 한다.

**역할 정의** 팀은 구성원들 각자가 그들의 역할을 잘 수행할 때 효과적으로 기능한다. 팀이 발전하면서 구성원들은 일에 대한 책임이 불명확하거나, 역할과 관련된 의무를 잘못 이해하고 있을 때 발생하는 역할 스트레스를 겪게 된다. 팀은 또한 리더 중심적 구조가 아닌 경우가 많다. 이럴 경우 팀 구축자는 팀이 자율적 생산 단위로서 발전할 수 있도록 훈련해야 한다.

**대인관계 프로세스의 분석** 팀의 성과를 극대화하기 위하여 운동선수가 그들의 개인적 기량과 에너지를 한데 모으는 것처럼, 조직구성원들도 자신의 노력을 다른 집단 구성원들의 노력과 조화시키는 법을 배워야 한다. 이를 위해 팀 구성원들은 집단의 의사소통 양식이나 의사결정 절차, 권력의 원천, 비공식 사회적 규범, 다양한 구성원들 간의 갈등 등을 학습해야 한다.

**응집성 구축** 대부분의 스포츠 팀에서 각 선수들은 그들이 하나의 단일개체로서 기능할 수 있을 때까지 끊임없이 연습을 해야 하며, 개인의 성공을 위한 욕구에서 팀의 성공을 위한 욕구로 전환해야 한다. 팀 코치는 팀 정신을 기르고, 팀의 목표를 명확히 하며, 팀의 약점을 파악할 수 있도록 팀 구성원들을 고취시켜야 하며, 팀 구성원들이 서로 협력하고 통합할 수 있도록 노력해야 한다. 팀 빌딩에 있어서도 경영자나 컨설턴트는 집단이 팀으로 발전할 수 있도록 돕는 코치의 역할을 해야 한다. 팀 구축은 대인관계의 신뢰와 협동, 집단 정체성의 계발을 통해 집단의 사기를 강화한다.

**문제해결** 팀 구성원은 팀이 직면한 문제점과 그 해결책을 찾아내기 위한 효율적인 의사결정 방안을 학습해야 한다.[10] 많은 과업 팀들이 Q.C.(quality circle model)에 기반하고 있는데, Q.C.는 상위 경영자로부터 의사결정 권한을 부여받은 종업원 중심의 소규모 집단이다. 이 팀은 생산성을 저해하는 문제점들과 효율성, 품질, 직무 만족 등에 대해 토의하기 위하여 작업장에서 모임을 갖는다. 일단 문제점들이 확인되면, 이 팀은 이를 교정하기 위한 변화를 수행하게 된다.

## 2.2 협 력

팀의 본연의 기능은 능력을 가진 사람들이 모여 협력적인 노력을 조직화하여 창조적인 노력으로 전환시켜 양적 시너지를 창출하는 것이다. 따라서 구성원들의 자발적인 협력적 태도를 유도하는 것이 중요하다. 일반적으로 팀 운영에 있어 개인주의적 문화 특성과 관계된 문제들을 극복하기 위해서는 자발적으로 팀을 형성하게 하거나, 구성원들이 자발적으로 팀에 참여하게 하는 것이 바람직하다. 자발적으로 팀에 참여한 구성원들은 협력적인 태도를 보이며, 더 큰 만족감을 경험하게 된다. 더 나아가 팀의 목표설정 과정에 참여함으로써 더 큰 동기를 유발하며 만족감을 증대시킬 수 있다.[11] 이 밖에도 구성원들의 협력을 유도하고 팀 구성원들 간의 대인관계를 향상시킬 수 있는 리더의 역량 등이 팀 내 협력 증진에 중요한 영향을 미친다.

## 2.3 팀 리더십

팀 내에서 팀 리더는 팀을 구조화하고, 목표를 설정하며, 팀 활동에 필요한 자원을 배치하고, 팀 구성원들이 그들의 개인적 역량을 강화하여 팀에 공헌하도록 도와주는 역할을 한다. 또한 팀 구성원들이 팀 구성원들이 협력하여 그들의 집합적 자원을 팀의 목적을 달성하기 위하여 이용하도록 도와주는 역할을 한다. 팀 과업을 효과적으로 수행하기 위해서는 무엇보다도 팀 구성원들이 팀의 목표와 과업수행 과정에 대해 서로 공감대가 형성되어야 한다. 팀 과업을 수행하기 위하여 무엇이 필요하고 중요하며 무엇을 해야 하는지에 대한 공감대는 팀 구성원들이 과업수행에 몰입하여 시너지를 창출하도록 한다. 이때 팀 리더는 팀 구성원들에게 비전을 제시하고 격려함으로서 팀 구성원들로 하여금 팀 목표에 대한 공감대를 형성하도록 하여 팀에 대한 몰입을 증진시키는 데 결정적인 역할을 한다.

## 2.4 다양성 관리

팀 구성원들은 여러 가지 측면에서 다양한 특징들을 보유하고 있다. 성별, 연령, 인종, 교육배경 등과 같이 가시적인 특징뿐만 아니라 성격, 가치관, 문화적 배경, 신념

등의 눈에 보이지 않는 특징들이 서로 다른 사람들이 모여 팀을 구성하고 협력적 과업을 수행해야 한다. 사회적 유형화(social categorization) 이론에 의하면 사람들은 자신과 유사한 특징을 지니는 사람들을 더욱 긍정적으로 평가하며 친밀감을 느끼는 속성이 있다. 따라서 팀 구성원들 간의 서로 다른 특징들, 즉 팀 구성원의 다양성은 팀의 협력적 과업 수행을 방해하고 팀 성과에 부정적인 영향을 미칠 수 있다. 반면 팀의 다양성은 오히려 팀 내에 다양한 관점과 정보를 공급하는 원동력이 될 수 있다. 이를 통해 창의적 팀 과업 수행을 가능하게 하고, 이를 통해 팀 본연의 장점인 양적 시너지 창출을 달성할 수 있게 한다. 이와 같이 팀 구성원 다양성의 부정적 효과는 줄이고 긍정적 효과를 극대화시키는 다양성 관리는 효과적인 팀을 만들기 위해 중요한 과제이다.

특히 오늘날과 같이 다양한 국가적 배경을 가진 개인들로 구성된 글로벌 팀이 보편화되고 있는 추세에서 팀 내의 문화적 다양성 관리는 중요한 이슈이다. 이러한 문화적 다양성 관리를 위해서는 개인주의적 문화와 집단주의적 문화의 차이를 이해해야 하며, 각 문화적 특징을 고려하여 보상제도나 종업원 참여 등의 정책의 시행에 변화를 주어야 한다.

## 3. 팀의 역기능

지금까지는 팀의 긍정적 영향과 기능들을 살펴보았다. 하지만 팀은 역기능 또한 가지고 있다. 집단과 팀 내부에서 발생할 수 있는 역기능으로는 규범위반(norm violation), 역할 모호성(role ambiguity)과 역할 갈등(role conflict), 모험적 의사결정(risky shift), 사회적 태만(social loafing) 현상이 있다.

### 3.1 규범위반, 역할 모호성, 역할 갈등

집단 규범을 위반하면 이는 반사회적 행동을 야기할 수도 있다. 예를 들어 거짓말, 루머, 태업, 결근과 같은 행동뿐만 아니라 극단적으로는 성폭력, 절도와 같은 행동이 그것이다. 최근의 연구에 의하면 만성적으로 반사회적 행동에 노출된 집단 구성원은 더욱 그러한 행동을 하려는 경향이 있으며, 동료가 본인보다 더욱 반사회적인 행동을 할 때에 그 동료에 대한 불만족이 높아짐을 알 수 있었다.[12]

역할 모호성이란 규범에 의해 명시된 역할과 실제로 개인의 역할에 대한 반응 사이의 괴리를 말한다. 이러한 역할 모호는 집단 구성원이 주어진 상황의 지시에 대하여 불명확하게 알고 있거나 집단에서 자신이 무엇을 하기를 기대하고 있는지를 알지 못할 때 발생한다. 모호한 직무 기술서, 상사의 모호한 지시, 미경험 등이 역할 모호성을 유발하게 된다. 이러한 역할 모호성은 집단이나 팀에서 개인의 능력을 효과적으로 발휘할 수 없게 한다.

또한 역할 갈등은 서로 모순되는 과업들을 부여받았을 때나 혹은 자신의 개인적 가치와 갈등을 일으키는 과업을 부여받았을 때 발생하게 된다. 집단이 비윤리적이거나 반사회적인 과업을 수행할 때, 혹은 집단 구성원들이 리더나 공식적 조직에 의해 강요되는 규범에 의해 스트레스를 받을 때 역할 갈등의 부작용은 증가한다.

## 3.2 집단사고

매우 응집성이 높은 집단이나 팀의 역기능으로서 집단사고(groupthink)를 들 수 있다. 집단사고란 집단의 압력으로 인하여 집단 구성원들의 정신적 효율성이 저하되고, 대안의 현실적용에 대한 분석 능력과 윤리적 판단 기능이 저하되는 현상을 말한다.[13] 근본적으로 집단사고는 개별 구성원들에게 순응과 일치를 강요하는 집단적 압력으로 인해 발생한다. 집단사고를 하는 집단이나 팀은 의사결정에 있어 합의를 보려는 성향이 매우 강하기 때문에 소수의 의견이나 비주류적인 관점은 무시되게 된다. 집단사고 현상의 징후로 다음과 같은 점들을 들 수 있다.

첫째, 팀 구성원들이 그들이 가지고 있는 생각에 저항하지 못하기 위해 이를 합리화하려 한다. 그들의 생각에 반대되는 확실한 증거가 있을지라도 팀 구성원들은 계속해서 그 생각을 강화하는 쪽으로 행동한다.

둘째, 팀이 공유하는 관점이나 생각에 대해 의심을 표명하는 사람이나 팀 구성원 다수에 의해 제안된 대안의 타당성에 의문을 제기하는 사람에 대해 직접적인 압력이 가해진다.

셋째, 팀의 생각에 의구심을 가지고 있거나 다른 관점을 가지고 있는 구성원들이 이에 대해 침묵함으로써 집단의 합일에서 벗어나는 것을 피하거나, 그들 스스로 의구심이나 차별된 관점의 중요성을 최소화하려 한다.

넷째, 만장일치의 환상이 나타난다. 발언하지 않는 사람은 팀의 의견에 찬성하는 것으로 간주한다.

미국의 외교정책들의 분석연구에서 위와 같은 현상들이 발견됨을 알 수 있었는데, 특히 실패로 끝난 정부 정책들에서 이러한 집단사고 현상이 있었음이 증명되었다. 예를 들어 2차 대전 전 히틀러에 대한 영국의 “do nothing policy”, 진주만에 폭격에 미군이 준비하지 않은 것, 미국의 피그즈만 침공사건, 미국의 베트남 전쟁 참가 등은 집단사고에 기인한 것으로 볼 수 있다.[14] 최근에는 챌린저호 참사와 허블 망원경 실패(허블 망원경의 주 렌즈와 NASA의 decision process와의 연결 실패 사건)가 집단사고로 증명되었다.[15]

Arch의 실험은 집단사고를 보여주는 대표적인 예이다. 이 실험에서는 다수의 의견과 달리하는 개인들이 집단의 압력으로 인해 정신적인 고통을 경험했으며, 결국 그들의 처음 느낌이나 의견을 수정하는 모습을 보였다. 비록 다양한 의견을 개진하는 것이 집단 의견의 효율성을 증진시키기 위해서 필수불가결할지라도 집단 구성원으로서 분열을 일으키는 것보다는 “합일”에 이르는 것이 쉽다.

집단사고가 모든 집단에서 집단사고는 집단 정체성이 명확하고, 집단 구성원들이 자신들 집단의 긍정적 이미지를 보호하고자 하며, 이 긍정적인 이미지에 대한 집단적인 위협을 지각하고 있는 집단에서 쉽게 발생한다.[16] 따라서 집단사고란 단순히 반대자 억압 작용이 아니라 집단의 긍정적 이미지를 보호한다는 의미를 지닌다. 챌린저호나 허블 망원경의 실패 사례 또한 NASA가 “실패를 하지 않는 엘리트 조직”이라는 집단 정체성을 확고히 하려는 데에서 발생했다.[17]

팀 내에서 집단사고를 줄이기 위해서는 무엇보다도 팀 리더의 역할이 중요하다. 리더는 모든 팀 구성원으로부터 적극적으로 의견을 수용해야 하며, 팀 구성원들의 자유로운 의견개진을 위해 특히 토의 초반에 리더 자신의 의견을 표현하는 것을 피해야 한다. 또한 팀 구성원들 중 한 명에게 팀 구성원 다수의 의견에 도전하도록 하는 악역을 부여하여 다양한 시각을 제공하도록 하는 방법이 있다. 그 밖에도 팀의 정체성을 보호하면서도 다양한 의견을 개진하는 활발할 토론을 할 수 있도록 하는 훈련을 시행하는 것도 집단사고를 줄이는 데 유용하다.[18]

## 3.3 모험적 의사결정

집단사고로 인해 과도한 위험감수 현상이 나타나기 이전에, 집단은 개인보다 더욱 위험한 의사결정을 하는 경향이 있다.[19] 집단 토의는 집단 구성원들의 초기의 태도를 더욱 극단적으로 만든다.[20] 예를 들어 집단 토의 전에 노조 성향의 태도를 가지고 있던 개별 구성원들이 집단토의 후에 더욱 극단적인 노조 성향의 태도를 가지게 되는 것이다.

## 3.4 사회적 태만

사회적 태만이란 일부 사람들이 다른 사람들 보다 의도적으로 더 적게 일함으로써 성과에 기여하는 정도가 낮아질 수 있는 상황을 말한다. 흔히 말하는 '무임승차(free riding)'를 의미한다. 과제로 나온 팀 리포트 작성 시 별다른 참여 없이 단지 표지에 이름을 집어넣어 다른 사람들과 같은 평가를 받는 경우가 쉽게 찾아볼 수 있는 사회적 태만의 예라 할 수 있다. 경제학자들에 따르면 사회적 태만은 집단의 성과 배분이 개인의 공헌에 의하여 이루어지는 경우보다도, 공헌도와는 관계없이 일률적으로 배분되어지는 경우에 많이 발생한다고 한다. 즉, 태만자(loafer)들은 개인적인 노력이나 희생 없이도 모든 사람과 같은 보상을 받을 수 있게 되는 경우 사회적 태만이 발생하는 것이다. 또한 집단 내에서 성과 피드백이 잘 이루어지지 않거나, 내재적으로 동기화되어 있지 않은 과업을 부여받는 것 등도 사회적 태만의 원인이 될 수 있다.

문화적 특징 또한 사회적 태만의 원인이 될 수 있는데, 개인주의가 지배적이거나 자기 이익을 중요시하는 문화적 가치를 가지고 있는 사회에서는 집단 내에서 사회적 태만을 경험하기 쉽다. 반면 집단주의가 중시되거나 "우리 의식" 또는 집단의 목표가 중요시되는 문화에서는 집단 내에서의 사회적 태만이 덜 발생한다.[21]

사회적 태만은 또한 팀이나 집단의 규모가 클수록 발생하기 쉬운데, 이는 집단의 규모가 커질수록 개인의 공헌을 확인하기가 힘들어지기 때문이다. 사회적 태만을 줄이고 집단 구성원들이 집단이나 팀에 공헌하도록 하기 위해서는 되도록 팀의 규모를 작게 하고, 개인 구성원의 공헌을 확인할 수 있도록 과업을 구체화하며, 개인의 성과를 평가해야 한다. 또한 팀을 구성할 때 이미 동기화되어 있는 사람들을 팀 구성원으로 선발하는 것도 사회적 태만을 예방하는 방안이 될 수 있다.[22]

# 4. 효율적 팀 관리

팀 성과를 향상시키기 위해서는 기술적 측면의 관리뿐 아니라 집단 구성원들의 만족과 몰입을 증대시키기 위한 노력이 있어야 한다. 그러기 위해서는 팀을 둘러싼 조직 환경 및 집단 프로세스를 효율적으로 관리해야 한다. 다음은 효율적 팀 관리를 위한 방안들을 제시하고 있다.[23]

## 4.1 긍정적 조직 환경의 조성

조직 환경은 팀 성과에 직접적인 영향을 미친다. 아래에서 제시한 네 가지 방안들은 팀 성과에 긍정적인 영향을 미칠 수 있도록 조직 환경을 어떻게 조성해야 하는지를 보여준다.

**팀 과업에 대한 책임** 팀을 효율적으로 운영하기 위해서는 팀 과업 수행을 평가하고 이것이 얼마나 조직의 목표에 기여하는지를 측정할 수 있어야 한다. 이러한 팀 성과 평가 및 측정 도구가 마련되어 있지 않으면, 팀이 비생산적이고 중요하지 않은 이슈에 매달려 시간과 노력을 낭비하게 되기 쉽다.

**적절한 팀 권한의 범위** 조직내에서 집단이 행사할 수 있는 권한의 범위는 다양하다. 예를 들어 기업 내에서 팀이 자신의 팀 구성원을 선발할 수 있는 권한을 가지고 있지만, 고용법상의 문제로 성과가 낮은 팀 구성원을 해고할 권한은 가지고 있지 않다. 또한 기업의 사업계획을 바탕으로 자신의 팀이나 집단의 목표를 집단 구성원들이 직접 설정하기도 한다. 이와 같이 조직내에서 팀이 행사할 수 있는 권한의 범위에 따라 집단의 과업수행 방식이나 프로세스가 달라진다. 따라서 효율적인 팀 관리를 위해서는 조직 차원에서 집단이나 팀이 행사할 수 있는 권한의 범위를 명확하게 제시해 주어 집단의 운영을 예측 가능하게 해야 할 필요가 있다.

**집단(팀)기반 성과관리와 보상체계** 팀 성과 증진을 위해서는 개인적 보상과 집단 보상이 결합된 보상체계를 마련해야 한다. 만일 집단 구성원들의 보상에 집단 보상을 고려하지 않는다면, 개별 구성원들이 집단 과업에 참여할 인센티브가 약해지게 될 것이다. 집단 보상을 위해서는 집단성과의 양적 측면뿐만 아니라 집단 구성원들이 집단과업에 얼마나 기여했는지를 고려해야 한다. 예를 들어 동료 평가 등의 제도는 집단 구성원들이 집단 과업수행을 위하여 얼마나 기여하고 협조적이었는지를 평가하기 위한 수단으로 활용되고 있다.

**팀 후원을 위한 조직문화 형성** 효과적인 팀 관리를 위해서는 조직 차원에서 팀을 후원하는 조직문화를 형성해야 한다. 예를 들어 집단이나 팀의 운영에 조직의 정책과 독립된 자율권을 부여하고, 팀의 활동이 조직에 중요한 영향을 미치는 활동이라는 믿음이 형성되어 있어야 한다. 또한 팀이 효과적으로 과업을 성취할 수 있다는 믿음이 있어야 하며, 이는 팀에게 목표 설정이나 과업 수행의 책임감을 부여하고, 팀이 조직의 자원을 활용하는 것에 합법성을 부여함으로써 달성할 수 있다.

## 4.2 팀 프로세스 관리

효율적 팀 관리를 위해서는 앞에서 언급한 조직 차원의 후원뿐만 아니라 집단 자체의 특징이나 프로세스를 관리해야 한다.

**팀 과업 유형 및 집단의 구성** 집단성과를 결정하는 중요한 요소로는 집단이 수행하는 과업의 유형과 팀 그 자체의 구성이 있다. 팀의 발전 단계 초기에 집단 과업이 잘 정의되고 팀 구성원들의 행동에 체화될수록 팀 성과에 긍정적인 영향을 미치게 된다.[24]

팀의 구성은 집단의 과업이 효율적으로 수행될 수 있도록 다양한 유형의 팀 구성원들이 최적으로 조합되어 있어야 한다. 예를 들어 앞부분에서 팀 구성원들의 역할에서 논의한 바와 같이, 팀 내 구성원들이 과업역할, 사회정서적 역할, 그리고 개인주의적 역할을 적절하게 분배하여 담당하고 있을 때 효율적인 팀이 될 수 있다.[25]

**팀 리더의 역할** 팀의 리더는 집단이 나아갈 방향과 실천 수단을 제시하는 것 이외에도 팀 구성원들 간의 신뢰를 도모하고 구성원들에게 희망을 제시해야 한다. 특히 효율적 집단을 위해서 팀의 리더는 집단 구성원들이 꿈을 공유하고, 이 꿈을 추구하는데

있어 구성원들 각각의 이기주의적 태도를 줄이며 팀 구성원들 간의 갈등을 관리할 수 있어야 한다.[26]

## 5. 팀의 창의성 관리

제9장에서 조직구성원의 바람직한 조직행동으로서 창의성 또는 창의적 행동을 증대시키는 것이 중요하다고 했다. 그런데 개인의 창의적 행동은 조직내의 팀 활동을 통해 나타나게 된다. 조직전체수준에서 창의성 관리라는 것은 현실적으로 불가능하며, 조직내에서 구성원들의 창의성이나 창의적 활동이 성과로 연결될 수 있는 실질적 단위는 팀이다. 따라서 팀 관리 방식에 따라 개인의 창의적 활동이 촉진될 수 있다.

### 5.1 창의성에 영향을 미치는 요인들

팀의 창의적인 활동을 위해서 구성원들이 창의적인 아이디어를 제시하고 이를 실행하는데 자유로울 수 있는 환경을 만들어주어야 한다. 개인의 창의성에 관해서 얼마나 많은 자유와 재량권이 주어줘야 하는지 정확히 판단하기 어렵기는 하지만, 이는 혼란을 초래할 정도로 너무나 많은 자유를 주는 경우가 정확히 언제인지, 창의성을 방해하거나 감소하게 만드는 환경이나 제도가 무엇인지 정확히 고려해야 한다. Amabile[27]은 조직구성원의 창의력 발휘에 긍정적 또는 부정적으로 영향을 미치는 요인들을 아래 〈그림 12-1〉과 같이 제시하였다. 이것은 작업환경의 여러 측면들을 나열한 모델로써, 작업 환경들 중에 6가지는 창의성에 대한 환경적 촉진제 역할을 하는 것들이고, 2가지는 창의성에 대한 환경적 장애물들이다.

#### 1) 창의성 향상을 위한 격려

새로운 아이디어를 개발하고 발전시키기 위해 격려에 관한 부분은 창의성 연구에서 가장 많이 언급이 되는 내용이다. 이때 창의성을 향상시키기 위한 격려의 수준을 조직, 상사, 작업 집단의 세 가지 수준으로 나누어서 창의성에 미치는 영향을 살펴보

**그림 12-1**

창의성에 영향을 미치는 환경 요인들

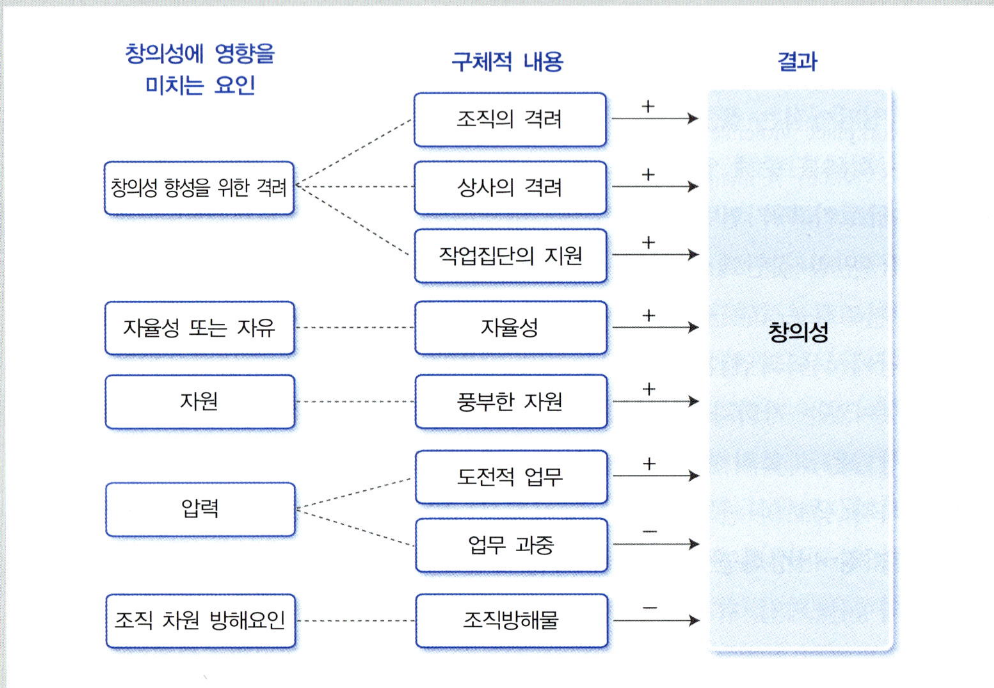


주 : +: 긍정적 영향 −: 부정적 영향

자료 : Amabile, Coon, Lazenby & Herron(1996).[28]

았다. 첫 번째 수준은 조직의 격려이다. 격려는 조직 차원에서 위험 감수 및 아이디어 창출에 대한 격려로, 최고 경영층에서부터 하위 종업원에 이르기까지 혁신에 대한 가치부여를 의미한다. 이때 조직은 종업원들의 창의적인 아이디어에 대한 공정하고 지원적인 평가를 하며, 창의적 행위에 대한 보상과 재인식이 이루어진다. 또한 목가적 분위기 및 원활한 아이디어 공유가 이루어지며, 이는 조직구성원들로 하여금 정보적 성격의 피드백을 제공하게 된다. 이와 같은 조직 차원의 지원을 통해서 창의성이 창출된다고 보았다.

두 번째는 상사의 격려이다. 이는 감독자 측면에서 목표 정확성, 감독자와 부하의 열린 상호작용, 팀 작업과 아이디어에 대한 감독자 지원에 관한 것이다. 감독자가 훌륭한 작업 모델이 되고, 적절한 목표를 선정하며, 작업집단을 적극적으로 지원하고 개인적인 공헌에 가치를 두며, 작업 집단에 자신감을 보일 때 창의성은 촉진된다.

마지막 수준은 작업 집단의 지원이다. 작업 집단 차원에서 구성원 다양성, 상호 의사소통, 아이디어에 대한 건설적 도전, 프로젝트에 대한 몰입 공유는 구성원의 창의적 행위를 증가시킨다. 아이디어에 대한 건설적인 도전과 프로젝트에 대한 몰입 공유는 작업에 대한 긍정적인 도전감을 불러일으키고, 작업 자체에 관심을 갖게 하여 창의성 향상에 영향을 미치게 된다.

#### 2) 자율성

자율성은 자신이 무슨 일을 하고 어떻게 할 것인가를 결정할 권한을 조직구성원들이 갖게 하는 것이다. 자율성이 주어진다는 것은 자기 결정권 및 역량에 대한 인식을 높여주는 것으로 조직의 통제와 간섭이 최소화된다는 것을 의미한다. 이를 통해서 종업원들은 기존의 일상적인 과업수행이나 틀에 박힌 문제해결 방법을 벗어날 수 있다. 이것은 스스로 좀 더 새롭고 혁신적인 아이디어 창출활동을 위한 심리적 여유와 시간을 가지도록 하며, 사물과 현상을 새로운 관점에서 바라볼 수 있도록 해주는 요인이다. 이와 같은 자율성은 창의적 행동에 긍정적인 영향을 미치는 요소로 가장 많이 언급된다.

#### 3) 풍부한 자원

프로젝트에 자원을 배분하는 것은 그 프로젝트의 창의성 수준을 결정한다. 업무를 수행하는 데 자원이 극도로 제한되어 있다면 구성원이 그들의 업무수행에 있어서 할 수 있는 일이 제한된다. 이에 반해 충분한 자원이 지원된다는 인식은 심리적 및 정신적으로 그들이 추진하고 있는 프로젝트가 중요시 되고 있다는 믿음을 갖게 되고, 이는 곧 창의적인 업무 수행으로 연결된다.

#### 4) 압력

많은 연구에서 압력이 창의성에 미치는 영향에 대해서는 논란이 많다. 어떤 학자들은 과도한 업무의 압력은 창의성을 매우 방해하는 요인으로 여기는가 하면, 다른 학자들은 어느 정도의 압력은 창의성에 긍정적인 영향을 미친다고 주장한다. 적당한 압력은 해결해야 할 문제가 급박하거나, 일 그 자체가 지적이며 도전적이라 인식될 때 긍정적인 영향을 미친다는 것이다. Andrew와 Rarris[29]는 R&D 과학자를 대상으로 창의성과 압력과의 관계를 연구하였다. 그 결과 압력이 지나치게 높은 수준일 때를 제외하고는 시간적인 압박이 높은 창의성과 관계가 있다는 것을 보여주었다. 따라서, 여기서 말하는 압력에 해당하는 개념은 두 가지 개념으로 분리된다. 그 첫째는 과도한 업무에 대한 압력이고, 다른 하나는 도전적인 업무로부터의 압력이다. 전자는 적은 시간으로 너무 많은 업무의 수행을 요구하는 과도한 시간적인 압박이나 생산성에 대한 비현실적 기대를 의미하며, 이는 창의성을 방해하는 환경요소이다. 반면에 후자는 도전적인 업무에서 많은 것을 배울 수 있고, 이를 통해서 자신이 성장한다는 인식을 갖게 만드는 요소로, 창의성을 자극시키는 환경요소로 고려된다. 이때 시간적 압력은 전자의 경우는 외부적인 통제의 수단으로써 받아들이게 되어 방해요소가 되지만, 후자는 도전의식이 수반되며, 일 자체에 대한 동기를 높여 줌으로 인해 창의성에 긍정적인 영향을 미치는 요소로 간주된다.

#### 5) 조직 차원 방해요인

창의성을 방해하는 요소로 조직적 장애물이 있다. 내부의 정치적인 문제, 새로운 아이디어에 대해 비판하거나 위험을 회피하고자 하는 분위기, 파괴적인 내부 경쟁이 존재하는 조직문화, 현 상태만을 지나치게 강조하는 경직되고 정형화된 경영 구조를 갖고 있는 조직구조의 경우가 이에 해당한다.

### 5.2 창의적 프로세스

비록 창의적인 아이디어가 우연한 기회에 떠오르는 경우도 종종 발생하지만, 개인들의 창의적인 행동은 일련의 단계를 거치면서 전개될 수 있다. 다음의 〈그림 12-2〉는 이러한 창의적 프로세스[30]의 주요단계를 요약한 것이다. 비록 모든 창의적 활동이 이러한 4가지 단계를 거치는 것은 아니지만 많은 경우 창의적 활동은 이 단계를 거치면서 진전된다.

#### 1) 준비기

첫 번째 단계는 준비기이다. 이는 부지불식간에 어떤 기발한 아이디어가 나올 것을 기다리지 않고, 이를 위해서 적극적으로 노력하는 과정이다. 예를 들어, 소설가들이 새로운 경험을 추구하기 위해 여행을 다니고, 다양한 사람들과의 대화를 시도하는 것이 이러한 과정에 속할 것이다. 교육과 훈련도 창의적인 활동을 위해 상당히 중요하다. 창의적인 의사결정자들은 의사결정에 필요한 여러 가지 주변 이슈에 대하여 알아보고자 노력하고, 브레인스토밍 등의 여러 가지 새로운 아이디어와 사건을 바라보는 새로

그림 12-2
창의적 프로세스

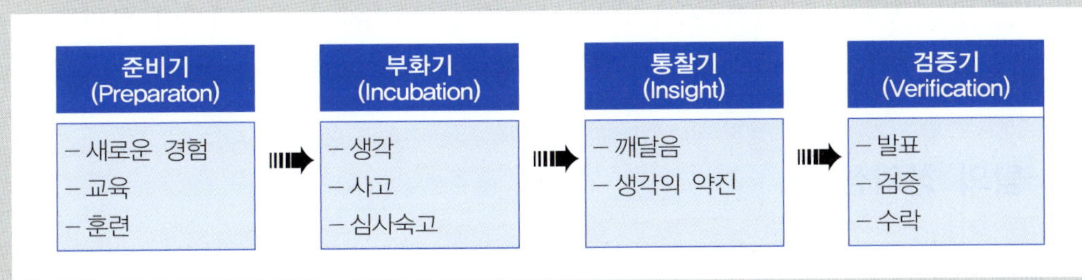


자료 : Wallas(1926).[31]

운 시각이 풍부한 모임에 적극적으로 참여하여야 한다.

### 2) 부화기

두 번째 단계인 부화기는 다른 의사결정의 단계와 가장 다른 모습의 단계라 할 수 있다. 관련된 정보를 종합하고 평가하여 즉각적인 결정을 내리지 않고, 창의적인 의사결정자는 문제에 대하여 무의식적인 사고 과정을 밟게 되어 일에서 손을 떼고 문제에 대해 별다른 노력도 하지 않으며, 오히려 각종 레크리에이션 활동에 참여하기도 한다. 이러한 과정 속에서 중심 이슈에 관한 생각들은 성숙해 가거나 새로운 아이디어가 마음속에 자리잡아 가게 된다.

### 3) 통찰기

세 번째 단계인 통찰기는 준비기와 배양기의 결과로서 얻어지는 돌파구라 할 수 있다. 예를 들어, 어느 부서의 부서장에게 예산 절감으로 인하여 1명의 인원을 해고하도록 하는 지시가 내려진다면, 부서장은 모든 구성원들을 유지할 수 있는 방법을 모색하게 될 것이다. 따라서 그는 예산에 관한 정보를 분석하고 여러 구성원들의 성과표를 살피게 된다. 이러던 중에 잠깐 동안의 휴지기나 퇴근하는 차안에서 혹은 레크리에이션 활동 중에 갑자기 모든 구성원을 그대로 유지할 수 있는 전략이 인식되게 된다. 이러한 인지가 통찰이다.

### 4) 검증기

창의적인 의사결정 과정의 마지막 단계는 검증기이다. 이는 전 단계가 효과적인가를 결정하는 단계이다. 예를 들어, 부서장이 아이디어를 상급자에게 전달하여 상급자가 동의하면 그 아이디어가 승인되어 그 아이디어대로 업무가 실행되는 것이며, 그렇지 못할 경우 부서장은 새로운 아이디어나 전략을 계속해서 찾아나가야 한다.

## 5.3 팀의 창의성

팀의 창의성은 조직 성공을 위한 중요한 개념임에도 불구하고 조직행동 분야에서 상대적으로 최근에 등장한 주제이다. 팀이나 조직의 창의성에 집중하는 대신에 연구자들은 개인의 창의성에 대한 성과를 분석하고 검증하는 것에 몰두했다. 하지만 조직 창의성을 위한 프로세스에 대한 부분은 창의성이 일어나는 환경요소들에 연구의 초점을 맞추고 창의성을 기존의 개인이나 과정, 환경요소 간의 복잡한 상호 작용에 의한 결과로 설명하는 통합적 접근 관점이다. 〈그림 12-3〉은 조직 창의성 창출을 위한 프로세스에 대한 것으로, 창의적인 사람, 창의적 과정, 창의적 상황과 결과물에 이르기까지 조직 창의성창출을 위한 포괄적 연결 고리를 보여주고 있다.[32]

〈그림 12-3〉에서 보는 것처럼 최초 투입 요소로 개인, 집단, 조직 차원의 특성을 제시하고, 이들이 창의적 행동과 창의적 상황에 영향을 미치며, 창의적 행동과 창의적 상황 간의 상호 작용이라는 변환 과정을 거쳐 조직 창의성이라는 결과물이 나온다. 또한 개인 차원, 집단 차원, 조직 차원의 특성들은 각 단계별로 서로 영향을 미치고 상호 작용한다. 이러한 각 차원의 특성들은 개인의 창의적 행동을 유발하고, 창의적 상황을 형성하는 중요한 역할을 한다. 이때 창의적 상황은 집단, 조직의 특성에 의해 형성되는 사회 환경적 상황으로서 창의적 행동을 유발하는 촉진자나 방해자로 작용한다. 창의적 행동 역시 개인, 집단, 조직의 특성에 직접적으로 영향을 받는 동시에, 형성된 상황조건과의 복잡한 상호작용을 통해 나타나게 된다.

#### 1) 개인 특성

창의성은 모티베이션을 필요로 한다. 사람들은 새로운 아이디어를 제시하거나 새로운 제품을 만들어내기 위해 자신의 지식과 능력을 투자할 것인지에 대해 의사결정을 한다. 또한 높은 동기부여를 가진 사람들은 많은 시간을 자신의 업무 분야에서 필요한 암묵적 지식과 표출적 지식을 개발하고 축적하는 데 사용한다. 고정관념과는 다르게, 창의적인 사람들은 반드시 천재이거나 특출나게 뛰어난 사람들이 아니다. 게다가 그들은 최소한의 가정, 과정과 기업의 가치에 영향을 미치는 방법으로 문제를 해결

그림 12-3
팀의 창의성 모형

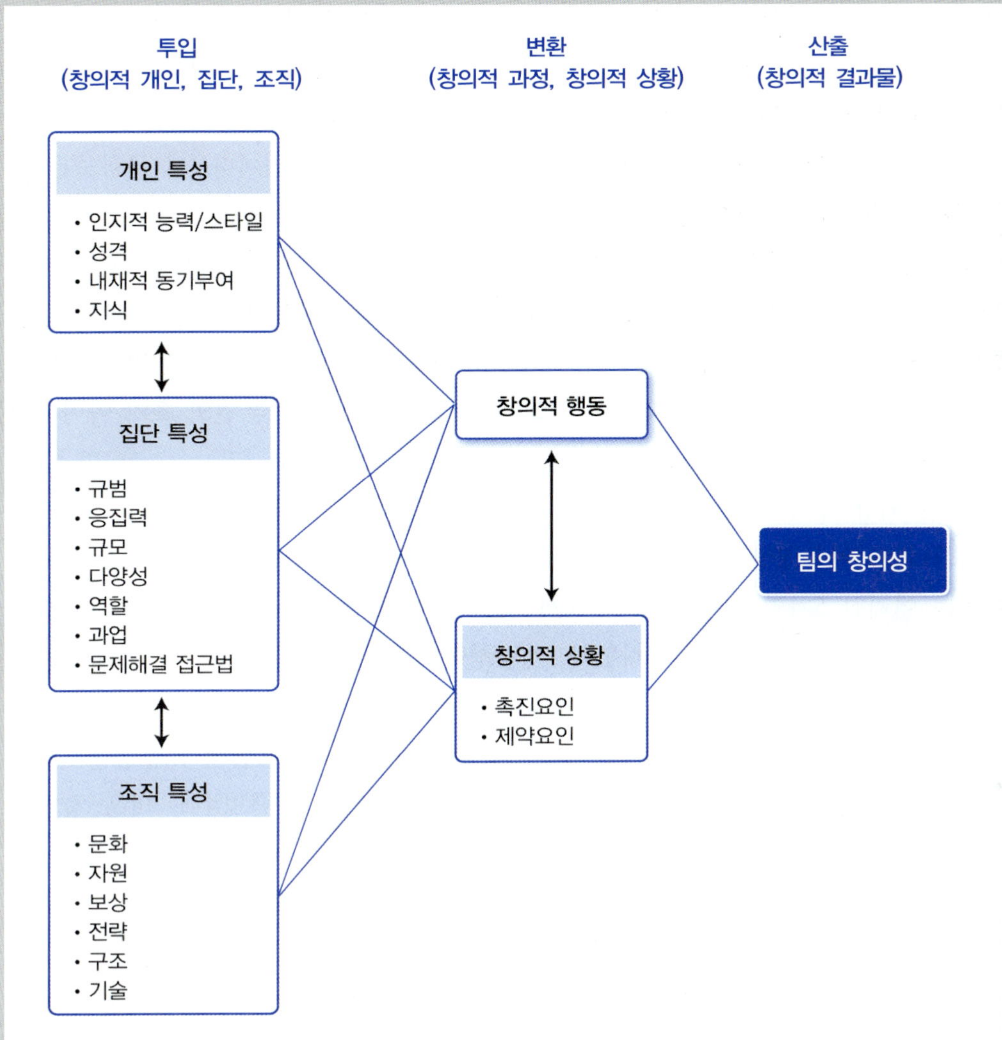


자료 : Woodman, Sawyer, & Griffin(1993), p.309 재구성.[33]

하고자 의사결정을 내리는 적응자도 아니다. 반대로 창의적인 사람은 현재의 상황에 불만족을 느끼며, 문제를 타개하기 위해서 뭔가 새롭고 흥미진진한 방법을 찾는다. 이런 이유 때문에 창의적인 조직구성원은 함께 일하기 어렵거나 지장을 주는 사람으로 여겨질 수 있다.

또한 연구자들은 창의성과 관련된 성격적 측면이 있다고 설명한다. 개인의 성격이 창의적인 성과에 어떻게 영향을 미치는지에 대한 연구는 많이 진행되어 있다. 이는 개인의 특성이 사람들이 문제를 해결하는데 있어서 창의적인 아이디어를 도출해 낼 수 있는 각기 다른 방식을 사용하는데 영향을 미치기 때문이다. Gough는[34] 창의적 성격 도구인 CPS(Creative Personality Scale)를 개발하여 개인의 성격이 창의성에 미치는 영향을 파악하였다. CPS는 개인의 전반적인 창의성 잠재력을 측정하기 위한 것으로, 창의성과 관련된 30개의 문항에 체크하는 형용사 체크리스트 기법이다. 이 문항들은 유능한, 자기중심적인, 유머감이 풍부한, 독창적인, 자신을 신뢰하는 등 18개 정적 문항과 관습적인, 겸손한, 보수적인 등 12개의 부적 문항으로 나누어진다. CPS가 높은 점수를 가진 개인일수록, 그냥 간과해버리기 쉬운 다른 정보와 의견을 인식함으로써 문제를 광범위한 시선과 관심으로 접근한다. 또한 강한 자신감을 갖고 있고, 불명확하게 서로 상반되는 의견에 인내심과 창의성을 갖고 있으며, 지속적으로 본인의 초기 아이디어를 발전시키는 경향이 있다.

또한 외향성, 수용성, 성실성, 정서 안정성, 개방성을 포함한 5가지 성격요소가 이 창의성에 미치는 영향에 대해서 많은 연구가 이루어졌다.[35] 이 중에 Feist의 메타분석에서는 이러한 5가지 성격 유형 중에서 경험에 대한 개방성이 가장 일관적으로 창의성과 관련이 되어 있다고 분석하였다. 개방성이 높은 성격의 사람은 열린 사고방식을 갖고, 궁금증이 많으며, 정보를 받아들임에 있어서 더욱 유동적이고 새롭고 관련되어 있지 않은 정보를 결합하여 생각할 수 있다. 이렇게 새로운 경험이나 관점을 접할 수 있는 익숙지 않은 상황을 찾는 것을 즐기는 성격을 가진 사람일수록 더욱 창의적이다.[36]

### 2) 집단이나 팀 특성

개인 창의성이 높음에도 불구하고 집단이나 팀의 특성 등으로 인해 개인 창의성이 발휘되지 못하여 집단 창의성이 낮아지는 경우가 흔하게 발생한다. 집단이나 팀 창의성은 개별 구성원이 발휘하는 창의적 아이디어의 단순한 합이 아니다. 즉, 개인이 창의성을 발휘하여 그 집단에 영향을 미치게 되고, 그 집단의 창의성은 단순히 개인의 창의성의 합이 아니라 그 이상의 가치를 가지게 된다. 이는 개인들로 구성된 집단의 특성에 따라 창의적인 아이디어의 양과 질이 달라질 수 있음을 뜻한다. 즉, 집단이나 팀이 어떻게 구성되어 있고, 집단이나 팀의 특성이 무엇이며, 이들이 어떻게 관계를 맺고 있느냐에 따라 그룹에서 발휘되는 창의적 역량이 달라질 수 있음을 의미한다.

위 그림에서는 작업 집단에 의해서 집단의 창의적 행동과 성과의 수준에 영향을 미치는 6가지 요소로 나타내고 있다. 집단이나 팀의 구성 요소로 다양성을, 집단이나 팀의 특성으로 규범과 규모, 응집력을, 집단이나 팀의 프로세스로 문제해결 접근법의 함수로 집단이나 팀의 창의성을 나타낸다. 일반적으로 창의적인 조직들은 소규모이며, 개방된 상호작용을 지지하는 규범을 갖고 있다. 특히 집단 창의성을 높이기 위해서는 집단 구성원들이 전문지식, 정보, 경험, 기능 및 정보 처리 스타일 등에서 이질적인 형태를 지닌 집단 다양성을 지니고 있어야 한다. 다양성을 가진 그룹은 팀 내 구성원들의 경험이 다양하고, 같은 문제를 다양한 시각에서 바라볼 수 있으며, 다양하고 독특한 아이디어를 접할 기회를 가지게 됨으로써 집단 창의성이 높게 나타난다.

이러한 특성들은 다양한 의견을 존중하는 응집적 환경에 의해서 가속화된다. 서로 많은 것을 공유하고, 신뢰하며, 상호 협조하는 분위기는 집단 내 구성원 간의 경험과 지식이 자연스럽게 인정되고, 동시에 이들의 경험이 다른 구성원들과 소통되어 그들이 지닌 다양성이 상호 보완적인 역할을 하게 되어 집단이나 팀의 창의성이 발휘된다.

### 3) 조직 특성

조직의 창의성은 개인 창의성과 집단(팀) 창의성을 투입요소로 하여 조직이 처한 상황적 조건(조직문화, 자원, 보상, 구조, 기술, 전략)과 상호작용하여 나타난 결과를 말한다. 이때 조직 수준에서의 창의성을 증진시키기 위한 실제적 수단은 특별한 소수의 창의적인 사람을 찾아내는 데 있는 것이 아니라 모든 구성원들의 창의성을 증진시키는 데 있다. 이를 위해서 창의성을 지지하는 조직 문화와 구성원의 관심과 행동이 기업의 창의성을 달성하기 위한 목표와 동일한 방향으로 이루어질 수 있도록 하는 조직 전략과 구조의 역할이 중요하다. 이를 위해서 위험을 추구하고, 실패를 허용하며, 변화를 지향하고 새로움을 추구하는 조직 분위기를 조성해야 한다.

또한 효과적인 커뮤니케이션의 네트워크를 통해서 아이디어를 자유롭게 교환할 수 있고, 정보의 흐름을 원활하게 만드는 시스템이 구축되어야 한다. 그리고 창의적인 성과 창출에 기여하는 팀에게 충분한 사회적 경제적 보상이 이루어질 수 있는 보상 시스템을 갖추어 개인이나 팀을 지속적으로 동기부여해야 한다. 이를 통해서 구성원들은 기업이 추구하고자 하는 목표에 부합하는 선택과 의사결정을 하게 되고, 이는 기업 내 창의적 행동이 지속적으로 일어날 수 있는 기초가 되는 것이다. 마지막으로 조직의 창의성을 촉진하는 환경적 요인으로 자원이 있다. 이는 충분한 정보, 시설, 기자재, 자료, 기금, 사람 등에 대한 접근정도와 문제에 대해 충분히 생각할 시간 등의 자원을 의미하며, 창의성 수준과 깊은 관련이 있다. 이런 자원 제공의 적절성에 대한 구성원의 인식은 자신이 수행하고 있는 프로젝트의 내재적 가치에 대한 믿음에 영향을 미침으로써 구성원들의 내재적 동기에도 영향을 미친다.

조직은 창의적인 아이디어와 혁신적인 공헌을 하는 구성원들을 요구한다. 조직내에서 창의성을 증진하고자 하는 노력은 선발, 훈련, 재조직화의 3가지 방법으로 구체화된다. 우선 조직은 높은 창의적 잠재력을 지닌 구성원을 선발하기 위해 노력한다. 창의성을 측정하는 여러 가지 기법이 개발되어 있으며, 이러한 검사는 창의력을 지닌 개인의 선발을 위한 도구로서 사용되어진다. 조직은 또한 구성원들의 창의성을 높여 조직에 공헌할 수 있도록 창의성 훈련을 병행한다. 연구 결과에 의하면 창의성 훈련을 받은 종업원들의 경우 그렇지 않은 경우보다 창의적인 의견을 개진하는 경향이 높게 나타났다. 뿐만 아니라 조직은 조직 설계 및 구조를 재정비함으로써 창의적인 과정을 촉진하기도 한다. 이처럼 조직은 창의성을 증진하거나 반대로 억제하기도 한다. 창의성 있는 조직의 특성[37]은 다음의 〈표 12-1〉과 같다.

**〈표 12-1〉 창의적인 조직의 특징**

| |
|---|
| 1. 의사소통의 통로가 열려있고, 구성원들이 아이디어 개진에 불편을 느끼지 못한다. |
| 2. 별난 행동이 허용된다. (Eccentricity is allowed) |
| 3. 조직 외부와의 접촉이 장려된다. |
| 4. 새로운 아이디어를 위한 기회에 유동적이며 장기간의 계획을 갖고 투자한다. |
| 5. 능력에 따른 선발 및 승진이 이루어진다. |
| 6. 조직구조가 분권화되어 있다. |

자료 : Steiner(1965), pp.16~18.[38]

## 주석(endnote)


1 Katzenbach, J. R., & Smith, D. K.(1993). *The Wisdom of Teams: Creating the high-performance organization*, Boston: Harvard Business School Press.

2 Williams, M. (2001). In whom we trust: group membership as an affective context for trust development. *Academy of Management Review*, 26(3), 377~396.

3 Bunderson, J. S., & Sutcliffe, K. M. (2002). Comparing alternative conceptualizations of functional diversity in management teams : process and performance effects. *Academy of Management Journal*, 45(5), 875~893.

4 Kirkman, B. L., Rosen, B., Gibson, C. B., Tesluk, P. E., & McPherson, S. O. (2002). Five challenges to virtual team success: Lessons from Sabre, Inc. *The Academy of Management Executive*, 16(3), 67~79.

5 Bishop, J. W., Scott, K. D., & Burroughs, S. M. (2000). Support, commitment, and employee outcomes in a team environment. *Journal of Management*, 26(6), 1113~1132; Narayanan, V. K., Douglas, F. L., Guernsey, B., & Charnes, J. (2002). How top management steers fast cycle teams to success. *Strategy & Leadership*, 30(3), 19~27.

6 Mullen, B., & Copper, C. (1994). The relation between group cohesiveness and performance: An integration. *Psychological Bulletin*, 115(2), 210.

7 Guzzo, R. A. (1995). Introduction: At the intersection of team effectiveness and decision making. *Team Effectiveness and Decision Making in Organizations*, 1~8.

8 Katzenbach, J. R., & Smith, D. K. (1993). The discipline of teams. *Harvard Business Review*, 71, 111~120.

9 Locke, E. A., & Latham, G. P. (1990). *A Theory of Goal-setting and Task Performance*. Englewood Cliffs, NJ: Prentice Hall; Weingart, L. R., & Weldon, E. (1991). Processes that mediate the relationship between a group goal and group member performance. *Human Performance*, 4, 33~54.

10 Cooley, E. (1994). Training an interdisciplinary team in communication and decision-making skills. *Small Group Research*, 25(1), 5~25.

11 Kulik, C. T., & Ambrose, M. L. (1992). Personal and situational determinants of referent choice. *Academy of Management Review*, 17(2), 212~237.

12 Robinson, S. L., & O'Leary-Kelly, A. M. (1998). Monkey see, monkey do: The influence of work groups on the antisocial behavior of employees. *Academy of Management Journal*, 41(6), 658~672.

13 Janis, I. L. (1972). *Victims of Groupthink.* Boston: Houghton Mifflin.

14 Janis, I. L. (1972). *ibid.*

15 Moorhead, G., Ference, R., & Neck, C. P. (1991). Group decision fiascoes continue: Space shuttle Challenger and a revised groupthink framework. *Human Relations*, 44(6), 539~550.

16 Turner, M. E., & Pratkanis, A. R. (1997). Mitigating groupthink by stimulating constructive conflict. *Using Conflict in Organizations*, 53~71.

17 Turner, M. E., & Pratkanis, A. R. (1997). *ibid.*

18 Maier, N. R. (1952). *Principles of Human Relations*. New York: John Wiley & Sons; Janis, I. L. (1982). *Groupthink: Psychological Studies of Policy Decisions and Fiascoes*. Boston: Houghton Mifflin.

19 Stoner, J. A. F. (1961). *A Comparison of Individual and Group Decisions Involving Risk* (Doctoral dissertation, Massachusetts Institute of Technology).

20 Isenberg, D. J. (1986). Group polarization: A critical review and meta-analysis. *Journal of Personality and Social Psychology*, 50(6), 1141.

21 Erez, M., & Somech, A. (1996). Is group productivity loss the rule or the exception? Effects of culture and group-based motivation. *Academy of Management Journal*, 39(6), 1513~1537.

22 Judge, T. A., & Chandler, T. D. (1996). Individual-level determinants of employee shirking. *Relations Industrielles/Industrial Relations*, 468~487.

23 Staw, B. M. (1986). Organizational psychology and the pursuit of the happy/productive worker. *California Management Review*, 28(4), 40~53.

24 Steward, G. L., & Barrick, A. B. (2000). A model for team-based organization performance: assessing the mediating role of intrateam process and the moderating role of task type. *Academy of Management Journal*, 43(2), 135~148.

25 Prichard, J. S., & Stanton, N. A. (1999). Testing Belbin's team role theory of effective groups. *The Journal of Management Development*, 18(8), 652~665; Partington, D., & Harris, H. (1999). Team role balance and team performance: an empirical study. *The Journal of Management Development*, 18(8), 694~705.

26 Bennis, W. (1997). The secrets of great groups. *Executive Forum*, Winter, 29~32.

27 Amabile, T. M., Conti, R., Coon, H., Lazenby, J., & Herron, M. (1996). Assessing the work environment for creativity. *Academy of Management Journal*, 39(5), 1154~1184.

28 Amabile, T. M., Conti, R., Coon, H., Lazenby, J., & Herron, M. (1996). *ibid.*

29 Andrews, F. M., & Farris, G. F. (1972). Time pressure and performance of scientists and engineers: A five-year panel study. *Organizational Behavior and Human Performance*, 8(2), 185~200.

30 Wallas, G. (1926). *The Art of Thought*. New York: Harcourt Brace.

31 Wallas, G. (1926). *ibid.*

32 Woodman, R. W., Sawyer, J. E., & Griffin, R. W. (1993). Toward a theory of organizational creativity. *Academy of Management Review*, 18(2), 293~321.

33 Woodman, R. W., Sawyer, J. E., & Griffin, R. W. (1993). *ibid.*

34 Gough, H. G. (1979). A creative personality scale for the Adjective Check List. *Journal of Personality and Social Psychology*, 37, 1398~1405.

35 Feist, G. J. (1998). A meta-analysis of personality in scientific and artistic creativity. *Personality and Social Psychology Review*, 4, 290~309.

36 McCrae, R. R., & Costa Jr, P. T. (1997). Conceptions and correlates of openness to experience.

37 Steiner, G. A. (ed.). (1965). *The Creative Organization*. Chicago: The University of Chicago Press, 16~18.

38 Steiner, G. A. (1965). *The Creative Organization*. Chicago: The University of Chicago Press.

CHAPTER 13

# 커뮤니케이션

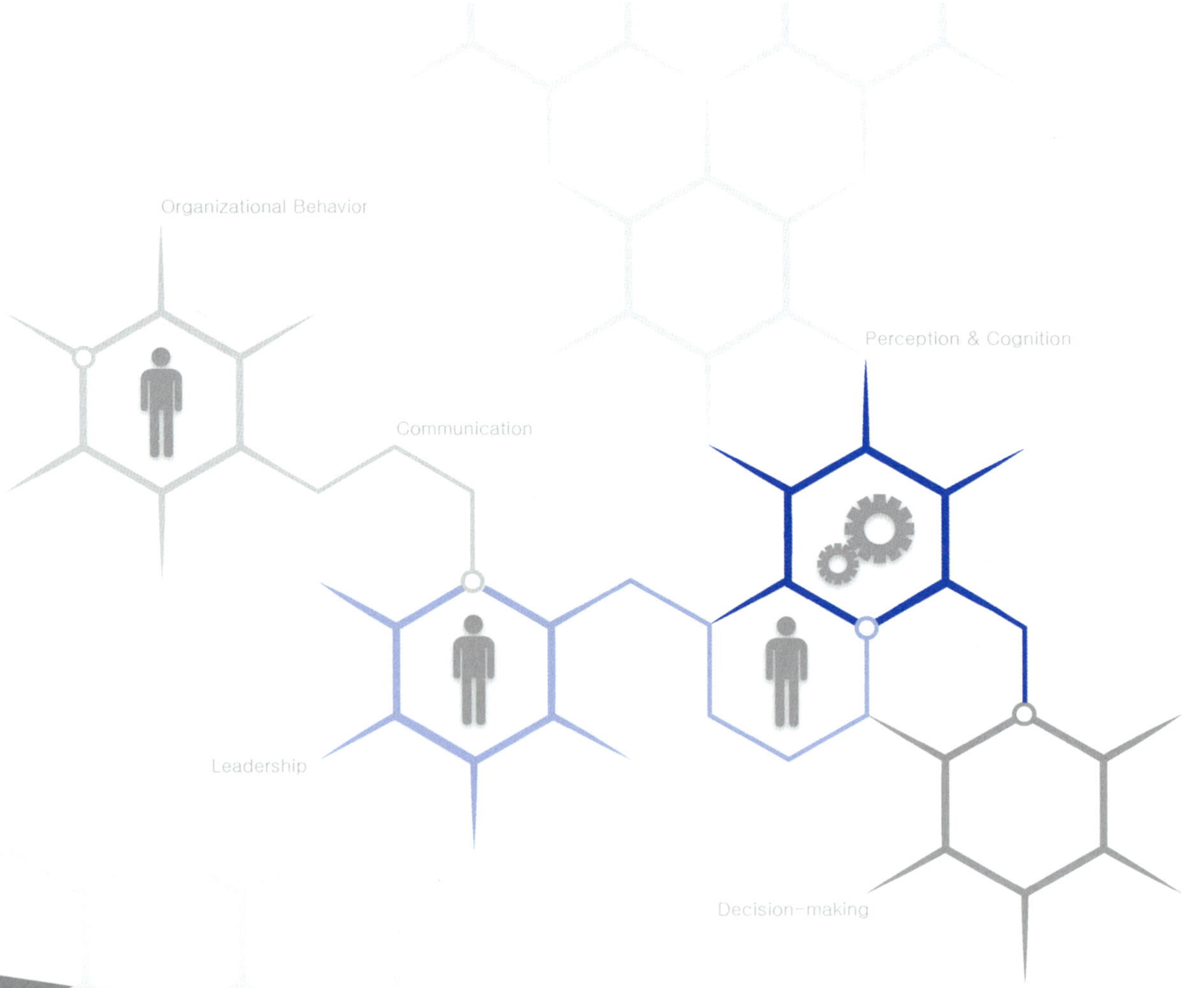

## 들어가기

집단행동의 과정적 활동 중의 하나가 커뮤니케이션이다. 집단행동에서 매우 중요한 것은 구성원들 간의 소통이다. 커뮤니케이션 과정에 대한 이해, 그리고 커뮤니케이션이 일어나는 네트워크에 대한 이해를 통해서 집단 구성원들 간의 소통과정을 보다 잘 이해할 수 있다. 또한 효율적인 커뮤니케이션을 위해 집단 내에서 어떤 측면을 중요시해야 하며, 최근 커뮤니케이션의 새로운 맥락과 문화적 맥락에 대해 살펴보고자 한다.

커뮤니케이션은 조직 행동의 전반적인 영역에서 가장 많이 논의되는 집단과정 중 하나이다. 실제로 효과적인 커뮤니케이션은 집단의 전략이나 목표를 달성하기 위해서 뿐만 아니라 집단 구성원들의 만족, 집단 응집력 등에 매우 중요하다. 커뮤니케이션은 매우 광범위한 주제이며, 조직 행동 분야에만 국한된 주제는 아니다. 연구에 의하면 경영 현장에서의 일상의 행동을 직접 관찰한 결과, 활동의 삼분의 일이 일상적인 커뮤니케이션, 즉 일상적인 정보 교환과 처리에 쓰이고 있다.[1] 또한 효과적인 커뮤니케이션은 조직구성원들이 개인적인 목표나 조직 목표 달성을 가능하게 하고, 조직의 변화를 수행하고 또한 이에 대응 하는 여러 활동을 촉진시키는 역할을 한다.

이 장에서는 커뮤니케이션의 개념, 방법과 중요성, 커뮤니케이션 과정에서 발생하는 장애요인과 이의 극복 방법 등에 대하여 논의하고자 한다.

# 1. 커뮤니케이션

## 1.1 커뮤니케이션의 개념

커뮤니케이션은 개인이나 집단 또는 조직이 일정한 양상의 정보나 메시지를 다른 사람이나 집단 혹은 조직에 전하는 과정을 의미한다. 따라서 커뮤니케이션은 발신자와 수신자 사이의 정보의 교환 과정이라 정의되기도 한다. 효율적인 정보의 전달은 적절한 사람에게 적절한 정보가 적시에 전달될 때에만 가능하다. 이 세 가지 조건 중 어느 하나라도 충족되지 못한다면 효율적인 정보의 전달과정을 기대할 수 없게 된다.

커뮤니케이션은 인간적 특성과 행동적 특성을 지니고 있다. 먼저 커뮤니케이션은 행동의 교환을 수반하는 인간적인 프로세스라 할 수 있다. 예를 들어 Ivancevich와 Matteson은 "사람들 간의 커뮤니케이션은 기술에 달려 있지 않으며, 오히려 사람 그 자체나 주변 환경에 달려 있다. 커뮤니케이션은 사람들 사이에서 발생하는 프로세스다."라고 하였다.[2] 이러한 인간적인 특성과 더불어 커뮤니케이션은 행동적 특성을 지니고 있다. 커뮤니케이션 전문가들은 "한 사람이 다른 사람에게 영향을 미치는 유일한 수단은 행동에 의해서이다. 즉 커뮤니케이션을 통한 교환은 다른 사람들에게 영향을 미칠 수 있는 유일한 수단을 제공한다"라고 하면서[3] 커뮤니케이션의 행동적 의의를 중요시한다. 다시 말하면, 조직에서 발생하는 행동은 커뮤니케이션 과정에 있어 매우 중요한 요소이다. 이렇듯 커뮤니케이션은 인간적인 측면과 행동적 측면의 교환으로 볼 수 있다.

또한 커뮤니케이션은 발신자와 수신자 간의 정보 교환을 의미한다. 쓰기나 말하기만이 커뮤니케이션의 경로가 아니며, 발신자와 수신자 또한 항시 사람인 것만은 아니다. 예를 들어, 도심 곳곳에 서 있는 신호등을 따라 사람과 차량이 움직이는 경우를 생각해 보면, 수신자는 사람이지만 정보의 송신인은 컴퓨터 통제 장치라는 점을 알 수 있다. 오늘날의 조직에서는 여러 가지 정보원으로부터 수많은 메시지가 유입되어, 분석되고 해당 이용자에게 전송된다.

조직에서 커뮤니케이션은 인체 내의 피의 흐름과도 유사하다 할 수 있고, 여러 상호 의존적인 부분들을 하나로 이어주는 신경과도 유사하다. 조직은 사람들이 여러 계층을 이루며 분업을 통하여 공통된 목적을 이루기 위하여 모인 안정된 시스템이라 할 수 있다. 이처럼 여러 활동들을 수행하는 조직에서는 직무 상호간에 조화와 통합을 이룰 수 있게 하는 커뮤니케이션이 반드시 필요하다 하겠다. 만일 이러한 커뮤니케이션의 흐름이 조직내에서 원활하지 않으면 조직이 제대로 능력을 발휘할 수 없게 됨은 자명하다. 혈액 순환이 원활하지 못한 사람이 창백해지고 신경연결이 잘못된 사람이 활동적으로 움직일 수 없는 것처럼, 조직내에서 의사소통이 원활하지 못하면 조직의 동맥경화 현상이 일어나 조직의 생기가 없으며, 조직내부 요소들 간의 유기적 연결이 되지 않아 조직 활성화가 이루어지지 않게 된다. 따라서 조직이 활성화되고 힘을 갖추기 위해서는 의사소통이 무엇보다도 중요하다.

## 1.2 커뮤니케이션의 과정

커뮤니케이션 그 자체는 흐름으로 이해될 수 있다(〈그림 13-1〉 참조). 커뮤니케이션이 발생하기 이전에 커뮤니케이션의 목적, 즉 전달하고자 하는 메시지가 발신자와 수신자 사이에 전달된다. 커뮤니케이션의 과정은 발신자로부터 출발하여 부호화(encoding), 전달(transmission), 수신(receiving), 해독(decoding)의 과정을 거쳐 수신자에게 전달되게 된다. 이러한 것은 커뮤니케이션의 경로(channel)를 통해 이루어진다.

**그림 13-1**

커뮤니케이션 프로세스 모형

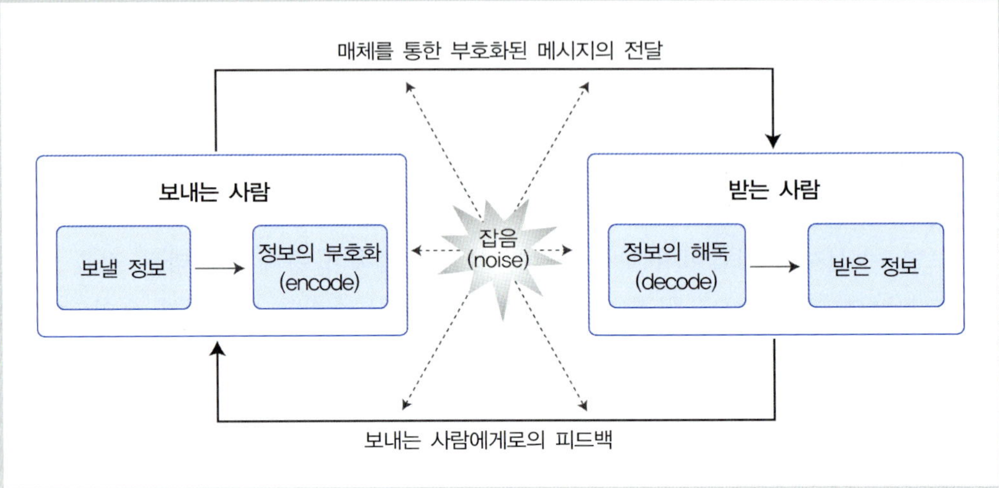


자료 : Robbins & Judge(2011).[4]

### 1) 부호화

커뮤니케이션 프로세스는 의사전달자가 다른 상대방에게 의견이나 정보를 전하고자 하는 데에서부터 시작된다. 이때 이러한 의견이나 정보를 수신자가 이해할 수 있도록 전달하는 것은 발신자에게 주어진 몫이다. 이와 같이 의견이나 정보를 수신자가 이해할 수 있는 문자나 구두 언어를 사용하여 변환하는 과정을 부호화라 한다. 이 과정은 메시지를 명확히 전달하는 데 있어서 매우 중요한 역할을 한다.

일단 전달하고자 하는 메시지가 부호화되면, 이는 한 가지 이상의 커뮤니케이션의 경로를 통하여 수신자에게 전달된다. 전화선, 라디오나 TV의 시그널, 광케이블, 문서수발계통, 혹은 목소리를 전달하는 공기 등이 커뮤니케이션의 경로가 되겠다. 여기서는 부호화의 방식이 커뮤니케이션의 경로를 주로 결정하게 된다고 볼 수 있다. 그림이나 문서와 같은 시각적인 정보는 우편이나 특송 서비스, 팩스 또는 이메일 등을 통하여 전달이 되고, 목소리와 같은 구두 정보는 전화, 라디오나 TV 전파, 혹은 다른 사람을 통해서 주로 전달된다.

### 2) 해독

일단 메시지가 송신되어 접수되면, 상대방은 이 메시지를 발신자의 원래 의도에 따라 의미를 파악하는 해독의 과정을 시작하게 된다. 여기에는 여러 가지 하위 과정이 수반된다. 예를 들면, 복잡한 구두 언어나 문서의 해독이라든지, 발신자의 얼굴 표정에 대한 이해 등이다. 발신자의 메시지가 수신자에게 전달되어 정확히 해독되어야 수신자는 발신자의 의도대로 뜻을 이해할 수 있게 된다. 물론 다른 사람으로부터 받은 정보를 보낸 사람의 의도대로 이해하고 해석하는 것이 완전할 수 없다. 따라서 부호화에서와 마찬가지로 정보의 해독에서의 제한은 커뮤니케이션 과정에서 또 다른 문제를 야기한다.

#### 3) 피드백

일단 메시지가 해독되면, 수신자가 원래의 발신자에게 이해된 메시지에 대한 피드백이나 새로운 메시지를 전달하는 과정으로 이어진다. 이러한 과정에서 피드백을 받은 원래의 발신자는 이를 통하여 수신자가 얼마나 정확히 자신의 의도대로 이해했는가에 대하여 파악할 수 있게 된다. 정보를 전달받게 되면 피드백은 새로운 정보의 흐름을 촉발하게 되어, 또 다른 정보 전달 과정을 보이게 된다.

#### 4) 잡음

커뮤니케이션의 과정이 이와 같이 단순해 보이기는 하나 실제로 이 과정에서 많은 장애요소들이 존재한다. 많은 의사전달 과정 중에 잠재적 장애가 존재하며, 특히 의사소통 경로에서 정보의 명확한 전달을 왜곡하는 잡음이 많이 발생한다. 〈그림 13-1〉에서도 나와 있듯이, 잡음은 커뮤니케이션 프로세스의 어느 단계에서도 발생 가능하다. 잘못된 부호화, 적절하지 못한 해독, 커뮤니케이션 경로에서의 많은 외생제약요인 등이 커뮤니케이션의 효율성을 약화시킨다. 이러한 요소들은 대화자들 간의 정보전달을 왜곡시키고 커뮤니케이션의 비효율적으로 복잡하게 만들게 된다. 이러한 잡음을 최소화하기 위한 효율적 커뮤니케이션 방안은 뒷부분에서 다루기로 한다.

## 1.3 커뮤니케이션의 유형

### 1.3.1 언어적 커뮤니케이션과 비언어적 커뮤니케이션

커뮤니케이션은 메시지의 유형이나 내용에 따라 언어적 커뮤니케이션과 비언어적 커뮤니케이션으로 구분된다.

### 1) 언어적 커뮤니케이션

언어적 커뮤니케이션은 구어나 문어 등의 말(word)에 의한 의사 전달을 의미한다. 즉, 이는 대면접촉을 통하거나 전화 통화 등과 같은 말에 의한 커뮤니케이션뿐만 아니라, 메모, e-mail, 편지 등과 같은 문서상의 커뮤니케이션까지도 포함하게 된다.

**조직에서의 언어적 매체의 다양성** 언어적 매체는 정보의 전달 용량에 따라 대별될 수 있다. 대면접촉을 통한 대화 등은 특히 많은 양의 정보를 제공할 뿐만 아니라 직접적이고 즉각적인 피드백이 가능하게 때문에 가장 훌륭한 커뮤니케이션의 기법으로 분류된다. 전화의 경우 비록 대면접촉을 통한 대화보다는 효율성이 낮기는 하나 이와 유사한 기법이라 할 수 있다. 그러나 이와 같이 모든 정보의 전달이 항상 양방향으로 진행되는 것만은 아니다. 편지나 메모, 소식지, 게시판의 경우에는 일방으로 진행되는 경우도 있다.

**문서상의 커뮤니케이션** 전통적으로 조직은 여러 종류의 다양한 문서상의 커뮤니케이션을 실시한다. 이러한 커뮤니케이션의 가장 극명한 모습은 문서, 편지, 이메일 등에서 찾아볼 수 있다. 조직내에서 가장 일반적인 문서상 커뮤니케이션의 형태는 회람이나 메모 등일 것이다. 이것에는 조직내에서 수취인이나 수취한 집단이 정해져서 전달되며, 단일한 주제에 관한 비개인적인 정보를 담고 있다. 다른 일반적인 문서상 커뮤니케이션의 형태에는 보고서나 매뉴얼 등을 들 수 있다. 보고서는 일반적으로 프로젝트의 결과나 진행 상태를 간단히 요약하고 있으며, 간혹 의사결정에 유용한 정보를 담기도 한다. 매뉴얼은 기계조작법, 조직의 규율 및 정책, 과업의 수행 방법 등에 대해 설명하며 여러 가지 기능을 담당한다.

**말에 의한 커뮤니케이션** 조직의 커뮤니케이션의 가장 현저한 양상은 말에 의한 의사의 전달과정일 것이다. 말에 의한 커뮤니케이션은 비공식적인 대화, 작업의 진행 과정, 집단이나 팀의 회의, 공식적인 연설이나 프레젠테이션 등 조직의 어느 곳에서나 발생한다. 이러한 모습의 커뮤니케이션은 말하는 사람의 표면적인 단어뿐만 아니라, 대화의 어조나 음성의 높이, 대화의 속도 등이 나름대로의 의미를 지니고 있게 된다. 듣는 사람들은 이 모든 상황을 조합하여 구두에 의한 메시지를 이해하는 단서(cue)를 찾아낼 수 있다.

### 2) 비언어적 커뮤니케이션

대면 접촉을 통한 커뮤니케이션은 우리가 사용하는 말 이외의 다른 요소들을 포함한다. 실제 커뮤니케이션에 있어서 언어적 커뮤니케이션에서 전달자가 의도하는 바를 강조하기 위해 비언어적 커뮤니케이션을 함께하게 되면 전달자의 의미전달은 보다 확실하게 이루어진다. 그러나 전달자가 의도하는 바가 언어적인 것과 비언어적인 것이 서로 다를 경우 수신자는 비언어적 커뮤니케이션에 더 비중을 두는 경우가 많다. 예를 들어 상사가 반감이 섞인 어투로 "잘했군!"이라 말 할 경우, 부하직원은 언어적 메시지인 '잘했음'에 중점을 두기보다는, 반감 어린 말투에 진정한 의미가 담겨 있음을 인지하게 되는 것이다. 여기서는 비언어적 커뮤니케이션 중 물리적 거리나 자세, 눈빛과 표정, 말의 어조, 용모에 대하여 알아보도록 한다.

**물리적 거리** 전달자와 수신자 사이의 공간적 거리를 나타내는 것으로 근접성이라고도 한다. 전달자 또는 정보의 원천과 수신자 사이의 물리적 거리는 전달되는 정보의 해석에 영향을 미친다. 우리는 일반적으로 평소에 잘 알고 지내는 사람들과는 속삭임이 가능할 정도의 가까운 거리에서 대화를 나누게 되며, 악수를 하거나 등을 두드리는 행위를 통해 여러 유용한 정보를 주고받을 수 있게 된다. 물리적 거리는 또한 대화자들 간의 위상 차이를 나타낸다. 하급자의 경우에는 상급자와의 대화 시에 상당한 물리적 거리를 두는 경향이 많다.

**자세** 커뮤니케이션 시 자세는 여러 의미 있는 정보를 제공하게 된다. 절친한 사람들과의 대화에서는 몸을 의자에 기대거나 아주 가까운 거리에서 대화를 나눈다. 그러나 싫어하는 사람이나 위협을 받는 상황에서는 몸이 굳어 있고 긴장한 얼굴 모습을 드러내게 되며, 상급자의 경우에는 하급자의 경우보다 더 느긋한 자세로 대화를 나누는 것이 일반적이다.

**눈빛과 표정** 대화 시 사람들의 눈빛이나 표정은 메시지의 이해에 결정적인 역할을 한다. 일반적으로 그 사람의 생각이나 의도를 가장 잘 나타내 주는 것이 눈빛이다. 눈빛은 비언어적 커뮤니케이션의 가장 대표적인 것인데, 예를 들면, 대학 입시나 신입사원 선발 면접의 상황에서 응시자의 눈빛과 표정은 자신의 능력이나 성격을 상대방에게 해석하게 하는 수단이 된다. 서로 눈을 맞추며 이야기하는 경우 서로가 다정한 사람으로 이해하게 되며, 싫어하는 사람이나 두려워하는 사람과는 눈을 맞추지 않게 되는 경우가 많다.

**말의 어조** 대화를 나눌 때에는 언어뿐만이 아니라, 음의 고저, 리듬, 템포 등이 언어 안에 포함된다. 대인관계에서의 타인에 대한 애정이나 관심은 이러한 말의 어조에서도 나타난다. 상냥하고 온화한 어조와 적절한 속도의 목소리는 타인과의 커뮤니케이션에 열의를 보여주며, 화나고 큰 목소리는 타인에 대한 적개심이나 증오를, 지루하고 낮은 목소리는 무관심이나 피곤함을 나타내게 된다. 또한 크고 빨리 또한 자신감 있게 말하는 것은 열정이나 대화 주제에 대한 강렬한 열정을 보여준다.

**용모** 용모도 비언어적 커뮤니케이션에 중요하다. 옷차림새나 머리 모양 등은 커뮤니케이션 과정에서 의미전달에 영향을 미치게 된다. 예를 들어 공식적인 대화나 중요한 사업을 논의하는 경우 단정한 옷차림새는 대화의 내용을 더욱 신뢰할 수 있게 만드는데 도움을 준다.

### 1.3.2 공식적 커뮤니케이션과 비공식적 커뮤니케이션

커뮤니케이션이 일어나는 채널의 형식에 따라 공식적 커뮤니케이션과 비공식적 커뮤니케이션으로 나눈다.

#### 공식적 커뮤니케이션

조직구성원들은 자신들의 메시지를 공식 혹은 비공식적인 커뮤니케이션을 통하여 전달한다. 공식적인 커뮤니케이션은 공식적으로 설정되거나 규칙적으로 계획된 경로를 통한 의사 전달을 의미하며, 주로 조직의 위계 구조와 긴밀히 연결되어 있다. 모든 조직은 공식적인 메시지를 전달하기 위한 공식적인 커뮤니케이션 시스템을 가지고 있다. 조직은 누가 누구에게 보고하고, 메시지를 전달할지에 대한 방법을 미리 규정해 놓고 있다. 이러한 커뮤니케이션의 채널이 공식 조직내에서 조직도라는 그림을 이용하여 표현되곤 한다. 이는 조직의 여러 부서간의 관계와 위계, 공식적인 커뮤니케이션 채널을 보여준다.

〈그림 13-2〉에서 보여주는 바와 같이 각각의 박스는 특정 직무를 수행하는 사람(부서)을 나타내며, 이 박스들을 연결하고 있는 선은 누가 누구에게 보고하는지에 대한 커뮤니케이션의 위계를 나타낸다. 이 선은 여러 가지 업무를 수행하는 개인의 직책과

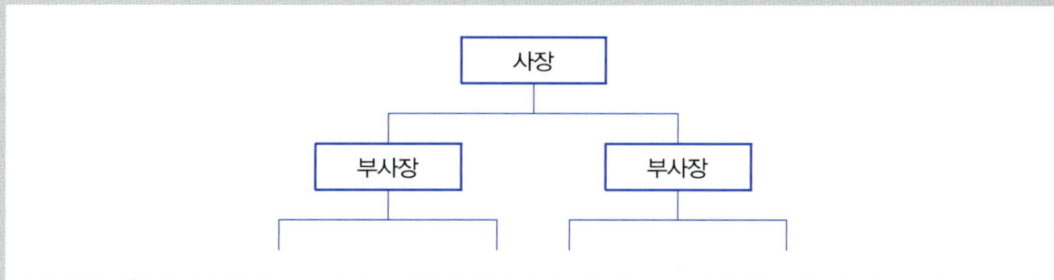


**그림 13–2**
조직도: 공식적 커뮤니케이션 네트워크

그들 간의 공식적인 커뮤니케이션 양상을 규정해 놓고 있다. 각 개인들은 그들과 연결되어 있는 한 단계 높은 지위의 사람들에게 보고해야 하며, 동시에 자신보다 하위의 사람들에 대한 책임을 지게 된다. 따라서 여기에서 나오는 박스와 선은 각자가 해야 할 일들이 무엇인지 뿐만 아니라, 조직이 정상적으로 움직이기 위하여 누구와 커뮤니케이션을 해야 하는지에 대해서도 보여준다.

### 비공식적 커뮤니케이션

비공식적인 커뮤니케이션은 공식적인 경로를 이용한 커뮤니케이션 이외의 모든 커뮤니케이션 경로를 의미한다. 예를 들어 조직구성원의 진급 심사 시 주변에서 같이 일했던 상사나 동료에게 이 사람의 됨됨이나 능력에 대해 비공식적으로 문의해 오는 경우가 있다. 이러한 비공식적 커뮤니케이션을 통해 해당 조직구성원에 대한 표면적인 정보 이외에도 더욱 구체적이고 실질적인 정보를 획득할 수 있다. 이와 같은 비공식적 커뮤니케이션은 공식적인 커뮤니케이션보다 정보의 전달 속도가 훨씬 빠르며, 경우에 따라서 더 정확하기도 하다.

**포도넝쿨** 비공식적 커뮤니케이션이 일어나고 있는 모습은 매우 복잡하며, 그 경로 또한 명확하게 파악되지 않아 마치 포도넝쿨과 같은 모습을 지닌다. 포도넝쿨(grapevine)이란 조직의 공식적인 커뮤니케이션 경로 이외의 것으로서, 표면으로 나타나지는 않으나 모든 계층의 조직원들이 개인적 친분 혹은 잦은 접촉이 있는 사람들과 포도넝쿨처럼 서로 연결되어 형성되는 관계이다. 포도넝쿨은 따라서 조직원들의 감정의 분출구로서의 역할뿐만 아니라, 정보 전달의 유용한 도구가 된다. 포도넝쿨을 통한 정보는 공식적인 정보원천의 통제를 받지 않는 정보이기 때문에 왜곡의 가능성이 매우 높다. 그러나 최근 많은 경영자들은 조직원들의 문제나 작업태도 등을 파악하고자 포도넝쿨을 이용하는 경향이 늘고 있으며, 또한 새로운 정보의 전달을 위해서도 이러한 구조를 유용하게 여기고 있고, 이의 관리의 필요성을 느낀다. 또한 비공식적인 커뮤니케이션으로 인해, 잘못된 정보가 유포되고 있을 때에는 종업원들과 한자리에 모여 대화를 나누고, 자신들의 입장을 종업원들에게 전달하고자 한다.

### 1.3.3 수직적 커뮤니케이션과 수평적 커뮤니케이션

공식적인 조직에서 커뮤니케이션의 경로 방향에 따라 수직적 커뮤니케이션과 수평적 커뮤니케이션으로 구분할 수 있다.

**수직적 커뮤니케이션**

수직적 커뮤니케이션은 조직 계층의 상·하간에 일어나는 것으로 그 방향에 따라 하향식 커뮤니케이션과 상향식 커뮤니케이션으로 구분된다. 상사로부터 하급자로의 하향식 커뮤니케이션은 조직의 계획, 정책 등을 하급자들에게 정확히 전달하여 효과적인 성과달성을 하고자 할 때 유용하다. 전반적으로 하향적 커뮤니케이션의 목적은 하급자의 조직에 대한 이해, 그들 업무에 대한 이해의 증대에 있다.

상향적 커뮤니케이션은 조직내의 하급자가 상급자에게 의사전달을 하는 것이다. 상향적 커뮤니케이션을 통하여 하급자는 상급자와 좋은 관계 유지가 가능하고 더 정직하고 열린 자세로 대화에 임할 수 있다. 이러한 상황 하에서 하급자의 직무에 대한 만족감이 높아지고 이직률이 낮아지며, 더욱 우수한 성과를 거둘 수 있게 된다고 한다. 이러한 커뮤니케이션의 개방성은 상급자에 대한 신뢰가 형성되어야 가능하다. 하급자가 상급자에 대해 기꺼이 정보를 제공하고 의견을 개진하는 것은 상급자로 하여금 감독능력과 의사결정능력을 향상시키고 더 나아가 조직구성원의 직무에 대한 태도를 잘 관리할 수 있게 해주어 전체적인 조직성과의 향상에 기여하게 된다.

**수평적 커뮤니케이션**

수평적 커뮤니케이션 경로는 동급자나 같은 계층의 부서 간에 의사소통을 의미하는 것으로, 수평적 커뮤니케이션의 목적은 의사와 정보의 전달, 지원의 요청, 조율활동 등이다. 이 채널을 이용하여 수직적 커뮤니케이션의 왜곡이나 지연을 극복할 수 있다. 예를 들어, 자금과장이 기업의 재무 상태를 알아보고자 할 경우, 재무담당 이사를 경유하지 않고 회계과장으로부터 직접 정보를 얻게 된다면 정보 전달에 있어서 신속성과 정확성을 도모할 수 있게 되는 것이다. 많은 조직들이 태스크포스나 위원회를 조직하여 수평적 커뮤니케이션 경로를 인위적으로 구축하고 있는 것도 이러한 장점 때문이다.

**일방적 커뮤니케이션과 쌍방적 커뮤니케이션**

앞에서 살펴본 수직적 커뮤니케이션은 일방적 커뮤니케이션의 예를 보여주고 있다. 수평적 커뮤니케이션에서는 커뮤니케이션의 인간적 측면으로 인하여 쌍방적 커뮤니케이션이 일어난다. 예를 들어 이러한 쌍방적 커뮤니케이션은 과업을 조정할 때 동료들 사이에서 발생하게 되는데, 쌍방적 커뮤니케이션을 통해 동료들 간의 도움을 편안하게 요청할 수 있게 된다. 하지만 이러한 쌍방적 커뮤니케이션은 조직의 목표 달성을 위하여 동료들 간에 발생할 경우 조직 효과성에 긍정적인 영향을 미치게 되나, 조직의 목표 달성과 관련이 없는 내용으로 쌍방적 커뮤니케이션이 일어나게 되면 오히려 비생산성을 야기하고 조직 운영에 부정적인 영향을 미칠 수 있다.

쌍방적 커뮤니케이션은 다음의 네 가지 주요 목적을 위하여 조직내에서 발생하게 된다.[5] 각각의 예는 조직에서의 부서 내 혹은 부서 간의 미팅에서 주로 다루어지는 쌍방적 커뮤니케이션을 보여준다.

- 과업조정 : 부서의 책임자가 조직 전체의 목표 달성을 위하여 각 부서가 어떻게 기여할지를 의논하기 위해 정기적인 모임을 갖는 경우
- 문제해결 : 부서의 구성원들이 예산 삭감에 어떻게 대처할지를 의논하는 것; 브레인스토밍 기법을 사용하여 집단 구성원들이 아이디어를 개발하는 경우
- 정보공유 : 한 부서의 구성원이 새로운 데이터를 전달하기 위하여 다른 부서의 구성원을 만나는 경우
- 갈등해결 : 부서 내의 갈등이나 부서 간의 갈등을 해결하기 위하여 구성원들이 만나 의견을 교환하는 경우

## 1.4 커뮤니케이션의 상황

커뮤니케이션은 그 내용, 채널, 그리고 과정 등에 따라 다양한 형태로 일어나고 있다. 그런데 이러한 커뮤니케이션은 일어나고 있는 상황이나 여건이 어떠한가에 따라 많은 영향을 받게 된다. 예를 들면 상사와 부하 간의 커뮤니케이션이 공시적인 회의 상에서 일어나는 경우와 비공식적인 식사자리에서 일어나는 경우, 동일한 내용이나 형태의

커뮤니케이션이라 할지라도 그것이 각자에게 부여되는 의미나 해석이 달라질 것이다. 이와 같이 커뮤니케이션이 일어나는 상황이나 여건에 따라 커뮤니케이션이 영향을 받게 되는데 이러한 것으로 사회적 상황, 분위기, 공간적 상황, 시간적 상황 등이 있다.

### 1) 지각

커뮤니케이션의 관점에서 볼 때, 지각은 송신자와 수신자에 의해 메시지에 주어진 의미라 할 수 있다. 개인적인 인식은 보여지는 사물(사건)에 의해서, 그 사물(사건)이 개인의 기억 속에 남겨지는 방법에 의해서, 그 사물(사건)에 부여된 의미에 의해 영향을 받는다. 예를 들어 축구 경기 도중, 감독이 주먹을 쥐고 손을 드는 것은 자신의 팀원에 대한 독려가 될 수도 있고, 상대편이나 심판에 대한 항의의 표시일 수도 있다. 기업에서는 영향력이 있는 경영자가 한 말이 그것이 무엇이든 간에 중요한 것으로 인지되곤 한다.

### 2) 경청

명령을 내리기에 앞서 경영자들은 종업원과 고객의 목소리에 귀를 기울여야 한다. 위에서 제시된 커뮤니케이션 프로세스의 모델에서, 수신자는 메시지의 정확한 의미 파악을 위하여 경청하여야 한다. 경청에는 주의집중, 에너지, 기술 등을 요한다. 다음의 〈표 13-1〉에서는 효과적인 경청을 위한 지침을 제시하고 있다.

**〈표 13-1〉 적극적인 경청을 위한 지침**

- 화자가 말하려는 내용에 집중하라. 단순히 화자의 말하는 스타일에 의해 주의가 산만해지지 않도록 하라.
- 화자가 말하려는 요점을 파악하기 위해서는 생각의 속도를 염두에 두어라. 보통 사람들은 평균적으로 1분에 100~200단어를 말할 수 있지만, 듣는 경우에는 적어도 400단어를 처리할 수 있다.
- 내가 말하는 것을 멈추어라. 말하고 있는 동안에는 경청할 수 없다.
- 화자의 이야기에 관심을 표현하라. 이의를 제기하기보다는 이해하도록 노력하라.
- 주의가 산만해지지 않도록 주변 환경을 정돈하고, 종이를 만지작거리거나 다리를 떠는 등의 행동을 삼가라.
- 다른 사람들의 관점을 이해하고자 하는 융통성 있는 자세로 임하라.
- 비판이나 논박을 하지 말아라. 그런 것들은 말하는 사람을 방어적으로 만들어서 더 이상 얘기를 하지 않거나 심지어는 화를 돋울 수도 있다. 설령 당신이 그 논쟁에서 이기게 된다 하여도, 결국에는 진 것과 다름없다.
- 질문을 하라. 질문은 당신이 이야기를 경청하고 있다는 사실을 보여줌으로써 말하는 사람을 더욱 고무할 수 있다.

자료 : Hitt, Miller, & Colella(2006), p.343.[6]

### 3) 사회적 영향력

조직내에서의 커뮤니케이션은 사회적 영향력에 의해 영향을 받는다. 조직의 규범이나 규칙이 누가 어떤 메시지를 만들고, 누가 누구에게 이 메시지를 전달하며 이에 어떻게 대처하여야 하는가에 대한 일련의 절차를 담고 있기 때문에, 조직구성원들의 각기 다른 지위에서 기인하는 사회적 영향력이 커뮤니케이션에 영향을 주게 된다.

### 4) 정보 풍부성

정보는 기술이나 혁신, 구조 등의 의사결정에 도움을 주는 커뮤니케이션 과정의 중요한 측면이다. 여기서는 정보의 질을 정보 풍부성이라 하며, 이는 그렇지 않은 정보에 비하여 청자의 이해를 빠르게 하기 때문에 커뮤니케이션의 효율성을 결정짓는다.

대면접촉을 통한 대화는 음성뿐만 아니라, 눈동자, 얼굴 표정, 몸동작까지도 전달받게 되므로 가장 즉각적인 피드백을 제공하는 정보 풍부성이 뛰어난 커뮤니케이션 매체이다. 예를 들어 전화 통화의 경우에는 음성만을 들을 수 있기 때문에 대면접촉을 통한 대화에 비하여 정보 풍부성이 크지 않다. 문서를 통한 커뮤니케이션의 경우에는 비언어적 커뮤니케이션의 요소는 전혀 전달받지 못하기 때문에 가장 낮은 수준의 정보 풍부성을 지니고 있다. 따라서 정보의 전달 속도도 느리고, 피드백도 제대로 이루어지지 않는 현상이 발생한다. 〈그림 13-3〉은 커뮤니케이션 매체에 따른 정보 풍부성 정도를 보여주고 있다.[7]

그림에서 보는 바와 같이 구두에 의한 커뮤니케이션이 문서상의 커뮤니케이션보다 정보의 풍부성 측면에서 뛰어나다고 할 수 있다. 따라서 정보의 성격에 따라서 다른 커뮤니케이션 방법을 구사하는 것이 효율적 정보관리를 위해 중요하다. 즉, 메시지

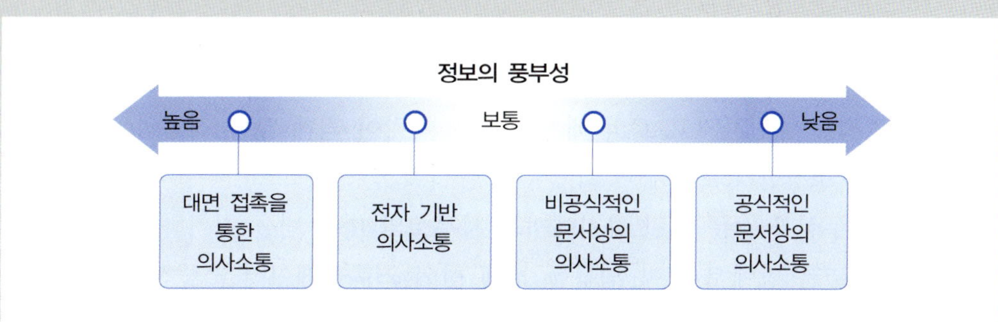


**그림 13-3** 커뮤니케이션 매체에 따른 정보 풍부성

자료 : Robinson & Judge(2011), p.392, 재구성.[8]

가 모호하고 감정적이며 메시지 주제에 대한 많은 배경지식이 필요로 할 경우에는 비용이 많이 들지만 정보 풍부성이 높은 대면접촉을 통하거나 전화통화를 이용한 말에 의한 커뮤니케이션이 유리하고, 명확하고 이성적이며 공식적인 정보에 대하여는 정보 풍부성이 그다지 많이 요구되지 않기 때문에 문서를 통한 커뮤니케이션이 유리할 것이다.

### 5) 근접성

근접성(proxemics)은 물리적 공간의 사용에 관한 개인의 인지에 대한 것이다. 인류학자인 Hall은 사람들은 각기 자기가 맡은 특정 역할에 따라 서로 예정된 거리를 두고 이야기를 나누기 때문에 근접성은 커뮤니케이션의 중요한 목표가 된다고 주장한다. 그에 따르면 다음의 4가지 양상의 공간 거리가 존재한다.[9]

① 친근한 거리 : 자신의 몸으로부터 60cm 정도의 범위 내의 거리로서, 부모와 아이, 연인들 간의 친근한 관계에서 보여지는 거리

② 개인적 거리 : 60~120cm 정도의 범위 내의 거리로서 친구들간의 상호교류가 이루어지는 거리

③ 사회적 거리 : 1.2~2m 정도의 범위 내의 거리로서 대부분의 사교 모임이나 상호교류가 이루어지는 거리

④ 대중적 거리 : 몸으로부터 2m 이상의 거리로서 대부분의 사람들은 이방인과의 거리를 이 정도로 두고 싶어한다.

### 6) 공간적 배치

책상이나 의자의 배치는 개인 간 커뮤니케이션에 영향을 미친다. 〈그림 13-4〉의 3가지 상황을 보자.

A의 배치는 두 상대 당사자가 서로 옆에 앉아 같은 방향을 향하고 있는 것으로 이는 협력을 증진시킨다. B의 배치는 두 당사자가 서로 반대편에 앉아 마주 보게 되는 배치로서 경쟁을 증진시키고, C의 배치는 서로 직각이 되게 앉아 직접적이고 열린 커뮤니케이션을 조장한다.

개방형 사무실과 같은 열린 공간에서는 사무실의 내부 벽을 철거하고 모든 구성원들이 하나의 넓은 방에서 같이 업무를 보게 하여 커뮤니케이션을 증진시키고 업무의 효율성을 증대시키기 위한 목적으로 도입되었다. 그러나 이러한 개방형 사무실은 오히려 구성원들로 하여금 지나친 상호작용을 유발케 하여 효율성이 감소될 수 있다.

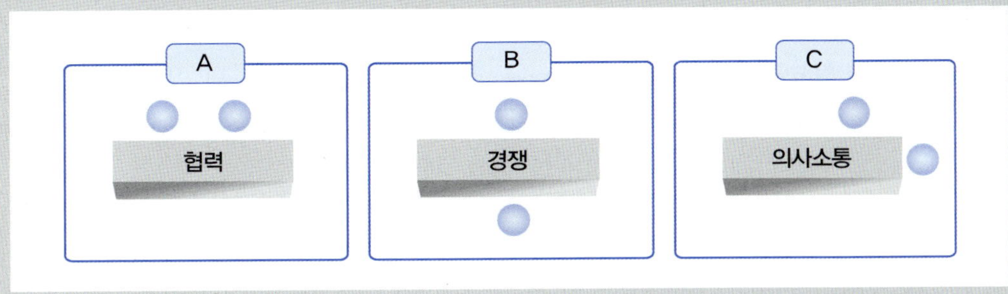


그림 13-4
공간 배치와 커뮤니케이션

#### 7) 전자 기반 커뮤니케이션

이메일, 이동전화, Fax, 페이스북, 트위트 등의 새로운 커뮤니케이션 기술이 놀라운 속도로 작업장에 전파되고 있다. 이러한 기술들은 조직 커뮤니케이션의 속도를 증가시키는 새로운 상징과 메시지 전달 방식을 창출하였다. 그러나 이러한 기술은 또한 개인 행동에 많은 중요한 영향을 미쳤다. 예를 들면, 이러한 최근의 커뮤니케이션 방식은 얼굴표정, 음성, 눈맞춤, 접촉, 몸 동작 등과 같은 감성적 측면의 메시지 접근을 어렵게 하고 있다.

## 2. 커뮤니케이션 네트워크

커뮤니케이션은 개인과 집단을 사회적 시스템 내에서 연결한다. 커뮤니케이션은 개인 간에 또는 집단 내에서 구성원들 간의 사회적 네트워크 형성과 긴밀한 관계를 지니고 있다. 커뮤니케이션은 이미 형성되어 있는 사회적 네트워크에 따라 일어나기도 하지만, 사회적 네트워크를 새로이 형성하기도 한다.

조직내에서 과업과 관련된 커뮤니케이션 네트워크가 형성되면 조직구성원들이 직무수행에 필요한 여러 정보를 수집하거나 다른 사람과의 업무를 조율하는 일이 가능하게 된다. 이러한 커뮤니케이션 네트워크는 커뮤니케이션의 흐름과 내용을 구조화시켜 조직구조를 지원하는 정교한 사회적 시스템이 된다. 또한 이러한 커뮤니케이션 네트워크는 조직의 문화나 신념, 가치체계의 정립에 기여한다.

커뮤니케이션 네트워크는 집단의 규모에 따라 여러 형태로 나타난다. 가령 4~5명 정도의 소집단 규모에서 나타나는 커뮤니케이션 네트워크와 큰 규모의 집단이나 조직에서 나타나는 커뮤니케이션 네트워크는 그 형태나 복잡성이 다르다. 여기에서는 먼저 소집단에서 형성되는 커뮤니케이션 네트워크의 유형과 그 특성을 살펴보고, 조직규모에서 나타나는 커뮤니케이션 네트워크의 예를 제시한다.

## 2.1 소집단 내 커뮤니케이션 네트워크

소집단 내에서 개인 간의 커뮤니케이션의 양상은 다음의 4가지 타입으로 구분하여 볼 수 있다.

**수레바퀴형**

대부분의 정보는 집단 내의 한 명의 중심인물을 통해 전달되어진다. 이 중심인물은 모든 메시지를 다른 집단의 구성원에게서 전달받으며, 메시지들을 주변인물에게 전달한다. 주변인물 간에는 직접적인 정보의 전달이 없는 것이 특징적이다. 수레바퀴형 네트워크는 주된 커뮤니케이션이 구성원과 관리자 사이에서 발생하는 전형적인 작업 집단에서의 특징으로 나타난다.

**쇠사슬형**

커뮤니케이션은 미리 예정된 순서에 따라 한 구성원으로부터 다른 구성원에게 순차적으로 전달된다. 쇠사슬형 네트워크는 수직적 위계로 구성된 집단에서 흔히 발견되는 커뮤니케이션으로서 대부분의 커뮤니케이션이 명령체계 형태로 상하 이동하게 된다.

**원형**

원형 네트워크는 집단의 구성원이 인접한 타 구성원과 정보를 교환하는 네트워크로서 수레바퀴형 네트워크와는 달리 특정 중심인물이 없고 구성원간의 계층이나 서열이 없는 상태에서 방향이 없이 정보의 교류가 이루어진다.

**완전연결형**

모든 집단의 구성원들이 모든 다른 구성원과의 커뮤니케이션이 가능한 가장 바람

그림 13-5
소집단 내 커뮤니케이션 네트워크의 유형

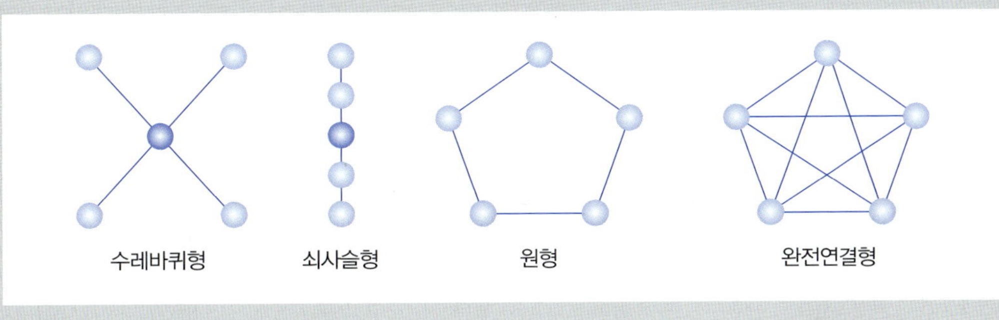


자료 : Bavelas(1950).[10]

직한 네트워크 형태이다. 업무의 형태가 상호의존적이어서 개별 구성원들의 행위가 다른 구성원들의 행위에 영향을 미칠 수 있는 경우에 일반적으로 발견되며, 이러한 커뮤니케이션 네트워크를 사용하는 조직은 대부분 R&D팀이라든지 최고경영자팀, 병원의 응급실 팀 등이 있다.

한편 Bavelas[11]은 초기 커뮤니케이션 채널 연구에서 과업집단의 커뮤니케이션 패턴을 〈그림 13-5〉와 같이 네 가지로 구분하고 각 커뮤니케이션 패턴들이 집단에 미치는 영향을 실험을 통하여 살펴보았다. Bavelas는 실험 상황에서 커뮤니케이션 패턴 상에 리더가 상위 혹은 중심에 위치할수록 조직은 더욱 빠르고 안정적으로 전개되며, 과업수행 상에서 오류가 발생할 확률이 줄어들지만, 구성원들의 사기는 떨어진다고 제안하였다. 이러한 실험결과는 단순히 특정 커뮤니케이션 패턴의 형태가 우월하다는 결론을 내리기 위함이 아니라, 커뮤니케이션 패턴이 구성원들의 만족도나 집단 과업수행에 영향을 미칠 수 있음을 시사하는 것이다. 커뮤니케이션 네트워크와 정보전달 및 조직행동 간의 관계를 다음 〈표 13-2〉와 같이 요약할 수 있다.

집단 내 커뮤니케이션 네트워크는 집단 구성원들의 상호작용이 계속되면서 자연적으로 형성된다. 따라서 집단의 네트워크 유형은 영구적인 것이 아니며, 집단의 과업이나 구성원 등에 의해 변화한다. 집단 커뮤니케이션 네트워크의 패턴이나 특성을 결정하는 요소는 집단의 과업, 환경, 구성원 특성, 집단 구조와 같은 4가지 정도를 들 수 있다.

첫째, 집단의 과업은 네트워크의 패턴에 결정적인 영향을 미칠 수 있는 요소이다. 예를 들어 최고경영자 팀과 같은 경우에는 완전연결형 네트워크가 효율적일 것이다. 반면, 개개인이 순차적으로 과업을 수행하는 경우에는 쇠사슬형 네트워크나 수레바퀴

〈표 13-2〉 네트워크 유형에 따른 조직유효성

| 유효성 | | 수레바퀴형 | 쇠사슬형 | | 원형 | 완전연결형 |
|---|---|---|---|---|---|---|
| | | | 수직 | 수평 | | |
| 정보 전달 | 정확도 | | | | | |
| | 단순문제 | 높음 | 낮음 | 낮음 | 낮음 | 높음 |
| | 복잡문제 | 낮음 | 낮음 | 낮음 | 높음 | 높음 |
| | 신속도 | 빠름 | 빠름 | 느림 | 느림 | 빠름 |
| 조직 행동 | 문제해결속도 | 빠름 | 빠름 | 느림 | 빠름 | 느림 |
| | 권력집중도 | 높음 | 높음 | 높음 | 낮음 | 낮음 |
| | 구성원 만족도 | – | 낮음 | 낮음 | 높음 | 높음 |
| | 결정에 대한 수용도 | – | 낮음 | – | 높음 | – |

자료: 임창희(2013), p.311.[12]

형 네트워크가 효율적일 것이다.

둘째, 집단의 물리적 환경은 구성원들 간 상호작용의 빈도나 유형에 영향을 미칠 수 있다. 예를 들어, 대부분의 구성원들이 같은 사무실에서 근무하는데, 일부 구성원들만 다른 층에서 근무한다면 네트워크의 연결력이 약해질 수도 있다.

셋째, 구성원의 특성 역시 커뮤니케이션 네트워크의 형성에 영향을 미친다. 이러한 구성원 특성에는 구성원의 기술적 전문성, 개방성, 대화 능력, 사교성 등이 포함될 수 있다. 예를 들어, 고도의 기술적 문제에 봉착했을 경우, 집단의 커뮤니케이션 네트워크는 기술적 전문성을 지닌 구성원을 중심으로 형성될 것이다.

마지막으로, 집단의 규모, 규범, 구성, 응집성과 같은 집단 구조도 커뮤니케이션 네트워크에 영향을 미친다. 예를 들어 집단의 규범에 따라 어떤 집단에서는 다른 계층간의 개방적인 커뮤니케이션을 장려하기도 하며, 다른 집단은 이를 제한하기도 한다.

최근에는 전자기술의 발달로 인해 새로운 기술에 기반한 다양한 매개체들이 커뮤니케이션 네트워크 형성에 중요한 역할을 담당하고 있다.

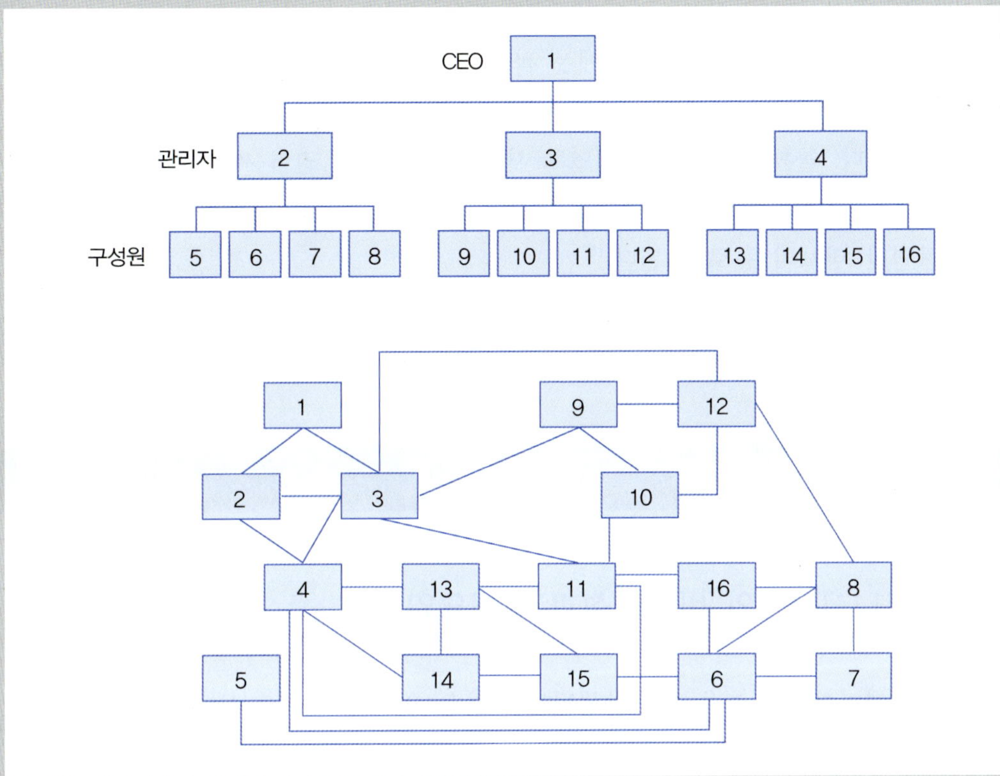


그림 13-6

공식 조직도와 실제 커뮤니케이션 네트워크 비교

자료 : Davis(1953) 재구성.[13]

## 2.2 비공식 조직의 커뮤니케이션 네트워크

공식적인 보고 체계는 조직의 위계질서에 의해 세워진 명령 체계로부터 발생한다. 조직의 위계는 어떤 하급자가 어떤 관리자에게 보고를 해야 하며, 그 관리자는 누구에게 보고를 해야 하는가 등의 명령의 상하 전달체계를 결정한다.

그러나 대부분의 조직은 그들의 공식적인 조직도와 실제 커뮤니케이션 흐름의 패턴과 적잖은 차이를 보이고 있다. 조직내의 커뮤니케이션은 공식적인 보고 체계에 의해 상향적 또는 하향적 방향으로만 이뤄지는 것이 아니며, 어떤 이슈나 프로젝트, 문제 등을 중심으로 이뤄진다. 따라서 조직의 실질적인 커뮤니케이션의 패턴은 공식적인 조직도보다 비공식적인 커뮤니케이션 네트워크에 더 가깝다.[14] 이러한 실제 조직의 커뮤니케이션 패턴은 조직의 상황에 따라 변하기도 한다(〈그림 13-6〉 참조). 이를테면, 조직의 구성원들은 그들이 필요로 하는 정보의 유형이 변함에 따라 새로운 커뮤니케이션 패턴을 발전시킬 것이다.

Krackhardt와 Hanson은 조직내에는 적어도 세 종류의 비공식적인 커뮤니케이션 네트워크가 있다고 하였다. 첫째, '조언 네트워크'로서 기술적 정보를 획득하기 위한 통로로 제공된다. 둘째, '신뢰 네트워크'로서 갈등, 불일치, 권력 싸움 등과 같은 민감한 사안에 대한 정보의 통로가 된다. 마지막으로 '커뮤니케이션 네트워크'는 일상적인 과업과 관련한 정보의 통로가 된다.[15]

# 3. 효율적인 커뮤니케이션

## 3.1 커뮤니케이션의 비효율성과 장애요인

커뮤니케이션의 비효율성이 발생되는 이유는 앞서 <그림 13-1>에서 나타나는 바와 같이 여러 가지가 있다.

### 3.1.1 커뮤니케이션 비효율성

**1) 발신자**

메시지를 전달하는, 즉 메시지를 보내는 사람 측면에서 커뮤니케이션의 유효성을 개선할 수 있는 방안은 다음의 3가지 정도를 들 수 있다.

① 정보를 받는 사람, 즉 수신인이 처해 있는 상황 혹은 문화에 대한 이해
② 전달되는 메시지에 대한 피드백 요구
③ 구두/문서상 커뮤니케이션에 대한 훈련

**2) 수신자**

메시지를 받는 사람의 입장에서 커뮤니케이션의 유효성을 개선할 수 있는 방안은 다음과 같은 것들이 있다.

① 메시지를 보내는 사람에 대한 지식

② 적극적 경청(active listening)에 대한 훈련
③ 커뮤니케이션 프로세스 상에서 피드백 절차 이용

#### 3) 메시지

커뮤니케이션 유효성에 있어서 전달되는 메시지의 구성은 매우 중요한 역할을 한다. 대다수의 사람들이 복잡한 어구로 이루어진 긴 메시지는 쉽게 이해하지 못한다. 또한, 은어나 다른 언어 문화를 가진 집단에서만 사용되는 언어는 메시지를 받는 사람이 잘못 해석할 가능성이 높다. 따라서, 메시지를 보내는 사람과 받는 사람이 모두 공유하고 있는 정확하고 구체적인 언어를 사용하여야 커뮤니케이션에서의 비효율을 감소시킬 수 있다.

### 3.1.2 효율적 커뮤니케이션에 대한 장애 요인들

커뮤니케이션 프로세스는 발신자, 부호화, 해독, 수신자 그리고 피드백으로 구성된다. 이러한 과정에서 잡음이 발생한다면 완전하고 명확한 의미의 이해와 전달이 어려워진다. 따라서 관리자들에게는 효율적인 커뮤니케이션을 개발하여야 하는 책임이 부여된다.

효과적인 커뮤니케이션을 방해하는 요소들에는 여과, 선택적 지각, 방어적 태도, 언어의 문제, 공간 배치의 문제, 역할 설정의 문제, 개인적 차이 등을 고려해 볼 수 있다.

#### 1) 여과

여과(filtering)는 메시지를 보내는 발신자가 고의적으로 수신자에게 긍정적이거나 호의적으로 보이기 위해 정보를 의도적으로 조작하는 경우를 의미한다. 예를 들어, 종업원이 자신의 상사에게 잘 보이기 위해 사실과는 관계없이 상사가 원하는 말을 하는 경우나 노사 협상 시에 당사자들이 상호 자신들에게 유리한 정보만을 송신하는 경우를 들 수 있다. 이러한 여과 현상은 계층이 많은 조직구조에서 더욱 심해진다. 특히 고위 경영자에게 정보가 종합되고 응축되어 보고될 때, 보고자의 흥미나 지각에 의해 정보의 필터링이 일어나게 되고, 따라서 고위 경영자는 객관적인 정보를 접하기 힘들어질 수 있다.

### 2) 선택적 지각

수신자가 정보 접수 시에, 그들의 필요나 동기, 경험, 배경지식, 혹은 기타 여러 가지 개인적인 특성에 기반하여 듣거나 본 내용을 선택적으로 지각하기 때문에 발생하는 현상이다. 수신자는 커뮤니케이션 시 그들의 이해나 기대를 해독하는 과정에 반영하는 경향이 있기 때문에, 현실을 보기보다는 그들이 "해석한 것"을 현실이라고 생각하게 된다. 예를 들어, 신입사원의 면접과정에서 면접관이 지원자에 대하여 그들이 직무보다는 가족에 더 신경을 쓸 것이라는 기대를 하고 있다면, 지원자의 실제 자질 판단을 미루고 개인적인 경험이나 배경지식을 통해 판단해 버리곤 한다.

### 3) 방어적 태도

사람들은 자신이 위협을 받고 있다고 느끼면, 서로에 대한 이해를 증진시킬 수 있는 가능성을 줄이는 방향으로 행동 즉, 방어적인 행동을 취하게 된다.[16] 즉, 말로 상대를 공격하거나, 빈정되는 표현을 쓰거나, 다른 사람의 의도를 의심하거나 하는 식의 방어적인 태도를 갖게 되는 것이다. 따라서 다른 사람의 메시지를 위협으로 해석하는 사람은 효과적인 커뮤니케이션을 방해하는 반응을 보이게 된다.

### 4) 언어의미상의 문제

같은 단어일지라도 사람들마다 다른 의미로 받아들여질 수 있다. "단어의 의미는 단어 안에 있는 것이 아니라 사람들 안에 있다".[17] 연령, 교육수준, 문화적 배경은 개인이 사용하는 언어와 또한 개인이 단어에 내리는 정의에 영향을 미치는 대표적인 세 가지 요인들이다. 랩 가수와 칼럼니스트는 분명히 같은 한국어를 사용할 지라도 이들이 사용하는 언어는 매우 다르다.

기업에서 종업원들은 다양한 배경을 가지고 있기 때문에 말하는 방식에 차이가 있다. 더욱이 다양한 전공을 가진 구성원들로 이루어진 과업 집단에서는 전공에서 사용하는 기술적 언어와 특수언어를 사용한다. 대규모 조직에는 구성원들의 출신 지역이 매우 다양하다. 서로 다른 지역이나 국가에서 사용하는 언어는 그 지역의 특색이 포함되어 있기 때문에 언어 문제의 원인이 될 수 있다. 즉 발신자가 의도한 단어의 의미를 수신자는 다르게 받아들여 커뮤니케이션의 어려움이 생길 수 있다.

### 5) 누락

여러 단계를 거치며 전달되는 정보가 100% 정확하게 움직인다고 볼 수는 없다. 정보는 전달되는 과정 중에 완전한 내용보다는 간결한 내용으로 축약된다. 화자는 의도하는 내용의 가장 현저한 점만을 전달하는 것이 일반적인 경우이다.

#### 6) 정보 과부하

개인은 정보를 처리하는 데 있어 제한된 능력을 가지고 있다. 연구에 의하면 사람들 대부분은 7가지 이상의 정보를 동시에 처리하는 데 어려움을 느낀다.[18] 일하는 데 사용되는 정보의 양이 우리의 처리 능력을 초과할 때 정보 과부하현상이 일어난다. 최근에 급속히 발전하는 커뮤니케이션 매체로 인하여 좀 더 신속하고 정확하며 편리하게 정보를 전달할 수 있게 되었다는 이점이 있는 반면, 이러한 편리 때문에 주체할 수 없을 정도의 많은 정보가 전달되고 있기 때문에 정보 과부하의 문제는 점점 더 심각해지고 있는 실정이다.

#### 7) 의미 변화

커뮤니케이션은 의도하는 메시지를 전달하기 위해서 언어를 이용하는 상징적인 과정이라 할 수 있다. 그러나 경우에 따라서는 동일한 언어를 사용할 지라도 그들이 사용하는 상징이 동일한 의미를 지니지 않는 경우가 있다. 위에서도 언급한 바와 같이 상사의 "잘했군!"이라는 말은 듣는 사람에 의해서 칭찬도 될 수 있고 꾸짖음도 될 수 있는 것이다. 의미 변화 문제는 추상적인 개념이나 기술적인 언어를 커뮤니케이션 할 때 주로 발생하는 문제이다.

#### 8) 준거의 틀

각자는 자신의 과거 경험에 의존하여 똑같은 커뮤니케이션도 다르게 해석할 수 있다. 이러한 것들은 부호화와 해독의 다양성으로 나타나게 된다. 이는 커뮤니케이션의 공통성을 해하는 중요한 요인으로 작용한다. 부호화와 해독의 과정이 동일하게 진행되지 않는다면, 커뮤니케이션이 제대로 이뤄질 수 없다. 따라서 발신자와 수신자가 같은 언어를 사용해도 청자가 세상을 바라보는 관점, 즉 준거의 틀에 따라 상이한 의미를 전달받게 된다.

#### 9) 가치판단

메시지에 대한 가치판단은 전체 커뮤니케이션이 이루어지기 전에 부여되며, 수신자에 의해 이루어진다. 가치판단은 발신자에 대한 평가나 수신자의 과거 경험, 혹은 메시지의 예견되는 의미에 기반한다. 예를 들어 '양치기 소년'이라는 이솝 우화에서는 마을 사람들이 양치기 소년의 반복되는 거짓말이라는 부정적인 과거 경험으로 인하여 정작 정확한 정보가 전달되었을 때 이를 믿지 않아 효과적인 커뮤니케이션을 방해하게 된다.

#### 10) 커뮤니케이션 불안감

효과적인 커뮤니케이션에 있어서 또 다른 심각한 장애 요소 중 하나는 커뮤니케이션 불안감이다. 일반적으로 많은 사람들이 집단 앞에서 말하는 것을 두려워한다. 하지만 커뮤니케이션 불안감은 전반적인 커뮤니케이션 기술에 영향을 미치기 때문에 더욱 심각한 문제이다. 커뮤니케이션 불안감으로 고통 받는 사람들은 커뮤니케이션 시 과도한 긴장감과 불안감을 경험하게 된다.[19] 예를 들어 구두 커뮤니케이션에 불안감을 가지고 있는 사람은 다른 사람들 간의 면대면 대화나 전화 통화 시 극도의 어려움을 겪는다. 결과적으로 이들은 메시지를 전달하기 위하여 메모나 팩스에 의존하게 된다.

연구에 의하면 커뮤니케이션 불안감을 겪고 있는 사람들에게 구두(oral)를 통한 커뮤니케이션을 요구하면 이 상황을 피하려 한다.[20] 따라서 되도록이면 커뮤니케이션을 최소화 하려는 경향이 있는 커뮤니케이션 불안자들은 직무 수행에 어려움을 큰 어려움을 겪는다.

지금까지 살펴본 커뮤니케이션 상에서 일어나는 정보 왜곡의 다양한 양상은 정보 왜곡의 원인이 어디에 있는가에 따라 〈표 13-3〉과 같이 구분해 볼 수 있다.

**〈표 13-3〉 정보 왜곡의 발생 원인에 따른 구분**

| 정보 왜곡 발생원인 | 정보 왜곡의 양상 | |
|---|---|---|
| 송신자 | • 정보의 누락<br>• 방어적 태도<br>• 여과 | • 상이한 준거의 틀<br>• 의미 변화의 문제<br>• 커뮤니케이션의 불안감 |
| 수신자 | • 가치판단<br>• 정보 과부하<br>• 선택적 지각 | |
| 경 로 | • 정보 과부하 | |

## 3.2 커뮤니케이션 비효율의 극복방안

조직의 성공을 위해서는 모든 종류의 효율적인 커뮤니케이션 방안이 강구되어진다. 조직에서의 효율적인 커뮤니케이션을 위해서는 최소한 2가지가 수행되어져야 한다. 첫째는 전달하고자 하는 정보인 메시지를 개선시키는 것이며, 둘째는 타인이 전달하고자 하는 내용에 대한 이해를 향상시켜야 한다. 즉, 좀 더 효율적인 발신자와 수신자가 되어야 한다.

### 1) 사후 관리

사후 관리는 자신이 전달하고자 하는 내용이 수신자에게 정확히 전달되었는가를 파악하는 과정이다. 앞서 언급하였듯이 '의미'란 때로 의도한 바와는 다르게 청자에게 전달될 수 있기 때문이다. 따라서 송신자는 수신자가 자신이 의도한 대로 정보를 전달받았는가에 대해 확신을 얻기 위해 청자의 다음 행동이나 태도를 확인하는 것이 커뮤니케이션의 효율성 향상에 유익하다.

### 2) 정보 흐름에 대한 통제

이는 정보의 과부하 현상을 제어하기 위해 전달되는 정보가 최적 수준이 되도록 통제하는 과정이다. 통제의 대상이 되는 것은 정보의 양뿐만 아니라 정보의 질까지도 포함된다. 예를 들어 표준적인 운영 절차에서 벗어난 중요하고 심각한 문제만을 상급자에게 보고하는 예외 원칙을 들 수 있다. 이 원칙은 표준적인 운영 절차의 개발 과정 및 수용할 수 있는 성과의 범위를 설정하는 데에 사용되어지며, 이 범위를 넘어서는 문제 상황만을 예외적인 것으로 간주되어 상급자에게 보고하며 기타의 상황에서는 일반적인 절차를 따르는 형식을 취하여 소통되는 정보의 양을 상당부분 감소시켜 준다.

### 3) 피드백의 활용

피드백은 효과적인 커뮤니케이션의 중요한 요소로서, 적절한 피드백을 사용하면 커뮤니케이션 상황에서의 오해는 급격히 감소한다. 만일 발신자가 자신이 보낸 메시지가 얼마나 정확히 전달되어지고 있는가에 대하여 알게 된다면, 이에서 발생하는 왜곡이나 잘못된 이해를 바로잡을 수 있다. 또한 메시지가 모호하거나 의미가 통하지 않는다고 판단되는 경우, 메시지를 다른 여러 방법으로 재전송할 수 있고, 혼란스러운 메시지는 축약하여 전달할 수 있다.

#### 4) 감정이입

감정이입이란 말하는 사람보다는 듣는 사람 입장에서의 커뮤니케이션하는 것을 의미한다. 감정이입을 통하여 송신자는 수신자의 처지에서 자신이 보내는 메시지를 해독해 볼 수 있게 된다. 감정이입은 한 사람으로 하여금 다른 사람의 역할을 해보게 하는 것이나 개인적인 관점이나 감성의 차이를 인정하게 하는 능력을 의미한다고 할 수도 있다. 송신자와 수신자 간의 배경이나 경험의 차이가 클수록 공통된 이해의 장을 만들기 위한 노력도 병행되어야 하기 때문에 이러한 감정이입을 통한 상호간의 이해는 효과적인 커뮤니케이션에 매우 중요한 요소이다.

#### 5) 신뢰

효과적인 커뮤니케이션에서 당사자들 간의 상호 신뢰는 매우 민감한 사안이다. 서로간의 신뢰가 형성되어야만 커뮤니케이션의 스킬을 향상시킬 수 있는 '열린 커뮤니케이션'의 환경이 만들어지는 것이다. 시간적 제약으로 인하여 충분한 수준의 정보를 전달하지 못하거나 이에 대한 피드백이 불가능한 경우, 송신자와 수신자 간의 상호 신뢰와 믿음이 커뮤니케이션을 촉진시킬 수 있다.

#### 6) 효과적 경청

대부분의 사람들은 매일 수많은 메시지에 노출되어 생활한다. 이러한 많은 메시지들 가운데에는 모든 것에 주의를 집중할 수 없기 때문에 해독되지 않는 것들도 있다. 커뮤니케이션을 증진시키기 위해 자신이 하는 말을 타인에게 이해시키는 것 못지않게 타인이 전하는 말을 정확히 이해하는 것도 중요하다. 이에 필요한 것이 경청이다. 사람들로 하여금 진실된 느낌이나 요구, 감정을 표현하게 하게끔 장려하는 방법 중의 하나가 그의 말에 경청하는 것이며, 서로간의 정확한 커뮤니케이션을 위한 공통된 대화의 장을 마련하는 방법이 또한 그것이다. 능동적인 경청의 기술은 송신자가 진정으로 하고자 하는 말을 이해하도록 돕는다.

#### 7) 간단한 어휘 사용

복잡한 말이나 전문적인 용어는 커뮤니케이션을 어렵게 만든다. 복잡한 아이디어일지라도 모든 사람들이 이를 이해할 수 있도록 간단한 어휘를 사용하거나 단순한 사례를 드는 것 또한 효과적인 커뮤니케이션을 위한 중요한 요소이다.

#### 8) 적절한 타이밍

개인간의 커뮤니케이션에 있어서의 전형적인 문제점은 송신자들이 수신자들이 들을 준비를 채 갖추기도 전에 커뮤니케이션을 시작하는 것에 있다. 실무 현장에서도 수많은 메시지들이 무질서하게 주어지기 때문에 원하는 정보들을 효과적으로 원하는 시간 내에 변환시키기 어렵다. 따라서 커뮤니케이션의 타이밍을 관리하여 메시지가 질서정연하게 전달될 수 있게 하는 것은 커뮤니케이션의 효율적인 관리 전략이다.

## 4. 기술, 문화와 커뮤니케이션

### 4.1 전자기반 커뮤니케이션

최근 정보기술의 눈부신 발전은 조직의 구성원들에게 상호 커뮤니케이션 할 수 있는 새로운 방법을 제공해 주었을 뿐만 아니라, 더 많은 정보를 필요한 시점에 적절하게 사용할 수 있는 새로운 접근 방법을 제시하였다. 컴퓨터화된 정보처리 시스템이나 새로운 타입의 원거리 커뮤니케이션의 등장 및 이 두 가지가 결합된 형태의 새로운 기술을 바탕으로 한 많은 혁신이 조직내에서 벌어지고 있다. 사람들은 이제 서류나 문서 혹은 육성에 의한 전통적인 방식의 커뮤니케이션에서 벗어나 컴퓨터 앞에 앉아 메시지를 주고받는다. 또한, 현장의 상황을 동시에 알 수 있는 판매관리 시스템이나, 각 부서의 업무 진행 상태나 처리 결과를 즉시 확인할 수 있는 통합 시스템이 일반화됨에 따라 전체 공정 속도를 엄청나게 증가시키고 있다. 기업의 인사관리에서도 새로운 정보처리 시스템의 도입으로 인하여 수많은 구성원들의 신상에 대한 구체적인 정보를 원하는 시간에 원하는 장소에서, 열람 자격이 부여된 누구나 접근하여 확인할 수 있게 되어 의사결정의 유용한 정보로 활용되고 있다. 전자화된 커뮤니케이션 도구를 이용하여 구성원들은 외근을 줄이고 대부분의 작업을 본사 안에서 처리하게 되고 이로 인하여 비용의 절약, 시간의 절약, 근로자들의 피로감 감소 등의 부수적인 효과를 올릴 수 있게 되었다. 무엇보다도 이러한 최신의 정보기술은 커뮤니케이션의 지식적 측면에 크게 기여하였다.

하지만 이러한 기술에 대한 과도한 의존은 커뮤니케이션의 다른 중요한 기능들의 결핍을 초래할 수 있다. 예를 들어, 대면접촉의 기회가 줄어듦에 따라 사무실 내에서 서로간의 친밀감이 떨어지고 보다 조직구성원들의 개인주의적 성향이 강화될 수 있다. 또한, 업무를 수행하기보다는 쏟아져 들어오는 이메일을 읽거나 게시판을 확인하는 일로 더 많은 시간을 보내야 하는 정보 과부하로 중요한 메시지를 놓치게 될 위험도 높아질 수 있다. 최근에는 업무시간을 인터넷 쇼핑이나 개인 블로그 운영 등에 소비하는 사이버 로핑현상이 발생하면서 생산성 저하가 문제가 되기도 한다.

## 4.2 커뮤니케이션과 문화

**문화적 장벽**

문화적 요소는 커뮤니케이션의 효율성을 좌우하는 중요한 요인이다. 효과적인 커뮤니케이션을 위해서는 당사자 간에 지역적, 직업적, 사회계층적으로 작용하는 기본적 가치관이나 동기, 가정 등에 대한 해석이 필요하다. 다른 문화권에서 성장한 사람들과의 커뮤니케이션에는 보다 많은 장벽이 존재한다. 화자가 청자가 이해할 수 없는 방식으로 커뮤니케이션을 시도하거나, 청자의 문화에서 다르게 해석되는 의미를 전달할 수도 있기 때문이다. 특히 비언어적 커뮤니케이션의 의미가 다른 경우 대화자들 간의 대화에 많은 잡음이 발생한다. 예를 들어, 대화 시 개인 간의 거리 개념에 있어서도 한국인들의 경우 타인과 대부분 서로간의 악수를 나눌 수 있는 범위 내에서 커뮤니케이션이나 상호교류를 시도하는 반면, 다른 문화권의 사람들은 처음 보는 사람과도 포옹이나 키스로 인사를 나눈다. 이 두 문화의 사람들이 커뮤니케이션을 시도할 경우, 서로간의 차이를 인식하지 못한 사람들은 적절한 커뮤니케이션을 시도할 수 없을 것이다. 시선을 응시하는 것도 문화권마다 의미가 다르다. 서양의 문화권에서는 상대방과 눈을 맞추는 것이 서로간의 믿음과 진실을 대변한다고 생각하는 반면, 동양의 문화권에서는 윗사람과 이야기할 때는 반드시 눈을 아래로 하는 것을 예의로 생각한다.

문화적 장벽을 극복하면서 성공적인 커뮤니케이션을 이끌어내기 위해 필요한 두 가지 태도는 다음과 같다. 첫째, 커뮤니케이션 과정에 영향을 미칠 수 있는 문화적 차이에 대하여 대화자들이 익숙해지도록 노력해야 한다. 이는 교육이나 관찰, 타문화에 경험이 많은 사람들로부터 자문을 구함으로써 가능해질 수 있다. 둘째, 자문화 중심적 사고를 지양하여야 한다. 자신의 문화와 다른 가치관이나 관점, 생활방식, 행동방식에 맞추고 인정하는 단계까지의 태도 변화가 아니더라도 이에 대한 인식만으로도 커뮤니케이션의 효율성을 높일 수 있다.

**문화적 맥락**

문화적 장벽을 보다 잘 이해하고, 상이한 문화 간의 커뮤니케이션을 원활히 하기 위해서 '고맥락/저맥락 문화' 개념의 이해가 도움이 될 수 있다.

각각의 문화마다 커뮤니케이션의 상황이나 맥락이 실제 말해지거나 쓰여진 내용을 이해하는데 영향을 주는 정도가 다르다. 중국, 베트남, 사우디아라비아와 같은 나라들은 고맥락 문화라 할 수 있다. 그들은 다른 사람들과 커뮤니케이션을 할 때 말로 표현되지 않거나, 미묘한 상황적 암시에 보다 더 의존한다. 즉, '말해지지 않은' 내용이 실제로 말해진 내용보다 더 중요할 수 있다. 이를테면, 개인의 공식적 지위, 사회적 위치, 명성 등이 커뮤니케이션에 상당한 영향을 끼친다. 반면, 유럽이나 미국/캐나다와 같은 저맥락 문화권에서는 의미를 전달하는 언어 자체에 주로 의존하며, 몸짓이나 제스츄어 등의 비언어적 커뮤니케이션 수단이나 공식적 지위 등과 같은 것은 부차적으로 작용한다.

## 주석(endnote)

1 Luthans, F., Hodgetts, R. M., & Rosen krantz, S. A. (1988). *Real Managers*. Cambridge, MA: Ballinger. 27.

2 Ivancevich, J. M. & Matteson, M. T. (1993). *Organizational Behavior and Management*, New York: McGraw-Hill. 633.

3 Fisher, A., (1974). *Small Group Decision Making*. New York: McGraw Hill. 23.

4 Robbins, S. P., & Judge, T. A. (2011). *Organizational Behavior*. Pearson.

5 Gerald M., & Goldhaber(1974). *Organizational Communication*. William C. Brown Company Publisher. Dubuque, Iowa, 121.

6 Hitt, M. A., Miller, C. C., & Colella, A. (2006). *Organizational Behavior: A strategic approach*. John Wiley &Sons.

7 Osborn, R. N., & Hunt, J. G. J. (2007). Leadership and the choice of order: Complexity and hierarchical perspectives near the edge of chaos. *The Leadership Quarterly*, 18(4), 319~340.

8 Robbins, S. P., & Judge, T. A. (2011). *Organizational Behavior*. Pearson.

9 Hall, E.T. (1959). *The Silent Language*. Garden City, N.Y.: Doubleday.

10 Bavelas, A. (1950). Communication patterns in task-oriented groups. *The Journal of the Acoustical Society of America*, 725~730.

11 Bavelas, A.(1950). Communication patterns in task-oriented groups. *Journal of Acouslical Society of America*, 22, 725~730.

12 임창희. (2013). 조직행동. 비앤앰북스.

13 Davis, K. (1953). Management communication and the grapevine. *Harvard Business Review*, Sept-Oct, 88~94.

14 Davis, K. (1953). *ibid.*

15 Krackhardt, D., & Hanson, J. R. (1993). Informal networks. *Harvard Business Review*, 71(4), 104~111.

16 Gibb, J. R. (1961). Defensive communication. *Journal of Communication*, 11(3), 141~148.

17 Hayakawa, S. I. (1949). *Language in Thought and Action*. New York: Harcourt Brace Jovanovich.

18 Miller, G. A. (1956). The magical number seven, plus or minus two: some limits on our capacity for processing information. *Psychological Review*, 63(2), 81.

19 Spitzberg, B. H., & Hecht, M. L. (1984). A component model of relational competence. *Human Communication Research*, 10(4), 575~599.

20 Stafford, L., Burggraf, C. S., & Sharkey, W. F. (1987). Conversational memory the effects of time, recall, mode, and memory expectancies on remembrances of natural conversations. *Human Communication Research*, 14(2), 203~229.

CHAPTER 14

# 의사결정

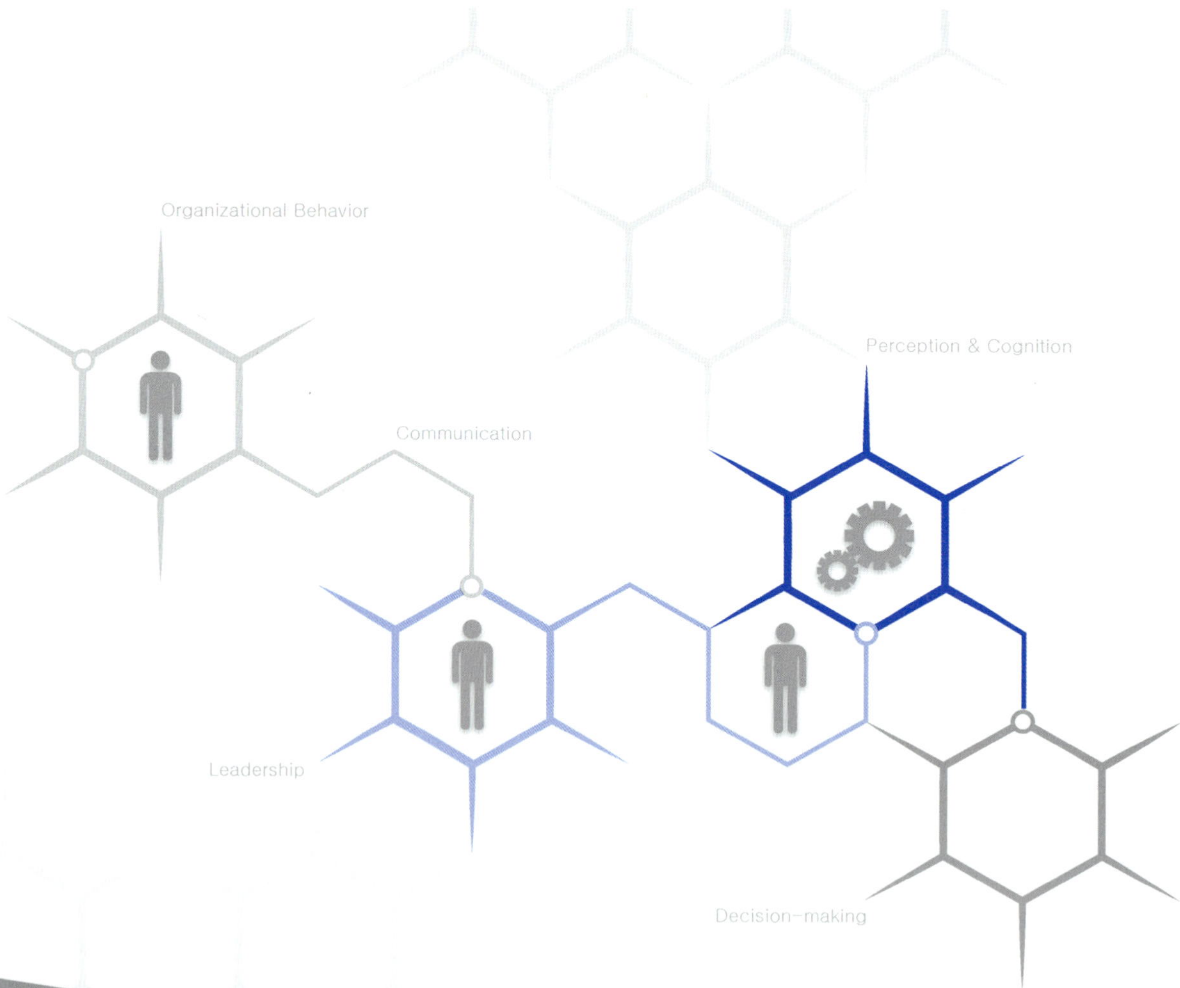

## 들어가기

집단이든 팀이든 간에 가장 중요한 것은 당면한 문제해결을 어떻게 하며 어떤 결정을 내리느냐 하는 것이다. 집단행동이 갖는 특성 때문에 일반적으로 개인의사결정보다는 집단의사결정이 효율적이다라고 한다.

본장에서는 집단의사결정의 유형과 집단의사결정이 갖는 장단점과 집단의사결정이 이루어지는 여러 가지 행동패턴이나 모형들을 살펴보고, 효율적인 집단의사결정을 위한 방안을 살펴본다. 그리고 집단의사결정의 여러 가지 기법들을 소개한다.

우리는 평소에 수많은 의사결정의 순간에 직면하게 된다. 이때 적절한 의사결정은 개인이나 조직에게 성공적인 결과를 가져오지만, 잘못된 의사결정은 개인이나 조직의 실패, 이에 더 나아가 엄청난 사고나 재앙을 초래할 수 있다. 1986년 NASA의 관료주의적 의사결정의 결과로 나타난 챌린저호의 폭파 사고나 미국 정부의 쿠바 침공 결정, 핵전쟁 발발 직전의 위기로까지 갔던 쿠바 미사일 위기 등의 사건들은 잘못된 의사결정으로 인하여 재앙이 초래될 수도 있음을 보여주는 단적인 예이다. 경영은 의사결정의 연속이다. 복잡해져 가는 경영 환경 하에서 내리는 경영자들의 의사결정은 곧 기업의 성패를 결정지으며, 얼마나 효율적인 의사결정을 하느냐가 바로 경영자의 능력을 판단하는 기준이 될 수 있다.

의사결정을 내릴 때 우리는 우선 문제를 인식하고 여러 가지 대안을 평가한 후 최선의 대안을 선택하는 등의 논리적인 단계를 거치는 합리적인 의사결정을 하기도 하지만, 때때로 직관이나 상황에 의지하는 비합리적인 의사결정을 하기도 한다. 예를 들어 경영에 있어서도 합리성에 기반하여 논리적인 단계를 거쳐 도출된 대안을 선택하는 의사결정이 성공적인 결과를 창출하기도 하지만 때로는 감각적이고 직관적인 의사결정이 성공적인 결과를 창출하기도 한다. 따라서 특정한 의사결정의 모형이 더 낫다고 단정하기보다는 여러 가지 의사결정 모형의 형태를 알아두고 이를 올바르게 사용하는 것이 중요하다.

본 장에서는 집단의 의사결정의 과정과 의사결정 모형, 그리고 집단의 의사결정에 있어서 나타날 수 있는 현상들을 살펴보고자 한다.

## 1. 의사결정

### 1.1 의사결정과정

의사결정이란 일반적으로 여러 가지 대안 중 선택하는 것을 의미한다. 의사결정은 우선 문제를 인식하면서 시작하게 되며, 이후 일련의 과정을 거쳐 최종적인 대안 선택의 단계에 이르게 된다. 좀 더 구체적으로 살펴보면 의사결정의 과정은 문제의 인식 및 정의, 정보의 수집, 대안의 마련, 대안의 평가 및 선택, 실행 및 의사결정의 평가의 단계로 나뉘어 진행되며 되며, 이러한 과정은 앞으로 소개하게 될 의사결정의 모형 중 합리성에 기반한 의사결정에서 이루어지는 것이다.[1]

**문제의 인식 및 정의** 현재의 상황에서 우리가 할 수 있는 것과 우리가 해야 할 것 간의 차이를 인식하는 것이 바로 문제 인식의 시작이라 할 수 있다. 문제를 인식하는 단계에서 의사결정자는 첫째, 자신이나 조직의 목표가 무엇인지를 우선 이해해야 하며 둘째, 목표를 성취했을 때의 이상적인 상황이 어떠한 것인지를 알아야 하고, 셋째, 이러한 이상적인 목표 성취의 상황과 현재의 상황과의 차이가 어느 정도 되며 얼마나 심각한지에 대해 평가해야 한다. 만일 경영자가 문제인식을 잘못하고 있다면 의사결정의 결과 기업의 목표를 성취할 수 없게 될 것이다.

문제를 올바르게 정의하는 것은 성공적인 의사결정을 하기 위하여 가장 중요하다. 문제 인식은 의사결정자의 지각적 과정이기 때문에 의사결정자가 잘못된 전제를 하고 있다면 문제를 정확하게 평가하기 힘들 것이다. 예를 들어 자신이 가지고 있는 가능한 해결책을 사용할 수 있는 범위 내에서 문제를 정의하거나, 자신이 알고 있는 지식의 한계 내에서 문제를 인식하는 것, 좀 더 복잡하고 어려운 문제의 근본적인 이슈는 회피하거나 무시하고 가시적인 징후들만 가지고 문제를 진단하는 것은 결국 문제의 본

그림 14-1
의사결정의 과정

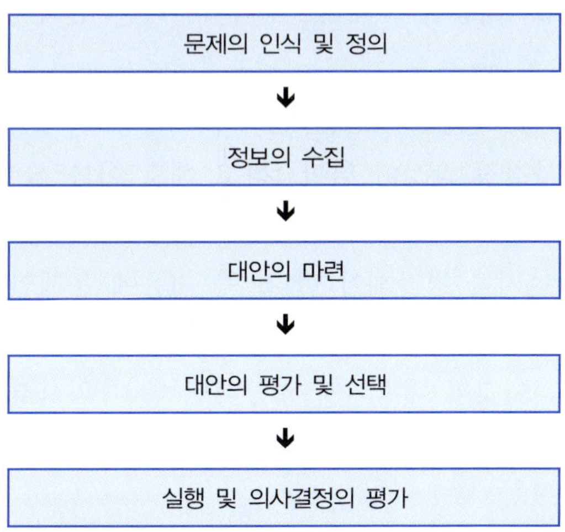


자료 : Hitt, Miller, & Colella(2011), p.339 재구성.[2]

질을 파악하지 못하게 한다. 이때 의사결정자는 진짜 문제에서 벗어나서 문제를 인식 및 정의하게 되며, 이러한 잘못된 바탕 위에서 의사결정을 내리게 된다.

**정보의 수집** 문제를 인식하고 정의하였으면 의사결정자는 문제가 왜 발생하였는지에 대해 생각해야 한다. 이를 위하여 의사결정자는 문제와 해결책에 대한 정보를 수집한다. 이때 의사결정자는 문제에 대해 명확히 인식하고 있어야 하며 대안을 마련할 수 있을 만큼 충분한 정보를 수집해야 한다.

**대안의 마련** 정보를 수집하였으며 의사결정자는 문제 해결을 위하여 어떠한 행동을 취할지에 대한 대안들을 마련해야 한다. 이 단계에서 의사결정자는 이전에 수집한 정보들을 대안들로 전환해야 하는데, 이를 위해서는 창조성과 유연성이 요구된다. 때때로 의사결정자들은 대안을 마련하는 데 그리 시간을 많이 소요하지 않는데, 그 이유는 수집된 정보를 바탕으로 다양한 대안들을 마련하기 이전에 이미 어떠한 대안을 선택할지를 결정해버리거나 그냥 첫 번째 대안을 선택해 버리기 때문이다.

**대안의 평가 및 선택** 대안들이 마련되면 의사결정자는 대안들을 평가하고 이 중 어떤 대안을 선택할지를 결정하게 된다. 대안의 평가는 각 대안들을 서로 비교하거나, 각 대안들을 이상적인 목표와 비교하는 방법 중 하나로 이루어진다. 이 두 가지 방법은 각각 장점이 있다. 하지만 어떠한 방법을 사용하든지 문제 인식과 문제의 발생 원인을 명확하고 규명하고 대안이 구체적일수록 더 나은 선택을 할 수 있게 된다.

**실행 및 의사결정의 평가** 일단 대안을 선택하고 나면 의사결정자는 이 결정을 실행해야 한다. 아무리 의사결정 과정이 뛰어났다고 해도 이를 실행하지 못하면 의사결정자의 노력은 소용없게 된다. 이와 더불어 의사결정자는 선택한 대안을 실행한 이후에 어떠한 변화가 일어났는지를 평가해야 한다. 즉 처음에 문제인식 및 정의의 단계에서 의사결정자가 인식하였던 이상적인 목표달성의 상황과 현재 상황과의 간극이 사라졌는지를 평가해야 하며, 이것이 해소되지 않았다면 다시 의사결정의 최초 과정부터 시작해야 할 것이다.

## 1.2 의사결정유형

조직생활을 통하여 알 수 있듯이 조직내에서 행하여지는 의사결정의 종류는 다양하다. 따라서 조직내에서 만들어지는 의사결정의 다양한 종류에 대하여 아는 것부터 의사결정 과정의 성격을 파악해 나가야 하는 것이 중요하다고 할 수 있겠다. 이러한 착상으로부터 의사결정 과정이 얼마나 규정되어 있는가, 의사결정에 수반되는 위험의 정도가 어떠한가, 조직의 어떤 구성원들이 의사결정을 하는가 등의 기본적인 관점들을 통해 의사결정의 양상을 살펴보도록 하겠다.

### 1.2.1 정형화된 의사결정과 비정형화된 의사결정

군대에서 6시에 기상하여 점호를 취하고 정해진 시간에 아침식사를 하고 훈련을 하며, 10시에 취침 점호를 취하거나, 햄버거 가게에서 손님들의 주문에 의해 햄버거를 만드는 일련의 행동은 과정에서 특별한 사고나 판단을 필요로 하지 않는다. 단지 그들이 예전부터 당연시 여기며 해왔던 작업을 반복하는 것이다. 이렇게 일상화되어 있고, 미리 예정된 행동방식에 따라 조직의 하급자들이 행하는 의사결정을 '정형화된 의사결정(programmed decision)'이라 한다. 반면 '비정형화된 의사결정(non-programmed decision)'은 어떤 기존의 의사결정이 없이 의사결정자들이 새롭게 접하는 상황에서 새로운 판단을 해야 하는 의사결정을 말한다. 희귀질병을 연구하는 과학자들의 경우, 그 누구도 그들에 앞서 연구한 바가 없기 때문에 탐구의 과정이 매우 비정형화되어 있을 것이다. 투자분석가들의 업무도 그러하다. 그들은 여러 그래픽 화면이 떠 있는 단말기 앞에서 새로운 투자 대상을 선정하거나 기존의 투자를 유지할지에 대한 의사결정을 한다. 이때의 의사결정도 매번 상황이 달라지기 때문에 비정형화된 의사결정이라 할 수 있다.[3]

전략적 의사결정은 비정형화된 의사결정이라 할 수 있다. 전략적 의사결정은 주로 최고경영자급의 연합체에 의해 행하여지는데, 조직의 장기적인 행보에 중요한 영향을 미치는 의사결정이 대부분이며, 조직이 내세우는 철학과 사명을 바탕으로 하여 조직을 특정한 방향으로 이끌어가는 지속적인 성격을 띠게 된다.

다음의 〈표 14-1〉은 정형화된 의사결정과 비정형화된 의사결정을 비교한 것이다.

먼저 과업의 양상이 어떠한가에서 두 의사결정은 차이를 보인다. 정형화된 의사결정은 일반적이고 반복적인 업무에서 주로 이뤄지며, 비정형화된 의사결정은 독특하고

〈표 14-1〉 정형화된 의사결정과 비정형화된 의사결정

| | 의사결정의 양상 | |
|---|---|---|
| | 정형화된 의사결정 | 비정형화 의사결정 |
| 과업의 양상 | 단순, 반복 | 복잡, 창의성 |
| 조직 정책 | 과거의 의사결정 경험으로부터 상당한 정도의 지침을 얻음 | 과거의 의사결정 경험으로부터 어떠한 지침도 없음 |
| 의사결정자 유형 | 하위직 근로자 | 상급 감독관 |

자료: Greenberg(2011), p.368 재구성.[4]

새로운 업무에서 주로 발생한다. 두 번째는 기존의 의사결정에 의존하고 있는 정도에서 각각의 의사결정은 차이를 보인다. 정형화된 의사결정에서 의사결정자는 조직의 정책이나 기존의 절차를 참고로 하여 의사결정을 할 수 있다. 그러나 반대로 비정형화된 의사결정은 조직에서 처음 실시해 보는 창의적인 해법을 추구해야 한다. 마지막으로 의사결정자의 조직내에서의 지위에 따른 차이를 보자. 일상적이고 정형화된 의사결정은 위에서 설명한 바와 같이 일반적으로 하위직 구성원들에 의해 이뤄지며, 전략적이며 비정형화된 의사결정은 일반적으로 고위직 혹은 최고경영자층에서 내려진다.

### 1.2.2 확실성하의 의사결정과 불확실성하의 의사결정

미래를 알게 된다면 의사결정이 얼마나 쉬워질까? 모든 사람들은 잠시 후에 일어날 일조차도 정확히 예측하지 못한다. 그러나 때로는 앞으로 일어날 상황을 알 수 있는 경우도 있다. 의사결정에 관련된 사항들에 대한 정확한 정보는 조직의 의사결정을 좀 더 바람직한 방향으로 나아갈 수 있게 한다.

확실성과 불확실성의 정도는 수반되는 위험으로 표현되곤 한다. 조직내에서 발생하는 모든 의사결정은 완전한 확실성과 완전한 불확실성사이에서 일정 정도 위험을 수반한다. 따라서 조직내에서 가장 실현가능한 확실한 의사결정을 위해서는 위험에 대한 관리를 필요로 한다. 즉, 의사결정에 관련한 정보에 가능한 한 많이 접근하여 수반되는 위험을 최소화시켜야 한다.

의사결정의 결과가 위험하게 될지, 혹은 그렇지 않게 될지를 결정하는 요소는 바람직한 결과를 얻을 가능성이다. 의사결정자들은 결과의 실현 가능성을 항상 염두에 둔다. 예를 들어, 기상 예보에 있어서 내일의 강수 확률이 50%라고 발표하기까지는 똑

같은 기상조건하에서 예전의 비가 온 비율이 50%임을 전제로 한다. 이러한 예측은 객관적인 자료를 바탕으로 한다. 이와는 달리 주관적인 자료로 의사결정을 할 경우도 있다. 예를 들어, 경마장에서 단지 말의 이름이 아들 이름을 닮았다는 이유로 돈을 걸거나, 세차만 하면 비가 온다고 말하는 것 등은 바로 자신들의 주관적인 자료가 바탕이 되는 것이다. 분명히 불확실성은 의사결정 상황에서 바람직하지 못한 측면이다. 미래에 대한 정확한 예측이 불가능할 경우 조직에서 이러한 불확실성을 줄이기 위해 어떠한 행동 등을 할 수 있는지 알아보자.

연구들에서는 조직들 간의 연계를 만듦으로써 의사결정과정에서의 불확실성을 줄일 수 있다고 한다. 즉 다른 조직들이 비슷한 환경에서 어떻게 행동하였는지를 더 많이 알면 알수록, 의사결정 과정에서 더 많은 확실성을 확보할 수 있다는 것이다. 조직의 관리자들이 자주 접할 수 있는 외부 조직의 경험은 자신들의 의사결정에 모범사례나 타산지석이 될 수 있다.

일반적으로 의사결정 상황에서 불확실성을 줄이는 요인은 바로 정보이다. 과거나 현재에 대한 지식은 미래의 예측에 가장 큰 도움을 줄 수 있다. 최근에는 컴퓨터의 도입으로 인해 이러한 정확하고 유용한 정보에의 접근이 보다 용이해졌으며, 다양한 온라인 정보 서비스는 의사결정에 필요한 가장 최근의 정보까지도 조직에 제공할 수 있게 되었다. 물론 컴퓨터가 제공하는 모든 자료가 의사결정에 유용하게 쓰이는 것은 아니다. 경영자들의 많은 의사결정은 자신들의 과거 경험이나 직관에 의해 수행된다. 이는 경영자들이 주로 주관적인 정보에 의존한 의사결정을 한다는 점을 강조하는 것이 아니라, 그들이 경험한 과거의 실패와 성공의 경험이 의사결정 과정에서 중요하게 작용함을 말하고자 하는 것이다. 경영자층에서뿐만 아니라 일반인들의 경우에도 의사결정과정에 과거의 경험이 결정적인 역할을 할 경우가 많다. 이렇게 과거 경험이 의사결정시에 요긴하게 사용되는 이유는 의사결정에 관련된 정보들을 과거의 경험에 비추어 좀 더 유용하게 사용할 수 있기 때문이다.[5]

### 1.2.3 상의하달식 의사결정과 권한위임 의사결정

전통적으로 조직내에서 결정되는 사안은 하위 구성원들이 관련된 자료를 수집하고, 이를 토대로 하여 상위 구성원이나 최고경영자 층에서 최종적으로 결정하는 것이다. 이러한 의사결정방식을 상의하달식 결정이라 한다. 이러한 의사결정 방식은 의사결정이 전적으로 관리자들의 손에 달려 있으며, 하위 구성원들의 의견이 반영되거나 의사결정에 참여 기회가 보장되지 않는다.

그러나 최근에는 많은 면에서 전혀 다른 양상을 보이는 새로운 의사결정 방식이 퍼지기 시작했다. 권한위임 의사결정이 바로 그것으로, 이는 단어의 뜻에서도 유추할 수 있는 바와 같이 자신의 업무 처리와 관련된 의사결정이 조직의 상위구성원들이나 최고 경영층에 의해 이루어지는 것이 아니라, 업무 권한이 조직의 하위 구성원에게 이양되어 보다 효과적인 업무의 처리를 도모하고자 하는 것이다. 이러한 새로운 의사결정 방식의 근거는 직접 일을 담당하는 사람이야말로 어떤 것이 최선의 방법이라는 것을 알 수 있는 사람이라는 것이며, 그 외의 다른 사람들이 내린 결정은 이런 측면에서 신뢰도가 낮을 수밖에 없다는 데 있다. 게다가 일반적으로 사람들은 스스로 결정을 내릴 수 있는 권한이 주어졌을 때, 결정의 결과를 잘 받아들이고 또한 업무에 대한 몰입 수준이 높아진다고 한다.

임파워먼트(empowerment)가 이뤄지는 것은 개인 차원에서뿐만 아니라 팀 차원에서도 가능하다. 예를 들어, 팀이 원자재의 구매나 새로운 기계의 도입, 나아가 성과 측정의 방법 등 자신들의 업무에 관련된 사안을 직접 결정할 수도 있다. 최근 주목을 받고 있는 자율작업팀의 개념에서도 적절한 의사결정을 가능케 하는 수단을 지닌, 권한이 부여된 개인들의 체계적인 결합체의 의미를 찾아볼 수 있다.

## 1.3 의사결정모형

의사결정모형이나 의사결정행동패턴에는 여러 가지가 있다. 이들 모형들 간에는 동일차원에서 설명되는 것, 즉 합리적 모형-직관적 모형이 있는가 하면, 서로 다른 차원에서의 모형들도 있다.

### 1.3.1 합리성에 근거한 모형

**합리적 모형**

앞에서 소개한 의사결정의 과정은 주로 합리적 모형에서 사용하는 것이다. 합리적 모형에서는 대안들과 결론들에 대한 신중한 계산과 이해를 바탕으로 의사결정이 이루어진다. 의사결정결과로서 완벽한 합리성을 추구하여 효용을 극대화할 수 있다는 경제인의 가정에 바탕을 두고 있다고 해서 흔히 경제인모형이라고도 한다. 합리적인 의사결정을 내리기 위해서는 모든 대안들과 이들의 결론에 대해 완벽하게 수집해야 해야 하며 각 대안들이 환경이나 조직에 어떠한 영향을 미칠지를 알아야 한다. 하지만 완벽하게 정보를 수집하여 가능한 모든 대안을 마련하고 평가하는 일은 인간의 능력으로는 불가능하다. 따라서 합리적 의사결정이 아무리 이상적일지라도 다음의 몇 가지 이유들로 인하여 실제 의사결정의 과정에서 합리성에 기반한 의사결정을 내리기가 힘들어진다.[6]

첫째, 합리적 의사결정 모형에서는 각 대안들의 결과에 대한 완벽한 정보와 예상을 요구하나 실제로 지식은 항상 불안전하다.

둘째, 미래의 일어날 행동의 결과는 언제나 예측에 의한 것이지 의사결정자의 확실한 경험에 의한 것이 아니다. 즉 아무리 완벽한 정보 수집과 모든 대안들의 평가에 바탕을 두더라도 의사결정자가 선택하게 되는 결과는 상상을 통해 불완전하게 예측된 것이다.

셋째, 합리성은 모든 가능한 대안들 중에서 선택하는 것을 전제로 한다. 하지만 어떠한 상황 속에서 발생할 수 있는 대안들의 수는 무한하다. 실제로 의사결정자는 시간적 제한 때문에 무한한 가능성 중 극히 일부만을 고려할 수 있다.

넷째, 인간의 정보처리능력이 제한되어 있기 때문에 최상의 대안을 결정하기 위하여 모든 가능한 변수들을 계산하는 것은 불가능하다.

다섯째, 합리적 모형에서는 의사결정자가 안정적이고 일관된 욕구와 동기를 가지고 있다고 전제한다. 하지만 실제로 인간의 욕구와 목표는 시간에 따라 변화하며, 조직의 목표와 조직내에 있는 개인의 목표는 서로 불일치하기도 한다.

이상의 의사결정자의 능력의 한계로 인하여 합리적 의사결정을 하는 것은 사실상 불가능하다. 더욱이 경영자들은 때때로 철저히 계산된 데이터에 의존하기보다는 소문이나 추측과 같은 모호한 정보들에 의존하여 의사결정을 내린다. 하루에도 수많은 의사결정을 내려야 하는 경영자에게 있어서 시간이 많이 걸리는 합리적 의사결정의 단계를 모두 거치는 것은 힘든 일이다. 따라서 합리적 의사결정 모형은 경영자가 실제 경영상황에서 어떻게 의사결정을 하는지를 보여주기보다는 어떻게 의사결정을 해야 하는지를 보여주는 것이라 할 수 있다.

### 제한된 합리성 모형

Simon은 인간의 정보처리능력의 한계로 인하여 개인의 의사결정이 제한된 합리성(bounded rationality)에 기반한다고 제안하였다. 따라서 앞에서 소개한 다섯 가지 단계로써 개인의 의사결정을 이해하는 것은 거의 현실과 맞지 않다고 주장하였다.[7] Simon이 주장하는 '제한된 합리성(bounded rationality)'은 개인의 의사결정에 대한 기술적인 모형으로서, 크게 네 가지 주요한 특징들로 인하여 합리적 의사결정에서 벗어나게 된다고 설명하고 있다.

**제한된 관점** 제한된 합리성 모형에서는 실제 의사결정자의 정보처리 과정이 제한된 관점에 의해 이루어진다고 주장한다. 즉 모든 대안들을 고려할 수 없으며, 모든 목표들을 수용할 수 없기 때문에 선택의 범위는 실행 가능한 목표와 대안들, 그리고 결과들에 제한되게 된다. 제한된 합리성에서 의사결정자는 동시에 여러 개의 그리고 서로 모순되는 목표들을 추구할 수 있다고 전제한다. 의사결정자는 서로 배타적인 목표들을 조정하기 위하여 의사결정을 구획화한다. 즉, 어느 순간에는 특정 목표를 성취하기 위한 의사결정을 내리고 다른 순간에는 앞의 목표와 배타적인 목표를 성취하기 위한 의사결정을 내린다.

**순차적인 대안 평가** 제한된 합리성이 규범적 모형에서 벗어나는 두 번째 이유는 대안의 평가방식에 있다. 규범적 모형(합리적 모형)에서는 모든 가능한 대안들과 결과들을 동시에 평가하고 이 중 가장 나은 대안을 선택하게 되어 있다. 하지만 실제로 의사결정자들은 대안들을 동시에 평가하기보다는 순차적으로 평가한다. 예를 들어 사람들은 주로 두 가지 대안을 비교하여 더 나은 것을 선택하는 방식을 이용하는데, 이러한 '상호 비교' 방식은 여러 개의 대안을 한꺼번에 비교하는 방식보다 더 쉽다. 의사결정 방식을 연구한 결과에 따르면, 후보자들을 순차적인 방법으로 평가한 사람들이 여러 명을 동시에 평가한 사람들에 비하여 시간이 훨씬 덜 걸렸다.[8]

**만족화(satisficing)** 이론적으로 의사결정자는 상호 비교방식을 계속해서 사용함으로써 최적의 해결책이 나올 때까지 모든 가능한 대안들을 비교할 수 있을 것이다. 하지만 이러한 방식은 시간이 너무 많이 소요되고 처리해야 할 다른 중요한 목표들이 있기 때문에 의사결정자들은 한 사안에 대하여 충분하다고 생각되는 정보들만을 가지고 의사결정을 내리게 된다. 이를 만족화(satisficing)라 한다. 이때 의사결정자는 모든 가능한 대안들을 평가하여 최적의 해결책을 찾아내기보다는 익숙하고 최소한의 조건들을 충족하는 해결책들 중에서 만족할 만한 결과를 낼 수 있는 해결책을 선택하게 된다.

### 사회적 모형

심리학에 기반을 둔 사회적 모형은 합리적 모형과 가장 반대되는 입장의 의사결정 모형이라 할 수 있다. 사회적 모형(social model)에서는 의사결정에 있어서 심리적 요인이 영향을 미친다고 보고 있으며, 더 나아가 사회적 압력이 비합리적인 의사결정을 유발할 수 있다고 보고 있다.[9] Freud는 인간을 감정과 정서, 그리고 본능의 집합체로 보고 인간의 의사결정 행동이 무의식의 욕구를 표출한다고 하였다. 이러한 주장에 의하면 아무리 완벽한 정보를 가지고 있더라도 인간은 합리적 의사결정 모형에서 말하는 효율적인 의사결정을 할 수 없을 것이다.[10]

Asch[11]의 실험에서는 이러한 사회적 압력이 개인의 의사결정에 미치는 영향을 잘 보여주고 있다. 그는 선의 길이를 비교하는 실험에서 삼분의 일 이상의 피실험자들이 명백히 틀린 답인데도 불구하고 같이 실험에 참가한 대다수의 사람들이 주장하는 답에 동조하는 현상을 보였다. 이와 같이 의사결정 행동에 있어서 사회적 영향력의 중요성은 의심할 여지가 없다. 비록 Freud의 주장은 인간의 비합리적인 의사결정 행위를 설명하는데 있어서 지나치게 극단적 입장에 있는 것이 사실이지만, Asch의 실험에서 보여준 사회적 모형은 매우 현실적인 모형이다. 특히 회사의 전체적 입장이나 타 부서의 입장을 고려하여 의사결정을 해야 하는 경영자들의 의사결정행동을 설명하는데 있어서 사회적 모형은 매우 현실적인 시사점을 제공해 준다.

## 1.3.2 휴리스틱 모형

앞에서 설명한 Simon의 제한된 합리성 모형은 합리적 모형에서 확장하여 의사결정 모형을 좀 더 현실성 있게 설명하였다는 점에서 중요한 의의가 있다. 하지만 제한된 합리성 모형은 의사결정 시 오류가 발생하는 이유에 대해서는 설명하지 못하고 있다. 발견적 방식(judgmental heuristic)과 오류는 제한된 합리성 모형에서 한 걸음 더 나아가 인지적 관점에서 의사결정에 영향을 미치는 체계적 오류를 설명하고 있다.[12]

발견적 방식이란 경험법칙, 주먹구구 혹은 지름길을 의미하는 것으로 의사결정자의 정보처리 과정을 줄여준다. 발견적 방식은 합리적 모형에서 복잡한 정보수집과 계산을 바탕으로 의사결정을 하는 것에 반하여 과거의 경험을 요약하여 현재를 평가하는 직관적인 방법을 이용함으로써 의사결정을 용이하게 한다. 하지만 이러한 발견적 방식은 결과에 있어 체계적 오류를 발생시키기도 한다. 발견적 방식에는 가용도 휴리스틱(availability heuristic), 대표성 휴리스틱(representativeness heuristic), 착점과 조정 휴리스틱(anchoring and adjustment heuristic)이 있다.

**가용도 휴리스틱(availability heuristic)** 가용도 휴리스틱이란 사람들이 기억하기 쉬운 것이 일어날 가능성이 높다고 생각하는 경향을 의미한다. 감정을 일으키거나 생생하거나 쉽게 상상할 수 있는 사건들은 평범하거나 단조로운 사건들보다 기억해내기 쉽다. 예를 들어 기업의 인사담당자가 특정 대학에서 신입사원을 뽑을 때 최근에 자신이 뽑았던 그 대학 출신 사원들이 얼마나 일을 잘했는지를 판단하여 특정 대학 지원자의 능력을 평가하기도 한다. 이러한 발견적 방법은 가장 빈번하고 특출하게 일어나는 사건이 실제로 정확한 판단을 이끌어내는 경향이 있다는 점에서 가치가 있다. 하지만 실제 사건과는 관련 없이 단지 기억해내기 쉬운 정보에 의존하여 의사결정을 내린다면 오류가 발생할 수도 있다. 예를 들어 알파벳 r로 시작되는 단어와 세 번째에 r이 들어가는 단어 중 어느 것이 더 많을까를 생각해 보자. 대부분의 사람들이 r로 시작되는 단어가 더 많을 것이라 대답할 것이다. 이는 r로 시작되는 단어를 찾아내는 것이 세 번째 r이 들어가는 단어를 찾아내는 것보다 쉽기 때문이다. 하지만 실제로 r이 세 번째에 들어가는 단어가 r로 시작되는 단어보다 훨씬 더 많다.[13]

**대표성 휴리스틱(representative heuristic)** 대표성 휴리스틱이란 사람들이 불확실한 사건이 일어날 가능성을 생각할 때, 그것이 도출되는 모집단과 유사하며 무작위화(randomize)되어 있을수록 사건이 발생할 가능성이 높다고 생각하는 경향이 큰 것을 말한다. 예를 들어 경영자가 신제품의 성공 여부를 예측할 때 과거에 이와 유사한 제품의 성공여부에 기반하여 판단하는 것이 대표성 휴리스틱이다. 이러한 대표성 휴리스틱 역시 의사결정 시 체계적 오류를 발생시킬 수 있다. 예를 들어 서비스 센터에 방문하는 고객들의 성별을 생각해 보자. 이때 대부분의 사람들은 연달아 방문하는 다섯 명의 손님의 성별이 '남자-남자-남자-남자-남자'가 될 가능성보다는 '여자-남자-남자-여자-남자'가 될 가능성이 높다고 생각한다. 이는 후자의 경우가 무작위화에 가깝기 때문이다. 하지만 고객이 서비스 센터를 방문하는 사건은 각각 독립적인 사건이다. 따라서 전자와 후자의 경우가 일어날 확률은 모두 같다.[14]

**착점과 조정 휴리스틱(anchoring and adjustment heuristic)** 착점과 조정 휴리스틱이란 의사결정자가 의사결정을 할 때 초기의 가치 혹은 착점(anchor)에 기반하여 판단하고 최종 의사결정을 조정해 나가는 것을 의미한다. 예를 들어 신입사원이 연봉협상 시

경영자가 연봉 3,000만 원을 제안하였다고 가정해 보자. 이때 신입사원이 경영자에게 협상으로 제안할 수 있는 연봉은 3,000만 원 주변의 가격이 될 것이다. 하지만 만약 경영자가 연봉 8,000만 원을 제시하였다면 협상자는 그 가격에 맞추어 연봉을 협상했을 것이다. 이때 사람들은 자신도 모르게 상대방이 제시한 의견을 기준으로 삼아 의사결정을 내리게 된다. 즉, 상대방이 제시한 기준을 착점 또는 시작점으로 삼아 자신의 의견을 조정해 나간다.

### 1.3.3 정치모형

기업이나 정부와 같은 조직의 상부 계층에서 전략적 의사결정을 내릴 때에는 앞에서 언급한 합리성에 기반 한 모형이나 휴리스틱 모형에 따르기도 하지만 종종 조직 내부나 외부의 정치적 프로세스에 의해 의사결정이 영향을 받기도 한다. Allison[15]은 이러한 현상을 설명하기 위하여 1962년 쿠바 미사일 사건을 둘러싼 미국과 소련 정부의 의사결정 현상을 세 가지 모형으로 설명하였는데,[16] 이 중 세 번째 관점이 정치모형이다. 여기에서는 이해를 돕기 위하여 정치모형 이외에도 Allison이 제안한 의사결정 두 가지 모형을 함께 설명하도록 한다.

첫 번째 모형은 인지적 관점에 기반을 둔 의사결정 모형으로서 최고경영자 혹은 최고권력자의 분석에 의해 전략적 의사결정이 이루어진다는 것이다. 이때 의사결정권자는 제한된 합리성이나 휴리스틱에 근거하여 의사결정을 내리게 된다.

두 번째 관점은 조직적 프로세스 모형으로서 의사결정이 조직내 시스템이나 구조의 산물이라고 보는 것이다. 즉 전략적 의사결정을 조직내 표준화된 운영 절차와 루틴의 산물이라 보며, 조직의 변화가 구조나 루틴의 변화를 가져오면 이것이 다시 의사결정에 영향을 미치게 된다고 보고 있다. 예를 들어 기업의 보상제도가 공식적으로 단기적 수익에 초점을 두고 있다면 이는 장기적 관점의 전략적 사고를 감소시키게 된다. 즉 조직의 공식적 제도가 전략적 의사결정에 영향을 미치는 것이다.

세 번째 관료적 정치모형은 의사결정을 정치적 게임의 산물, 즉 의사결정 참여자들간의 협상이나 타협의 결과물로 보는 것이다. 전략적 경영 연구에서는 이러한 정치적 프로세스를 외부적 정치권력과 내부 정치구조의 두 가지 유형으로 구분한다.[17] 외부적 정치권력의 대표적인 예로는 투자자를 들 수 있다. 조직은 다양한 외부의 투자자 집단들에 의존하는 정도에 따라 이들에 의해 전략적 의사결정에 영향을 받는다. 이와 같은 외부의 정치권력의 압력은 초기에 합리적으로 내린 의사결정을 비합리적이고 초점을 잃어버린 방향으로 수정할 수도 있다.[18] 내부 정치구조는 전략적 의사결정에 영향을 미치는 권력을 의미하는 조직내 지위를 의미한다. 이러한 개인이나 하부 부서의 권력은 문제가 되는 불확실한 상황을 처리할 수 있는 능력에 따라 결정되기도 한다. 예를 들어 최고경영자는 전략적 의사결정에 영향을 미치는 가장 중요한 지위이다. 이상의 Allison이 제시한 세 가지 모형은 상호 배타적인 현상이 아니며 동시적으로 나타나기도 한다. 특히 전략적 의사결정을 정확히 이해하기 위해서는 정치모형을 포함한 세 가지 의사결정 모형을 모두 고려해야 한다.

### 1.3.4 쓰레기통 모형

모든 조직이 목표나 이를 시행하는 방안을 명확하게 세워놓고 있는 것은 아니다. 복잡하고 변화가 계속되는 조직에서는 서로 관련이 없어 보이는 문제점과 해결책이 동시다발적으로 발생하고, 이 문제점과 해결책이 우연히 만나는 시점에서 의사결정이 이루어지게 된다. 이와 같이 여러 가지 문제점들과 해결책들이 복잡하게 조직내에 얽혀 있는 상황을 쓰레기통 속에 문제점과 해결책들이 체계 없이 존재하고 있는 형태와 유사하다 하여 쓰레기통 모형이라 한다.[19]

그림 14-2
쓰레기통 모형

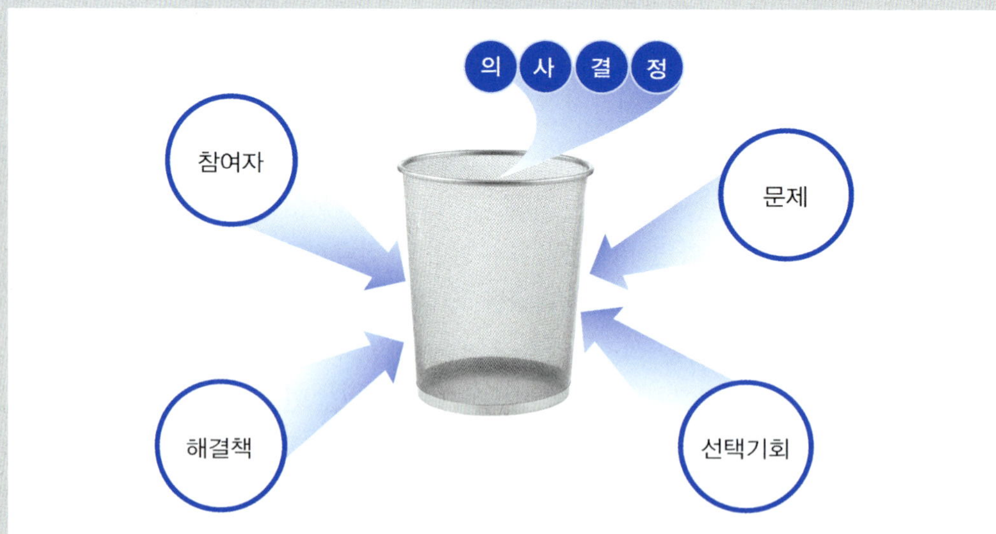


자료 : Cohen, March, & Olsen(1972).[20]

이때 의사결정은 해결책과 문제점이 동일한 시점에 발생하고 의사결정자가 이를 적절하게 대응시킬 때 일어난다. 따라서 의사결정에 있어 타이밍, 운 등이 중요하게 작용하며 의사결정이 효율적이지 않을 수도 있다. 예를 들어 현재 비어 있는 보직에 새로운 사람을 뽑기 위해 인터뷰를 했는데 이 보직에 적절하지 않은 후보가 지원을 한 경우를 생각해 보자. 이때 인터뷰를 담당한 관리자가 이 후보가 마침 회사 내에 비어 있는 다른 보직에 적절한 요건을 갖추었음을 깨닫게 된다면 원래 의도와 관계없이 이 후보자를 다른 보직에 채용할 수 있다. 따라서 계획했던 것이 아닌 부적절한 해결책이 다른 문제점에 대한 해결책이 됨으로써 쓰레기통 내에 있는 문제점과 해결책을 동시에 제거한 셈이 된다. 이러한 쓰레기통 의사결정 모형은 기대하지 않았던 문제점과 해결책이 연결되기 때문에, 주요한 문제보다는 덜 중요한 문제에 적용되는 경향이 있다. 유사하게 새로운 문제에 대해 제시한 해결책이 이전에 미해결된 문제에 적용되는 경우도 있다.

### 1.3.5 직관적 의사결정 모형(이미지 모형)

위험하고 불확실한 상황 하에서 사람들은 직관에 의존하여 의사결정을 내리는 경우가 많다. 직관적 의사결정이란 경험에서 우러나오는 무의식적인 프로세스를 말한다.[21] 즉, 직관적 의사결정은 의식적인 생각 밖에서 일어나는 것으로서 흩어져 있는 단편적인 정보의 순간적으로 연결이나 전반적인 연상작용에 의존하여 발생한다. 또한 의사결정이 거의 즉각적으로 일어나며, 감정이나 정서에 영향을 받기도 한다.[22]

오늘날과 같이 복잡하고 급변하는 경영환경 속에서 경영자의 직관적 의사결정이 강조되기도 한다. 예를 들어 오늘날의 경영자들은 충분한 시간이 주어지지 않은 상태에서 중요한 전략적 의사결정을 내려야 하기 때문에 계획에 따라 체계적이고 분석적으로 의사결정을 내리기보다는 데이터를 수집하고 통합적인 방식으로 접근하려는 경향이 있다. 이들은 경영 현상의 '큰 그림'을 파악함으로써 문제를 재정의하고 문제들을 연계하여 다양한 해결책을 제시하려 한다. 이러한 직관적 의사결정이 합리성에 근거하지 않는다고 해서 반드시 잘못된 의사결정을 내리는 것은 아니다. 오히려 합리적 의사결정 절차에 따를 때보다 더욱 창의적이고 혁신적인 내릴 수 있다. 따라서 복잡한 문제에 대한 참신한 해결책을 제시하기 위해서는 합리적 절차와 직관을 모두 결합하여 의사결정을 내려야 한다.

**그림 14-3**
이미지 모형

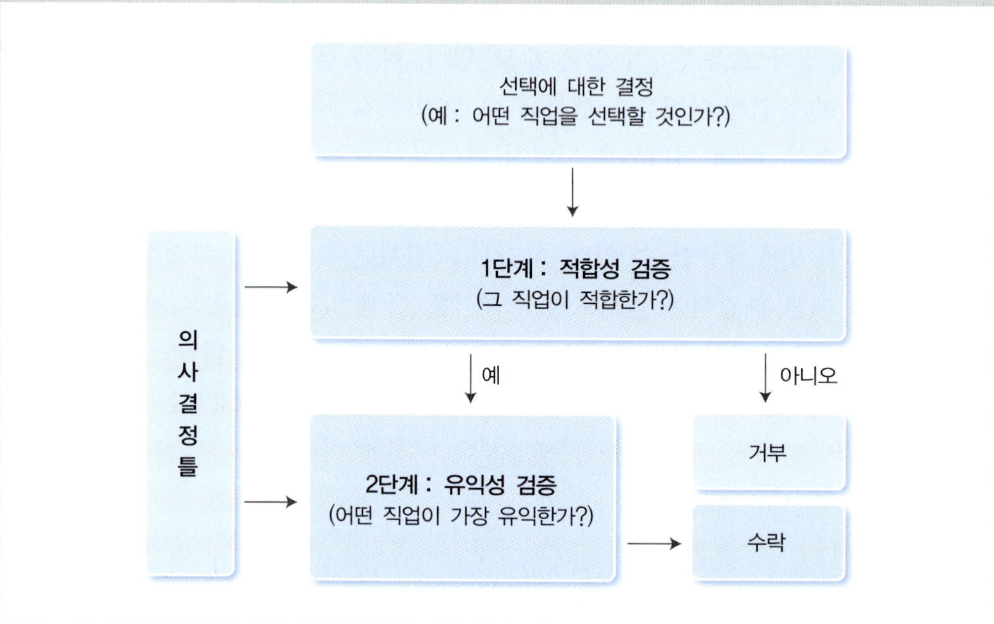


자료 : Greenberg(2011), p.382.[23]

## 2. 집단의사결정

조직에서 의사결정을 하는 일반적인 방법은 특정 집단에 업무를 부과하여 그들의 구성원으로 하여금 결정을 하게 하는 것이다. 사실상 집단의사결정은 조직의 중요한 의사결정에 가장 널리 퍼져 있는 기법이라 할 수 있다. 일반적으로 매우 복잡한 문제들은 위원회나 태스크포스, 혹은 다른 의사결정 집단에 부과하여 해결책을 찾게 된다. 많은 문제들에 대한 해법이 집단에 의해 결정되기 때문에 의사결정과정에 미치는 집단의 영향을 이해하고 어떠한 환경에서 우월한 의사결정을 할 것이며 어떠한 환경에서 부적절한 의사결정을 할 것인지에 대하여 예측하는 것은 매우 중요하다 하겠다.

## 2.1 집단의사결정의 의의

어떤 제조업체가 새로운 생산공장의 설치를 결정하고 적합한 지역을 선정하고자 한다고 생각해 보자. 이 문제는 특정 개인에게 할당되어 여러 대안이 되는 지역을 분석하고, 그 지역들을 평가하여 최적의 입지를 선택할 수 있을 것이다. 개인에 의한 의사결정은 그러나 점차 드물어지고 있으며, 대부분의 의사결정이 집단에게로 위양되고 있는 실정이다.

개인에 의한 의사결정과 집단에 의한 의사결정은 각기 다른 유형의 문제에 효과적으로 사용되어질 수 있다. 개인에 의한 의사결정은 당면 문제가 잘 구조화되어 있어 문제에 대한 해결 절차가 명확한 경우에 유리하며, 집단에 의한 의사결정은 적절히 정의가 되지 않은 문제점을 수반한 업무에 적절하다.

집단에 의한 의사결정은 그로부터 효익을 창출할 수 있다는 가정에서 기인한다. 대부분의 사람들은 집단의 의사결정이 개인에 의한 의사결정보다도 더 정확할 것이라고 기대한다. 몇 명의 사람들이 모여 이루어진 집단은 개인이 발휘할 수 있는 통찰력이나 판단력보다 큰 힘을 발휘할 수 있다고 가정되어지는 것이다. 그렇다면 집단에 의한 의사결정이 개인에 의한 의사결정보다 더욱 창의력이 뛰어나고 통찰력 있는 정확한 결정을 할 수 있다는 것인가? 집단에 의한 의사결정은 또한 의사결정에 참여한 구성원 사이에 별다른 저항 없이 더 많은 참여와 몰입을 보이게 된다. 의사결정 과정에의 구성원 참여는 민주주의의 가치와도 일맥상통하는 것이다.

비록 집단에 의한 의사결정이 개인에 의한 결정보다 우월할 것이라는 일반적인 사고가 있기는 하지만, 위원회의 결정은 그다지 좋은 평판을 받지 못하기도 한다. 위원회의 회의는 고임금 관리자들의 시간낭비일 뿐이라는 생각도 만만치 않은 것이 사실이다. 위원회에 의한 의사결정은 진행 속도가 매우 느리다. 사실, 단지 몇 명의 사람들이 모여 집단적으로 사고했다는 것만으로, 그 결정이 개인에 의한 결정보다도 좀 더 효과적이라고 쉽게 판단할 수는 없다. 집단에 의한 의사결정은 아무도 책임을 지지 않으려는 비합리적인 타협의 결과일 수도 있는 것이다.

개인과 집단이 의사결정을 내리는 방법과 효과의 비교를 위해서는 정확성과 판단력, 창의력, 수용과 몰입, 시간과 비용 등의 몇 가지 기준을 중심으로 살펴보아야 할 것이다.[24]

**정확성과 판단력** 일반적으로 집단의 의사결정은 개인의 의사결정보다 더 정확한 경향이 있지만, 모든 경우에 해당되지는 않는다. 집단의 의사결정은 여러 가지 측면을 고려해야 하는 문제에 직면하고, 이로 인해 집단 구성원 간의 분업이 필요로 하며, 두 번째로 집단 구성원들이 상보적인 기술과 정보를 지니고 있거나, 세 번째로 문제가 창의성보다는 정확한 분석을 포함할 경우이다. 반대로 개인의 의사결정은 상황이 순차적인 문제 해결을 필요로 하거나, 당면 문제가 여러 부분으로 나누어질 수 없고, 해법의 정확성이 쉽사리 보여지지 않을 경우에 적절하다.

새로운 제품의 개발을 위해서는 일반적으로 집단의 의사결정이 개인의 의사결정보다 우월하다. 신제품의 개발은 조직내의 회계, 생산, 마케팅, 재무, 법률 부서 등 각기 다른 기능부서의 정보들을 종합적으로 요구하게 된다. 이런 상황에서 한 사람이 모든 것에 대한 적절한 지식을 갖추고 종합적으로 판단하기는 실제적으로 매우 어려우며, 각 부문의 책임자나 전문가들의 충분한 보조 내지 조언이 필요하다. 따라서 전문가나 책임자들로 구성된 위원회가 더욱 정확한 결정을 내릴 수 있는 것이다.

이와는 반대로 개인에 의한 의사결정이 집단에 의한 의사결정보다 효과적일 때가 있다. 재고 통제 모델이나 비용 효익 분석 등과 같은 복잡한 계산과정이 포함된 문제 등이 그 적절한 예가 될 수 있다. 그러한 문제들은 세부 단위로 나뉘어 각 구성원들에게 배분될 성질의 것이 아니라, 한 개인의 집중력을 요구하는 다단계의 연속적인 성격을 지닌 작업이기 때문이다.

경험과 훈련으로 집단의 구성원들은 집단의사결정의 효과성을 증진시킬 수 있는 방법을 습득하게 된다. 또한 서로간의 대화를 통하여 합의된 의사결정을 할 경우에는 다수결에 의해 결정하거나 주도권을 쥔 소수에 의한 결정보다도 효과적인 의사결정이 가능해질 것이다.

**창의력** 일반적으로 개인의 의사결정은 집단의 의사결정보다 높은 수준의 창의력을 발휘하게 된다. 연구결과에 따르면 집단의사결정은 창의성을 억압하는 경향이 있으며 혼자서 일하는 개인의 경우 집단에 속하여 일하는 개인들보다 더 많은 아이디어를 낸다고 한다. 이러한 결과는 집단이 개인보다 더 창의적일 것이라는 믿음과 일치하지 않는 것이다.

집단의 창의성이 높을 것이라는 신화는 Osborn이 1939년 발표한 '브레인스토밍(brainstorming)'에서 기인한다고 볼 수 있다. 이 테크닉은 집단 토론의 창의성을 높이는 것으로, 특히 새로운 광고 개발을 위한 아이디어 회의에서 주로 사용된다. 브레인스토밍 시에는 모든 사람들이 한 주제에 대한 자신의 생각을 거침없이 발표하며, 다른 사람의 생각에 비판이 허용되지 않는다.

**수용과 몰입** 집단에 문제를 위임하는 가장 중요한 이유는 참여의 긍정적인 효과를 기대하고 있기 때문이다. 사람들은 자신이 영향을 받는 결정에 참여하기를 원하는 것이 일반적이다. 자신들과 관련이 있는 의사결정에 참여함으로써 결정된 사안에 대한 몰입이나 충성도가 높아지게 되어 자신들의 노력과 시간을 기꺼이 더 많이 투자할 수 있게 된다. 또한 구성원들이 상황에 대한 자세한 이해를 바탕으로 행동하기 때문에 결정사항이 정확히 실현될 수 있는 가능성이 증가한다.

**시간과 비용** 비록 집단의 의사결정이 구성원들에게 더 높은 정도의 수용성과 몰입을 보인다는 장점이 있기는 하지만 이것만으로 집단의사결정의 효용성을 말할 수는 없다. 집단의사결정은 많은 시간을 요한다. 만일 구성원간의 갈등을 수반한다면 적절한 결정을 내릴 수도 없는 상황에 이를 수도 있다. 집단이 커질수록 합의에 도달하여 결정을 내리는 데까지 소요되는 시간과 비용은 급격히 증가한다. 따라서 만일 신속한 대처가 필요한 사안이라면 많은 구성원으로 조직된 집단의사결정은 피해야 할 것이다.

## 2.2 집단의사결정의 장 · 단점

#### 집단의사결정의 장점

집단에서는 여러 사람들의 다양한 지식, 정보, 기술, 능력 등을 의사결정에 활용할 수 있다. 의사결정 집단의 이질성은 토론을 자극하고 어떻게 문제를 풀 것인가에 대한 협의를 가능케 한다. 각자는 의사결정 과정에 자신들이 가지고 있는 단편의 정보와 지식을 제공하여 종합적인 판단에 이용한다. 서로간의 토론은 이를 통하여 혼자로서는 생각하지 못하였던 점들을 극복하고 여러 가지 해결 방안을 모색할 수 있는 길을 제시하기도 한다.[25]

집단의사결정시 집단의 모든 사람들은 결정 사항에 대하여 그렇지 않은 경우보다 이해의 정도가 높다. 의사결정과정에의 참여자들은 어떠한 대안들이 검토되었고 왜 특정 대안이 선택되었고 다른 대안들이 기각되었는가에 대하여 파악하고 있다. 그러한 참여를 통해 의사소통 과정에서의 왜곡 가능성 현저하게 줄이게 된다. 의사소통은 결정 사항에 대한 공표 시에만 일어나는 것이 아니라, 의사결정 과정 중에 지속적으로 이루어지는 것이다.

집단의사결정의 참여자들은 결정사항에 대한 높은 수용성을 보인다. 만일 그들이 자신들의 참여가 정당하다고 느낀다면, 참여자들은 결정사항에 대한 주인의식을 가지고 행동하게 되고, 결정사항의 실행에 따른 거부감을 감소시킬 수 있다.

집단의사결정은 참여자들로 하여금 여러 가지 이유에서 직무만족을 증대시킨다. 참여자들은 그들이 가치 있다고 판단하는 의미 있는 일에 자신의 기술이나 지식을 사용한다고 느끼게 되며, 결과적으로 결정된 사안은 참여자의 관심을 반영하고 있다.

집단의사결정은 또한 미래에 발생할 수 있는 더욱 복잡한 문제에 효과적으로 대처할 힘을 길러주기 때문에 참여자들의 자기개발에 도움을 줄 수 있다. 집단의사결정은 협력적인 문제해결 기법을 개발하게 하며, 참여자 간의 신뢰를 증진시키게 된다. 이러한 발전은 특히 조직이 점진적으로 구성원들의 기술이나 능력 개발을 도모할 경우, 장기적인 면에서 이점을 제공하는 것이라 할 수 있다.

#### 집단의사결정의 단점

비록 집단의사결정이 나름대로의 장점을 가지고 있기는 하지만, 여러 가지 단점 또한 문제점으로 지적될 수 있다. 집단의사결정의 참여자들은 결정된 사항을 새로운 규범으로 느낄 만큼 강한 사회적 압박을 받게 된다. 또한 집단의사결정 시에는, 특히 특별히 정해진 리더가 없는 경우에는 목소리 큰 한 사람이 나타나게 된다. 그런 사람들은 점차 자신의 집단 참여를 증가시키고, 의사결정에 자신의 의견을 최대한 반영하려 노력한다. 문제는 이 사람의 의견이 최고의 아이디어나 최적의 해법을 담지 못하고 있을 때 발생한다.

집단의사결정 시에 나오는 여러 가지 대안이 개인들이 특별한 선호를 가지고 있는 대안이라면, 다른 결정사항으로 매듭지어지더라도 이를 쉽게 버리지 못한다. 비록 선호하는 대안이 문제해결에 최적의 해법이 아닐지라도 자신이 선호하는 대안에 집중하다 보면 다른 안(案)에 대한 충분한 검토가 어렵게 된다. 또한 이로 인하여 서로 다른 대안을 선호하고 고집하는 사람들 간의 갈등이 발생할 소지가 넓어진다.

위에서도 언급한 바와 같이 여러 사람이 모여서 의사를 결정하는 집단의사결정의 경우 많은 시간을 필요로 한다. 따라서 빠른 결정이 필요한 사안에 대하여는 집단의사결정은 적절치 못하다. 단번에 주제에 대한 공통된 이해가 있을 수 없고, 잦은 모임에 따라 구성원들의 귀중한 시간이 낭비되기도 한다. 시간의 낭비와 서로간의 주도권 다툼은 자칫 최종 선택안을 최적이 아닌 타협의 산물로 전락시킬 수 있다. 서로에 대한 이해의 부족과 자신들의 선호가 결정에 반영되지 못한다면 상대편의 선호도 결정에 반영되어서는 안 된다는 비합리적인 고집이 이러한 잘못된 결정으로 몰게 한다.[26]

위에서의 내용을 토대로 집단의사결정의 장·단점을 요약하면 〈표 14-2〉와 같이 분류할 수 있다.

**〈표 14-2〉** 집단의사결정의 장·단점 비교

| 장 점 | 단 점 |
|---|---|
| – 더 많은 정보와 지식<br>– 결정에 대한 구성원들의 높은 이해 정도<br>– 결정에 대한 구성원의 수용성 향상<br>– 직무만족<br>– 자기개발 | – 결정 사항 준수에 대한 사회적 압박<br>– 집단 구성원들의 불필요한 시간 소모<br>– 주도권을 쥔 소수에 의한 통제 가능성<br>– 결정을 위한 충분한 시간 부족<br>– 의견불일치의 문제와 개인 간 갈등 문제<br>– 최종안이 비합리적인 타협을 통해 도출될 가능성 |

자료 : Hitt, Miller & Colella(2011), p.363 재구성.[27]

## 2.3 비효율적 집단의사결정

집단의사결정이 개인의사결정보다는 장점을 지니고 있다. 그러나 집단의사결정이 항상 효율적인 것만은 아니다. 집단의사결정을 비효율적인 것으로 만드는 집단 내의 여러 메커니즘 때문이다.

### 2.3.1 집단사고

비록 집단의사결정이 여러 잠재적인 이점을 제공하기는 하지만, 이러한 의사결정의 가장 심각한 문제점으로 지적되는 것이 집단사고(groupthink)이다. 집단사고는 집단의 응집력이 너무 강하거나 구성원들 간의 동조성이 지나치게 높아서 일어나는 현상으로 이로 인하여 집단구성원들의 창의적인 노력을 어렵게 하고, 성급한 결정을 가능하게 한다.[28] 집단사고의 원인은 다음과 같이 정리될 수 있다.

- 집단의 구성원들이 서로를 신뢰하고 좋아하며, 따라서 서로에 대한 비판을 하지 않고자 하는 경우[29]

- 집단의 구성원들이 집단지성에 대한 높은 신뢰를 가지고 있으며, 따라서 집단 및 리더의 의견을 무조건적으로 수용하는 경우[30]
- 집단의 구성원들이 집단에 소속되어 있다는 사실 자체에 매우 만족하며, 집단의 분열에 대해 두려움을 가지고 있는 경우[31]

집단사고로 인해 발생하는 다양한 현상들은 다음 〈표 14-3〉과 같이 정리될 수 있다.

**〈표 14-3〉 집단사고의 다양한 현상들**

| 개인 정당성 | 집단 동조성 |
|---|---|
| 1. 취소 불가능 | 1. 반대안에 대한 자기검열 (반대안 제시를 망설임) |
| 2. 도덕적 환상 | 2. 만장일치의 환상 (만장일치가 좋다고 생각) |
| 3. 타 집단에 대한 편견 | 3. 집단 보호 (반대자에 대한 집단적 압력) |
| 4. 집단적 합리화 | 4. 동조 압력 (지시추종, 규범에 순종) |

자료 : Hitt, Miller & Colella(2011), p.353 재구성.[32]

이러한 집단 사고가 집단의사결정에 미치는 부정적인 영향은 다음 〈표 14-4〉와 같은 것들을 들 수 있다.

**〈표 14-4〉 집단사고가 집단의사결정에 미치는 부정적 영향**

| |
|---|
| 1. 대안들이 모두 발견, 제시되지 못함 |
| 2. 목표들이 모두 발견, 제시되지 못함 |
| 3. 선호하는 대안의 평가 불완전, 잠재적 위험성 간과 |
| 4. 일단 버려진 대안에 대한 재평가를 시도하지 않음 |
| 5. 빈약한 정보탐색 |
| 6. 유리한 정보만 선택, 나머지는 누락시킴 |
| 7. 상황 대응 계획을 수립하지 못함 |

자료 : Hitt, Miller & Colella(2011), p.353~354 재구성.[33]

이와 같은 집단사고의 개념은 미국 케네디 행정부의 쿠바 침공 실패와 존슨 행정부의 베트남 전쟁 패배 등에서 보여진 미국 정부 관리들의 비효율적인 의사결정을 설명하려는 시도에서 비롯되었다. 우주 왕복선 'Challenger'호의 폭발사고도 역시 집단사고가 원인으로 지적되었다. 사후 분석에 의하면 Challenger호의 발사 담당을 맡았던 주요 과학자들은 영하의 날씨 속에서 우주선의 발사 계획을 기술자들과의 상의 없이 자신들끼리 결정하여 차가운 기온이 우주선에 미치는 영향에 대해 간과하게 되었다.

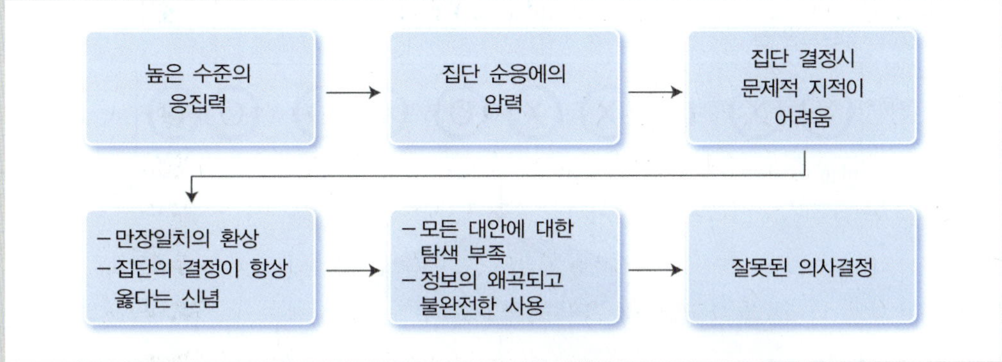


**그림 14-4**
집단사고의 과정

자료 : Greenberg(2011), p.376 재구성.[34]

또한 예전의 발사에서 차가운 날씨가 우주선에 별다른 영향을 보이지 못했다는 점이 자신들의 결정을 합리화시킨다고 여겼으며, 계속되는 발사 지연으로 인해 의사결정자들 간에는 암묵적으로 이번에는 반드시 발사임무를 완수해야 한다는 의식이 형성되어 있었다. 다음의 〈그림 14-4〉에서는 집단사고가 형성되는 과정을 보이고 있다.

### 2.3.2 집단 양극화

집단 양극화는 의사결정 시 개인들이 처음에는 그림과 같이 한 개의 사안에 대하여 다양한 정도의 찬반 성향을 보이다가 집단에서의 토론 과정을 거침에 따라 점차 양극으로 의견이 치우치게 되는 경우를 말한다.[35]

이와 같은 현상이 나타나는 이유에 대하여 알아보자. 의사결정 초기에는 구성원들마다 그들이 생각하고 있는 정도의 차이에 의해 다양한 견해를 보인다. 그러나 토론이 시작되면서 각 집단의 이해관계에 따라 찬반이 나뉘게 되고, 이렇게 자신이 속한 집단의 의사가 수렴되면 구성원들은 자신이 속한 집단에서 주도권을 잡거나 자신이 그 집단에서 가장 충실한 사람으로 보이기 위해 당초의 자기가 보인 선호도보다 과장하게 된다. 이때 중간 정도의 선호도를 가지고 있던 사람들은 이들의 발언에 의해 새로운 사실을 인지하게 되고, 이에 따라 어느 특정 집단에 대해 절대적인 지지를 보내게 된다. 이렇게 새로운 편가르기가 시작되면, 집단에 대한 소속감으로 인해 자기가 속한 집단에 절대적인 충성을 보이게 되고 상대 집단에 대해 적대적인 감정을 품게 되어 집단 양극화 현상이 나타나게 된다.

그림 14-5
집단 양극화 현상

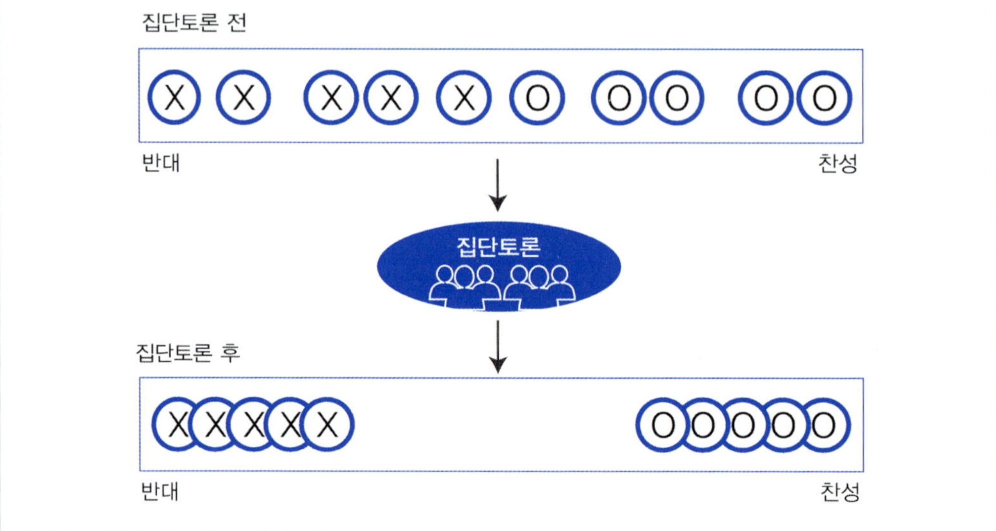


자료 : Lamm & Myers(1978), 재구성.[36]

### 2.3.3 몰입 증대

간혹 의사결정 사항이 부적절한 결과를 초래할 수도 있다. 이러한 현상이 예측될 경우에는 진행을 중지하거나 되돌리는 방향으로 행동해야 할 것이라는 것이 일반적인 믿음이다. 그러나 사람들은 항상 이렇게 행동하는 것만은 아니다. 실제적으로는 연속한 비효과적 결정이 이루어지는 경우도 허다하다. 이와 같은 경우는 노름에서 많이 발생한다. 자신이 가지고 있는 패가 상대방의 패보다 좋다는 확신이 있지는 않지만, 그동안 투자한 돈이 아까워서 판에서 빠져나올 줄 모르게 된다. 경영 사례에서도 비슷한 경우가 발견된다. 자신이 투자하고 있는 기업이 회생불능의 곤경에 처해 있을 때, 이를 빨리 포기하지 못하고 이 기업에 다시금 대규모의 자본을 투자하여 자신의 초기 투자자본만큼만이라도 회수하려 하나 결국 초기 투자자본을 하나도 건지지 못하곤 한다. 이러한 현상들은 몰입 증대(escalation of commitment)라 하며, 이는 사람들이 매몰비용에 대한 미련 때문에 이전의 좋지 못한 결정이나 투자에 계속해서 집착하게 됨을 말하는 것이다.[37]

이와 같은 현상은 우리 주변에서 상당히 자주 볼 수 있다. 개발 중인 신제품이 매력적이지 않다는 것을 알면서도 초기 제품 개발비용이 아까워 제품개발 프로젝트를 중단하지 않는 경우 등이 이러한 현상의 예이다.

### 2.3.4 틀의 효과

틀의 효과란 동일한 정보에 대해 손실을 제시할 때와 이익을 제시할 때, 즉 정보를 어떻게 구조화하느냐에 따라 다른 반응을 보이는 현상을 의미한다. 여기서 '틀(framing)'이란 사람들에게 위험추구를 유발하게 하는 부정적인 개념으로 문제를 설명했는가 아니면 위험회피를 유발하게 하는 긍정적인 개념으로 문제를 설명했는가를 의미한다. 일반적으로 이득이 될 만한 점들을 강조하여 문제를 설명하면 사람들은 위험을 회피하고 보다 확실한 결과를 선호하게 되고, 이와는 반대로 문제를 설명할 때 잠재적인 손실을 강조하게 되면 위험한 방법을 택해서라도 손실을 없애려는 노력을 하게 된다고 한다.

### 2.3.5 조직적 방해 요소

여기에서는 합리적인 의사결정에 영향을 줄 수 있는 중요한 조직적 방해요소에 대하여 파악하여 보고자 한다. 많은 조직 의사결정자들이 직면하고 있는 상황은 의사결정의 능력에 장애요인으로 작용하게 된다.

**시간 제약** 가장 현저한 장애요인이 시간제약이다. 조직의 중요한 의사결정은 대부분 시간의 제약 하에서 이루어지게 된다. 그러한 상황에서 충분한 토의를 통한 의사결정은 거의 불가능하다고 볼 수 있다. 이러한 현상은 특히 즉각적인 결정이 필요한 위기의 시기에 더욱 그러하다. 의사결정자들이 즉각적인 결정에의 압력을 느끼게 될 경우 그들은 일반적으로 정보 탐색과정을 줄이기 때문에 효율적인 의사결정을 어렵게 한다.

**정치적 압력** 대다수의 조직에서는 정치적인 이유로 양질의 의사결정을 내리지 못하는 경우도 발생한다. 즉, 이는 의사결정자들이 비록 결정사항이 조직에 가장 유리한 것이 아닐지라도 다른 사람들에게 잘 보이기 위해서 의도적으로 최적안을 배제하는 현상을 말한다. 만일 정확한 의사결정이 이루어진다면 자신에게 불이익이 가해질 수도 있다고 판단하는 종업원은 의도적으로 정확한 의사결정에 필요한 정보를 왜곡시킬 수 있다.

**윤리적 제약** 시간의 제약이나 정치적 압력만이 조직의 의사결정에 부정적 영향을 주는 것이 아니다. 여기에는 윤리적 제약요소인 제한된 신중도 부정적인 영향을 주고 있다. 이에 따르면 의사결정자들은 현재의 윤리적 기준의 범위 내에서만 행동하도록 제한을 받게 된다는 것이다. 따라서 비록 절도 행위와 같은 불법적인 행위가 단기적으로는 조직의 성과를 최적화시킬지라도 이에 대한 윤리적 고려를 통하여 이러한 행위를 하지 못하게 한다.

## 2.4 집단의사결정 기법

위에서 설명한 의사결정시 발생할 수 있는 다양한 오류들은 의사결정 과정에 사회적 상호작용이 미치는 영향을 반영하는 것이다. 이러한 오류의 영향을 상쇄하기 위해 집단의사결정 과정을 2가지 단계로 구분하는 방법이 바람직한 것으로 제시된다. 이 2가지 단계는 **아이디어 도출**이라는 새로운 의견 개발 단계와 **아이디어 평가**라는 제시된 의견 중 가장 적합한 의견을 선택하는 단계로 구분되어진다.

아이디어 도출은 의견의 질이 어떻든 간에 다양한 아이디어가 도출될 수 있도록 의도된 창의적인 과정이다. 반면에 아이디어 평가 과정은 의견의 질을 중시한다. 예를 들어, 관리자들이 새로운 공장의 입지에 대하여 토론하고 있다고 하자. 이때 재무나 회계부서 관리자는 가장 적은 비용을 들일 수 있는 곳을 추천하게 될 것이며, 마케팅부서 관리자는 비용보다도 소비지에 더 가까운 곳에 입지를 추천하고, 생산부서의 관리자는 무엇보다도 기존의 시설과 가까운 곳에 입지하여 관리상의 편의를 추구하는 등 각각의 의견이 모두 다를 것이다. 이렇게 여러 가지 의견을 제시하는 단계가 아이디어 도출 단계라 할 수 있으며, 이러한 의견 중에서 각 부문의 이해관계를 떠나 보다 넓은 관점에서 조직의 현재 상황에 가장 부합한 최적의 결과를 낼 수 있는 의견을 찾아내는 단계를 아이디어 평가 단계라 할 수 있다.

이러한 일련의 과정에 조직원이 참여함으로써 결정된 사안에 대한 수용성이나 만족도가 향상될 수 있다. 그렇다면 관리자들은 집단의사결정의 오류를 제거하기 위해서 어떠한 일을 할 수 있을까? 위에서 아이디어 도출과 아이디어 평가로 단계를 구분한 것에서부터 논의를 출발시키고자 한다. 관리자들은 아이디어 도출 단계에서는 사회적 상호작용을 줄임으로써 부정적인 요인을 억제할 수 있는 반면, 아이디어 평가 단계에서는 오히려 이러한 상호작용을 북돋음으로써 서로간의 의견 교환을 최대화 할 수 있게 된다. 현실에서 이러한 전략은 세 가지 다른 접근법을 사용하여 각 단계에 사용하는 것이다. 이 세 가지 다른 접근법에는 브레인스토밍(brainstorming), 명목집단법(nominal group technique), 델파이 기법(Delphi technique) 등이 있다.

### 2.4.1 브레인스토밍

브레인스토밍(brainstorming)은 집단 내의 다른 사람들과 함께 토의를 하는 아이디어 도출 시에, 사회적 상호작용의 부작용을 최소화하고자 사용된다. 브레인스토밍 집단은 대체로 원탁에 둘러앉아 집단의 리더에 의해 논의를 진행시킨다. 이때 브레인스토밍 집단은 의견 제시에 있어서 몇 가지 점들을 명심하여야 한다. 브레인스토밍을 성공적으로 이끌기 위한 관건은 참여자들이 이러한 규칙들을 얼마나 잘 지키는가에 달려 있다.[38]

브레인스토밍은 의견을 가진 사람이 손을 들어 리더에게 표시하고, 리더는 제출된 의견들을 모두가 볼 수 있도록 게시한다. 이렇게 모여진 의견에 대하여 평가의 과정에서 최적의 대안을 선택하게 된다. 즉, 아이디어 도출 과정에서 아이디어 평가의 과정으로 이행한다. 모든 구성원들은 여러 가지 대안들을 반복해서 고찰하고 이에 대한 토론의 과정을 밟는다. 여기에는 특정한 토론의 방법이 존재하지는 않는다. 다양한 방법의 토의를 거친 후 다수결이나 만장일치를 통하여 최종안을 선택하게 된다(〈표 14-5〉 참조).

**〈표 14-5〉 브레인스토밍의 원칙**

| 원칙 | 내용 |
|---|---|
| ① 무비판 | 타인이 낸 의견에 대하여 비판을 하지 말아야 한다. |
| ② 의견개진의 자유로움 | 자유롭게 다양한 아이디어를 개진할 수 있다. |
| ③ 많은 의견개진 | 더 많은 의견이 나올수록, 그 중에서 쓸모 있는 의견이 있을 가능성이 높아진다. |
| ④ 통합과 발전의 추구 | 구성원들이 자신의 의견을 개진하는 것뿐만 아니라 타인의 의견을 보완하고 통합하는 것이 중요하다. |

자료 : Hitt, Miller & Colella(2011), p.356 재구성.[39]

### 2.4.2 명목집단법

명목집단법(nominal group technique)은 브레인스토밍 기법과 다음에 설명되는 델파이 기법의 중간단계 정도의 기법이다. 이 방법은 참여자들이 서로 모여서 토론을 하되, 이 토론을 대화로 하지 않고 백지에 적는 방법으로 토론을 이끌어 나간다. 그렇게 함으로써 참여자들이 타인의 눈치를 조금이라도 덜 받고 자신들의 진솔한 의견을 표현하게 하는 방법이다.[40]

명목집단법이 진행되는 과정은 다음과 같다.

① 리더가 토론 참여자들에게 이슈를 전달하고, 참여절차에 대하여 주지시킨다.
② 참여자들은 주제에 대한 자신의 모든 아이디어를 적는다.
③ 리더는 참여자들에게 모든 아이디어를 적도록 하고, 이후 제출된 아이디어를 모두가 볼 수 있도록 게시한다.
④ 참여자들은 각각의 의견에 대하여 토론하고 평가한다.
⑤ 참여자들은 각자의 개성과 선호에 따라 제안된 의견에 대하여 순위를 확인한다.
⑥ 가장 순위가 높은 아이디어를 집단의 의사로 결정한다.

명목집단법은 의견의 제시가 비밀스럽게 이루어지기 때문에 사회적 상호작용이 제거되어 보다 높은 창의성을 발휘할 수 있다는 장점이 있다.

### 2.4.3 델파이 기법

브레인스토밍을 통한 집단의사결정과는 달리, 델파이 기법(Delphi technique)의 참여자는 상호간의 의사소통이나 대면접촉은 하지 않는다. 서로간의 신분을 확인하거나 안면이 있을 필요조차 없다. 대신 그들은 중앙에 위치한 리더를 경유하여 편지 또는 컴퓨터 네트워크 등을 통하여 의사소통을 한다. 여기서 리더는 모든 정보와 의견을 수렴하고 각각의 개인들에게 이를 제공하는 역할을 담당한다. 이러한 과정을 반복적으로 행함으로서 최선의 대안을 얻는다는 것이 델파이 기법의 취지이다. 대화의 참여자들을 서로 격리시킴으로서 사회적 상호작용에서 오는 부정적인 효과를 제거할 수 있다는 장점이 있다. 따라서 델파이 기법은 브레인스토밍보다도 많은 의견을 제공받을 수 있게 된다(〈그림 14-6〉 참조).

실제로 델파이 기법은 서로 모이는 일이 없기 때문에 집단의 압력을 배제할 수 있

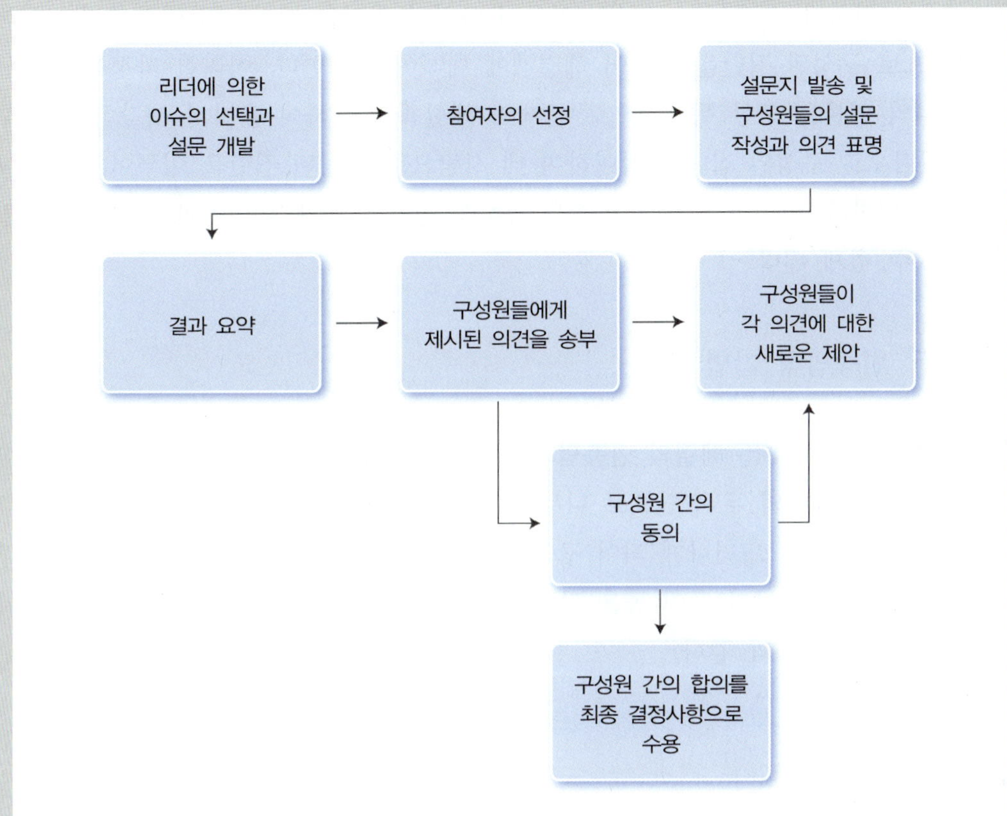


**그림 14-6** 델파이 기법의 실행 과정

자료 : Greenberg(2011), p.395 재구성.[42]

지만 방법이 다소 귀찮게 된다. 대부분의 의견 교환이 설문지를 이용하게 되는데 이에 따르는 설문지 개발 시간, 설문지를 각 구성원들에게 보내는 데에 걸리는 시간, 응답이 올 때까지의 시간, 이를 종합하는 데에 소요되는 시간 등 매우 많은 시간이 소요되게 된다.[41]

### 2.4.4 사다리 기법

사다리 기법은 집단의사결정의 질적 향상의 한 방법으로 새로운 참여자를 각 단계별로 한 사람씩 참여시키고 이미 토의된 내용에 독립적인 아이디어를 제시하도록 유도함으로써 의견을 제시하지 않으려는 경향을 최소화하는 방법이라 할 수 있다. 우선 두 사람이 문제점에 대하여 토의하고 해결책에 대하여 상의한다. 이 두 사람으로 이루어진 집단이 토의를 하고 있는 동안 제3의 인물도 독자적으로 동일한 문제에 대하여 해결책을 고안한다. 다음에 이 제3의 인물이 자신의 의견을 개진하며 대화에 참여하여 세 사람으로 구성된 집단을 이루어 해결책에 대하여 토의한다. 이러한 과정을 거치는 동안 제4의 인물은 또한 독자적으로 문제의 해결책에 대하여 혼자서 생각하고, 이후 이 세 사람으로 구성된 집단에 참여하여 네 사람으로 구성된 집단을 이루어 해결책에 대하여 토의한다. 이러한 일련의 과정을 통하여 집단은 전체 구성원이 참여한 의사결정을 할 수 있게 된다.

### 2.4.5 변증법적 기법

정반합(正反合)이라는 헤겔의 변증법적 사고에 기초한 의사결정 기법으로서, 사안에 따라서 찬성과 반대의 두 집단으로 나누어 토론하게 한다. 이렇게 하면 각 대안에 대한 장점과 단점이 잘 드러나게 되어 구성원들의 이해도가 높아지게 되고, 따라서 이후에 개진하는 의견은 보다 질이 높을 것이라는 사고에 기반하는 것으로 이 기법의 단계는 다음 〈그림 14-7〉과 같다.

**그림 14-7**
변증법적 기법의 실행과정

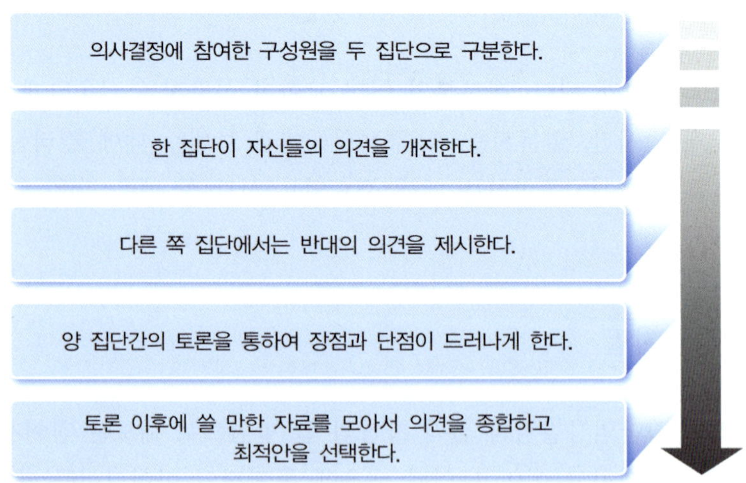


자료 : 임창희(2013), p.437 재구성.[43]

### 2.4.6 효과적인 의사결정을 위한 방안

조직의사결정의 질은 의사결정자들이 보다 합리적인 의사결정의 절차를 따른다면 향상될 것이다. 다음에서 설명되는 것들은 각각 이러한 내용을 담고 있다.

**토론에서의 리더 선정 및 훈련**

조직이 집단의 의사결정을 이용하고자 할 경우, 리더를 임명하여 회의를 소집하고, 이끌어 나갈 수 있도록 하는 것이 일반적이다. 이때 만일 리더가 전제적인 스타일을 추구한다면, 회의는 리더에 의해 일방적으로 진행되고, 의사결정도 리더가 선호하고 있는 방향으로 이뤄질 것이다. 반대로 리더가 토론에서 아무런 영향력도 발휘할 수 없다면 거듭되는 회의로 인해 의사결정까지의 시간적·경제적 비용이 크게 들 것이며, 이렇게 결정된 사안도 가장 적절한 대안이라 생각하기 힘들 것이다. 따라서, 리더십 스킬 계발을 위한 역할 수행 훈련 등의 실행은 집단의사결정의 질을 향상시키고, 결정된 사안에 대한 구성원들의 수용성도 증진시킬 수 있다. 다음은 이러한 자질을 갖춘 리더를 교육시키는 예이다.

① 문제점에 대하여 객관적인 태도로 이야기한다. 이때 어떠한 해결책이나 선호 등에 대하여 말하지 않는다.
② 필수적인 사항을 알리고, 결정에 있어서의 제약요소를 명확히 해준다.
③ 모든 집단 구성원을 대화에 참여시키고, 소수에 의한 토의 진행을 최대한 억제하며, 구성원들 간의 대립이나 의견 차이에 따른 분쟁을 미연에 방지한다.
④ 토의시에 어떠한 의사 개진도 하지 않는다.
⑤ 토의 진행을 위한 질문을 구성원들에게 던진다.
⑥ 현재까지의 토론 내용을 요약하고 명확하게 정리해서 구성원들에게 피드백 시킨다.

**논쟁의 자극 및 관리**

조직원들 간의 격한 논쟁은 효과적인 의사결정을 방해한다. 개인들은 의사결정에 있어서 중요한 정보를 알리지 않고 혼자서만 가지고 있으려 하는 경우도 있는데, 이는 개인이나 집단의 목표가 조직의 문제 해결보다 우선적으로 내세워질 수 있기 때문이다. 반면, 논쟁이 전혀 없는 상태로 의사결정까지 도달하는 것은 이슈와 관련된 다양한 대안들이 도출될 수 없는 상황에 놓일 수 있기 때문에 효과적인 의사결정에 역시 저해요인이 된다. 이러한 논쟁의 부재는 부분적으로는 집단사고의 영향일 수도 있고, 과거의 잘못된 의사결정에 대한 일종의 몰입 증대일 수도 있다. 논쟁을 자극시키는 방법에 대해서는 여러 연구들에서 다뤄져 왔다. 그 중 흥미로운 한 가지는 기존의 계획과 전략을 반대하는 '악마의 옹호자(Devil's advocate)'를 정하는 방법이다. 이 '악마의 옹호자'의 역할은 계획이나 전략의 미비점을 공격하고, 더불어 그 계획이 왜 채택될 수 없는지에 대하여 설명하는 것이다. 이 역할을 이용하여 논쟁을 조장하고 의사결정의 질을 향상시킨 예가 많이 있다. 그러나 이러한 방법을 통하여 효과적인 의사결정이 가능하게 하기 위해서는 '악마의 옹호자'가 그의 의견을 객관적이고, 감정적이지 않은 방법으로 제시하여야 한다.

## 주석(endnote)


1 Huber, G. (1980). *Managerial Decision Making*. Glenview, Ill.: Scott, Foresman.

2 Hitt, M. A., Miller, C. C., & Colella, A. (2011). *Organizational Behavior*. NJ: Wiley

3 March, J. G., & Simon, H. A. (1958). *Organizations*. New York: Wiley.

4 Greenberg, J. (2011). *Behavior in Organizations* (10th ed.). Pearson.

5 Holloway, C. (1979). *Decision Making under Uncertainty: Models and choices*. Englewood Cliffs, NJ: Prentice-Hall.

6 Simon, H. A. (1986). Rationality in psychology and economics. *Journal of Business*, 209~224.

7 Simon, H. A. (1957). *Administrative Behavior*. New York: MacMillan.

8 Huber, V. L., M. A. Neale, & G. B. Northcraft. (1987). Decision bias and personnel selection strategies. *Organizational Behavior and Human Decision Process*, 40, 136~147.

9 Asch, S. E. (1955). Opinions and social pressure. *Scientific American*, November, 31~35.

10 Gray, P. (1993). The assault on Freud, *Time*, November, 29, 47~51.

11 Asch, S. E. (1955). Opinions and social pressure. *Scientific American*, November, 31~35.

12 Kahneman, D., & Tversky, A. (1972). Subjective probability: A judgment of representativeness. *Cognitive Psychology*, 3, 430~454.

13 Kahneman, D., & Tversky, A. (1973). Availability: A heuristic for judging frequency and probability. *Cognitive Psychology*, 5, 207~232.

14 Kahneman, D., & Tversky, A. (1972). Subjective probability: A judgment of representativeness. *Cognitive Psychology*, 3. 430~454.

15 Allison, G. (1971). *The Essence of Decision*. Boston: Little, Brown.

16 Schwenk, C. R. (1989). Linking cognitive, organizational and political factors in explaining strategic change. *Journal of Management Studies*, 26(2), 177~187.

17 Schwenk, C. R. (1989). *ibid.*

18 Murray, E. (1978). Strategic choice as a negotiated outcome. *Management Science*, 24, 960~972.

19 Michael Masuch and Perry Lapontin. (1989). Beyond garbage cans: An AI model of organizational choice. *Administrative Science Quarterly*, 34, 38~67.

20 Cohen, M. D., March, J. G., & Olsen, J. P. (1972). A garbage can model of organizational choice. *Administrative Science Quarterly*, 1~25.

21 Gilovich, T., Griffin, D., and Kahneman, D. (2002). *Heuristics and Biases: The Psychology of Intuitive Judgment*. New York: Cambridge University Press.

22 Dane, E., & Pratt, M. G. (2007). Exploring intuition and its role in managerial decision making. *Academy of Management Review*, 32(1), 33~54.

23 Greenberg, J. (2011). *Behavior in Organizations* (10th ed.). Pearson.

24 Maier, N. R. F. (1967). Assets and liabilities in group problem solving: The need for an integrative function. *Psychological Review*, 74, 239~249.

25 Murnighan, J. K. (1981). Group decision making: What strategy should you use? *Management Review*, Spring, 55~62.

26 Goleman, D. (1988). Why meeting sometimes don't work. *New York Times*, June, 7.

27 Hitt, M. A., Miller, C. C., & Colella, A. (2011). *Organizational Behavior*. NJ: Wiley.

28 Longley, J., & Pruitt, D. G. (1980). *Groupthink: A critique of Janis's theory, in Review of Personality and Social Psychology*. L. Wheeler(Ed.), Beverly Hills, Calif.: Sage Publishing Company.

29 Callaway, M. R., & Esser, J. K. (1984). Groupthink: Effects of cohesiveness and problem-solving procedures on group decision making. *Social Behavior and Personality: An International Journal*, 12(2), 157~164; Courtright, J. A. (1978). A laboratory investigation of groupthink. *Communications Monographs*, 45(3), 229~246.

30 Whyte, G. (1998). Recasting Janis's groupthink model: The key role of collective efficacy in decision fiascoes. *Organizational Behavior and Human Decision Processes*, 73(2), 185~209.

31 Turner, M. E., & Pratkanis, A. R. (1998). A social identity maintenance model of groupthink. *Organizational Behavior and Human Decision Processes*, 73(2), 210~235.; Turner, M. E., & Pratkanis, A. R. (1997). Mitigating groupthink by stimulating constructive conflict. *Using Conflict in Organizations*, 53~71.

32 Hitt, M. A., Miller, C. C., & Colella, A. (2011). *Organizational Behavior*. NJ: Wiley.

33 Hitt, M. A., Miller, C. C., & Colella, A. (2011). *ibid.*

34 Greenberg, J. (2011). *Behavior in Organizations*. Pearson.

35 Lamm, H., & Myers, D. G. (1978). Group-induced polarization of attitudes and behavior. *Advances in Experimental Social Psychology*, 11.

36 Lamm, H., & Myers, D. G. (1978). Group-induced polarization of attitudes and behavior. in *Advnaces in Experimental Social Psychology*, vol.11, L. Berkowitz(Ed.), New York: Academic Press.

37 Bazerman, M. J. (1994). *Judgment in Managerial Decision Making*. New York: Wiley.

38 Parnes, S. J., Noller, R. B., & Biondi, A. M. (1977). *A Guide to Creative Action*. New York: Scribner's.

39 Hitt, M. A., Miller, C. C., & Colella, A. (2011). *Organizational Behavior*. NJ: Wiley.

40 Huber, G. P. (1980). *Managerial Decision Making*. Glenview, Ill.: Scott, Foresman.

41 Huber, G. P. (1980). *ibid.*

42 Greenberg, J. (2011). *Behavior in Organizations*. Pearson.

43 임창희. (2013). 조직행동. 비엔앰북스.

CHAPTER 15

# 갈등과 협상

## 들어가기

집단 내에서는 여러 가지 다양한 갈등이 존재한다. 갈등이 집단성과와 갖는 관련성은 부정적이기도 하고 긍정적이기도 하다. 그 이유는 갈등이 생기는 원인과 갈등관리방식에 따라 갈등과 집단성과와의 관계가 다르게 나타나기 때문이다. 갈등과 함께 집단 내에서는 다양한 이해관계와 상호작용이 존재한다.

이러한 이해관계와 상호작용은 협상을 통해 조정된다. 따라서 본 장에서는 집단과정으로서의 갈등과 협상이 집단성과와 갖는 관련성을 살펴본다. 특히 협상에 대한 조직행동적 접근법이 중요함을 강조하면서 협상행동을 설명하고자 한다.

# 1. 갈 등

어떤 조직이든 효과적으로 활동을 수행하기 위해 개인과 집단은 조직내에서의 상호의존적인 관계를 형성한다. 이러한 상호의존성으로 인하여 서로간의 협력이 조장될 뿐만 아니라 필연적으로 갈등을 수반한다.

예를 들어, 한 기업의 마케팅 담당자와 생산 담당자가 외국 기업과의 경쟁에 대처하기 위한 협의를 위해 회의를 진행하고 있다고 가정하자. 회의에서는 의사결정이 행하여지고, 전략이 개발되며, 각자의 업무가 할당된다. 이러한 경우에는 대부분 협력적인 모습이 보인다. 반대의 경우를 생각해 보자. 판매량의 감소가 생산부서에서 충분한 제품을 생산하지 못하기 때문에 발생한다면 마케팅 부서에서는 더 소비자의 요구를 만족시키기 위해 생산설비를 늘릴 것을 요구할 수 있다. 반면에 생산 부서에서는 생산비를 낮추고 생산성을 높이고자 하는 목적에서 더 적은 설비를 갖추고자 하는 경우가 있다. 이러한 상황에서는 각 기능들이 자신들의 목표를 가지고 있기 때문에 갈등이 발생할 가능성이 높다. 이렇게 볼 때 집단은 한 면에서는 서로 협력을 하지만, 또 다른 면에서는 내부적으로 갈등을 빚고 있다.

## 1.1 갈등의 개념

### 1.1.1 갈등의 정의

갈등이라는 개념은 다양하고 폭넓게 사용되고 있다. 갈등이 생기는 상황에 따라 갈등 양상이 달라지기 때문이다. 개인 내에서 인지적 갈등이 생기기도 하고 일이나 역할과 관련된 갈등, 일과 가정 간의 갈등 등 다양한 갈등이 있어 한마디로 갈등을 정의하기는 어렵다. 갈등에 대한 다양한 정의 중 몇 가지를 살펴보면, 갈등이란 개인들 혹은 집단들 사이 혹은 그 내부에서 불일치, 동의하지 않음, 혹은 부조화 상태에서 발생하는 상호작용적인 과정이라고 정의되기도 하며, 두 사람 이상이 같은 조직내에서 일할 경우, 같이 작업을 함에 있어 혹은 작업환경에 영향을 미치는 신념, 가치 또는 목표의 차이를 지각하는 상황이라고 정의되기도 한다.[1]

### 1.1.2 갈등의 유형

일상생활에서 누구나 경험하게 되는 갈등의 형태는 기본적으로 실질적 갈등과 정서적 갈등으로 구분할 수 있다.[2] 실질적 갈등은 추구하고 있는 목표나 목적 그 자체 혹은 그것들을 달성하기 위한 수단들 간에 존재하는 불일치를 의미한다.[3] 신상품에 대한 마케팅 전략을 수립함에 있어 실행계획에 대한 생각이 상사와 다를 경우도 실질적 갈등의 예라고 할 수 있다. 매일같이 함께 일하는 조직구성원들에게는 수많은 현행 업무들에 대해서 서로 다른 관점을 갖는 현상은 매우 자연스러운 일이며, 집단이나 조직의 목적, 자원의 할당, 보상분배, 업무관행 및 업무절차, 그리고 과업할당 등과 같은 다양한 문제들에서 구성원들은 상호 의견의 불일치를 경험하게 된다. 따라서 이러한 갈등을 성공적으로 관리할 수 있느냐의 여부가 대부분의 관리자들에게 있어 중요한 일상의 과제가 되고 있다.

반면 정서적 갈등은 분노, 불신, 혐오, 두려움, 원한 등과 같은 감정 때문에 개인 간 관계가 어려움을 겪게 되는 현상을 의미한다.[4] 이러한 정서적 갈등은 흔히, 개인의 긍정적인 에너지를 감소시키고 직무에 대한 몰입을 감소시키는 원인을 제공한다. 정서적 갈등은 매우 다양한 장면에서 발생하며, 상사-부하 간 관계뿐만 아니라 동료들 간 관계에서도 흔하게 발생하는데, 특히 상사-부하 간의 정서적 갈등은 조직구성원의 한 사람으로서 조직내에서 발생하는 여러 형태의 갈등 중에서도 가장 경험하기 싫은 유형이라 할 수 있을 것이다. 그러나 불행히도 오늘날 경영환경의 특징 중 하나인 경쟁압력과 이로 인한 조직의 감원 및 조직개편 등은 상사로 하여금 더 많은 정서적 갈등을 유발할 수밖에 없는 여건을 조성하고 있다.

### 1.1.3 갈등의 수준

조직에서의 갈등상황들을 관리하고자 할 때 다양한 유형의 갈등들에 대해 얼마나 잘 파악하여 그것들을 풀어갈 수 있는가라는 것이 중요하다. 앞에서 개인의 정서와 관련 여부에 따라 실질적 갈등과 정서적 갈등으로 구분하여 설명하였는데, 여기서는 조직행동의 주체를 수준별로 개인, 집단, 조직으로 구분하였을 때 갈등이 존재하는 수준에 따라서 네 가지 유형으로 구분한다.[5]

**개인내부갈등** 먼저 조직에서의 행위주체들에게 영향을 미치는 갈등 중에 오직 개인 자신에게만 관련되는 갈등이 있는데 이를 개인내부갈등(intrapersonal conflict)이라 한다. 이것은 종종 개인이 지각하거나 혹은 실재하는 목적과 기대들이 상호 충돌할 때 발생하며 다음과 같은 세 가지의 하부 유형으로 구분이 가능하다.[6] 첫째는 접근-접근 갈등을 들 수 있는데, 개인이 선택할 수 있는 둘 이상의 대안들이 모두 긍정적이고 동등한 수준으로 매력적일 때 어느 하나의 대안을 선택할 경우 발생한다. 개인이 동일시점에서 조직내 진급과 타 조직으로의 스카우트 제안 중 하나를 선택하는 경우가 이러한 예에 속한다. 둘째는 회피-회피 갈등인데 접근-접근 갈등과 정반대의 의미를 지닌 두 가지 이상의 대안들 중 어느 하나를 선택해야 할 경우 발생하며, 원하지 않는 보직으로의 이동 또는 고용해지 중 하나를 선택하는 경우가 이에 해당한다. 셋째는 접근-회피 갈등으로서 다수의 대안들 중 하나를 선택하는 것이 아니라, 선택의 결과가 긍정적인 측면과 부정적인 측면 모두를 가지고 있는 경우에 선택하느냐 마느냐를 고민하게 됨을 의미하며, 예를 들어 고임금을 보장하는 대신 개인의 사적인 시간을 투입해야 하는 일자리를 제안 받았을 때 개인내부갈등을 유발할 수 있다.

**개인 간 갈등** 개인 간 갈등(interpersonal conflict)이란 둘 이상의 개인들이 서로 대립할 때 발생하며, 실질적 갈등이나 정서적 갈등, 혹은 실질적 갈등과 정서적 갈등이 혼합된 형태를 가질 수 있다. 예를 들어 한 명의 구직자를 대상으로 두 사람이 서로 자신의 회사의 장점을 부각시키기 위해 논쟁중인 경우는 개인 간 갈등 중 실질적 갈등에 속하며, 동일부서에 근무하는 두 사람이 서로의 성격에 대해 안 좋은 감정을 가진 경우는 개인 간 갈등 중 정서적 갈등에 속한다.

**집단 간 갈등** 집단 간 갈등(intergroup conflict)은 서로 다른 팀이나 집단에 소속된 구성원들 간에 발생하는 갈등을 의미하며 개인 간 갈등과 마찬가지로 실질적 갈등이나 정서적 갈등, 혹은 이 둘이 혼합된 형태를 가질 수 있다. 이러한 집단 간 갈등은 조직 내에서 흔한 현상으로서 부서 간 협조나 과업활동의 통합을 방해한다.[7] 특히 마케팅과 제조부서 간 관계처럼 기능집단이나 기능부서들 간 관계에서 쉽게 찾아볼 수 있으며, 다기능 팀이나 태스크포스 팀 등은 집단 간 갈등을 최소화함으로써 보다 창의적이고 효율적으로 조직을 운영하는 방법으로 볼 수 있다.

**조직 간 갈등** 조직 간 갈등(inter-organizational conflict)은 동일한 시장 내에서 운영되고 있는 둘 이상의 기업 간 경쟁 혹은 라이벌 관계로 흔히 생각할 수 있다. 그러나 조직간 갈등은 시장에서의 경쟁뿐만 아니라 훨씬 광범위한 이슈로 이해해야 한다. 예를 들어 조직과 노조 간 협상결렬이나 정부규제기구와 그들의 감독을 받고 있는 조직 간의 대립, 그리고 제조회사와 원자재를 공급하는 회사 간 대립 등도 모두 조직 간 갈등이라는 범주에 포함된다.

## 1.2 갈등에 대한 관점

지금까지 많은 학자들이 갈등에 대한 다양한 견해를 제시해 왔다. 이러한 사고의 변화 중 대부분은 갈등이 긍정적인 것인가 혹은 부정적인 것인가에 대한 것과 관련된다. 갈등에 대한 이 두 가지의 상이한 관점은 전통적 현대적 관점으로 분리하여 볼 수 있다.[8]

**전통적 관점**

전통적 관점에서는 집단에서 발생하는 모든 갈등을 부정적인 것으로 보고 있다. 따라서 갈등의 존재는 무엇인가 잘못되어가고 있다는 점을 암시하는 것이라 해석되었다. 갈등에 대한 이러한 관점은 20세기 초에 발생하던 노사관계에서의 폭력적인 투쟁으로부터 시작되었다. 이러한 관점에서는 갈등은 부정적인 것이기 때문에 제거되어야 마땅하다고 생각되었다. 특히 갈등을 제거하기 위한 시도들은 '억압'의 형태로 나타났다. 그렇지만 억압을 통하여 외면적으로 보이는 갈등의 양상들을 없앨 수는 있었어도, 갈등을 야기한 본질적인 문제를 해결하는 데에는 어떠한 기여도 할 수 없었다.

오늘날에도 여전히 많은 사람들이 전통적 관점을 취하고 있다. 그러나 최근에 많은 조직 이론가들은 연구 결과 갈등에 대한 전통적 관점인 그들의 견해를 변화시키고 있다. 이러한 결과로 갈등에 대한 새로운 관점이 생기게 되었다.

**현대적인 관점**

현대적인 관점에서는 전통적인 관점과 달리 갈등을 본질적으로 부정적이거나 혹은 긍정적인 현상으로 보지 않는다는 데 특징이 있다. 물론 과도한 갈등은 해결하는데 많은 시간과 자원을 필요로 하기 때문에 부정적인 결과를 야기할 수 있다. 반면, 갈등이 거의 없는 경우도 반감이나 무기력을 야기할 수 있고, 변화나 혁신을 일으킬 수 있는 자극을 제공할 수 없기 때문에 역시 부정적일 수 있다. 즉, 만사가 원활하게 진행되고 있을지라도 구성원들이 현 상태에 안주하려고만 하여 조직의 효과성을 개선할 수 있는 변화를 추구하고자 하는 노력을 하지 않을 수 있다.[9]

현대적 관점에서 갈등에 관한 중요한 두 가지 결론은 첫째, 많은 경우에 있어서 갈등은 긍정적인 결과를 가져올 수 있는 좋은 것일 수도 있다는 점과 둘째, 갈등이 본질적으로 좋은 것도 나쁜 것도 아니며, 항상 부정적인 결과를 가져오는 것도 아니기 때문에 경영자는 갈등의 제거나 억압에 중점을 두기보다는 갈등을 관리해야 한다.

## 1.3 갈등의 선행요인

대부분의 개인 및 집단은 서로 상호작용하는 대상과 최소한 부분적인 갈등을 겪고 있다. 여기서는 갈등의 원인이 되는 4가지 요인, 즉 상호의존성, 상이한 목표, 상이한 인식, 전문가에 대한 요구를 설명한다.[10]

### 1.3.1 상호의존성

작업의 상호의존성은 둘 이상의 개인 혹은 집단이 그들의 작업을 수행하기 위해 서로 의존하고 있는 경우에 발생한다. 그러한 상황에서의 잠재적인 갈등은 매우 높은 수준이다. 개인 및 집단 간의 상호 의존성은 다음의 세 가지 양상을 보인다.[11]

**집합적 상호의존성** 집합적 상호의존성(pooled interdependence)은 각각의 개인 및 집단이 서로 각기 운영되기 때문에 서로간의 상호작용이 거의 없는 경우이다. 그러나 모든 개인 및 집단이 발휘한 성과의 총합으로 조직의 성과가 결정된다.[12] 예를 들어, 다국적 기업의 한국 지역의 판매부서와 다른 지역의 판매부서라든지, 시중 은행의 각 지점들은 서로간의 상호작용이 거의 없다. 이러한 경우에라도 조직이 발전하고 소기의 성과를 거두기 위해서는 각 부문의 활동이 조절될 수 있기 때문에 서로 상호의존적이라 할 수 있다. 이러한 집합적 상호의존성의 상황에서는 잠재된 갈등이 비교적 낮은 수준이며, 경영자들은 표준화된 절차와 규정에 의해 각 집단을 조율하여 조직을 관리할 수 있다.

**순차적 상호의존성** 순차적 상호의존성(sequential interdependence)의 경우에는 한 개인 및 집단이 그들의 업무를 완수하는데 다른 개인 및 집단의 업무 완수가 결정적인 역할을 하게 된다. 예를 들어, 컨베이어 벨트에 의해 공정이 진행되는 자동차 제조를 생각해 보자. 여기서는 부품의 조달이 끝나야만 조립 공정이 시작될 수 있고, 조립 공정이 끝나야만이 도장 공정이 가능하다. 즉, 조달부서, 조립부서, 도장부서는 서로 순차적인 상호의존관계에 있다는 것이다. 이처럼 한 개인 및 집단의 성과가 다른 개인 및 집단의 투입이 되고 있는 상황에서는 갈등이 상당히 많이 발생할 수 있다. 이러한 상호의존관계 하에서는 경영자들은 효과적인 계획을 통해서 조율을 해야만 한다.

**호혜적 상호의존성** 호혜적 상호의존성(reciprocal interdependence)은 서로간의 성과가 다른 개인 및 집단에 투입이 되는 상호의존관계를 나타낸다. 종합병원 수술실을 예로 들어보면, 마취과 의사, 간호사, 외과 의사, 담당 의사들이 서로 협력하여 환자를 돌보는 모습을 볼 수 있다. 이러한 상황에서는 의사와 간호사는 서로간의 상당히 높은 정도의 상호의존관계를 보이게 된다. 또 이러한 관계에서는 서로간의 잠재적 갈등이 존재할 가능성이 가장 높다. 경영자는 구성원 간의 효율적인 의사소통을 도모하고 의사결정 시스템을 적절히 설계하여 각 부문을 조율하여야 할 것이다. 모든 조직들은 개인 및 집단 간에 서로 집합적 상호의존성 관계를 지니고 있으며, 좀 더 복합적인 조직은 이와 함께 순차적 상호의존성을 지니고 있다. 더 나아가 상당히 복잡적인 조직에서는 집합적, 순차적, 호혜적인 상호의존관계를 모두 다 지니고 있다.

### 1.3.2 상이한 목표

조직의 각 부문들이 점차 전문화됨에 따라, 각 부분들이 서로 각자의 상이한 목표를 추구하려는 경향이 나타나게 된다. 생산부서의 목표는 더 적은 생산비를 투여하고 비용을 줄이려 하는 것일 수 있다. 반대로 R&D 부서의 경우에는 성공가능성이 있는 새로운 제품 개발에 필요한 혁신적인 아이디어 개발이 주목표일 것이다. 이처럼 상이한 목표로 인해 각 부문의 구성원들은 서로 다른 기대를 하게 된다. 즉, 생산부서의 엔지니어들은 감독자에 의한 감독강화를 원하는 반면, R&D 부서원들은 의사결정에 더 많은 참여를 기대하게 된다. 이처럼 집단 간의 목표가 다르기 때문에, 그 집단 간에 상호작용이 있다면 갈등이 발생할 소지가 많다. 마케팅부서의 경우 외상을 주고라도 판매량을 늘리려 하나, 반대로 수금부서에서는 최대한 외상판매를 줄이려 할 것이다.

**제한된 자원** 각 집단에 할당될 자원이 부족할 때, 각 집단들 간의 목표의 차이는 더 두드러지게 된다. 만일 자본이나 작업공간, 자재 등이 충분히 존재한다면 각 집단들은 자신들의 목표를 추구하는 데에 아무런 문제가 없을 것이다. 그러나 현실적으로 상황은 그렇지 못해서 부족한 자원을 각 집단들이 서로 공유하거나 할당받아야 한다. 여기에서도 각 집단들이 공평하게 자원을 분배받지 못했다고 느끼게 되면, 갈등이 심화된다.

**보상체계** 집단 간 갈등의 대부분은 구성원들의 보상체계가 전체적인 조직의 성과에 기반하여 결정되기보다는, 각 개별 집단의 성과에 기반하여 결정될 때 발생하는 경향이 강하다. 각 집단이 서로 상호의존적으로 활동을 하고 있음에도 불구하고, 집단의 성과를 보상 결정의 시준으로 삼는 것이 구성원들에게 문제가 있다고 인식되는 것이다. 예를 들어, 위에 제시된 예시 중에서, 마케팅부서의 보상은 판매액을 기초로 하고 있고, 수금부서의 보상은 낮은 신용 손실에 두고 있다고 한다면, 두 부서 간의 경쟁이 심화되고 갈등의 부정적인 효과가 현저하게 나타날 것이다.

### 1.3.3 인식의 차이

상이한 목표로 인하여 현실에 대한 인식의 차이가 발생할 수 있다. 예를 들어, 대학 축구팀이 경기에 출전하여 승리하는 것에 대하여 교수들과 학생들 간에 서로 다른 인식을 하고 있을 수도 있으며, 동일한 사안에 대하여 판매부서와 생산부서 간의 인식에 차이가 있을 수도 있다.

조직내 개인 및 집단들이 현실에 대한 인식을 달리하게 되는 요인들은 다양하다. 주요 요인으로 목표의 차이, 인식하고 있는 시간의 차이, 지위 불일치, 부정확한 사건 등이 있다.

**서로 다른 목표** 개인 및 집단 간의 서로 다른 목표는 지각에 차이를 발생하게 하는 주요인이다. 마케팅부서의 판매를 늘린다는 목표와 생산부서의 낮은 생산원가의 추구하는 목표를 예로 들면, 마케팅부서의 경우 생산부서가 보다 좋은 제품을 만들어줄 것을 요구하는 반면, 생산부서에서는 낮은 원가를 추구하여 누구나 다 할 수 있는 질 좋은 제품의 판매보다는 마케팅부서의 월등한 마케팅 능력으로 판매할 것을 요구하며 자신들의 목표(낮은 원가)만을 추구할 수 있다. 이러한 서로 다른 목표로 인하여 갈등이 발생하게 된다.

**인식하고 있는 시간의 차이** 시간의 관점도 집단이 현실을 인식하는 데 있어서 차이를 발생하게 하는 데에 영향을 준다. R&D부서원들의 경우, 대부분 상당한 시간을 요하는 업무이기 때문에 몇 년 간의 기간을 업무달성에 고려하게 되는 반면, 생산부서원들은 1년 이하의 시간을 고려하는 것이 일반적이다. 이처럼 서로간의 인식하고 있는 시간의 차이로 인하여 한 집단에서 중요하다고 여기는 일들이 다른 집단에서는 간과되거나 우선순위가 뒤로 밀리는 경우가 있으며, 이런 때에도 갈등이 발생하게 된다.

**지위 차이** 다른 집단 간의 상대적인 지위와 관련된 갈등은 일반적인 것이며, 이 또한 서로간의 지각에 영향을 미치게 된다. 조직내에는 많은 지위가 존재하며, 더불어 이 지위들은 지위체계를 이루고 있다. 예를 들어, 지위갈등은 작업방식 — 어느 집단이 일을 주도하고 어느 집단이 이에 따라야 하는가 — 때문에 발생하게 된다. 생산부서의 경우 판매부서의 주도로 시작된 변화에 따라야 하는 것을 자신들에 대한 모욕으로 지각할 수도 있다. 이러한 서로간의 지위차이로 인하여 갈등이 발생할 소지가 많다.

**부정확한 지각** 사건에 대한 부정확한 지각으로 인하여 타 집단에 대한 스테레오타입을 형성할 수 있다. 집단 간의 차이가 실제로는 작음에도 불구하고, 각 집단은 이를 과장하게 된다. 집단 간의 차이가 강조되면 스테레오타입의 경향은 심화되고, 이어서 서로간의 관계가 악화되며 집단 간 갈등이 발생하게 된다.

### 1.3.4 전문가에 대한 요구 증대

스텝부서의 전문가들과 라인부서의 일반사원간의 갈등은 조직에서 흔히 일어나는 갈등이라 할 수 있다. 라인부서의 관리자들은 자신들의 부서를 관리할 모든 전문적인 지식을 가지고 있지 못하기 때문에 점차 많은 부분을 스텝 전문가들의 지식에 의존하게 된다. 많은 조직들은 제품의 개발과 고객에 대한 서비스 증대를 위해 전문가의 조언을 더 많이 필요로 하기 때문에 전문적인 지식은 점차 더 중요한 역할을 수행하고 있으며, 조직에서 가장 중요한 권력의 원천이 되고 있다. 이렇게 형성된 전문가들의 권력이 기존의 공식적인 권위체계 하에서의 관리자들이 가지고 있던 권력과 상충하면서 갈등을 빚게 된다.

**그림 15-1**

갈등의 양면: 순기능과 역기능

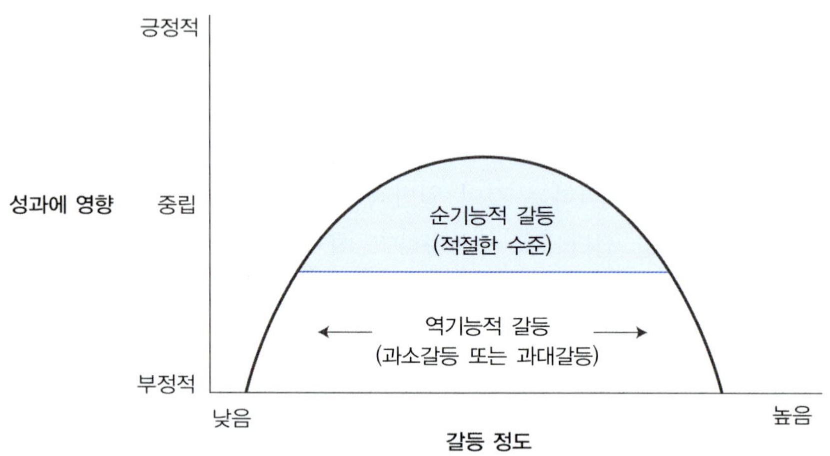


자료 : Robbins & Judge(2011), *Organizational Behavior*(14th ed.), p.511 재구성.

## 1.4 갈등과 조직성과

이미 언급한 바와 같이 갈등에 대한 현대적 관점은 이를 전적으로 부정적인 것으로도 혹은 긍정적인 것으로도 보지 않고, 집단 내에 갈등의 수준이 어떠하며 이를 어떻게 관리되는가에 따라서 조직의 성과에 영향을 미칠 수 있다는 점을 강조한다. 〈그림 15-1〉에서 보는 바와 같이 갈등은 순기능과 역기능을 가지고 있으며, 따라서 모든 조직은 순기능을 발휘할 수 있는 고유한 갈등의 수준이 있다.[13] 또한 적절한 갈등의 수준 관리가 이루어지지 않을 경우 조직은 성과에 대한 갈등의 부정적인 영향을 감수할 수 밖에 없다.

갈등의 역기능적인 모습을 제거하고 순기능을 발휘할 수 있도록 갈등을 관리하여야 하나, 사실상 대부분의 기업에서 이러한 활동에 취약한 면모를 보이고 있다. 아직까지도 많은 경영자들은 전통적 관점에서 갈등을 이해하고 있기 때문에 갈등에 대한 적절한 관리보다는 갈등의 제거에 더 초점을 둔다. 왜 이러한 모습에서 벗어날 수 없는 것인가? 이에 대하여 두 가지 이유를 들 수 있다. 먼저 우리 사회의 근간이 된다고 할 수 있는 가정과 학교 등의 중요한 기관에서 갈등에 대한 전통적 관점이 지배하고 있다는 점이다. 전통적으로 자녀들 간의 갈등, 자녀와 부모와의 갈등 등은 사회적으로 좋지 못한 것으로 인식되어 왔다. 학교에서도 갈등의 부정적인 모습만을 강조하여 왔으며 모든 종교에서도 조화와 협동을 강조하는 교리를 가지고 있는 것도 갈등에 대한 전통적 관점을 버리지 못하는 중요한 이유 중의 하나일 것이다.

조직에 있어 갈등은 필연적인 것이지만, 갈등이 성과에 원천적으로 긍정적이거나 부정적인 영향일 미치는 것이 아니기 때문에 관리자들은 갈등 그 자체를 제거하거나 억압하기보다는 조직의 목표를 달성하는데 있어서 유해한 효과의 발생을 방지하기 위해 노력해야 한다. 일정 수준의 집단 간 갈등은 조직변화에 유용한 수단이 될 수 있다. 많은 사례들에서 나타나고 있는 것처럼, 갈등은 조직내에서 의사결정의 질을 향상시키는 주요한 원인이 되고 있다.

### 1.4.1 갈등의 순기능

갈등의 순기능은 집단의 성과를 증대시키는 데에 있다.[14] 예를 들어, 병원의 두 부서가 가난한 시골 가정에까지 의료혜택을 주기 위한 가장 효율적이고 적용 가능한 방법에 대하여 갈등을 빚고 있다고 하자. 이 두 부서는 '의료혜택'이라는 목표에는 동의하고 있으나 목표를 수행하기 위한 방법에는 이견을 보이고 있다. 결론이 무엇이든 간에, 일단 갈등이 해결되면 가난한 시골 가정에까지 의료혜택이 돌아갈 수 있게 될 것이다. 만일 조직에서 이러한 종류의 갈등이 존재하지 않는다면, 조직의 변화를 기대하기 힘들 것이고 대부분의 집단들은 정체되어 활기 없는 모습을 보이게 될 것이다. 순기능적인 갈등은 언급되어야 할 이슈에 대한 구성원들의 인식을 높이고, 해결책에 대한 보다 넓고 생산적인 탐색을 가능하게 하며, 일반적으로 긍정적인 변화나 적용, 혁신을 용이하게 한다.

### 1.4.2 갈등의 역기능

갈등의 역기능은 집단 간의 상호작용에 심각한 문제를 야기하고 결과적으로 집단이 목표를 추구하는 과정을 방해하게 된다.[15] 따라서 근직은 갈등관리에 있어서 이러한 갈등의 역기능을 해결하는 데 초점은 맞춰야 할 것이다. 일정 수준의 갈등은 집단의 목표를 달성하는 데에 긍정적인 역할을 수행한다. 그러나 동일한 수준의 갈등이 다른 집단에서는 목표 달성에 제한요인으로 작용할 수도 있다. 집단이 감수할 수 있는 스트레스나 갈등의 정도는 조직의 유형과 관련된다. 자동차 제조사나 프로야구 구단,

소방서, R&D 기업, 대학 등과 같은 다양한 조직들은 동일한 갈등 수준에 각기 다른 양상을 보일 것이다.

갈등의 역기능으로 인해 나타나는 결과를 집단 내에서의 변화와 집단 간 변화로 구분하여 다음과 같이 정리하였다.[16]

### 집단 내에서의 변화

**집단응집성의 증가** 집단이 다른 집단과 갈등을 빚고 있을 때, 집단 내 구성원 간의 응집성은 강화되는 경향이 있다. 경쟁, 갈등 또는 인식되는 외부적 위협이 존재할 때, 집단 구성원들은 개인들 간의 차이점을 접어두고 집단에 좀 더 충성을 하게 되고 집단의 멤버십이 강화된다. 집단의 응집성 증가로 집단의 자원을 공동의 적에 대항하기 위한 수단으로 동원시키게 되고, 내부에서의 의견불일치에 대한 압박으로 작용하게 된다.

**충성심의 강조** 집단 내 응집성의 증가는 집단 규범에 대한 수용이 집단 간 갈등의 상황에서 좀 더 중요해짐을 의미하며, 실제로도 갈등의 상황에서 집단의 규범을 지나치게 준수하는 경향이 나타나는 것은 흔히 볼 수 있다. 이렇게 되면 갈등 해결에 불합리한 해법을 맹목적으로 수용하게 되고 급기야 집단사고(groupthink)의 현상이 발생한다. 이러한 상황에서 집단의 목적은 개인의 만족보다 우선순위에 있어서 앞서게 되고, 개별 구성원들은 집단에 대하여 그들의 충성심을 발휘하도록 압력을 받는다. 이러한 갈등의 상황에서는 타 집단의 구성원과 교류를 갖는 것조차도 탈법적인 행위로 인식된다.

**독재적 리더의 출현** 극한 갈등의 상황에서는 민주적인 리더십 발휘는 그다지 큰 효과를 발휘하지 못하는 것이 일반적이며, 따라서 구성원들은 현저한 외부적인 위험에 대처할 수 있는 강한 리더십을 원하게 된다.

**활동력 강화** 집단이 갈등 상황에 놓여 있을 경우, 구성원들은 집단의 목적에 맞는 일들에 대해 좀 더 열중하게 되어 집단의 분위기를 과업 지향적으로 만든다. 구성원이 일에 태만한 경우, 이에 대하여 동료들은 묵과하지 않게 되며, 개별 구성원들의 만족은 덜 중요한 것으로 여기게 된다. 집단 과업달성과 적(갈등을 일으키고 있는 타 집단)을 격퇴하는 활동에 가장 강조를 두게 된다.

**집단 간 변화**

**지각의 왜곡** 집단 간 갈등이 존재하는 동안, 각 집단의 구성원 간의 지각이 왜곡되는 경향이 있다. 집단 구성원들은 집단에서 자신들이 더 중요하다는 생각을 강화한다. 각 집단은 자신의 집단이 다른 집단보다 성과달성의 측면에서 훨씬 우월하다고 생각하는 경향이 있다. 사실상 그 어느 집단도 더 중요하거나 덜 중요하다고 말할 수 없는 상황에서 집단 간 갈등으로 인하여 구성원들 간 지각의 왜곡 현상이 발생한다.

**부정적 스테레오타입** 갈등이 격화되고 이로 인한 지각의 왜곡이 더욱 심해지면 기존에 가지고 있었던 부정적인 스테레오타입이 강화된다. 이로 인하여 서로에 대한 불신이 쌓여가고 자신들과 타 집단은 서로 어울릴 수 없다는 오판을 내리게 되어 집단의 응집력이 더욱 강화되는 현상을 보인다.

**의사소통의 감소** 갈등을 빚고 있는 두 집단 간의 의사소통은 현격히 감소하게 되는데, 이러한 현상은 순차적 상호의존성 혹은 호혜적 상호의존성을 지닌 집단 간에 있어서는 매우 심각한 부작용을 야기한다. 집단 간 의사소통이 감소함에 따라서 의사결정 과정에서의 문제가 발생하게 된다.

## 1.5 갈등의 관리

### 1.5.1 해결을 통한 갈등의 관리

앞서 밝힌 바와 같이 조직의 관리자들은 갈등을 회피하거나 제거하려는 노력보다는 이를 적정 수준에서 관리함으로써 조직의 활동을 보다 효율적으로 이끌어 나가고자 한다. 여기서는 갈등을 관리하는 다른 접근법들을 살펴보고자 한다.

집단 간에 갈등을 해결하는 노력은 갈등을 빚고 있는 집단이 갈등을 해결하려는 전략으로 어떠한 방법을 취하는가에 따라 다르게 나타난다. 갈등 해결 전략으로 내부 집중과 외부 집중을 각 축으로 하여 각각에 대하여 어느 정도 수준인지에 따라 갈등해결을 달리할 수 있다. 내부 집중이란 갈등해결 방법으로 자신들의 의사를 관철시키려는 의도가 어느 정도인가 하는 수준이며, 외부 집중이란 갈등해결을 위해서 타 집단을 어느 정도 고려할 것인가 하는 수준이다. 이러한 관점에서 내부 집중과 외부 집중은 수직선상의 양극단이라기보다는 각기 다른 차원에서 볼 수 있다. 이 두 가지 기준의 정도에 따라 이 5가지의 접근법은 그때그때 알맞은 갈등관리의 방법으로 적용될 수 있다.[17]

**지배형** 지배형 접근법은 갈등 해결과정에서 자신들의 의지를 관철시키는데 최대한 역점을 두고 있으며, 반면 갈등을 빚고 있는 타 집단의 관심사에는 거의 신경을 쓰지 않는 형태라 할 수 있다. 갈등 당사자는 갈등이 되는 이슈에 대해 강경한 입장을 취하고 상대편으로부터의 양보를 요구한다. 지배형 접근법은 갈등의 제로-섬 개념을 의미한다. 이 경우에는 자신의 결과에 대한 질이 상대편 결과의 질과는 역의 관계에 있다. 따라서 이러한 방법을 사용하기 위해서는 타 집단에 대하여 강요할 수 있는 충분한 힘이 전제되어야 한다.

두 집단 간에 이렇게 지배형 접근법을 사용하는 경우는 흔히 볼 수 있다. 그러나 한 집단이 자신의 힘을 과신하거나 상대방 집단의 힘을 과소평가 하는 경우가 많으며, 이러한 경우에는 한 집단 혹은 양 집단 모두에 부정적인 결과를 초래하기 십상이다. 노사 간의 갈등 상황에서도 경영진과 노조가 서로의 주장을 관철하기 위해 이러한 접근법을 채택하는 경우가 많은데, 이로 인한 결과가 장기간의 파업이나 물리적 충돌과도 같은 값비싼 대가를 치러야 하는 경우도 생긴다. 이러한 접근법을 사용하여 자신의 의견이 관철된 경우라도, 상대방 집단이 자신들에 대하여 부정적인 태도를 보이며, 적대감을 키울 수도 있다.

이러한 지배형 접근법의 잠재적인 문제점에도 불구하고 이 방법이 경우에 따라서는 매우 유용하다. 즉, 각 집단 간의 차이가 빠른 시간 내에 해결되어야 하고, 빠른 의사결정이 이루어져야 하는 긴박한 시기에는 이 접근법이 효과적일 수 있다. 또는 새로운 작업일정의 채택이나 종업원들이 그다지 좋아하지 않는 정책이나 절차를 채택하여야만 할 때에도 고려해 볼 만한 접근법이라 할 수 있다.

**순응형** 대부분의 경우에 순응형 접근법은 지배형 접근법과는 정반대가 되는 접근법이라 할 수 있다. 순응형 접근법을 취하는 집단은 자신의 관심사는 최소한으로 하고, 상대방 집단의 요구를 만족시키는 점에 강조를 둔다. 이 유형은 자기희생, 이기심 없는 관대함, 자비나 또는 다른 사람의 원함에 따르는 형태를 띠기도 한다. 순응하는 쪽에서는 상대편의 관심을 만족시키기 위하여 그 자신의 관심은 무시한다. 그와 같은 사람은 '갈등흡수자' 즉, 상대층의 지각된 적대행위에 대한 반응으로 낮은 적대감 또는 심지어 긍정적인 친근감을 가진 사람과 같다.

순응형 접근은 갈등 상황에서 해결에 이르기 위해 자신의 이익을 스스로 희생하려는 것을 의미한다. 만약 상대편이 문제해결적인 행동을 통해 공동의 문제해결을 제안하고 스스로 타협을 보인다면 순응형 접근으로 당사자가 그들 자신의 이익을 희생할 필요가 없다.

비록 순응형 접근법이 양보 혹은 굴복의 자세로 보이나, 갈등을 겪고 있는 집단에서 때로는 가장 유효한 접근법일 수 있다. 예를 들어, 갈등을 겪고 있는 사안의 중요성은 집단마다 다를 수 있다. 즉, 그 사안이 한 집단에는 매우 결정적인 것일 수 있는 반면, 다른 집단에게는 그다지 중요한 사안이 아닐 수 있다. 이러한 경우 결정적인 사안으로 인식하는 집단에게 양보하는 것은 효과적인 갈등해결 방법이 될 수 있다.

**문제해결형** 문제해결형 접근법은 갈등을 해결하는데 있어서 이론적으로 가장 이상적인 접근방법으로 보인다. 그러나 실제로는 효과적으로 실행하는 데에 많은 어려움이 있는 접근법이기도 하다. 협력형 혹은 통합형이라고도 불리는 문제해결형 접근법은 갈등을 빚고 있는 양 집단 모두를 고려한다. 성공적인 문제해결형 접근은 갈등을 빚고 있는 두 집단이 서로의 관심사를 모두 충족시키는 통합적 해법을 수행하기 위해 서로 기꺼이 협동해야 한다. 이 상황에서 모든 집단이 극복해야 할 가장 어려운 점은 갈등을 해결하는 것이 '승패(win-lose) 게임'이라는 기존 관념을 버리는 것이다. 한 집단이라도 이러한 생각을 버리지 못한다면 이 접근법은 그다지 효과적이지 못하다.

문제해결형 접근에서는 양쪽이 정보를 교환하고 그들이 받아들일 수 있는 해결책에 도달하기 위하여 그들의 차이점을 분석할 수 있는 신뢰와 공개가 요구된다. 즉, 문제해결을 위한 첫 번째 법칙은 책상 위에 갈등 당사자의 의견을 놓고, 갈등을 드러내고, 동시에 모든 것을 공개적으로 내놓아야 한다는 점이다. 이러한 스타일에는 대면과 문제해결의 2가지 분명한 요소가 포함되어 있다. 대면에는 문제해결을 가능케 하는 공개적이고 직접적인 의사소통이 포함된다. 결과적으로 대면은 문제의 창의적인 해결을 가능케 한다.

문제해결형 접근은 여러 가지 이슈들이 동시에 다루어지는 복잡한 갈등 상황에서 적합하다. 이러한 통합적 과정은 양측으로부터 높은 몰입을 요구하고 동시에 양측의 이익을 만족시키려는 적극적인 노력을 요구한다. 이러한 문제해결형 접근법이 가지는 잠재적 효용은 매우 크다. 갈등을 빚고 있는 집단 간에 진심으로 협동할 수 있다면 그 어떤 접근법으로도 찾아볼 수 없는 최적의 해결책을 이끌어 낼 수 있다. 더욱이 양 집단의 관심사가 동시에 추구될 수 있기 때문에 일에 대한 몰입도 높아진다.

**회피형** 이 유형은 나의 주장에서는 비독단적이고 상대방의 주장에 대해서는 비수용적인 입장을 취하는 경우 일어나는 유형이다. 나의 욕구도 상대방의 욕구도 만족시키지 못하게 된다. 그리고 갈등 이슈나 갈등 당사자들에게 무관심한 태도를 취하는 경우가 많다. 이러한 사람은 반드시 처리해야 할 갈등이 있다는 사실을 공적으로 아는 것을 거부하기도 한다. 갈등을 회피하고자 하기 때문에 갈등 해결을 미루고자 한다. 때로는 갈등을 표출하지 않거나 별로 논쟁거리가 아닌 것처럼 무관심해 한다. 잠재적인 갈등이 갈등 당사자들에 의해 지각되고 다른 어떤 절차에 의해 다뤄지지 않으며 비공식적인 갈등에 관련된 사람들은 매우 수동적이다.

갈등을 회피함으로써 불편한 관계를 해결하려는 경우는 많이 볼 수 있다. 이러한 회피형 접근법이 장기적으로도 좋은 접근법인지에 대하여는 논란이 있지만 경우에 따라서는 갈등의 해결 방법으로 이용된다. 갈등이 격화된 경우, 일시적인 '회피'는 집단으로 하여금 냉정함을 되찾고 다시금 문제에 대하여 고려할 수 있는 기회를 제공하기도 하며, 이에 필요한 추가적인 자료를 찾고 분석할 수 있는 시간을 준다. 또한, 상대방 집단이 갈등을 해결하는 데 있어서 보다 우월한 위치에 있다든지, 자신들에게는 다른 더 중요한 사안이 있을 경우 회피형 갈등해결 방법이 효과적일 수 있다.

**타협형** 집단 간 갈등 해결에 가장 전통적인 방법이 타협이라 할 수 있다. 타협형 접근에는 양측이 상호 수용할 수 있는 결정을 하기 위해 어떤 것을 포기하게 하는 주고받기 또는 분할(sharing)이 포함된다. 타협형은 지배형보다 더 많은 것을 포기한다. 그러나 순응하는 쪽이 비해서는 더 적게 포기한다. 마찬가지로 타협형은 회피형보다는 직접적으로 더 많은 이슈를 제기한다. 그러나 통합형과 같이 깊이 있게 이슈를 보지는 못한다.

타협의 과정에서는 승자도 패자도 존재하지 않기 때문에 '승패(win-lose)게임'에서 발생할 수 있는 단점을 극복할 수 있다. 타협형 접근법은 추구되는 목표(예 금전적 보상)를 공평하게 나눌 수 있다면 아주 효과적으로 이용될 수 있다. 그러나 그렇지 않은 경우라면 한 집단이 다른 집단에 비하여 더 양보하는 양이 많아질 수 있기 때문에 불만을 야기할 수도 있다.

타협은 두 집단이 비교적 동일한 파워를 지니고 있고, 각각이 전혀 다른 목표를 추구할 때 유용하며, 복잡하고 어려운 사안을 일시적으로 해결하는 데에도 이용할 수 있

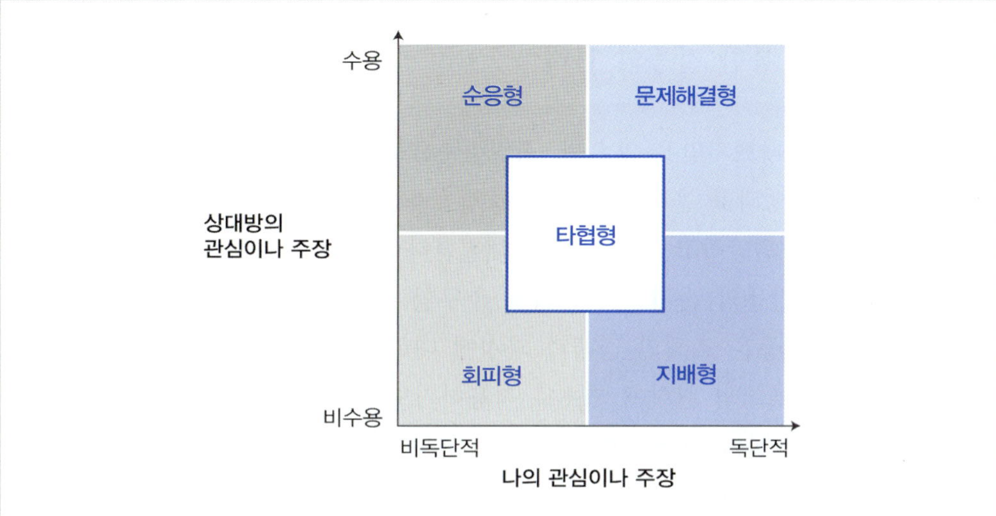


**그림 15-2**
갈등관리의 접근방식

자료 : Robbins & Judge(2011). *Organizational Behavior*(14th ed.), p.494 재구성.

다. 앞에서 문제해결형 접근법이 바람직한 갈등해결 방안이지만 이 방법으로 문제를 해결하기는 매우 어렵다고 설명했다. 타협은 문제해결형 접근법이 성공하지 못했을 경우 문제해결형 접근을 보완해 줄 수 있는 전략이다. 경우에 따라서 타협은 제3자의 도움을 필요로 하는데, 주로 조직에서 상위계층이 이러한 역할을 수행하거나, 노동분쟁의 경우 법정 기관에서 당사자 간의 의견을 조율하여 타협을 이끌어낸다. 기본적으로 타협형 접근법은 회피형 갈등해결 전략보다는 사안에 대해 보다 관심을 기울이게 되지만 문제해결형 접근법에 비해서는 덜 깊은 관심을 보이게 되기 때문에 중도적 방법이라 할 수 있다.

게임이론의 개념을 빌리자면, 이러한 갈등을 다루는 다섯 가지 스타일의 재분류는 부가적인 시사점을 제시한다. 문제해결형 유형은 긍정적 합(positive sum) 또는 비영의 합(non-zero sum) 즉, 승-승 게임(win-win game)으로 재분류될 수 있고, 타협적 유형은 혼합 유형인 무승-무패 게임으로 분류될 수 있다. 나머지 순응형, 지배형, 회피형 유형은 제로섬(zero sum) 또는 부정적인 유형으로 전략적인 이슈를 다루는 데 적절하다. 제로섬 스타일은 전술적이고 매일매일 또는 일상적인 문제들을 다루는 데 사용될 수 있다.

위에서 설명한 다섯 가지 접근법은 각기 그 나름의 장단점을 지니고 있으며, 다른 조건과 상황 하에서 효과적일 수도 비효과적일 수도 있다.

### 1.5.2 자극을 통한 갈등의 관리

갈등이 반드시 나쁘지만은 않으며, 적정수준으로 유지될 수 있다면 효과적인 의사결정과 보다 높은 성과를 올리는 데에 기여하게 된다는 것은 앞서 밝힌 바와 같다. 만일 조직이 매사를 원만하고 평온하게만 해결한다면 경영자는 일단의 조치를 취하여 갈등을 조장하여 갈등의 순기능적 효과를 추구할 수 있을 것이다.[18]

일정 수준의 갈등은 조직의 정책과 과정에 대한 심도 있는 평가를 하도록 압력을 행사하기도 하며, 조직의 변화에 기초로 작용하기도 한다. 갈등의 결여는 현상을 있는 그대로 받아들이게 하며, 혁신적인 생각이나 활동을 저해한다. 또한, 갈등은 집단사고에 대한 방어책이 될 수도 있다.

이하에서는 순기능적 결과를 얻기 위한 갈등 조장에 관리자들이 사용할 수 있는 네 가지 기법을 소개한다.

**외부인사의 영입** 조직의 현재 구성원들과 태도, 가치관, 배경 등이 다른 외부의 인사를 영입하거나, 집단 구성원 간의 이동을 의미하는 것으로, 이를 통해 조직은 다양성을 증진시키게 된다. 많은 조직에서 서로 다른 학문 배경을 지닌 새로운 구성원들을 찾고자 하는 노력도 이와 맥을 같이한다. 외부인사를 영입하는 기법은 정부나 기업체에서도 널리 사용된다. 전문경영인을 내부에서 발탁하지 않고 외부의 역량 있는 인사를 영입한다든지, 사외이사를 활용하여 각계의 의견을 반영할 수 있도록 한다든지 하는 활동 등은 모두 갈등을 조장하여 집단의사결정을 보다 합리적으로 하고자 하는 노력으로 해석할 수 있다.

**조직구조의 변경** 조직구조의 변경은 집단 간 갈등을 해결할 수 있는 방법일 뿐만 아니라, 갈등을 조장하는 데에도 훌륭한 기법이다. 예를 들어, 경영대학 내에 하나의 학과가 존재하고 있으며, 이 학과에서 인사관리, 마케팅, 재무, 생산 등 경영학의 제 분야에 대한 교육을 담당하고 있다고 하자. 이때 새로 취임한 학장이 이 학과를 세분된 여러 학과로 나누자고 한다면, 이는 통합된 단일 학과였을 때는 없었던 자원이나 학생, 교수진에 대한 경쟁을 야기하게 될 것이며, 이러한 변화가 조직의 성과에 긍정적인 영향을 미칠 수 있게 될 것이다.

**경쟁의 조장** 많은 관리자들이 집단 간 경쟁을 조장하는 여러 가지 기법을 사용하고 있다. 성과가 높은 집단에 대하여 급여 인상이나 보너스 지급 등의 다양한 인센티브를 사용하는 것이 대표적인 경쟁 조장의 기법이라 할 수 있다. 이러한 기법들이 잘 활용된다면 갈등을 적절한 수준으로 지켜나가는 건전한 경쟁의 분위기를 조성할 수 있게 된다.

**갈등 프로그램의 활용** 점차 많은 집단들이 창의성을 개발하고 혁신적인 조직 분위기를 형성하며, 의사결정 질의 향상을 위해 프로그램화된 갈등을 이용하고 있다. 갈등 프로그램이란 실제 상황과 조금도 다른 점이 없도록 신중하고도 체계적으로 고안된 갈등조장 방법으로 관리자의 개인적인 감정과는 무관하게 다른 의견을 제시함으로써 집단에 갈등을 일으키는 방법이다. 가장 널리 사용되는 기법으로 '악마의 옹호자(devil's advocate)'를 들 수 있다. 이 기법은 한 사람이나 한 집단으로 하여금 집단 내 사람들이 생각하지 못했던 점들을 고려할 수 있는 기회를 줄 수 있도록 하고 있다. 즉, 악마의 옹호자 역할은 모든 제안이나 의견에 대하여 반대 의견을 제시하도록 하고, 최종 의사결정 전에 이에 대하여 전 구성원들이 고려할 수 있도록 하는 것이다.

## 2. 협 상

협상(negotiation)은 사회적 상호작용에 있어 자주 생기는 사회현상 중 하나이며 그 형태도 사회적 상호작용 형태에 다라 다양하다. 협상은 정치나 무역관계뿐 아니라 기업 활동, 노사관계, 상사와 부하와의 관계, 판매자의 고객 간의 교환관계 등 일상적인 사회활동 가운데서 빈번히 발생한다. 협상은 어떤 목적을 달성하기 위해 다른 사람과 상호작용을 해야 하는 모든 사람이 겪는 필수적인 사회현상이라 할 수 있다.[19]

특히 최근 들어 우리나라에서도 노사 간의 임금 및 단체 협상은 매우 중요한 문제로 등장하고 있으며, 협상이 성공적으로 이루어지지 못할 경우 그 파장이 개별 기업뿐 아니라 사회 전반에까지 큰 영향을 미치는 등 협상의 중요성에 대한 인식이 높아져 가고 있다.

협상연구는 여러 가지 접근법적 측면에서 이루어져 왔으나 초기의 연구는 주로 경제학적 입장의 게임이론 중심으로 연구되어 왔다. 그러나 최근 들어 그 연구범위와 방법이 점차 확대되어 가고 있는 추세이다. 특히 사회적 인지에 대한 관심이 높아지면서 협상자의 인지와 협상행동 간의 관계에 대한 연구가 활발하게 이루어지고 있는데, 이러한 접근은 실제 협상자의 협상행동을 더욱 효과적으로 이해하는 데 많은 도움이 되고 있다. 이 책에서는 협상자의 협상행동을 중심으로 조직행동관점에서의 협상을 살펴본다.

## 2.1 협상의 의의

협상의 개념은 협상의 어떠한 측면을 강조하느냐에 따라 다양한 정의가 존재한다. Bazerman과 Carroll[20]은 협상을 "결정대안들에 대해 서로 다른 선호를 가지고 있는 둘 이상의 상호의존적인 당사자가 공동의사결정을 하는 과정"으로 정의하였다. 또한 Cross[21]는 협상은 "참가자 간의 이익배분이 사전에 결정된 환경에 의해서가 아니라 그들 자신의 선택에 달려 있을 때 발생한다"고 주장하였다. 이러한 정의는 협상을 의사결정의 특별한 한 형태, 즉 넓은 의미에서 사회적, 심리적 및 경제적 과정에 있어서의 의사결정으로 보는 것이다.

Kochan과 Verman[22]은 협상은 (1) 두 당사자 이상을 포함하고, (2) 공동이해 혹은 상호의존성과 잠재적 갈등을 지닌 이해와 (3) 상호관계 등을 내포하고 있는 사회적 상호작용이나 의사결정의 특수한 형태를 나타낸다고 주장하였다. 이와 같이 조직구성원의 교환이나 상호작용을 협상의 형태로 정의하는 것은 구성원들이 서로 다른 이해를 지니고 있을 경우에만 합당하다고 할 수 있는데, 이들은 이러한 측면에서 갈등을 협상의 자연스러운 부산물로 다루고 있다. 또한 이들은 갈등역학과 조직내 협상의 이해를 통해 노사관계와 조직행동적 접근의 접목을 시도하였다.

Young[23]은 경제학적인 입장에서 교섭(bargaining)을 (1) 행위자의 선택이 가치의 배분을 결정하고, (2) 각 참가자에게 돌아오는 결과가 상대방 행동과 함수관계가 있고, (3) 결과가 참가자 간의 협상에 의해 결정되는 상황에서 두 사람 이상이 특정결과를 얻게 하는 수단으로 정의하였다.

위에서 살펴본 협상의 정의를 놓고 볼 때 협상의 기본적인 특징은 협상 당사자와 그들의 이해관계, 협상과정, 그리고 협상결과를 기본요소로 포함하고 있다는 것을 알 수 있다.[24]

첫째, 협상의 당사자는 자신의 선호에 따라 행동하는 개인이나 혹은 공통이해를 지닌 집단을 말한다.

둘째, 협상자의 이해관계는 배분될 자원에 대해 개인이 가지고 있는 선호도 혹은 효용을 말한다. 이러한 이해관계의 갈등 정도는 협상상황의 구조를 결정한다. 즉, 당사자의 이해가 완전히 상반되게 이루어져 있을 경우는 완전갈등이 존재하게 되는데, 이러한 상황에서는 한 당사자의 효용증가는 반드시 다른 당사자의 효용감소를 가져오게 된다. 이와 같은 완전갈등상황을 고정합(fixed-sum)협상 혹은 순수분배적 협상(purely distributive negotiation)이라고 한다. 이와 반대로 당사자 간의 이해가 완전히 양립 가능한 완전조정 상황에서는 한 당사자의 효용증가는 역시 상대방의 효용증가를 가져오게 된다. 또한 당사자들 간의 이해가 완전히 반대되거나 혹은 완전히 양립가능하지도 않은 경우가 있는데, 이러한 상황을 변동합(variable-sum)협상 혹은 통합적 협상(integrative negotiation)이라고 한다.

셋째, 협상과정이란 결과가 도출되기 전의 당사자 간의 상호작용을 말한다. 협상과정에는 협상자 간의 의사소통과 협상전략의 실행 등이 포함된다.

넷째, 협상결과는 협상상황의 산물이다. 협상은 당사자가 상호 수요 가능한 합의에 실패함으로써 파국으로 끝나거나 상호합의로 끝날 수 있다.

협상(negotiation)과 교섭(bargaining)은 일반적으로 동의어로 사용되고 있는데, 양자 모두 합의에 의한 해결을 위해 당사자 간의 토의과정을 강조하는 것이 특징이다. 그러나 비록 두 용어가 상호 교환적으로 사용되고는 있으나 엄격한 의미에서는 서로 구분되고 있다.

협상에는 반드시 동시에 고려해야 할 두 가지의 목적이 존재한다. 하나는 실리추구인데, 이것은 협상의 내용과 관련된다. 단체교섭 상황에서 임금인상을 구체적으로 얼마로 할 것인가에 대한 합의는 실리추구의 좋은 예라고 할 수 있다. 협상의 두 번째 목적은 관계유지이며, 이것은 협상에 관여한 사람들이 협상과 관련된 모든 절차가 종료된 후에도 공동의 목적을 위하여 서로가 얼마나 잘 조화를 이룰 수 있을 것인가와 관련된다.

일반적으로 효과적인 협상은 세 가지의 요건을 갖추고 있어야 하는데, 첫째는 협상결과가 협상당사자들 모두에게 현명하고 만족스러운 질적 합의를 제공할 수 있어야 한다. 둘째, 협상은 잘 조화되어야 하며, 당사자들 간의 좋은 관계를 훼손하기보다는 오히려 강화시키는 계기가 되어야 한다. 셋째, 협상은 효율적이어야 하며, 필요한 이상의 시간과 비용을 낭비해서는 안 된다.

## 2.2 협상전략

조직내의 관리자뿐만 아니라 다른 작업자들도 조직의 불충분한 자원으로 인해 서로 간에 자주 협상을 하게 된다. 이러한 자원은 자본, 시간, 인력, 시설, 장비 등을 포함하며, 모든 경우에 있어서 협상에 대한 전략이 무엇이냐에 따라 그 결과가 중요한 영향을 받을 수 있다. 일반적으로 협상전략을 위한 두 가지 접근법으로 분배적 협상(distributive negotiation)과 통합적 협상(integrative negotiation)이 있는데 〈표 15-1〉에 요약되어 있다.[25]

### 2.2.1 분배적 협상

만약 당신이 벼룩시장에 올라와 있는 중고차 광고를 보고 마음에 들어 직접 차를 보러 갔는데, 차의 상태가 매우 좋아 구매하기를 원하는 상황에 있다고 가정해 보자. 판매자가 판매가를 제시하였으나 그 금액 모두를 주고 사고 싶은 생각은 없다고 한다면 당신은 판매자를 상대로 가격 흥정을 하게 된다. 이와 같은 상황은 전형적인 분배적 협상 상황이며, 제로-섬(zero-sum)을 특징으로 한다. 즉 한쪽에서 얻게 되는 이익이 있으면 상대 쪽에서는 반드시 그만큼의 비용이 존재하게 됨을 의미한다. 중고차 가격 흥정상황을 예를 들어보면, 제시된 판매가를 낮춤으로써 당신이 얻게 되는 이익은 결국 판매자에게 발생하는 증가된 비용과 정확히 일치한다. 다시 말해서 분배적 협상 상황에서는 크기가 정해져 있는 파이를 어떻게 나눌 것인가에 대한 협상이라고 할 수 있다.

분배적 협상의 예로서 가장 널리 인용되는 것은 임금인상에 관한 노사협상을 들 수 있다. 전형적으로 노조 대표들은 사측으로부터 가능한 많은 금액의 인상을 달성하기 위한 결심을 갖고 협상테이블에 나온다. 노조가 협상을 통해 단 한 푼이라도 더 얻게 된다면 그것은 사측의 비용 증가를 의미하기 때문에 양측은 공격적인 협상을 진행

**〈표 15-1〉 협상전략의 두 가지 접근법: 분배적 협상과 통합적 협상**

| 협상의 특성 | 분배적 협상 | 통합적 협상 |
|---|---|---|
| 가용 자원 | 고정 | 변화 |
| 각자의 동기 | I win, you lose | I win, you win |
| 각자의 이익 | 서로 상반 | 서로 수렴가능 |
| 참가자들 간 관계 | 단기 | 장기 |

자료 : Robbins & Judge(2011). *Organizational Behavior*(14th ed.), p.500 재구성.

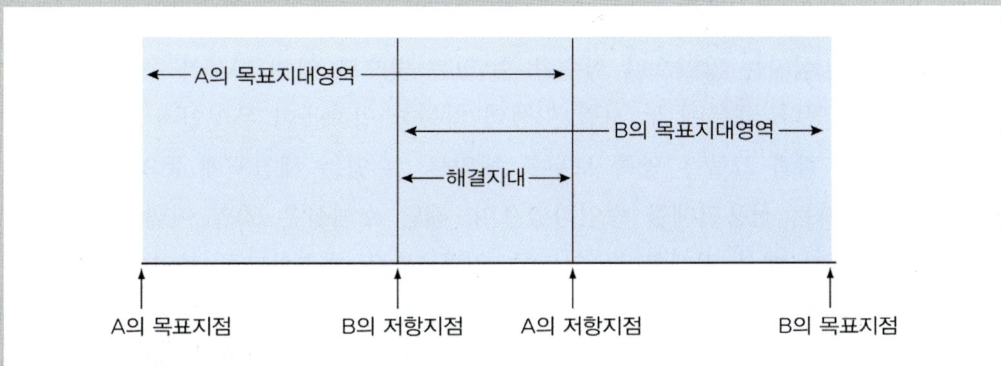


**그림 15-3**
교섭지대

자료 : Robbins & Judge(2011). *Organizational Behavior*(14th ed.), p.501.

하며 상대방을 무찔러야 할 적군 정도로 간주하게 된다.

분배적 협상의 핵심은 〈그림 15-3〉에 묘사되어 있다. A측과 B측은 모두 협상참가자를 나타내며, 각 참가자들은 달성하고자 하는 표적지점뿐만 아니라, 더 이상 양보할 수 없는 저항지점을 가지고 있다. 여기서 저항지점의 의미는 이 지점을 양보하느니 협상 결렬까지도 불사할 수 있는 지점을 의미한다. 표적지점과 저항지점 사이에 존재하는 영역을 각 참가자들의 목표지대라 한다. A측과 B측의 목표지대 간의 겹치는 부분이 존재하는 한 양측의 목표를 동시에 만족시킬 수 있는 해결지대가 존재한다.

분배적 협상에서의 A측이 취할 수 있는 기법은 B측을 A측의 표적지점 또는 가능한 그곳에 가까운 지점에 동의하도록 만드는 데 초점을 둔다. 예를 들어, A측의 입장에서 B측의 표적지점에 도달하는 것은 불가능하다는 점과 자신의 표적지점에 대한 수용을 설득한다거나, 자신의 표적지점은 정당한 반면 B측의 표적지점은 정당하지 못함에 대한 논리를 제시한다거나, B측으로 하여금 자신에게 정서적으로 관대한 태도를 가질 수 있도록 유도함으로써 자신의 표적 지점에 가까운 결과를 수용하게 하는 등의 방법들을 행하게 된다.[26]

### 2.2.2 통합적 협상

다음과 같은 상황을 가정하여 보자. 스포츠의류 제조업체의 판매부서가 한 소매상으로부터 1,500만 원에 달하는 주문을 받은 후 판매부서장이 회사의 신용판매 승인을 요청하였으나 회사는 해당 소매상의 과거 지연상황기록으로 인해 신용판매를 승인할 수 없다는 결과를 회신하였다. 다음날 판매부서장과 회사의 신용판매관리자가 마주 앉아 문제를 논의하였다. 판매부서장은 거래를 잃고 싶지 않았으며, 신용판매관리자 또한 거래를 잃고 싶지는 않았으나 회수할 수 없는 빚으로 인해 회사가 곤란을 겪게 할 수는 없는 일이었다. 때문에 두 사람은 선택 가능한 방책들이 무엇인지 허심탄회하게 논의하였고, 그 결과 그들은 양쪽 모두를 채워줄 수 있는 해결책에 동의하게 되었다. 신용판매 관리자는 신용판매를 승인하였으며, 해당 소매상은 60일 이내에 변제할 수 없는 경우 은행이 대신 변제할 수 있도록 은행보증을 제출하도록 하였다.

이러한 판매부서와 신용판매 관리부서 간의 협상은 통합적 현상의 좋은 예이다. 분배적 협상과는 대조적으로 통합적인 문제해결은 적어도 하나 이상의 '윈-윈(win-win)' 해결책이 존재한다는 가정 하에 이루어질 수 있다.

조직내 행동이라면, 다른 모든 조건이 동일하다면, 통합적 협상이 분배적 협상보다 우월하다고 할 수 있다. 왜냐하면 전자가 장기적인 유대관계를 구축하여 미래에도 함께 일할 수 있는 여건을 용이하게 해주기 때문이다. 또한 통합적 협상은 참가자들 모두가 승리에 대한 성취감을 가지고 협상테이블을 떠날 수 있도록 해준다. 반면 분배적 협상은 필연적으로 한쪽을 실패자로 만들기 때문에 지속적으로 함께 일을 해야 할 경우 증오심이나 깊은 반복을 불러올 수 있다.

그렇다면 왜 조직상황에서 보다 많은 통합적 협상의 형태를 볼 수 없는 것일까? 통합적 협상이 성공적으로 이루어지기 위해서는 몇 가지 중요한 선행조건을 필요로 하며 이러한 조건들이 충족되지 않을 경우 '윈-윈(win-win)' 결과를 기대하기 어렵다. 이러한 조건들에는, 정보 공개, 솔직한 대화, 상대방의 요구에 대한 세심한 고려, 상호신뢰, 융통성을 유지하려는 의지 등이 포함된다.[27] 일반적으로 조직내에서 이러한 조건들이 만족되기 어렵기 때문에 협상에서는 어떠한 비용을 지불하고라도 승리를 노리려 든다.

## 2.3 협상절차

〈그림 15-4〉는 단순화된 협상절차 모델을 보여주고 있다. 협상은 다섯 단계로 구성되는데, 준비 및 기획, 규칙 제정, 명확화 및 정당화, 교섭 및 문제 해결, 그리고 결론 및 적용으로 구분한다.[28]

그림 15-4
협상절차

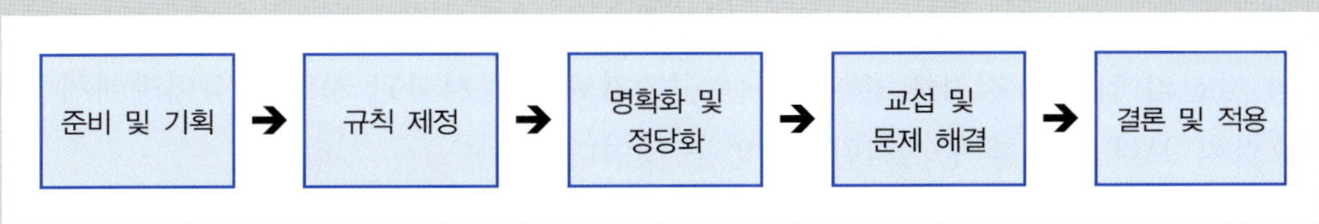


자료 : Robbins & Judge(2011). *Organizational Behavior*, 14th ed., p.504.

**준비 및 기획 단계**　협상을 시작하기 전에 살펴보아야 할 물음들이 있다. 갈등의 본질이 무엇인가? 협상테이블로 오기까지 어떠한 사건들이 있었는가? 누가 관련되어 있으며, 그들이 가지고 있는 갈등에 대한 지각은 어떠한가?

협상을 통해 본인이 얻고자 하는 것은 무엇이며, 궁극적인 목적은 무엇인가? 만약 당신이 어떤 컴퓨터사의 구매 관리자라고 가정하고, 당신의 목적은 키보드 공급자와의 협상에서 비용 감소를 달성하는 것이라 한다면, 토의가 진행되는 동안 이러한 목적이 최우선임을 명심하여야 하며 다른 쟁점들로 인해 간과해서는 안 된다. 이를 위해서 협상을 통해 얻고자 하는 바람직한 결과들을 '가장 바라는 것'부터 '최후에 수용 가능한 것'까지 일목요연하게 정리하여 두는 것은 협상 간 주요 쟁점을 간과하지 않게 하는데 도움이 된다.

또한 상대방의 협상 목적을 평가해 보고 당신의 협상 목적과 비교해 볼 수 있다. 상대방이 무엇을 요구할까? 상대방은 자신을 방어하기 위해 어떤 준비를 하였을까? 드러나지 않은 것들 중에 상대방에게 중요한 쟁점들은 무엇이 있을까? 상대방이 어떠한 쟁점들에 대해 흔쾌히 동의할 것인가? 이러한 물음들에 대한 사전 탐구활동을 통해 필요한 정보를 수집하고, 이를 바탕으로 협상전략을 수립하여야 한다.

**규칙 제정 단계**　일단 기획과 전략수립을 마치게 되면, 협상에 관한 규칙과 절차를 상대방과 제정하여야 한다. 누가 협상에 참가할 것인가? 협상 장소는 어디로 할 것인가? 시간에 대한 제약은 무엇인가? 협상에서 논의되어야 할 쟁점들의 범위는 어디까지인가? 협상이 교착상태에 빠지게 되었을 때 어떤 절차를 따를 것인가? 또한 이 단계에서는 최초 상호 입장을 교환할 수 있다.

**명확화 및 정당화 단계**　각자의 최초 입장 교환이 이루어지고 나면, 각자는 자신의 요구를 설명, 강조, 명확화, 지지, 또는 정당화할 수 있다. 그러나 이 단계에서 서로 충돌할 필요는 없으며, 오히려 자신이 제시하고 있는 쟁점이 왜 중요한지 그리고 어떻게 해결책을 만들어낼 수 있는지에 대해 상대방을 이해시킬 수 있는 기회로 삼아야 한다. 특히 자신의 입장을 지지해 줄 수 있는 근거자료나 문서화된 자료를 상대방에게 제공함으로써 보다 이해를 증진시킬 수 있을 것이다.

**교섭 및 문제 해결 단계** 협상절차에서의 핵심은 합의를 이끌어내기 위해 실질적으로 무엇을 주고받는가라고 할 수 있다. 또한 서로가 양보할 필요가 있으면 훌륭한 합의를 도출하기 위해서는 몇 가지 고려할 교섭 기법들이 있다. 먼저 긍정적인 제안으로 시작해야 한다. 협상과 관련한 많은 연구들은 양보는 호혜적이며 합의를 유도하는 경향이 있음을 보여주고 있다. 결과적으로 긍정적인 제안으로 협상을 시작하게 되면 상대방에서도 긍정적인 제안을 통해 호혜적인 태도를 유지하려한다는 것이다. 둘째는 문제에 초점을 맞추어야 하며 상대방의 개인적인 특성과 관련하여 주의를 빼앗겨서는 안 된다. 셋째, 최초의 제안에 얽매이지 말아야 한다. 최초의 제안은 출발점에 지나지 않으며 양측 모두 출발점이 필요하며 이러한 이유로 최초의 제안은 매우 극단적이고 이상적인 경향이 있다. 넷째, '윈-윈(win-win)' 해결책을 강조해야 한다. 경험이 부족한 협상가들은 종종 상대방의 손해를 토대로 자신의 이익을 달성할 수 있다는 가정을 하지만, 앞에서 살펴보았듯이 통합적인 협상을 위해서는 '윈-윈(win-win)' 해결책을 강조해야 한다. 마지막으로 개방적이고 신뢰하는 풍토를 조성해야 한다. 숙련된 협상가들은 청취에 능하며 보다 많은 질문을 하고, 자신의 논점을 보다 직접적으로 제시하며, 덜 방어적이고, 상대방을 자극할 수 있는 단어나 문구를 피할 줄 안다.

**결론 및 적용** 협상절차의 마지막 단계는 도출된 합의를 공식화하고 이를 적용하고 감시하는 데 필요한 절차들을 개발하는 단계이다. 대부분의 협상들 — 노사 협상에서부터 휴가기간 협상에 이르기까지 — 에서 최종의 합의를 공식적인 계약서상에 새겨 넣을 필요가 있다. 그러나 대부분의 경우 협상절차는 악수로써 끝난다.

## 2.4 협상행동에 대한 새로운 이해

### 2.4.1 협상에 관한 다양한 시각

협상행동의 연구는 심리학, 경제학, 노사관계 및 조직행동 연구, 사회학, 법학 등 여러 학문분야에서 학제적 연구가 이루어지고 있는 것에서 볼 수 있듯이 이에 대한 관심이 매우 넓게 형성되어 있다.

협상연구의 이론적 목적은 협상의 과정이나 결과를 예측하는 데 있으며, 실제적인 측면에서의 목적은 협상이 더욱 효과적으로 이루어질 수 있도록 하는 데 있다. 또한 협상행동에 관한 연구에 있어 가장 근본적으로 제기되는 문제는 첫째, 협상의 성공이나 실패를 가져오게 하는 요인은 어떤 것인가? 둘째, 어떤 이론적 접근방법이 협상행동을 가장 잘 설명해 줄 수 있는가? 셋째, 협상이론이 어떤 경험적 결과를 설명해야만 하는가? 하는 것 등이다.[29]

협상에 관한 연구접근법은 학자들마다 다소 차이가 있으나 일반적으로 다음과 같은 다섯 가지 접근법으로 나눌 수 있다. ① 의사결정의 합리성을 가정한 경제학적 접근방법, ② 삼자개입이나 정보, 파워 등을 중심으로 한 구조적 접근법, ③ 협상자의 개인성향변수를 중심으로 한 개인차이 접근법, ④ 협상과정의 정보교환 측면에 초점을 맞춘 커뮤니케이션 접근법, ⑤ 협상자의 의사결정 편의나 인지적 특성을 다루는 인지적 접근법 등이다.

**경제학적 접근방법** 협상에서 경제학적 접근방법은 기대효용을 극대화해 주는 행동과정을 선택한다는 데 있다. 경제학적 게임이론 연구가들은 다자간 맥락 가운데서의 인간의 선택행동에서 목표지향적이고, 모든 정보가 알려지고 합리적인 행동을 가정하고 있다. 게임이론 모델은 약 반세기 동안 협상에 있어 지배적인 경제이론으로서 자리를 차지해 왔다. 이들은 게임이론이 경쟁적 상황에서의 행동을 묘사하고 협상자에게 최적의 대안을 제시해 준다고 믿고 있다.

그러나 앞에서 지적한 바대로 이러한 분석은 합리성의 가정을 기초로 하고 있는데, 이는 실제 선택행동을 정확하게 묘사하는데 한계가 있다. 게임이론의 또 다른 비판은 협상의 수리화를 강조함으로써 사회적 상호작용의 역동적인 측면을 무시하는 결과를 가져오게 된다는 것이다. 게임이론은 협상의 구조적 측면에 초점을 맞추어 그 구조 가운데서 참가자가 자기의 위치를 어떻게 이용하는가에 초점을 맞춘다. 이를 극단적으로 표현하면 게임이론에서는 협상의 구조가 결과를 결정한다고 할 수 있다.

그러나 최근 들어 게임이론 모델에 사회도덕적 효용을 결합시키거나 불완전정보 전망을 협상자의 선택에 결합시키는 연구가 이루어지는 등 게임이론에 새로운 움직임이 일어나고 있다.

**구조적 접근법** 구조적 접근법은 상황적 특성이 협상결과에 미치는 영향에 초점을 맞추고 있는데, 상황변수의 구체적인 예로서는 협상자의 파워, 협상시한, 제삼자, 협상의 이해관계자 등을 들 수 있다. 이 접근법의 중요한 역할은 협상자들이 합의 영역이 존재하는데도 불구하고 합의에 실패하게 되는 상황적 요인을 설명해 준다는 데 있다.

상황변수에 관한 연구는 협상과정을 이해하는 데 크게 기여한 바 있으며, 실무가와 이론연구가들에게 중요한 협상의 구조적 요소를 고려할 수 있도록 해주었다. 예를 들면, 연구자마다 다소의 차이가 있기는 하지만 권력과 협상에 관한 연구결과에 따르면, 대체로 동일한 권력이 있을 때 협상이 더 협력적으로 이루어지는 것으로 나타났다. 또한 상황변수의 연구는 협상을 지켜보는 사람들이 있을 경우(물리적이든 심리적이든 간에) 이것이 결과에 중대한 영향을 미친다는 것을 밝혀냈다.[30] 일반적으로 관찰자가 있는 경우 협상자는 이전에 공언한 입장을 더욱 고수하려는 행동을 나타내는 동시에 더욱 경쟁적인 협상분위기를 조장하는 것으로 나타났다. 이 밖에 협상시한은 협상자들의 기대를 낮추게 함으로써 상호협력을 증진시키지만,[31] 정보교환이나 시행착오 전략을 위축시키는 것으로 나타났다.

그러나 상황변수에 관한 연구의 중요한 단점 가운데 하나는 권력, 삼자개입, 시간제한 등의 상황적 요소가 협상자의 개인적 통제를 넘어서는 협상의 측면들을 나타낸다는 점이다. 또한 비록 구조적 접근법이 협상자 간의 합의영역이 존재하는데도 불구하고 협상이 실패하는 이유에 대해 중요한 정보를 제공해 주고는 있지만, 이를 충분히 설명해 주지는 못하고 있다.

**개인차이 접근법** 협상이란 개인 간 활동이므로 참가자의 성향이 협상과정과 결과에 중요한 영향을 미친다는 것은 말할 나위가 없다. 그러나 이에 대한 많은 연구에도 불구하고 성향에 대한 검증결과가 확신할 만한 것이 되고 있지 못한데, 왜냐하면 협상자에게 부과된 상황적 특징이 그 영향을 축소시키거나 부정하기 때문이다. 그 결과 개인적 속성변수는 협상자의 행동의 변화를 제대로 설명해 주지 못하고 있다. 대부분의 실증적 연구결과에서도 개인적 속성은 협상자의 행동이나 협상결과를 예측하는 데 거의

도움이 되지 못하는 것으로 나타났다.[32]

**커뮤니케이션 접근법** 대부분의 초기 협상연구는 새로운 대안을 창출하는 상호작용을 무시하고 단지 결과만을 예측하는 데 초점을 맞추고 있었기 때문에 커뮤니케이션의 역할에 대해 크게 주의를 기울이지 않았다. 협상연구에 있어 커뮤니케이션 접근법이 하나의 체계로 자리를 잡게 된 것은 1980년대에 메시지체계, 의사소통행동의 순서, 협상에 사용된 언어 등에 초점을 맞추면서부터라 할 수 있다.

협상에 있어 커뮤니케이션 접근법은 다음과 같은 세 가지 특징을 지니고 있다.[33] 첫째, 커뮤니케이션 연구자들은 언어적 표현, 비언어적 단서, 경로, 언어 및 상징 등과 같은 미시적 요소를 이용해서 협상을 연구하고 있다. 이러한 요소들은 협상과정을 변화시키는 유형, 규칙성, 미묘한 의미 등을 형성한다.

둘째, 커뮤니케이션 연구자들은 협상의 동적인 측면에 초점을 맞추고 있다. 이에 따라 목표, 전략 및 전술이 시간에 따라 어떻게 바뀌는가, 정보처리가 어떻게 이루어지는가, 대안이 어떻게 제시되고 또 수정되는가, 이슈나 분쟁이 어떻게 전환되는가, 커뮤니케이션 형태와 전략에 따라 권력과 권한이 어떻게 재정의되는가, 협상에서의 갈등이 어떻게 증폭되고 또 해결되는가 하는 문제를 강조하고 있다.

셋째, 커뮤니케이션 접근법은 협상과정에서 의미체계를 밝히려는 노력을 기울이고 있다. 의미체계란 협상자의 해석, 사실 이면의 구두 및 비언어적 단서, 행동의 진행형태, 과거 및 규범적 관행 등과 같은 교섭상황에서의 여러 가지 요소에서 비롯된다.

결국 커뮤니케이션 접근법은 교섭 상호작용의 미시적 과정 및 유형, 협상의 동태적인 성격, 개인, 상황 및 문화적 요소를 통해 발생하는 의미체계 등과 같이 다른 접근법에서와는 다른 요소에 기초를 두고 있다. 또한 커뮤니케이션 접근법은 협상과정에서의 상호작용의 체계적 분석에 직접적인 관심을 가지고 있다는 점에서 과정지향적 성격을 띠고 있다. 그러나 개인의 사고과정을 직접 평가하는 것은 아니며 협상과정에서의 정보교환에 초점을 맞추고 있다는 점에서 한계가 있다.

**인지적 접근법** 지금까지 살펴본 것처럼 대부분의 협상에 관한 연구는 연구자들 간에 서로 다른 접근법에 의해 이루어져 옴으로써 상호작용의 연결고리가 부족했으며, 이에 따라 각 접근방법들은 나름대로 한계를 지니고 있다.

그러나 협상을 의사결정과정으로 보고 의사결정자의 인지적 특성이나 과정을 다루는 인지적 접근법을 이용할 경우 이들 접근법의 상호작용이 가능하다. 즉, 인지적 접근법은 경제적, 구조적, 개인적 속성 및 커뮤니케이션 접근법의 기초 위에 이들 접근법을 결합함으로써 협상에 대한 세부적이고 통합적인 시각을 제공해 준다.

인지적 접근법의 단순한 형태로 Bazerman과 Carroll[34]은 기존의 경제적, 구조적 및 개인특성 모델을 결합하여 인지적 모형을 제시하였다. 이들은 협상을 의사결정과정으로 보고 협상자는 협상상황에 관한 판단을 기초로 하여 행동하기 위해 상황에 관한 정보나 상대방의 행동을 분석하며, 미래사건을 예측하고 발생가능한 결과를 평가한다고 주장하였다. 즉, 이 협상모형은 2명의 개인 간에 이루어지는 매우 단순한 협상을 모형화한 것으로 기존의 접근법과는 달리 개인의 성격이나 구조가 행동을 바로 결정하는 것이 아니라 인지를 통해서 영향을 미친다는 점을 강조하고 있다. 또한 협상결과는 두 협상당사자의 인지나 행동의 상호작용의 결과로 나타난다.

이상에서 설명한 각 연구접근법의 기본가정 및 특징이라는 측면에서 경제학적 접근법과 구조적 접근법은 모두 의사결정의 합리성을 가정하고 있으며, 전자는 기대효용을 극대화하는 방향으로 협상결과가 결정된다고 보는 반면 후자는 상황이나 구조에 의해 협상결과가 결정된다고 보고 있다. 또한 개인차이접근법의 특징은 개인속성이 협상행동이나 결과에 결정적인 영향을 미친다고 보고 있으며, 커뮤니케이션 접근법은 정보교환이나 상호작용에 의해 협상결과가 결정된다고 보고 있다. 이에 반해 인지적 접근법은 사고의 제한된 합리성 가정을 기초로 한정된 인지적 능력과 특성에 의해 협상결과가 결정된다고 보고 있다. 이렇게 볼 때, 인지적 접근법을 제외한 다른 접근법들은 협상자의 인지나 사고과정을 무시함으로써 협상자의 실제 협상행동을 설명하는 데는 한계를 지니고 있다고 볼 수 있다.

연구의 초점에 있어서는 경제학적 및 구조적 접근법은 모두 결정적인 구조나 이용가능한 정보를 기초로 주로 과업분석에 초점을 맞추고 있다. 개인차이 접근법은 개인속성 분석에, 그리고 커뮤니케이션 접근법은 협상과정의 상호작용의 체계적 분석에 초점을 맞추고 있다. 이에 반해 인지적 접근법은 사고과정에서의 인지적 특성에 초점을 맞추고 있다.

### 2.4.2 협상의 인지적 접근

협상에 대한 인지적 접근을 협상과정에 초점을 두고 협상과정을 동태적으로 이해하는 데 유익하다. 그러나 이러한 인지적 과정에서 나타나는 몇 가지 편파나 오류들이 발생될 수도 있다. 이러한 인지적 편의의 대표적인 예로서는 틀화(framing), 시초결정과 조정, 과잉확신, 몰입증폭, 가상의 고정몫 등을 들 수 있는데, 이에 대한 구체적인 내용과 연구결과들을 살펴보면 다음과 같다.

### 틀화

틀(frame)이란 우리가 상황을 평가하고 이해함으로써 어떤 행동을 취하거나 피하도록 해주는 주관적 메커니즘을 의미하는데, 의사결정이론의 입장에서 볼 때 정보를 수집하거나 문제를 해결하는 데 이용되는 의사결정자의 관점이라고 할 수 있다. 따라서 틀화 과정을 통해 우리가 다른 행동을 회피하거나 무시하고 특정행동을 나타내게 된다.

협상자의 틀화의 영향은 대안을 잠재적 이익으로 평가하느냐 혹은 잠재적 손실로 평가하느냐에 따라 다르게 나타난다. 협상자는 잠재적 이익으로 평가할 때 더 위험 회피적으로 행동하게 되고, 잠재적 손실로 평가할 때 더 위험 감수적으로 행동하게 된다. 따라서 부정적으로 틀을 형성한 협상자들은 덜 양보적인 태도를 보이며, 반면 긍정적으로 틀을 형성한 협상자들은 합의에 이루기 쉬우며, 협상결과나 과정이 공정하였다고 지각하는 경향이 있다.[35]

이러한 틀화(framing)는 협상자가 이용하는 전술에 중요한 의미를 지니고 있다. 틀화 효과는 상대방으로부터 양보적 행동을 유인하기 위해서는 협상자가 상대방을 긍정적인 틀로 끌어들이는 준거를 만들어야 하며 상대방의 잠재적 이익 측면에서 협상에 임해야 한다는 것을 말해주고 있다.

마찬가지로 틀화의 영향은 조정자에게도 중요한 의미를 줄 수 있다. 조정자의 전략이 타협을 통해 합의를 도출하는 데 있다면, 조정자는 협상 당사자가 긍정적인 틀을 가질 수 있도록 노력해야 한다. 이는 협상자가 양 당사자를 각각 따로 만날 경우 각자에게 위험회피적인 입장을 가질 수 있도록 서로 다른 관점을 제시할 필요가 있다는 것을 말하는 것으로 이러한 전술을 불확실성을 창출함으로써 양측으로 하여금 타결을 선호하게 유도할 수 있도록 해준다.

### 시초결정과 조정

연구결과에 따르면 사람들은 미지의 대상에 대한 가치를 평가하는 데 초기에 가치를 정한 후 조정을 통해 최종적인 결정에 이르는 것으로 나타났다. 이러한 시초결정(anchors)은 대개 관련이 있든 없든 간에 이용가능 한 불완전한 정보를 기초로 하여 이루어지기 때문에 잘못된 것인 경우가 많다. 그러나 한번 이러한 결정이 이루어지면 그것을 기정사실인 것처럼 다룸으로써 다른 의사결정에 있어서도 중요한 기준으로 작용하게 된다.

이와 같은 시초결정에 의한 편의의 가능성은 교섭과정에서도 여러 가지로 영향을 미칠 수 있는데, 다음과 같은 시사점을 제공해 준다.

첫째, 이는 교섭에 있어서 처음 제안의 중요성에 대한 부분적 설명을 해줄 수 있다. 최종합의는 협상 과정 중에 계속되는 양보적 행동보다는 처음 제안에 의해 큰 영향을 받는다.[36]

둘째, 이는 또한 긍정적 교섭영역이 있는데도 파국을 가져온 한 원인이라는 것을 설명해 준다. 협상자들은 양측을 다 만족시킬 수 있는 잠재적 합의가 이루어질 수 있는데도 합의에 실패하는 경우가 있다. 즉, 만일 협상자가 보류가치를 제쳐두고 목표만 평가하게 되면 이 목표가 시초결정이 되어 이후에는 잘 조정할 수 없게 된다.

#### 과잉확신

과잉확신이란 협상이 진행되는 동안 자신의 입장이 우세할 것이라고 믿는 경향을 말한다. 과잉확신을 가지는 협상자는 협상 시 자신의 주장을 내세우며 양보적 태도를 보이지 않는다. 과잉확신은 합리적인 협상영역이 존재하는데도 불구하고 해결을 방해하는 요소가 된다. 따라서 정당한 확신을 가지고 있는 협상자는 과잉확신을 가진 협상자보다 더 양보적인 행동을 나타내는 동시에 협상에서 더 성공적이다. 이와 같은 과잉확신의 문제는 주로 노사관계적 접근법에서 많이 볼 수 있는데, 노사대립 시 상대방이 자신의 입장을 결국 포기할 것이라는 과잉확신을 가지고 있는 경우 장기 파업으로 인하여 결국 노사 양측에 막대한 손해를 입히고 공동이익을 달성할 수 없게 된다.

#### 몰입증대

협상자들은 때로는 특정행동에 몰입되어 그것이 비합리적인 줄 알면서도 지속하게 되는 경우가 있는데, 이는 개인의 지각이나 판단에 편의가 작용하기 때문이다. 이는 어떤 행동을 결정하고 나면 그 선택을 반박하는 증거는 무시하는 반면, 그것을 지지, 확정해 주는 증거만을 찾기 때문이다.

Staw[37]는 몰입증대현상에 대한 최초의 실험적 증거를 제시했다. 이 연구에서 이전의 의사결정결과가 부정적일 때, 책임이 큰 집단은 책임이 작은 집단에 비해 두 번째 의사결정에서도 첫 번째 의사결정에서 투표했던 부문에 이보다 더 많은 투자를 하는 것으로 나타났다. 이는 협상자는 이전의 행동경로에 비합리적으로 몰입증대를 하게 된다는 것을 보여주고 있는 것이다. 분배적 협상에서 이와 같은 현상은 다반사로 일어나는데, 양측이 처음에 극한요구를 계속하는 것이다. 즉, 만약 협상자가 그들이 처음에 공개적으로 언급한 것에 몰입할 경우 비양보적인 자세를 계속 취하게 된다. 더욱이 만약 양측이 합의를 이루지 못함으로 인한 손해를 입게 되는 경우, 모두 자기의 입장에 대한 몰입은 더욱 증가하게 될 것이며 행동을 변경할 가능성은 더 줄어들게 된다.

결국 몰입증대에 관한 연구결과는 자기의 몰입에 대한 대외적 공표가 비합리성을 증폭시킨다는 것을 나타내 주고 있다. 이는 협상자나 제 삼자가 확고한 공식입장을 피함으로써 몰입증폭현상을 줄일 수 있다는 것을 말해주는 것이다.

#### 고정 몫에 대한 가정

대부분의 사람들은 모든 협상의 몫이 고정된 것을 나누는 것이라는 가정을 하고 있다. 즉, 실제 통합적인 성격을 지니고 있는 협상이라 할지라도 협상자들은 그것을 제로섬게임이나, 득실(win-lose) 혹은 고정된 몫을 분배하는 것으로 인식하고 있다. 따라서 이러한 고정 몫에 대한 가정은 상호수혜적인 해결의 가능성이 없는 것으로 인식하게 함으로써 그러한 해결을 위한 노력을 방해하게 된다. 이러한 고정 몫에 대한 가정은 주로 미흡한 정보를 바탕으로 내린 초기 판단에 의한 것이다.[38]

하지만 대부분의 갈등이 순수하게 분배적 문제는 아니다. 대부분의 갈등은 서로 다른 이슈에 서로 다른 가치를 두고 있는 당사자들을 둘러싸고 일어나기 때문이다. 이러한 상황에서는 갈등이 더 이상 고정합(fixed-sum)이 될 수 없다. 예를 들어 상품을 구매하는 것은 대개 분배적 문제로 다루어지고 있는데, 구매자와 판매자가 서로 다른 가치에 관심이 있을 때에는 양측의 상호 교환이 가능해지게 된다. 즉, 구매자는 가격만 고려하고 판매자는 지불형태에만 관심이 있다면, 현금 지불을 선호하는 판매자는 구매자가 현금으로 지불할 시 할인을 해줄 수 있다. 이와 같이 볼 때 협상의 해결은 호의적인 교환관계를 결정할 수 있느냐에 달려 있다고 할 수 있다. 그러나 이러한 해결도 협상자가 고정 몫에 대한 인식을 제거해 나갈 때만 가능해진다. 따라서 고정 몫에 대한 지각은 갈등해결을 방해하는 근본적으로 잘못된 가정이라고 할 수 있다.

#### 인지적 편향에 의한 협상연구의 한계

이상에서 언급한 인지적 편향에 의한 협상연구들은 실제협상에 임하는 협상자는 협상상황을 해석하고 이에 대응하는 데 여러 가지 가정과 단순화된 전략을 이용한다는 것을 나타내 보여주고 있다. 예를 들어 협상자가 상대방의 상황인식과 같은 매우 중요한 상황적 특징을 무시하거나, 무관한 상황적 특징에 과민한 주의를 기울이거나, 잘못된 가정에 기초하여 의사결정을 하는 등 협상자의 인지적 한계에 의한 비합리적 협상행동을 설명해 주고 있다.

이러한 오류 및 편차에 관한 연구는 의사결정자가 정보를 처리하거나 의사결정이 반드시 규범적이고 합리적인 방법으로 이루어지지 않는다는 것을 보여준다. 그러나 오류 및 편차에 의한 연구는 협상자의 인지적 과정에 관한 연구필요성을 지적한 것은 사실이지만 완전한 정보처리분석에는 미치지 못하고 있다. 즉, 협상자가 특정정보에 더 민감하게 반응하거나 과업의 중요한 측면을 무시한다 할지라도 규범적 모델로부터 왜 그와 같은 일탈현상이 일어나는지를 설명하지 못하고 있다. 다시 말하면 협상자의 사고과정에서 무엇이 일어나는가에 대해서는 잘 알지 못하는 것이다.

따라서 협상자의 사고과정, 즉 정보처리과정을 다루기 위해서는 정보처리접근법에 의한 협상연구가 필요한데, 이를 위해서는 협상단계별로 협상과정에 대한 분석이 요구된다.

### 2.4.3 정보처리접근법에 의한 협상과정의 이해

정보처리접근법에 의한 협상연구는 정보처리단계에 따라 과업분석, 과업의 이해 및 협상자의 지식기반의 파악, 사고과정 및 과정추적 방법의 활용, 계산적 은유 등 중요한 특징을 지니고 있다. 이러한 단계별 특징들은 대체로 위에서 언급한 정보처리단계와 밀접한 관련이 있다고 할 수 있는데 이에 대해 좀 더 구체적으로 알아보면 다음과 같다.

첫째, 협상자의 정보처리는 협상과업의 세부적인 설명이나 기술, 즉 과업분석에 의해 시작된다. 이는 정보처리모델에서 자극행동(SA)에 해당되는 것이다. 그러나 일반적인 과업이 목표나 동작을 규정하는 규칙이 존재한다는 점에서 매우 구조화되어 있는 반면, 협상은 대개 비구조화된 요소를 내포하고 있다는 데 차이가 있다. 이는 협상을 여러 가지 서로 다른 중요성을 가진 대안들 간에 갈등이 발생하여 이를 해결할 기존의 확립된 원칙이나 절차가 없는 경우에 이루어지기 때문이다.

둘째, 협상자는 협상에 대한 자기 자신의 표상이나 정신적 이미지를 가지고 있는 것으로 간주하는데, 이를 문제영역이라고 한다. 문제영역은 협상자체나 협상에 관련된 사람들, 그리고 협상상황에 대한 사전지식과 협상정보 간의 상호작용을 통해 형성된다. 이는 정보처리모델에서 선택적 주의/이해에 영향을 미치게 된다.

셋째, 협상자는 목표를 달성할 때까지 정보가 변형되는 단계적 과정을 통해 협상성과를 분석한다. 따라서 협상자는 문제영역을 구성하고 적절한 대안이 선택될 때까지 여러 가지 가능한 대안을 평가함으로써 그 문제영역을 탐색해 나가게 된다. 여기에는 정보처리모델에서 부호화, 저장 및 보유 등의 일련의 과정들이 포함된다고 할 수 있다. 특히 이러한 각 과정의 묘사는 신속하고 은밀하게 발생하는 정신적 사건을 관찰하기 위해 과정추적 방법이라고 불리는 특수연구도구를 활용함으로써 효과적으로 해나갈 수 있다.

넷째, 인간의 인지적 능력이나 행동을 묘사하기 위해 계산적인 은유가 널리 활용된다. 정보처리 연구가들은 인간을 주의력에 한계가 있고 정보를 처리하거나 저장하는 데 한정된 기억능력을 가진 연속처리기로 간주하고 있다. 따라서 인간은 의식적이든 무의식적이든 인지적 틀(frames) 혹은 휴리스틱스(heuristics)라고 불리는 여러 가지 단순화된 가정이나 전략을 이용함으로써 한정된 능력 내에서 복잡한 과업에 대한 정보처리를 하게 된다. 이는 정보처리모델에서 주로 검색 및 판단 단계에 해당된다.

이러한 특징은 대체로 협상에서 협상자의 정보처리단계에서 나타나는 것들이라 할 수 있는데, 따라서 인지적 편의에 의한 협상연구를 보완하고 보다 엄밀한 의미에서의 정보처리접근법에 의한 협상연구를 위해서는 이와 같은 각 단계를 고려한 과정연구가 이루어져야 할 것이다.

## 주석(endnote)


1 Tjosvold, D. (2006). Defining conflict and making choices about its management: Lighting the dark side of organizational life. *International Journal of Conflict Management*, 17(2), 87~95; Korsgaard, M. A., Jeong, S. S., Mahony, D. M., & Pitariu, A. H. (2008). A multilevel view of intragroup conflict. *Journal of Management*, 34(6), 1222~1252.

2 Schermerhorn J. R. Jr., Hunt, J. G., Osborn R. N., & Uhl-Bien U. (2010). *Organizational Behavior*. Danver, MA: John Wiley & Sons, Inc.

3 Walton, R. E., & Dutton, J. M. (1969). The management of interdepartmental conflict: A model and review. *Administrative Science Quarterly*, 73~84.

4 Walton, R. E., & Dutton, J. M. (1969). *ibid.*

5 Luthans, F. (2008). *Organizational Behavior*(11th ed.). McGraw-Hills.

6 Schermerhorn J. R. Jr., Hunt, J. G., Osborn R. N., & Uhl-Bien U. (2010). *Organizational Behavior* (11th ed.). Danver, MA: John Wiley & Sons, Inc.

7 Walton, R. E., & Dutton, J. M. (1969). The management of interdepartmental conflict: A model and review. *Administrative Science Quarterly*, 73~84.

8 Robbins S. P., & Judge T. A. (2012). *Organizational Behavior*(15th ed.). Upper Saddle River, NJ: Pearson.

9 De Dreu, C. K., & Van de Vliert, E. (1997). *Using Conflict in Organizations*. Sage.

10 Wall, J. A., & Callister, R. R. (1995). Conflict and its management. *Journal of Management*, 21(3), 515~558.

11 Stewart, G. L., & Barrick, M. R. (2000). Team structure and performance: Assessing the mediating role of intrateam process and the moderating role of task type. *Academy of Management Journal*, 43(2), 135~148.

12 Steiner, I. D. (2007). *Group Process and Productivity (Social Psychological Monograph)*.

13 Schermerhorn J. R. Jr., Hunt, J. G., Osborn R. N., & Uhl-Bien U. (2010). *Organizational Behavior* (11th ed., 234). Danver, MA: John Wiley & Sons, Inc.

14 Schermerhorn J. R. Jr., Hunt, J. G., Osborn R. N., & Uhl-Bien U. (2010). *ibid.*

15 Schermerhorn J. R. Jr., Hunt, J. G., Osborn R. N., & Uhl-Bien U.. (2010). *ibid.*

16 Luthans. F. (2005). *Organizational Behavior*(10th ed.). McGrawHill. 395.

17 Thomas, K. W. (1990). Conflict and Negotiation Process in Organizations. In M. D. Dunnete(ed.), *Handbook of Industrial and Organizational Psychology*, 2nd, Rand MeNally.

18 Robbins, S. P. (1974). *Managing Organizational Conflict: A nontraditional approach*. NJ, Prentice-Hall.

19 이강성. (2005). 협상이론과 전략. 삼육대학교 출판부.

20 Bazerman, M. H., & Carroll, J. S. (1987). Negotiator Cognition. *Research in Organizational Behavior*.

21 Cross, J. G. (1969). *The Economics of Bargaining*. Basic books. 이강성. (2005). 협상이론과 전략에서 재인용.

22 Kochan, T. A., & Verma, A. (1983). *Negotiations in Organizations: Blending industrial relations and organizational behavior approaches*; 이강성. (2005). 협상이론과 전략. 삼육대학교 출판부.

23 Young, O. R. (1975). *Bargaining: Formal theories of negotiation*. Univ of Illinois Pr.; 이강성. (2005). 협상이론과 전략. 삼육대학교 출판부.

24 Thompson, L., & Hastie, R. (1990). Social perception in negotiation. *Organizational Behavior and Human Decision Processes*, 47(1), 98~123; 이강성. (2005). 협상이론과 전략. 삼육대학교 출판부.

25 Robbins S. P., & Judge T. A. (2011). *Organizational Behavior*(14th ed.). Upper Saddle River, NJ: Pearson.

26 Magee, J. C., Galinsky, A. D., & Gruenfeld, D. H. (2007). Power, propensity to negotiate, and moving first in competitive interactions. *Personality and Social Psychology Bulletin*, 33(2), 200~212.

27 Ribiere, V. M., & Sitar, A. S. (2003). Critical role of leadership in nurturing a knowledge-supporting culture. *Knowledge Management Research & Practice*, 1(1), 39~48.

28 Lewicki, R. J. (1981). Bargaining and negotiation. *Journal of Management Education*, 6(2), 33~42.

29 Thomas, K. W. (1992). Conflict and negotiation processes in organizations. In M. D. Dunnette and L. M. Hough (Eds.), *Handbook of industrial and organizational psychology*, 2(3), 651~717.

30 Neale, M. A., & Northcraft, G. B. (1991). Behavioral negotiation theory: A framework for conceptualizing dyadic bargaining. In L. L. Cummings & B. M. Staw(eds.), *Research in Organizational Behavior*, 13. 147~190.

31 Rubin, J. Z., Pruitt, D. G., & Kim, S. H. (1994). *Social Conflict: Escalation, stalemate, and settlement*. Mcgraw-Hill Book Company.

32 Tenbrunsell, A. E., Galvin, T. L., Neale, M. A., & Bazeman, M. H. (1996). Cognitions in Organization. *Handbook of Organization Studies*.

33 Chatman, J. A., Putnam, L. L., & Sondak, H. (1991). Integrating communication and negotiation research. *Research on Negotiation in Organizations,* 3, 139~164.

34 Bazerman, M. H., & Carroll, J. S. (1987). Negotiator cognition. *Research in Organizational Behavior*.

35 Neale, M. A., & Bazerman, M. H. (1985). The effects of framing and negotiator overconfidence on bargaining behaviors and outcomes. *Academy of Management Journal*, 28(1), 34~49.

36 Rubin, J. Z., & Brown, B. R. (2013). *The Social Psychology of Bargaining and Negotiation*. Elsevier.

37 Staw, B. M. (1981). The escalation of commitment to a course of action. *Academy of Management Review*, 6(4), 577~587.

38 Thompson, L., & Hastie, R. (1990). Social perception in negotiation. *Organizational Behavior and Human Decision Processes*, 47(1), 98~123.

CHAPTER 16

# 권력과 조직정치

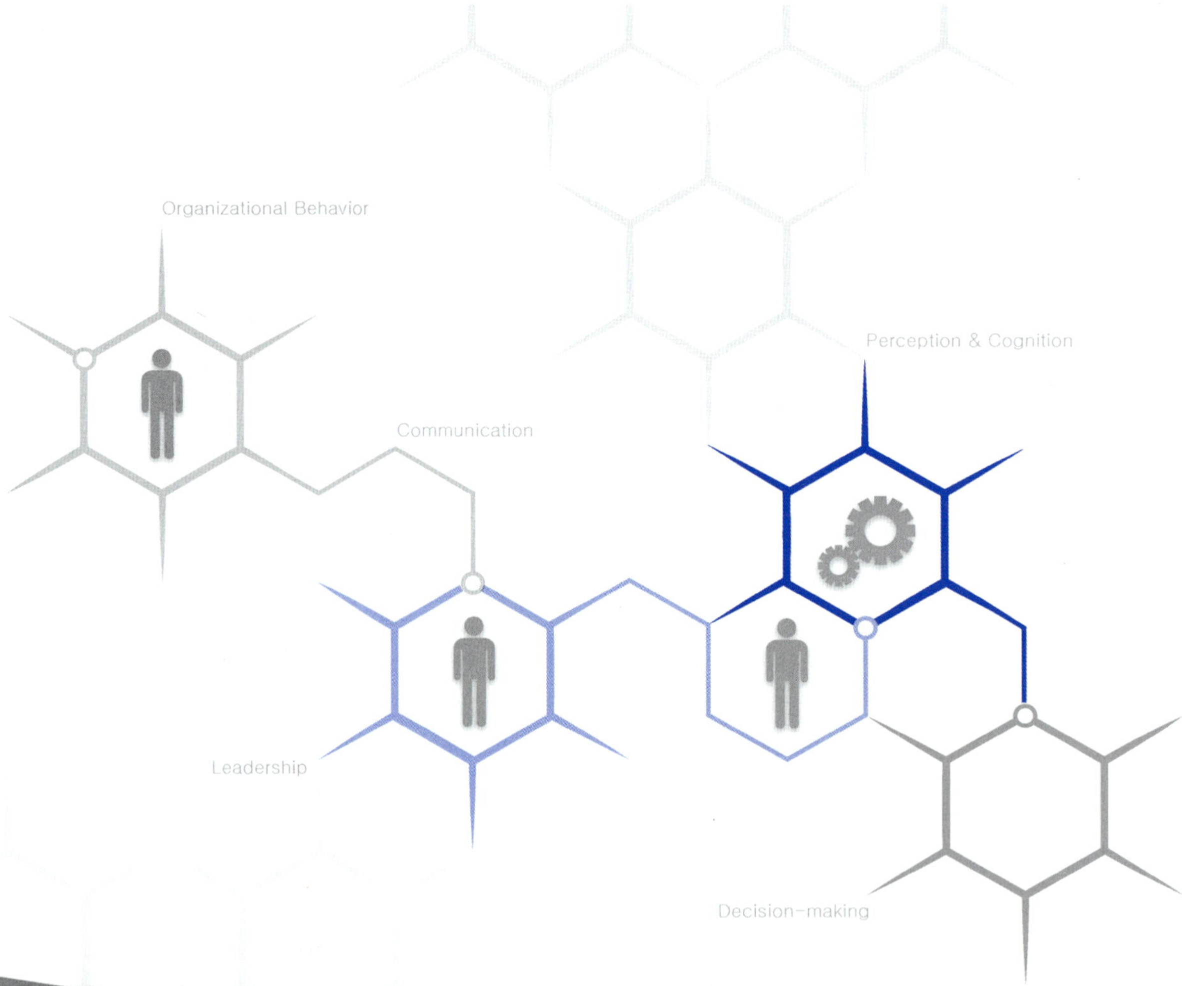

## 들어가기

조직내에서 개인 또는 집단(팀)의 권력은 어디에서 나오며 어떻게 행사되는가? 왜 특정 개인이나 부서가 다른 사람 또는 다른 부서보다 권력이 강한가? 이 장에서는 조직내에서 권력의 원천과 권력이 행사되는 과정과 그 결과에 대해 살펴본다. 또한 조직내에서 이런 권력이 행사되는 형태의 하나로 조직정치가 있다. 조직정치는 왜 생기며 어떤 형태로 나타나며 그리고 그것이 조직내에서 어떤 결과를 가져오는지 살펴본다.

# 1. 권 력

조직의 모든 구성원들은 지위고하를 막론하고 권력(power)을 행사하며 조직 생활을 영위한다. 권력을 사용하는 목적은 개인별 상황별로 매우 다양하지만 궁극적으로는 목표를 달성하기 위함이며, 목표의 달성은 결과적으로 개인의 지위를 강화시키게 된다.[1] 조직행동 연구자들은 사람들이 조직내에서 어떻게 권력을 획득하고 또 활용하는지에 대해서 깊이 있게 연구해 왔다.

권력은 집단이나 조직에서 자연스럽게 일어나는 현상이다. 조직행동을 잘 이해하기 위해서는 권력이 어떻게 획득되어지고 또 행사되는지에 대한 과정을 이해할 필요가 있다. 권력은 종종 과도하게 행사되어 조직에 부정적인 결과를 초래하기도 한다. 하지만 권력은 조직 상황에서 결코 사라지지 않을 실체이다. 따라서 조직내에서 권력이 어떻게 기능하는지를 살펴봄으로써 올바른 방향으로 권력을 사용할 수 있는 효과적인 조직관리자가 될 수 있다.[2]

## 1.1 권력의 개념

### 1.1.1 권력의 정의

권력에 대한 대부분의 개념들은 '한 개인이 저항에 상관없이 자신의 의지를 관철시킬 수 있는 가능성'이라는, 독일의 사회학자 Max Weber의 정의를 토대로 발전하였으며,[3] 학자들마다 다소간의 차이를 보이고 있다. 조직내에서 벌어지는 모든 상호작용과 사회적 관계는 권력의 개념을 통해 설명이 가능한데, Pfeffer[4]는 권력을 '개인, 팀 혹은 조직이 다른 대상들에 대해 영향력을 행사할 수 있는 역량'으로 정의하였으며, Robbins[5]는 'B로 하여금 A의 바램대로 행동하도록 만들기 위해서 B의 행동에 영향을 미칠 수 있는 A의 능력'으로 정의하였다. 또한 Gordon[6]은 '자신이 바라는 방향으로 타인에게 영향력을 미칠 수 있는 잠재력 또는 실제 능력'으로 정의하였다. 이러한 정의들 간의 공통점은 사회적 관계 속에서 상대방의 의도와 상관없이 그의 행동에 영향력을 발휘하여 자신의 의지를 관철시킨다는 내용을 포함하고 있다. 즉, 권력이란 개인(혹은 집단이나 조직)이 자신의 의도대로 다른 개인(혹은 집단이나 조직)으로 하여금 어떤 행동들 하도록 시킬 수 있는 힘을 의미한다. 또한 권력은 상대방의 태도나 행동을 변화시키는 실제 능력뿐만 아니라 변화시킬 수 있는 잠재력을 포함하기 때문에, 사람들은 자주 행사하지 않는 권력을 갖게 되며, 심지어는 권력을 가지고 있다는 사실을 인지하지 못할 수도 있다.[7]

### 1.1.2 권력의 유사개념: 권한, 영향력, 통제, 리더십

#### 권한

권력과 권한은 종종 같은 내용으로 이해되어지나 이들 간에는 중요한 차이점이 존재한다. 권력(power)은 한 개인이나 집단이 다른 사람들을 순응하게 하는 능력만을 의미하는 반면, 권한(authority)은 다른 사람들로 하여금 순응하게 할 수 있는 권리를 의미한다. 즉, 권한은 합법적인 권력(legitimate power)이라 할 수 있으며, 조직규범이나 사회적 관습에 의해서도 개인에게 부여될 수 있다. 특히 조직내에서의 권한 구조는 조직위계에 따라 정해지며, 이러한 구조는 조직도에서 확연히 드러난다. 각 위계에서 감독자는 하급자들에 대해 감독해야 할 책임을 가지며 이로써 하급자들에게 합법적으로 영향을 미치게 된다. 이와 동시에 그들은 조직도상의 상위에 있는 사람들로부터 영향을 받게 되며, 이와 같이 위계 간의 영향력 흐름을 권한구조(authority structure)라 한다.[8]

#### 영향력

영향력은 조직이나 여러 형태의 사회적 관계 속에서 상대방의 태도나 가치관, 행동 등에 변화를 야기하기 위한 노력으로서, 한 개인이나 집단의 바람대로 상대방을 움직이기 위해 권력을 활용하는 것과 관련된다. 따라서 영향력은 권력을 포함하는 더욱 광범위한 개념으로 볼 수 있다.[9]

#### 통제

통제는 수용될 만한 행위가 규정되고, 다른 방법으로 행동하지 못하도록 규정된 범위 내에서 미치는 영향력을 의미한다. 예를 들어, 각 기업에서 사용하고 있는 내부 회계처리절차는 재무적 거래를 통제하고 종업원들이 횡령가능성을 미연에 예방하도록 고안된 것이다. 뿐만 아니라, 출입문 통과 시에 신상카드를 제시하거나 카메라를 설치하는 등의 물리적 안전장치들은 상품의 흐름을 통제함으로써 기업의 재산을 보호하도록 설계된 것이다.

**리더십**

권력과 리더가 행사하는 리더십은 차이가 있다. 리더십은 리더와 부하 간의 목표에 대한 공유가 필요한 반면, 권력은 목표의 공유가 반드시 필요한 것은 아니며 리더와 부하 혹은 부문 간에 의존 관계만 있으면 된다. 일반적으로 리더가 권력을 가지고 목표달성을 위해 영향력을 행사하는 과정을 리더십이라 한다.

## 1.2 권력의 전제조건

모든 상황에서 권력이 사용될 수 있는 것은 아니다. 아침 운동을 위해 모인 사람들 간의 관계를 살펴보자. 다른 사람들의 간섭을 받지 않고 그들이 원할 때, 원하는 장소에서 운동을 할 수 있는 것은 서로 독립적이며, 서로 간의 어떠한 권력 행사도 없기 때문이다. 기술자 집단에서 살펴보아도 모든 기술자들에게 컴퓨터가 보급되어 있다면 어떠한 사람도 컴퓨터를 차지하기 위해 권력을 행사할 필요가 없다. 그렇다면 권력의 개입을 피할 수 없는 상황을 설명하기 위해서는 다음의 세 가지 전제조건이 만족되어야 하며 이러한 특성을 이해함으로써 권력에 대한 이해를 보다 넓힐 수 있을 것이다.

**상호의존성**

앞에서 설명한 상호의존성의 상태는 갈등의 가능성을 제공할 수 있기 때문에 이를 해소하기 위한 어떠한 방법이 필요하게 된다. 상호의존성은 한 개인이나 집단의 작업이 다른 사람들의 작업에 영향을 미치는 연계활동에서 발생한다. 상호의존성은 조직구성원들의 행위를 연계시키고 따라서 구성원들은 다른 사람들이 행한 행동의 결과와 무관하지 않게 된다. 상호의존성이 존재하지 않는 상황에서라면 갈등이 있을 리가 없고, 한 사람이 다른 사람들에 대해 권력을 발휘해야 할 이유도 없다.[10]

**희소성**

만일 조직이 필요로 하는 자원이 풍부하게 존재하며 사람들도 그들이 원하는 모든 것을 원하는 만큼 얻을 수 있다면 갈등이 제거되고, 서로간의 영향력을 발휘해야만 할 이유도 소멸하게 될 것이다. 그러나 현실의 상황은 그렇지 못하다. 대부분의 자원이 희소하기 때문에 의사결정도 자신들에게 할당된 자원의 양에 의해 제약을 받게 된다. 필요한 양에 비해 희소성의 정도가 커질수록 갈등을 해소하기 위해 권력이나 영향력

이 행사될 가능성이 그만큼 더 증가하게 된다.[11]

**이질적인 목표**

모든 조직구성원들이 조직이 추구하는 목표와 추구방법에 만족하고 동의하게 된다면 조직내에서의 갈등이나 정치적 행위는 상호간의 합의가 존재하지 않는 상황에 비해 줄어들게 된다. 대부분의 조직들은 자신들의 이질적인 목표로 인해 상당한 의견불일치를 경험하고 있다. 오늘날의 복잡한 조직에서는 일반적으로 다양한 목표가 존재하고 이러한 목표를 달성하기 위한 과정에 대해서도 의견이 엇갈린다. 이러한 불일치로 인한 갈등을 해소하기 위해 권력이 사용된다. 권력을 통하여 여러 집단의 이해관계를 고려하여 종합적인 조직의 목표를 구성하게 되고, 이러한 과정을 통해 조직의 목표를 달성할 수 있게 된다.

## 1.3 권력의 원천

French와 Raven[12]은 같은 조직행동 연구자들은 조직내 권력의 다섯 가지 원천을 주장하였는데, 합법적 권력, 보상 권력, 강압적 권력, 전문가 권력, 준거적 권력이다. 이후 수많은 연구자들이 이러한 다섯 가지 권력의 기반을 연구하였으며 또 다른 기반들이 존재하는지를 탐색하였다. 결과적으로 French와 Raven이 주장한 다섯 가지 권력의 기반이 보편적으로 수용되고 있다. 이러한 권력의 기반들 중 앞의 세 가지는 권력 보유자의 지위에 기원을 두고 있다고 볼 수 있는데, 즉 개인이 이러한 형태의 권력을 얻게 되는 것은 조직에서 그에게 부여되는 특정한 권한이나 역할 때문이라는 것이다. 반면, 나머지 두 가지는 권력 보유자의 개성에 기원을 두고 있다.[13]

**합법적 권력(legitimate power)**

합법적 권력은 특정한 역할을 담당하고 있는 개인이 타인에 대해서 특정한 행동을 요구할 수 있다는 조직구성원 간의 합의이다. 이러한 지각된 권한은 공식적인 직무기술서뿐만 아니라 비공식적인 수행 규칙에 기원을 둔다. 기업의 관리자들은 상당한 합법적 권력을 갖고 있으나 종업원 역시 모두가 회사의 규칙과 정부의 법률에 기반한 합법적 권력을 가지고 있다.

합법적 권력은 직무기술서뿐만 아니라, 상호 합의를 통해서도 발생하는데, 예를 들어 당신의 상사가 당신에게 시간외 업무를 요구할 수 있는 권력은 부분적으로 당신과의 합의에 바탕을 둔다는 것이다. 종업원들은 그들의 상사가 늦은 시간까지 업무를 종용하거나, 위험한 업무를 수행하게 하며, 직무 외 활동에 참가하게 하는 등의 권한을 가지고 있는지에 대해 문제를 제기할 수도 있다. 따라서 이러한 합법적 권력은 부하들이 수용할 수 있는 한도 내에서 그들의 상사가 자율적 의사결정을 내릴 수 있는 권한이라고 볼 수 있다.

합법적 권력은 조직에 따라서 권력의 강도가 상이하게 나타나기도 한다. 권력거리(power distance)가 큰 문화(즉, 불평등한 권력분포를 수용하는 문화) 속에서의 개인은 권력거리가 낮은 문화에서의 개인들보다 합법적 권력에 대해 보다 순응하려는 경향을 보인다.

**보상 권력(reward power)**

보상 권력은 타인들이 가치 있게 생각하는 보상의 할당을 통제하거나 부정적인 제재를 제거할 수 있는 개인의 능력이다. 관리자들은 급여, 진급, 휴무, 휴가계획, 업무할당 등과 같은 조직의 보상을 분배할 수 있는 공식적인 권한을 가지고 있다. 이때 보상의 종류로는 금전적인 것과 비금전적인 것으로 구분할 수 있다. 금전적인 보상으로는 임금, 보너스 등이 있으며, 비금전적 보상으로는 승진이나 인정, 가치 있는 직무에 배치하는 것 등이 있다. 전통적으로 이러한 보상 권력은 주로 상사가 부하직원에 대해 가지고 있는 경우가 많았다. 하지만 최근 들어 기업구조가 분권화됨에 따라 부하직원 또한 상사에 대해 보상 권력을 가지게 되었다. 예를 들어 다면평가 제도에서는 부하직원이 상사를 평가하고 있는데, 이러한 상사평가를 통해 부하직원들은 상사에 대한 보상권력을 가지게 된다. 부하직원들의 상사평가 결과는 이 상사의 승진이나 진급을 포함한 다른 보상들에 영향을 미치기 때문에 다면평가 제도를 도입한 이후 상사들의 행동이 달라지는 경향을 보이기도 한다.

**강압적 권력(coercive power)**

강압적 권력은 처벌할 수 있는 능력이다. 관리자들은 종업원을 징계하거나 강등 또는 해고할 수 있는 권한을 통해 강압적 권력을 행사한다. 노조 연합은 단체교섭에서 경영진에 영향력을 미치기 위해 서비스 중단과 같은 강압적 권력을 행사할 수도 있다. 팀 구성원들은 동료들이 팀의 규범에 따르게 하기 위해서 종종 빈정거림에서부터 배척(왕따)에 이르기까지 다양한 형태의 제재를 가한다.

**전문적 권력(expert power)**

대체로 앞에 열거한 합법적, 보상, 강압적 권력들은 직위로부터 유래한다고 볼 수 있다. 반면, 전문가 권력은 개인의 내적 특성에 기원을 두고 있으며, 타인들이 원하는 지식이나 기술을 소유함으로써 타인들에게 영향력을 행사할 수 있는 개인 혹은 집단의 능력을 말한다. 특히 종업원들은 사회가 산업 경제로부터 지식 기반 경제로 변해감에 따라 전문가 권력을 획득하고 있다. 다시 말해서 종업원들의 지식은 생산을 위한 주요 수단이면서도 소유주가 통제할 수 있는 대상이 아니다. 결국 생산을 통제할 수 없기 때문에 소유주는 기업 목표 달성을 위해서 종업원들에게 더욱 의존적일 수밖에 없다. 이러한 상황은 기술 부족으로 인해 성장이 제한될 수 있는 산업분야(예 간호업무나 첨단 기술을 비롯한 다수의 산업분야)에서는 더욱 그렇다.

**준거적 권력(referent power)**

사람들은 타인들이 자신을 좋아하거나, 존경할 때 혹은 동일시하려 할 때 준거적 권력을 갖게 된다. 전문가 권력과 마찬가지로 준거적 권력은 개인의 내적 특성에 기원을 두고 있다. 이러한 준거적 권력은 개인의 인간관계 기술에 의해 좌우되며 통상 점진적으로 발전한다. 일반적으로 카리스마가 수반되는데, 카리스마는 부하들로 하여금 존경과 신뢰를 이끌어낼 수 있는 인간관계적 매력이다.

이와 같이 권력의 직접적인 선행요인으로서 권력의 다섯 가지 원천들을 살펴보았는데, 이외에도 정보적 권력이나 사회네트워크 권력을 개념화한 연구자들도 있다.

**정보적 권력(information and power)**

정보가 권력이라는 관점은 지식 기반 경제에서 점점 더 수용성이 높아지고 있다. 정보적 권력은 합법적 권력 혹은 전문가 권력으로부터 유래하며, ① 타인에게 주어지는 정보의 흐름이나 해석에 대한 통제, ② 조직의 불확실성에 대처할 수 있는 능력의 형태로서 존재한다. 관리자는 정보를 획득하고 이를 다른 사람에게 제공할 때 권력을 가지게 된다. 예를 들어 조직내 최고정보관리책임자(CIO: chief information officer)가 중요한 미팅 전에 제품 설계 엔지니어에게 새로운 가격 정보를 준 경우를 생각해 보자. 이 제품 설계 엔지니어는 CIO에게 빚을 지게 된 셈이므로 CIO가 제품설계 엔지니어에 대하여 권력을 가지게 된다. 특히 오늘날과 같이 대량의 정보가 홍수처럼 생산되고 유통되는 사회에서 중요한 정보가 무엇인지를 판단하고 이를 관리하는 능력을 가진 사람은 권력을 가지게 된다. 오늘날 CIO와 같은 지식관리자의 권력이 커지고 있는 이유도 그 때문이다.

#### 사회적 네트워크 권력(social network and power)

연합이나 동맹 등의 사회적 네트워크를 형성하는 능력은 조직내에서 권력을 획득하는데 중요한 역할을 한다. 사회적 네트워크 그 자체나 네트워크를 통해 얻을 수 있는 자원이나 정보는 사회적 자본(social capital)으로서, 이러한 사회적 자본을 많이 획득할수록 정보력이나 자본 접근성이 커져 권력을 획득할 수 있게 된다. 특히 중요한 지위에 있는 사람이나 능력이 있는 사람과 맺는 네트워크는 권력 획득에 직접적인 영향을 미친다. 또는 상사의 비서나 비서관들과 같이 권력을 가진 지위자와 가까이 있는 사람들과 네트워크를 맺는 것도 권력 형성에 중요한 영향을 미칠 수 있다.

### 1.4 권력의 상황요인

어떤 사람이 조직 환경 속에서 극적인 변화들을 예측할 수 있고 심지어 예방할 수 있는 능력을 바탕으로 상당한 전문가 권력을 소유하고 있다고 하자. 이러한 전문적 기술이 곧 당신이 영향력이 있음을 의미하는가? 반드시 그렇지는 않다. 조직에서 권력의 근원들로부터 권력이 발생하기 위해서는 특정한 조건을 필요로 하며, 이러한 조건들을 권력의 상황조건이라 한다. 상황조건에는 대체가능성(substitutability), 집중성(centrality), 자율성(discretion), 가시성(visibility) 등이 있으며, 이러한 요소들을 권력의 근원이라고 보기는 어려우며 대신 개인들이 가지고 있는 권력의 기반들이 얼마나 효과적으로 활용될 수 있는지를 결정하게 된다. 다시 말해서 당신도 상당한 전문가적 권력을 가질 수 있으나 상황조건들이 갖추어지지 않는다면 타인들에게 효율적으로 영향력을 행사할 수 없게 된다.[14]

#### 대체가능성

대체가능성이란 대안의 가용성을 의미한다. 누구라도 가치 있는 자원에 대해 독점권을 갖게 될 때 가장 강력한 권력을 갖게 된다. 반대로, 주요한 자원에 대한 대체원의 수가 증가함에 따라 권력은 차츰 감소하게 된다. 대체가능성은 대체 자원을 제공할 수 있는 대체원들뿐만 아니라 대체 자원 그 자체를 의미하기도 한다. 예를 들어,

회사가 노조원들의 노동력을 대신할 수 있는 기술을 도입할 경우 노조 연합의 권력은 약해질 수밖에 없다. 과거에 전화국 직원들의 파업은 곧 통신 불가를 의미하였지만 요즈음은 전산화된 시스템과 기술적 혁신들을 통해 노동 파업 동안에도 통신 소통이 가능하게 되었다. 다시 말해서 기술이 종업원을 대신하고 있으며 결과적으로 노조의 권력이 감소하게 되었다. 그렇다면 개인과 작업 단위에서는 대체불가능성을 통해 그들의 권력을 어떻게 증가시킬 수 있을까? 모든 수단들이 윤리적이지는 않으나 가능한 수단들이 있다.

1) 과업 통제 : 각 직업 영역 내에 해당 전문가 외에 특정 과업의 수행을 금지함으로써 대체가능성을 줄이고 있다. 예를 들어 변호사의 업무 중에는 변호사 보조원이 대신하면 법률에 위반되는 것들이 있다. 의사들의 업무에서도 간호원이 대신 수행할 수 없는 활동들이 있다. 또한 공인회계사들은 기업들의 회계감사 시에 자신들만이 공인된 서비스를 제공하도록 과업통제를 하고 있다.
2) 지식 통제 : 교육 프로그램 등록을 제한하는 방법과 같이 어떤 직업들은 그들의 업무 영역의 지식에 대한 접근을 통제한다. 수년 전 프랑스의 담배 처리 공장의 정비공들이 담배 기계 수리에 필요한 지식을 통제함으로써 강력한 권력을 가졌던 사례가 있다. 정비 매뉴얼이 사라지고 난 후 기계가 재설계되었으며 정비공들만이 고장 시 수리 방법을 알고 있었다. 대체불가능성의 권력을 알게 된 정비공들은 수리 절차를 문서화하기를 꺼렸으며 생산 종업원들에게 그들의 지식을 전해주지 않았다.
3) 노동력 통제 : 개인들은 지식 자원 외에도 자신들의 노동력의 가용성을 통제함으로써 권력을 획득한다. 노동조합은 특정 상업이나 산업분야 내에서 가능한 많은 사람들을 조합원으로 가입시키고자 하며 이를 통해서 고용주가 다른 노동력 공급원을 갖지 못하도록 하려는 것이다. 만약 사회에서 노동조합원들이 거의 모든 생산품이나 서비스를 생산하게 될 경우 조합은 손쉽게 급여 인상을 달성할 수 있을 것이다. 반면 고용주가 외부의 계약자나 다른 비노조 설비를 이용하여 생산을 유지할 수 있다면 노동조합의 권력은 약화될 것이다.
4) 차별화 : 차별화는 개인이나 작업 단위가 조직이 원하는 원자재 또는 지식과 같은 고유의 자원을 소유하고 있음을 주장할 때 발생한다. 이러한 자원의 고유성은 소유자 이외에는 누구도 가지고 있지 않음을 의미한다. 기본적으로 차별화는 자원의 대체불가능성과 크게 다르지 않으며, 조직의 리더로 하여금 소유하고 있는 자원이 고유한 성질을 가지고 있음을 믿게 하는 것이 관건이다. 일부 컨설턴트들이 이러한 기술을 사용하고 있다. 컨설턴트들은 수많은 컨설팅 회사들이 제공할 수 있는 기술

이나 지식을 수용하여 새로운 패키지로 잘 포장함으로써 그들만이 고유한 해법을 가지고 있는 것처럼 보이게 한다.

### 중심성

종업원들이나 사업부는 그들의 중심성이 증가함에 따라 보다 큰 권력을 갖게 된다. 중심성은 권력 소유자와 타인들 간의 상호의존성 정도를 의미한다. 특히 권력 소유자의 영향을 받는 사람의 수가 증가함에 따라 그리고 영향을 받는 속도가 증가함에 따라 중심성 또한 증가한다. 회사 내에서 특정 부서는 전체 업무의 중심성이 강한 위치에 있어 다른 부서에 비해 많은 권력을 갖게 된다.

### 자유재량

특정 규칙에 근거하지 않고 또는 타인으로부터 허락을 득하지 않고도 의사결정을 할 수 있는 자유는 조직내 권력의 중요한 상황조건들 중 하나이다.

관리자의 경우 종업원들에 대한 합법적 권력을 가지고 있지만 이러한 권력은 종종 특정 규칙에 의해 제약을 받는다. 그들은 상급기관으로부터 지시받은 프로그램들을 관리해야 하며 이들을 실행함에 있어 특정 절차를 준수하여야 한다. 또한 그들은 보상이나 처벌을 실시함에 있어서 정확한 규칙에 근거하여야 한다. 실제로 관리자들은 그들이 가지고 있는 자유재량의 기술이 아니라 기존의 규칙이나 규정에 따르는 능력에 근거해서 판단을 하게 된다. 이와 같이 비록 관리자들이 앞에서 열거한 권력의 기반을 가지고 있음에도 불구하고 이러한 자유재량의 부족 때문에 권력을 상실하게 되는 경우가 많다. 이러한 점들 때문에 특히 중간 관리자들은 그들에게 권력은 없고 오직 상급 관리자들로부터 부여된 지시사항만 있다고 불평하기도 한다.

### 가시성

권력은 조직내에서 알려지지 않은 사람에게 가지 않는 특성이 있다. 가치 있는 지식을 가지고 있는 사람들은 타인이 그 지식의 가치를 알아줄 때 권력을 소유하게 된다. 또한 상당한 권한을 가지고 있는 사람들도 타인이 조직내에서 그가 가지고 있는 지위를 이해하고 있을 때 권력을 갖게 된다. 따라서 개인이나 작업 단위 모두 그들이 가지고 있는 권력의 근원이 가시적일 때, 즉 타인이 권력의 원천을 알고 있을 때에 한하여 권력이 의미를 갖게 된다는 것이다.

가시성을 증가시키기 위한 방법으로 조직내에서 중요한 과업을 수행하는 것을 들 수 있다. 기업의 리더들은 조직내에서 중요하고 위험이 큰 과업을 담당하는 사람에게 보다 많은 관심을 보여주기도 한다.[15] 이러한 리더의 관심은 수행하고 있는 과업을 가시적으로 돋보이게 함으로써 이를 수행하는 사람들에게 권력을 주게 된다. 또는 새로운 제품을 개발하는 일을 하는 엔지니어들이 프로젝트의 가장 핵심 분야의 업무를 담당함으로써 권력을 획득하기도 한다. 이는 프로젝트 업무 중에서도 가장 눈에 띄고 중요한 과업을 수행함으로써 가시성을 획득하여 권력을 갖게 되는 경우이다.

종업원들은 또한 문자 그대로 눈에 띄려는 노력을 통해 가시성을 획득할 수 있다. 일부의 사람들은 전략적으로 동료들이 가장 많이 통행하는 (예를 들어 엘리베이터나 직원식상에 가장 가까운) 사무실로 옮기기도 한다. 또 다른 이들은 눈도장 게임(작업에 더 많은 시간을 할애한다거나 작업을 생산적으로 수행하고 있음을 보임)을 펼치기도 한다. 예를 들면, 사장이 아침 일찍 출근을 하는 경우 사장보다 더 일찍 출근하여 사장이 나타날 쯤에 세수와 양치질을 하면서 마치 밤새워 일한 것처럼 보이게 하기도 한다.

사람들은 종종 그들이 가지고 있는 권력의 근원을 타인에게 알리기 위해 공공의 상징물을 활용한다. 전문가들은 자신의 전문성을 보이기 위해 그들이 받은 학위나 상장들을 사무실 벽에 전시해 둔다. 일부 경영자들은 여전히 조직내에서 그들이 가지고 있는 합법적 권력을 보여주기 위해 사무실의 크기나 지위와 관련된 상징물들을 중요하게 생각한다. 심지어 우리가 입고 있는 의상을 통해서도 권력을 나타낼 수 있다. 의학 전문의들은 병원 내에서 그들의 합법적이고 전문가적 권력을 나타내기 위해 흰색 코트를 착용하며 청진기를 휴대함으로써 환자들로 하여금 전문적 권력을 느끼게 한다.

## 1.5 권력의 행사

### 1.5.1 권력행사의 상황

조직내에서 권력이 행사되는 상황을 권력과 영향력, 권력과 의존성, 권력과 교환관계, 권력과 개성 등으로 구분하여 살펴볼 수 있다.

**권력과 영향력(power and influence)**

최고 및 중간 관리자, 기술 분석관, 분야별 전문가, 관리직원, 작업자 등의 개별 종업원들은 조직의 목적 달성을 위해 취해지는 각종 행동들에 영향을 미칠 수 있다. 작업장 동료나 사회적 관계를 맺고 있는 비공식 집단뿐만 아니라 부서나 작업 팀, 경영위원회, 프로젝트 팀, 노조 등과 같은 공식적인 집단도 권력을 행사할 수 있다. 비종업원들 역시 조직의 행동이나 조직구성원들에게 영향력을 미치기 위해 노력할 수 있다. 소유자, 하청업체, 고객, 경쟁조직, 종업원 단체, 일반 대중, 이사회 등은 조직의 행동에 영향을 줄 수 있는 권력을 행사할 수 있다.

개인들이 영향력을 행사하는 방법은 매우 다양하다. 하급자들에 대한 직권행사와 같이 일정한 영향력을 행사할 수도 있고, 근로 계약의 파기나 경제적 기술적 환경의 변화 등과 같은 독특한 조건이 발생할 경우에 주기적으로 영향력을 행사하는 경우도 있다. 영향력 행사 대상은 특정 개인이 될 수도 있으며 특정 집단이나 일, 혹은 전반적인 작업 상황 등이 될 수도 있다.

조직구성원들은 타인에게 영향력을 미치기 위해 다양한 방법들을 사용하며, 서로 다른 문화적 배경을 가진 사람들은 이러한 방법들의 효과성 평가에 있어서도 차이를 보인다.

우리는 권력행사의 적절성을 평가하기 위해 다음과 같은 물음을 자문해 볼 수 있다.

- 권력의 행사를 통해 개인, 집단, 그리고 조직의 목표를 달성할 수 있을 것인가?
- 권력의 행사가 바람직한 결과를 낼 수 있는가?
- 권력이 윤리적으로 활용되고 있는가?

남용을 방지하고 모든 조직구성원들의 권리를 보장하기 위해서는 관리자들이 권력행사에 대한 비공식적인 규범이나 보다 공식적인 지침을 확립할 필요가 있을 것이다.

**권력과 의존성(power and dependence)**

권력행동을 포함하는 관계 속에 존재하고 있는 의존성 정도를 측정함으로써 권력을 진단할 수 있다.[16] B가 A에 의존하고 있는 정도는 A가 B에 대해서 행사할 수 있는 권력에 영향을 미친다. 개인이나 집단, 조직이 과업 달성을 위해서 다른 개인이나, 집단, 조직에 의지하기 때문에 의존성이 발생한다. 예를 들어 하급자는 상급자에 대한 직무의존성에 대항하기 위해서 정보를 보류시킨다든지 혹은 계약에 서명하지 않는다든지 하는 방법으로 권력을 행사할 수 있을 것이다.

관리자들이나 종업원들은 타인에 대한 의존성을 감소시키기 위해서 권력 지향적인 행동에 관여하게 된다. 동시에 그들은 자신들에 대한 타인의 의존성을 증가시키기 위해 노력하며 상대적으로 자신들의 권력 증가를 도모한다.[17] 예를 들어, 임금 인상문제로 인해 상사에게 반드시 의존적일 수밖에 없는 하급자는 직무에 있어서의 고유한 전문성이나 지식을 획득함으로써 자신의 권력을 증가시키는 동시에 상사에게 반드시 필요한 인재가 됨으로써 의존성을 감소시킬 수 있을 것이다.

권력과 의존성 분석을 위해서는 관리자나 종업원들에게 다음과 같은 물음들을 질문해 볼 수 있을 것이다.

- 당신은 실제로 누구에게 의존하고 있는가?
- 각각의 의존관계가 얼마나 중요하고 또 적절한가?
- 각각의 의존관계의 토대는 무엇인가?
- 의존관계로부터 체계적으로 발생하는 역기능이 존재하는가?
- 역기능이 존재한다면 그 원인은 무엇이고 또 그로 인한 결과는?
- 당신이 관여하고 있는 권력 지향적인 행동이 얼마나 효과적인가?
- 당신은 직무관련 의존관계를 극복하기위해 권력지향적인 행동을 충분히 활용하고 있는가?

**권력과 교환(power and exchange)**

권력은 단지 의존성에 대항하는 행동에만 관련되는 것이 아니라 그 이상을 포함한다. 관리자들은 타인을 자신의 요구에 순응시키기 위하여 타인이 필요로 하는 서비스를 교환할 때에도 권력을 행사할 수 있는데, 관리자들이 종업원들로부터의 충성을 대가로 보너스를 지급하는 경우를 예로 들 수 있다.

때때로 개인이나 집단은 가치 있는 자원을 할당받기 위한 협상을 유리하게 진행시키기 위해서 사회적 교환 네트워크를 발전시키게 되는데, 이러한 네트워크로 인해 교환관계는 자원을 통제하고 있는 개인들의 집단으로까지 확대된다. 이러한 네트워크를 활용하고 있는 관리자들은 부서들 간의 상호작용이나 조직의 경계를 넘어 자원을 교환해야 하는 일 때문에 보통의 거래와 비교하여 보다 오랜 시간을 소모하게 될 것이다.[18]

**권력과 성격(power and personality)**

대부분의 사람들은 권력에 대한 욕구를 가지고 있다. 그들은 타인들에게 영향력을 행사하기를 원하며 타인들을 통제하여 한다. 또한 타인들을 설득시킴으로써 자신의 관점에 동조하게 만드는 일을 즐긴다. 그들은 집단 내에서 리더가 되기를 갈구하며 때때로 강한 자아개념으로 인한 오만에 빠지기도 한다. 또 어떤 사람들은 스스로를 노골적

**그림 16-1**

조직내 권력의 원천과 행사

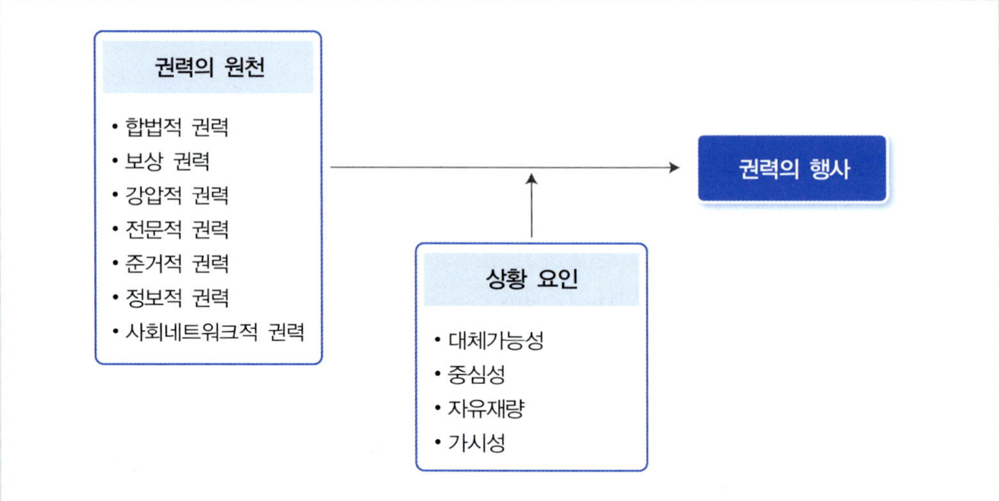


자료 : Mschane & Van Glinow(2003), p.357.[19]

이고, 힘 있는, 그리고 요구가 지나친 사람이라고 인식한다. 그렇다면 과연 권력에 대한 욕구가 강한 사람들은 누구일까? 종종 정치가들이나 최고 관리자들, 혹은 비공식적인 리더들이 그럴 거라고 생각할 것이다.

개인의 성격은 권력과 영향력 행사에 영향을 미칠 수 있다.[20] 예를 들어 마키아벨리주의적 성향이 강한 사람은 불합리하고 간접적인 기법들(예 기만, 세뇌)을 선호하는 반면, 마키아벨리주의적 성향이 약한 사람은 보다 합리적이고 직접적인 기법들(예 해명, 일관성, 주장)을 선호한다.[21]

### 1.5.2 권력행사 전략

조직내에서 관리자들이나 개인 혹은 집단이 다른 사람의 행위에 영향을 끼치고자 할 경우에는 여러 가지 전략을 사용한다. 영향력 전략(influence strategies)은 개인이나 집단이 다른 사람들의 행위에 영향을 미치고자 시도할 때 사용하는 방법이다. 다음의 〈표 16-1〉에서는 기업에서 사용되고 있는 다양한 방법의 영향력 전략을 설명하고 있다.[22] 여러 연구자들은 효과적인 영향력 전략과 각각의 전략이 적절히 구사될 수 있는 상황에 대하여 연구하였다. 위에서 나열된 영향력 전략 가운데 합리적인 설득, 고무적인 호소, 자문 등은 여러 다양한 상황에서도 유용하게 사용될 수 있는 전략으로 구분

〈표 16-1〉 다양한 영향력 전략의 내용

| 영향력 전략(influence strategy) | 정의 |
|---|---|
| 합리적 설득(rational persuasion) | 실제 증거를 사용한 논리적인 논쟁으로 상대방을 설득 |
| 고무적인 호소(inspirational appeal) | 열성적인 감정이 나타나도록 상대방의 가치와 이상 등에 대해 호소하는 발언 |
| 자문(consultation) | 전략과 행동, 변화 등의 계획에 적극적으로 참여하여 정보를 제공 |
| 환심사기(ingratiation) | 필요한 것을 요구하기 전에 우호적인 분위기를 창출하고자 시도 |
| 교환(exchange) | 향후에 교환할 수 있는 매력적인 조건을 제시 |
| 개인적 호소(personal appeal) | 충성심이나 우정에 호소 |
| 협력(coalition) | 어떤 일의 추진을 위해 다른 사람들의 도움이나 원조를 구함 |
| 정당화(legitimating) | 권리를 주장하거나 정책 및 전통에 따른 것임을 내세워 정당성을 확보 |
| 압력(pressure) | 요구, 위협, 끈질긴 설득 등의 방법을 사용 |

자료 : Yukl, & Falbe(1990) 재구성.[23]

하였고, 압력이나 협력, 정당화는 그다지 큰 효과를 발휘하지는 못한다는 결론을 내렸다. 그러나 일정한 전략이 항상 효과를 발휘한다고 하는 생각은 잘못된 것이다.

### 1.5.3 권력행사에 대한 반응

사람들은 타인에 영향을 미치기 위해 권력을 이용하지만 영향력의 유형은 사용하고 있는 권력의 근원에 의해 좌우된다. 강압적 권력은 영향을 받는 대상들의 저항을 초래하기 때문에 일반적으로 가장 바람직하지 못하다. 강압적 권력의 영향을 받는 대상은 영향력에 반하려는 경향을 가지고 있으며 가급적 회피하기 위해 적극적인 노력을 가한다. 또한 강압적 권력을 행사하는 것은 쌍방의 신뢰를 감소시키며 종업원들의 불만족을 증가시킨다. 다른 종류의 권력 기반에서도 권력의 행사가 거만하거나 기만적일 경우 저항과 불신을 초래하게 된다.

보상 권력이나 합법적 권력에 대해서 대상들은 순응하려는 경향을 가지며, 이때 사람들은 순전히 도구적인 이유 때문에 권력을 가진 사람의 요구를 실행하고자 동기부여 되어 있다. 예를 들어 업무 외적인 과업 수행에 대해 상사가 보너스를 지급한다고 하자. 이때 부하들은 해당 과업에 대해 의식적으로 동의하게 되며 보상을 받는데 필요한 노력을 한다. 보상과는 달리 몰입은 권력에 의해 나타나는 결과들 중 가장 강한 형태인데, 사람들이 권력을 가지고 있는 사람과 동일시하려 하고 또 외재적인 이득이 없을 때에도 과업을 수행하기 위해 동기부여되는 것을 말한다. 이러한 몰입은 전문가 권력 또는 준거적 권력으로 인해 발생하는 가장 일반적인 반응 행동이다. 전문가 권력이나 준거적 권력은 순응이나 저항 대신 몰입을 유발하기 때문에 종업원들이 카리스마적 리더를 따르게 되고 요구되는 그 이상으로 과업을 수행하게 된다.[24]

권력은 권력을 가진 사람에게도 영향을 미친다. 권력에 대한 욕구는 개인마다 다르며, 특히 권력에 대한 욕구가 강한 사람들은 자신에게 부여되어 있는 책임이나 권한 그리고 자유재량이 증가할수록 더욱 만족해하며 직무에 대한 몰입도가 증가하는 경향이 있다. 그러나 지나치게 강한 권력을 획득한 사람들은 사리사욕을 확대하고 더 많은 권력을 얻기 위해서 종종 자신이 가진 지위를 남용하게 된다. 강한 권력을 가진 종업원들은 필요 이상으로 자주 그들의 영향력을 행사하려 하며, 권력이 낮은 동료들을 평가절하하거나 동료들과의 개인적인 결합정도를 약화시키려는 경향을 가진다. 또한 그들은 더 많은 권력을 얻기 위해 그들이 가진 권력을 이용하기도 한다.

## 2. 조직정치

### 2.1 조직정치의 개념

조직정치(organizational politics)란 집단이 조직내에서 비록 자신이 추구하는 목표가 조직이 추구하는 그것과 상반된다 할지라도 권력을 바탕으로 자신의 의지를 관철하여 소기의 목적을 추구하는 것이다. 또한 비록 자신이 추구하는 바가 조직의 목표와 일치한다 할지라도 그것을 달성하기 위해 조직이나 집단 내에서 합의되지 않은 비윤리적이거나 정당하지 못한 방법을 사용하는 것을 말한다. 조직정치는 조직에 의해 인정될 수 없는 목표를 추구하기 때문에 허용되지 않은 영향력을 행사함을 의미하기도 한다.

조직정치가 발생하는 이유는 무엇일까? 여러 가지 이유가 있겠지만 그 중 가장 중요한 이유는 자원의 희소성이다. 한정된 조직의 자원 중에서 자신들이 이용할 수 있는 양을 유지하거나 증가시키기 위해서는 다른 사람들의 몫을 더 빼앗는 방법밖에는 없다. 다른 사람들을 제치고 제한된 자리로의 승진을 위해서 경쟁자들보다 더 열심히 일

〈표 16-2〉 조직정치에 관한 수단/목적 매트릭스

| 구분 | | 목적 | |
|---|---|---|---|
| | | 허용된 목적 | 허용되지 않은 목적 |
| 수단 | 허용된 수단 | 비정치적 행동 | 역기능적인 조직정치 |
| | 허용되지 않은 수단 | 순기능적 조직정치 | 역기능적인 조직정치 |

자료 : Mayes & Allen(1977).[25]

하는 모습을 보이고 때로는 그들에게 불리한 점들을 밖으로 드러나게 하거나 험담을 통해서 승진에 보다 유리한 조건을 만들려 하는 것이 기업에서 흔히 볼 수 있는 조직정치이다.

조직정치에 대하여 몇 가지 점을 지적해 보자. 먼저 정치적 활동은 자의식적이며 의도적이다. 이러한 점에서 조직정치는 무시나 경험부족과는 다른 것이다. 두 번째로 조직정치는 개인적인 활동이거나 하위단위에 의한 행동으로 인식된다는 점이다. 마지막으로 조직정치를 통해 조직에 이로운 결과물을 얻을 수도 있다는 점이다. 비록 이러한 결과물을 얻는 방법이 정당화될 수 있는지는 논란의 여지가 있지만, 조직정치가 항상 조직에 부정적인 결과만을 초래하는 것은 아니라는 것이다. 조직정치를 수단/목적 매트릭스를 이용하여 설명해 보자. 여기서는 어떠한 행위가 정치적인 것인지의 여부와 이러한 정치적 행위들이 조직에 이로운 것인가를 판단하는 기준으로 수단과 목적을 제시하였다.

**허용된 목적/허용된 수단** 이러한 경우 권력은 조직내에서 일치된 목표를 추구하기 위해 정상적으로 사용된다. 예를 들어, 30% 이상 목표를 초과 달성한 사원에 대하여 약속대로 상여금을 지급하는 관리자의 행동이 이러한 유형의 범주에 들어간다.

**허용되지 않은 목적/허용된 수단** 여기서는 조직에서 인정하지 않는 목적을 추구하기 위하여 인정받은 수단으로 권력을 행사하는 과정을 나타낸다. 예를 들어, 부장이 회사 물품의 불법 반출을 눈감아주는 대가로 부하직원을 보다 좋은 자리로 이동시켜 주는 행위가 이 범주에 들어간다. 직무 이동은 조직이 부장에게 허가한 사안이기는 하지만, 목적의 측면에서 조직과는 관계없는, 오히려 조직에 해가 되는 면이 있기 때문이다.

**허용된 목적/허용되지 않은 수단** 조직에 유용한 목적을 추구하기는 하나, 방법의 측면에서 다소 문제가 있는 경우이다. 예를 들어, 납품업자들이 비록 자신이 생산하여 공급하는 물건에 대한 자신감이 있을지라도 경쟁업체에 뒤지지 않기 위해 금품을 상납하거나 아첨하고 경쟁업체를 비방하는 경우가 이러한 경우에 해당한다.

**허용되지 않은 목적/허용되지 않은 수단** 권력 남용의 극단적인 모습으로 조직내에서 인정되지 않는 목표를 추구하기 위해 역시 인정되지 않는 방법을 이용하는 것이다. 예를 들어, 개인적인 권력을 늘리기 위해 자신의 부서가 정원을 이미 초과했음에도 불구하고 계속해서 자신의 친구들이나 지인들을 새로운 사원으로 선발하고자 하는 경우이다.

## 2.2 조직정치의 요인

조직정치가 발생하는 조건들 중 하나로 부족한 자원을 들 수 있다.[26] 자원의 부족과 함께 자원할당에 대한 의사결정이 모호하거나 복잡할 때, 혹은 공공규칙이 불충분할 때 조직정치는 번창하게 된다. 다시 말해서, 자원을 할당받을 가능성이 있는 사람들은 자원할당 의사결정에서 반드시 고려되어야 할 요인들에 영향력을 행사하기 위해 정치술을 이용하게 된다는 것이다. 이러한 이유로 조직변화는 정치적 행동을 조장하기 마련이다. 회사가 구식의 규칙들과 관행들을 버리고 신식의 것들을 수용해 가는 동안의 변화는 불확실성과 모호성을 야기한다. 이 기간 동안 종업원들은 그들이 가치 있게 생각하는 자원이나 지위, 그리고 자신의 이미지 등을 보호하기 위해서 정치적 전략을 활용한다.[27]

또한 조직이 조직정치를 용인하거나 투명하게 지지할 경우에 조직정치가 빈번해진다. 회사는 종종 가장 정치술이 뛰어난 사람을 진급시키지만, 그것이 회사를 운영하는 재능이 가장 뛰어남을 의미하지는 않는다. 아무런 제재가 없다면, 조직은 조직정치 풍토가 팽배하게 되어 구성원들이 회사에서의 역할을 채우기보다 그들 자신을 보호하는데 더 집중하게 되며, 결국 조직을 마비시킬 수 있다. 즉 정치적 행동을 지지해 주는 조건들이 변하지 않는 한 정치적 활동들은 자기강화를 지속하게 된다.[28]

한편, 모든 집단과 조직이 똑같이 정치적으로 행동하는 것은 아니다. 어떤 조직에서는 정치적 행동이 눈에 띄게 활발히 나타나는가 하면, 어떤 조직에서는 별다른 정치적 행동 없이 조직이 잘 움직이고 있다. 왜 이러한 차이를 보이게 되는 것일까? 최근

그림 16-2
조직정치의 요인

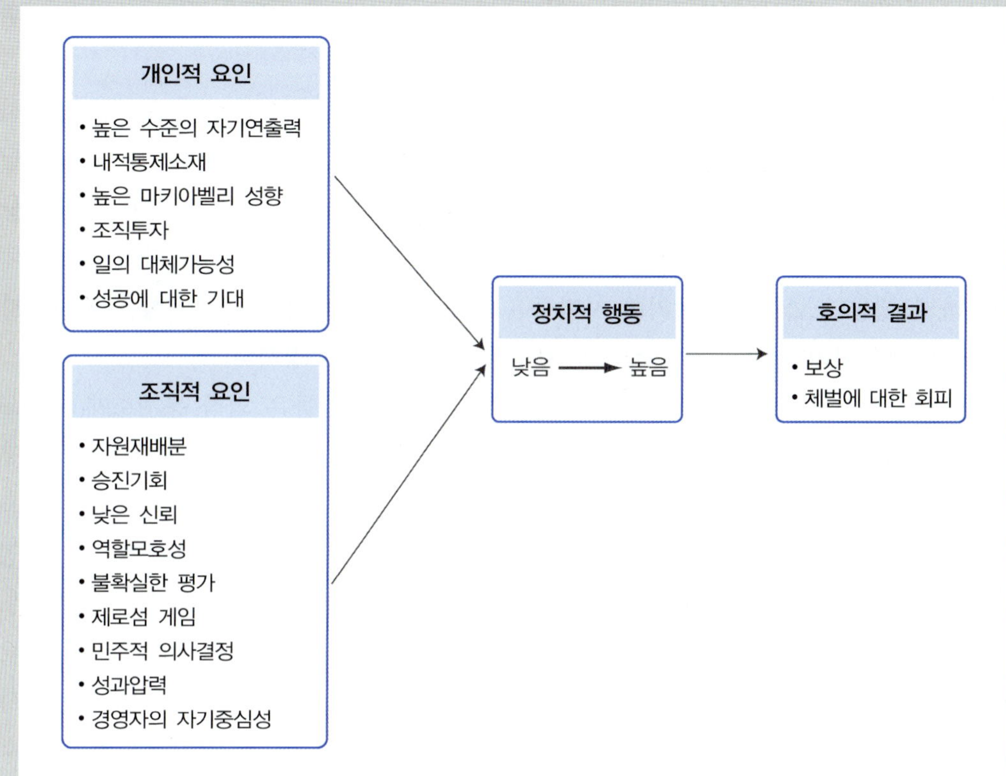


자료 : Robbins & Judge(2009), p.498.[29]

의 연구조사 결과를 보면 조직내의 정치적 행동을 자극하는 몇 가지 요인이 있다는 것이 밝혀졌다. 〈그림 16-2〉에서 보는 바와 같이, 이러한 요인들은 조직을 구성하고 있는 사람들의 독특한 성격에 기인하는 개인적 요인과 조직의 문화적 요인으로 나누어 볼 수 있다.[30]

### 2.2.1 개인적 요인

몇몇 개인적 특성들은 개인의 조직정치 관여 동기에 영향을 미친다. 일부의 사람들은 사회적 힘에 반대된 의미의 개인적 힘에 대한 강한 욕구를 가지고 있다. 개인적 힘에 대한 욕구가 강한 사람들은 자신들의 이익을 위하여 권력을 즐기며 자신들의 경력향상을 포함한 개인적 흥미를 충족시키기 위해 힘을 행사한다. 반면 사회적 힘에 대한 욕구가 강한 사람들은 타인을 돕기 위한 수단으로써 힘을 소유하고자 하며, 사회의 발전이나 조직의 효과성 향상 등을 도모한다. 그들은 자신들의 이익을 위하여 권력을 추구하며 더 많은 권력을 획득하기 위해 정치술을 활용한다.[31]

정치적 행동을 일으키기 쉬운 개인 차원의 특성이나 욕구와 관련된 요인들이 밝혀졌는데, 개인적 특성의 측면에서는 자기 연출력의 수준이 높고, 통제소재가 내부에 있다고 생각하며, 권력에 대한 욕망 수준이 높은 사람일수록 좀 더 정치적 행위의 양상을 보인다고 한다. 자기 연출력 수준이 높은 사람은 사회적 변화를 잘 파악하여 이에 적절하게 행동할 줄 안다. 이러한 사람들은 높은 수준으로 사회적 적응성을 지니고자 하기 때문에 이러한 사람들은 정치적 행동을 하는 경향이 강하다.

내적 통제소재(internal locus of control) 경향을 가진 사람들은 외적 통제소재(external locus of control) 경향을 가진 이들에 비해 보다 더 정치적 행동에 관여하려 한다. 이것은 내적 통제소재자들이 태생적으로 정치적임을 의미하는 것이 아니라, 조직정치의 조건이 존재할 때 내적 통제소재자들은 외적 통제소재자들과는 달리 그들 자신의 운명에 대한 책임감을 크게 느끼기 때문에 보다 영향력을 이용하려 할 것임을 의미한다.

성공을 기대하는 정도나 대안의 지각정도, 조직에 대한 개인의 물리적, 정신적 투자 정도에 따라서도 개인의 정치적 행동에 영향을 미친다. 즉, 보다 많은 미래의 보상을 기대하여 조직에 투자한 자원이 많을수록, 다른 대안이 되는 직업이나 참여할 수 있는 조직의 범위가 넓을수록 모험적으로 조직내에서 정치적 행동을 벌일 수 있다.

비합법적인 수단을 이용해서라도 성공해야겠다는 생각이 적을수록 조직내에서의 정치적 행동에 매력을 느끼지 못할 것이다. 반대로 어떠한 수단과 방법을 동원해서라도 자신의 의지를 관철시키겠다는 생각을 많이 가지고 있을수록 조직내에서 보다 많은 정치적 행동을 하게 된다.[32]

이외에도 마키아벨리주의의 가치를 강하게 신봉하는 이들이 있다. 이들은 정당한 수준 이상의 권력을 소유하려 하며, 그들의 목적을 달성할 수만 있다면 기만술도 자연스럽고 수용할 만한 방법이라고 믿는다. 또한 그들은 동료를 거의 신뢰하지 않으며 자신들의 목적달성을 위해 상사를 무시하거나 독단적인 태도를 취하는 등 보다 노골적으로 영향력을 행사하려는 경향을 가지고 있다.[33]

### 2.2.2 조직적 요인

정치적 활동은 개인적 차원에서보다는 조직적 차원에서 더욱 빈번하게 발생한다.

조직이 보유한 자원이 수요에 비하여 부족할 경우 정치적 행동이 표면화된다. 또한 신뢰가 낮고 역할모호성이 심하며 불명확한 성과평가가 이루어지는 조직문화에서는 자신이나 자신이 속한 집단의 이익을 위한 정치적 행동이 증가한다. 민주적 의사결정 시스템, 성과달성의의 강한 압박감 등도 조직정치를 키우게 된다.[34]

조직이 효율성을 높이기 위해 조직축소를 하고자 할 경우에는 구성원들이 조직에서 구할 수 있는 자원의 감소라는 위협이 수반되는데, 이러한 경우에도 자신들이 가지고 있는 자원의 보호를 위해 정치적 행동을 하게 되거나 조직내 집단 간 혹은 개인 간의 갈등이 증폭된다. 조직내에서의 신뢰가 낮을수록, 정치적 행동의 수준이 증가하고 또한 정치적 행동 중에서도 조직이 허용하지 않은 목적 및 수단을 추구하는 불법적 정치적 행동이 증가한다. 따라서 상호간의 높은 신뢰는 일반적으로 조직내에서의 정치적 행동을 억제하고, 특히 불법적인 행동을 억제한다.[35]

역할모호성은 구성원들에 의해 정해진 역할의 수행 방식이 불확실한 상태를 의미한다. 따라서 역할모호성이 커지면 구성원들의 정치적 행동의 범위나 기능에 관한 제한이 거의 없는 상태가 된다. 정치적 행동은 행위자의 공식적인 역할로 인정되지 않는 것이기 때문에 역할모호성이 커지면 그만큼 더 정치적 행동의 개연성이 증가한다.

조직이 평가에 있어서 주관적인 기준을 사용하거나 단일한 척도를 이용한 평가를 강조할수록 구성원들의 정치적 행동의 가능성은 높아진다. 주관적 평가기준은 모호성을 만들어낼 수 있으며, 단일한 척도의 성과평가는 구성원들로 하여금 단지 해당 척도에만 맞는 '보기 좋은' 결과를 추구하게 하는 경향을 갖게 하기 쉽다.

조직의 문화가 보상의 분배에 있어서 '제로섬(zero-sum)' 혹은 '윈-루즈(win-lose)' 접근법을 취할수록 조직의 구성원들은 조직정치의 필요성을 강하게 느낀다. 제로섬 접근법에서는 보상을 하나의 고정된 '파이(pie)'로 인식하고, 따라서 한 사람 혹은 한 집단이 얻은 보상은 다른 집단의 희생을 의미한다고 보고 있다. 이러한 관행은 다른 구성원들에 대하여 나쁜 감정을 유발하게 하고 서로간의 경쟁과 갈등을 증폭시키기도 한다.

민주적 의사결정 시스템이 조직정치를 유발시킨다. 경영자들은 종업원들을 의사결정에 참여시킴으로써 현장에서 필요로 하는 것에 대한 정보를 얻을 뿐만 아니라 의사결정의 질을 높이도록 교육받았다. 그러나 의사결정 내용이 일방적으로 전달되던 전제적 의사결정 시스템일 경우에는 집단의 이해관계가 반영되기 어려웠지만, 민주적 의사결정 시스템에서는 구성원들이 자신들에게 유리한 의사결정이 되게 하기 위하여 많은 조직정치를 해야만 했다. 따라서 조직정치가 민주적 의사결정 시스템에서 증가함을 알 수 있다.

구성원들이 좋은 성과를 내야 한다는 압박감이 강할수록 정치적 행동을 하기 쉽다. 즉, 구성원들이 결과물에 대한 책임감을 지니고 있을 때, 이 책임감은 그들로 하여금 결과를 보기 좋게 만들어야 한다는 부담을 지워주게 되므로, 좋은 결과를 야기하기 위한 동기로 작용함과 동시에 결과에 대해 보다 좋은 평을 얻기 위해 정치적 행동을 하게 되기 쉽다.

## 2.3 조직정치의 유형

조직에서 관찰할 수 있는 정치술은 매우 다양하지만 조직행동 연구자들은 보편적으로 크게 여섯 가지의 범주로 유형화하고 있다.[36]

### 2.3.1 타인 공격 혹은 비난

아마도 가장 직접적이고 비열한 형태의 조직정치는 타인을 공격하거나 비난하는 행위일 것이다. 이것은 경쟁자에게 나쁜 이미지를 씌워 의사결정자의 눈 밖에 나게 하는 행위를 포함한다. 그러나 모든 형태의 비난이 행동으로 표출되는 것은 아니다. 특히 사람들이 바람직하지 않은 상황으로부터 자신들을 분리시키거나 문제의 원인에 대한 귀인을 외부로 돌리기 위해 변명할 경우에는 미묘한 술수가 행해진다. 예를 들어 귀하가 상사에게 보고서가 늦어진 이유를 다른 작업부서의 지원이 부족해서 혹은 귀하가 통제할 수 없는 상황이 발생했기 때문이라고 설명할 수도 있다. 다시 말해서 사람들은 자신들의 실수를 외부에 귀인하려는 경향을 가지고 있다.

### 2.3.2 정보 통제

정보는 권력의 원천이자 정치적 수단이다. 사람들은 정보공유 방법을 통제함으로써 자신에 대한 인식에 영향을 미치고, 경쟁적 위치에 있는 종업원의 기회를 제한하기도 하며, 나아가 전략적으로 자신의 권력을 증대시키기도 한다. 사람들이 작업에 관한 정보를 동료들에게 알려주지 않음으로써 자신을 이롭게 할 수 있다면 그렇게 하는 경우도 있다. 또한 종업원들은 자신의 개인적 이익을 위하여 회의 안건을 짜맞춤으로써 정보를 이용한 정치에 관여하게 된다. 예를 들어 특정한 쟁점을 회의 순서의 후미에 위치시킴으로써 위원회가 미처 내용 토의를 하지 못하거나 또는 장시간에 걸친 회의 진행으로 인한 피로의 누적 때문에 최종 판단을 내리지 못하게 할 수도 있다. 이 외에도 회의 참석 대상자를 통제하는 방법을 들 수 있다.[37]

### 2.3.3 연합 형성

어떤 관리자는 종업원들의 원활한 지식 공유를 위해 완전한 인트라넷 시스템이 필요하다고 느끼고 있었지만 소속부서의 관리자에게는 인트라넷 시스템을 구축하기 위한 공식적인 권한이 없었다. 이러한 상황에서 그 관리자는 조직내에서 인트라넷 시스템으로부터 이익을 얻을 수 있는 사람들의 연합을 조심스럽게 진행하였는데, 이러한 비공식 연합에는 다수의 중역들이 포함되었으며, 이들은 그 관리자가 상사를 설득하는데 있어 충분한 힘을 실어주었다.[38]

이 경우 관리자는 자신의 목표달성을 위해 연합(coalition)에 의지하였다. 연합은 자원과 구성원들의 권력을 결집시킴으로써 연합 외부의 사람들에게 영향을 줄 수 있다. 이와 같이 비공식 연합을 창출하는 것은 개별 구성원들이 독자적으로는 영향을 줄 수 없는 공동의 목표를 달성하기 위해 여러 사람들의 권력을 한데 결집시켜야 하기 때문에 결국 정치술의 하나이다. 연합은 집단적인 강세를 보여줌으로써 폭넓은 호소가 가능하고 따라서 합법적 지지를 얻는 것이 당연하다는 인식을 심어줄 수 있다. 그러나 연합은 일반적으로 좋은 의도에서 형성됨에도 불구하고 문제점이 하나 있는데 타인들에게 변화에 대한 압력을 행사하게 되고 이어서 변화에 대한 몰입보다는 순응을 초래하게 된다는 것이다.[39]

### 2.3.4 네트워크 구축

개인이 구축하고 있는 비공식 네트워크는 잠재적으로 그 사람의 일생을 변화시킬 수도 있다. 우리는 종종 “중요한 것은 네가 얼마나 많은 지식을 가졌는가가 아니라 도움이 될 수 있는 사람을 얼마나 많이 알고 있는가이다”라는 문구를 듣는다. 바꾸어 말하면 종업원들이 승승장구하기 위해서는 단순히 자신의 역량 개발에 그쳐서는 안 되고 자신의 목표달성을 위해 타인들과의 사회적 관계를 돈독히 하는 네트워크 구축이 필요하다는 것이다.

네트워크 구축을 중요한 정치적 관행으로 보는 데는 세 가지 이유가 있다. 첫째, 네트워크는 상호 신뢰관계에 있는 사람들로 구성되기 때문에 네트워크 내의 사람들 간 정보의 흐름을 증대시킬 수 있다. 더 많은 네트워크를 구축할수록 자신의 전문가적 권력을 증가시켜 줄 수 있는, 가치 있는 정보의 획득 가능성이 높아진다. 둘째, 네트워킹은 연합세력들과 후원자들에게 이익을 가져다주기 때문에 프로젝트에 대한 승인이나 업무의 주도권 획득이 보다 용이해진다. 다시 말해서 네트워크 내의 동료들로부터 주도권 획득을 위한 더 많은 지원을 받을 수 있다. 마지막으로 사람들은 자신을 네트워크 내의 협력자들과 동일시하려는 경향이 강하기 때문에 각 네트워크 내의 사람들 간 준거적 권력을 증가시켜 준다.

네트워크 구축은 비공식 조직의 자연스러운 형태이지만 네트워크에 활발하게 연결되어 있지 않은 사람들에게는 상당한 장벽이 될 수 있다. 여성들이 경영진으로 진급하는데 어려움을 겪는 것은 남성 중심의 네트워크에서 일반적으로 제외되기 때문이다.[40]

### 2.3.5 의무 창출

나를 도와준 사람을 도와야 할 상호성 규범인 의무는 여러 사회에 깊이 배태되어 있으며, 이 또한 정치술의 하나로 볼 수 있다. 진급 심사를 앞두고 있는 종업원이 과거에 그가 도움을 주었던 사람을 찾아가 자신에게 힘을 실어달라는 요청을 할 수도 있다. 다시 말해서 누군가에게 빚을 지고 있는 동료가 있다면 빚이 없을 경우보다는 더 욱더 그를 지원해 주려 할 것이다. 조직정치의 술수가 뛰어난 사람들은 그들이 누군가에게 빚을 지운 후에 훨씬 더 큰 답례를 얻어낼 수 있는 능력을 가지고 있다.[41]

### 2.3.6 인상관리

인상관리는 자신이 가지고 있는 공적인 이미지를 적극적으로 형성하려는 관행이라고 할 수 있다.[42] 많은 인상관리 활동들은 사회적 행동의 기본 규범을 만족시키기 위해 일상적으로 행해지는데, 복장착용법이나 동료와 고객들에 향한 행동양식 등을 포함한다. 인상관리 기법들 중 매우 정교하게 행해지는 경우도 있다. 조직정치의 유형에서 살펴본 바와 같이 타인을 비난하거나, 정보에 대한 통제, 그리고 자신의 권력 근거의 가시성을 증가시키는 등의 기법들 또한 인상관리에 포함된다. 뿐만 아니라 일상생활에서 흔히 '눈도장 찍는다'는 말을 쓰는데, 이것은 특히 재택근무자들처럼 자주 보지 않으면 쉽게 잊혀질 수 있는 종업원들에게 중요한 인상관리 기법이며, 이력서 작성도 인상관리의 수단이 된다.[43]

**인상관리의 기법**

인상관리가 반드시 그 사람이 지니고 있는 인상을 왜곡시켜 다른 사람에게 전달하고자 하는 것만을 의미하지는 않는다. 예를 들어, 환호의 경우 자신에 대한 인상을 좋게 하기 위해 실제 자신의 모습을 왜곡시키는 경우도 있지만, 이와는 반대로 경의의 표현이기도 하기 때문이다.

인상관리 기법이 정말로 효과적인가의 여부를 실증한 연구는 그리 많지 않으며, 이에 대한 연구도 인상관리 기법이 인터뷰에서 효과가 있는가에 제한적으로 진행되었다. 피면접자들이 자신들에 대한 긍정정인 인상을 심어주고자 시도하는 것과 관련된 연구들이 많다.

연구 결과에 의하면 고객지원부서의 관리자의 채용에 있어서 면접관들은 면접시에 인상관리가 뛰어났던 지원자가 면접을 더 잘 수행하였다고 느끼고 있으며, 이러한 사람들을 선발하는 경향이 강했다고 보고하고 있다. 또한 연구자들은 지원자들의 자격이나 적성을 고려할 때, 면접자들에게 인상관리 기법이 큰 영향을 미친다고 주장한다.

**〈표 16-3〉** 인상관리 기법

| 기법 | 내용 |
|---|---|
| 동조<br>(conformity) | 다른 사람의 의견에 동조<br>예) "사장님의 인원감축 계획은 더없이 훌륭합니다." |
| 용서<br>(apologies) | 실수에 대하여 자신의 책임임을 인정하고, 용서를 구함<br>예) "보고서의 오류는 제 잘못입니다. 다시는 이런 일이 없도록 할테니, 용서를 바랍니다." |
| 환호<br>(acclaiming) | 자신에 대한 좋은 감정을 극대화하기 위해 좋은 사건을 설명<br>예) "내가 이 부서에 들어온 이후 매출이 3배가 늘었어." |
| 아첨<br>(flattery) | 다른 사람들에게 아첨을 하여 자신에 대한 호의적 인상 형성<br>예) "너는 사람을 다루는 데 있어서 나는 꿈도 못 꿀 훌륭한 기술을 지녔어."<br>"오늘 당신을 보니 왠지 기분이 좋다." |
| 호의<br>(favors) | 다른 사람에게서 동의를 얻기 위해 호의를 베픔<br>예) "연극 표가 두 장이 있는데, 나는 못 갈 것 같아. 오늘 즐겁게 이야기해 준 감사의 표시로 이 표 너 줄게." |
| 연합<br>(association) | 자신과 관련 있는 사람들에 대한 정보를 관리함으로써 자신의 이미지를 관리<br>예) "묘한 인연이군요. 사장님 아들과 저는 대학 동창이에요." |

자료 : Robins & Judge(2009), p.504.[44]

이는 결국 면접시에 지원자의 자질에 대한 판단도 중요하지만, 인상관리 기법을 이용하면 면접시에 큰 성과를 얻을 수 있다는 것이다.

## 2.4 조직정치 행동 통제

조직정치 행동을 조장하는 조건들은 조직정치의 역기능을 더욱 강화하게 되는데, 이러한 역기능을 초래하는 정치행동을 통제할 수 있는 몇 가지 방책들을 소개하면 다음과 같다.[45]

- 주요 자원에 대한 충분한 공급을 보장하여야 한다. 적용하기는 쉽지 않지만 충분한 재고와 자본을 보장하는 것은 가능하다.
- 자원의 부족현상이 불가피할 경우 자원의 활용에 대한 명확한 규정과 규칙을 도입하여야 한다.
- 정보의 자유로운 공개와 공유를 확립함으로써 조직이 의사소통체계의 중심에 위치한 소수의 사람들에게 종속되지 않도록 하여야 한다.
- 조직변화 프로세스가 진행되는 동안 불확실성을 최소화하기 위해 효과적인 조직변화 관리관행을 활용하여야 한다.
- 조직의 목표달성을 저해하는 정치술수를 뿌리내리지 못하게 하기 위해 팀이나 조직의 규범을 명확하게 잘 구성하여야 한다.
- 상대적으로 사회적 권력에 대한 욕구가 강하며 마키아벨리주의 성향이 낮은 사람들이 조직내에 많아야 한다.
- 종업원들과 작업부서 간의 갈등을 해결하기 위한 개방적이고 진지한 대화가 이루어질 수 있는 기회를 제공하여야 한다.
- 종업원들로 하여금 스스로 작업장을 감독하게 함으로써 정치술수를 꾀하는 동료들을 적극적으로 단념시키게 하여야 한다.

## 2.5 조직정치와 윤리

조직내 정치적 행동(organizational politics)은 공식적으로 부여된 행동을 넘어서 자신의 이익에 영향을 미치는 모든 행동을 의미하는데, 조직내에서 빈번하게 일어나는 것이 현실이다. 이러한 조직내에서의 정치적인 행동은 윤리적인 문제를 내포하고 있다. 거짓, 이미지 관리, 파벌형성, 책임 전가, 무사안일, 정당화 노력, 정보왜곡, 자기 영역 고수 등 정치적 행동의 실제의 대부분의 측면은 윤리성과 관련되어 있다.

물론, 모든 정치행동이 비윤리적이라고 볼 수는 없다. 직원이 인사권자에게 찾아가 진급에 관한 희망사항을 토로한다든지, 자신의 전문성을 내부에 알리기 위해 인트라넷의 게시판에 글을 올린다든지, 회사 내외에 폭넓은 인적 네트워크를 형성하는 등의 정치적 행동은 비윤리적이라고는 할 수 없다. 반면, 진급 경쟁자를 헐뜯거나, 외부인맥을 통해 자기에게 유리한 의사결정이 이루어지도록 영향력을 행사하게 한다든지, 회사 자원을 자기 위상을 높이는 데 활용하는 것 등은 윤리성에 문제가 있는 정치적 행동의 예라 할 수 있다.

조직 정치행동들이 윤리적이냐, 비윤리적이냐의 판단에 대한 명쾌한 기준은 만들기 어렵지만, 몇 가지 윤리적 지침을 의사결정 모델을 통해서 접근해 볼 수 있다.[46]

의사결정 모델상의 첫 번째 질문은 개인의 이익과 조직의 목표 간의 관계와 연관되어 있다. 정치적 행동이 윤리적이려면 조직의 목표와 일치되어야 한다. 조직구성원의 정치행동이 조직목표달성을 저해하면서까지 사익을 추구하려 한다면 비윤리적이다. 그러나 조직목표를 위해서, 혹은 크게 위배되지 않는다면 괜찮다고 할 수 있다. 예컨대, 신제품의 안전성에 대하여 거짓 소문을 퍼뜨려 생산관련 팀을 곤경에 빠트리는 것은 비윤리적인 행동이라고 할 수 있는 반면, 어느 부서의 책임자가 어려운 계약을 조기에 성사시키기 위해 구매담당 과장에게 선물을 주는 것은 비윤리적이라고 하기는 어렵다.

둘째 질문은 다른 사람의 권리와 관련되어 있다. 아무리 조직의 목표와 관련되어 있다 하더라도 조직구성원의 정치행동이 타인의 권리를 침해하거나 무시한다면 비윤리적이라고 할 수 있다. 만약, 그 부서의 책임자가 구매담당 과장의 이메일을 검색하여 그에게 불리한 정보를 얻어 조속히 계약을 체결하도록 협박한다면 이는 개인의 프라이버시를 침해하는 것으로서 비윤리적이다.

세 번째의 질문은 공평과 정의의 기준과 관련되어 있다. 예컨대 부서 책임자가 인사고과 시 개인의 친분에 따라 직원들의 성과를 평가한다면, 이러한 행동은 정치적 행위로서 공평과 정의에 어긋나며, 비윤리적이라고 할 수 있다.

이러한 세 가지 의사결정에서 모두 문제가 없다면 일단 그러한 정치행동은 윤리적일 가능성이 높다.

이 모델을 통해 모든 조직내 정치적 행동들의 윤리성 여부를 명확하게 구분할 수

**그림 16-3**

정치적 행동의 윤리성 판단 기준

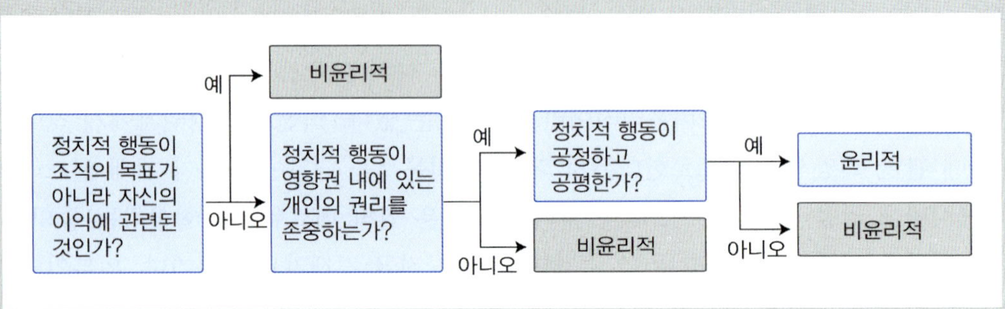


자료 : Cavanagh, Moberg, & Valasquez(1981), p.368.[47]

는 없지만, 지속적인 점검을 통해 윤리적 민감성을 높이고 결과적으로 조직의 윤리성을 제고하는 데 기여할 것으로 보인다.

## 주석(endnote)


1 Kanter, R. M. (1979). Power failure in management circuits. *Harvard Business Review*, July-August, 65.

2 Pfeffer, J. (1992). Understanding power in organizations. *California Management Review*, 34(2), 29~50.

3 Bacharach, S., & Lawler, E. J. (1980). *Power and Politics in Organizations: The social psychology of conflict, coalitions and bargaining*. San Francisco: Jossey-Bass.

4 Pfeffer, J. (1992). Understanding power in organizations. *California Management Review*, 34(2), 29~50.

5 Robbins, S., Judge, T. A., Millett, B., & Boyle, M. (2013). *Organizational Behaviour*. Pearson Higher Education AU.

6 Gordon, J. N. (2002). What Enron means for the management and control of the modern business corporation: Some initial reflections. *The University of Chicago Law Review*, 1233~1250.

7 McShane, S. L., & Gilnow, V. (2003). *Organizational Behavior*. McGraw-Hill.

8 Barnard, C. I. (1938). *The Functions of the Executive*. Harvard University Press, Cambridge, Mass, 163.

9 Luthan, F. (2002). *Organizational Behavior*. New York: McGraw-Hill, 434.

10 Crozier, M. (1964). *The Bureaucratic Phenomenon*. Chicago: University of Chicago Press.

11 Robbins, S. P., & Judge, T. A. (2009). *Organizational Behavior*, 13th, NJ: Pearson Prentice Hall, 489~490.

12 French, J. R. P., & Raven, B. (1959). *The Bases of Social Power, in Studies in Social Power*, D. Cartwright(Ed.), Ann Arbor, Mich.: Istitute for social Research, 150~167.

13 McShane, S. L., & Gilnow, V. (2003). *Organizational Behavior*. McGraw-Hill.

14 Minzberg, H. (1983). *Power in and around Organizations*. Upper Saddle River, NJ: Prentice Hall.

15 Perlow, L. A. (1999). The time famine: Toward a sociology of work time. *Administrative Science Quarterly*, 44, 5~31.

16 Kotter, J. P. (1977). Power, dependence, and effective management. *Harvard Business Review*, 55(4), 125~136.

17 Kotter, J. P. (1978). Power, success, and organizational effectiveness. *Organizational Dynamics*, 6(3), 27~40.

18 Markovdky, B., Weller, D., & Patton, T. (1988). Power relations in exchange networks. *American Sociological Review*, 54, 220~236.

19 McShane, S. L., & Gilnow, V. (2003). *Organizational Behavior*. McGraw-Hill.

20 Blanchard, K. (1998). Self-esteem: Taproot of creative expression. *Executive Excellence*, 15(1), 8.

21 Grams, W. G., & Rogers, R. W. (1990). Power and personality: Effects of Machiavellianism, need for approval, and motivation on use of tactics. *Journal of General Psychology*, 117(1), 71~82.

22 Yukl, G., & Falbe, C. M. (1990). Influence tactics and objectives in upward, downward, and lateral influence attempts. *Journal of Applied Psychology*, 75.

23 Yukl, G., &Falbe, C. M. (1990). Influence tactics and objectives in upward, downward, and lateral influence attempts. *Journal of Applied Psychology*, 75(2), 132.

24 McShane, S. L., & Gilnow, V. (2003). *Organizational Behavior*. McGraw-Hill.

25 Mayes, B. T., & Allen, R. W. (1977). Toward a definition of organizational politics. *Academy of Management Review*, 2(4), 672~678.

26 Hardy, C. (1990). *Strategies for Retrenchment and Turnaround: The politics of survival*. Berlin: de Gruyter.

27 Gandz, J., & Murray, V. V. (1980). The experience of workplace politics. *Academy of Management Journal*, 23, 237~251.

28 McShane, S. L., & Gilnow, V. (2003). *Organizational Behavior*. McGraw-Hill.

29 Robbins, S. P., & Judge, T. A. (2009). *Organizational Behavior*, 13th, NJ: Pearson Prentice Hall

30 Robbins, S. P., & Judge, T. A. (2009). *ibid.*

31 House, T. J. (1988). Power and personality in comples organizations. *Research in Organizational Behavior*, 10, 305~357; Porter, L. W., Allen, R. W., & Angle, H. L. (1981). The politics of upward influence in organizations. *Research in Organizational Behavior*, 3, 120~122.

32 Pinto, J. K., Kharbanda, O. P. (1995). Lessons for an Accidental Profession. *Business Horizons*, March-April, 45.

33 Christie, R., & Geis, F. (1970). *Studies in Machiavellianism*. New York: Academic Press.

34 Ferris, G. R., Kacmar, K. M. (1992). Perceptions of organizational politics. *Journal of Management*, March, 93~116.

35 Poon, J. M. L. (2003). Situational antecedents and outcomes of organizational politics perceptions. *Journal of Managerial Psychology*, 18(2), 138~155.

36 Allen, R. W., Madison, D. L., Porter, L. W., Renwick, P. A., & Mayes, B. T. (1979). Organizational politics: tactics and characteristics of its actors. *California Management Review*, 22, 77~83.

37 McShane, S. L., & Gilnow, V. (2003). *Organizational Behavior*. McGraw-Hill.

38 Warshaw, M. (1998). The good guy's guide to office politics. *Fast Company*, 14, 157~178.

39 McShane, S. L., & Gilnow, V. (2003). *Organizational Behavior*. McGraw-Hill.

40 McShane, S. L., & Gilnow, V. (2003). *ibid.*

41 McShane, S. L., & Gilnow, V. (2003). *ibid.*

42 Tedeschi, J. T. (Ed.). (2013). *Impression Management Theory and Social Psychological Research*. Academic Press.

43 Leary, M. R., & Kowalski, R. M. (1990). Impression management a literature review and two-component model. *Psychology Bulletin*, January, 34~47.

44 Robbins, S., & Judge, T. A. (2013). *Organisational Behaviour*. Pearson.

45 McShane, S. L., & Gilnow, V. (2003). *Organizational Behavior*. McGraw-Hill.

46 Cavanagh, G. F., Moberg, D. J., & Velasquez, M. (1981). The ethics of organizational politics. *Academy of Management Review*, 6(3), 363~374.

47 Cavanagh, G. F., Moberg, D. J., & Velasquez, M. (1981). *ibid*.

CHAPTER 17

# 리더십

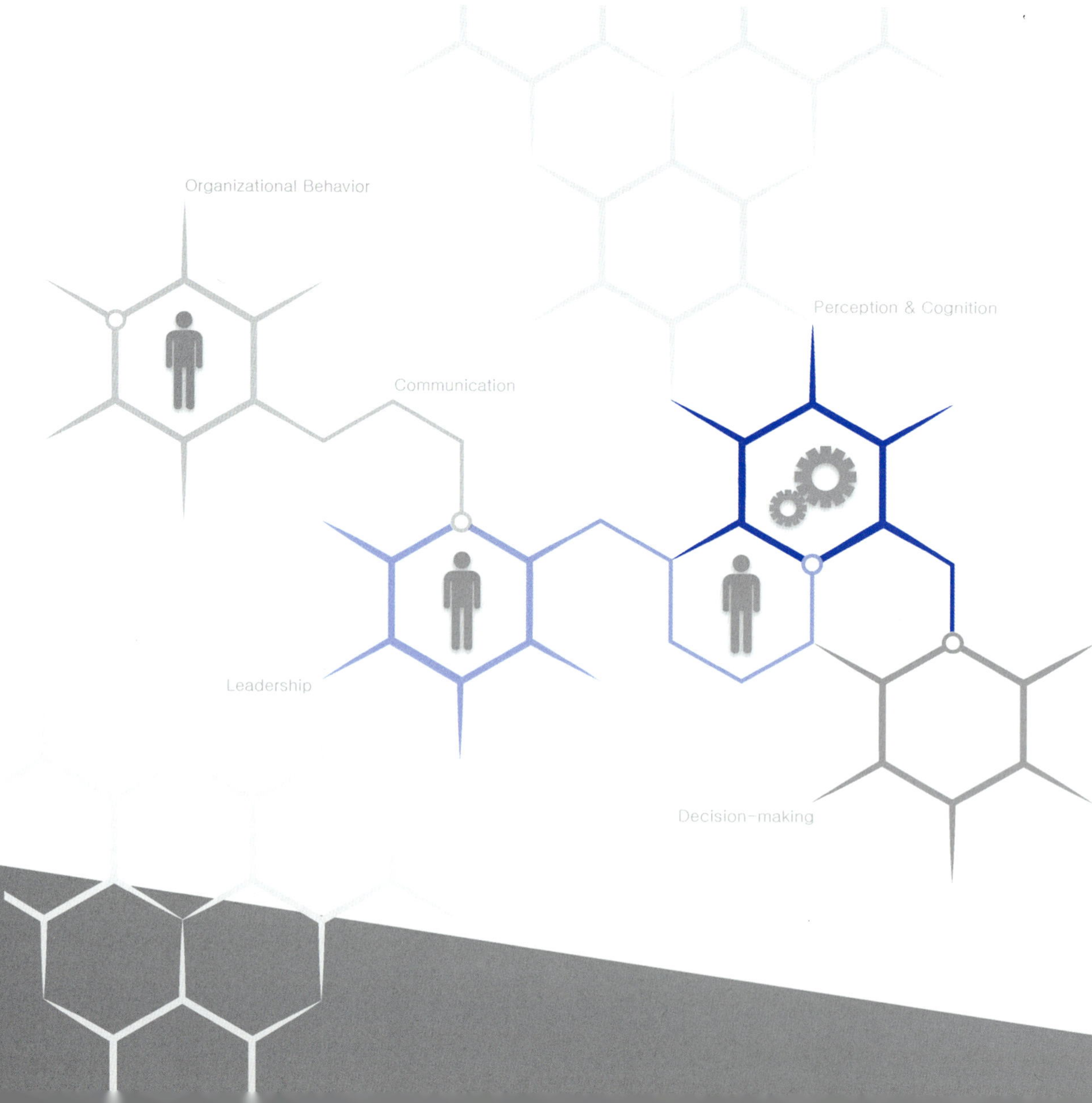

## 들어가기

리더십(leadership)이란 팀이나 조직구성원들을 목표지향적인 방향으로 나아가도록 영향력을 행사하는 과정이다. 따라서 어떤 과정을 거쳐서 구성원들의 힘을 집결하고 일할 맛이 나게 하며 바람직한 성과가 나오도록 하느냐 하는 것은 리더의 리더십에 따라 다를 수가 있다.

이 장에서는 리더의 영향력은 어디에서 나오며, 이러한 영향력이 행사되는 과정에서 어떤 리더십이 효율적인가 하는 것을 살펴본다. 또한 지금까지 연구된 주요 리더십이론들과 이들의 시사점을 살펴본다.

조직행동 분야에서 리더십에 관한 연구의 관심은 과연 무엇이 훌륭한 리더를 만들고 어떤 리더십이 부하들의 성과나 집단 및 조직성과를 높이는가에 있다. 리더십의 중요성에 대한 많은 관심에도 불구하고, 여전히 하나의 통합적인 모델이나 보편적으로 동일하게 적용되는 개념이 없을 뿐만 아니라 많은 부분이 블랙박스로 남아 있다. 이 장에서는 리더십의 개념을 이해하고 리더십의 효과성에 관한 여러 다양한 관점과 이론들을 살펴보고자 한다.

# 1. 리더십의 개념

## 1.1 리더십의 정의

그동안 리더십에 대한 많은 관심과 연구가 있었기 때문에 리더십에 대하여 모든 학자들이 수긍하는 정의가 있을 것처럼 보인다. 그러나 연구자들은 그들의 관점에 따라서 다양한 리더십을 정의하고 있다. Stogdill은 리더십에 관한 다양한 연구들을 검토한 결과, "리더십의 개념을 정의하고자 시도한 사람만큼이나 리더십의 정의는 많다"고 언급하고 있다.[1] 〈표 17-1〉에서 몇 가지 대표적인 리더십의 정의를 제시하였다.

리더십에 관한 정의들은 다양하지만, 이들의 공통적인 개념은 집단 및 조직에서 한 개인이 다른 사람들의 활동을 이끌어내고 촉진하기 위해서 의도적인 영향력을 행사하는 과정이라는 점이다. 하지만, 리더십 정의는 영향력 행사의 주체가 누구이고, 의도는 무엇이며, 어떤 방법을 사용하고, 그리고 영향력 행사의 결과를 이해하는 측면에서 연구자마다 차이가 있다. Yukl은 "리더십이란 다른 사람에게 무엇을 어떻게 해야 하는지에 대한 이해와 동의를 구하기 위해 영향력을 행사하는 과정이며, 집단의 공유 목표를 성취하기 위해 개인이나 집단의 노력을 촉진하는 과정이다"라고 정의하였다.[2] 이 개념은 현행 목표 달성을 위해 영향력을 행사하는 것에 추가하여 미래의 변화에 대비한 노력도 포함하고 있다.

〈표 17-1〉 리더십의 정의

| 연구자 | 정 의 |
|---|---|
| Hemphill & Coons(1957) | • 리더십은 집단의 활동을 공동목표 달성에 기여토록 하는 개인의 행동이다. |
| Katz & Kahn(1978) | • 리더십은 기계적인 순응을 이끌어내는 일상적인 지시 이상의 영향력을 발휘하는 것이다. |
| Burns(1978) | • 개인이 부하들의 동기를 유발하고, 참여시키고, 만족시키기 위해서 제도적, 정치적, 심리적인 자원을 활용할 때, 리더십은 발휘된다. |
| Rauch & Behling(1984) | • 리더십은 목표 성취를 위해 조직화된 집단 활동에 영향을 미치는 과정이다. |
| Jacobs & Jaques(1990) | • 리더십은 전체적인 노력에 주어진 목적, 즉 의미 있는 방향을 부여하는 과정이며, 목적 달성을 위한 의욕을 불러일으키는 과정이다. |
| Drath & Palus(1994) | • 리더십은 구성원 상호간의 이해와 몰입을 이끌어내기 위한 공동의 목표를 설득시키는 과정이다 |
| Richards & Engle(1986) | • 리더십은 비전을 나타내고, 가치를 구현하며, 일을 달성할 수 있는 환경을 조성하는 것에 관한 것이다. |
| House(1999) | • 리더십은 타인으로 하여금 조직의 성과를 위해 기여할 수 있도록 영향을 미치고 동기를 부여하는 개인의 능력이다. |

자료 : Yukl(2006).[3]

## 1.2 리더십과 관리

리더십의 개념을 제대로 이해하기 위해서는 관리(management)와의 차이를 이해하는 것이 필요하다. 리더십과 관리는 개념적으로 서로 중복되는 특성이 있지만 영향력의 원천이나 수행하는 기능에서 엄연한 차이가 있다. 관리자의 영향력은 조직에서 부여되는 공식적인 권한에서 나오며 조직의 구조와 체계 내에서 안정과 규율, 문제 해결을 중시한다. 관리자는 주어진 목표를 달성하기 위해서 계획, 실행, 통제 위주의 전형적인 관리기능을 수행한다. 반면에 리더십은 리더가 지니고 있는 영향력 원천인 리더의 인격, 목표, 가치 등을 통하여 목표달성, 비전, 비전, 창조성, 그리고 변화를 중시한다. 따라서 리더십은 조직의 공유 비전과 전략을 만들고, 구성원들이 그것을 성취하도록 동기부여시키며, 공동의 목표를 위해서 노력하도록 하는 기능을 수행한다. 리더와 관리자를 구분하는 특성들을 살펴보면 다음의 〈표 1-2〉와 같이 정리할 수 있다.

관리와 리더십의 구분이 중요한 이유는 조직의 성과와 관련하여 관리와 리더십의 결과에 차이가 있기 때문이다. 좋은 관리는 안정성, 예측 가능성, 규율, 효율성을 이끌며 지속적인 단기성과를 성취하게 하며, 다양한 투자자들의 기대를 충족시킬 수 있게

〈표 17-2〉 리더와 관리자의 자질 비교

| 리 더 | 관리자 |
|---|---|
| 비전지향, 열정적, 창조적, 융통성, 영감부여, 혁신적, 과감성, 상상력, 실험적, 변화 주도, 개인적 힘 | 합리적, 상담적, 지속성, 문제 해결, 투지력, 분석적, 구조적, 계획성, 권위적, 안정성, 지위에 의한 힘 |

자료 : Capowski(1994).[4]

한다. 그렇지만, 리더십은 조직성과 달성뿐만 아니라 그 과정을 중시하고, 조직의 장기 성장과 관련한 성공적인 변화는 효과적인 리더십에 달려 있다. 리더십은 현상유지에 대한 의문을 가지고 현실에 맞지 않거나 비생산적인 규범을 새로운 도전에 맞도록 변화시키는 역할을 한다.

## 1.3 리더십과 팔로우십

우리에게 잘 알려진 "말을 물가로 끌고 갈 수는 있지만, 말에게 물을 먹일 수는 없다."라는 격언은 팔로우십을 이해하는데 도움이 된다. 효과적인 리더십이 발휘되더라도 그것을 받아들이는 부하의 자질이 우수하지 않다면 리더십의 효과가 나타날 수 없다. 즉, 주도적인 부하들이 있을 때, 리더가 성공할 수 있다는 것이다.

최근 연구들은 다음의 몇 가지 이유로 팔로우십(followship)의 중요성을 강조하고 있다.[5] 첫째, 일반적으로 조직은 리더의 수보다는 부하들이 훨씬 많기 때문에 조직성공의 중요한 결정요소는 부하들의 효과성이다. 조직에서의 개인들은 리더 혹은 부하로서 리더십과 팔로우십을 수행하는데, 일반적으로 리더이기보다는 종종 부하일 때가 더 많으며, 현재 리더일지라도 대부분의 사람들은 상급자 또는 감독자의 지시를 받는 부하의 역할을 동시에 수행한다. 따라서 리더십뿐만 아니라 리더십이 제대로 발휘되기 위해서는 다수를 점하고 있는 부하들의 자질 또한 중요하다.

둘째, 리더는 부하의 행동과 태도에 의해 영향을 받는다. 리더가 부하에게 영향력을 행사하지만 리더에서 부하로 일방적인 흐름만이 있는 것은 아니다. 리더와 부하 간에는 상호 영향을 주고받는 교환적인 속성이 있기 때문에 부하의 태도나 행동에 따라서 리더가 발휘하는 리더십의 형태와 그 효과성에 차이가 발생한다.

셋째, 리더가 지닌 바람직한 자질은 효과적인 부하가 지녀야 할 자질과 동일하다. 효과적인 부하의 특성은 몇 가지가 있다. 효과적인 부하는 자기관리능력이 있다. 자기 자신을 스스로 평가하고, 세세한 감독 없이도 일을 할 수 있다. 또한 조직의 목표를 달성하기 위해 자신의 능력을 최대한 활용할 수 있도록 자기 자신의 강점과 약점을 잘 이해한다. 효과적인 부하는 자신의 이익보다 보다 더 큰 가치에 몰입을 한다. 자신의 목표나 욕구보다는 집단이나 조직의 목적과 비전 달성을 위한 일을 하고자 한다. 효과적인 부하는 업무 역량과 문제해결 능력이 우수하다. 요구하는 것보다 더 높은 성과를 달성하며 조직의 필요를 인식하고 조직의 발전을 위한 기술 개발을 위해 노력한다. 효과적인 부하는 위험과 갈등을 회피하지 않으며, 변화를 주도한다.

## 2. 전통적 리더십 연구와 이론들

조직행동 분야의 다른 주제에 비해 리더십은 많은 연구가 이루어졌으며 이에 따라 다양한 관점과 이론이 형성되었다. 본 절에서는 리더십에 관한 전통적인 이론들을 고찰하여 효과적인 리더십의 원천과 조건을 이해하고자 한다. 효과적인 리더십의 원천으로 리더 자신에 중점을 둔 관점이 특성이론과 행동이론, 그리고 상황이론이다. 특성이론은 리더십 유효성은 개인의 자질이나 성격, 신체적 특성 등에서 차이가 난다는 관점이다. 행동이론은 리더의 행동 형태에 따라서 리더십의 효과성에 차이가 난다는 접근방법이다. 마지막으로 리더십 상황이론은 리더십이 제대로 발휘되고 효과를 내기 위해서는 상황에 잘 부합되어야 함을 강조한다.

### 2.1 특성이론

지능, 자신감, 외모와 같은 특성들은 리더가 지닌 고유한 개인적 속성들이다. 초기에는 리더가 지닌 위대한 특성에 리더십의 초점을 두는 '위인이론(great man theory)'의 접근방법을 취하고 있다. 위인이론은 리더는 천부적으로 리더의 특성을 타고 난다는 기본 가정을 바탕으로 하고 있다. 알렉산더 대왕이나 시저 등 리더의 특성을 가지고 태어난 사람은 어떤 상황에서든 위대한 리더가 된다는 주장이다.

특성이론은 현실과 동떨어진 위인이론을 보다 실제적으로 발전시킨 것이다. 리더의 특성은 온전히 타고나는 것이 아니라 학습과 경험을 통해서 개발될 수 있다는 관점이다. 따라서 이 접근법은 보편적으로 통용될 수 있는 리더의 특성을 찾는데 초점을 두었다. 효과적인 리더의 특성으로 다루어진 연구 대상들은 성격, 나이, 용모와 같은 신체적 특성, 지식과 표현력과 같은 능력, 대중성과 사교성과 같은 사회적 특성, 솔선수범과 장애를 극복하는 의지와 같은 업무 관련 특성 등이 있다. 이러한 리더의 특성에 대한 연구 대상을 정리하면 〈표 17-3〉과 같다.

연구 결과들은 특성이론에서 주장하는 바와 차이가 있는데, 리더의 개인적 특성과 성공과의 관련성은 강하지 않은 것으로 나타났다.[6] 근래의 연구들에서는 효과적인 리더십을 위해서 리더는 다양한 특성을 갖추는 것이 중요하며, 특히 자기 확신, 비전, 솔선수범의 3가지 특성이 가장 중요한 요소라고 밝히고 있다.[7]

〈표 17-3〉 리더의 특성이론 연구 대상

| 연구 분야 | 연구 대상 |
|---|---|
| 신체 특성 | 연령, 신장, 체중, 용모 |
| 지능과 능력 | 판단력, 결단력, 지식, 표현력 |
| 사회적 배경 | 교육수준, 신분, 사교성, 거주지·출신지 |
| 업무 관련 특성 | 성취욕구, 솔선수범, 책임감, 목표지향성 |
| 사회적 특성 | 관리력, 협조성, 사교력, 청렴성 |
| 성격 | 독립성, 자신감 |

자료 : Bass(1981), pp.75~76, 재구성.[8]

리더가 지닌 몇몇 위대한 특성들이 효과적인 리더십을 완벽하게 설명하지 못하였기 때문에 1940년대 초부터 연구자들은 특성 중심 연구에서 리더의 행동을 중심으로 한 연구로 관심을 확대하기 시작하였다.

## 2.2 행동이론

리더십 행동이론은 2차 세계대전 중에 군에서 유능한 리더를 개발하기 위한 노력에서 시작되었다. 리더 특성이론은 설명력이 부족하고 호손연구(Hawthorne Studies)를 통해 대두된 인간관계 이론이 등장함에 따라 행동이론이 주목을 받게 되었다.[9] 리더십 행동이론은 그룹의 효과성에 직접적으로 영향을 미치는 것은 리더의 행동이라는 점을 가정하고 효과적으로 부하에게 영향을 주는 특정의 행동 형태를 찾으려는 시도에서 비롯되었다.

### 2.2.1 전제적 리더십과 민주적 리더십

리더십 행동이론 관점의 선구적인 역할을 한 연구는 1938년의 아이오아 대학 연구팀에 의해 이루어졌다. Lewin과 동료들은 리더십의 유형을 전제적(autocratic) 리더, 민주적(democratic) 리더, 그리고 방임형(laissez faire) 리더로 분류하였다.[10] 전제적 리더는 리더 개인에게 의사결정 권한이 집중된 형태로 리더는 직접적인 지시만을 하고 부하들의 참여를 허용하지 않는다. 반면에 민주적 리더는 그룹 토론 및 의사결정을 장려하고 리더는 이를 지원하는 형태이며, 방임형 리더는 부하들에게 의사결정권을 완전히 위임하는 형태이다. 이 연구에서 전제적 리더의 집단은 리더가 부하들을 감독하는 동안에는 성과가 좋게 나타났지만, 부하들은 폐쇄적이고 전제적인 리더를 싫어했고, 종종 적대적인 감정을 나타내었다. 민주적 리더의 집단은 성과가 좋았고 부하들은 리더에 대해 긍정적인 감정을 갖고 있었다.

아이오와 대학의 연구를 발전시킨 Tannenbaum과 Schmidt는 리더십 행동은 부하들

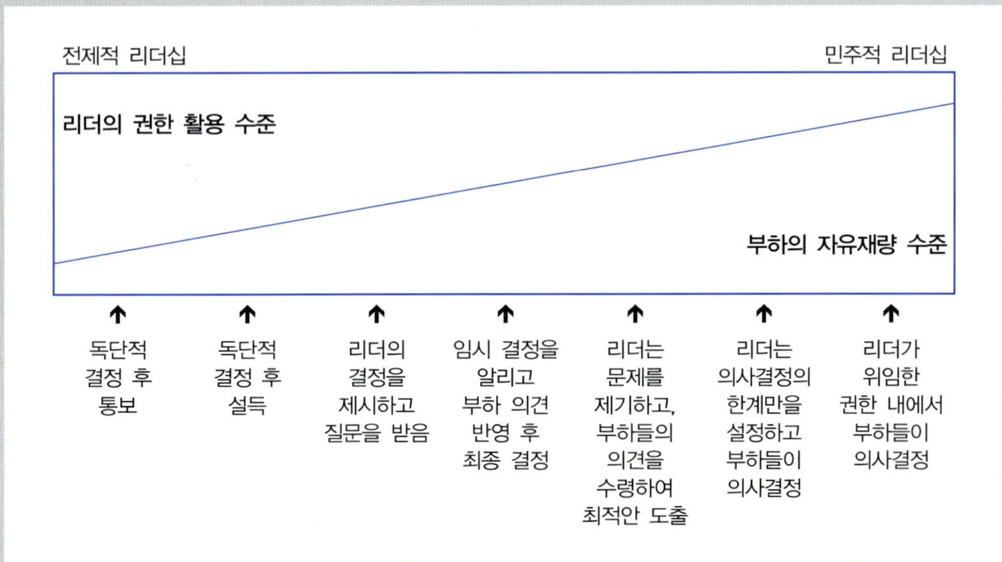


**그림 17-1**
Tannenbaum과 Schmidt의 리더 행동 연속성

자료 : Tannenbaum & Schmidt(1973), p.164.[11]

의 참여 정도에 따라 그 유형을 연속선상에서 구분하였다.[12] 전제적 리더십과 민주적 리더십 형태를 양 극단으로 하여 〈그림 17-1〉과 같이 다양한 리더십 유형이 나타난다. 이 들은 리더는 상황에 따라 적절한 그들의 행동을 적용할 수 있다고 주장한다. 예를 들면, 리더에게 시간이 촉박하거나, 부하들이 효과적인 의사결정을 할 수 없을 때 리더는 전제적 리더십을 발휘한다. 반면에, 부하들이 의사결정에 필요한 기술이나 지식을 얻고자 하는 준비가 되어 있다면, 민주적인 방식으로 행동할 것이다. 또한 리더와 부하 간의 기술 차이가 크면 클수록, 전제적인 리더십을 발휘하게 된다. 이는 리더만이 알고 있는 전문적인 수준에서는 부하의 참여가 크게 도움이 되지 않기 때문이다.

### 2.2.2 배려와 구조주도 리더

오하이오 대학의 연구는 다양한 조직을 대상으로 리더의 실제 행동들을 도출하고 요인분석을 통해서 리더의 행동이 배려(consideration)와 구조주도(initiating structure)의 2가지 차원으로 구분되는 것을 확인하였다.[13]

배려는 리더가 구성원들의 욕구에 민감하게 대처하고, 그들의 생각과 감정을 존중하며, 상호 신뢰를 구축하는 행동들을 말한다. 배려하는 리더는 부하들에게 관심을 보이며, 문제를 주위 깊게 경청하며, 팀워크를 개발하고, 부하들의 복지에 관심을 보인다. 구조주도는 리더의 관심이 과업 중심이며, 목표 달성에 중점을 두고, 부하들에게 지시하는 형태이다. 이러한 유형의 리더는 과업의 방향을 제시하고, 지침을 주며, 계획하고, 업무 활동에 대한 명확한 절차를 제공하며, 완료일을 강조하고, 일반적으로 강력하게 통제한다.

많은 리더들이 배려와 구조주도를 하나의 연속선상에서 함께 활용하고 있다. 그러나 행동의 영역은 서로 영향을 주지 않고 독립적이다. 즉, 리더는 두 가지 행동들을 모두 높게 보여줄 수도 있고, 둘 다 낮게 보여줄 수 있다. 또한, 리더는 높은 배려와 낮은 구조주도를 나타내거나 낮은 배려와 높은 구조주도 행동을 발휘할 수 있다. 오하이오 대학 연구에서는 높은 배려와 높은 구조주도 유형의 리더십이 다른 유형에 비해 더 나은 성과와 더 큰 만족을 준다는 것을 발견했다. 그러나 최근의 연구들은 리더 행동에 대한 네 가지 유형은 상황에 부합될 때 효과적인 것으로 확인되고 있다.[14]

### 2.2.3 부하 중심 리더와 과업 중심 리더

오하이오 대학과 비슷한 시기에 미시간 대학의 연구자들은 리더 행동과 그룹의 프로세서, 그리고 그룹 성과 간의 관계를 확인하기 위한 연구를 수행하였다. 효과적인 리더와 비효과적인 리더를 비교한 결과, 리더 행동은 부하 중심(employee-centered)과 과업 중심(job-centered)의 2가지 유형으로 구분되었다.[15] 이 연구에서 효과적인 리더들은 부하 중심적인 행동들을 발휘하는 것으로 나타났다.

부하 중심의 리더는 종업원의 개인적인 욕구충족과 인간관계의 개선을 강조한다. 이러한 리더는 부하와 우호적인 관계를 갖는 경향이 있으며, 개인적인 의사결정 대신에 집단의사결정 방법을 택하고, 높은 성취 목표를 달성하도록 구성원들을 격려하며, 구성원들을 세심하게 대하려고 노력한다. 반면에, 과업 중심 리더는 과업의 수행과 성취를 강조한다. 이들은 과업의 표준을 엄격하게 설정하고, 과업을 구체적으로 조직하며, 구성원이 따라야 할 상세한 작업방법을 규정한다.

### 2.2.4 관리격자에 의한 구분

텍사스 대학의 Blake과 Mouton은 오하이오 대학과 미시간 대학의 연구를 바탕으로 리더십 관리격자(managerial grid)이라고 불리는 두 가지 차원의 리더십 이론을 제안하였다.[16] 그들은 리더 성향을 생산에 대한 관심과 인간에 대한 관심의 두 차원으로 구분하여 관리격자 모형을 제시하였는데, 이는 오하이오 대학의 연구에서 제시된 배려와 구조주도, 미시간 대학 연구의 부하 중심과 과업 중심 리더십의 유형과 유사하다. 리더십 관리격자와 5가지 관리 유형은 〈그림 17-2〉에 제시하였다.

관리격자에 대해서 간단히 설명하면 다음과 같다. 각각의 축은 9점 척도이며, 1점은 낮은 관심, 9점은 높은 관심을 의미한다. 팀 관리형(9, 9)은 생산 및 인간에 대한 관심이 모두 높은 리더십 유형으로, 공통 목표를 통해 상호 신뢰를 형성함으로써 구성원들의 헌신을 이끌어내기 때문에 가장 효과적이다. 컨트리클럽 관리형(1, 9)은 과업성과보다 동료나 부하 간에 우호적인 인간관계를 유지하는데 주안을 두고 편안한 직장분위기를 창출한다. 과업 관리형(9, 1)은 생산에 대한 관심이 극단에 치우친 형태로 리더는 권력, 권위, 통제를 통하여 생산을 극대화하는데 관심을 쏟는다. 중도 관리형(5, 5)은 적절한 종업원의 사기를 유지하면서 적당한 성과를 내는 형태로서 인간과 생산 모두에 중간 수준의 관심만을 가진다. 무기력한 관리형(1, 1)은 해고당하지 않을 만큼 성

그림 17-2
Blake과 Mouton의 관리격자

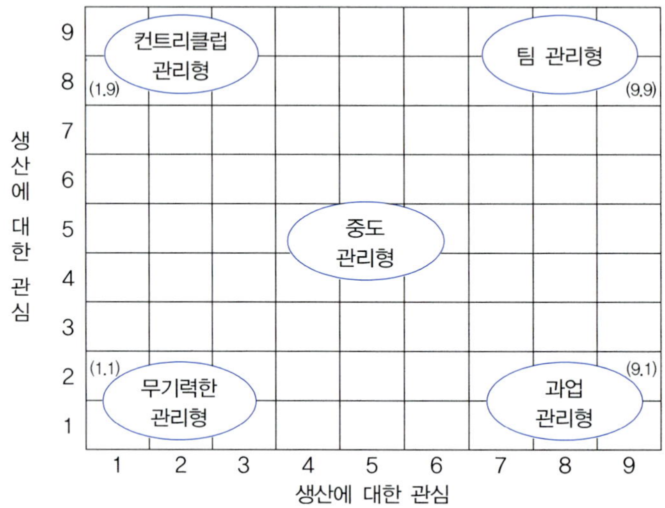


자료 : Blake & McCanse(1991), p.29.[17]

과를 내면서 최소한의 노력을 들이려하는 유형이다.

이상에서 살펴본 리더의 행동 중심으로 리더십을 구분한 것은 크게 '사람' 중심 행동과 '일' 중심 행동으로 구분한 것이 있다. 리더십 행동이론들은 리더의 행동과 집단의 성과와의 일관된 관계를 밝혀내는 것에 대체적으로 성공하였다. 그러나 이러한 이론들이 간과하고 있는 것은 리더 행동의 성공과 실패에 영향을 주는 상황적 요소에 대한 고려이다. 다음에서는 이러한 리더십이 처한 상황이 리더와 부하 간의 관계에서 어떠한 영향을 주는가에 대한 연구들을 살펴보겠다.

## 2.3 상황이론

리더십 상황이론은 효과적인 리더십을 발휘하는데 있어서 보편적으로 적용되는 리더의 특성과 행동 형태를 찾는데 한계를 느낌에 따라 대두되었다. 상황이론은 특정 리더 행동의 효과성은 그 상황의 영향을 받는 점을 가정한다. 상황이론은 언제 어디서나 효과적인 유일 최선의 리더십 유형은 없으며 현재 효과적인 리더십일지라도 상황이 바뀐다면 부적절해지고 다른 리더십 유형이 효과적일 수 있다는 관점이다. 이러한 연구를 상황 중심적인 접근이라 불렀고, 대표적인 연구로 Fidler의 상황적합이론(contingency theory), House의 목표-경로 이론(Path-Goal Theory), Vroom-Yetton의 규범이론, Hersey-Blanhard의 상황이론(situational theory) 등이 있다.

### 2.3.1 Fiedler의 상황적합이론

리더십 상황이론으로 가장 널리 알려져 있고 오래된 이론이 Fiedler의 상황적합이론(contingency theory)이다. 상황적합이론에 따르면, 리더십의 효과는 상황에 적합한 리더십 스타일이 발휘될 때 나타난다. 이 이론에서 Fiedler는 리더십 유형과 상황요인을 분류하고 적합한 조합들을 제시하였다. 리더십 유형 및 상황요인들은 다음과 같다.[18]

#### 1) 리더십 유형

Fiedler의 상황적합이론에서 리더십 유형은 리더가 관계지향적이냐 과업지향적이냐에 따라 구분된다. 관계지향적인 리더는 오하이오 대학의 연구에서의 배려 행동처럼 사람에게 관심이 있고, 과업지향적인 리더는 구조주도 유형처럼 과업을 성취하는데 주로 관심을 갖는다. 이러한 두 가지 유형의 리더는 '함께 일하기 가장 싫어하는 동료(LPC: least preferred coworker)' 척도로 알려진 설문지를 통해 구분된다. LPC 척도는 16개의 의미분석 척도로서 각각 8점 척도로 되어 있다. 만약 리더가 가장 싫어하는 동료를 관대하게 평가한다면, 그 리더는 관계 지향적인 리더이고, 반대로 가장 싫어하는 동료를 부정적으로 평가한다면, 그 리더는 과업 지향적인 리더로 간주된다.

#### 2) 상황요인

상황요인은 리더와 구성원 간의 관계(leader-member relationship), 과업의 구조화 정도(degree of task structure), 리더의 지위권력(leader's position power) 등 세 가지 요인이 있다.

① 리더와 구성원 관계 : 리더에 대한 집단의 분위기나 구성원의 태도를 의미한다. 부하가 리더에 대해 신뢰와 존경을 가지고 협조적일 때, 리더와 구성원의 관계는 리더에 호의적인 상황으로 평가된다. 그러나 리더에 대해 불신하거나 존경심이 없고 비우호적이라면 리더에게 비호의적인 상황으로 간주된다.

② 과업의 구조화 정도 : 과업 수행 절차의 표준화 수준, 과업 수행 결과를 평가할

수 있는 객관적 기준, 최종 제품 및 서비스의 상태가 구체적으로 묘사된 정도 등을 의미한다. 생산 라인처럼 일상화되고 구체적으로 규정된 과업은 구조화된 것이며, 연구 및 전략 계획과 같은 창조적이고 규정되어 있지 않은 과업은 비구조화된 것으로 볼 수 있다. 과업구조가 구조화되어 있는 경우에는 리더에게 호의적인 상황이고 비구조화된 경우에는 비호의적인 상황으로 평가된다.

③ 지위 권력 : 리더가 부하에게 공식적인 권위를 행사할 수 있는 정도를 의미한다. 리더가 부하의 과업에 대해 계획, 지시, 평가, 그리고 상벌을 줄 수 있는 힘이 있다면 리더의 지위 권력은 높은 것이다. 부하에게 주는 영향력도 적고 그들의 과업에 대해 평가하고 보상을 줄 수 없다면, 지위 권력은 낮은 것이다. 지위권력이 높으면, 상황은 리더에게 호의적인 것이다.

〈그림 17-3〉에 나타난 바와 같이, 세 가지 상황 요인을 결합하면, 그림과 같이 8가지의 리더십 상황이 나타난다. 상황 Ⅰ은 리더에게 가장 호의적인 상황으로서, 리더와 구성원 간의 관계가 좋고, 과업구조가 구조화되어 있으며, 리더의 지위 권력도 강하다. 상황 Ⅱ, Ⅲ은 Ⅰ에 비해서는 불리하지만 대체적으로 호의적인 상황으로 과업 지향적인 유형이 효과적이다. 상황 Ⅳ, Ⅴ, Ⅵ, Ⅶ은 중간수준으로 관계지향적인 리더가 효과

**그림 17-3**
Fiedler의 상황적합이론

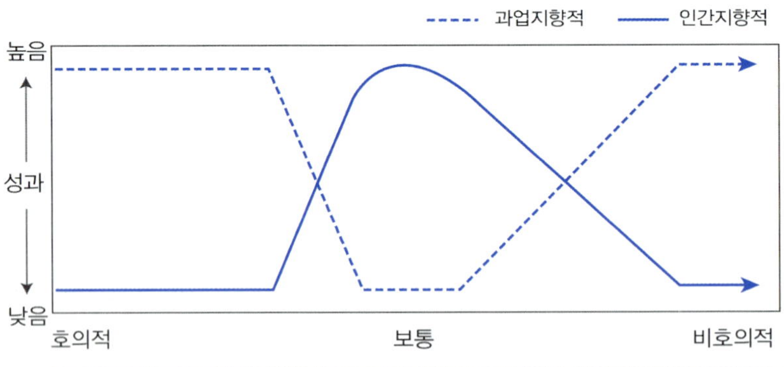


| 상황요인 | Ⅰ | Ⅱ | Ⅲ | Ⅳ | Ⅴ | Ⅵ | Ⅶ | Ⅷ |
|---|---|---|---|---|---|---|---|---|
| 리더－구성원 관계 | 좋음 | 좋음 | 좋음 | 좋음 | 나쁨 | 나쁨 | 나쁨 | 나쁨 |
| 과업구조 | 높음 | 높음 | 낮음 | 낮음 | 높음 | 높음 | 낮음 | 낮음 |
| 지위 권력 | 강함 | 약함 | 강함 | 약함 | 강함 | 약함 | 강함 | 약함 |

자료 : Fiedler(1967).[19]

적인 리더십을 발휘할 수 있는 조건이다. 마지막으로, 상황 Ⅷ은 리더에게 가장 비호의적인 상황으로서, 리더와 구성원 간의 관계가 나쁘고, 과업구조는 비구조화되어 있고, 리더의 지위 권력은 약한 상태이다. 이러한 상황 Ⅷ 조건에서는 과업 지향 리더가 효과적이다.

Fiedler의 상황적합이론을 적용하기 위해 리더가 알아두어야 할 사항이 있다. 먼저 리더는 자신이 관계 지향적인 리더인지, 과업 지향적인 리더인지 알아야 한다. 그 후에 리더는 상황을 진단하고, 리더와 구성원의 관계, 과업의 구조화 정도, 지위 권력이 유리한지 불리한지를 평가해야 한다.[20]

Fiedler의 연구가 리더십 연구에서 기여한 가장 중요한 것은 리더십 유형에 대한 관심을 뛰어넘어 어떻게 상황에 적합한 리더십의 유형이 조직의 유효성을 증진시키는가를 보여준 것이다. 반면에 Fiedler의 상황이론에 대한 비판도 제기되었다.[21] 관계 지향 행동과 과업 지향 행동을 측정하는 LPC 점수의 사용이 단순하며 시간의 변화에 따른 모형의 적용이 불분명하다는 것이다. 예를 들어 과업 지향적인 리더가 비호의적인 상황에서 성공적이라면, 조직의 상황은 호전될 것이고, 리더에게 유리하게 전환될 것이다. 이에 따라 리더는 자신의 유형을 변화 시키거나 새로운 상황으로 이동해야 할 것이다.

### 2.3.2 House의 경로-목표 이론

리더십에 대한 또 다른 상황적 접근으로서 경로-목표 이론(path-goal theory)을 들 수 있다. 이 이론은 기대이론(expectancy theory)에 기반을 둔 것으로 리더의 행동은 부하들의 현재의 만족이나 장래의 만족을 증진시키는 것으로 기대되어질 때 효과적이다. 리더는 부하들의 동기부여를 위해서 ① 부하들이 보상을 얻기 위한 경로를 명료하게 제시하거나, ② 부하들이 가치 있게 생각하고 바라는 보상을 증가시킨다. 먼저 경로 명료화는 리더가 부하에게 과업 수행의 성공에 대한 기대감(expectancy)을 높이고 보상에 대한 수단성(instrumentality)을 높이는 과정이다. 다음으로 보상 증가는 부하들에게 과업 성취 시에 받게 되는 보상을 늘림으로써 의미와 가치성(valence)을 증가시키는 것이다.

House는 다양한 상황요인과 리더십 스타일이 상호작용하여 리더십 효과성에 영향을 미친다고 보았다. Fiedler의 상황적합이론에서는 상황의 유리한 정도에 따라 적합한 리더십의 유형이 있다고 가정한 반면에, 경로-목표이론에서는 상황에 맞춰서 리더가 자신의 행동을 바꾼다는 점에서 차이가 있다. House가 제시한 네 유형의 리더십 스타일과 상황요인들은 다음과 같다.[22]

#### 1) 리더십 유형

경로-목표 이론에서는 리더의 행동을 네 가지로 구분하였는데, 바로 지원적, 지시적, 참여적, 그리고 성취지향적 리더십 유형이다.

① 지원적 리더십(supportive leadership) : 부하들의 욕구에 대한 배려와 복지에 관심을 보이는 리더의 행동으로 친밀하고 우호적인 팀 분위기를 조성한다.

② 지시적 리더십(directive leadership) : 부하들에게 해야 할 바에 대해 분명하게 지시하고 구체적인 지침을 주며, 규칙과 절차를 준수하도록 강요한다.

③ 참여적 리더십(participative leadership) : 부하들의 의사결정에 참여를 보장하고 부하들의 의견을 듣고 제안을 반영한다.

④ 성취지향적 리더십(achievement-oriented leadership) : 도전적인 목표를 설정하고, 성과의 개선과 월등한 성과를 강조하며, 부하들에게 할 수 있다는 자신감을 확신시켜 준다.

#### 2) 상황요인

경로-목표이론에서 두 가지 중요한 상황요인은 구성원들의 개인 특성과 과업 환경이다. 부하의 개인 특성은 능력과 기술, 욕구, 동기와 같은 요소들을 포함한다. 중요한 부하특성은 통제 위치, 과업 능력, 성취욕구, 경험, 역할 명료성 욕구 등이며 환경요인으로는 과업구조, 공식적인 권위체계 및 과업 집단의 특성 등이다. 이들 상황요인들은 제약요인이 되어 리더십 형태의 효과성에 영향을 미친다. 예를 들면, 내적통제소재수준이 높은 부하일 경우 과업 환경을 스스로 통제할 수 있다고 믿기 때문에 참여적 혹은 성취지향적 리더십이 효과적이다. 반대로, 외적통제소재의 특성을 가진 부하는 외부 환경을 통제할 수 없다고 생각하기 때문에 지시적 및 지원적 리더십을 선호한다. 능력이 우수하고 경험이 풍부한 부하들은 지시받는 것을 좋아하지 않으며 참여적이고 성취지향적일 때 동기부여된다. 하지만, 경험이 부족한 부하는 새로운 도전들에 대처하는 것이 감당할 수 없을 뿐만 아니라 새로운 직무에 대한 지식을 축적하는 것이 우선적으로 필요하기 때문에 지시적이고 지원적인 리더십을 선호한다.

### 2.3.3 Vroom-Yetton의 규범적 의사결정 이론

리더십에 대한 상황적 접근 중에서 또 다른 이론은 Vroom의 규범적 의사결정 이론이다. 이 이론의 초기연구는 Vroom과 Yetton에 의해서 개발되었고, 이후에 Vroom과 Jago에 의해서 발전되었다.[23] 최근에는 Vroom이 최초 모형을 다시금 정교하게 발전시켰다.[24] 리더의 의사결정 절차는 의사결정의 질과 실제 수행하는 구성원들의 수용 태도에 영향을 미치고, 이어 의사결정의 질과 구성원들의 의사결정에 대한 수용 태도는 실제 그룹의 성과에 영향을 미친다. 하지만, 의사결정 절차가 의사결정의 질 및 수용에 미치는 영향은 상황에 따라 다양하게 나타날 것이다. 따라서 상황에 따라 적합한 의사결정 유형은 다양하게 구분될 수 있다.

#### 1) 의사결정 유형

Vroom과 Yetton은 5가지의 의사결정 절차의 유형을 구분하였다. 의사결정나무의 오른쪽 끝에 제시된 다양한 의사결정 유형은 리더가 주어진 상황에 적합하게 대응하기 위해 부하들의 다양한 참여 수준을 보여주는 것이다. 이러한 리더의 다섯 가지 유형은 다음과 같다.

① AⅠ : 리더는 자신이 알고 있는 정보를 바탕으로 혼자서 의사결정을 함.

② AⅡ : 리더 혼자서 의사결정을 하며 부하들은 리더에게 필요한 정보를 제공함. 부하들은 해결책을 제안하고 평가하는 활동에는 참여하지 않음.

③ CⅠ : 관련 있는 부하들로부터 해결책에 대한 의견을 수렴하지만 최종 의사결정은 리더 개인이 함. 부하들 전원이 의사결정에 참여하는 것은 아님.

④ CⅡ : 그룹 전체 부하들과 문제를 공유하고 의견을 수렴함. 의사결정은 리더 스스로 함.

⑤ GⅡ : 그룹 전체 부하들과 문제를 공유하고, 리더는 부하들의 의견 제안과 평가 활동을 촉진하는 역할. 리더의 개인적 선호와는 관계없이 구성원 전체가 지지하는 안을 받아들임.

#### 2) 상황요인과 의사결정 규칙

위에서 제시된 리더의 의사결정 유형은 다음과 같은 상황을 고려하여 리더가 선택하여야 한다. 의사결정 유형을 선택하는 데 있어서 고려하여야 할 상황요인을 다음과 같다.

① 의사결정 질의 중요성
② 리더가 가지고 있는 관련 정보의 수준
③ 문제의 정형화 정도
④ 부하들의 수용 여부의 중대성
⑤ 부하들의 전제적 의사결정에 대한 부하들의 수용 가능성
⑥ 조직의 목표를 달성하는 데 있어서 부하들의 동기부여 정도
⑦ 부하들의 의견대립의 가능성.

리더는 의사결정의 질과 수용도를 높이기 위하여 상황요인을 고려하여 다음과 같은 의사결정의 규칙을 따르게 된다.

① 정보의 규칙(the information rule) : 의사결정의 질이 중요한 사안이거나 리더가 충분한 정보를 가지고 있지 않을 때. AⅠ유형은 배제함.
② 목표 일치의 규칙(the goal congruence rule) : 의사결정의 질이 중요하고, 부하들이 문제 해결이 조직의 목표 달성과 일치하지 않는다고 여길 때. GⅡ 유형은 배제함.
③ 비정형화 문제 규칙(the unstructured problem rule) : 의사결정의 질이 중요하고, 리더가 충분한 정보가 없는 상태에서 구조화된 문제가 아닐 경우. AⅠ, AⅡ, CⅠ 유형은 배제함.
④ 수용 규칙(the acceptance rule) : 수행하는 데 있어서 부하들의 의사결정 수용이 중요하고, 리더 독단적인 의사결정을 부하들이 수용하지 않을 가능성이 높을 때. AⅠ, AⅡ 유형은 배제함.
⑤ 갈등 규칙(the conflict rule) : 의사결정의 수용이 중요하고, 리더 독단적인 의사결정을 부하들이 수용하지 않을 가능성이 높고, 부하들의 의견 충돌이 예상될 때. AⅠ, AⅡ, CⅠ 유형은 배제함.
⑥ 공정성 규칙(the fairness rule) : 의사결정의 질이 중요하지 않고, 부하들의 수용이 중요하며 독단적 의사결정을 수용하지 않으려 할 때. AⅠ, AⅡ, CⅠ, CⅡ 유형은 배제함.
⑦ 수용의 중요성 규칙(the acceptance priority rule) : 부하들의 수용이 중요하고, 부하들은 목표 달성에 동기부여되어 있으며, 독단적인 의사결정은 수용하지 않을 때. AⅠ, AⅡ, CⅠ, CⅡ 유형은 배제함.

그림 17-4

Vroom & Yetton의 의사결정 나무

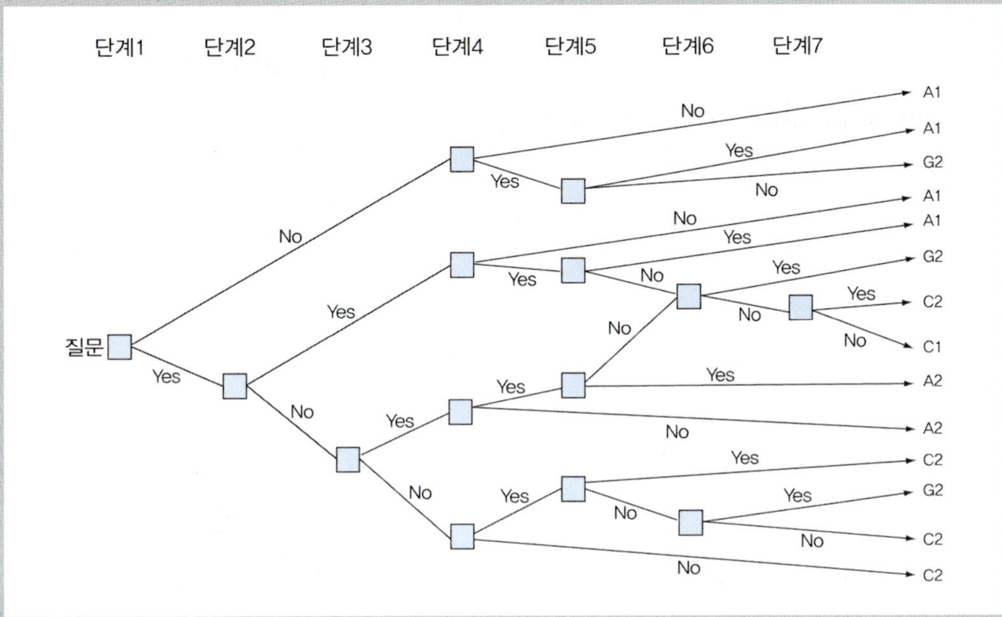


자료 : Vroom & Yetton(1973), p.194.[25]

### 3) 의사결정 나무

의사결정 유형의 선택은 단계별로 상황을 진단하는 질문에 '예' 또는 '아니오'로 대답을 하면서 결정되어진다. 단계별 상황진단을 위한 질문은 다음과 같다. 리더의 의사결정 유형은 의사결정 나무를 거치면서 〈그림 17-4〉와 같이 최종 결정된다.

- 단계 1 : 의사결정의 질이 중요한가?
- 단계 2 : 의사결정에 필요한 충분한 정보를 가지고 있는가?
- 단계 3 : 문제는 정형화되어 있는가?
- 단계 4 : 효과적인 수행을 위해서 부하들이 의사결정을 수용하는 것이 중요한가?
- 단계 5 : 만약 독단적으로 의사결정을 한다면, 부하들이 수용할 가능성이 있는가?
- 단계 6 : 문제를 해결하면 목표를 달성할 수 있다는 점을 부하들이 인식하고 있는가?
- 단계 7 : 부하들 사이에 의견 대립이 있는가?

규범적 의사결정 이론은 상황의 특성에 따라 달라지는 의사결정에 부하들을 어느 수준까지 참여시켜야 하는지를 결정하는 것이다. 문제에 대한 다양한 평가 이후에, 리더는 부하의 참여 수준을 규정하는 적합한 의사결정 유형을 결정하는 것이다. Vroom의 최근 연구는 리더가 두 가지의 다른 의사결정나무를 활용할 것을 제안한다.[26] 하나는 시간주도 모형인데, 리더의 주된 관심이 가능한 빠른 시간 내에 효과적인 의사결정을 하는 것일 때 활용된다. 육성 모형은 리더가 다른 사람의 의사결정 능력 개발에 주로 관심을 가질 때 활용되는 것이다.

### 2.3.4 Hersey와 Blanchard의 상황이론

Hersey와 Blanchard의 상황이론은 적절한 리더십 유형을 결정하는데 있어서 부하들의 특성에 많은 관심을 가졌다.[27] 이 이론의 중점은 부하들의 성숙도 또는 준비성에 따라 적합한 리더십 유형이 있다는 것으로, 성숙도 또는 준비성은 직무 수행 능력과 심리적 의지로 정의된다. 직무수행능력이 우수하다는 것은 관리자의 지시 없이 자신의 직무를 수행할 수 있는 능력과 지식이 구비됨을 의미한다. 심리적 준비성이 높다는 것은 과업을 훌륭하게 수행하려는 의지가 높다는 의미이다. 따라서 준비성이 높은 사람들은 상사의 직접적인 지시나 간섭이 불필요한 부하들이다.

리더십 유형과 부하의 준비성과의 관계는 〈그림 17–5〉에 제시되어 있다. 그림의 윗부분은 리더의 관계지향 행동과 과업지향 행동이 조합되어진 네 가지의 리더십 유형을 보여준다. 종 모양의 곡선은 각 리더십의 유형이 적합할 때, 선택되어지기 때문에 리더십 결정곡선이라고 불린다. 리더의 네 가지 유형은 다음과 같다.

① 지시형(telling) : 부하들의 역할을 명확히 규정하고 무엇을, 어디서, 어떻게, 언제 할 것인지 부하들에게 알려준다.

② 설득형(selling) : 부하들을 구체적으로 지도하고 지원한다.

③ 참여형(participating) : 과업 수행을 위한 의사결정 과정에 부하들이 참여한다.

④ 위임형(delegating) : 구체적이고 직접적인 지시를 하지 않는다.

지시형, 설득형, 참여형, 위임형은 그림의 아래 부분에 표시된 부하들의 준비성에 의해서 결정된다. 지시형의 리더는 준비성이 낮은 부하들에게 적합한 리더 유형인데, 이는 부하들의 능력과 과업을 수행하고자 하는 의지가 부족하기 때문이다. 설득형과 참여형은 준비성이 중간 정도인 부하들에게 적합한 유형이며, 위임형 리더는 준비성이

**그림 17–5**

Hersey와 Blanchard의 상황적 리더십 유형

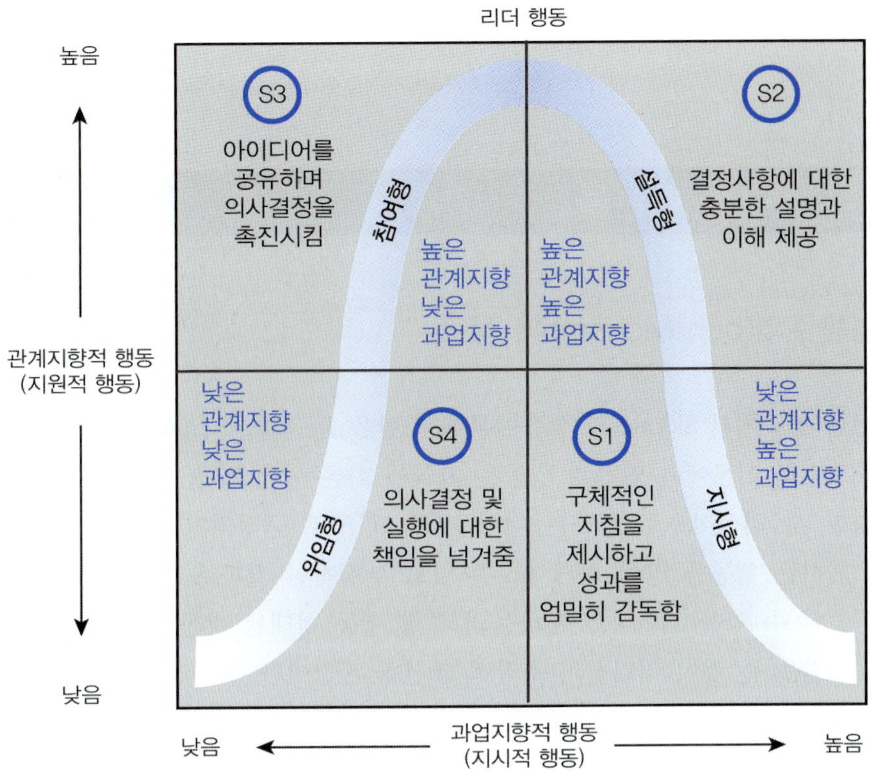


**부하의 성숙도 또는 준비성**

| 높음 | 중간 | | 낮음 |
|---|---|---|---|
| R4 | R3 | R2 | R1 |
| 능력이 있고 의지와 자신감이 있음 | 능력은 있으나 의지와 자신감 결여 | 능력은 없으나 의지와 자신감이 있음 | 능력 및 의지, 자신감 모두 결여 |
| 부하지향적 | | 리더지향적 | |

자료 : Hersey, Blanchard, & Johnson(2001), p.182.[28]

높은 부하들에게 적합한 리더의 유형이다.

이 이론을 적용하기 위해서 리더는 부하들의 준비성을 평가하여야 하고 어떠한 리더십 유형이 필요한지를 결정해야 한다. 부하들의 준비성 수준이 낮다면, 리더는 부하들이 해야 할 일과 어떻게, 언제 해야 하는지에 대해 자세하게 지시해 주어야 한다. 부하들의 준비성이 높다면, 리더는 권한위임을 통해서 부하에게 목표와 과업을 수행하는

데 필요한 적절한 권한을 제공하여야 한다. 리더는 무엇보다도 부하들의 준비성 수준을 주위 깊게 진단한 후에 지시형, 설득형, 참여형, 위임형의 유형을 결정해야 한다.

## 3. 현대적 리더십 연구와 이론들

### 3.1 행동주의(behaviorism)적 접근

리더십 연구에서 Skinner의 학습이론에 기반을 둔 이론이 조작적 조건화 관점이다. 조작적 조건화 이론에서 인간의 행동은 자극에 따른 단순 반응이 아니라 행동의 결과를 예측한 후 의식적으로 행하는 것이다.[29] 그러므로 긍정적인 결과를 조작함으로써 리더가 원하는 행동을 많이 하게 할 수 있고 부정적인 결과로 조작하면 원하지 않는 행동을 줄일 수 있을 것이다.[30] 부하들의 특정 행동 형태를 강화하는데 보상과 처벌의 효과에 초점을 둔 것이 리더십의 조작적 조건화 관점이다. 조작적 조건화 관점에서 리더는 보상의 조건을 결정하고 집행하는 가장 중요한 원천이며, 리더십은 보상을 통제함으로써 부하들의 특정 행동을 유도하는 동기부여 과정으로 설명할 수 있다.[31] Sims는 조직에서 리더를 강화 조건의 관리자로 설명한다.[32] Sims에 따르면, 강화 사건은 〈그림 17-6〉에서 나타난 바와 같이 세 요소로 구성되어 있다. 리더의 차별적인 자극에 대하여 기대되는 반응을 보임으로써 부하들은 긍정적인 결과를 얻을 수 있다. 즉, 부하들은 보상이나 칭찬 등의 긍정적인 결과를 얻기 위해서 의식적으로 리더의 자극에 적절한 수행을 보인다는 것이다. 따라서 보상이나 칭찬은 부하의 수행을 유도하는 강화요인이다. 그러므로 리더는 이러한 강화요인을 관리함으로써 부하의 행동을 촉진할

**그림 17-6**
긍정적 강화의 사건

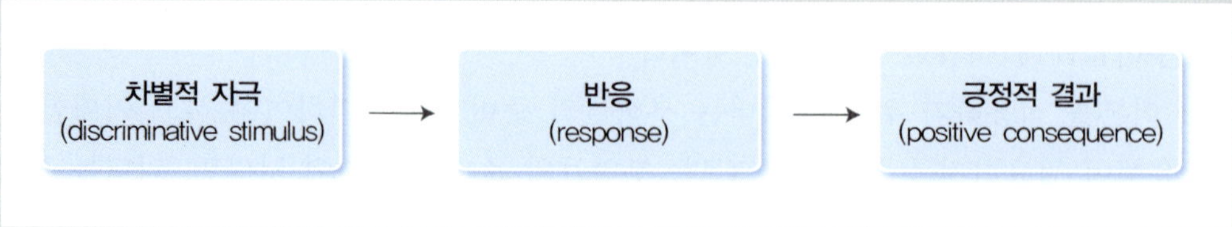


자료 : Sims. H. P.(1977).[33]

수 있는 것이다.

많은 연구들에서 고성과에 대한 리더의 보상 약속은 실제 부하들의 성과 향상에 기여하고 만족을 증진시키는 것으로 나타났다.[34] 경제적 보상뿐만 아니라 칭찬이나 격려, 권한위임 등 비공식적인 보상도 부하들의 동기부여에 효과적이다.[35] 반면에, 부정적 행동에 대한 처벌도 부하들의 만족을 긍정적으로 향상시키는 것으로 나타났는데, 이러한 결과는 조건적 처벌이 부하들의 역할모호성을 감소시키는 효과를 가져왔기 때문이다.[36]

그러므로 조작적 조건화 관점에서 조직의 보상 관리도 리더십과 연계하여 이루어져야 할 것이다. 보상을 아무런 조건 없이 부여하는 것보다는 성과를 고려하여 보상을 시행하는 것이 리더십의 영향력 향상에도 도움된다. 리더의 조작적 보상 관리는 배려, 구조주도, 참여 등과 같이 부하들의 성과를 결정하는 중요한 리더 행동으로 볼 수 있다. 배려 및 구조주도 등의 리더 행동은 부하들의 행동 이전에 해야 할 행동을 구체화하는 기능을 수행하고, 리더의 보상행동은 행동 이후의 결과를 구체화함으로써 동기유발 기능을 수행한다.[37]

## 3.2 인지주의(cognitivism)적 접근

### 3.2.1 리더십 귀인이론

이 책의 제4장에서는 귀인이론을 설명한 바 있다. 리더와 부하가 매일매일 일상생활(everyday life)을 함에 있어 상호간에 인지과정을 거치게 된다. 리더의 실제 특성이나 행동도 중요하지만 이러한 것들이 부하들에게 어떻게 인지되느냐에 따라 리더십 효과성은 차이가 난다. 따라서 리더십 현상을 이해하고 분석을 하는데 있어 귀인이론이 도움이 된다. 리더십 귀인이론(attribution theory of leadership)에 따르면, 리더십 자체는 적절한 과학적 개념 및 변수가 아니며, 부하들에게 지각된 이미지가 중요하고 과학적인 분석에서도 이러한 이미지가 사용된다.[38]

한 개인의 리더십 속성의 유무는 그 사람의 행동을 통해 확인된다. 부하의 리더십 귀인 과정은 실제 리더의 행동을 직접적으로 관찰함으로써, 간접적으로 전해 듣고, 또는 특정 행동으로부터 다른 행동을 추론함으로써 이루어진다. 이러한 관찰을 통해서 부하는 리더의 행동이 리더십 속성에서 비롯된 것인지 아닌지를 판단한다. Kelley의 귀인이론에 따르면, 행동의 원인에 대한 귀인과정은 특이성(distinctiveness), 시간 및 공간적 일관성(consistency), 그리고 합의성(consensus)의 3가지 평가 차원으로 이루어진다.[39] Calder는 이러한 Kelley의 평가 차원을 바탕으로 리더십 속성의 유무를 판단하는 네 가지 기준을 제시하였다.[40] 첫째, 다른 사람들과 구분되는 특이한 행동인가? 만약 모든 사람에게서 나타나는 행동이라면 리더십에서 비롯된 행동이라 볼 수 없다. 둘째, 시간의 경과에 따라 일관된 행동으로 나타나는가? 셋째, 장소의 변동에도 관계없이 행동은 일관적인가? 리더십 행동으로 여겨지는 특정 행동이 시간 및 장소의 변동에 따라 달라지는 일회적인 행동일 경우에 리더십에서 비롯된 것으로 볼 수 없다. 넷째, 다른 부하에게도 동일한 행동을 하는가? 특정 부하가 아닌 다른 부하에게도 동일한 행동을 취한다면, 그 행동의 원인은 외부 영향이 아닌 내부의 기질적 속성 즉, 리더십에서 비롯된 것으로 볼 수 있을 것이다.

### 3.2.2 암묵적 리더십 이론

암묵적 리더십 이론(implicit leadership theory)에 따르면, 부하들은 바람직한 리더십으로 기대하는 리더십 원형(prototype)을 가지고 있고 리더의 행동이 이 원형과 부합할 때 잘 따른다.[41] 사람들은 오랜 경험을 통해서 사회적 범주(categorization)별로 적합한 리더십의 원형을 형상화한다. 이러한 리더십 원형은 해당 범주에 속한 리더들이 가지고 있는 특성들의 집합으로 다른 범주와 구분이 된다. 사람들은 특정 지위에 적합한 행동, 기술, 그리고 특성에 대해서 전형적인 이미지를 형성하고 있는 것이다. 예를 들면, 은행장에게 기대하는 리더십 원형은 전투를 수행하는 장군의 리더십과는 차이가 있다. 경영자가 원하는 리더상과 교육자가 바람직하다고 생각하는 리더상도 당연히 차이가 있을 것이다. 동일한 조직내에서도, 최고경영자와 일선관리자에게 기대하는 리더십 원형이 다르다. 국가 및 사회가 속한 문화적 배경에 따라서도 바람직한 리더의 특성이나 요구되는 능력에서 차이가 나타난다.[42]

암묵적 이론에서는 리더의 행동이 부하들이 기대하는 원형과 가까울수록 바람직한 리더십으로 인식하게 되고 리더십의 효과도 더 좋게 나타난다는 점을 주장하고 있다. 하지만 어떤 특정 상황에 적합한 행동을 취하였지만 부하들이 가지고 있는 원형과 일치하지 않는다면, 상황을 고려치 않고 무조건 원형에 가까운 행동을 취한 리더에 비해서 저평가되는 문제점이 있다.[43] 또한, 리더십 귀인이론에서 전술한 바와 같이, 리더의 실제 특성이나 행동보다는 부하들이 어떻게 지각하느냐에 따라 리더십 평가가 달라짐으로 부하들이 생각하고 있는 원형에 적합한 리더십은 실제보다 긍정적으로 평가되어질 것이고, 부합되지 않는 리더십은 실제보다 부정적으로 평가되어질 것이다. 그러므로 부하들의 암묵적 리더십에 의해 측정의 편의가 발생하게 된다.[44]

### 3.2.3 사회정보처리 접근법

리더십의 사회정보처리 접근법(social information processing approaches)은 리더십 귀인이론 및 암묵적 리더십 이론과 같은 맥락에서 이해할 수 있다. 세 이론 모두 리더의 실제 특성 및 행동보다는 부하들의 지각을 강조하고 있다. Lord와 Maher는 리더십의 사회정보처리 접근법에 대한 이론적 근거를 정립하였는데, 리더십 인식은 두 가지의 인식 과정을 거치게 된다.[45] 인지기반 리더십 인식과 추론기반 리더십 인식이다.

인지기반 리더십 인식은 분류 및 범주화 과정, 그리고 결과에 대한 귀인 과정을 포함하는 인지 과정에 기반을 두고 있다. 개인들은 범주별로 구분되고 그가 속한 범주에 따라서 기대되는 역할과 도식(schema)이 형성되어진다. 이러한 범주화된 도식은 개인의 행동을 귀인하는 데 그리고 우리가 개인을 평가하는 데에도 결정적인 영향을 미친다. 리더십 인지과정도 동일한 과정을 거치게 되는데, 사람들은 이전 경험이나 타인들과의 상호작용을 통해서 특정 맥락에 적합한 리더십의 속성에 대한 지식을 축적하게 된다. 즉, 범주에 따른 리더십의 전형을 형성하는 것이다. 부하들은 범주별로 리더십의 원형을 가지고 있고, 이러한 지식에 의존함으로써 리더십의 복잡성을 피하고 단순화시킬 수 있다. 부하들이 생각하는 리더십 원형에 리더의 실제 특성이나 행동이 잘 부합되면 훌륭한 리더십으로 인식되고 효과적일 것이다.

추론기반 리더십 인식은 리더십을 조직에서 중요한 사건인 성과와 연관 지은 것으로 성과에 대한 귀인을 통해서 리더십을 인식하는 것을 의미한다. 성과의 원인을 리더에게 귀인을 한다면, 성과가 좋을수록 리더십은 긍정적으로 평가되어지고 성과가 좋지 않다면 리더십은 부정적으로 인식되어질 것이다. 인지기반 리더십 인식과 마찬가지로, 리더십 인식은 리더의 실제 행동보다는 성과의 영향을 받아 오류가 발생하게 된다.

## 3.3 리더–부하 교환이론

Graen과 그의 동료들에 의해 개발된 리더–부하 교환이론(LMX: leader-member exchange model)의 핵심 내용은 리더가 각각의 부하들과 개별적으로 차별화된 관계를 형성한다는 점이다.[46] 이전의 리더십 이론들은 부모가 자식들을 차별없이 똑같이 대하는 것처럼 리더는 부하들 전부를 동일한 방법으로 대하는 평균적인 리더십(average leadership)을 가정하고 있다. 그러나 LMX 이론은 부하들을 동일하게 대한다는 가정을 부정하고, 리더는 각각의 부하들과 상호작용하면서 차별적인 관계를 형성하며 교환관계의 수준에 따라 각각의 부하에 대한 행동이 다르다는 점을 주장한다.

LMX 이론에 의하면, 부하들은 '내집단(in-group)'과 '외집단(out-group)'으로 구분되는데 내집단은 리더와 공동의 이해와 가치를 공유하는 부하들로서 높은 수준의 교환관계를 형성하는 반면, 외집단은 리더와 유대가 낮은 부하들로서 낮은 수준의 교환관계를 유지한다. 리더는 내집단의 부하들에 대해서 여러 가지 호의적인 대우를 한다. 예를 들면, 중요 과업의 할당, 높은 수준의 권한위임, 정보의 공유, 의사결정 참여, 복리후생에서의 특혜, 개인적 지원, 경력 보장 등의 혜택이 주어진다. 부하들은 리더에 대한 충성과 신뢰, 존경, 헌신, 그리고 몰입으로 통해 보답을 한다. 시간이 지남에 따라 이러한 리더와 부하들의 호혜적 교환이 반복되면서 교환관계는 더욱더 발전한다. 반면에 외집단의 부하들은 리더로부터 계약상에 제시한 표준적인 대우만을 받게 되며 부하들도 공식적인 과업만을 이행하기 때문에 교환관계는 고용계약에서 명시된 수준에서 머물게 된다.

LMX에 관한 실증연구들을 살펴보면, LMX가 높은 부하들은 대개 직무에 대해 만족과 조직에 대한 헌신이 높았으며 우수한 성과를 내는 반면에 이직의도가 낮은 것으로 나타났다.[47] 따라서 조직유효성을 증가시키기 위해서는 리더가 부하들과 양질의 교환관계를 형성하는 것이 필요하다. 최근 LMX 연구에서의 관심은 리더가 수많은 부하들과 긍정적인 관계를 발전시킬 수 있는 지에 맞춰져 있다. 즉, 어떻게 하면 리더가 모든 부하들과 호의적인 관계를 발전시키고 높은 교환관계를 유지하며 이를 통해 그룹의 성과를 향상시킬 수 있는지에 초점을 두고 있다.

## 3.4 사회학습이론적 접근

이제까지 리더십이론들은 리더의 각종 활동은 부하를 직접적으로 지향함으로써 영향력이 발휘됨을 설명하고 있다. 예를 들어, 목표를 제시하거나 부하에게 지시를 내리고 의사결정에 참여시키는 행위, 부하를 지원하거나 배려하는 행위 등은 모두 부하를 대상으로 하고 있다. 이와 대조적으로 사회학습이론적 접근은 리더의 행동이 직접적으로 부하를 지향하지 않더라도 부하들은 리더의 바람직한 행위들을 모방함으로써 영향을 받는다는 점을 강조한다.

인간은 직접적인 경험을 하지 않더라도 타인의 행동을 관찰함으로써 모방할 수 있다. 타인의 행동이 긍정적인 결과를 가져오면 동일한 행동을 하려할 것이고, 부정적인 결과를 초래하면 행동을 자제할 것이다. 부하들은 리더의 행동을 모방하기 쉬운데, 이는 리더가 집단을 총괄하는 권한과 책임을 가지고 영향력을 행사함으로 다른 구성원에 비해 더 잘 부각되기 때문이다.[48] 리더십에서 사회학습이론적 접근(social learning approach)은 이러한 모방학습(vicarious learning)에 의해서 영향력이 발휘되는 과정을 다루고 있다.

이 책의 제5장에서 사회학습이론에 대해서 구체적으로 언급하였기 때문에 본 장에서는 이론에 대한 설명보다는 사회학습이론적 관점에서 출발한 리더십 이론들을 살펴보고자 한다. 이 관점에서 출발한 대표적인 이론으로는 셀프 리더십과 슈퍼 리더십이 있다. 다음 절에서 살펴볼, 서번트 리더십 및 윤리적 리더십도 사회학습이론적 관점에서 출발하고 있다. 서번트 리더십은 주로 서비스 직종에서 많이 다루어지는 경향이 있는데 이는 리더의 부하에 대한 봉사 행동이 모방을 통해서 부하의 고객에 대한 봉사 행동으로 전이되는 효과를 가정하고 있다.[49] 윤리적 리더십은 리더의 윤리적 행동을 통해서 부하들의 윤리적 행동을 강화하는 데 초점을 두고 있기 때문에 사회학습이론적 관점을 취하고 있다.

#### 셀프 리더십(self-leadership)과 슈퍼 리더십(superleadership)

셀프 리더십은 80년대 Sims와 Manz에 의해서 창안된 이론으로 사회학습이론에 기반을 두고 있다. 여타 리더십 이론들이 리더에 의한 영향력에 초점을 둔 반면, 셀프 리더십은 구성원 스스로 리더라는 인식을 가지고 자신들에게 영향력을 행사하는 것을 강조하고 있다.[50] 셀프 리더십은 스스로 주도적으로 자신들의 행동을 통제하고 이끌어가는 리더십을 의미하며 자기 지시 및 자기 동기부여를 통해서 스스로에게 영향을 미친다.

부하들은 자신들을 효과적으로 동기부여 시키기 위해 다음과 같은 행동 및 인지적 전략을 사용하게 된다. 먼저, 자신을 변화시키기 위한 구체적인 행동전략들은 다음과 같다.[51]

① 자기보상(self-reward) : 목적 달성시 자신에 대한 보상을 약속함으로써 동기부여 시킴.

② 자기처벌(self-punishment) : 원하는 방향으로 행동을 변화시키지 못하거나 만족스럽지 못한 성과를 냈을 때 자신에 대한 비판과 처벌을 통해서 행동을 개선함.

③ 자기감시(self-monitoring) : 자신의 행동과 타인의 반응을 지속적으로 확인함.

④ 자기목표설정(self-goal setting) : 자기 스스로 목표를 부여함으로써 동기부여

⑤ 자기리허설(self-rehearsal) : 어려운 과업일 경우 연습을 통해서 자신감을 획득

⑥ 여건 조성(cue modification) : 주변 환경이 긍정적으로 되도록 여건 조정

다음으로, 셀프 리더십의 인지적 전략들은 자기확신과 낙관적인 사고를 배양시키는 효과를 낸다. 긍정적 되뇌임은 부정적이거나 염세적인 생각을 회피하고 긍정적이고 낙관적인 사고를 반복하는 행동을 말한다. 정신적 리허설은 실제 행동 전에 마음속으로 연습을 수행하는 것을 의미한다.

부하들을 셀프 리더로 만들기 위해서는 리더는 슈퍼리더가 되어야 한다. 슈퍼리더십(superleadership)은 스스로 자신들을 리더하는 부하들을 양성하는 리더십으로 정의할 수 있다. 급격하게 변화하는 경쟁환경 아래에서 성공하기 위해서는 부하들의 잠재능력을 최대한 이끌어내어 활용하는 것이 중요한데 전통적인 지시와 순응에 의해서는 불가능하고 부하들의 내재적 동기를 높여야만 한다. 부하들을 스스로 주도하는 셀프 리더로 만들기 위해서 슈퍼리더는 다음과 같은 7단계의 과정을 거친다.[52]

① 셀프 리더가 됨 : 슈퍼리더가 되기 위해서는 리더 자신이 우선 셀프 리더가 되어야 함.

② 셀프 리더십의 역할모델 수행 : 리더가 셀프 리더십의 모범을 보여줌으로써 부하들이 학습하도록 함.

③ 부하 개인의 목표 설정 진작 : 부하들이 스스로 전적인 목표를 설정하는데 지도해 줌.

④ 긍정적 사고 진작 : 부하들이 자신들의 업무에서 자신감과 긍정적인 태도를 가지도록 격려함.

⑤ 보상과 건설적인 충고 : 외재적 보상보다는 내재적인 보상과 실수에 대한 건설적인 질책을 통해서 셀프 리더십 양성
⑥ 팀워크를 통한 증진 : 리더는 구성원들의 팀워크를 향상시켜 셀프 리더십을 증진함.
⑦ 셀프 리더십 문화 진작 : 셀프 리더십을 촉진시키는 조직의 구조 및 제도를 정비하고 문화를 창출함.

리더가 셀프 리더십을 발휘함으로써 이를 학습한 부하들도 셀프 리더십을 형성한다는 점에서 슈퍼리더십은 사회학습이론에 기반을 두고 있으며 또한, 부하들의 셀프 리더십이 완성되면 리더십을 대체하는 기능을 하기 때문에 뒤에서 살펴볼 리더십 대체이론과도 맥락을 같이 하고 있다.[53]

## 4. 최근의 리더십 이슈들과 연구

### 4.1 카리스마 리더십

특성 이론과 마찬가지로 카리스마 리더십(charismatic leadership)은 '카리스마'라는 리더의 개인적 특성에 초점을 둔 이론으로 볼 수 있다. 카리스마 리더십은 리더의 카리스마적 특성에 기반을 둔 영향력 형태로서 카리스마를 가진 리더들에게서 공통적으로 나타나는 리더십 스타일을 의미한다.

Max Weber는 카리스마를 '기적을 일으키고 미래를 예견하는 능력처럼 신으로부터 부여 받은 재능'으로 정의하고 있다.[54] 카리스마적 개인들은 보통 사람들과 비교할 수 없는 비범한 능력을 가지고 다른 사람들에게 영감을 불어넣고 동기를 부여하는 능력을 갖고 있다. 카리스마 리더의 행동 형태를 살펴보면 다음과 같다.[55]

첫째, 비전을 가지고 있고 이를 논리정연하게 전달할 수 있다. 카리스마 리더는 현상유지가 아닌 미래에 대한 탁월한 비전을 가지고 있으며 이를 실현하기 위해서 부하들에게 비전을 명확히 인식시키는 능력이 우수하다. 비전 달성을 위해서 부하들이 적극 참여토록 영감을 부여하고 고무시키는 행동을 한다. 둘째, 환경에 대해 민감하다. 비전 달성에 장애요인이 무엇인지 그리고 촉진요인이 무엇인지 분간할 수 있는 능력

이 있다. 셋째, 조직 목표 달성을 위해서 전통이나 관습에 얽매이지 않고 행동을 한다. 전통적인 방법에 의존하기보다는 구성원들이 깜짝 놀랄 혁신적인 행동을 주로 한다. 넷째, 비전 달성을 위해서 개인적인 희생을 감수한다. 카리스마 리더십이 효과를 발휘하기 위해서는 부하들의 리더에 대한 신뢰가 중요하다. 리더가 신분, 지위, 경제적 이점 등 개인적인 이익을 모두 포기하려고 할 때, 진심으로 부하들을 위한 행동으로 신뢰하게 된다. 따라서 카리스마 리더십에서는 리더의 위험감수행동이 강조된다. 다섯째, 자신의 제안에 대해 성공 가능성을 확신한다. 리더의 자기 확신은 부하들에게도 확산되어 더 열심히 일하도록 하고, 결과적으로 실제 성공가능성이 높아진다. 여섯째, 부하들의 욕구에 민감하다. 부하들의 욕구와 가치에 부합되는 시의적절하고 호소력 있는 비전을 설정함으로써 비전에 대한 공감과 헌신을 유도한다.

카리스마 리더십은 공식적인 권위보다는 부하들의 감성에 호소하는 특성이 강한데 부하들에 대한 영향력은 개인적 동일시와 내재화를 통해 발휘된다.[56] 개인적 동일시는 부하들이 리더를 비범한 능력을 가진 이상적인 리더상으로 인식하게 되면 리더를 닮고 싶어하며 리더를 기쁘게 하려는 욕구에서 비롯된다. 부하들은 리더의 기대에 부응하는 행동을 함으로써 리더의 칭찬과 인정을 받으려고 노력한다. 따라서 카리스마 리더십을 통해서 리더는 자신들이 원하는 방향으로 부하들의 행동을 이끌어낼 수 있는 것이다. 내재화는 새로운 비전과 가치를 부하들에게 주입시키고 고무시키는 것을 의미하는데 카리스마 리더십은 이러한 내재화를 통해서 부하들의 몰입을 향상시킨다.

리더에 대한 개인적 동일시는 긍정적인 효과뿐만 아니라 부정적인 효과를 가져올 수 있다. 카리스마 리더십을 적절하게 활용한다면, 부하들을 조직의 목표 달성에 동기부여시켜 높은 성과를 창출할 수 있다. 반면에, 카리스마 리더에 대한 구성원들의 맹목적인 충성으로 인해 리더의 개인이익을 위해 구성원들이 이용될 수도 있다. 예를 들어, 윈스턴 처칠과 히틀러는 엄청난 카리스마를 똑같이 행사하였지만, 전자는 전쟁을 승리로 이끌어 존경을 받는 반면에 후자는 조직의 파멸을 초래하였다.

## 4.2 변혁적 리더십

변혁적 리더십(transformational leadership)은 Burns의 제안 이래로 연구자들의 관심을 가장 많이 받아온 리더십 이론이다.[57] Burns는 변혁적 리더십과 거래적 리더십(transactional leadership)을 구분하였는데 두 리더십 형태는 부하들에 미치는 리더십 효과와 구체적인 리더 행동에서 차이가 있다. 명칭에서 유추할 수 있듯이, 변혁적 리더십은 보다 높은 목표에 동기부여되도록 부하들의 변화와 변혁을 강조한다.[58] 반면에 거래적 리더십은 리더와 부하간의 교환에 초점을 두어 부하들의 이해관계를 자극하는 리더의 행위들을 강조한다.

Bass는 변혁적 리더십에서 동기부여를 제고하여 부하의 변화를 이끌어내는 방법을 3가지로 제시하고 있다.[59] 첫째, 부여된 과업의 중요성과 가치에 대한 부하들의 의식수준을 향상시킨다. 둘째, 팀이나 조직의 목표를 위해 부하들이 개인적인 이익추구를 초월할 수 있도록 한다. 셋째, 부하들의 욕구 다양성을 넓히고 높은 수준의 욕구에 관심을 가지도록 유도한다. 변혁적 리더십은 이러한 과정을 거쳐서 부여된 과업을 달성하려는 부하의 동기를 고양하여 추가적인 노력을 유발하고 결과적으로 기대 이상의 성과를 가져오게 한다.

부하들을 변혁시키기 위해 활용되는 변혁적 리더십의 대표적인 행위들은 영감적 동기부여, 이상적 영향력, 개별배려적, 그리고 지적자극이다. **영감적 동기부여**는 부하들과 비전 공유, 비전 달성을 위한 동기부여, 부하들에 대한 기대감 표명, 그리고 상징과 정서적 호소를 통해 부하들을 고무시키는 행위를 포함한다. **이상적인 영향력**은 부하들에게 모범을 보이고 부하들이 리더를 신뢰하고 존경하도록 함으로써 리더에게 동화되도록 한다. 이러한 리더들은 아주 높은 도덕적 및 윤리적 기준을 가지고 옳은 것을 행하는 특징이 있다. **개별적 배려**는 부하들의 개인적인 욕구에 관심을 보여주고, 용기를 북돋워주며, 개인적인 상담을 제공하거나 지원하는 행위들을 의미한다. **지적 자극**은 부하들이 새로운 관점으로 문제를 바라보도록 하거나 새로운 아이디어나 방법을 탐구하도록 하고, 문제 인식 능력을 향상시키는 행위들을 말한다. 이상에서 살펴본 바와 같이, 변혁적 리더십의 영향력은 부하들이 리더를 동일시하거나 리더가 추구하는 비전과 가치를 내재화함으로써 발휘된다.

거래적 리더십은 리더의 공식적인 권한과 책임에 바탕을 둔 행위들로서, 대표적인 행위는 조건적 보상과 소극적인 예외에 의한 관리 및 적극적인 예외에 의한 관리로 구성된다. 조건적 보상은 성과에 따라 보상을 부여함으로써 부하들의 동기를 유도하는 행위를 말한다. 소극적인 예외에 의한 관리는 성과를 달성하지 못했을 경우 벌칙이나 시정조치를 취하는 행위들을 의미하며, 적극적 예외에 의한 관리는 실수를 적극적으로 찾아내고 방지하기 위해 사전에 규칙을 강화하는 행위들을 포함한다. 이와 같이 거래적 리더는 부하의 욕구를 식별하고 이러한 욕구가 충족되기 위해서는 어떤 성과를 달성함으로써 충족되는지를 분명하게 알려준다. 부하들은 성과를 내면 반드시 보상이 있

〈표 17-4〉 거래적 리더십과 변혁적 리더십

| 요인 | | 리더십 특성 |
|---|---|---|
| 거래적 리더십 | 소극적 예외관리 | 성과를 달성하지 못하거나 문제가 발생했을 때, 벌칙을 부여하거나 시정하는 행위 |
| | 적극적 예외관리 | 실수하거나 규칙 위반 전에 이를 방지하기 위한 적극적인 개선 행위 |
| | 조건적 보상 | 부하의 성과에 따라 보상 부여 |
| 변혁적 리더십 | 이상적 영향력 | 부하에게 모범을 보이고 부하가 리더를 신뢰하고 존경하도록 함 |
| | 영감적 동기부여 | 부하와 비전 공유, 높은 기대감 표명함으로써 동기부여, 상징과 정서적 호소를 통해 부하들을 고무시키는 행위 |
| | 지적자극 | 새롭고 창의적인 관점으로 문제를 바라보도록 하거나 새로운 아이디어나 방법을 탐구하도록 하는 행위 |
| | 개별배려 | 부하의 개인적 욕구에 관심을 보여주고, 용기를 북돋워주며, 개인 상담을 제공하는 등의 후원하는 행위 |

자료 : Bass & Avolio(1994), p.5.[60]

다는 점을 인식하기 때문에 확신을 가지고 과업 달성에 몰입을 할 수 있는 것이다. 즉, 거래적 리더십의 영향력은 다분히 도구적인 측면에서 발휘된다. 성과에 대한 보상이 제공됨에 따라 부하들의 욕구는 충족되고 만족도 증진하게 될 것이다. 따라서 거래적 리더십은 부하들의 만족도를 높여주고 성과를 향상시키는 긍정적인 기능을 수행한다.

변혁적 리더십과 거래적 리더십은 리더 행위와 영향력 프로세서 측면에서 많은 차이가 있지만 상호배타적인 것은 아니다. 효과적인 리더들은 두 리더십 형태 중 어느 하나만을 취하는 것이 아니고 모두 활용하는 것으로 알려져 있다.[61]

## 4.3 서번트 리더십

서번트 리더십(servant leadership)은 Greenleaf에 의해 최초로 제안된 리더십 형태로서 주로 실무적인 측면에서 주목을 받아왔다.[62] 서번트 리더십은 리더의 가치보다는 부하의 가치를 우선시하고, 부하들을 이끄는 리더가 아닌 지원과 봉사를 강조한다는 점에서 전통적인 리더십 접근법과는 차이가 있다. 서번트 리더십은 궁극적으로 부하의 변혁을 강조한다는 점에서 변혁적 및 카리스마 리더십과 유사한 관점을 취하고 있지만 리더의 진정성과 장기적 관계를 중요시한다는 점에서 차이가 있다.[63]

Greenleaf의 정의에 따르면, 서번트 리더는 자신의 이익보다는 부하들의 이익을 우선시하여 부하들의 발전과 성공을 위해서 부하들에게 헌신과 봉사하는 데 노력을 집중한다. 이러한 서번트 리더에게서 나타나는 주요 특징들은 다음과 같다.[64]

① 정서적 치유 : 타인과의 공감 및 타인의 감정을 존중
② 공동체의 가치 강조 : 진심으로 공동체에 기여하고자 하는 태도
③ 개념화 기술 : 부하들을 효과적으로 도와주기 위한 지식을 보유
④ 권한위임 : 의사결정을 하고 문제를 해결하는데 있어서 부하들을 용기를 북돋워 주고 사기 진작
⑤ 부하 개발 및 성공을 지원 : 지원과 격려를 통해서 진정으로 부하들의 발전과 성장을 지원함
⑥ 부하 우선 : 리더 자신의 이익보다는 부하의 이익과 만족을 우선시함
⑦ 윤리적 행동 : 타인들을 대함에 있어서 공정하고 정직하게 행동함
⑧ 관계지향적 행동 : 진심으로 부하들을 이해하고 지원하는 행동
⑨ 섬김의 정신 : 자신을 희생하여 타인에게 봉사하는 것으로 자신을 규정함

위의 특징들을 고려하여 서번트 리더십을 인간중심이냐 과업중심이냐로 구분한다면, 인간중심 측면에 과도하게 치우쳐 있는 단점이 있다. 또한, 다분히 실무적인 관점에서 출발하였기 때문에 이론적인 기반이 미흡한 문제점이 있다. 서번트 리더십은 개념이 너무 규범적이고 모호하다는 비판을 받고 있다. 더불어, 구성성분에 관한 일치된 견해가 없고 경험적으로 규명되지 않았다는 문제점과 리더십 유효성에 대한 실증 연구가 부족하다는 문제점을 안고 있다.

## 4.4 윤리적 리더십

엔론(Enron) 사태와 같은 기업의 부정 사건들이 연이어 터지면서 기업윤리가 중요한 사회적 이슈로 대두됨에 따라 윤리적 리더십(ethical leadership)에 대한 관심이 증가하고 있다. 윤리적 리더십도 서번트 리더십과 마찬가지로 규범적이고 철학적인 관점에서 출발하였기 때문에 이에 대한 체계적인 지식이 축적되지 않은 실정이다. 하지만 이전의 리더십 연구에서 윤리적인 문제를 전혀 논의하지 않은 것은 아니다. 리더십의 효과성을 결정하는데 리더의 정직, 진정성, 그리고 신뢰성이 중요한 역할을 하고 있다는 사실을 여러 연구들에서 확인하고 있다.[65] 하지만 이전의 연구들이 리더의 도덕성에

대한 부하의 인식에 초점이 맞추어졌다면, 윤리적 리더십에서의 관심사항은 리더의 윤리적 행위를 통한 구성원들의 윤리성 증진이다.

사회학습이론적 관점에서 Brown 등은 윤리적 리더십을 "리더는 스스로 규범에 부합된 행동을 하며 부하들과의 교류를 통해서 부하들의 규범적 행위를 증진시키는 리더십"으로 정의하였다.[66] 이 정의에 따르면, 윤리적 리더십은 리더 자신이 윤리적인 리더로서 부하들에게 인식되어지는 것도 중요할 뿐만 아니라, 모범을 보임으로써 부하들의 도덕성을 함양시키는 것도 중요한 기능임을 강조하고 있다. 따라서 윤리적 리더십은 리더의 특성과 행동의 두 관점에서 이해될 수 있다. 윤리적인 리더는 정직하고 신뢰성이 높고, 원칙을 준수하며, 공정한 의사결정자이며 이타적인 특성을 가진 '도덕적 인간'이다. 또한 윤리적인 리더는 부하들이 윤리적인 행위를 하도록 모범을 보이거나 권한을 사용하는 등 적극적인 노력을 하는 '도덕의 관리자' 역할을 수행한다.[67]

실무적인 관점에서 윤리적 리더십은 윤리적인 리더의 선발 및 육성, 유지 측면에서 중요한 이슈이다. 하지만 학문적 관점에서는 비교적 최근 이슈이기 때문에 이론적 연구들은 그렇게 많지 않다. 윤리적 리더십 개념의 타당성에 대한 연구와 구체적인 행위스타일을 밝히려는 연구들에 의해서 기본적인 이론적 토대가 마련되었지만, 윤리적 리더십의 효과성에 대한 연구는 여전히 미진한 실정이다.

## 4.5 공유 리더십

공유 리더십(shared leadership)은 리더십 형태라기보다는 팀의 속성으로 이해하는 것이 적절하다. 리더십의 역할과 책임이 한 명의 위계적인 리더가 아닌 구성원 모두에게 나누어져 있는 팀의 상태를 공유 리더십이 형성된 것이라 말할 수 있다. 따라서 공유리더십은 '구성원 모두가 서로서로 영향을 주고받는 상황으로 리더십이 구성원들에게 분산된 상태'로 정의할 수 있다.[68]

공유 리더십이 등장하게 된 배경은 다음과 같다. 첫째, 팀이 점점 복잡해지고 모호성이 증가함에 따라 리더 1인으로는 다양한 기능들을 효과적으로 수행할 수 없게 되었다. 둘째, 오늘날 지식기반 과업들은 구성원 개개인의 경험과 자율성을 의존한다. 따라서 리더의 통제로는 지식과 기술을 효과적으로 활용할 수 없기 때문에 최대한 자율을 보장하는 과정에서 공유 리더십이 대두하게 되었다.[69]

공유 리더십을 자율경영팀 혹은 셀프 리더십과 비교하면, 공유 리더십은 다양한 팀들 중에서도 자율경영팀에서 쉽게 형성될 수 있지만, 자율경영팀이나 셀프 리더십은 서로간의 영향과정을 고려하지 않기 때문에 상호간의 리더십 영향을 강조하는 공유 리더십과 엄밀한 의미에서 차이가 있다.

공유 리더십은 팀이 복잡하고 다양성이 강화됨에 따라 효과적인 리더십으로 자리매김할 것이다. 그렇지만, 아직까지 개념이 제대로 정립되지 않은 상황이며 리더십의 유효성에 대한 실증연구가 부족한 상태이다. 따라서 공유 리더십의 개념을 정리하고 선행조건이나 결과요인을 찾아내려는 다양한 연구가 필요하다.

## 4.6 리더십 대체이론

앞에서 살펴본 리더십 상황이론에서는 리더십 형태가 주어진 상황에 적합하여야 효과를 낼 수 있다는 점에서 리더십이 발휘되는 상황을 강조하였다. 상황이론적 관점에서 더 나아가, 리더십 대체이론(substitutes for leadership)은 상황변수가 매우 강력하여서 리더십의 역할을 대체하거나 무력화시킬 수 있다는 주장이다.[70] Kerr와 Jermier는 대체요인에 의해서 리더의 행동이 불필요하거나 중복되는 현상이 초래하며, 무력화요인에 의해서 리더의 행동이 억제되거나 방해받는 현상이 나타난다고 하였다.

이러한 리더십을 대체하거나 무력화시키는 상황변수들은 〈표 17-5〉에서 제시된 바

**〈표 17-5〉** 리더십 대체요인

| 특 성 | | 과업지향 리더십 | 관계지향 리더십 |
|---|---|---|---|
| 부하 특성 | 경험, 능력, 훈련 | 대체효과 | 효과 없음 |
| | 전문가적 특성 | 대체효과 | 대체효과 |
| | 보상에 대한 무관심 | 무효화 | 무효화 |
| 과업 특성 | 구조화된 과업 | 대체효과 | 대체효과 |
| | 과업에 대한 피드백 | 대체효과 | 효과 없음 |
| | 내재적 만족 | 효과 없음 | 대체효과 |
| 조직 특성 | 그룹응집성 | 대체효과 | 대체효과 |
| | 공식화 | 대체효과 | 효과 없음 |
| | 비융통성 | 무효화 | 효과 없음 |
| | 리더의 낮은 지위 권한 | 무효화 | 무효화 |
| | 물리적 이격 | 무효화 | 무효화 |

자료 : Daft & Noe(2001), p.398.[71]

와 같이, 부하특성, 과업특성, 그리고 조직특성으로 구분할 수 있다. 이러한 상황요인들은 리더가 존재하지 않더라도 부하들의 만족이나 성과에 영향을 미칠 수 있다. 예를 들어, 자신들의 과업에 대해 전문적인 지식을 가졌거나 경험이 많고 숙련된 종업원들은 리더가 일일이 지시하지 않더라도 과업을 잘 수행할 수 있을 것이다. 과업이 체계적으로 구조화되어 있다면 계획 및 지시 등과 같은 리더의 과업지향 행위들을 대체하고, 내재적 만족을 주는 특성이 있다면 지원이나 배려 등의 관계지향 행동이 불필요할 것이다. 조직의 공식화된 규칙이나 절차는 리더의 과업지향 행동을 대체하는 역할을 하고, 물리적으로 리더와 떨어져 있을 경우에는 리더 행위의 효과가 제대로 발휘되기 힘들다.

리더십 대체요인들은 리더로 하여금 과도한 리더십의 발휘를 피하게 해주므로 리더는 상황 요인의 효과를 보완해 주는 리더십 유형을 채택하여야 할 것이다. 예를 들어, 은행출납원의 업무는 고도로 공식화되고 구조화되어 있는데 이러한 특성이 리더의 과업중심적인 행위를 대체한다. 그러므로 관리자는 과업중심적인 행위보다 관계중심적인 리더십을 발휘하는 것이 바람직할 것이다. 앞에서 살펴본, 셀프 리더십과 공유리더십(shared leadership)은 리더십 대체이론의 맥락을 취하고 있는 대표적인 리더십 이론들이다.

## 4.7 리더십과 정서지능

전통적인 리더십 특성 연구를 살펴보면, 효과적인 리더의 특성으로 정서적 능력은 연구대상으로 고려되지 않았다. 최근에 이르러 리더의 정서적 능력이 리더십 연구에서 강조되고 있다. 개인의 감정 혹은 정서는 인지과정 및 행동에 영향을 미치므로 리더의 행동은 리더 자신의 정서에 영향을 받는다. 정서지능(emotional intelligence)은 '자신이나 타인의 느낌이나 감정을 인지할 수 있고 이러한 정보를 생각이나 행동에 이용할 수 있는 능력'으로 정의할 수 있다.[72] 정서지능은 다음과 같이 5가지 하위 요소로 구성되어 있다.[73]

① 자기자각(self-awareness) : 자기 자신의 기분, 감정, 욕구 등을 인식하고 이해하는 능력. 자기자각이 높을 경우, 자기 확신, 현실적인 자기평가 등의 특성을 나타냄.

② 자기규제(self-regulation) : 파괴적인 충동 및 기분을 통제하는 능력, 행동하기 전

에 생각하기 위하여 판단을 보류하는 능력. 자기규제가 높은 경우, 신뢰성이 높으며, 정직, 모호한 것에 대해 거부감이 없으며 변화에 개방적인 특성을 나타냄.

③ 동기부여(motivation) : 일 자체에 대한 열정. 동기부여가 높은 경우, 강한 성취욕구, 낙관적이며 조직에 대한 헌신적임.

④ 공감(empathy) : 다른 사람들의 감정을 이해하는 능력, 타인의 감정적 반응을 고려하여 대하는 능력. 공감력이 높은 경우, 문화 차이에 민감하며 고객에 대한 서비스 능력이 우수함.

⑤ 사회 기술(social skill) : 인간관계를 관리하고 네트워크를 구축할 수 있는 능력, 공통의 관심사를 찾아내고 친근한 관계를 형성하는 능력. 사회 기술이 뛰어날 경우, 효과적으로 변화를 선도하며 타인을 잘 설득하고 팀을 구축하고 선도하는데 있어서 전문적인 능력을 나타냄.

정서지능은 리더가 되기 위해서 필수적으로 구비해야 하는 자질로서 리더로서 성공하기 위해서는 높은 정서지능이 요구된다.[74] 정서지능은 복잡한 문제의 해결, 양질의 의사결정, 효과적인 시간 사용, 상황에 적합한 행동 발휘, 위기관리 등의 리더 활동에 기여한다.[75] 자기자각은 리더 자신의 욕구를 잘 이해하도록 하여 외부 자극에 대해서 적절한 반응을 하도록 한다. 자기규제는 리더의 정서적 안정을 보장하고, 프로젝트 및 임무 수행 중에 장애와 난관에 부딪혀서도 긍정적이고 낙관적인 자세를 유지하는데 도움이 된다. 공감은 타인의 감정을 이해하고 영향을 미치는 능력으로 부하를 고무시키는데 필요한 기술이다.

일부 연구에서 효과적인 리더와 그렇지 않은 리더의 차이는 정서지능의 영향에 기인한 것으로 확인되었고, 거의 모든 수준의 리더들에게서 정서지능이 높을 경우, 성과도 높은 것으로 나타났다.[76] 따라서 효과적인 리더는 자신의 감정을 잘 다스릴 수 있어야 하고 부하들의 감정을 이해하고 적절한 행동을 취할 수 있도록 정서지능이 우수하여야 한다.

## 4.8 진정성 리더십

리더십을 보다 실천적인 측면을 강조하면서 긍정적인 조직심리와 조직행동에 바탕을 두고 진정성 리더십(authentic leadership)이란 개념이 등장했다. 진정성 있는 리더는

**그림 17-7**

진정성 리더십의 구성요인

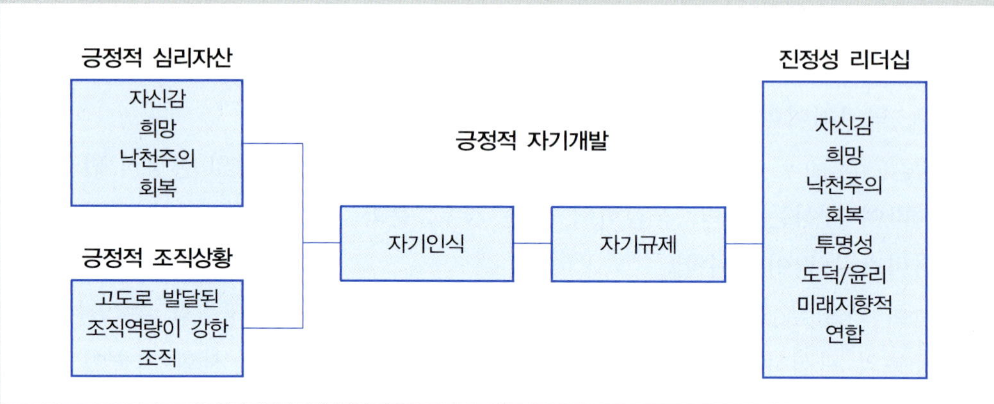


자료 : Luthans(2008), p.430.[78]

자신감이 있고 희망적이며 낙천적이고, 자기회복적이고, 투명하고 윤리적이고 미래지향적이며, 다른 사람과 연합적이라는 것이다.[77]

진정성이라는 개념을 참되고 성실하며 신뢰할 수 있고 진짜라는 의미를 담고 있는 것으로 리더는 이런 진정성을 바탕으로 자신의 리더십을 개발해야 한다는 것이다. 긍정적인 심리적 자산과 조직의 긍정적인 상황을 바탕으로 리더는 자기 인식과 자기규제를 통해 긍정적인 자기개발을 해야 하며 이를 통해 진정성 리더십을 실현할 수 있다는 것이다. 즉 리더는 자신과 조직의 긍정적 측면을 통해 조직내에 긍정적인 조직행동을 이끌어내야 한다는 것이다. 이는 이미 이 책의 제8장에서 언급한 긍정적 조직행동과 바람직한 조직행동을 위해 리더가 수행해야 할 역할들 잘 설명해 주고 있는 것이다.

## 주석(endnote)


1) Stogdill, R. M. 1974. *Handbook of Leadership: A survey of the Literature*. New York: Free Press.

2 Yukl, G. (2006). *Leadership in Organizations* (6th ed.). Saddle River, NJ: Prentice-Hall.

3 Yukl, G. (2006). *Leadership in Organizations* (6th ed.). Saddle River, NJ: Prentice-Hall.

4 Capowski, G. (1994). Anatomy of a leader: Where are the leaders of tomorrow. *Management Review*, 83(3), 10~17.

5 Kelley, R. E. (1988). In praise of followers. *Harvard Business Review*, 66(6), 142~148; Chaleff, I. (1995). *The Courageous Follower: Standing Up To and For our Leaders*. San Francisco, CA: Berrett-Koehler.

6 Yukl, G. (2006). *Leadership in Organizations* (6th ed.). Saddle River, NJ: Prentice-Hall.

7 Stewart, T. A. (1999). Leaders of the future: Have you got what it takes? *Fortune*, 140(7): 318~322.

8 Stogdill, R. M., & Bass, B. M. (1981). *Stogdill's Handbook of Leadership*.

9 Kreitner, R., & Kinicki, A. (2007). *Organizational Behavior* (7th ed.). New York: McGraw-Hill.

10 Lewin, K., Lippit, R., & White, R. (1939). Patterns of aggressive behavior in experimentally created social climates. *Journal of Social Psychology*, 10, 271~288.

11 Tannenbaum, R., & Schmidt, W. H. (1973). How to choose a leadership pattern. *Harvard Business Review*, 51(3): 162~180.

12 Tannenbaum, R., & Schmidt, W. H. (1973). How To Choose a Leadership Pattern. *Harvard Business Review*.

13 Schriesheim, C. A., & Bird, B. J. (1979). Contributions of the Ohio State studies to the field of leadership. *Journal of Management*, 5: 135~145.

14 Nystrom, P. C. (1978). Managers and the high-high leader myth. *Academy of Management Journal*, 21: 325~331.

15 Likert, R. (1979). From production- and employee-centeredness to systems 1-4. *Journal of Management*, 5: 147~156.

16 Blake, R. R., & Mouton, J. S. (1964). *The Managerial Grid*. Houston, TX: Gulf.

17 Blake, R. R., & McCanse, A. A. (1991). *The Leadership Grid Figure from Leadership Dilemmas*. Houston: Gulf Publishing Company.

18 Fiedler, F. E. (1954). Assumed similarity measures as predictors of team effectiveness. *Journal of Abnormal and Social Psychology*, 49: 381~388.

19 Fiedler, F. E. (1967). *A Theory of Leadership Effectiveness*. New York: McGraw-Hill.

20 Fiedler, F. E. (1965). Engineer the job to fit the manager. *Harvard Business Review*, 43(5): 115~122.

21 Singh, R. (1983). Leadership style and reward allocation: Does least preferred coworker scale measure tasks and relation orientation? *Organizational Behavior and Human Performance*, 32: 178~197.

22 House, R. J. (1971). A path goal theory of leader effectiveness. *Administrative Science Quarterly*, 16(3), 321~339.

23 Vroom, V. H., & Yetton, P. H. (1973). *Leadership and Decision Making*. Pittsburgh: University of Pittsburgh Press; Vroom, V. H., & Jago, A. G. (1988). *The New Leadership*. Englewood Cliffs, NJ: Prentice Hall.

24 Vroom, V. H. (2000). Leadership and the Decision-Making Process. *Organizational Dynamics*, 28(4): 82~94.

25 Vroom, V. H., & Yetton, P. W. (1973). *Leadership and Decision-making*. University of Pittsburgh Pre.

26 Vroom, V. H. (2000). Leadership and the Decision-Making Process. *Organizational Dynamics*, 28(4): 82~94.

27 Hersey, P., & Blanchard, K. H. (1977). *Management of Organizational Behavior* (4th ed.). Englewood Cliffs, NJ: Prentice Hall.; Hersey, P., Blanchard, K. H., Johnson, D. E. (2001). *Management of Organizational Behavior* (8th ed.). Upper Saddle River, NJ: Prentice Hall.

28 Hersey, P., Blanchard, K. H., Johnson, D. E. (2001). *Management of Organizational Behavior* (8th ed.). Upper Saddle River, NJ: Prentice Hall.

29 Skinner, B. F. (1953). *Science and Human Behavior*. New York: McMillan.

30 Skinner, B. F. (1969). *Contingencies of Reinforcement*. New York: Appleton Century Crofts.

31 House, R. J., & Baetz, M. L. (1979). Leadership: Some empirical generalizations and new research directions. *Research in Organizational Behavior*, 1: 341~423.

32 Sims, H. P. (1977). The leader as a manager of reinforcement contingencies: An empirical example and a model. In J. G. Hunt, & L. L. Larson (Eds.), *Leadership: The cutting edge*. Carbondale, IL: Southern Illinois University Press.

33 Sims, H. P. (1977). *ibid.*

34 Sims, H. P., & Szilagyi, A. D. (1975). Leader reward behavior and subordinate satisfaction and performance. *Organizational Behavior and Human Performance*, 14: 426~438.

35 Jago, A. G. (1982). Leadership: Perspectives in theory and research. *Management Science*, 28: 315~336.

36 Sims, H. P., & Szilagyi, A. D. (1975). Leader reward behavior and subordinate satisfaction and performance. *Organizational Behavior and Human Performance*, 14: 426~438.

37 House, R. J., & Baetz, M. L. (1979). Leadership: Some empirical generalizations and new research directions. *Research in Organizational Behavior*, 1: 341~423.

38 Calder, B. J. (1977). An attribution theory of leadership. In B. M. Staw & G. R. Salancik (Eds.), *New Directions in Organizational Behavior*, 179~204. Chicago: Clair Press.

39 Kelley, H. H. (1972). Attribution in social interaction. In E. E. Jones, D. E. Kanouse, H. H. Kelley, R. E. Nisbett, S. Valins, & B. Weiner (Eds.), *Attribution: Perceiving the causes of behavior*. Morristown, NJ: General Learning Press.

40 Calder, B. J. (1977). An attribution theory of leadership. In B. M. Staw & G. R. Salancik (Eds.), *New Directions in Organizational Behavior*, 179~204. Chicago: Clair Press.

41 Lord, R. G., Foti, R. J., & De Vader, C. L. (1984). A test of leadership categorization theory: Internal structure, information processing, and leadership perceptions. *Organizational Behavior and Human Performance*, 34: 343~378.

42 Gerstner, C. R., & Day, D. V. (1994). Cross-cultural comparison of leadership prototypes. *The Leadership Quarterly*, 5: 121~134.; Brodbect et al. (2000). Cultural variation of leadership prototypes across 22 European countries. *Journal of Occupational and Organizational Psychology*, 73: 1~29.

43 Yukl, G. (2006). *Leadership in Organizations* (6th ed.). Saddle River, NJ: Prentice-Hall.

44 Yukl, G. (2006). *ibid.*

45 Lord, R. G., & Maher, K. J. (1993). *Leadership & Information Processing: Linking Perceptions and Performance*. New York: Routledge.

46 Dansereau, F., Graen, G., & Haga, W. (1975). A vertical dyad linkage approach to leadership in formal organizations. *Organizational Behavior and Human Performance*, 13: 46~78.

47 Graen, G., & Uhl-Bien, M. (1995). Relationship-based appraoch to leadership: Development of leader-member exchange(LMX) theory of leadership over 25 years. *The Leadership Quarterly*, 6: 219~247.

48 Salancik, G. R., & Pfeffer, J. (1978). A social information processing approach to job attitudes and task design. *Administrative Science Quarterly*, 23: 224~253.

49 Spears, L. (1996). Reflections on Robert K. Greenleaf and servant-leadership. *Leadership & Organization Development Journal*, 17: 33~35.

50 Manz, C. C. (1986). Self-leadership: Toward an expanded theory of self-influence processes in organizations. *Academy of Management Review*, 11: 585~600.

51 Sims, H. P., Jr., & Lorenzi, P. (1992). *The New Leadership Paradigm: Social Learning and Cognition in Organizations*. Newbury Park, CA: Sage.

52 Manz, C. C., & Sims, H. P., Jr. (1991). Sueprleadership: Beyond the myth of heroic leadership. *Organizational Dynamics*, 19(4): 18~35.

53 Manz, C. C., & Sims, H. P., Jr. (1980). Self-management as a substitute for leadership: A social learning perspective. *Academy of Management Review*, 5: 361~367.

54 Webber, M. (1947). *The Theory of Social and Economic Organizations*. New York: Free Press.

55 Conger, J. A., & Kanungo, R. N. (1987). Toward behavioral theory of charismatic leadership in organizational settings. *Academy of Management Review*, 12: 637~647.

56 Conger, J. A. (1989). *The Charismatic Leader: Behind the Mystique of Exceptional Leadership*. San Francisco, CA: Jossey-Bass.

57 Lowe, K. B., & Gardner, W. L. (2001). Ten years of The Leadership Quarterly: Contributions and challenges for the future. *The Leadership Quarterly*, 11: 459~514.

58 Burns, J. M. (1978). *Leadership*. New York: Harper & Row.

59 Bass, B. M. (1985). *Leadership and Performance beyond Expectations*. New York: Free Press.

60 Bass, B. M., & Avolio, B. J. (1994). *Improving Organizational Effectiveness through Transformational Leadership*. CA: Sage Publications.

61 Bass, B. M. (1985). *Leadership and Performance beyond Expectations*. New York: Free Press.

62 Greenleaf, R. K. (1977). *Servant Leadership*. Mahwah, NJ: Paulist Press.

63 Liden, R. C., Wayne, S. J., Zhao, H., & Henderson, D. (2008). Servant leadership: Development of a multidimensional measure and multi-level assessment. *The Leadership Quarterly*, 19: 161~177.

64 Liden, R. C., Wayne, S. J., Zhao, H., & Henderson, D. (2008). *ibid.*

65 Den Hartog, D. N., House, R. J., Hanges, P. J., Ruiz-Quintanilla, S. A., Dorfman, P. W. (1999). Culturally specific and cross-culturally generalizable implicit leadership theories: Are attributes of charismatic/transformational leadership universally endorsed? *The Leadership Quarterly*, 10: 219~256.

66 Brown, M. E., Trevino, L. K., & Harrison, D. (2005). Ethical leadership: A social learning perspective for construct development and testing. *Organizational Behavior and Human Decision Processes*, 97: 117~134.

67 Brown, M. E., & Trevino, L. K. (2006). Ethical leadership: A review and future directions. *The Leadership Quarterly*, 17: 595~616.

68 Carson, J. B., Tesluk, P. E., & Marrone, J. A. (2007). Shared leadership in teams: An investigation of antecedent conditions and performance. *Academy of Management Journal*, 50: 1217~1234.

69 Carson, J. B., Tesluk, P. E., & Marrone, J. A. (2007). Shared leadership in teams: An investigation of antecedent conditions and performance. *Academy of Management Journal*, 50: 1217~1234.

70 Kerr, S., & Jermier, J. M. (1978). Substitutes for leadership: Their meaning and measurement. *Organizational Behavior and Human Performance*, 22: 375~403.

71 Daft, R. L., & Noe, R. A. (2001). *Organizational Behavior*. Mason, OH: South-Western Publishing.

72 Salovey, P., & Mayer, J. D. (1990). Emotional intelligence. *Imagination, Cognition and Personality*, 9(3): 185~211.

73 Robbins, S. P. (2001). *Organizational Behavior* (9th ed.). Upper Saddle River, NJ: Prentice-Hall.

74 Goleman, D. (1998). *Working with Emotional Intelligence*. New York: Bantam; Goleman, D. (1998). What Makes a Leader? *Harvard Business Review*, 76(6): 93~102.

75 Yukl, G. (2006). *Leadership in Organizations* (6th ed.). Saddle River, NJ: Prentice-Hall.

76 Robbins, S. P. (2001). *Organizational Behavior* (9th ed.). Upper Saddle River, NJ: Prentice-Hall.

77 Luthans, F. & Avolin, B. (2003). Authentic leadership development. In Cameron, L. S. et al. (3d.) *Positive Organizational Scholarship*, 241~259. Berret, Koehler, San Francisco.

78 Luthans, F. (2008). *Organizational Behavior* (11th ed.), McGraw-Hills.

PART 04

# 조직수준 조직행동

CHAPTER 18

# 조직구조와 조직행동

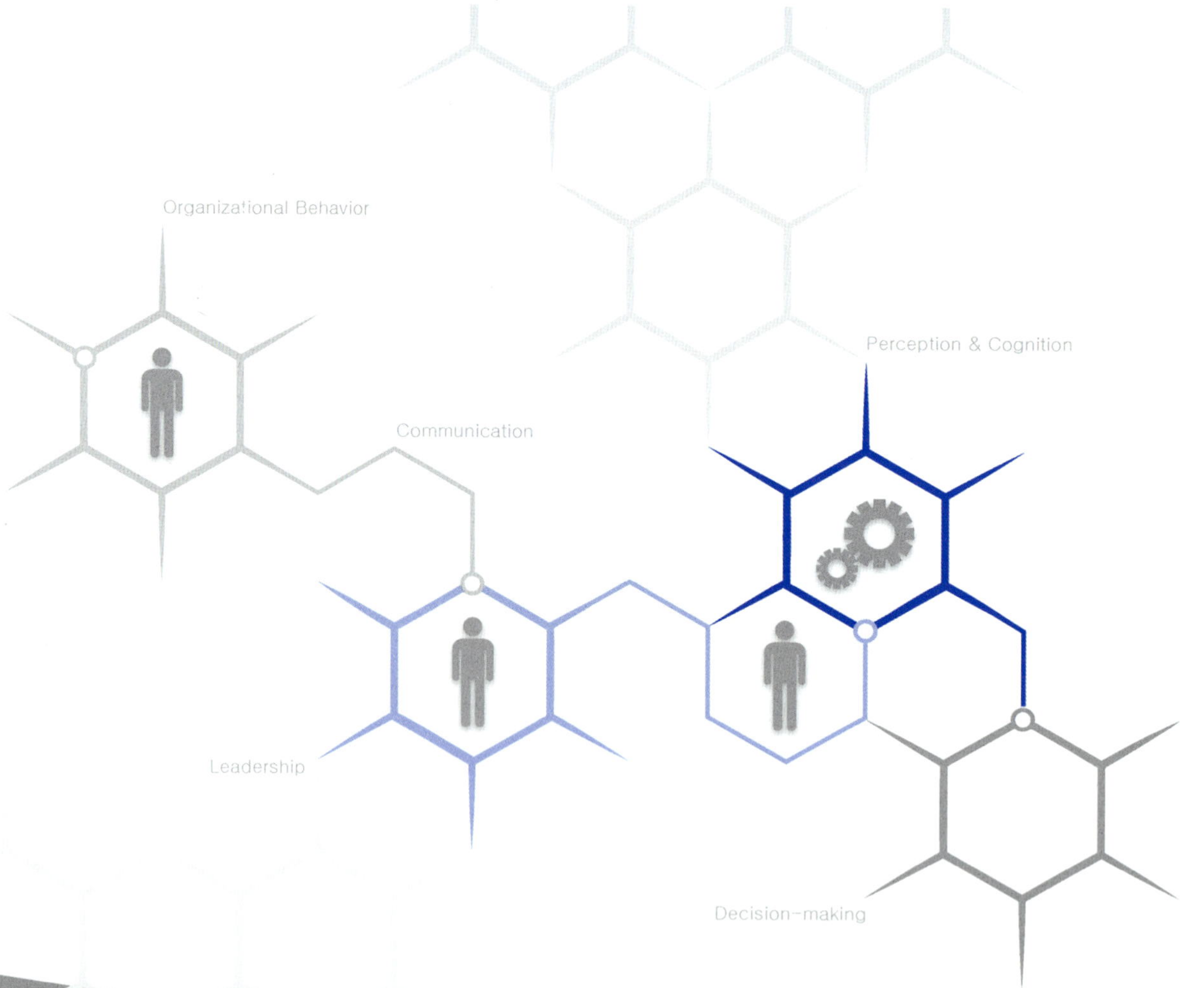

## 들어가기

앞서 제11장에서 집단의 구조적 특성이 집단 구성원 행동에 미치는 영향을 살펴보았다. 조직 구조적 특성은 조직구성원 행동에 영향을 미친다. 조직화되는 과정에서 조직화의 기본변수들인 복잡성, 집권화 정도, 공식성과 상황변수들은 조직구성원 행동에 민감하게 영향을 미친다. 또한 조직화된 조직형태나 조직유형에 따라 구성원들의 행동이 달라진다. 조직구조나 조직이론 그 자체에 대한 자세한 것은 별도 과목(예: 조직구조론, 조직설계론, 조직이론)에서 다루고 있기에 본 장에서는 조직구조와 조직행동 간의 관련성을 살펴본다.

# 1. 조직화

조직화(organizing)란 조직이 직무와 과업을 어떻게 나누고 어떻게 조정할 것인가를 결정하는 조직구조의 형성과정이라 할 수 있다. 조직이 생산활동을 하기 위해서는 다양한 과업이 수행되어야 하는데, 다양한 과업들이 어떻게 분화되고 통합되고 통제되어야 하는지에 대한 결정은 기업의 효율적 생산활동의 전제라 할 수 있다.

조직화의 영향요인은 크게 구조적 변수와 상황적 변수로 구성될 수 있는데, 대표적인 구조적 변수로는 복잡성(complexity), 집권화(centrality), 공식화(formalization)가 포함되고, 상황적 변수로는 조직의 규모, 조직 문화, 조직 전략, 기술 등이 포함된다.

## 1.1 조직화의 구조적 변수

### 1.1.1 복잡성

복잡성(complexity)이란 조직이 내적으로 얼마나 분화되어 있는가를 의미한다. 분화된 형태에 따라 수평적 분화 수직적 분화 등으로 나타날 수 있다. 수평적 분화는 조직이 여러 상이한 부서나 전문화된 하위 부서를 보유하는 정도를 말하며, 부문화(departmentalization)라고도 불린다. 조직내에서 전문적인 기술이나 지식을 필요로 하는 직무가 많을수록 조직의 복잡성은 더욱 높아지게 된다.[1]

이에 비해 수직적 분화란 다양한 직무를 상하관계의 계층으로 어떻게 나룰 것인가를 의미하는 것으로, 일련의 직무들을 어떻게 통제할 것인가 하는 명령계통을 설계하는 것이다. 수직적 분화가 많을수록 조직의 복잡성은 더욱 증가하게 된다. 이에 대한 자세한 설명은 뒷부분 분화와 통합(1.3)에서 다루고자 한다.

### 1.1.2 집권화

집권화(centrality)는 의사결정 권한이 조직의 상층에 어느 정도 집중되어 있는가를 의미한다. 집권화된 조직에서는 중요한 의사결정이 조직 위계상 상층에서 이루어지게 되며, 반대로 분권화(decentralized)된 조직에서는 조직이 당면한 문제의 해결을 위한 의사결정이 일선 작업자들에 의해서 이루어진다. 분권화된 조직에서는 의사결정에 대한 보다 많은 권한이 개개 구성원들에게 이양됨에 따라 구성원들은 임파워먼트(empowerment)를 지각하게 된다. 이 경우에는 의사결정 과정이 보다 빠르게 진행될 수 있으며 구성원들은 절차적 공정성을 보다 높게 지각할 수 있다는 장점이 있다.[2]

집권화된 운영으로 인하여 의사결정에 있어서 비효율성이 증가하는 경우를 실제사례에서 많이 찾아볼 수 있다. 예를 들어 미국의 중장비 회사인 Caterpillar의 경우 1980년대 집권화된 의사결정 시스템을 사용하여, 가격결정에 있어서도 본사의 최고책임자가 전권을 행사했다. 이러한 상황에서 아프리카의 판매조직에서는 가격의 디스카운트를 위해 본사의 결정을 확인해야 했고, 현지의 사정에 민감하지 못한 본사에서는 현지의 상황에 맞는 적절한 의사결정을 하기 힘들었다. 결과적으로 가격결정에 있어서 지역 관리자의 권한을 허용하는 분권화 시스템을 지향하던 일본 경쟁사에 비하여 Caterpillar는 현지에서의 판매에 어려움을 겪어야만 했다. 일반적으로 조직 외부환경이 역동적으로 변화하는 상황에서는 집권화된 의사결정시스템이 비효율을 초래할 수 있다.[3]

그렇지만 집권화된 시스템이 반드시 비효율적인 것만은 아니다. 일부 조직원들은 관리자에 의한 의사결정에서 보다 편안함을 느낄 수 있다. 특히 조직원들이 해당 사안에 대하여 전문가적 지식과 기술이 부족함을 느끼는 경우 관리자들의 전문가적 식견을 바탕으로 한 의사결정에 보다 만족하는 경향을 생각해 볼 수 있다. 일반적으로 조직이 안정된 외부 환경 하에서 운영되고 있는 경우 집권화, 즉 조직 상부에서 해당 분야의 전문가들이 의사결정을 하는 상황이 조직의 효율성을 높일 수 있다. 따라서 조직은 집권화와 분권화 사이에서 최적점을 찾는 것이 효율성을 높이는 데 있어서 매우 중요한 사안이라 할 수 있다.

집권화의 개념을 명령계통과 관련 지어 생각해 볼 수 있다. 명령계통이나 조직의 상급자와 하급자와의 관계를 나타나는 것으로 누가 누구에게 보고해야 하는지에 대한 답을 제시한다. 일반적으로 명령계통은 조직도를 통하여 확인해 볼 수 있다. 즉, 조직도에서는 최고경영자로부터 일선작업자까지의 명령체계를 보여준다. 의사결정이 집권화 될수록 권한은 조직내 상위자들에게 집중되고, 반대로 분권화 될수록 권한은 명령계통을 따라 아래로 위임된다. 명령계통은 권한과 명령의 일원화라는 개념을 바탕으로 살펴볼 수 있다. 권한이란 직책과 직위에 따라 관리자들에게 부여된 권리를 의미하며, 권한을 가진 관리자는 명령을 내릴 수 있고 하급자들은 이 명령에 따라 업무를 수행해야 한다. 명령의 일원화는 부하직원이 한 명의 관리자의 명령만을 따라야 한다는 개념이다. 명령의 일원화가 없게 되면 하급자들은 동시에 여러 관리자들로부터 명령을 받을 수 있고, 이에 따라 업무수행에 갈등을 지각할 수 있게 된다.

### 1.1.3 공식화

공식화(formalization)란 조직의 정책이나 업무수행 절차, 혹은 규칙이 얼마나 명확히 규정되거나 문서화되어 있는지의 정도를 의미한다.[4] 즉, 공식화란 조직이 어떤 일을 누가 언제 어떻게 수행해야 한다는 것을 어느 정도 공식적으로 규정하느냐에 대한 것이다. 공식화된 조직의 구조는 많은 문서화된 규칙과 업무수행 절차를 가지게 된다. 즉, 공식화된 조직에서는 문서화된 규정을 바탕으로 구성원들의 행위를 통제하게 되며, 따라서 구성원들은 업무 처리에 있어서 최소한의 자율성을 가지게 된다.

공식화의 정도가 높은 조직의 장점으로는 개개 구성원들의 행동을 미리 예측할 수 있으며 구성원들이 어떻게 해당 업무를 처리해야 되는가에 대한 모호성을 최소화 할 수 있다는 것이다. 문제가 발생할 경우 조직원들은 이를 어떻게 해결할 것인가를 미리 문서화된 절차와 가이드라인에서 찾게 되고, 이에 의해서 업무를 수행하게 된다. 결과적으로 어떤 조직구성원이 일을 처리하더라고 모두 동일하거나 유사한 방법으로 문제해결을 위한 행동을 보이게 되는 경향이 있다. 즉, 공식화를 통하여 개인들의 행동에 일관성을 추구할 수 있게 된다.[5]

공식화를 통하여 조직구성원들이 지각하는 업무처리의 모호성이 줄어들고 개개인들의 행위를 미리 예측할 수 있다는 장점이 있는 반면, 구성원들의 창의성이 제한될 수 있다는 단점을 생각해 볼 수 있다. 즉, 구성원들은 모든 의사결정과 업무처리방식을 미리 규정된 방법에 의하여 진행해야 하기 때문에 개별 사안에 대한 자신들의 개인적 혹은 전문가적 견해를 사용할 수 없다는 것이다. 이는 조직이 변화와 혁신을 추구하는데 주요한 장애요인이 될 수 있다. 더불어 공식화된 정도가 높은 조직은 외부상황의 변화에 효율적으로 적응하기 힘들게 된다. 예를 들어 서비스 산업에서의 조직에서는 고객들의 선호변화에 보다 민감하게 대응해야 하지만 판매담당 직원들이 정해진 규정과 방식에 의해서만 업무를 처리해야 하기 때문에 상황에 보다 적합한 차별화된 결정을 하기 힘들어진다. 이러한 상황은 구성원들의 업무에 대한 만족도나 모티베이션에도 부정적인 영향을 미칠 수 있다.

## 1.2 조직화의 상황적 변수

### 1.2.1 조직의 규모

조직의 규모는 조직구조에 주요한 영향을 미친다. 조직의 규모는 구성원의 수, 매출액, 자본금 등으로 파악할 수 있는데, 조직구조에 영향을 미치는 요소는 구성원의 수가 결정적이다.

조직의 크기가 커짐에 따라 조직들은 구성원들의 행동을 보다 쉽게 통제하기 위해 복잡성과 공식화의 정도를 심화시키게 된다. 위에서 설명한 바와 같이 조직의 복잡성은 전문화와 이에 따른 조정의 필요성으로 요약할 수 있다. 조직의 크기가 커지면서 전문화된 조직구조를 보이게 된다. 예를 들어 1명의 구성원이 인사부서를 담당할 경우에는 이 구성원이 조직원의 채용, 교육, 승진, 보상 등의 모든 업무를 처리해야 한다. 이에 비해 10명의 구성원이 인사부서를 담당하게 될 경우, 일부의 직원은 채용만을 담당하고 다른 직원들은 교육, 또 다른 직원들은 보상 업무를 담당하게 되는 등 개개 구성원들이 보다 전문화된 업무를 맡게 된다. 개별 구성원들이 조직 목표 달성을 위하여 다양한 업무를 수행하기 때문에, 개인들의 업무를 조정해야 할 필요성이 증가하게 된다. 즉 조직 규모의 확대에 따라 개인들이 하는 일이 다양하게 전문화하기 때문에 이를 조정해야 할 필요성이 증대된다.[6]

조직규모의 증대는 구조의 공식화 정도에도 영향을 미치게 된다. 관리자들이 구성원들의 행위를 통제하는 방법으로는 크게 직접적 감독을 통한 개별적 지시와 미리 작성된 공식화된 규범에 의한 방법으로 나누어 볼 수 있다. 규모의 증대에 따라 구성원들은 다양한 업무를 수행해야 하는데, 이를 위해 관리자들이 모든 업무에 대하여 개별적인 지시를 할 수 없는 상황에 놓일 수 있게 된다. 따라서 모든 직무는 문서화된 규정에 따라 미리 계획된 방법으로 처리할 수밖에 없어지고 따라서 공식화의 정도가 높아지게 된다.

조직규모의 증대에 따라 집권화의 정도는 낮아지게 되는 것이 일반적이다. 대규모의 조직을 운영하는데 조직의 상부에서 모든 것을 통제하기가 현실적으로 불가능하게 된다. 즉, 대규모 조직에서는 조직 상부에서 현장의 모든 상황을 파악하기 힘들게 되기 때문에, 권한의 위임 정도가 높아진다. 소규모의 조직에서는 몇몇 관리자들이 의사결정을 집권화함으로써 통제권을 행사하기 쉬워지지만, 대규모 조직에서는 이러한 방식으로는 조직이 효과적으로 운영되기 힘들기 때문에 분권화는 불가피하게 된다.

요약하면, 조직은 규모의 증대에 따라 조직의 복잡성과 공식화는 증가하지만, 집권화는 감소하는 경향을 보이게 된다.

### 1.2.2 문 화

조직문화는 조직내에서 모든 구성원들 간에 공유된 가치라고 정의된다. 조직이 가진 문화는 조직구조에 영향을 미친다. 즉 조직이 어떤 문화를 가졌는가에 따라 분권화된 정도에 차이를 보일 수 있다.[7]

일반적으로 개개인들의 자율성을 강조하는 문화를 지닌 조직에서는 분권화의 경향이 강하게 나타난다. 반면 위계적 문화가 형성된 조직에서는 집권화의 경향이 나타나게 된다. 국가의 문화적 환경에 따라 조직구성원들의 조직구조에 대한 선호에 대한 차이를 보이게 한다는 연구결과도 존재한다. 예를 들어, 권력거리 수준이 높은 문화형 국가로 분류되는 그리스, 프랑스 등에서는 조직구성원들이 공식화와 집권화의 정도가 높은 기계적(mechanistic) 조직을 선호하는 경향이 나타난다.

### 1.2.3 전 략

조직구조는 조직의 목표를 달성하기 위하여 구성원들과 직무를 구조화하는 방법을 의미하고, 조직의 목표는 조직의 전략과 밀접하게 연계되기 때문에 조직의 전략은 조직구조에 주요한 영향을 미치게 된다. 즉, 조직의 구조는 조직의 전략을 따르게 되며, 조직이 전략을 변경하게 되면 조직의 구조도 전략의 변화에 맞추어 변경되어야 한다.

대부분의 조직 전략의 프레임워크는 혁신, 원가절감, 모방 등에 중점을 두고 있다.[8] 혁신전략이란 다른 기업들이 추구하지 않은 새로운 기술을 바탕으로 제품을 생산하거나 용역을 제공하는 전략이다. 예를 들어, Apple 혹은 3M에서 추구하는 전략은 여타 기업들이 생각하지 못했던 새로운 방법으로 기존에 존재하지 않은 제품을 생산하는 것으로 혁신추구전략의 대표적인 것이라 할 수 있다. 원가절감전략은 가급적 제품을 생산하는 과정에서 발생하는 원가를 최소화하여 보다 값싼 제품을 시장에 제공하는 전략이다. 모방전략은 제품 생산에 있어서 위험성을 최소화하고 수익을 얻을 수 있는 기회를 최대화하고자, 일단 시장에서 성공한 기업을 확인한 후 시장에 진입하려는 것이다.

혁신전략을 추구하는 기업에서는 직무의 전문화와 공식화 정도가 매우 낮게 나타나며, 분권화된 조직구조를 가지게 된다. 개인이 담당하는 직무가 몇 가지로 고정되고 업무 수행 방식이 문서화된 규정으로 고정되어 있으며 더불어 업무수행자들이 맡은 업무에 대한 의사결정권한을 가질 수 없는 경우 개개 구성원들이 자신들의 역량을 최대한 발휘하여 보다 혁신적인 제품을 생산할 수 없기 때문이다.

반면 원가절감전략을 추구하는 기업에서는 직무의 전문화와 공식화 수준이 높고 보다 집권화된 구조를 취하게 된다. 원가절감을 위하여 보다 엄격히 통제하여야 하며, 직무에 대한 전문화를 통하여 생산성을 높이고 공식화를 통해 높은 수준으로 전문화된 직무를 통제할 필요성이 제기되기 때문이다. 혁신전략과 원가절감전략의 중간 수준을 지향하는 모방전략을 추구하는 기업에서는 높은 수준의 공식화와 낮은 수준의 집권화 경향을 보이게 된다. 시장이 이미 진입한 선발기업에 비하여 가격우위를 점해야 할 필요성이 제기되기 때문에 공식화를 통하여 개인 활동을 엄격히 통제해야 할 필요성이 제기되며, 더불어 일정 정도의 혁신을 추구하기 때문에 개개인들에게 의사결정권한이 부여되어야 하기 때문이다.

### 1.2.4 기 술

기술이란 조직내에서 투입을 산출로 전환시키는 방법을 의미한다.[9] 개방시스템관점에서 볼 때, 조직의 구조는 조직에서 주되게 사용되는 기술에 따라 다른 양상을 보인다. 모든 조직은 자신들이 가진 생산요소를 최종 생산물로 변화시키는 데 있어서 최소한 한 가지 이상의 생산기술을 사용하게 된다. 생산기술이 조직설계에 영향을 미친다는 최초의 연구이자 가장 중요한 연구는 Woodward에 의해 이루어졌다. Woodward는 영국 남부의 100여 개 제조기업을 대상으로 수행한 연구에서 생산기술의 복잡성에 따라 단위소량 생산(unit production), 대량생산(mass production), 연속공정생산(process production)으로 분류하고 있다.[10]

단위소량 생산이란 개개의 제품단위를 고객의 주문에 따라 생산하는 방식으로, 주문식 가구 생산 혹은 주문식 맞춤구두 제작 등과 같이 비반복적이고 소량의 제품을 생산하는 방식이다. 주로 개별 고객의 선호와 주문을 바탕으로 제품을 제작하기 때문에 업무의 전문화(분업)의 정도가 낮고 조직내 계층의 수도 적게 나타난다. 더불어 매번 다른 제품을 생산해야 하기 때문에 개별 작업자들에게 업무에 대한 재량권이나 의사결정권한이 많이 부여되는 것이 일반적이고, 업무의 공식화 정도도 낮게 나타난다.

대량생산의 경우에는 표준화된 제품을 생산하기 위해 여러 공정으로 구성된 긴 제조과정을 지니게 된다. 예를 들어 자동화된 컨베이어 시스템을 바탕으로 반복적인 작업을 수행하여 비용을 절감하고 경쟁력을 높이는 생산방식이라 할 수 있다. 이러한 생산방식 하에서는 표준화된 방법이 주로 사용되기 때문에 작업자들은 일상적이며 반복적인 업무를 수행하게 되며 개개인들의 작업이 미리 예측되어 결정될 수 있다. 따라서 업무의 전문화 수준이 높게 나타나게 되고 공식화의 정도도 높아지게 된다. 더불어 개별 작업자들이 의사결정을 할 필요성이 감소하기 때문에 권한의 집중도도 높아지게 된다.

연속공정생산의 경우는 생산의 전 과정이 기계화/자동화되기 때문에 산출물에 대한 예측가능성이 매우 높게 나타난다. 정밀화학제품의 생산, 석유정제품의 생산, 고부가가치 섬유의 생산에서 주로 나타나는 생산방식으로 다른 생산방식에 비하여 기술의 복잡성이 높은 것이 특징이다. 따라서 구성원들에게 높은 수준의 기능이 요구되며 절차의 공식화와 권한의 집중도는 낮아지게 된다.

## 1.3 분화와 통합

### 1.3.1 분 화

분화는 조직내에서 과업을 어떻게 분배할 것인가에 대한 결정과정이라 할 수 있다. 분화는 수평적 분화와 수직적 분화로 구분된다.

**수평적 분화(전문화/분업): 부문화**

수평적 분화는 구성원의 수나 생산을 위한 과업의 양 등에 의해 조직 단위간 어느 정도의 분화가 일어나는지에 대한 정도를 의미한다. 즉 조직이 생산을 위해 수행해야 하는 과업을 그 특성에 따라 구성원들에게 수평적으로 나누어 수행하는 정도를 말한다. 수평적 분화가 더 많이 발생하게 될수록 조직구조의 복잡성이 증가하게 된다. 수평적 분화는 직무의 분업화(division of labor)와 부문화(departmentalization)로 나타나게 된다. Adam Smith는 『국부론(The Wealth of Nations)』에서 분업의 긍정적 효과에 대해서 설명하고 있다.[11] Adam Smith는 18세기 영국의 핀 제조공장에서 일하는 작업자들에 대한 연구를 통해서, 한 작업자가 핀 제조에 필요한 18개 공정을 모두 담당할 때에 비하여, 개별 작업자가 1~2개의 공정만을 담당할 경우, 인당 생산성이 200배 이상 증가한다고 설명하고 있다.

수평적 분화의 핵심은 한 구성원이 전체 직무를 혼자서 담당하는 것이 아니라, 여러 개의 과업단위로 나누어 한 사람이 한 개 혹은 소수의 과업단위만을 수행하는 것이다. 이를 통해 직무의 전문화(specialization)를 추구할 수 있게 된다. 직무의 전문화란 조직내에서 개개 구성원들에게 전문화된 지식과 기술이 어느 정도 요구되는가를 의미한다. 개별 구성원들이 분업을 통하여 소수의 공정만을 담당하게 되면, 담당 직무에 대한 전문성이 증가하게 되고, 이를 통해 개인 생산성의 향상을 기대할 수 있게 된다. 직무의 전문화가 진행될수록 수평적 분화가 증가하게 되어 조직구조의 복잡성은 증가하게 된다.

부문화(departmentalization)란 전문화로 각기 다른 업무를 수행하는 구성원들을 업무의 유사성을 바탕으로 집단화 하는 것을 말한다. 직무의 수평적 분화를 바탕으로 개별 구성원들이 수행해야 할 직무를 나누어 주었다면, 부문화는 각 부문별로 수행해야 할 직무 단위를 분배하는 방법이다. 부문화는 구성원들이 수행해야 하는 기능에 따라 분화시키는 기능별 부문화, 생산하는 품목을 바탕으로 분화시키는 제품별 부문화, 영업활동을 수행하는 지리적 차이를 바탕으로 분화시키는 지역별 부문화, 담당해야 할 고객의 차별성을 바탕으로 한 고객별 부문화 등이 있다. 기능별 부문화는 유사한 기능을 수행해야 하는 구성원을 한 부서에 묶어줌으로서 서로간의 원활한 의사소통을 바탕으로 시너지 효과를 얻을 수 있다는 장점이 있으며, 제품별/지역별/고객별 부문화의 경우에는 제품 시장의 상황에 보다 민첩하게 대응할 수 있다는 장점이 있다.[12]

#### 수직적 분화

수직적 분화는 생산을 위한 과업의 분화가 상하관계를 바탕으로 이루어지는 것으로, 조직계층 간 권한과 책임의 차별적 분배라 설명할 수 있다. 조직을 수직적 조직(tall organization)과 수평적 조직(flat organization)으로 분류할 때, 수직조직의 경우 수직적 분화가 많이 발생하고 수평조직은 상대적으로 수직적 분화가 덜한 상황을 의미한다.

수직적 조직은 계층 단위가 많고 동일 계층의 구성원 수는 적은 구조로서 일반적으로 집권화된 조직을 형성한다. 평면구조보다 더 밀접한 감독과 관리자 중심적인 통제가 가능하지만, 많은 계층수로 인해 조정과 의사소통이 복잡하게 이루어진다.

수평적 조직은 계층수가 적고 동일 계층의 구성원이 많은 구조이다. 명령계통이 짧아 의사소통 속도가 빠른 반면에, 한 관리자에게 할당된 종업원이 많기 때문에 감독의 기회가 적어지고, 적은 관리계층 때문에 승진의 기회가 적어진다는 문제점이 있다

그림 18-1
수직조직과 수평조직

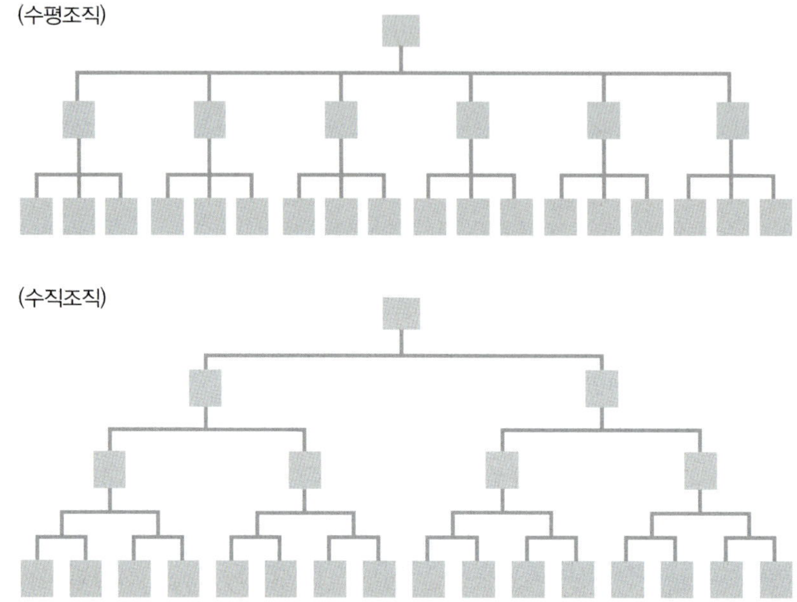


수직적 분화는 통제의 폭(span of control)과도 관련이 있다. 통제의 폭이란 각 관리자들이 얼마나 많은 수의 조직원들을 관리하는가를 의미한다. 관리자들로 하여금 많은 수의 조직구성원들을 관리하게 되면 조직은 점차 수평구조의 형태를 취하게 되고, 반대로 소수의 구성원들만을 관리하게 되면 관리계층이 많아지게 되어 수직구조의 형태를 취하게 된다.

### 1.3.2 통 합

통합(integration)은 다양한 직무와 부서, 부문을 조직의 목표를 달성하기 위해 개인의 활동을 조정하는 과정을 말한다. 대규모 조직에서는 많은 수의 과업이 존재하고, 이러한 과업은 개별 구성원들이 나누어 수행하는 분화의 과정을 밟게 된다. 많은 수의 과업은 조직의 목표를 달성하기 위해서 수행되어야 하는데, 경우에 따라 과업이 중복될 수도 있고 책임과 권한이 중복될 수도 있다. 이들을 어떻게 통합하는가는 보다 효율적이고 효과적으로 조직의 목표를 달성하는데 있어서 결정적이라 할 수 있을 것이

다. 즉, 통합을 통해 조직은 수직적 혹은 수평적으로 연계된 활동 간의 평형점을 찾게 된다.[13]

통합을 위하여 조직에서는 커뮤니케이션의 활성화, 직접통제/감독, 공식화 등의 다양한 상호조정 방법을 사용하게 된다. 분화된 직무를 조정하고 통합할 수 있는 가장 단순한 형태는 직무를 담당하는 구성원 간의 커뮤니케이션을 통한 직접적인 상호작용을 들 수 있다. 이 방법은 구성원간 직접적인 접촉을 통한 통합조정 방식이기 때문에 구성원들의 만족도가 높아진다는 장점이 있다. 하지만 해당 구성원간의 자율적 판단에 의해 책임을 지는 조직풍토가 전제 되어야 할 것이다. 커뮤니케이션에 의한 상호조정 메커니즘은 업무의 복잡성이 낮고 쉽게 파악할 수 있는 소규모 조직에서 주로 많이 사용되는 방식이나, 대규모 조직이나 복잡성이 높은 조직에서도 구성원 상호간의 커뮤니케이션이 강조되면서 많이 도입되고 있는 방식이다.

하지만 모든 상호조정이 커뮤니케이션에 의해 완성되기 힘든 상황도 생각해 볼 수 있다. 예를 들어 생산부서와 판매부서 간의 전통적 갈등 양상은 단지 구성원 상호간의 커뮤니케이션만으로는 완벽한 조정이 불가능할 수 있다. 이런 상황에서 사용될 수 있는 상호조정 방법이 상사에 의한 '직접통제'이다. 이는 자율적인 상호조정 메커니즘이 발휘되기 힘든 상황에서 계층구조를 통한 상사의 조정 과정이다. 책임과 권한이 중복될 업무에 대한 의사결정 권한이 상사에게 존재하기 때문에 구성원의 행동은 상사의 직접적 통제를 바탕으로 이루어진다.

더불어 상호조정을 위한 기본 규칙을 미리 마련하는 공식화 혹은 표준화에 의한 통합방식을 생각해 볼 수 있다. 각 과업수행의 표준을 미리 설정하여 공식화한 후, 그에 맞추어 구성원들이 행동함으로써 조정과 통합이 이루어지도록 하는 방식이다. 즉, 구성원간의 커뮤니케이션에 의한 직접적 조정이나 해당 사안에 대한 상사의 직접통제 방식이 아니라, 각 구성원들이 행하여야 할 과업을 미리 정확하게 설정/제시하여 이에 따르게 함으로써 조정하고 통합을 이루는 방법이다. 표준화와 공식화에 의한 조정방식은 작업과정에 대한 표준화, 작업성과에 대한 표준화, 작업에 필요한 능력과 지식에 대한 표준화 등으로 구분될 수 있다.[14]

## 2. 조직구조에 대한 이론

Astley와 Van de Van은 분석수준 차원과 인식론 차원을 바탕으로 조직이론 연구에 대한 개념적 틀을 제시하고 있다.[15] 분석수준 차원에서는 개인이나 개별 조직을 포함하는 미시적 분석수준과 산업 혹은 조직군을 포괄하는 거시적 분석수준으로 나누고 있으며, 인식론 차원에서는 결정론과 임의론으로 나누고 있다. 이를 바탕으로 조직구조에 대한 관점을 자연선택 관점(환경결정론), 시스템-구조적 관점(구조결정론), 집단적-행동 관점(집단행동결정론), 전략적 선택 관점(개인행동 결정론) 등의 네 가지로 분류한다.

**그림 18-2**

조직구조에 대한 관점

| | 결정주의적 정향 | 임의주의적 정향 |
|---|---|---|
| 거시적 수준<br>(개체군 및<br>조직집단) | **자연도태 관점**<br>• 학파 : 개체군생태론, 산업경제학<br>• 구조 : 환경적 경쟁이 조직의 형태와 적소를 미리 결정한다.<br>• 변화 : 환경의 변이, 선택, 보존의 자연적 진화<br>• 행동 : 무작위적, 행운, 찬스가 환경의 선택을 결정<br>• 관리자의 역할 : 비활동적 | **집단행동과정**<br>• 학파 : 인간생태론, 정치경제론, 제도화이론<br>• 구조 : 집단적 환경 또는 제도적 환경, 규칙을 수정하거나 만들기 위해서 상호작용을 하는 기득이익집단의 커뮤니티 또는 네트워크.<br>• 조직은 개인행동을 통제, 해방, 확대하는 집단행동이다.<br>• 변화 : 당파적 상호조정에 의한 집단적 협상, 갈등, 협의와 타협<br>• 행동 : 이성적이며, 집단적으로 구성되고 정치적으로 협의된 질서<br>• 관리자의 역할 : 상호작용적 |
| 미시적 수준<br>(개별조직) | **체제-구조적 관점**<br>• 학파 : 체제이론, 구조적기능주의 상황적합이론<br>• 구조 : 체제기능을 능률적으로 성취하기 위한 역할, 지위, 부서의 계층적 조정<br>• 변화 : 환경의 변화에 대한 하위체제의 적응을 위한 부서와 역할의 분화와 통합<br>• 행동 : 환경 결정적, 제약적, 환경에 대한 적응적<br>• 관리자의 역할 : 반응적 | **전략적 선택 관점**<br>• 학파 : 행동이론, 자원의존론, 전략적 관리, 조직화 이론(인지이론)<br>• 구조 : 사람들과 그들의 관계는 권력을 가진 사람들의 선택과 목적에 봉사하기 위해서 조직화된다.<br>• 변화 : 환경과 구조는 개개인의 특히, 권력을 가진 자의 의미와 행동을 구체화하기 위해서 설정된다.<br>• 행동 : 구성적이며, 자율적, 설정적이다.<br>• 관리자의 역할 : 순향적 |

자료 : Astley and Van de Ven, (Administrative Science Quarterly, June, 1983) 참조.

자연선택 관점에서는 환경적 경쟁이 조직의 형태와 적소를 미리 결정하기 때문에 조직구조는 외부적으로 결정된다는 적자생존론을 바탕으로 조직구조를 설명한다. 개체군생태론과 산업경제론 등이 이에 포함된다. 시스템-구조 관점에서는 시스템의 기능을 능률적으로 수행하기 위해 역할/지위/부서 등이 결정되고 이들이 계층적으로 조정됨에 따라 구조가 결정된다고 주장하고 있으며, 구조적 상황이론이 이에 해당한다. 전반적으로 자연선택 관점과 시스템-구조 관점은 경영자들의 자발적 선택의 중요성을 간과하고 있다.

집단적 행동 관점에서는 조직은 개인행동을 통제하거나 확대하는 집단행동의 결과로 나타나며, 조직구조는 다원적이고 집단적인 환경을 수정하거나 구성하기 위해 상호작용하는 참여집단의 네트워크 형태로 구성된다고 주장한다. 이에는 제도화 이론 등이 포함된다. 전략적 선택 관점에서 조직은 거래비용을 최소화하는 관리적 조정체로 인식되고 있으며 경영자의 전략적 역할이 조직형성에 중요한 결정요인이라고 설명하고 있다. 자원의존이론 등이 포함된다. 집단적 행동 관점과 전략적 선택 관점은 결정론과는 달리 조직이나 인간은 능동적으로 상황을 지배할 수 있는 영향력을 행사할 수 있다고 설명하고 있다.

## 3. 조직형태

대부분의 조직은 초기에 매우 단순한 조직형태를 갖추게 된다. 초기의 조직은 몇 종류의 단순한 제품을 생산하거나 서비스를 제공하기 위해 몇 명의 구성원으로도 충분하다. 따라서 대부분의 일들은 최고경영자에게 보고되고, 모든 업무관련 의사결정도 최고경영자에 의해서 이루어지게 된다. 하지만 조직이 성장함에 따라 구성원의 수도 증가하게 되고 수행해야 할 업무도 급격히 증가하게 된다. 이런 상황에서 조직은 보다 효과적인 생산활동을 위해 점차 복잡해지는 형태를 갖게 된다. 여기에서는 조직의 형태를 기계적 조직/유기적 조직, 라인조직/스태프조직, 기능별 조직/사업부제 조직, 매트릭스 조직 등으로 나누어 각각의 조직형태 내용 및 장단점에 대해서 알아보고자 한다.

## 3.1 기계적 조직과 유기적 조직

Burns와 Stalker의 연구에서는 조직화의 원리인 복잡성(complexity), 공식화(formalization), 집권화(centralization) 수준에 따라 조직을 분류하여 기계적 조직(mechanistic organization)과 유기적 조직(organic organization)으로 나누고 있다.[16]

기계적 조직의 경우에는 관리의 범위(span of control)가 매우 좁으며 공식화의 정도와 집권화의 정도는 매우 높은 것이 특징이다. 더불어 기계적 조직의 경우 많은 규정과 절차를 가지고 있으며, 대부분의 의사결정은 조직 상부에서 이루어지고 개개 작업자들의 의사결정권한은 매우 축소된다. 의사소통도 수평적보다는 수직적으로 이루어지기 때문에, 작업을 수행함에 있어서 관리자들과의 수직적 의사소통이 주를 이루게 된다.

이와는 반대로 유기적 조직에서는 통제의 범위가 넓게 나타나고 공식화의 정도가 낮아 규정과 절차가 기계적 조직에서보다 훨씬 적게 된다. 또 다른 특징은 의사결정권한이다. 기계적 조직의 경우 의사결정 권한이 집권화된 반면, 유기적 조직에서는 의사결정권한이 개별 작업자들에게 분권화하게 된다.

이러한 조직형태의 효율성은 조직이 처한 상황에 따르게 된다. 일반적으로 기계적 조직은 보다 안정된 환경하에서 효율성이 높은 반면, 유기적 조직은 역동적인 외부환경에서 보다 높은 효율성이 보이게 된다. 외부환경이 변화하지 않는 상황에서는 대부분 미리 조직활동을 예측할 수 있고, 이에 따라 규정과 절차를 정한 후 모든 구성원들로 하여금 이에 맞추어 행동하게 할 수 있을 것이다. 하지만 외부환경에 급변하는 상황하에서는 조직의 규정과 절차대로만 움직이기 힘들게 되고 구성원들의 임기응변이 중요하게 됨에 따라 규정과 절차를 최소화 하고 개별 구성원들에게 의사결정의 자율권을 주는 분권화된 제도가 보다 효율적이라 판단할 수 있다.

## 3.2 라인조직과 스태프조직

일반적으로 라인은 생산이나 판매 등 기업의 기본적인 활동에 대한 직접적인 책임을 바탕으로 권한을 행사하는 부서를 의미한다. 스태프(staff)는 이와는 반대로 기업의 생산활동에 기술적인 제안이나 전문적인 지식서비스를 통하여 라인의 활동을 보조하는 부서를 의미한다. 프로야구 구단을 예로 든다면, 감독과 코치, 그리고 선수들은 라

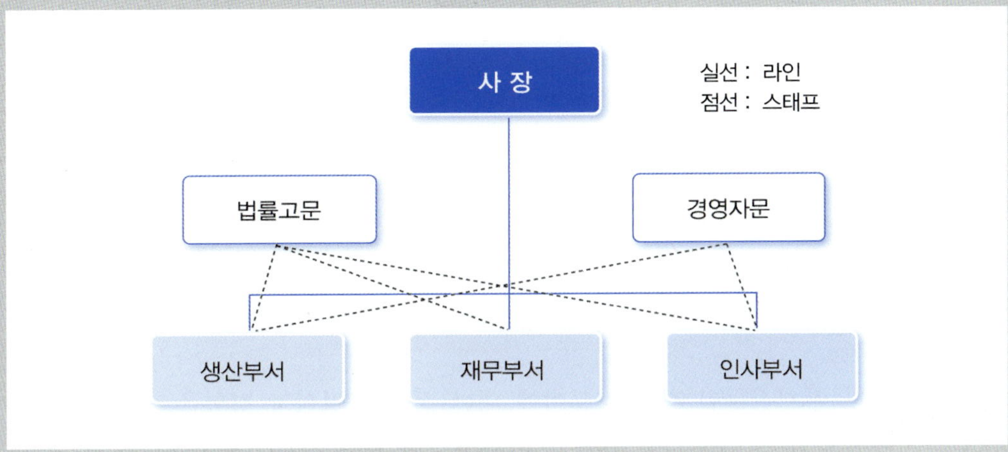


**그림 18-3**
라인조직과 스태프조직

인조직으로 분류될 수 있고, 라인 활동에 보조적인 역할을 하는 모든 구성원들은 스태프조직으로 분류할 수 있다.

라인은 필요에 따라 스태프의 조언 및 조력을 청구할 수도 있으나, 이러한 경우에도 최종 책임은 라인에게 있다. 스태프는 라인에게 제공하는 서비스, 조언 등에 대한 책임만을 지는 것이 일반적이다.

## 3.3 기능별 조직과 사업부제 조직

기능별 조직은 유사한 작업이나 업무를 담장하는 조직원들을 한 부서에서 일하게 만드는 조직형태라 할 수 있다. 예를 들어, 마케팅에 특화된 구성원들을 마케팅 부서로 분류하고 생산과 관련된 기술을 가진 구성원들은 생산 부서로 분류하여 서로 간에 의사소통의 효율성을 높일 수 있게 된다. 기능별 조직에서는 부서별 구성원의 활동을 조율하기 위해 작업과정에 대한 표준화를 추구하게 되면 부서장에게 의사결정 권한이 집중된다. 대부분의 조직은 초기단계에서 대부분 기능별 조직의 형태를 추구하게 된다.

기능별 조직에서는 유사한 관련 업무를 결합시킴으로써 구성원들이 전문화의 이점을 최대한 누릴 수 있다는 점과 더불어, 전문화된 개인 구성원들의 활동을 부서장에 의해 통제하고 조율하게 함으로써 조직구조의 효율성을 높일 수 있다는 장점을 생각

그림 18-4
기능별 조직

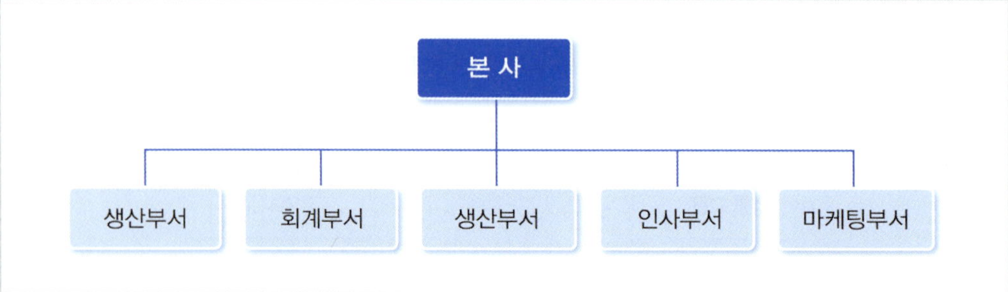


해 볼 수 있다. 부서장들이 각 기능분야에 대한 전문적 지식과 경험을 지니고 있기 때문에 구성원들은 업무과정 중에 문제가 발생할 경우 부서장들로부터 직접적인 지시를 받을 수도 있다는 장점이 있다. 더불어 각 기능별 규모의 경제 획득에 유리하고 기술개발이 용이하다는 장점이 있다. 일반적으로 중간 이하의 규모에 적합하고 소품종 대량생산에 효과적이다.

하지만 기능별 조직의 경우 구성원들이 담당하는 기능과 기술을 바탕으로 조직내에서 분화되었기 때문에 다른 부서에 대한 이해도가 높지 않고, 이러한 상황이 심화되면 조직 차원의 목표달성을 위한 노력보다는 구성원 각자가 소속된 부서의 이해관계에 충실해지는 단점이 지적된다. 예를 들어, 마케팅 부서의 목표와 생산부서의 목표가 다른 상황에서는 각 부서가 조직 전체의 목표를 달성하기보다는 각 부서에게 할당된 목표만을 달성하기 위한 노력을 보일 수 있다. 더불어 외부환경의 변화에 대한 대응이 늦어지고 경영자들에게 지나치게 많은 의사결정을 해야만 한다는 단점이 있다.

업무처리에 효율성을 높이는 기능별 조직은 기업의 규모가 커지고 취급하는 제품의 수가 많아지며 다양한 소비자를 대상으로 하게 되면서 단점이 부각된다. 따라서 동일한 제품이나 사업을 중심으로 조직을 개편할 필요성이 제기된다. 예를 들어, TV만 전문적으로 생산하던 조직이 새로운 제품을 시장에 출시하면서 각 제품별로 조직을 구성하게 함으로써 업무의 효율성이 높아질 수 있게 된다. 이러한 조직을 사업부제 조직이라 한다.

사업부제 조직은 사업장의 지역별 분포(예 ○○지역본부), 담당하는 소비자(고객별 분류), 생산제품 등에 따라 조직을 만들고 구성원들과 자원을 배치하는 방식이다. 사업부제 조직의 형태를 취함으로써 조직이 얻을 수 있는 이익으로는 제품별 사업부제 조직의 경우에는 소비자의 다양한 욕구변화에 적극적으로 대처할 수 있다는 점을 들 수 있

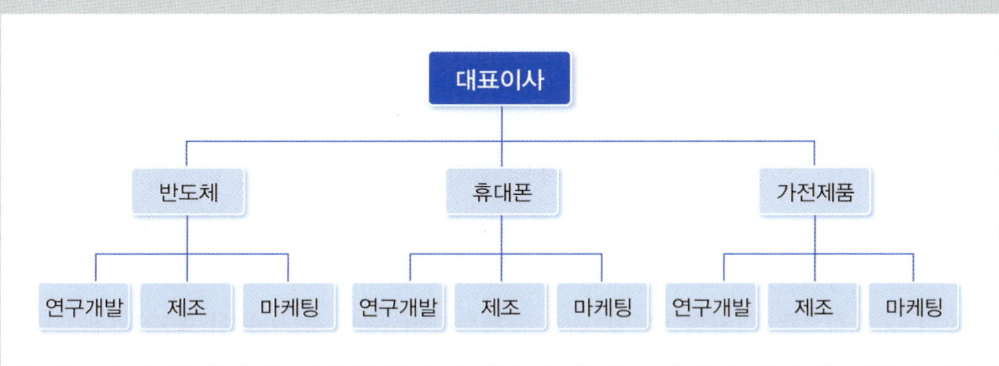


**그림 18–5**
사업부제 조직

으며, 지역별 사업부제 조직의 경우에는 현지 시장을 바탕으로 한 적절한 의사결정을 할 수 있다는 점이다. 이러한 장점이 발현되게 하기 위해서 구성원들에게 자율성을 더 많이 부여하고 의사결정권한을 위임하는 분권화 시스템이 수반된다. 더불어 각 사업부가 하나의 독립된 사업체로서 자율적인 경영이 이루어지므로 한 부서의 사업실패가 다른 사업부에 영향을 주지 않게 된다. 일반적으로 조직의 규모가 커지고 보다 복잡해지면서 사업부제 조직을 취하는 경우가 많게 된다.

하지만 사업부제 조직의 경우에는 기능의 중복 현상이 가장 큰 문제점으로 지적된다. 기능별 조직에서는 기능에 따라 조직이 분화되고 각 기능에서 조직의 모든 활동을 담당하게 되는 반면, 사업부제 조직에서는 제품별/지역별/소비자별로 기능이 분화되기 때문에 각 사업부별로 다른 사업부와 동일한 기능을 보유해야 된다. 예를 들어, 자동차 회사의 경우, 사업부제 조직에서는 각 사업부별로 담당한 자동차를 생산해야 하기 때문에 사업부별 생산라인을 구축해야 한다. 반면 기능별 조직에서는 하나의 단일한 생산부서에 제품을 생산하기 때문에 보다 효율적인 생산라인에 대한 투자가 가능하다. 즉, 기능 중복으로 인한 비효율이 사업부제 조직의 가장 큰 단점으로 지적된다. 더불어 전사적 차원에서의 새로운 전략 개발 및 실천이 곤란할 수 있으며 사업부들 간의 협력이 어렵다는 단점도 생각해 볼 수 있다.

## 3.4 매트릭스 조직

매트릭스 조직(matrix organization)은 기본적으로 기능별 조직형태와 제품별 사업부제 조직을 결합한 새로운 형태의 조직구조라 할 수 있다. 위에서 언급한 바와 같이 기능별 조직형태는 동일한 업무를 수행하는 구성원들이 한 부서에 배치됨으로써 시너지 효과를 기대할 수 있으며 중복투자 문제를 해결할 수 있다는 장점을 기대할 수 있으나 부서 간 조정과 통제가 어렵다는 단점이 있다. 반면 제품별 사업부제 조직은 시장상황에 보다 능동적으로 대처할 수 있으나, 중복투자의 문제 등 비용이 증가한다는 단점이 있다.[17] 매트릭스 조직은 기능별 조직형태와 사업부제 조직형태의 장점을 유지하고 단점을 최소화하기 위해 만들어진 조직형태이다. 구성원들은 자신들이 원래 소속되어 있는 기능부서 배치됨과 동시에 현재 생산하고 있는 제품부서에 배치되어, 기능부서의 관리자와 제품부서의 관리자들로부터 동시에 통제를 받게 된다. 이는 작업단위를 한 번은 기능별(생산, 판매, 재무 등)로 묶어놓고 또 한 번은 사업 혹은 제품별(제품 A, 제품 B 등)로 묶어서 두 구조 유형을 포개어놓은 것과 마찬가지다. 이러한 구조에서는 전통적인 구조에서 중시하는 명령의 일원화원칙이 무시되고 한 명의 구성원이 두 명의 관리자들로부터 지시를 받으며 보고를 하게 된다.

〈그림 18-6〉에서는 매트릭스 구조의 예가 제시되어 있는데, 여기에는 생산활동을 위해 제조, 디자인, 재무, 연구개발 부서 등의 기능부서가 분류되어 있고, 조직이 생산하는 제품별로 프로젝트 A, 프로젝트 B, 프로젝트 C 등의 제품라인이 분류되어 있다.

**그림 18-6**
매트릭스 조직

이처럼 매트릭스 구조에 속한 구성원들은 기능별 부서와 제품별 부서에 동시에 소속되어, 프로젝트 A에서 제조를 담당하는 구성원은 제조기능 부서의 관리자뿐만 아니라, 프로젝트 A를 담당하는 관리자로부터 지시와 통제를 받게 된다.

매트릭스 구조는 기능별 구조와 사업부별 구조의 장점을 모두 취할 수 있지만, 두 명의 관리자들로부터 지시와 통제를 받아야 하기 때문에 지휘계통에 혼란이 올 수 있다는 점과 이로 인하여 구성원들이 높은 수준의 스트레스를 지각할 수 있다는 단점이 지적된다.

## 3.5 혼합적 조직형태

Mintzberg에 따르면 조직은 전략부문(strategic apex), 중간라인부문(middle line), 지원스태프부문(support staff), 기술구조부문(techno structure), 핵심운영부문(operating core) 등 5개의 기본 단위로 구성할 수 있다고 한다.[18] 전략부문은 조직의 가장 상층에서 조직 전반을 통제하는 최고경영층이 있는 곳으로 조직의 전략을 형성을 주요 활동으로 한다. 중간라인부문은 전략부문과 핵심 운영부문 간을 직접적으로 연결하는 라인에 위치한 중간관리자들이 위치한 곳이며, 지원스태프부문은 조직의 기본적 생산 활동을 지원하는 다양한 전문가들로 구성되어 있다. 기술구조부문은 조직의 표준화된 생산시스템을 기획하고 설계하는 분석가들로 구성되며, 마지막으로 핵심운영부문은 조직의 기본

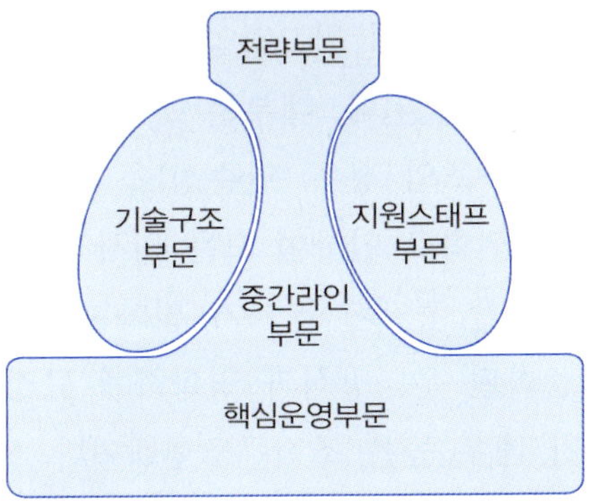


**그림 18-7** Mintzberg의 조직의 기본 5개 부문

자료 : Mintzberg, H.(1979), *The structuring of organizations*, Prentice-Hall, p.20.

그림 18-8
단순구조

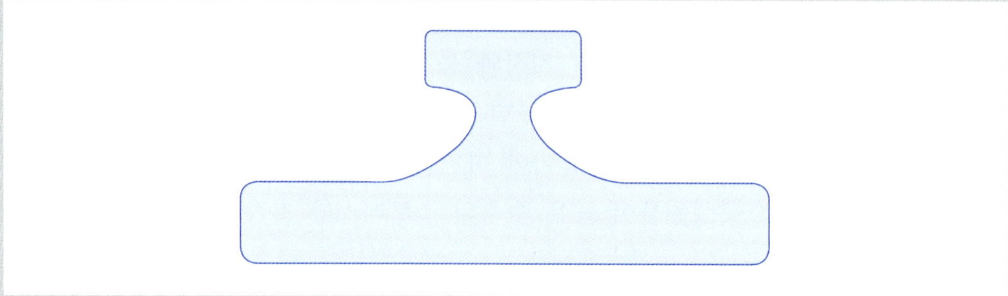

자료 : Minzberg, H.(1979), p.307.

핵심활동이라 할 수 있는 제품이나 서비스를 생산하는 역할을 담당하게 된다.

다섯 부문들은 자신들에게 우호적인 방향으로 조직형태를 구성하려고 노력하게 된다. 예를 들어 전략부문은 집권화를 강조하고, 기술구조부문에서는 대부분의 직무를 표준화함으로써 자기 부분의 영향력을 확대하려고 노력하게 된다.

더불어 Minzberg는 조직구조 구성형태를 단순구조(simple structure), 기계적 관료구조(machine bureaucracy), 전문적 관료구조(professional bureaucracy), 사업부제 구조(divisionalized form), 애드호크러시(adhocracy)의 다섯 가지로 나누고, 실제 조직은 이러한 유형의 구조형태와 유사하게 조직형태를 취할 수 있지만, 대부분의 조직들은 두세 개의 조직구조 구성형태의 중간에 위치하는 혼합적 조직형태를 취하게 된다고 설명하고 있다.[19]

단순구조는 단순하고 정교하지 않은 조직구조형태를 의미한다. 단순구조에서는 권한이 최고경영자에게 집중되어 있으며 공식화의 정도도 매우 낮다. 기술구조부문과 지원스텝부문이 거의 없거나 제한적이며 최고경영자들의 소수의 중간라인관리자들을 바탕으로 운영부분을 직접 통제하게 된다. 대부분 초기 단계의 조직에서 나타나는 조직구조형태라 할 수 있다. 단순구조의 경우 '단순성'을 바탕으로 신속한 의사결정과 유연성이라는 장점이 있으나 집권화로 인하여 모든 의사결정이 최고경영자에 의해 이루이기 때문에 잘못된 의사결정을 견제할 장치가 없다는 단점이 있다.

기계적 관료구조는 표준화된 운영방식과 명확하게 규정된 권한관계, 명문화된 책임규정 등 공식화의 정도가 매우 높은 조직구조형태이다. 또한 업무가 매우 세분화되어 있고 반복업무가 주를 이루게 된다. 대량생산에 적합하도록 운영부분이 매우 크게 나타나며 의사결정은 대부분 전략부문에서 이루어지게 된다. 기계적 관료구조는 조직

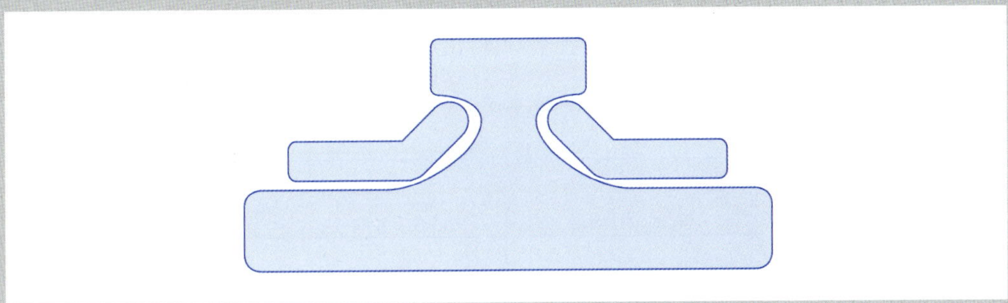

**그림 18-9**
기계적 관료구조

자료 : Minzberg, H.(1979), p.325.

운영의 정확성과 신속성, 지속성을 높일 수 있다는 장점이 있는 반면, 세분화되고 반복된 업무형태로 인해 비인간화 문제를 야기할 수 있다는 단점이 있다.

전문적 관료구조에서는 운영방식에 있어서 표준화를 매우 높게 추진하기 때문에 고도로 개발된 기술과 지식을 가진 전문가들이 조직 운영에 대한 상당한 통제력과 재량권을 행사하는 조직이라 할 수 있다. 전문적 관료구조에서는 전문가들에 의한 통제가 필요해짐에 따라 기계적 관료조직과는 달리 집권화와 분권화가 동시에 발생한다. 이런 구조하에서는 전문가들이 책임감과 동기부여수준이 높게 나타날 수 있다는 장점이 있는 반면, 전문가들 사이에서의 조정문제와 중간라인부문과 갈등이 발생할 수 있다는 단점이 있다.

사업부제 구조는 조직이 생산하는 제품이나 소비자, 혹은 지역별로 분할되어 자율성을 부여 받아 자체적인 이익책임단위로 구매, 생산, 판매활동을 수행하는 복수의 사업부로 구성된 분권화된 조직이다. 사업부제 조직은 일종의 시장중심의 구조라 할 수

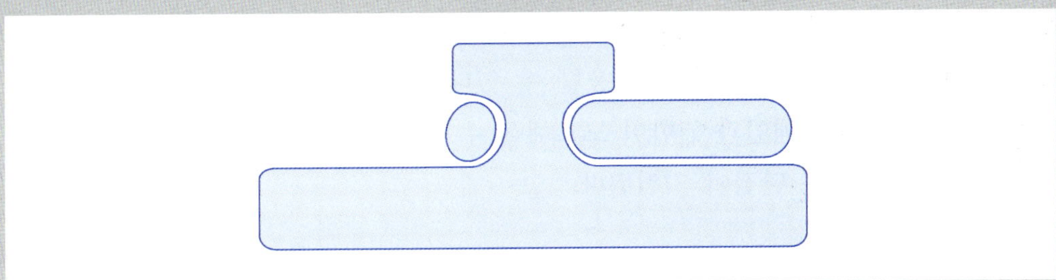

**그림 18-10**
전문적 관료구조

자료 : Minzberg, H.(1979), p. 355.

**그림 18-11**
사업부제 구조

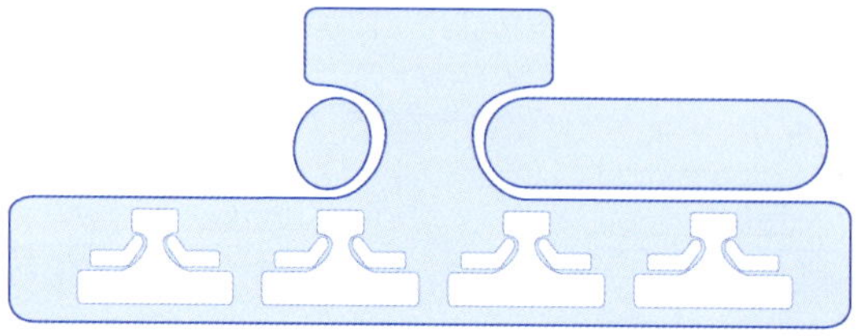

자료 : Minzberg, H.(1979), p.393.

있으며 사업부간 상호의존성이 거의 없기 때문에 긴밀한 조정이 요구되지 않는다. 자율성을 보장받기 때문에 중간라인부분이 조직의 핵심부문으로 등장하게 되며 본사의 역할은 조직 전체 차원에서의 목표와 사업부의 목표를 조정하는 것으로 제한된다. 사업부제 조직으로 효율적인 자원 배분과 시장상황에 적극적으로 대처할 수 있다는 장점이 존재하나, 각 사업부를 통제하는 시스템으로 재무성과가 지나치게 강조되면 질적 측면에서의 성과가 간과될 수 있다는 단점이 있으며 더불어 본사의 지나친 간섭이 있는 경우 시장중심구조의 장점을 살릴 수 없다는 단점이 지적된다.

반면 애드호크러시 구조는 전통적 관리원칙과는 매우 다른 구조형태라 할 수 있다. 애드호크러시는 다양한 전문적 기술을 가진 관리자들이 조직의 핵심을 이루며, 당면문제의 해결을 위해 이질적인 집단으로 쉽게 변화할 수 있는, 임시적이고 동태적인 구조형태라 정의할 수 있다. 임무가 주어지면 해당 임무 완성을 위해 전문가들이 조직되고, 일단 임무가 완수되면 해산되었다가 새로운 임무가 주어지면 재구성되는 속성을 가진다. 애드호크러시 구조는 전문가들을 고용해서 그들에게 최대한의 자율권을 보장하는데 가장 적합한 조직형태라 할 수 있다.

표준화를 통한 통제와 조정으로는 혁신을 추구하기 불가능하기 때문에 전문가들에게 자율성을 바탕으로 능력을 최대한 발휘하게 함으로써 조직혁신을 촉진할 수 있으며 시장의 변화에 따라 신속하게 대응할 수 있다는 장점이 있는 반면, 공식화의 정도가 매우 낮기 때문에 책임과 권한이 모호해질 수 있고 구성원들의 조직에 대한 몰입도가 낮아질 수 있다는 단점이 지적된다.

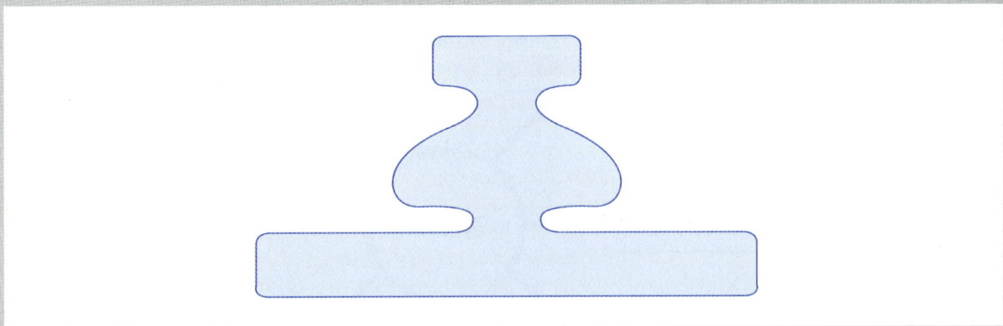

그림 18-12
애드호크러시

자료 : Minzberg, H.(1979), p.443.

## 3.6 네트워크 조직

네트워크 조직(network organization)은 생산을 위해 필요한 조직의 기능 중 필수적이고 핵심적인 부분만을 조직 내부에 남겨두고 다른 기능은 외주하는 방법이다. 즉 위계적 계층조직을 바탕으로 전체 조직이 형성되기보다는 각 부문별 기능을 수행하는 다양한 조직들이 계약이나 동의에 의해 행동이 조정되는 서로 다른 조직들의 집단이다.

〈그림 18-13〉에서 볼 수 있듯이 네트워크 내의 핵심조직은 경영활동의 주요한 기능만을 수행하고 나머지는 외부의 조직으로 외주를 주게 된다. 예를 들어 Nike의 경우에는 기업 활동의 핵심이라 할 수 있는 연구개발 기능과 마케팅 기능을 중심으로 활동을 전개하고, 제품생산은 해외에 있는 다른 생산담당 조직들과의 계약을 통하여 이루어진다. 따라서 핵심조직 하나만을 살펴보면 생산조직의 완전한 형태를 갖추고 있다고 보기 어렵지만, 계약을 바탕으로 이루어진 타 조직과의 연계성을 종합적으로 살펴보면 보다 완전한 조직 형태를 찾아볼 수 있다.

네트워크 조직은 필요한 정보나 생산 활동을 중심으로 연결되므로 상황에 따라 변형되며, 필요에 따라 추가되고 제휴되며 쉽게 제거될 수 있는 특징을 가진다. 따라서 형식이 유연하고 엄격한 상하부 구조를 갖지 않는다. 네트워크를 구성하는 각 개인 또는 팀들이 동등한 입장에서 각자 가진 경영과 기술자원을 분담하고 협력함으로써 급변하는 경영환경에서 최선의 성과를 달성하려는 것이 네트워크 조직의 목표이다. 네트워크 조직은 고도로 분권화되어 있으며 상호 영향력과 의사소통을 극대화하는 통합된 체계로서, 급변하는 조직 환경에 의해 발생하는 상황에 대해 효율적이며 적절하게 대

그림 18-13
네트워크 조직

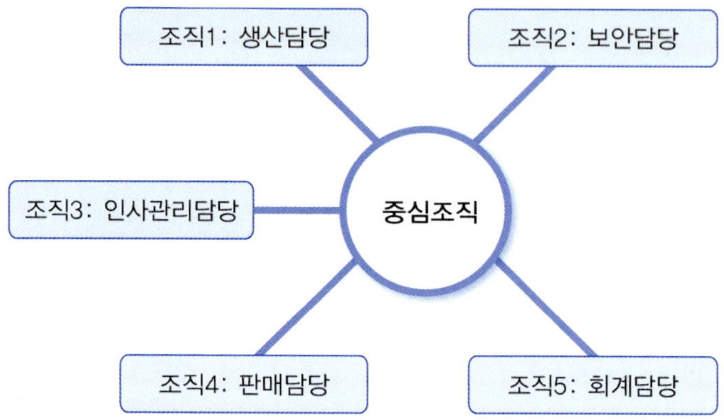


응할 수 있다. 따라서 네트워크 조직은 외부환경 변화에 유연성을 가질 수 있다는 장점을 생각해 볼 수 있다. 더불어 초기 조직 설립 자본이 많이 필요하지 않게 되며, 조직의 크기가 작기 때문에 간접비를 줄일 수 있다는 장점이 있다. 하지만 외주 기업에 대한 통제권이 상대적으로 작기 때문에 네트워크 내의 조직의 개별적 상황이 전체 생산에 끼치는 영향이 크다는 점과 기술유출의 가능성이 클 수 있다는 단점이 지적된다.

## 3.7 가상조직

가상조직(virtual organization)은 조직간 혹은 조직 외부의 물리적 장벽이 사라진 형태의 조직을 의미하며, 무경계조직(boundariless organization)이라고도 한다. 가상조직은 공동의 목표를 추구하는 다양한 조직간의 협력을 바탕으로 형성되며, 정보통신 기술의 비약적인 발달로 비교적 최근에 등장한 조직형태로 기존의 조직개념과는 매우 다르다. 형태상으로는 네트워크 조직구조와 매우 유사하지만, 가상조직에 참여하는 조직들은 자신들이 보유한 핵심역량만을 전체 조직에 제공하여 단일 생산품을 제공한다는 특징을 가지고 있다. 예를 들어, 헐리우드(Hollywood)에서 영화를 제작하는데 있어서, 기획, 촬영, 마케팅 등 각 부문의 핵심기술을 지닌 다양한 기업들이 영화제작이라는 공동의 목표를 바탕으로 협업을 진행하는 경우를 가상조직이라 할 수 있다.

그림 18-14
가상조직

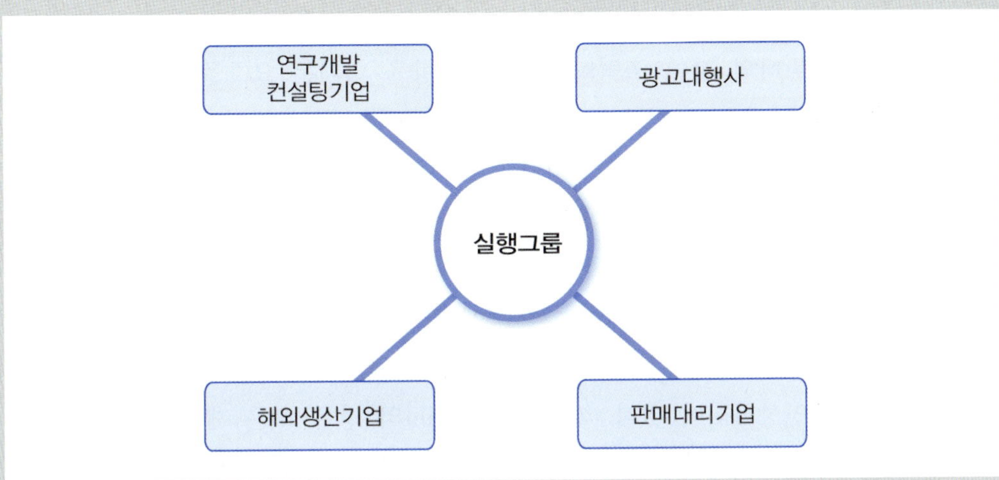


자료 : Robinson, S. P. & Judge, T. A.(2011), *Organizational Behavior*. Pearson.

## 4. 조직구조와 조직행동

조직구조에 따라 조직구성원의 행동은 영향을 받으며 또한 조직구성원들의 행동이나 최고경영자의 철학, 가치관, 태도 등에 따라 조직구도로 영향을 받는다. 마치 조직과 환경과의 관계에서 서로 상호 관련성이 깊은 것과 같은 맥락이다. 앞부분에서는 조직설계과정에서 조직구조적 변수가 조직행동에 미치는 영향과 설계된 조직 형태가 조직행동에 미치는 영향을 각각 살펴보았다.

그러나 아직까지 조직구조가 조직구성원들의 조직행동에 미치는 영향을 깊고 폭넓게 한 연구들이 많이 이루어지지 않고 있다. 이는 이 두 가지를 별개로 생각하여 그 관계를 살펴보기보다는 조직구조와 조직행동은 서로 밀접하게 상호연결이 되어 있고 혼합되어 있어서 분리하여 그 선후관계를 살펴보는 것이 적절하지 않을 수도 있기 때문이다. 또 다른 이유는 조직행동의 많은 이슈들을 연구함에 있어 조직구조는 조직행동에 미치는 외적인 변수로서 일단 주어진 여건으로 생각해 왔기 때문이다.

## 4.1 조직화와 조직행동

앞에서 살펴본 바와 같이 조직화 과정에 영향을 미치는 요소들은 많다. 조직외부 요인들과 회사전략, 기술, 조직규모, 기업문화 등외에도 가장 핵심적인 세 가지 조직구조화 요소는 공식화, 복잡성, 집권화이다.

조직이 규정이나 절차 등을 공식화함으로써 조직구성원들의 행동들도 표준화로 수렴 하게 된다. 공식화는 구성원들의 행동 지침이나 조정 메커니즘을 공식적으로 설명해 놓고, 이에 따라 관리가 이루어지기 때문에 직접감독이나 비공식적 커뮤니케이션은 비효율적이라 여겨지기도 한다. 오래된 화사일수록 규모가 클수록 공식화 정도는 강하고 모든 절차가 일상화되어 있다. 가령 McDonald의 경우 모든 제조과정과 서비스가 표준화 되어 있어 공식화의 정도가 매우 높은 조직이다. 이런 고직에서는 조직구성원들의 행동도 규정과 절차에 따라 표준화되기 마련이며 거의 기계적으로 일하게 된다.

공식화 수준이 높은 기계적인 조직의 경우 공식적 정책이나 절차에서 공정성이 많이 강조되고, 이런 공식적인 공정성이 조직구성원들의 만족도에 큰 영향을 미친다. 즉 정책이나 절차의 공정성이 조직구성원들의 행동에 큰 지침이 되는 것이다. 그러나 공식화 정도가 낮은 유기적 조직에서는 공식적 정책이나 절차의 공정성보다는 대인관계에서의 공정성이 조직구성원의 만족도에 더 큰 영향을 미친다.[20]

기계적 조직과 같이 공식화 수준이 높고 일이 덜 애매할수록 조직구성원들이 보다 생산적이고 만족수준이 높을 수가 있다는 주장은 단순 반복적인 일을 선호하는 종업원들에게서 나타날 수 있다.

지나친 공식화는 규정과 절차가 조직의 유연성을 감소시키기 때문에 조직구성원들의 행동 유연성도 제한하게 된다. 조직구성원들이 사전에 정해진 규정과 절차에 따라 행동해야 하기에 때로는 조직의 궁극적 목표가 무시된 채 규정과 절차 준수 그 자체가 오히려 단기적인 조직 목표가 되는 경우도 있다. 때로는 절차가 복잡하고 난해하여 이에 집착한 나머지 조직효율성이 떨어지게 된다. 일반적으로 안전욕구가 강한 종업원들은 공식화를 선호하지만, 상위 욕구가 강한 종업원들은 지나친 공식화로 인해 소외감이나 무력감을 느끼기도 한다.

집권화 정도가 낮고 분권화의 정도가 높을수록 즉 종업원들의 자유재량권이 많을수록 종업원들의 직무만족도는 증대된다는 것이 일반적인 견해다. 종업원들이 자율화를 선호하느냐 아니면 오히려 지시받기를 편하게 생각하느냐에 따라 개인 간의 차이가 나타난다. 어떤 종업원은 누군가가 감독해 주고 지켜주고 있다는 것이 오히려 편안하다고 느낄 수 있다. 감독 폭과 관련하여 감독 폭이 넓을수록 종업원들은 감독받는 기회와 거리가 멀고 자신들이 일을 주도할 수 있는 여지가 많아 성과나 직무만족도가 높게 나타난다고 한다. 그러나 감독받지 않고 혼자서 일하기를 좋아하는 종업원에게서는 다르게 나타날 수 있다.

조직이 복잡할수록 분화는 많이 나타나게 된다. 일을 중심으로 한 수평적 분화는 분업이 일어나게 되고 일반적으로 전문화가 이루어지게 된다. 전문화가 조직구성원들의 행동에 미치는 영향은 전문화 그 자체보다는 조직구성원들의 개인적 특성에 따라 다양하게 나타난다. 단순 반복적이고 일상화된 일을 수행하는 사람들에게는 전문화가 될수록 생산성이 높고 이에 따른 직무만족도가 높게 나타나지만, 종업원들의 교육 수준이 높고 내재적 보상 성격이 강한 일을 하는 종업원들에게 지나친 전문화는 오히려 생산성을 떨어뜨린다는 연구결과들도 있다.

종업원들의 다양성과 성장욕구가 강할수록 높은 수준의 전문화는 오히려 부정적인 조직행동을 초래할 수도 있다.[21]

이상과 같이 조직구조적 변수에 따라 조직구성원들의 조직행동은 다르게 나타난다. 특히 조직구조적 변수가 생산성과 직무만족도에 미치는 영향은 개인의 특성에 따라 다르게 나타난다. 조직내에서 예측가능하고 확실성을 중요시 여기는 구성원들의 경우 공식화, 집권화 수준이 높은 기계적 조직을 선호하며, 반면에 자율성을 중요시 여기는 구성원들의 경우 공식화와 집권화 수준이 낮은 유기적 조직을 선호한다.

## 4.2 조직형태와 조직행동

앞서 다양한 조직형태를 설명하였다. 단순한 라인조직형태에서 복잡한 사업부제 조직, 그리고 관료적 조직형태에서 애드호크러시(adhocracy) 조직형태, Minzberg의 조직형태, 팀 조직, 네트워크 조직, 가상조직 등 많은 조직 형태들이 동일 조직내에서 함께 혼재하기도 한다. 앞부분에서 조직형태별로 나타날 수 있는 조직구성원들의 행동양상을 부분적으로 설명한 바 있다. 특정 조직형태에 따라 조직행동이 달라질 수밖에 없다. 왜냐하면 조직형태에 따라 조직목표 조직 하위시스템(집단이나 팀) 구조, 커뮤니케이션 구조, 권력구조, 갈등구조 등이 다르기 때문에 이러한 구조적 특성에 따라 그 과정들이 모두 다르기 때문이다.

조직형태는 거시적 수준에서 조직문화, 조직학습, 조직변화 등에 영향을 미친다.

예를 들면 관료적 조직형태와 애드호크러시적 조직형태는 조직문화가 크게 다를 수밖에 없다. 조직형태는 조직구성원들의 지식습득과 지식공유 과정에도 영향을 미쳐 조직학습 과정에도 영향을 미친다. 조직형태는 커뮤니케이션 과정, 의사결정과정 질과 리더십에도 영향을 미친다.

또한 조직구성원들이 조직구조 전체를 어떻게 이해하고 각 부분 간의 상호관련성과 업무흐름을 어떻게 이해하느냐에 따라 개인행동들도 다르게 나타난다. 따라서 조직형태에 따라 일하는 태도와 성과가 달라질 수 있다. 조직구성원들의 모티베이션, 목표달성의욕, 스트레스, 바람직한 조직행동 등은 조직구성원들이 조직형태로부터 직접 영향을 받는 민감한 이슈들이다.

또한 조직형태는 조직구성원들의 사회화과정에 영향을 미친다. 조직구성원들이 조직구조와 조직문화 간의 적합성이 크다고 느낄수록 조직사회화가 잘 이루어진다.[22]

조직구조의 변화 또한 조직구성원들의 행동에 영향을 미친다. 조직구조의 변화는 구성원들의 성과나 조직몰입에 (특히 감정적 몰입) 부정적인 영향을 미치고, 조직구성원들의 스트레스를 증가시키고 조직신뢰를 떨어뜨린다는 연구결과가 있다.[23]

어떤 연구에 의하면 기업의 병리적인 현상이 나타나는 것은 경영자의 신경질 성격과 조직과의 관계 유형을 편집증형, 우울증형, 감격형, 강박(충동)형, 정신분열증형의 다섯 가지로 제시하고 있다.[24]

그들의 연구에 의하면 조직이 집권화되고 CEO의 권력이 클수록 CEO의 성격이 조직문화, 조직전략 및 조직구조에 영향을 많이 미치며, 최고경영자 팀들의 성격 유사성이 클수록, 성격적 특성과 문화특성에 따라 각각 다르게 나타나는 이런 다섯 가지 유형이 강하게 나타난다고 하였다. 이런 현상은 그 반대로도 나타날 수 있다고 주장한다. 즉, 조직유형에 따라 CEO의 성격도 영향을 받게 되어 상호교환적인 관계로도 나타난다는 것이다.

## 주석(endnote)


1 Nelson, D., & Quick, J. (2007), *Understanding Organizational Behavior*. South-Western College Pub.

2 Colquitt, J., Lepine, J. A., & Wesson, M. J. (2009). *Organizational Behavior: Improving Performance and Commitment in the Workplace*. McGraw-Hill/Irwin.

3 Robinson, S. P. & Judge, T. A. (2011). *Organizational Behavior*. Pearson.

4 McShane, S. & Glinow, M. (2012) *Organizational Behavior*. Irwin McGraw-Hill

5 Nelson, D., & Quick, J. (2007), *Understanding Organizational Behavior*. South-Western College Pub.

6 Nelson, D., & Quick, J. (2007), *ibid.*

7 Hitt, M. A., Miller, C. C. & Colella, A (2011). *Organizational Behavior*. Wiley.

8 Miles, R. E. & Snow, C. C. (1978). *Organizational Strategy, Structure, and Process* (New York: McGraw-Hill)

9 Robinson, S. P. & Judge, T. A. (2011). *Organizational Behavior*. Pearson.

10 Joan Woodward (1967). *Industrial Organization*, London; Oxford University Press.

11 Adam Smith. (1777). *The Wealth of Nations*, London; Strahan & Cadell.

12 Robinson, S. P. & Judge, T. A. (2011). *Organizational Behavior*. Pearson.

13 Nelson, D., & Quick, J. (2007), *Understanding Organizational Behavior*. South-Western College Pub.

14 최종태. (1985). 현대조직론, 경세원.

15 Astly, W. & Van de Ven, A. (1983). Central Perspectives and Debates in Organizational Theory, *Administrative Science Quarterly*, 28, 245~273.

16 Burns, T., & Stalker, G. (1961). *The Management of Innovation*. Tavistock.

17 McShane, S., & Glinow, M. (2012). *Organizational Behavior*. Irwin McGraw-Hill

18 Henri Mintzberg. (1979). *The Structuring of Organization*, Englewood Cliffs, NJ: Prentice Hall.

19 Henri Mintzberg. (1979). *ibid.*

20 Robinson, S. P. & Judge, T. A. (2011). *Organizational Behavior*. Pearson.

21 Robinson, S. P. & Judge, T. A. (2011). *ibid.*

22 Hitt, M. A., Miller, C. C., & Colella, A. (2011). *Organizational Behavior*. Wiley.

23 Colquitt, J., Lepine, J. A., & Wesson, M. J. (2009). *Organizational Behavior: Improving Performance and Commitment in the Workplace*. McGraw-Hill/Irwin.

24 De Vries, M. F. K., & Miller, D. (1986). Personality, culture, and organization. *Academy of Management Review*, 11(2), 266~279.

CHAPTER 19

# 조직변화, 조직개발, 조직학습

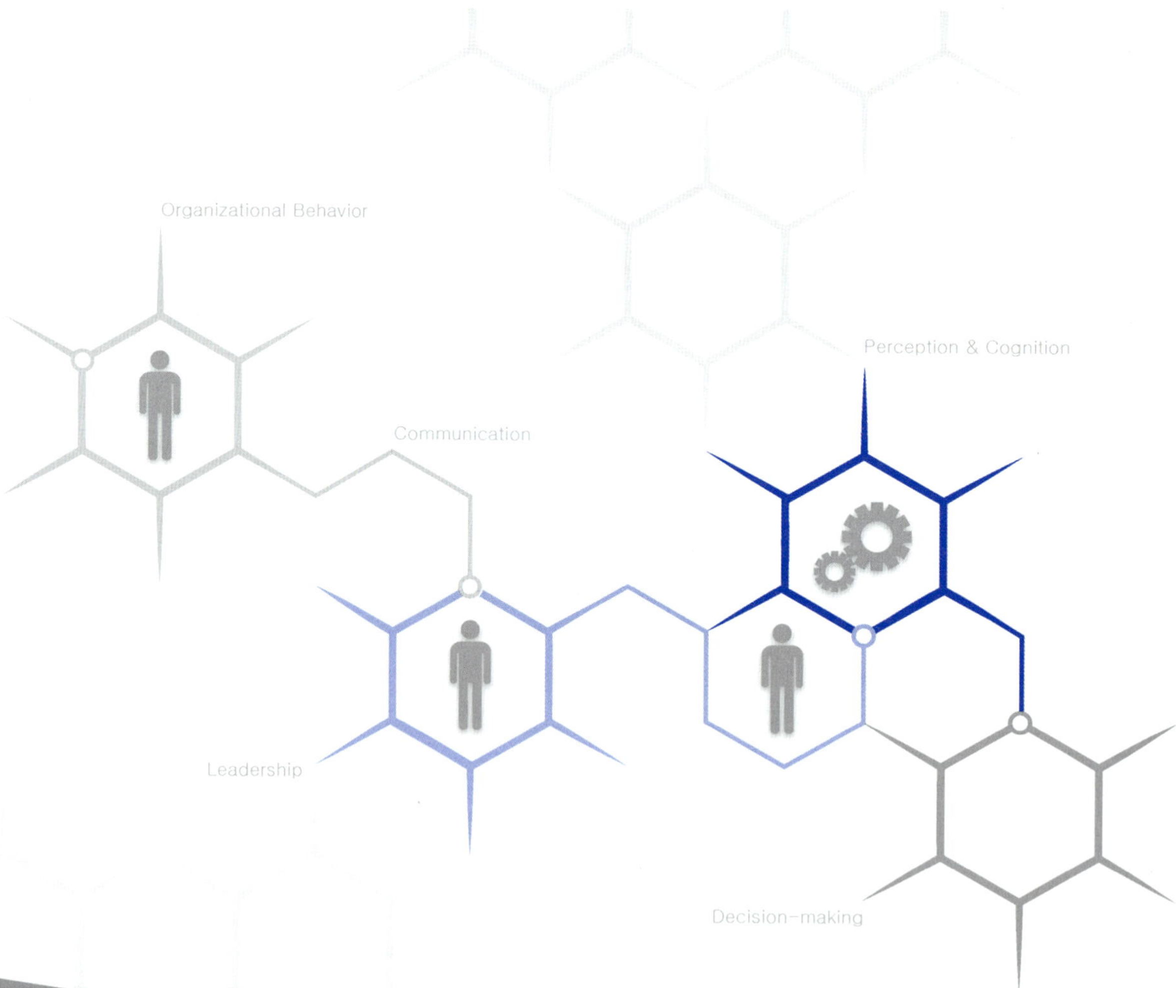

## 들어가기

환경의 변화에 따른 조직체질개선을 위해서는 조직변화는 불가피하다. 경영혁신을 위한 조직변화의 과정과 조직변화 관리 방안을 살펴본다. 조직변화가 실질적으로 효과를 거두기 위해서는 조직이 능동적으로 변화추진전략을 수립하여 조직구조, 과정, 구성원 가치관과 행동 조직문화 등을 종합적으로 변화를 시도하는 조직개발을 실천해야 한다. 또 한편 조직개발을 통한 조직변화와 혁신을 위해서는 조직변화 담당자와 조직구성원들이 새로운 변화를 위해 공동의 학습자가 되어야 한다. 조직학습을 통하여 학습능력이 증대될 수 있는 학습조직을 구축해야 한다. 따라서 본 장에서는 이 3가지 주제를 연결하여 살펴보고자 한다.

# 1. 조직변화

오늘날의 기업들은 이전의 그 어느 시기보다도 역동적이고 변화하는 환경에 직면해 있다. 이러한 상황에서 기업은 생존을 위해 환경 변화를 수용해야 한다. 기업의 변화는 다양한 측면에서 요구되는데, 사실 어떤 형태의 압력이 기업의 변화를 일으키는 가장 중요한 요소가 될 것인지를 논하는 것은 쉽지 않다. 변화의 속도가 점점 빨라지고 압력요소들이 복잡한 상호관계 속에서 작용하고 있기 때문이다.

우리가 흔히 조직이 변화한다고 할 때 조직을 구성하는 요소가 많은 것만큼이나 조직변화가 뜻하는 실직적인 내용들 역시 다양한 모습을 띠고 있다. 넓은 의미로 볼 때 조직의 변화는 크게 두 가지로 나누어볼 수 있는데, 우선 비교적 가시적으로 파악하기 쉬운 하드웨어적 요소의 변화가 있으며, 이와는 반대로 가시적, 직접적으로 파악하기 어려운 조직의 소프트웨어적인 요소의 변화를 생각해 볼 수 있을 것이다.[1]

**하드웨어적 요소** : 먼저, 조직의 하드웨어적 요소로 생각해 볼 수 있는 것에는 조직구조, 기술, 조직의 정책 등을 생각해 볼 수 있다. 이 중에서도 조직구조와 조직정책은 가장 기본으로 많은 사람들이 생각하는 것인데, 우선 조직구조의 변화에는 조직의 규모 및 업무방식, 공식화 수준, 권력의 집중도와 같은 요소들에 변화를 가져다주는 것을 의미한다.

한편 조직정책의 변화는 조직원의 직무특성, 조직의 인사, 급여 정책, 복지 정책, 부서 간 의사소통 정책과 같은 조직 내부와 관련된 정책뿐만 아니라 해당 조직 외부의 다른 조직, 집단을 대상으로 하는 외교, 정치적 정책을 모두 포괄한다. 또한 여기에는 조직이 어떤 대상을 주 고객으로 할 것이며, 어떤 목적을 갖고 조직을 영속시킬 것인가와 관련된 조직 전략의 변화 역시도 조직 정책의 범주에 속할 것이다.

조직이 보유하고 있는 기술의 변화 역시도 조직변화로 분류할 수 있다. 예컨대 미국 포드사의 T시스템과 같은 경우, 당시로써는 혁신적인 기술의 변화였고, 이것의 도입으로 인해 포드는 획기적인 조직의 변호를 꾀할 수 있었다. 최근의 IT 기업들은 특히 새로운 기술의 개발, 도입 등과 같은 기술의 변화를 통해 조직의 비약적인 성공을 추구하는 대표적인 사례라 볼 수 있을 것이다. 이러한 기술의 변화는 단지 기업이 생산하는 제품의 변화를 가져다줄 뿐만이 아니라 조직의 구조적 측면에 변화를 주는 요소들도 포함되어 있다.

**소프트웨어적 요소**: 일반적으로 사람들은 가시적으로 보이는 조직요소들의 변화만을 조직변화라고 생각하기 쉽지만, 사실 모든 조직을 구성하는 가장 기초적이며 근본적인 요소는 인간이다. 따라서 근본이 되는 조직구성원들의 내면이 변화하는 것은 궁극적으로 전체조직에도 변화를 가져다줄 것이며, 이 역시도 조직변화로 생각해야 하는 것은 자연스러운 귀결일 것이다.

이러한 조직구성원들의 내면적 요소에 깊게 관여하는 요소로는 대표적으로 조직문화와 조직윤리를 생각해 볼 수 있는데, 이들의 변화를 필연적으로 조직의 변화를 촉발시킨다. 예컨대 GE 같은 경우, 1980년대까지만 하더라도 매우 경직된 관료제적 조직문화를 가지고 있었지만 그 이후, 경쟁을 강조하는 조직문화로의 변화를 추구하면서 비약적인 조직변화와 우수한 성과증진을 보여준 바 있다.

이러한 조직의 가시적, 비가시적 요소들의 변화들은 그 요소의 차이로 인해 매우 상이한 변화의 양상을 보인다. 하지만 이와 동시에 조직의 요소들은 유기적으로 높은 연관성을 가지고 있기 때문에 한 요소의 변경은 다른 요소들의 변경을 촉진시키며 결과적으로는 조직의 요소가 총체적으로 변화시키는 양상을 나타내기도 한다.

## 1.1 조직변화와 그 영향

조직변화의 유형과 관련하여 가장 대표적인 분류방식으로는 변화의 속도에 따른 분류를 들 수 있다. 한 가지는 지속적인 개선과 발전을 통한 점진적인 조직변화를 꾀하는 방식이며, 다른 한 가지는 매우 혁신적이고 한편으로는 강제적인 성격의 개혁을 통한 급진적인 조직변화의 방식이 있다. 예컨대 도요타에서 실행하여 유명해진 카이젠 시스템(Kaizen system)과 같은 것은 대표적인 점진적, 상향식 조직변화의 사례로 볼 수 있으며, 비즈니스 프로세스 리엔지니어링은 이와는 반대로 매우 강제적 성격이 짙은 하향식의 급진적 조직변화 방식이다.

또 다른 구분은 변혁(transformation)과 단기적 균형(punctuated equilibrium)적 변화가 있다. 변혁은 참여하는 사람들에 의해 상황을 재구성하는 것이다. 위기에 직면했을 때, 문제들에 대한 정보를 수집공유하며 이를 통해 상황에 대해 새롭게 이해하게 된다. 변화의 참가자들은 이전과는 다른 새롭게 상황에 대해 이해하고 생각하는 방식을 개발한다. 이러한 변혁의 결과 새로운 시각과 이해방식이 조직구성원들에 의해 받아들여지고 이에 적용하게 된다.

단기적 균형변화는 장기간의 안정과 단기간의 개혁적 변화를 교대로 반복하면서 조직의 변화를 이끄는 것이다. 안정기 또는 균형상태에서는 표준생산 절차, 성과 또는 보상 시스템, 규범, 역할과 같은 심층 구조를 정착시킨다. 이러한 조직, 부서, 작업 집단, 또는 하부 시스템의 기본적 활동 패턴과 같은 조직의 심층 구조는 안정기 동안 외부 변화에 점진적으로 적응하게 된다.

조직변화의 결과가 조직구성원에게 가져다주는 영향 및 이에 따른 변화는 행위적 변화, 심리적 변화, 사회적 변화의 세 가지 유형이 있다.[2]

- 행위적 변화 : 행위의 변화란 작업을 수행함으로써 발생하는 명백하고 물리적인 일상에서의 변화를 말한다. 새로운 규제, 절차, 운영 방식에 대해서 행위적 적응이 요구된다.
- 심리적 변화 : 변화의 심리적 결과란 개별 조직구성원들에 의해 형성된 변화에 대한 태도로 정의할 수 있다. 변화에 의해 생긴 요구들에 대처하는 조직구성원들의 능력에 기인한다. 자신이 큰 개인적 희생 없이 변화에 적응하는 능력이 있으며 변화 결과 이득이 올 것이라 생각하는 사람은 심리적으로 변화에 대해 긍정적인 태도를 갖게 될 것이다. 반면, 변화에 대해 불안감을 느끼고, 변화로 인하려 이익이 올 것이라 생각하지 않는 사람은 변화에 대해 부정적인 태도를 가지며, 변화에 반대하게 될 것이다.

  변화에 대한 태도는 변화의 와전한 수용에서부터 변화에 대한 저항까지 다양하다. 〈표 19–1〉은 변화에 대한 4가지 유형의 태도와 이로 인해 나타나는 행위를 제시하고 있다.[3]
- 사회적 변화 : 변화로 인한 사회적 적응이란 개별 조직구성원과 상사, 동료, 노동자, 이들이 속해 있는 비공식 집단, 그리고 신규 조직구성원들 간의 관계에서의 변화를 필요로 한다. 변화는 개인들 간의 사회적 상호관계에 영향을 미침으로써, 역할, 지위, 응집성, 사람들 사이에서 동질화와 수용의 패턴에 영향을 미친다.

**〈표 19–1〉 변화에 대한 태도의 유형과 이로 인해 발현되는 행위**

| 태도의 유형 | 발현되는 행위 |
|---|---|
| 수용 | 지지, 협력, 열의 |
| 무관심 | 중립적 반응, 최소한의 이행 |
| 수동적 저항 | 무시, 직접적인 거부, 제한적 행위 |
| 적극적 저항 | 탈퇴, 태업(사보타주) |

자료 : Judson, A. S.(1996), *A Manager's guide to making change*, London, Wiley.

- 추가적 변화 : 위에서 제시한 세 가지 유형 외에도, 조직 변화의 결과 새로운 보상 시스템, 새로운 직무상의 자율성과 제약, 새로운 권한 구조, 새로운 시행 스케줄, 새로운 과업환경 등이 도입된다.

## 1.2 조직변화의 과정

계획된 변화는 한 상태에서 다른 상태로 움직이는 체계적인 과정을 필요로 한다. Lewin은 조직에서 계획된 변화가 발생하는 작용이 다단계의 과정을 거친다고 제안하였다. 그의 계획된 변화 모형은 세 가지 단계, 즉 해빙(unfreezing), 변화(change), 그리고 재동결(refreezing)을 거친다(〈그림 19-1〉 참조).[4]

- 해빙 : 사람들이 변화의 필요성을 인식하게 되는 단계이다. 만일 사람들이 정책이나 절차에 만족하고 있다면, 변화의 필요성을 거의 느끼지 못할 것이다. 해빙 단계에서의 핵심 요소는 종업원들로 하여금 변화의 중요성과 변화로 인하여 그들의 직무가 어떠한 영향을 받게 될지에 대하여 이해시키는 것이다. 특히 변화로 인하여 가장 큰 영향을 받게 되는 종업원들을 왜 변화가 필요한지에 대해 이해시켜야 하며, 그들이 현재 상태에 불만족하게 하여 변화를 받아들일 수 있도록 동기 유발해야 한다.
- 변화 : 변화 그 자체는 오래된 일의 방식을 새로운 방식으로 전환하는 것으로서, 새로운 장치를 설치하고, 조직을 재구성하며, 새로운 성과 평가 시스템을 수행하는 등의 현존하는 관계나 활동들을 전환하는 것을 말한다.
- 재동결 : 이 단계는 상대적으로 영구적이고 변화하기 힘든 새로운 행위를 만드는 것이다. 기술의 재동결의 예로서 교육훈련에서 새롭게 학습된 기술을 반복하는 것이나, 새로운 기술을 실제 작업 상황에서 어떻게 이용할지에 대해 가르치는 역할 게

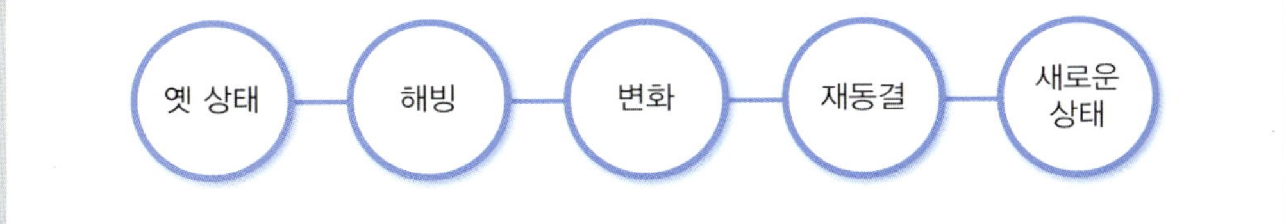


**그림 19-1**
Lewin의 조직변화 프로세스 모형

자료 : Lewin, K.(1951). *Field theory in social science.* New York: Harper & Row.

임의 실시를 들 수 있다. 사실 많은 종업원들이 자신의 조직을 변화시키기 위해 특별 교육훈련에 참여한 후 그들이 작업장으로 돌아갔을 때, 새로운 방식을 적용시키기 보다는 옛 방식을 따르는 것이 쉬움을 알게 될 것이다. 따라서 재동결의 과정이 없다면, 새롭게 도입된 방식은 쉽사리 망각되고 옛 방식이 다시 사용될 것이다. 한편, 재동결의 과정에서는 학습이론과 강화이론의 내용들이 적용된다.

## 1.3 변화에 대한 저항

변화는 종종 저항을 야기하며, 변화에 대한 부정적인 조직구성원들의 반응은 조직변화를 실패로 끝나게 할 수도 있다. 하지만 다른 관점에서 살펴보면 이러한 변화에 대한 저항은 긍정적인 현상일수도 있다. 저항이 존재한다는 것은 행위에 대한 안정성과 예측 가능성을 제공하기 때문이다. 만일 저항이 없다면, 조직 행위는 혼란스럽고 임의적인 상태에 의존하여 판단할 수밖에 없을 것이다. 예를 들면 재조직화 계획 또는 생산 라인의 변경에 대한 저항은 건전한 논쟁을 유발할 수 있으며, 이는 결국 더 나은 의사결정을 가능하게 할 것이다.

변화에 대한 저항은 공공연하게 나타날 수 있으며, 즉각적으로 혹은 뒤늦게 나타날 수도 있다. 만약 저항이 즉각적으로 또는 공공연하게 표출된다면 이를 관리하기가 쉬울 것이다. 예를 들어 변화가 제안되었을 때, 조직구성원들이 즉시 불만창구, 태업, 파업 등을 통해 반응하는 경우가 그것이다.

반면 변화에 대한 저항이 내재적으로 혹은 뒤늦게 나타난다면 이를 관리하는 것은 어려워진다. 조직에 대한 충성도의 상실, 작업 동기의 상실, 오류나 실수의 증가, 결근의 증가 등과 같은 내재적인 저항은 매우 포착하기 힘들기 때문에 저항으로서 인식하기 힘들다. 뒤늦게 나타나는 저항은 저항의 원천과 이것에 대한 반응 사이의 연계를 불분명하게 한다. 뒤늦게 나타나는 저항이란 변화가 시작되는 당시에는 최소한의 반응만이 나타나다가, 몇 주 혹은 몇 달, 심지어 몇 년 후에 저항이 나타나는 것이다. 또한 그 자체만으로는 영향력이 적은 단일 변화가 축적되어 이후 커다란 변화의 저항으로 나타날 수 있다. 이는 저항이 뒤늦게 나타나는 과정에서 이전의 단일 변화들의 저항들이 축적되어 폭발한 것으로 볼 수 있다.

본 절에서는 저항의 원천을 개인 차원의 원천과 조직 차원의 원천으로 구분하여 살펴보기로 한다. 현실에서는 이러한 각 차원의 저항의 요소들이 중복되어 작용하기도 한다.

### 1.3.1 개인 차원의 저항 요소

변화에 대한 저항의 개인적 원천들은 지각, 성격, 욕구와 같은 인간의 근본적 특징에 기인한다. 개인의 변화에 저항하는 다섯 가지 이유들을 제시하면 다음과 같다.[5]

- 습관 : 복잡성에 대처하기 위하여, 사람들은 습관 또는 짜인 반응에 의존한다. 그러나 변화에 직면하게 되면, 익숙한 방법에 따르는 이러한 경향이 저항의 원천이 될 수 있다.
- 안전감 : 안정성에 대한 욕구가 높은 사람들은 변화가 안정성에 위협을 가하기 때문에 이에 저항할 수 있다. 예를 들어 기업이 대규모 감원을 공고하거나 생산시설을 자동화할 때 많은 구성원들은 그들의 직업을 잃을 위기에 처했다고 느끼고 이에 저항하게 된다.
- 경제적 요인 : 개인 차원의 저항의 또 다른 원천으로서 변화가 조직구성원의 수입을 줄이는 경우를 고려해 보아야 한다. 과업에서 또는 일상적 직무에서의 변화는 새로운 과업을 수행하지 못할 수도 있다는 경제적 두려움을 자극할 수 있다. 특히 생산성과 보상이 직결되어 있을 때에는 이러한 경제적 두려움은 더욱 커지게 된다.
- 무지로 인한 두려움 : 변화는 이전의 지식들을 불확실하고 모호한 것으로 대체하는 것이라 할 수 있다. 기업에서의 조직구성원들은 불확실성에 대해 저항감을 가지고 있다. 예를 들어 TQM의 도입으로 종업원들이 통계적인 프로세스 통제기술을 학습해야 하는데, 이를 수행할 수 없을까 봐 두려워할 수 있다.
- 선택적 정보 처리 : 개인의 스스로의 사고의 틀이나 도식(schema)을 가지고 있으며, 이런 것에 대한 변화에 저항하게 된다. 개인은 자신의 지각을 유지하기 위하여 선택적으로 정보를 처리하게 된다. 자신이 원하는 것만 듣는 것이 그 예이다. 즉, 그들이 형성된 세계상에 반하는 정보는 무시하는 것이다. TQM의 도입에 직면한 조직구성원들은 경영자가 통계적 통제기술의 필요성과 TQM의 시행으로 인한 잠재적 이득에 대해 설명하는 것을 무시할 수 있다.

### 1.3.2 조직 차원의 저항 요소

조직은 그 특성상 적극적으로 변화에 저항한다. 서비스 변화와 개선에 대한 요구가 존재함에도 불구하고 좀처럼 변화하지 않는 공무원 조직이나, 그 영역이 철저하게 보호되고 있는 종교조직을 그 대표적인 예로 들 수 있다. 조직 차원 저항의 원천들은 〈그

**그림 19-2**

변화에 대한 조직 차원 저항의 원천

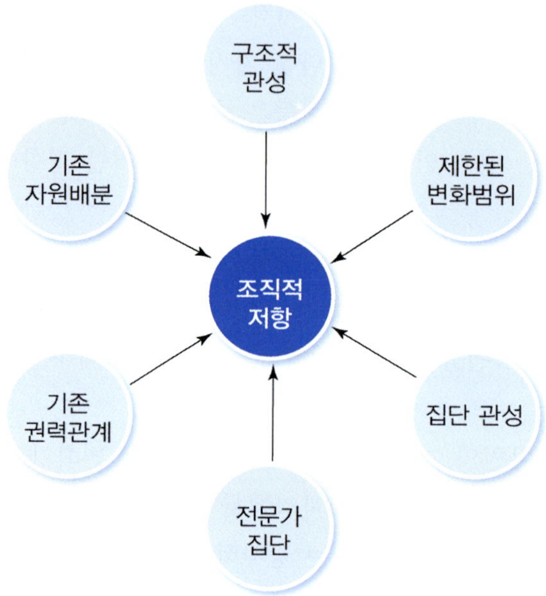


림 19-2〉와 같이 여섯 가지로 살펴볼 수 있다.[6]

- 구조적 관성 : 조직은 안정을 이루기 위한 메커니즘을 구축해 나간다. 조직이 변화에 직면하게 되었을 때, 이러한 조직의 구조적 관성은 안정성을 유지하기 위한 평형력으로서의 역할을 하게 된다.
- 제한된 변화의 범위 : 조직은 수많은 상호의존적인 하부시스템들로 구성되어 있다. 따라서 다른 부서에 영향을 주지 않고 한 부서만을 변화시키기란 어렵다. 예를 들어 조직의 구조를 수정하지 않고 기술적인 프로세스만을 변화시키려 한다면, 이 변화는 수용되기 힘들 것이다. 왜냐하면 하부 시스템에서의 제한적 변화는 상위 시스템에 의해 수포로 돌아갈 수 있기 때문이다.
- 집단 관성 : 개인이 자신의 행동에 대해 변화를 원할지라도, 집단 규범이 제약으로 작용할 수 있다. 예를 들어 노조원 개인은 경영층에 의해 제안된 변화를 수용하려는 의도가 있을지라도 노조의 규범에 경영층의 일방적인 변화를 수용하지 않는다고 지시받을 경우, 변화에 저항하게 될 것이다.

- 전문가 집단 : 조직의 변화는 특수화된 전문가 집단을 위협할 수 있다. 예를 들어 1980년 초에 나타났던 개인 컴퓨터의 도입은 경영자들이 회사의 중앙 정보시스템에 직접적으로 접근하여 정보를 이용하는 것이 가능하게 하였는데, 이러한 변화에 대해 정보시스템 부서가 강력하게 반대했었다. 이는 PC의 사용으로 인한 권력의 분산이 중앙집권적 정보 시스템 부서에서 가지고 있었던 특수한 기술에 대한 위협이 되었기 때문이다.
- 기존 권력관계 : 의사결정 권한의 재분배는 조직내에서 오랜 기간 구축되어 왔던 권력관계를 위협할 수 있다. 예를 들어 의사결정에 조직구성원들이 참여하는 것이나, 자율경영의 확대는 관리자나 중간관리자에게는 위협으로 보일 수 있다.
- 기존 자원배분 : 자원을 관리하는 조직내의 집단에게는 변화가 위협으로 보일 수 있다. 즉 변화를 하게 되면 예산이나 부서 규모가 줄어들 수 있기 때문에 집단들은 이제까지의 방식을 고수하고자 하는 것이다.
- 문화적 전제와 가치 : 때때로 문화적 전제와 가치가 변화의 장애요인이 될 수 있다. 특히 변화의 기저에 있는 전제가 조직구성원에게 용납되지 않는 경우 더욱 그러하다. 문화적 전제는 대체로 무의식적이기 때문에 극복하기 매우 어려운 변화에 대한 저항을 형성시킨다. 예를 들어 불확실성을 회피하는 문화적 특성이 있는 국가나 조직의 경우 변화에 대한 저항은 커질 것이다.

## 1.4 변화 저항의 관리 방안

전통적으로 변화에 대한 저항은 극복해야 할 것으로 취급해 왔으며, 이를 줄이기 위한 조직적 시도는 오히려 저항을 증가시키는 결과를 가져오기도 하였다. 하지만 최근의 경향은 저항을 변화에 대한 피드백으로 보고 있으며, 이 피드백을 변화를 관리하기 위하여 이용하고 있다.[7] 저항을 관리하는 핵심적인 방안 중 하나는 이것에 대해 계획을 세우고, 변화를 피드백으로 이용하기 위한 다양한 전략을 준비하는 것이다. 변화에 대한 저항 관리 전략으로서 의사소통, 참여, 감정이입, 지원, 협상을 들 수 있다.[8]

- 의사소통 : 조직구성원들이 효과적으로 변화를 수용하기 위해서는 이에 대한 의사소통이 기본적으로 필요하다. 신뢰를 바탕으로 한 공개된 의사소통은 성공적인 변화를 달성하기 위한 요건 중 하나이다. 변화로 인한 잠재적 결과에 대해 사람들에게 알려주는 것 또한 유익하다. 새로운 작업 절차에 대한 교육이나, 새로운 기술에

대해 직접 작동할 수 있는 기회를 제공하는 것은 변화에 대한 두려움을 완화시키는 데 도움이 된다. 새로운 기술에 대한 경험을 가지고 있는 조직구성원은 변화에 대해 긍정적인 태도를 가지게 되며, 새로운 과업을 달성할 수 있다는 자신감을 갖게 될 것이다.

- 참여 : 자신이 직접 참여하고 있는 조직 변화에 대한 의사결정에 반대하기는 어렵다. 따라서 변화에 앞서 조직구성원들을 의사결정 과정에 참여시키는 것은 조직구성원들의 변화에 대한 수용성을 높이는 데 도움을 준다. 참여자가 변화에 중요한 기여를 할 수 있는 전문기술을 소유하고 있다면, 이들의 참여는 저항을 줄이고, 변화로 인하여 만족을 이끌어내며, 변화 의사결정의 질을 높이는 데 중요하게 작용한다. 또한 참여로 인하여 주인의식을 갖게 된다. 하지만 참여로 인하여 많은 시간이 소유되는 점이나, 질 낮은 의견을 내놓을 가능성은 참여의 단점으로 지적될 수 있다.
- 감정이입과 지원 : 변화를 관리하는 방법 중 하나는 변화를 수용하는데 문제가 있는 조직구성원들을 지원하고 감정이입을 시키는 것이다. 저항의 이유와 두려움을 파악하기 위해 주의 깊게 조직구성원들의 의견을 들어야 한다. 변화에 대한 조직구성원들의 생각은 경영자들이 변화 프로세스를 개선하는 데 이용할 수 있는 중요한 피드백이기 때문이다. 정서적 지원과 격려는 조직구성원들이 가지게 되는 변화에 대한 자연스러운 저항을 줄이는 데 도움을 줄 수 있다.
- 협상 : 변화에 대한 저항을 관리하는 방법 중 하나는 저항을 줄이기 위하여 가치 있는 어떤 것을 교환하는 것이다. 예를 들어 변화에 대한 저항이 일부 개인들에게 집중되어 있다면, 이들의 요구를 충족시키기 위한 특정한 보상이 협상되어질 수 있다. 진술로서의 협상은 저항이 권력이 있는 원천으로부터 기인할 때 더욱 필요하다. 반면 협상으로 인하여 비용이 많이 드는 단점이 있다. 한번 변화 담당자 협상을 하면 다른 대상에 의해 계속해서 갈취의 수단으로 이용될 수 있다는 점을 단점으로 꼽을 수 있다.

## 1.5 조직변화 관리

### 1.5.1 변화담당자

지금까지 조직변화와 그 과정을 살펴보았다. 그렇다면 조직내에서 조직변화를 주도하는 주체는 누가 될 것인가? 변화담당자(change agents)에 대해 다음과 같은 세 가지 관점에서 생각해 볼 수 있다.[9]

- 변화 창출자(change generators) : 변화 창출자는 변화의 필요성을 드러내는 역할을 한다. 변화 창출자들은 경영자나 조직구성원들에 대한 절실한 욕구를 창출하며, 제기된 변화를 위한 지원을 하며, 재정적 또는 심리적으로 변화 과정을 지원한다.
- 변화 수행자(change implementor) : 변화 수행자는 최고 경영층에 의해 구체화된 변화 활동들을 수행한다. 이러한 수행자는 조직의 내부자 또는 외부자가 될 수 있으며, 다른 조직의 변화를 수행하고 설계한 경영자가 될 수도 있다.
- 변화 채택자(change adoptors) : 변화 채택자는 변화를 일상의 업무로서 행하는 자이다. 변화 채택자의 범주에는 변화를 최초로 채택하고 이를 시행하는 경영자가 포함된다. 이들은 변화가 자신들의 업무를 돕는다는 것을 알기 때문에 변화를 채택하며, 새로운 상황에서 계속적으로 변화가 작용할 때 변화에 더욱 만족하게 된다.

효과적인 변화담당자는 조직구성원들과 변화를 공감할 수 있어야 하며, 공개적이어야 하며, 유연성, 인내심, 우호성, 협동성 등의 특징을 갖추고 있어야 한다. 이들 변화담당자는 상황을 이해하고 행동 패턴을 파악하기 위하여 정보를 이용해야 한다. 이들은 독립적으로 행동하며, 변화를 시행하는 있어서 대담성을 지니고 있어야 하며, 위험을 감수해야 한다. 반면 효과적이지 못한 변화담당자는 의심과 긴장을 가지고 있으며, 비인간적인 특징을 가진다. 이들은 확인된 테두리 안에서만 머물러 있으려 하며, 안전한 최소한의 정보에만 집중한다. 또한 변화에 대한 두려움이 많으며 위험을 회피하려는 경향이 있다.[10]

### 1.5.2 조직변화와 조직개발 및 조직학습

공식적 · 비공식적 평가는 조직의 변화의 성공을 위해 중요하며, 정기적으로 시행되어야 한다. 경영자, 종업원, 또는 컨설턴트는 지금까지 시행되어진 변화의 특성이나 효과성에 대한 데이터를 수집할 수 있다. 이러한 변화의 평가는 실제로 이행된 변화와 초기에 기대했었던 변화와의 비교가 될 수도 있다. 평가의 결과는 바람직한 변화가 일어났는지를 알 수 있게 해준다.

변화의 결과 실제적으로 수행되기 위해서는 변화가 장기간으로 확대되어야 한다. 따라서 변화가 잘 시행되고 있는지를 계속적으로 체크할 수 있는 메커니즘을 도입 또는 개발해야 한다. 예를 들어 변화담당 위원회 등이 변화가 계속적으로 시행되고 있는지를 관찰하고, 변화의 효과를 정기적으로 평가할 수 있다. 조직구성원들이 변화에 대해 만족하게 되면, 이러한 변화는 제도화된다. 따라서 계속적인 적응력과 개인적 성장을 강조하는 학습조직을 구축할 필요가 있다.

앞서 언급한 바와 같이, 조직은 수많은 요소들을 내포하고 있는 복합적 집합체이다. 이러한 조직을 좀 더 이상적인 형태로 변화시키기 위해서 조직의 책임자는 수없이 많은 조직을 구성하는 요소들 중에서 어떤 요소를 중점적으로 관리함으로써 일련의 목표를 달성할 수 있을 것인가를 고민해야 한다.

우선 가시적이고 하드웨어적인 요소들의 변화를 달성하기 위해서는 변화관리 프로그램 역시도 구체적이고, 명시적인 방식을 통해 실행되는 종류의 프로그램이어야 할 것이다.

한편 조직에서 내부정책이나 구조의 변화를 통한 조직의 발전을 꾀한다면 조직개발 및 학습조직과 관련된 프로그램의 적용이 요구된다. 또한 조직의 외부와의 관계 변화 및 분석을 강화하기 위해서는 조직내에 전략기획실이나 M&A 전담팀과 같은 관련된 전담 부서를 설치하여 조직의 현 전략 분석 및 장기적 전략 수립 기획 등을 실행시켜야 할 것이다.

이와는 반대로, 비교적 눈에 보이지 않는 소프트웨어적인 요소들의 변화를 달성하기 위해서는 다소 모호하고 간접적인 방식의 변화를 유도하는 변화관리 프로그램들이 실행되어야 한다. 이러한 종류의 프로그램들은 조직성과 측면에 있어서 단기적으로 비약적인 효과를 가져다주지는 못하지만, 장기적 측면에서 볼 때 조직내부 구성원들의 내면적 측면을 궁극적으로 변화시킬 수 있는 결과를 낳게 된다. 이러한 요소들의 변화를 성공적으로 이끌어내기 위해서는 조직문화와 조직윤리에 대한 분석과 연구가 필요할 것이다.

뿐만 아니라 이러한 요소들은 서로 높은 상호연관성을 가지고 있으므로, 깊은 고민 없이 단순히 외부에서 성공한 프로세스 개선 프로그램이나 신기술도입만으로는 성공적인 조직변화를 달성할 수 없다. 조직변화의 성공을 위해서는 수많은 조직 구성 요소들의 관계를 정확히 파악하고, 그 중 성공적 변화를 가능하게 하는 가장 핵심적 요소의 맥을 짚어 순차적, 동시적 변화를 꾀해야 할 것이다. 따라서 다음에서는 조직의 가시적, 비가시적 요소들의 변화를 성공적으로 실행시키기 위해 시도되었던 여러 가지 방식들 중 가장 대표적 접근방식인 조직개발과 조직학습에 대해 좀 더 심도 깊게 고찰해보고자 한다.

## 2. 조직개발

조직변화에서 살펴본 바와 같이, 조직은 일련의 환경 변화에 성공적으로 적응하기 위하여 변화를 지속적으로 추구해야 한다. 이를 위해 조직은 그들의 전략적 방향을 능동적으로 바꿀 수 있도록 도와주는 조직개발의 필요성이 증대되고 있다. 여기서 이야기하는 조직개발이란 단순한 일회성의 변화를 의미하는 것이 아니라 지속적으로 변화할 수 있는 능력을 갖출 수 있도록 학습하고 개선하는 것을 뜻한다. 따라서 본 절에서는 조직개발의 정의와 이론들, 그리고 각 이론들에 근거한 구체적인 시행방안에 대하여 살펴보고자 한다.

### 2.1 조직개발의 개념과 내용

오늘날 기업을 둘러싼 경쟁 환경이 더욱 불확실해지면서 기업들은 변화한 환경 하에서 좀 더 효율적이고 효과적인 조직이 되기 위하여 스스로 변화를 추구해야 한다. 이를 위해 시행되는 조직개발(organizational development)이란 조직의 성과와 기능을 향상시키기 위하여 행동과학적 지식을 응용하는 것을 뜻한다. 행동과학에 기반을 두고 있는 조직개발은 사실, 성과보다는 기능의 향상에 더욱 주목한다. 인간적 가치를 중요시하는 조직개발에서는 조직을 인간에게 더욱 호의적으로 만들기 위한 프로세스를 제공한다. 하지만 때때로 이러한 조직개발의 근본적인 목적은 단기적인 성과 향상에 치중하여 중단되기도 한다.

한편, 조직개발의 정의는 학자들마다 다르게 내려지고 있다. 〈표 19-2〉에는 이러한

〈표 19-2〉 조직개발의 정의

| 학자 | 정의 |
|---|---|
| Burke | • 조직개발이란 행동과학적 기술, 연구, 이론 등을 이용하는 조직의 문화의 계획적인 변화 과정을 말한다.[11] |
| French | • 조직개발이란 조직 내·외부의 행동과학 컨설턴트나 변화 기관의 도움을 받아 조직의 문제해결 능력을 증진시키려는 장기적인 노력을 의미한다.[12] |
| Beckhard | • 조직개발이란 행동과학적 지식을 이용하여 조직의 효과성을 증진시키기 위한 계획적 개입(planed intervention)을 말하며, 이는 최고경영자 층에 의해 조직 전체적으로 관리된다.[13] |
| Beer | • 조직개발이란 (1) 조직구조와 프로세스, 전략, 조직구성원, 조직문화 등을 서로 일치시키고, (2) 새롭고 창의적인 조직 솔루션을 개발하고, (3) 조직의 자기혁신 능력을 개발하기 위하여 자료를 수집·분석하고, 실천행동계획을 만들어 개입(intervention)하고, 마지막으로 이를 평가하는 것을 의미한다. 조직개발은 변화기관과 조직구성원들과의 협력을 통해 실천된다.[14] |

조직개발 정의의 여러 가지 예를 보여주고 있는데 학자에 따라서 저마다 조금씩 다른 측면을 강조하고 있음을 알 수 있다.

이들 정의에서 보듯이 Burke의 정의는 조직문화의 변화에 초점을 맞추고 있으며, French의 정의는 조직개발의 장기적 이익과 컨설턴트의 이용에 초점을 맞추고 있다. Beckhard와 Beer의 정의는 조직개발의 과정에 초점을 맞추고 있다. 이러한 관점들을 통합하여 Cummings와 Worley는 다음과 같이 조직개발의 정의를 내렸다.

"조직개발이란 계획된 개발과 개선, 그리고 조직을 효과적으로 하는 전략과 구조와 프로세스의 강화를 위하여 행동과학 지식을 전조직적으로 응용하는 것이다."[15]

또한 조직개발은 두 가지 유사한 주제들, 즉 조직변화와 변화관리와도 구별된다. 조직개발과 변화관리는 모두 계획된 변화의 효과적인 수행에 관한 것이다. 이 두 가지는 조직의 개선을 위한 일련의 활동들, 예를 들어 프로세스 변화, 리더십 이슈 등을 포함하고 있다. 하지만 이 두 가지는 기본적으로 추구하는 가치에 있어서 차이가 있다. 조직개발의 행동과학적 토대는 인간의 잠재성, 참여, 개발에 가치의 초점을 두는 반면, 변화관리는 경제적 가치와 경쟁우위의 창출에 초점을 두고 있다.[16] 또한 조직개발은 조직이 미래에도 변화를 관리할 수 있도록 하는 기술과 지식의 전승을 강조한다. 반면 변화관리는 이러한 기술의 전수가 반드시 요구되지는 않는다. 다시 말해 변화관리는 조직개발의 일부라 할 수 있는 것이다.

조직변화는 조직개발보다 더 광범위한 개념으로서, 조직변화를 관리하는데 조직개발이 이용된다. 조직개발이 조직을 특정한 방향, 예를 들어 문제해결력의 증진, 노동질의 개선, 효과성의 증진 등의 방향으로 조직을 변화시키려 의도한다면, 조직변화란 조직에서 발생하는 모든 변화, 예를 들어 기술혁신, 경영혁신, 조직 쇠퇴, 시스템의 진화를 모두 포함한다. 이러한 변화는 조직개발에서 의미하는 바와 같이 반드시 조직의 효과성이 증진되는 방향으로만 일어나는 것이 아니다. 결국 조직개발은 조직의 능동적 행동성을 내포하고 있는 개념인 것이다.

## 2.2 조직개발의 모형

조직개발은 조직의 효과성을 증진시키기 위하여 계획된 변화(planned change)를 일으킨다. 계획된 변화는 어떤 바람직한 상태(to be)로 나아가기 위해 현재의 상태(is now)를 계획적으로 그리고 전략적으로 변화시키는 과정이다. 조직개발에 대한 이론은 모두 계획된 변화에 대한 이론에 기반을 두고 있다. 계획된 변화에 대한 이론들은 조직구성원들이 변화를 관리하기 위해 조직개발 방법들을 적용하는 과정을 설명해 주고 있다. 이 장에서는 먼저 조직변화의 주요 모형으로서 Lewin의 변화 모형과 실천 행동 연구 모형(action research model)을 살펴보고, 이들을 살핀 후에 일련의 계획된 변화 모형들과 최근의 조직개발에서의 발전되어 온 개념들을 통합할 수 있는 일반적 모형을 살펴보고자 한다.[17]

### 2.2.1 르윈의 변화 모형

Lewin에 의한 발전된 계획된 변화를 설명하는 기초적인 모형으로써, 변화를 시스템의 행동을 안정으로 유지하려는 압력에 대한 수정으로 보고 있다. 특히 특정시점에서의 행동의 발현은 현상을 유지하려는 압력과 변화를 일으키려는 압력 이 두 가지 압력들의 결과로서 나타나는 것으로 보고 있다. 즉, 이 두 가지 압력이 동등하다면 현재 상태는 유지될 것이며, 변화를 일으키려는 압력이 증가하거나 현상을 유지하려는 압력이 감소하여 균형상태가 깨지면 변화가 발생하게 된다.

예를 들어 일정한 성과의 수준을 유지하려는 집단 규범과 더 높은 성과 수준을 요구하는 상사의 압력이 동등하다면 작업 집단의 성과는 그 수준에서 일정할 것이다. 만일 더 높은 성과수준을 지향하는 방향으로 집단 규범을 수정하거나, 상사의 변화 압력이 증가하게 되면 성과 수준은 높아질 것이다. Lewin은 현상을 유지하려는 압력을 수정하는 것이 변화를 일으키려는 압력을 증가시키는 것보다 저항과 긴장을 덜 유발한다고 하였다.

Lewin의 변화 프로세스는 본 장의 앞 부분에서 언급했듯이 해빙(unfreezing), 변화(change), 재동결(refreezing)의 세 단계로 이루어진다. Lewin의 모형은 조직변화를 이해하는데 있어서 일반적인 개념적 틀을 제공하고 있다. Lewin의 모형에서 설명하는 변화의 세 단계는 매우 포괄적이기 때문에 이를 현실에서 적용하기 위해서는 상당한 노력이 필요하다. 그럼에도 불구하고 Lewin의 모형은 조직개발 분야와 밀접하게 관련되어 있으며, 어떻게 다른 형태의 변화가 수행되는지를 설명하는 데 이용된다.

### 2.2.2 실천 행동 연구 모형

실천 행동 연구 모형은 조직에 대한 초기의 연구를 통해 연속하여 발생하는 변화활동들에 정보를 제공하고, 이것이 순환과정을 통해 계속적으로 이루어지는 계획된 변화에 초점을 맞추고 있다. 따라서 한 단계에서의 활동의 결과는 다음 과정의 활동을 이끌어낼 수 있는 정보를 제공할 수 있어야 한다. 실천 행동 연구 모형에서의 활동들은 조직구성원들과 조직개발 수행자들 간의 협력을 필요로 한다. 또한 계획을 시행하기에 앞서 정보수집과 분석을 강조하며, 시행 후 활동결과에 대한 평가도 중요시한다. 실천 행동 연구의 주요한 목적은 조직이 계획된 변화를 수행할 수 있도록 하고, 이를 통해 다른 상황에서까지 적용할 수 있는 일반적 지식을 개발하려는 것이다.[18] 실천 행동 연구는 다음의 여덟 가지 단계로 진행되어진다.

① 문제확인 : 이 단계는 주로 조직내의 핵심 임원이나 영향력을 가진 사람이 조직의 문제들을 인식할 때 시작된다.

② 행동과학 전문가와 상담 : 이 단계에서 조직개발 전문가들과 의뢰인들은 서로를 평가한다. 조직개발 전문가들은 그들만의 이론과 체계를 가지고 있으므로 의뢰인은 이들의 전제들과 가치들을 정확히 알고 우리 조직개발의 취지와 부합하는지를 평가해야 한다.[19]

③ 정보수집과 사전진단 : 이 단계는 보통 조직개발 전문가들에 의해 시행되는데, 조직에 대한 적절한 정보를 수집하고 문제점의 근본적인 원인을 찾기 위하여 이를 분석한다.[20]

④ 핵심 의뢰인 또는 집단에게 피드백 : 실천 행동 프로그램은 협력적인 활동이기

때문에 조직개발 전문가들은 의뢰인에게 조사한 진단정보에 대한 피드백을 주게 된다. 피드백 단계에서 조직구성원들은 조직개발 전문가들에 의해 수집된 정보를 피드백 받으면서 전문가들이 조직의 강점과 약점을 결정할 수 있도록 도와준다.

⑤ 협력적 문제 진단 : 이 단계에서 조직구성원들은 피드백에 대해 토의하고 조직개발 전문가들과 함께 확인된 문제들을 조사해 나간다.

⑥ 협력적 실행계획 : 조직개발 전문가들과 조직구성원들이 협력적으로 실행계획에 동의한다. 이 단계는 Lewin의 변화모형에서 변화단계의 시작이다. 구체적인 행동은 조직의 문화 · 기술 · 환경, 문제 진단 결과, 개입의 시간과 비용에 의해 결정된다.

⑦ 시행 : 이 단계에서는 새로운 방법과 절차를 도입하고, 조직구조와 직무 디자인을 재조직하고, 새로운 행위를 강화하게 된다. 이러한 행위들은 즉시 시행될 수 없으며 조직이 현 상태에서 바람직한 상태로 나아가는 변이 기간을 필요로 한다.[21]

⑧ 시행 후 정보수집 : 실천 행동 연구는 순환적인 프로세스이기 때문에 그 효과를 측정하고 결과에 대한 피드백을 조직에 보고하기 위하여 시행 후 정보가 수집되어야 한다. 이렇게 수집된 정보는 재진단과 새로운 시행계획을 세우는 데 사용된다.

## 2.3 조직개발과 개입전략

조직개발 과정에서 핵심적 과정인 개입(intervention)이란 조직의 성과와 효과성을 증진시키기 위해 의도된 연속적 활동들을 말한다. 개입설계와 실행 행동 계획은 정밀한 조직 진단에 의해 발견된 구체적인 문제점을 해결하고 조직의 기능을 개선하기 위한 목적으로 시행된다.

개입에는 조직행동적 개입, 기술-구조적 개입, 인사관리적 개입, 전략적 개입의 네 가지 형태가 있다.[22]

### 2.3.1 조직행동적 개입

조직행동적 개입이란 조직구성원들의 목적과 조직의 목적을 성취하기 위한 프로세스에 초점을 맞춘 것이다. 이 프로세스는 의사소통과 문제해결, 집단의사결정, 리더십을 포함한다. 이 형태의 개입에서는 T-group, 조직간 대립회의와 같은 초기 조직개발에서의 변화 프로그램들을 시행한다. 조직행동적 개입은 주로 심리학과 사회심리학, 집단 역동성 연구와 인간관계 연구 분야에 뿌리를 두고 있다. 이 형태의 개입을 응용하는 조직개발 전문가들은 주로 종업원 만족에 가치를 두며, 조직구성원과 조직 프로세스 기능개선에서 조직의 효과성이 비롯된다고 생각한다.[23]

조직행동적 개입은 크게 상호인간관계와 집단 역동성에 초점을 맞춘 개입과 전체 조직에 초점을 맞춘 개입으로 구분된다.[24] 먼저 상호인간관계와 집단 역동성에 초점을 맞춘 개입은 다음의 네 가지 형태가 있다.

① T-group : T-group이란 조직구성원들에게 집단 역동성, 리더십, 상호인간관계에 대한 경험적 학습을 제공하는 전통적인 변화의 방법이다. 기본적인 T-group은 전문 훈련 인력에게 10명에서 15명 정도의 사람들을 보내 이들의 상호관계 속에서 나타나는 사회적 역동성을 관찰하도록 하는 것이다. 구성원들은 그들의 행동이 다른 사람들에게 미치는 영향에 대한 피드백을 얻을 수 있으며, 집단 역동성에 대해 학습할 수 있다.

② 과정조언(process consultation) : 이 방법은 과업집단에서 발생하는 상호인간관계와 집단 역동성에 초점을 맞춘 것이다. 이 개입방법은 집단 구성원들이 집단의 작용을 진단하고 집단 내에서 발생하는 역기능적인 갈등, 비효율적인 의사소통과 규범 등의 문제점을 해결할 적절한 방안을 고안하도록 돕는다. 이 방법의 목적은 구성원들이 그들 스스로 문제점을 확인하고 해결하는데 필요한 기술과 이해력을 획득하게 하는 것이다.

③ 제3자 개입 : 이 변화 방법은 조직내의 역기능적인 인간관계에 초점을 맞춘 것이다. 인간관계 갈등은 작업방법에 대한 분쟁과 같은 실질적인 이슈와 잘못된 의사소통과 같은 인간관계 이슈에서 비롯된다. 제3의 개입자는 문제해결, 협상, 화해와 같은 방법으로 사람들이 갈등을 해결할 수 있도록 돕는다.

④ 팀 빌딩 : 이 개입은 과업집단이 더욱 효과적으로 과업을 성취할 수 있도록 돕는다. 과정컨설팅과 같이 팀 빌딩은 구성원들이 집단 프로세스를 진단하고 문제해결책을 고안할 수 있도록 돕는다. 이 방법에서는 집단의 과업과 구성원의 역할,

전략 등에 초점을 맞춘다.

다음으로 조직 전체의 차원에 초점을 맞춘 개입으로서 다음의 네 가지 프로그램이 있다.

① 조직간 대립회의 : 이 방법은 문제를 확인하고 실행대상을 설정하는데 조직구성원들을 동원한다. 보통 조직이 스트레스를 경험하고 있을 때나 경영자들이 즉각적인 문제해결을 위해 자원을 조직하려 할 때 이 방법을 응용된다. 문제 확인과 해결에서 조직구성원들을 다양하게 그룹핑한다.

② 그룹간 관계 : 이 개입은 서로 다른 집단들과 부서들 간의 상호관계를 개선하기 위한 목적을 지닌다. 그룹간 갈등모델에서는 부서 간의 갈등의 원인을 이해하고 해결책을 선택하는데 도움을 주는 컨설턴트가 포함된다.

③ 큰 그룹의 개입 : 이 방법은 중요한 가치들을 명확히 하고, 새로운 작업 방법을 개발하고, 조직의 새로운 비전을 명확히 하기 위하여 주주를 비롯한 다양한 조직의 관계자들과의 미팅을 가지는 것이다. 이러한 미팅은 조직의 문제점과 기회를 인식하게 하고 향후 행동의 방향을 구체화할 수 있도록 한다.

④ 격자조직(grid organization) 개발 : 이 규범적인 개입은 조직을 경영하는 구체적인 방법을 상술하는 것이다. 이 일괄적인 조직개발 프로그램에는 조직활동들을 측정하고 조직이 지정한 해결방법을 성취하기 위한 표준화된 도구와 구체적 절차가 포함된다.

### 2.3.2 기술-구조적 개입

이 개입방법은 조직의 기술(예 과업방법, 직무설계)과 구조(노동의 분배와 계층)에 초점을 맞추는 것이다. 이 방법은 조직개발 중에서도 생산성 향상의 측면에서 주목을 받아왔다. 기술-구조적 개입은 공학과 사회학, 심리학, 응용 사회기술 시스템, 조직설계에 뿌리를 두고 있다. 전문가들은 일반적으로 생산성과 인간존중을 강조하며 조직 효과성이 적절한 직무설계와 조직구조에 의해 달성될 수 있다고 생각한다.[25] 또한 기술-구조적 개입에서는 조직, 집단, 직무설계 방법뿐 아니라 조직구성원의 참여도 중요시하고 있다.

### 조직 재구성

급변하는 기술적 환경적 변화 속에서 경쟁력을 높이기 위해서 조직은 경직된 관료제를 더욱 유연적인 구조를 재구성하는 초점을 맞추고 있다. 이렇듯 새로운 조직화 형태는 매우 변형적이며 비용 효율적이다. 조직 재구성의 결과 경영진과 종업원들의 수가 줄어들 수도 있으며 기능적 장벽을 깨는 유연한 과업 흐름을 창출할 수 있다. 조직 재구성의 방법으로는 다음의 세 가지가 있다.

① 구조설계 : 이 변화 프로세스는 조직의 노동 분배, 즉 과업 성과를 전문화하는 방법에 관한 것이다. 구조설계의 목표는 전통적 방식으로 분배된 조직의 전반적인 직무들을 유연성 높고 통합적인 형태로 전환하는 것이다. 어떤 구조가 특정 조직 환경과 기술에 적절한지에 대한 진단 가이드라인이 존재한다.

② 다운사이징(downsizing) : 이 방법은 직원해고, 조직 재설계, 아웃소싱 등을 통해 조직의 규모를 줄임으로써 비용과 관료제형태를 감소시키는 것이다. 다운사이징 방법은 조직 전략에 대한 명확한 이해를 가지고 계획, 실행되어야 한다.

③ 리엔지니어링(reengineering) : 이 방법은 서로 다른 과업들 간의 조화와 연계를 위하여 핵심적인 작업 프로세스를 주기적으로 재설계하는 것이다. 이러한 작업흐름의 통합은 더욱 빠르고 반응적인 과업성과를 창출해낸다. 리엔지니어링은 작업 프로세스를 효과적으로 통제하고 통합시킬 수 있는 새로운 정보 기술을 도입함으로써 이루어지기도 한다. 하지만 리엔지니어링은 종종 기본적인 조직개발의 원칙과 프로세스를 무시하여 실패하기도 한다.

### 종업원 참여

오늘날의 조직들은 비용절감, 고성과 창출, 유연성 획득 등의 목적을 위하여 종업원들의 참여와 몰입을 확대하고 있다. 종업원 참가는 의사결정의 주체를 실제 작업 행위가 일어나는 조직의 하부로 옮기는 것을 말한다. 종업원 참가가 증가할수록 지속적인 성과의 향상, 조직구성원들의 유연성, 종업원 몰입과 만족 향상 등을 이룰 수 있다. 종업원 참여는 권한이양, 참여적 경영, 과업설계, 산업 민주주의, 직장생활의 질 등의 다양한 개념들 속에서 언급된다. 이러한 경영 기법들에서는 조직구성원들의 작업장에서의 의사결정 참여를 증진시키기 위해 다양한 방법들을 사용하고 있다.

### 2.3.3 인적자원관리 개입

인적자원관리 개입이란 사람을 조직에 통합하기 위한 인사정책에 초점을 맞춘 것이다. 이 개입방법에는 경력 개발, 보상 체계, 목표 설정, 성과평가와 같이 전통적으로 조직내에서 사람과 관련된 변화 방법들이 포함된다. 인적자원관리 개입은 경제학과 노사관계, 임금과 보상정책, 종업원 선발과 배치, 성과 평가, 경력 개발과 같은 인사정책과 관련이 있다. 이 영역의 전문가들은 조직내 사람에 초점을 맞추며, 조직구성원들과 조직을 통합하기 위한 정책들에 의해 조직 효과성을 달성할 수 있다고 생각한다. 이 개입은 크게 성과 관리에 관련된 개입과 조직구성원들의 개발과 후원에 관련된 개입으로 구분할 수 있다.[26]

먼저 성과관리에 관련된 개입에는 다음의 세 가지 변화 프로그램이 있다.

① 목표설정 : 이 프로그램은 도전 목표를 명확히 설정하는 것이다. 이 방법은 개인과 조직 목표 사이의 적합성을 높여 조직 효과성을 증진시킨다. 관리자와 부하들은 과업을 계획하고 성과를 재검토하며, 목표 성취 시 발생하는 문제점을 해결하기 위한 미팅을 정기적으로 가진다.

② 성과평가 : 이 개입은 과업과 관련된 성과와 강점과 약점을 평가하는 체계적인 프로세스이다. 성과평가는 목표설정과 보상체계를 연계하는 중요한 역할을 한다.

③ 보상체계 : 이 방법은 조직구성원들의 만족과 성과를 증진시키기 위하여 조직의 보상체계를 설계하는 것이다. 보상, 승진, 복지제도에 대한 혁신적인 방법들이 포함된다.

다음은 조직구성원들의 개발과 후원과 관련된 변화 방법으로서 다음의 세 가지가 있다.

① 경력계획과 개발 : 이 방법은 조직구성원들이 경력 경로를 선택하고 목표에 이를 수 있도록 돕는 것이다. 일반적으로 관리자나 전문직 직원에게 초점을 맞추며 그들의 작업 생활의 질을 증진시킨다.

② 종업원 다양성 관리 : 이 변화 프로그램은 인사정책이 종업원들의 개별 요구의 다양성에 더욱 잘 반응하도록 만드는 것이다. 작업장에서 여성 직원의 채용, 소수민족, 장애인 고용이 증가함에 따라 더욱 유연적인 정책이 요구되고 있다.

③ 종업원 건전성(employee wellness) : 이 방법은 종업원 지원 프로그램과 스트레

스 관리를 포함한다. 종업원 지원 프로그램은 작업성과를 낮추는 조직구성원들의 문제점들을 상담하는 프로그램이다. 스트레스 관리 프로그램은 조직구성원들이 작업 시 받는 스트레스에 대처하도록 돕는다.

### 2.3.4 전략적 개입

전략적 개입이란 조직의 내부적 기능을 외부 환경과 연계하고 환경변화에 맞추어 조직을 변형하는 것을 말한다. 이러한 변화 프로그램은 조직개발 분야에서도 가장 최근에 소개된 것이다. 이 방법은 전 조직적으로 시행되며, 사업전략과 조직구조, 조직문호, 외부환경과의 적합을 추구한다. 전략적 개입은 전략적 관리, 조직이론, 개방 시스템 이론과 문화 인류학에 뿌리를 두고 있다. 이러한 전략적 개입은 다시 조직과 외부환경과의 관계를 관리하기 위한 것과 조직 변형에 관한 것으로 나누어 볼 수 있다.[27]

먼저 조직과 외부환경과의 관계 관리에는 다음의 세 가지 방법이 있다.

① 통합적 전략변화 : 이 방법에서는 어떻게 계획된 변화가 전략적 경영에 가치 있는 공헌을 할 수 있는지에 대해 설명하고 있다. 이 방법에서는 사업전략과 조직의 시스템이 외부·내부적 혼란에 대응하여 함께 변화해야 한다고 주장한다. 전략적 변화계획은 조직구성원들이 현재의 전략과 조직 설계에서 추구하는 미래의 전략으로의 변화를 관리할 수 있도록 돕는다.

② 변형조직 개발 : 이 개입은 조직이 제휴, 파트너 십, 합작투자 등을 통해 문제를 해결할 수 있도록 돕는다. 또한 이 개입은 조직이 파트너십의 필요성을 깨닫도록 해주고 이를 시행하기 위하여 적절한 구조를 개발할 수 있도록 돕는다.

③ 합병 인수 통합 : 이 개입은 조직개발 전문가가 둘 이상의 조직이 새로운 하나의 실체를 형성할 수 있도록 보조하는 것이다. 법률적·재정적 거래에 앞서 핵심전략, 리더십, 문화적 이슈를 다루는 것은 통합을 더욱 쉽게 만든다.

한편, 조직의 변형과 관련된 개입 방안에는 다음의 세 가지가 있다.

① 문화 변화 : 이 개입은 조직이 그들의 전략과 환경에 적절한 문화(행위, 가치, 믿음, 규범 등)를 개발할 수 있도록 돕는다. 또한 조직구성원들을 같은 방향으로 끌어당길 수 있는 강력한 조직문화를 개발하는 데 초점을 맞추고 있다.

② 자가 설계 조직 : 이 변화 프로그램은 조직이 근본적으로 스스로를 변화시킬 수 있는 능력을 획득하도록 돕는다. 이 방법은 전략적 방향을 설정하고 적절한 구

조와 프로세스를 시행하고 설계하는데 다양한 주주를 참여시키는 매우 참여적 프로세스이다. 조직은 그들의 전략적 변화를 설계하고 시행하는 방법을 학습하게 된다.

③ 조직학습과 지식경영 : 이 개입방법은 조직학습과 지식경영, 이 두 가지 상호 관련된 변화 프로세스에 대해 다루고 있다. 조직학습은 조직이 새로운 지식을 획득하고 개발할 수 있는 능력의 향상을 추구하는 것이다. 지식경영은 지식을 조직화하고 조직성과를 향상시켜 이용하는 것에 초점을 맞추고 있다. 이 개입은 조직이 현재 문제를 해결하는 것을 넘어서 지속적인 향상을 이룰 수 있는 능력을 갖추도록 한다.

지금까지 논의한 네 가지 형태의 개입은 조직내에서도 각각 영향을 받는 수준이 다르기 때문에 조직개발의 계획에 있어서 이를 고려하여 개입의 형태를 이용해야 할 것이다.

## 3. 조직학습

앞 절에서 조직개발을 통한 조직변화관리에 대해 살펴보았다. 조직변화와 조직개발을 위해서는 조직구성원과 조직변화전문가들이 새로운 변화를 위해 공동의 학습자가 되어야 한다. 조직의 학습능력을 구축해야 하고 조직 또한 학습조직으로서의 기능을 수행할 수 있어야 한다.

### 3.1 조직학습의 개념과 내용

조직학습(organizational learning)은 조직에서 일어나는 특정유형의 활동을 설명하기 위해 사용되는 개념이며, 학습조직(learning organization)은 조직학습이 일어나는 조직 그 자체를 의미한다.[28] 즉, 학습조직은 조직학습이 능숙하게 일어나고 있는 조직이다.

Simon의 의사결정과정에서의 학습과정 연구에 의하면, 조직학습이란 조직의 제 문

〈표 19-3〉 조직학습의 개념정의

| 연구자 | 내 용 |
|---|---|
| Shrivastava (1981) | 조직학습은 조직지식 근간이 개발되고 형성되는 과정이다. |
| Hurber (1991) | 정보처리과정을 통해서 잠재적인 행동 영역이 변화되었다면, 그 실체는 학습된 것이다. |
| Levitt & March (1988) | 조직학습이란 경험을 통해 축적되어 이것이 행동을 유발하는 관행이 되면서 이루어진다. |
| Fiol & Lyles (1985) | 조직학습은 보다 나은 지식과 이해를 통해서 행동을 통해서 행동을 개선하는 과정이다. |
| Swieringa & Wierdsma (1992) | 조직학습은 조직행동을 변화시키는 것이다. |

자료 : Tsang(1997), p.76.

제에 대한 통찰력이 증대되고 이를 성공적으로 재구성함에 따라 그 효과가 조직구조 및 조직성과에 반영되는 과정이다. 이 외에도 여러 학자들마다 조직학습의 개념을 다양하게 정의 내리고 있는데, 그 이유는 조직학습의 개념이 그것이 포괄하는 내용의 범위에 따라 크게 달라지는 다차원적인 것이기 때문이다. Tsang은 지금까지 조직학습에 관한 연구들을 기초로 하여 조직학습의 개념을 인지적인 변화 차원과 행동적인 변화 차원으로 구분하였다. 조직학습의 인지적인 변화 차원은 일반적으로 지식, 이해, 그리고 통찰력과 관련된다. 행동적 차원은 잠재적인 것과 실질적으로 세분화되는데, 잠재적인 행동적 변화 차원은 조직에 의해 학습되어 미래의 실질적 행동에 영향을 미칠 수 있는 행동 잠재력에서의 변화를 의미한다. 〈표 19-3〉에서는 이러한 조직학습에 관한 다양한 개념정의를 보여준다.

도구적 관점에서 볼 때 조직학습은 의도된 과정을 통해 조직효과성을 제고시키는 역할을 수행한다.[29] 그러나 학습이 언제나 조직효과성을 향상시키거나 올바른 지식을 전달해 주는 것이 아니다. 오히려 조직학습으로 인하여 잘못되거나 부정확한 학습을 조직에 일으킬 수 있으며, 학습 결과 행동상의 관찰 가능한 변화가 이루어지지 않기도 한다. 이러한 한계점에 대한 인식으로 최근 행동적 관점에서는 정보처리과정에 기초한 행위자의 잠재적 행동 변화를 학습으로 보고 있다.[30] 이와 같이 조직학습은 다양한 관점에서 연구되었는데, 다양한 관점들은 조직학습의 각기 다른 측면을 강조하였다는 점에서 조직학습을 이해하기 위한 상호보완적인 역할을 하고 있다. Shrivastava가 제시한 조직학습의 네 가지 연구관점을 기초로 최근까지의 조직학습 연구를 관점별로 정리해 보면 다음과 같다.

### 3.1.1 적응적 과정으로서의 조직학습

적응적 과정으로 조직학습을 보는 입장에서는 조직과 환경 간의 적합성 확보를 위하여 새로운 조직행동이 어떻게 학습되고 그 과정에서 조직내부에 어떠한 변화가 이루어지는가에 초점을 두고 있다.

Cyert & March는 조직학습을 조직목표, 주의와 관심 규칙, 그리고 탐색 규칙의 세 가지 조직수준에서의 의사결정과정을 통해 조직이 지식을 얻게 되는 과정으로 보았다.[31] 이러한 조직학습 정의는 다음과 같은 중요한 특징을 보여주고 있다. 첫째, 조직학습이 조직의 환경적응과 명시적으로 연결되고 있으며, 둘째, 조직행동의 변화가 조직목표의 변화에 의해 이루어진다는 것, 마지막으로 조직목표가 조직구성원의 직접적 경험이나 타 조직의 성과 및 행동 관찰에 의한 학습을 통해 변화된다는 것이다. 이러한 조직학습의 결과 조직은 환경에 적응할 수 있다. March & Olsen은 인간의 인지적-평가적 한계로 인하여 조직학습의 불완전한 순환과정이 나타날 수 있음을 제안하면서, 이러한 불완전성을 극복하는 과정이 조직학습의 환경적응의 중요한 열쇠가 된다고 강조하였다.[32]

이러한 연구들은 조직이 환경에 적응하기 위하여 새로운 조직행동을 학습하는 과정과 이때 조직 내부에서 발생하는 변화들에 초점을 두고 있다.

### 3.1.2 가정 공유로서의 조직학습

가정 공유의 관점은 행동이론에 기초하고 있다. 이 관점에 의하면 조직내에는 구성원들의 행동의 지침이 되는 공유된 행동이론이 존재하는데, 조직구성원들의 학습의 결과 이러한 공유된 행동이론들의 양적 또는 질적인 변화가 생겼을 때 조직 학습이 일어난 것으로 본다. Argyris & Schon은 조직에서 구성원들의 실질적인 행동의 바탕이 되는 상용이론이 변화하는 과정을 조직학습으로 보고 있다. 이때 상용이론의 변화는 조직 전체 수준에서 인지적 혹은 신념적 체계의 변화가 일어나는 것을 의미한다.[33]

### 3.1.3 지식근간의 개발로서의 조직학습

이 관점에서는 조직학습을 조직내에서 조직행동의 결과가 어떻게 나타나는지, 그리고 환경이 이러한 결과에 어떠한 영향을 미치는지에 대한 지식이 개발되는 과정으로 본다. 개인학습이 비교적 지속적인 개인행동의 변화와 관련된다면 조직학습은 이러한 개별 구성원들의 변화를 가능하게 하는 조직 차원의 지식근간의 개발과 관련된다.

Duncan & Weisss는 조직학습이 조직의 지속적이 성장을 위한 지식근간의 생산에 기여함을 제안하였다.[34] 조직을 목표를 달성하기 위해 행동을 수행하는 시스템으로 보았는데, 이러한 조직의 효과성은 조직이 의도한 결과를 얻을 수 있는 장기적 전략과 적절한 변화 과정의 선택, 그리고 이러한 변화 과정을 지원해 주는 적절한 관리구조에 의해 결정된다고 보았다. 이때 변화과정의 선택은 조직이 가진 사전 지식에 기초하기 때문에, 결과적으로 조직 효과성은 조직이 이용 가능한 근간 지식의 질에 의해 결정된다고 보았다.

### 3.1.4 제도화된 경험으로서의 조직학습

이 관점에서는 경험곡선효과의 분석을 통한 경제학적 접근법에 기초한다. 경험곡선효과 분석에서는 조직구성원들의 생산활동에 대한 누적된 경험양이 효율적 생산능력을 제고시켜 줌을 보여주는데, 그 이유를 생산자가 과거의 경험으로부터 학습을 하기 때문으로 보고 있다. 이때 조직학습은 제도화된 경험으로서 실행학습이며, 조직전체 수준에서 지식과 능력을 축적시키는 역할을 한다.[35]

조직학습에 관한 이러한 분석관점은 산업 내에서 조직 간 경험곡선의 형태를 비교분석함으로써 조직들 간의 학습 능력 차이를 평가하려한 점에서 조직학습 연구에 커다란 영향을 미쳤다. 하지만 다음과 같은 점에서 한계점을 지닌다.

첫째, 일상적이고 반복적인 단순 업무 행동에 초점을 맞추어 지나치게 계량적인 분석을 시도함으로써 상대적으로 조직학습의 질적 측면에 대한 고려가 부족하였다.

둘째, 조직의 환경적응에 큰 영향을 미치는 조직혁신은 경험곡선효과를 뛰어넘는 학습과정에 의해 이루어진다. 즉, 조직혁신은 일상적 행동의 축적을 통해 이루어지기보다는 기존의 규칙이나 절차를 뛰어넘는 학습과정을 통해 이루어진다. 이러한 점에서 제도화된 경험으로서 조직학습을 보는 관점은 조직혁신에 대한 조직학습의 기여를 설명하지 못한다는 한계가 있다.

셋째, 제품별, 조직별, 산업별로 이루어진 경험곡선효과의 분석에서는 조직내 부문간, 산업 내 조직 간, 그리고 산업 간에서 경험의 공유에 의해 이루어지는 학습이전 효과에 대해서는 충분히 고려하지 못한다는 한계점이 있다.[36]

〈표 19-4〉 조직학습에 관한 네 가지 관점

| 주요 관점 | 핵심 개념 |
|---|---|
| 적응적 과정으로서 조직학습 | 조직과 환경 간의 적합성 확보를 위하여 새로운 조직행동이 어떻게 학습되고 그 과정에서 조직내부에 어떠한 변화가 이루어지는가에 초점을 둠 |
| 가정의 공유로서의 조직학습 | 조직학습에 의해 조직내 구성원들의 행동의 지침이 되는 공유된 행동이론의 양적 혹은 질적 변화를 초래한다고 봄 |
| 지식근간의 개발로서의 조직학습 | 조직학습은 환경과 조직행동, 그리고 그 결과 간의 관계에 대한 조직 차원의 근간 지식이 개발되어지는 과정 |
| 제도화된 경험으로서의 조직학습 | 조직학습은 제도화된 경험으로서, 조직구성원들의 생산활동에 대한 누적된 경험양이 효율적 생산능력을 제고시켜 줌 |

이상의 조직학습에 관한 네 가지 관점을 정리하면 〈표 19-4〉와 같다. 이상의 네 가지 조직학습에 관한 관점들을 통합하여 조직학습의 특징을 다음과 같이 정리할 수 있다.[37]

첫째, 조직학습은 개인학습의 과정이라기보다 조직의 학습 과정이다. 개인이 조직학습의 대리인일지라도 조직학습의 과정에는 보다 광범위한 사회적 · 정치적 · 구조적 변수들이 포함되어 있다.

둘째, 조직학습은 조직이 소유하고 있는 경험과 밀접하게 관련된다. 조직학습은 과거 경험을 바탕으로 목표를 수정하고, 선택적으로 환경에 참여하며, 조직문제의 해결을 추구한다.

셋째, 조직학습의 결과 조직행동과 그 결과 간의 관계에 대해 일반적인 지식체계로 추상화시킨 통합된 시스템이 만들어지며, 이에 대해서 조직원들 간의 공유된 이해가 형성된다.

넷째, 조직학습은 의사결정과정에서의 준거의 틀 또는 근간 지식의 근본적인 변화를 의미한다. 이러한 의미에서 조직학습은 조직의 정책이나 관행과 관련된다.

다섯째, 조직학습은 특정 영역에서만이 아니라 조직내 여러 수준에서 발생한다. 따라서 조직의 폭넓은 활동과 관련된다.

마지막으로 조직학습은 경영 정보를 공유, 계획, 통제하는 공식적 혹은 비공식적 학습시스템의 형태로 제도화된다.

## 3.2 조직학습의 수준과 조직지식

### 3.2.1 단일고리학습과 이중고리학습

가장 낮은 수준의 조직학습은 신규사원 채용과 같은 조직의 반복적 행동을 유지하고 일상적 오류를 수정을 통해 조직의 일관성을 달성하여 조직의 현재 상태를 유지하는데 초점을 맞춘 것이다. 이를 영차원 학습(zero-order learning)이라 한다.[38]

이러한 일상적이고 반복적인 학습이 아닌 충격인 경험에 의해 조직이 가진 근간지식이 재구축됨으로써 학습이 일어나기도 하는데, 이때 이러한 재구축의 범위와 깊이에 따라 단일고리학습과 이중고리학습으로 구분된다.

단일고리학습은 저차학습, 행위적 학습, 그리고 점진적 학습과 같이 다양하게 불리며 다음과 같은 특징을 지닌다.

① 주어진 조직구조나 규칙 내에서 발생하는 학습의 유형으로서, 조직행동과 그 결과 간에 기초적 연합을 형성한다.
② 비교적 짧은 기간 동안 일어나며, 조직의 일부에만 영향을 미친다.
③ 조직의 하위수준에만 국한되지 않으며, 전사적으로 어디에서나 일어날 수 있다.
④ 학습의 결과로서 특정행동이나 성과수준에서의 기능적 합리성이 달성된다.

이중고리학습은 고차학습, 인지적 학습, 변혁적 학습과 같이 다양하게 불리며 다음과 같은 특징을 지닌다.

① 특정 활동이나 행동보다는 전반적 규칙이나 규범의 조정이 이루어진다.
② 일반적으로 휴리스틱스(heuristics)와 통찰력 등의 사용을 통해 일어난다는 점에서 인지과정에 가깝다.
③ 복잡성과 모호성의 수준이 높은 환경에서 일어난다.
④ 학습 결과 특정행동의 변화보다는 준거들의 개발이나, 새로운 인지틀의 개발, 학습폐기 등이 나타난다.

이와 같이 단일고리학습이 조직의 기본적이 규범은 유지한 채 행동전략의 수정이 이루어지는 학습이라면, 이중고리학습은 조직규범 자체의 변화를 통한 조직의 근간 지식의 근본적인 변화를 가져오는 학습을 의미한다. 이러한 조직학습 수준에 대한 논의는 조직변화와 자원의 활용과 관련된다. 즉, 단일고리학습과정은 기존의 신념과 가치를 유치한 채 기존자원의 활용을 통하여 점진적인 개선을 이룬다면, 이중고리학습과정은 새로운 지식, 신념, 가치를 창출하기 위하여 새로운 자원의 탐색을 통한 급진적인 변혁을 시도하는 것과 관련된다.[39]

조직학습 내용들은 바로 조직지식을 형성하므로 최근 들어 조직학습의 내용은 조직지식과 관련되어 논의되고 있다. 조직지식은 조직의 의사결정자에 의해 사용되어지고, 조직행동-결과의 관계와 이러한 영향을 미치는 조건 등과 같은 모든 조직 활동의 근거가 되는 내용을 담고 있다.[40] 이러한 조직지식은 조직유효성의 결정변수로서 작용한다.

### 3.2.2 암묵적 지식과 명시적 지식

Nonaka는 조직지식 창출의 인식론적 차원을 근거로 하여, 조직지식을 암묵적 지식과 명시적 지식으로 구분하고 있다.[41] 명시적 지식이란 공식적이고 전달 가능한 성문화된 지식을 의미하며, 구체적으로 도서관의 데이터베이스와 같은 과거의 기록체계를 통해서 파악될 수 있다.

반면 암묵적 지식이란 개인적인 성질을 가지는 지식으로 공식화된 형태로 전달되기는 어렵지만, 특정상황에서의 행동이나 몰입에 근간이 되는 지식을 의미한다. 암묵적 지식의 구성요소는 인지적 기능과 기술적 기준으로 나누어진다. 이때 인지적 기능은 사고의 틀이라고 불려지는 것으로, 세상을 지각하고 규정하는데 도움이 되는 관점을 제시해 준다. 여기에는 패러다임, 신념, 가치관, 세상을 보는 관점 등이 포함된다. 기술적 기능에는 구체적 상황에서 적용가능한 노하우나 기술 등이 포함된다.

개인에 내재화되어 있어 언어로 표현하기 어려운 암묵적 지식은 일정한 형태의 언어로 번역되어야 조직에 유익한 정보로 명시되고 또 명시적인 지식으로 변환될 수 있다. 따라서 지식창조 이론에서 중요한 점은 이 두 가지 지식이 상호 배타적이지 않고 상호 순환적이며 보완적인 관계를 가지며, 시간이 지남에 따라 명시적 지식과 암묵적 지식 상호간에 전이를 통해 지식이 확장되어 간다는 점이다.

Nonaka는 이러한 개인수준에서 창출된 지식을 조직적으로 확장시켜 조직지식의 일부로서 구체화시키는 과정을 조직의 지식창출과정으로 보았다. 이때 조직지식은 암묵적 지식과 명시적 지식간의 전환을 통해서 이루어지는데 암묵적 지식과 명시적 지식 간에는 네 가지 지식전환의 유형이 존재한다고 보았다.

그 첫 번째 유형이 암묵적 지식이 암묵적 지식으로 전환되는 것으로서 언어를 사용하지 않고 구성원들 간의 상호작용을 통해서 지식을 얻게 되는 경우이다. 마치 미숙련공이 관찰이나 모방, 연습과 같은 현장 교육을 통해서 숙련공으로부터 어떠한 언어적 전달 없이도 기술을 습득하게 되는 것을 의미한다. 따라서 이 경우 지식획득의 핵심은 경험이며, 공유된 경험을 통해서 암묵적 지식이 창출되는 경우를 "사회화"라고 한다. 이러한 사회화와 관련된 조직이론으로 조직문화가 있다.

지식전환의 두 번째 유형은 개개인들이 각자 소유하고 있는 명시적 지식들의 교환과 결합을 통해서 또 다른 명시적 지식을 소유하게 되는 경우이다. 사람들 간의 미팅이나 전화 대화와 같은 지식교환 메커니즘을 통해서 정보를 추가하거나 재배열함으로써 새로운 지식을 얻게 되는 이 과정을 "결합"이라고 하며, 이것은 조직이론 분야에서의 정보처리에 기원을 둔다. 이러한 동일한 유형의 지식간의 전환은 상호작용을 통하여 지식을 창조하기 보다는 한쪽에서 다른 쪽으로 지식을 이전하는 측면이 강하다.

또 다른 지식전환의 유명은 서로 형태가 상이한 지식유형 간의 전환과정이다. 이때의 기본 전제는 암묵적 지식과 명시적 지식은 서로 상호 보완적이어서 시간이 지남에 따라 상호작용의 과정을 통해서 지식이 확장될 수 있다는 입장이다. 우선 암묵적 지식이 명시적 지식으로 전환되는 과정은 개인적 지식을 말로 표현할 수 있는 지식, 즉 다른 사람과 공유가 가능한 사회적 지식으로 변환되어 가는 과정이기도 하다. 따라서 이러한 변환과정에서는 사람과 사람 사이의 직접적이고도 계속적인 상호작용이 중요한 역할을 수행한다. 특히 대화 중에 사용될 수 있는 유효한 변화수단의 하나가 은유(metaphor)이다. 이러한 지식전환 과정을 "외재화(externalization)"라고 하며, 이것과 관련된 조직이론은 아직까지 개발되지 못한 채, 소수의 연구가 정보창출과 관련되어 이루어지고 있는 실정이다.

끝으로 명시적 지식이 암묵적 지식으로 전환되는 과정은 전통적으로 학습과 유사한 개념으로서 "내재화"와 관련된다. 이러한 내재화 과정에는 행동에 근거한 체험이 중요한 역할을 하며, 이것과 관련된 조직이론으로는 조직학습이 있다. 이러한 지식전환과정은 행동학습과 같은 다양한 실험을 통해서 촉진된다.

이와 같이 Nonaka는 조직지식을 지식의 속성에 따라 암묵적 지식과 명시적 지식으로 구분하고서 이 두 가지 지식유형의 다양한 전환과정을 통해서 조직지식의 창출이 이루어진다고 보았다. 그러나 구체적인 지식수준에 관한 논의를 하지 못하고 있다는 한계점이 있다. 왜냐하면 조직구성원 모두가 특정 지식을 학습하지 못했더라도 조직에 잠재적으로 유용하다고 인지되는 지식을 조직 일부에서 획득했다면 조직학습이 이루어진 것이라고 할 수 있기 때문이다.[42]

**그림 19-3**
지식전환의 유형

| | 암묵적 지식 (to) | 명시적 지식 (to) |
|---|---|---|
| 암묵적 지식 (from) | **사회화** | **외재화** |
| 명시적 지식 (from) | **내재화** | **결합** |

자료 : Nonaka, Ikujirō, and Hirotaka Takeuchi.(1995). *The knowledge-creating company: How Japanese companies create the dynamics of innovation*. Oxford university press.

## 3.3 조직학습의 과정 및 유형

지금까지 조직학습을 연구한 학자들마다 다양한 조직학습에 관한 과정 또는 유형을 제시하고 있다. 이 가운데 조직학습을 지식이 획득되고 전파되어 해석되고 저장되는 일련의 과정으로 본 Huber의 모델을 중심으로 조직학습의 과정과 유형을 알아보도록 하자. Huber는 조직학습의 구성요소를 조직지식의 흐름에 기초하여 네 가지로 제시함으로써 그 동안의 연구에서 일관성 있게 다루어지지 못했던 조직학습 유형들 간의 관련성을 조직학습 과정에 기초하여 통합적으로 다루고 있다.

다음은 조직학습의 네 가지 개념적 차원(지식의 획득, 정보의 분배, 정보의 해석, 조직기억)을 중심으로 조직학습의 과정과 유형간의 관련성을 살펴보자.

### 3.3.1 조직지식의 획득

조직의 지식이나 정보를 획득하는 방법은 다음 다섯 가지로 나누어진다.

① 선천적 학습(congenital learning) : 어떠한 사전정보도 없이 조직이 만들어지지 않는 것처럼, 선천적 학습이란 창업자의 의도나 사회적으로 제도화되고 합리화된 조직 활동으로 널리 사용되고 있는 관행이나 절차 등과 같이 조직의 탄생시점에 얻게 되는 지식을 의미한다.

② 경험학습(experiential learning) : 경험학습은 일반적으로 의도적, 체계적으로 이루어지기보다는 비의도적, 비체계적 노력에 의해 이루어진다. 경험적 학습은 다양한 방법을 통한 풍부한 시사점을 조직에 제공해 준다는 점에서 그 이점이 있으나 비체계적, 비의도적 경험과 같은 소수의 비일관된 경험이나 지나치게 중복되거나 복잡한 경험을 통해서 학습의 효과를 얻어내야 하는 문제나 있다.[43] 또한 개인의 인지적 한계로 인해 다양한 경험을 처리하기 힘들 수 있다. 따라서 경험학습을 촉진시키기 위해서 일반적으로 조직은 단순화와 전문화를 시도한다.[44]

③ 대리학습(vicarious learning) : 대리학습이란 다른 조직체에 의해 수용된 행동유형이나 지식체계의 모방 같은 간접경험에 의한 학습을 말한다. 이러한 모방 행동은 기술이 모호하거나 목표가 모호할 때 일어나지만,[45] 경쟁적이고 급변하는 환경에서의 모방행동은 오히려 비효과적일 수 있다.[46]

④ 접목(grafting) : 새 구성원의 영입이나 타 조직의 획득을 통합 학습이다. 접목에 의한 학습은 경험학습보다는 빠르며 모방학습보다는 완벽한 지식획득이 가능하다.

⑤ 탐색과 주목(searching & noticing) : 탐색이 관리자들에 의해 가장 의식적으로 처리되는 정보획득 과정이라면 주목은 비의도적 정보획득을 의미한다.

이와 같이 지식획득의 5가지 유형에 관한 비교 평가를 하면 다음과 같다.

대리학습과 접목은 보다 빠른 기술적 노하우를 얻을 수 있는 학습방법이며, 대리학습과 접목 또는 탐색은 기존 준거 틀을 변화시키기 힘든 상황에서 유용한 학습방법이며, 경험에 의한 학습은 관찰된 사실들을 논리적으로 확신시키기 위해서 사용될 수 있는 학습방법이다.

### 3.3.2 조직지식의 분배

정보의 분배는 조직학습의 발생과 폭을 결정해 주는 요소이다. 이때의 조직학습의 발생이란 조직이 다른 정보들로부터 새로운 정보를 개발시킨다는 의미이며, 조직학습의 폭이란 다양한 원천으로부터 폭넓은 정보가 분포될 수 있도록 정보의 회상이 쉬우며 그 개인과 조직의 학습가능성이 높아진다는 것이다.

### 3.3.3 조직지식의 해석

특정현상에 대한 보다 다양한 해석이 이루어질수록, 다양한 해석의 내용을 개인이나 조직이 보다 잘 이해할수록 조직학습은 잘 일어나게 된다.

이것은 조직학습의 정교화와 철저함의 차원과 관련된다. 이러한 조직지식의 해석과정에는 인지의 틀, 매체의 다양성, 정보의 과부하, 폐기학습과 같은 네 가지 하위 구성개념이 존재한다. 매체의 다양성과 피드백의 신속성으로 인해 조직내에서 공통의 이해를 수립하기가 용이해지는 반면에 정보가 과부하되어 처리해야 할 정보가 조직의 정보처리 능력을 초과할 경우, 비효율적인 조직해석이 일어난다. 학습폐기란 학습자가 기존에 자신이 소유한 지식을 버리는 과정으로서 성과와 일치하지 않는 쓸모없고 잘못된 지식을 버린다는 의미에서 폐기학습은 전체 조직학습 과정에서 기능적인 역할을 수행한다.[47]

### 3.3.4 조직지식의 기억

조직지식에 대한 기억은 일반적으로 조직구성원의 이직이나 특정정보가 미래에 언제 사용될지 모를 때, 다른 구성원의 정보에 대해 알려고 하지 않을 때, 떨어지게 된다. 조직기억의 지속적 효과성에 영향을 미치는 요인으로는 구성원 간의 마찰, 정보의 분포와 정보에 대한 조직의 해석, 정보의 저장과 관련된 규범과 방법, 저장된 정보를 저장하는 방법 등이 있다.

이상의 조직학습과정은 순차적으로 조직에서 이루어지기보다는 조직이 처한 상황에 따라 학습내용별로 다양한 복수의 과정이 공존할 수 있다. 따라서 조직이 추구하는 학습의 내용에 따라 적절한 학습과정 및 유형을 선택하여 할 것이다.

## 3.4 학습조직

지금까지 논의된 바와 같이 오늘날의 조직들은 끊임없는 변화의 요구에 직면해 있다. 경영 전문가들은 21세기 격동의 시대에서 기업이 살아남기 위해서 관리자들은 그들의 조직을 리더를 변화시키는 조직으로 바꿔야 한다고 말한다. 이것은 미래의 창조를 위해 현재를 활용하는 것으로서, 조직 규율의 혁파, 새로운 시장의 개척, 유행이 지난 상품, 서비스의 파기 등을 의미한다. 새로운 환경에 적응하고자 하는 기업의 끊임없는 노력은 학습조직으로 나타나는 추세다. 학습 조직은 조직의 모든 구성원들이 문제 해결에 관련되어 있고, 경험에 의한 교훈을 바탕으로 끊임없이 발전하는 조직으로서 지속적인 변화와 성장의 전형적인 모습이다.

### 3.4.1 학습조직의 정의

급격한 환경의 변화는 조직내의 지식 습득에 있어서도 신속하며, 지체하지 않도록 요구한다. 이러한 상황은 관리자들이 지속적으로 학습하도록 할 뿐만 아니라 조직구성원들의 학습을 자극하도록 요구한다. 여러 조직들에게 있어서 해결책은 평생 학습 문화를 지니는 것인데, 바로 학습조직(learning organization)이 되는 것이다. 학습조직이란 조직의 집단과 구성원들이 지속적으로 지식을 습득하고, 공유하도록 하면, 이를 위해 평생 학습의 조직 문화를 보유하는 조직을 말한다.[48]

지식 노동자가 주로 자신이 가진 지식을 통해 조직에 기여한다고 하면, 조직학습은 이것이 인적 자원의 가치를 증가시키고, 활용하는 법을 의미하는 것을 알고 있다. 먼저, 조직의 개인들과 집단은 그들의 지식을 증가시키는 수단이 필요하다. 또한, 그들은 자신들의 지식을 또 다른 사람들과 조직에 유용하게 할 필요가 있다.

그래서 지식 노동자에 대한 효과적이고 효율적인 관리를 위해서는 의사소통과 집단의사결정, 팀워크와 효과적인 조직 체계를 필요로 한다. 이와 더불어 조직을 훈련과 협조, 학습을 위한 또 다른 방법에 대해 가치를 부여하고, 보상을 해야만 한다. 관리자들은 학습과 교육의 목표를 달성하기 위한 방법을 찾는데 책임을 다해야 한다. TQM은 지식의 양만큼이나 지식의 질에 있어서 필수적이기 때문에 여전히 중요하다. 게다가, 지식 노동자 자신들은 종종 이러한 수준을 결정하는 중요한 직위에 있다.

기업을 연구하는 많은 학자들은 평생학습이 조직이 어떻게 구조화되어야 하는 것과 어떻게 구성원과 관리자들이 행동해야 하는가에 대해 새로운 길을 찾도록 요구한다고 한다.[49] 학습조직에 대한 통일된 시각은 여러 구성원들로 이뤄진 다양한 팀들이 신속한 변화와 다양하고 세계화되는 환경 속에서 고객의 욕구를 충족할 수 있도록 협력하는 것이다. 이러한 유형의 조직에서 관리자는 학습을 강화하기 위해, 지식을 공유하며, 문제를 파악하고, 의사결정을 할 수 있도록 모든 수준에서 구성원들에게 권한을 위임한다. 이것은 조직으로 하여금 지속적으로 그들의 역량을 실험하며, 증진할 수 있도록 해준다.

조직 행동의 개념을 이해하는 것은 특히 조직학습에 있어서 중요한 것이다. 그것은 환경이 불안정하고, 구성원에게 의사결정의 권한이 부여되고, 모든 반응이 유동성과 변화를 요구하는 상황에서 리더십이나 변화관리와 같은 인간 기술이 중요한 요소이기 때문이다. 공식화된 정책이나 절차, 보고서들은 경직되어 있다. 학습은 구성원들을 제한하기보다 그들이 할 수 있는 것을 확장하도록 요구한다.

## 3.4.2 학습조직의 특징

### 1) 적응학습 순환주기(The Adaptive Learning Cycle)

조직은 자신들이 지닌 학습역량을 키우며 증진하는 방법을 찾는다. 그래서 조직은 단일고리학습이나 이중고리학습을 수행하게 되는데, 단일고리학습을 수행하는 조직은 문제나 실수를 찾아내면, 이전의 해결책과 관행, 정책, 수정 절차에 의지하게 된다. 이와는 반대로, 이중고리학습의 조직은 조직의 정책과 표준화된 관행의 변화를 통해 실수를 수정하고 문제를 해결한다. 이중고리학습은 합리적인 다른 해결책을 제공하기 위해 조직이 오랫동안 유지해 온 가정과 규범들에 대해 의문을 제기한다.[50]

학습조직은 다음 단계로 진행하게 되는데, 단지 문제를 해결하고, 실수를 수정하는 것 이상으로 이러한 기억들은 학습하고, 변화하고, 지속적으로 진화하게 된다. 〈그림

그림 19-4
적응학습 순환주기

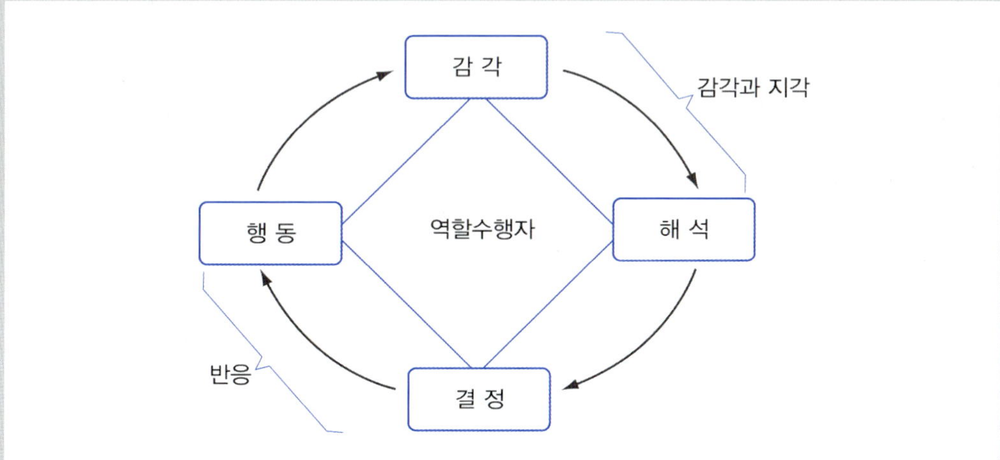


자료 : Heckel, S. H.(1995). "Adaptive enterprise Design: The Sense-and-Respond Model". *Planning Forum*, 23 (May-June): 6~15.

19-4〉에서 학습조직이 활용된 적응학습 순환주기에 대해 보여주고 있다.[51]

행동, 피드백, 통합의 순환주기는 모든 유기체적인 조직들이 공유하는 자연적인 적응 절차에 바탕을 두고 있다. 모든 생물들은 주변에 있는 환경을 감지함으로 생존하고, 행동으로 반응하며, 이러한 행동이 부적절할 경우에는 피드백과 통합을 통해 그 자신을 수정하게 된다. 피드백이 식물이나 동물, 사람, 조직의 행동을 변화시키는 원인이 될 때, 학습은 일어나게 된다. 예를 들어 어린아이가 뜨거운 난로에 손을 대어 화상을 입은 경험을 한 후에는 다시 손을 대지 않아야 한다는 것을 학습하게 되는 것이다. 학습조직은 매일 이러한 적응 학습 순환주기를 살고 있다. 그들은 끊임없이 실험하고, 위험을 감수하고, 시행착오를 겪으면서 변화하고 있다. 이러한 적응 학습은 전형적인 접근방법에 의지하는 기업에서는 나타나지 않는 새로운 제품과 서비스, 경영방식을 이끌게 된다. 이러한 학습조직은 피드백 체계를 유지함으로 진화하고, 적응하며, 학습하게 되고, 변화하는 환경에 대하여 지속적으로 성장하게 된다.

#### 2) 학습조직의 질적 수준

그러면 기업은 어떻게 학습조직이 될 수 있는가? 학습조직은 구성원들이 자신들의 관행적이 사고방식을 내려놓고, 새로운 아이디어와 수단에 대해 열린 마음을 가질 때, 조직이 형성될 수 있는 모형과 이상형이다. 관리자는 조직이 학습조직으로 변화될 수 있는 필요한 기업의 특수한 특징들을 변화시킬 수 있어야 한다. 학습조직은 공평성과 공개된 정보, 약한 위계구보, 조직이 환경에 잘 적응하도록 돕고, 기회를 포착하며, 위기를 극복할 수 있도록 강한 문화에 바탕을 둔다. 학습조직에서 관리자는 구성원에게 권한 위임을 강조하며, 각 부서와 다른 조직 간의 협조를 증진한다. 학습조직에 있어서 가장 중요한 가치는 문제해결과 지속적인 학습인 반면에 전통적인 조직에서는 안정과 효율적인 성과가 주된 가치가 된다.

〈그림 19-5〉에서는 구조, 과업, 시스템, 문화, 전략의 다섯 가지 요소에서 지속적인 학습을 통해 효율성을 추구하는 조직을 비교하고 있다.

① 수직 구조에서 수평 구조로 : 학습조직에서는 조직의 상층에 있는 관리자와 생산라인에 있는 구성원 간에 거리가 생기는 수직적인 구조를 버린다. 구조를 부서의 기능보다 작업의 흐름이나 절차에 의해서 형성된다. 수직적 위계구조는 재무나 인력관리와 같은 전통적인 기능을 수행하는 몇몇 관리자에게만 적용하게 된다. 자기 주도적인 팀이 학습조직의 근본적인 과업 단위가 된다. 기능들 간의 경계는 실제적으로 제거되는데, 이는 팀의 구성원들이 여러 다른 기능 분야에

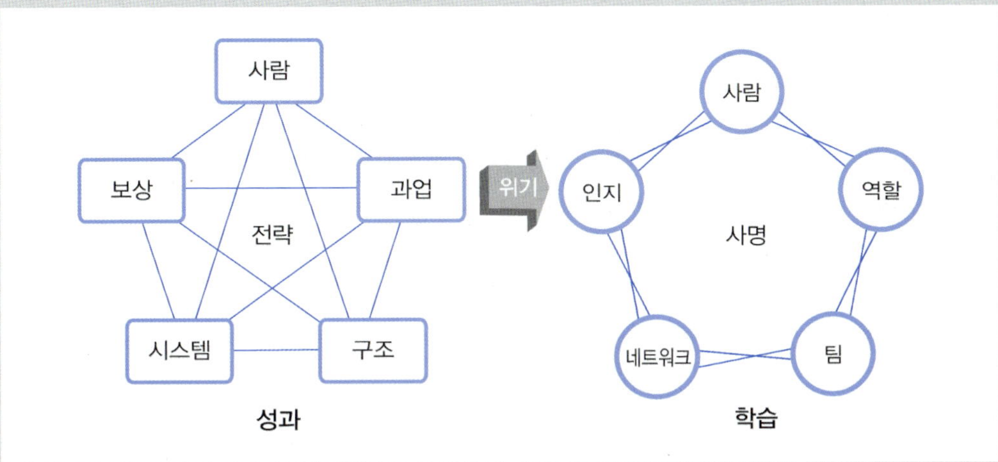


**그림 19-5** 성과중심조직과 학습조직

자료 : Hurst, D. K.(2002). Crisis & renewal: Meeting the challenge of organizational change. Harvard Business Press. p.54

속해 있기 때문이다. 어떤 조직은 부서 자체를 없애는 경우도 있다.

② 일상적인 과업에서 권한이 위임된 역할로 : 학습조직에서 구성원은 팀이나 부서에서 자신의 역할을 수행하게 되고, 그 역할을 지속적으로 수정되어지고, 조정되어 진다. 규정이나 절차가 거의 없고, 과업에 대한 통제도 감독자나 최고경영자보다 구성원들에게 집중되어진다. 구성원들은 상호간에 작업과 그리고 고객과의 관계를 통해 문제를 다루도록 여건이 조성된다.

③ 통제 시스템에서 정보 공유로 : 학습조직에서는 정보가 매우 다른 목적으로 제공된다. 광범위하게 공유되는 정보는 조직의 기능을 가장 최적의 상태로 유지하게 한다. 학습조직은 모든 구성원들이 기업에 대한 완전한 정보를 갖고, 이를 통해 신속하게 대응할 수 있는 소규모의 경영 기업으로 돌아가도록 노력한다. 아이디어와 정보는 기업에서 공유된다. 관리자는 정보를 구성원들을 통제하는데 사용하기보다 회사의 모든 곳으로 전달되기 위해 의사소통의 열린 통로를 찾고자 노력한다. 또한, 학습조직은 학습 역량을 증진하기 위해 고객과 협력업체, 심지어 경쟁자와도 의사소통의 통로를 열어놓고 있다.

④ 경쟁 전략에서 협조 전략으로 : 학습조직은 잘 알려지고, 권한이 위임된 과업역량의 축적된 활동들이 기업의 전략을 발전시키는 데 기여하게 된다. 구성원 모두가 고객과 협력업체, 새로운 기술과 밀접하게 관련되어 있기 때문에, 그들은 전략을 수립하는데 있어서 필요와 문제를 규명하며, 직접 참여하게 된다. 또한 전

략은 고객과 협력업체, 심지어 경쟁자와의 파트너십을 통해 나타나게 된다.

⑤ 경직된 문화에서 적응 문화로 : 조직이 건강하게 유지되기 위해서 그 조직의 문화는 조직이 외부 환경에 적응하도록 도움이 되어야 한다. 그러나 많은 조직들의 문화는 고착되어 있기 때문에 빠르게 변화하는 환경에 적응하는 것이 힘들다. 학습조직의 문화는 개방성, 공평성, 위험감수, 지속적인 진보와 변화를 추구한다.

# 주석(endnote)

1 Manfred Kets de Vries, Laura Guillen Ramo, & Konstantin Korotov. (2009). Organizational culture, leadership, change, and stress. *INSEAD Working Papers Collection*, Issue 10, 2~26.

2 Armenakis, A. A., & Harris, S. G. (2002). Crafting a change message to create transformational readiness. *Journal of Organizational Change Management*, Vol. 15(2), 169~183.

3 Judson, A. S. (1996). *A Manager's Guide to Making Change, for More Detailed Patterns of Reations to Change*. London: Wiley.

4 Lewin, K. (1951). *Field Theory in Social Science*. New York: Harper & Row.

5 Robbins, S. P., & Judge, T. A. (2002). *Organizational Behavior*, 9th ed. Pearson Education, NJ: Prentice Hall, 545.

6 Katz, D., & Kahn, R. L. (1978). *The Social Psychology of Organizations*, 2en de. NY: John Wiley & Sons, 714~715.

7 Klein, D. (1969). Some notes on the dynamics of resistance to change: the defender role, in W.G. bennis, K. D. Benne, R. Chin, & K. E. Corey(eds.), *The Planning of Change*, 3rd ed. New York: holt, rnehart & Winston. 117~124.

8 Cummings, T .G. & Huse, E. F. (1989). *Organizational Development and Change*, St. Paul, Minn: West.

9 London, M. (2000). Change agent in mindset & Behavior. *Ivey Business Journal*, 64(5). 83~89.

10 Hamilton, E. F. (1988). An empirical study of factors predicting change agents' effectiveness. *Journal of Applied Behavioral Science*, 24(1), 37~59.

11 Burke, W. (1982). *Organization Development: principles and practices*, Boston; Little, Brown.

12 French, W. (1969). Organization development : objectives, assumptions, and strategies. *California Management Review*, 12(2), 23~34.

13 Beckhard, R. (1969). *Organization Development Strategies and Modes*. Reading Mass: Addison-Wesley.

14 Beer, M. (1980). *Organization Change and Development: a Systems View*, Santa Monica, Calif: Goodyear Publishing.

15 Cummings, T. G., Worley, C. G. (2001). *Organization Development & Change*, South-Western College Publishing.

16 Marshak. R. (1969). Reclaiming the heart of OD: Putting people back into organizations, keynote address to the National OD Network Conference, Orlando, FL., 6 October.

17 Cummings, T. G., Worley, C. G. (2001). *Organization Development & Change*. South-Western College Publishing.

18 W. French. (1969). Organization development: objectives, assumptions, and strategies, *California*

*Management Review,* 12, 23~34.

19 Tichy, N. (1974). Agents of planned change: congruence of values, cognitions and actions. *Administrative Science Quarterly*, 19, 163~182.

20 Shein, E. (1969). *Process Consultation: Its role in organization development*. Reading Mass: Addison-Wesley, 98.

21 Beckhrd, R., & Harris, R. (1987). *Organizational Transitions*. 2d ed. Reading Mass: Addision-Wesley.

22 Cummings, T. G., Worley, C. G. (2001). *Organization Development & Change*, South-Western College Publishing.

23 Fredlander, F., Brown, L. D. (1974). Organization development, *Annual Review of Psychology*, 25, 313~341.

24 Cummings, T. G., Worley, C. G. (2001). *Organization Development & Change*. South-Western College Publishing.

25 Eden, D. (1986). OD and self-fulfilling prophesy: boosting, productivity by raising expectations. *Journal of Applied Behavioral Science*, 22. 1~13.

26 Cummings, T. G., Worley, C. G. (2001). *Organization Development & Change*. South-Western College Publishing.

27 Cumming, T. G., Worley, C. G. (2001). *ibid.*

28 Tsang, E. W. K. (1997). "Organizational learning and the learning organization: a dichotomy between descriptive and prescriptive research." a dichotomy between descriptive and prescriptive research. *Human Relation*. 50, 1, 73~89.

29 Fiol, C. M. & Lyles, M. A. (1985). Organizational learning. *Academy of Management Review*, 10(4), 803~813; Argyris, C. & Schön, D. A. (1979). *Organizational Learning: A Theory of Action Perspective*. San Francisco: Jossey-Bass.

30 Huber, C. P. (1991). "Organizational learning: The contributing processes & the literature," *Organization Science*, 2(1), 88~115.

31 Cyert, R. M. & March, J. G. (1963). *A Behavior Theory of the Firm*. Englewood Cliffs, NJ: Prentice Hall.

32 March, J. G. & Olsen, J. P. (1976). "The uncertainty of the past: Organizational learning under ambiguity," *European Journal of Political Research*. 3, 147~171.

33 Argyris, C. & Weiss, A. (1979). *Organizational Learning: A Theory of Action Perspective*. San Francisco: Jossey-Bass.

34 Duncan, R. & Weiss, A. (1979). Organizational learning: Implications for organizational design. *Research in Organizational Behavior*. 1. 75~123.

35 Yelle, L. E. (1979). *The Learning Curve: Historical Review and Comprehensive Survey*. Decision Science. 10, 302~328.

36 March, J. G. (1991). Exploration and exploitation in organizational learning. *Organization Science*,

2, 71~87.

37 Shrivastava, P. (1983). A typology of organizational learning systems. *Journal of Management Studies*, 20(1), 7~28.

38 Argyris, C. & Schön, D. A. (1979). *Organizational Learning: A Theory of Action Perspective*. San Francisco: Jossey-Bass.

39 March, J. G. (1991), Exploration and exploitation in organizational learning. *Organization Science*, 2, 71~87.

40 Duncan, R. & Weiss, A. (1979). Organizational learning: Implications for organizational design. *Research in Organizational Behavior*. 1. 75~123.

41 Nonaka, I. (1994). A dynamic theory of organizational knowledge creation. *Organization Science*, 5(1), 14~37.

42 Huber, C. P. (1991). Organizational learning: The contributing processes & the literature. *Organization Science*, 2(1), 88~115.

43 Levitt, B. & March, J. g. (1988). Organizational learning. *Annual Review Sociology*. 14, 95~112.

44 Levinthal, D. A. & March, J. G. (1993). The myopia of learning. *Strategic Management Journal*, 14, 95~112.

45 House, R. J. & Singh, J. V. (1987). Organizational behavior: Some new directions for I/O psychology. *Annual Review of Psychology*, 38, 669~718.

46 Bourgeoise, L. J. & Eisenhart, K. M. (1988). Strategic decision processes in high velocity environments: Four cases in the microcomputer company. *Management Science*, 34(7), 816~835.

47 Hedberg, B. L. T., Nystrom, P. & Starburk, W. H. (1976). Camping on seesaws: Prescriptions for a self designing organization. *Administrative Science Quarterly*. 21, 41~65.

48 Marquardt, M. J. (1996). *Building the Learning Organization*, McGraw-Hill.

49 Senge, P. (1990). *The Fifth Discipline; The Art and Practice of Learning Organizations.* (New York: Doubleday) Currency.

50 Argyris, C. & Schön, D. A. (1978). *Organizational Learning*, Reading Mass: Addison-Wesley.

51 Haeckel, S. H. (1999). *Adaptive Enterprise: Creating and Leading Sense-and Respond Organizations* (Boston: Harvard Business School Press). 75~92.

CHAPTER 20

# 조직문화

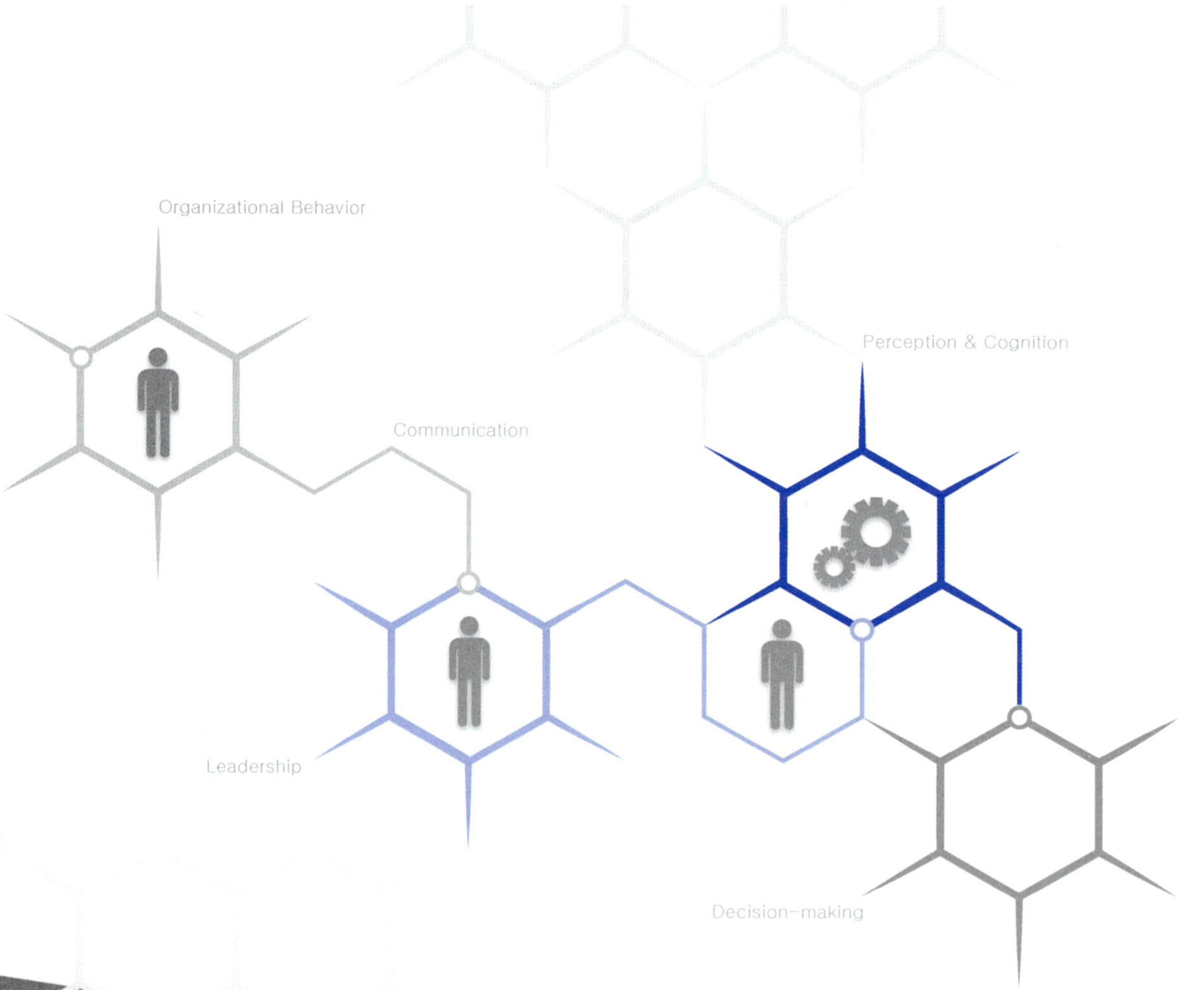

## 들어가기

조직은 구성원들로 형성된 사회적 실체이다. 사람들로 구성된 공동체에는 공유할 수 있는 공동의 가치가 있어야 한다. 한 가정에도 가풍이 있듯이 기업에도 조직문화(기업문화)가 있다. 훌륭한 가풍은 그 가정이 물질적, 권력적 풍성함보다도 가족들의 정신적 기둥이듯이 기업의 조직문화도 조직구성원들의 공유가치로서 그 조직의 존재이유와 존속을 위한 규범이다. 본 장에서는 조직문화의 의의와 중요성 그리고 발전방향에 대해서 살펴본다.

조직문화라는 용어 그 자체는 최근에 등장한 것이지만 조직을 이해함에 있어 조직문화의 개념은 이미 오래전부터 강조되어 왔다. 사회학이나 인류학분야에서는 상징적 상호작용 관점에서 조직내에서 구성원들의 일상생활과 상호작용에 대한 연구가 많았다. 또한 제1장에서 살펴보았듯이, 조직을 보는 패러다임에서 조직을 해석학적인 관점에서 보고자 하는 자들의 주된 관심 중에 하나가 조직문화였다.

1980년대 초반 Tom Peters와 Robert Waterman이 쓴 책, "*In Search of Excellence*"에서 그 당시 미국의 초우량 기업들을 대상으로 성공한 이유를 살펴보았더니 한 가지 공통된 특성이 모든 기업들이 튼튼한 조직문화를 구축하고 있다는 사실이었다. 그 당시 일본기업들도 강한 조직문화[일본에서는 사풍(社風)이라고도 했음]를 가진 기업들이 성공적이었음을 실증했다. 우리나 기업들도 한 때 조직문화가 큰 관심사였다.

*Business Week*, *Fortune* 등 경영 관련 잡지들은 조직 성공의 비결로서 조직문화를 화제로 삼았고, 조직문화를 모방하기 힘든 기업의 핵심역량 중 하나로 제안하였다.[1] 강한 조직문화를 가진 기업은 조직 문화가 약한 기업보다 대체로 성과가 높다는 것이며,[2] 여러 연구들의 예에서 전략적으로 적절하고 강한 문화를 가진 조직들이 조직으로 하여금 꾸준한 성과를 올리도록 실제적인 변화를 하게 하는 규범들을 갖고 있는 것으로 나타났다.[3] 또한 기능적으로 다른 부서들은 각 부서에 적합한 유형의 하위 조직문화가 필요하다는 연구결과들이 나타났다.[4] 이와 같이 조직문화는 조직의 성과를 증진시키는데 직접적인 기여를 한다는 점에서 좋은 조직문화를 구축하는 것이 경영자들의 주요 관심사 중 하나가 되었다.

## 1. 조직문화의 의의와 내용

### 1.1 조직문화의 정의

지금까지 조직문화 연구에 의하면 조직문화는 다양하게 정의가 내려졌다. 실제로 학자들 각자가 나름대로 규정한 정의를 발전시킴으로써 그 범위는 상당히 포괄적인 것에서부터 매우 세부적인 것까지 다양하다. Deal & Kennedy는 조직문화에 대해 "우리 주변에서 행하고 있는 방법"[5]이라고 정의하였다. 이처럼 매우 포괄적인 정의는 기

〈표 20-1〉 조직문화의 정의

| 연구자 | 정의 |
|---|---|
| J. C. Spender(1983) | 조직의 구성원에 의해 공유된 신념 체계 |
| C. O'Reilly(1983) | 강하고, 광범위하게 공유된 핵심 가치 |
| T. E. Deal & A. A. Kennedy(1982) | 우리 주변에서 행하고 있는 방법 |
| G. Hofstede(1980) | 마음의 집합적 프로그래밍 |
| J. Van Maanen & S. R. Barley(1983) | 집합적 이해들 |
| J. M. Kouzes, D. F. Caldwell & B. Z. Posner(1983) | 사람들의 일상에서 창조된 의미가 다양한 매체를 통해 전달되어진 일련의 공유되고 지속된 신념 |
| W. G. Ouchi(1981) | 조직과 구성원 간에 기초가 되는 가치와 신념을 의사소통하도록 하는 일련의 상징, 의식, 신화 |
| T. J. Peters & R. H. Waterman Jr.(1981) | 일화, 신화, 전설, 구호, 비화, 이야기와 같은 상징적인 의미에 의해 전달되는 지배적이고 일관된 공유 가치 |
| E. H. Schein(1985) | 집단이 외부적응과 내부통합의 문제를 해결하기 위해 학습을 통해 발명, 발견, 개발하는 기초적인 가정의 유형 |

자료: Moorhead, G. & Griffin, R. W.(2002), *Organizational Behavior: Managing People and Organizations*, 7th Ed., p.494

업이 제품을 만들고, 어음을 결제하고, 종업원을 다루는 등 조직의 여러 작업들을 수행하는 방법까지도 포함한다. 조직문화에 대한 좀 더 세부적인 정의로서 Schein은 "집단이 외부적응과 내부통합의 문제를 해결하기 위해 학습을 통해 발명, 발견, 개발하는 기초적인 가정의 유형"[6]이라고 하였고, Peters & Waterman은 "일화, 신화, 전설, 구호, 비화, 이야기와 같은 상징적인 의미에 의해 전달되는 지배적이고 일관된 일련의 공유된 가치들"[7]이라고 정의하였다.

이처럼 조직문화의 정의가 다양함에도 불구하고 몇 가지 공통된 요소들을 발견할 수 있다. 먼저, 조직문화에 대한 모든 정의들은 기업 내에서 개인들에 의해 유지되어 온 가치에 대해 언급하고 있다. 이러한 가치들은 어떤 것이 바람직하게 받아들여지는 행동이며, 또 어떤 것이 바람직하지 않고 받아들일 수 없는 행동인지에 대해 정의하고 있다.

둘째, 조직의 문화를 형성하는 가치들은 구성원들에 의해 당연한 것으로 받아들여진다는 것이다. 즉, 반드시 책에 기술되거나 훈련 프로그램에 명시되지 않더라도 구성원들에 의해 형성된 기본 가정이라는 것이다. 이러한 조직의 기본 가정은 개인이 자신의 신념이나 가치를 표현하는 것처럼 쉽게 나타내기는 어렵다. 일부 학자들은 조직문화는 선명하게 나타나기 어려운, 구성원의 신념과 가치의 내재적인 면이기 때문에 개별 구성원에게 큰 영향을 미친다고 한다.[8] 물론 조직문화에서 강조하는 주요 가치를 기록하거나 교육 훈련의 공식 절차에 포함시켜 형상화하고 표현하기도 하지만, 조직구성원들이 이러한 가치를 당연한 것으로 받아들여 개인의 가치관으로 내재화하였을 때 조직문화의 영향력은 더욱 강력해지게 된다.

셋째, 조직문화의 가치를 공유함으로써 그 가치의 상징적인 의미를 강조하는 것이다. 이러한 가치의 의미는 일화, 본보기, 심지어 신화나 옛날이야기를 통해 구성원들에게 전달되어진다.

조직문화에 대한 여러 학자들의 정의를 종합하여 세 가지의 공통적인 특성을 바탕으로 다음과 같이 조직문화를 정의할 수 있을 것이다. 즉 조직문화란, 일련의 공유된 가치이며, 당연하게 받아들여지고, 조직구성원으로 하여금 받아들여지거나 받아들여질 수 없는 행동을 이해하게 하는데 도움을 주는 것이다. 이러한 가치는 일화나 다른 상징적인 수단을 통해 전달되어진다.[9]

## 1.2 조직문화의 접근방법

조직문화에 대한 초기 연구는 그 근원을 여러 사회과학분야에서 찾을 수 있다. 따라서 사회과학의 다양한 학문 분야가 조직문화 연구에 어떻게 기여하였는지를 이해할 필요가 있다. 왜냐하면 조직문화 연구에서 계속되는 많은 갈등과 논쟁은 서로 다른 관점을 취하고 있는 연구의 흐름을 반영하고 있기 때문이다.[10]

### 인류학적 접근

인류학은 문화와 가장 관련이 깊은 학문이다. 인류학자들은 가치와 신념이 어떻게 한 사회의 문화를 통하여 그 사회의 구조와 기능에 영향을 미치게 하는지에 대해 이해하고자 노력한다. 인류학에서는 문화와 사회와의 관계를 이해하기 위해서는 실제로 그 문화에서 살아가고 있는 사람들의 관점, 즉 원주민의 관점에서 문화를 연구해야 한다고 한다.[11] 이와 같은 수준에 이르기 위해서 인류학자들은 하나의 사회에 속한 사람들이 그들의 삶 속에 있는 규범과 의미를 활용한 가치와 상징물, 일화에 대한 연구에 몰두한다. 인류학자들은 문화에 속한 사람들의 행동의 기초가 되는 가치, 태도, 그리고 신념에 대한 방대한 양의 안내서를 발간했다.[12] 문화의 지역, 규모 그리고 시대에 관계

없이 제기되는 의문은 동일하다. 즉, 이러한 문화에 속한 사람들이 어떻게 어떤 문화는 받아들이고, 어떤 문화는 배척하는지에 대한 것이다. 어떻게 이러한 지식이 이해되는가? 어떻게 이러한 지식이 새로운 사람에게 전달되는가? 명확한 설명을 위한 집요한 노력을 통해 조직에서 발생하는 행동에 기초한 가치와 신념이 명확해지게 된다. 그러나 이러한 가치들은 그들이 발전시킨 조직의 상황에서만이 충분하게 이해될 수 있다. 즉, 한 조직의 가치와 신념에 대한 기술은 다른 조직의 가치와 신념으로 옮겨질 수 없다는 것이다. 개개의 문화는 독특한 것이다.

### 사회학적 접근

사회학자들은 오랜 기간 동안 문화의 원인과 결과에 대해 관심을 가져왔다. 문화 연구에 있어서 사회학자들은 대부분 비공식적인 사회구조에 초점을 두었다. 초기 사회학자인 Durkheim은 신화와 의식에 관한 연구는 사회의 구조와 합리적인 행동에 관한 연구에 필수적인 보조재라고 하였다. 의식 연구를 통해 Durkheim은 한 집단의 가장 기초적인 가치와 신념을 이해할 수 있다고 한다.[13] 많은 사회학적 방법들과 이론들은 조직구조를 분석하는 데 사용되어 왔다. 이런 분석을 위해 사회학자들은 주로 체계적인 면담과 설문지, 양적 연구방법들을 활용한다. 사회학적 접근을 활용하는 실무자들은 문화 특성의 아주 간단한 유형을 만들어내고 나서 수많은 기업들의 문화가 어떻게 이러한 유형으로 분석될 수 있는지를 보여준다.

### 사회심리학적 접근

사회심리학은 집단 연구와 개인에 대한 사회적 요소의 영향을 포함하는 하나의 심리학의 지류 학문이다. 조직 문화에 대한 대부분의 연구들이 인류학적 또는 사회학적 방법과 접근을 활용함에도 불구하고, 몇몇 연구들은 사회심리학적인 방법을 활용한다. 조직문화를 분석하는 데 상징물의 창조와 조작에 대해 강조한다.

예를 들어, 사회심리학 연구는 사람들이 판단을 위해 활용하는 다양한 관찰 결과보다 단 하나의 사건에 관한 이야기나 정보를 활용하는 경향이 있다.[14] 따라서 당신의 이웃이 특정 자동차 회사의 차에 대해 문제를 가지고 있다면, 당신은 이웃의 경우가 매우 희귀한 상황임을 증명하는 방대한 통계자료를 제시한다고 할지라도 그 회사의 차를 불량하다고 결론을 내릴 수 있다는 것이다. 이와 같이 의사결정에서 미치는 일화의 영향은 조직문화가 조직구성원에 강력한 영향을 미치는 중요한 이유에 대해 설명해준다. 다른 조직적 현상과 달리 문화는 소문과 본을 통해 가장 잘 전달되어지며, 이는 그 조직에 속한 개인이 판단하는데 있어서 기초가 된다. 만약 불평하는 고객이 잘못된 행동을 한다는 일화가 있다면, 실제로 불평하는 고객은 잘못된 행위를 한다는 것이다. 이러한 가치는 고객 만족도에 대한 통계적 분석보다 문화적인 일화를 통해 더 효과적으로 전달되어진다.[15]

**경제학적 접근**

조직문화 연구에 대한 경제학의 영향은 비록 인류학이나 사회학보다는 중요도가 낮지만 관리자가 조직의 경제적 이윤을 창조하는데 사용하는 다양한 도구 중의 하나로서 경제학적인 접근법을 활용할 수 있다. 경제학적 접근은 사회학적, 인류학적 관점에서 하던 것처럼 조직문화를 기술하기보다는 문화적 특성과 조직성과 간의 관련성에 관심을 가진다. 문화가 조직의 성과에 영향을 미치는 정도에 대해서는 다양한 관점이 존재하는데, 일부 학자들은 조직문화가 재무적 성과와 연관되는 조건을 연구하였다.[16]

## 1.3 조직문화의 수준과 구성

조직문화에 대한 여러 정의들이 학자들에 의해 제시되었는데, 대부분의 정의들이 문화에는 몇 개의 수준이 있고, 그 수준들은 변화되는 문화의 가시성과 능력에 따라 다르다는 것에 의견의 일치를 보이고 있다. Schein은 조직문화를 〈그림 20-1〉과 같이 세 가지 수준으로 구분하여 제시하고 있다. 이러한 수준은 눈으로 볼 수 있는 인공물과 창조물로부터 측정할 수 없는 공유가치와 보이지 않거나 심지어 의식 이전의 기본 가정까지를 포함하고 있다.[17]

### 1.3.1 인공물(Artifacts)

물리적, 사회적 과업 환경에서 조직문화의 상징을 인공물이라고 한다. 이러한 인공물은 조직문화의 수준 중 가장 잘 보이며, 쉽게 접근할 수 있는 것이다. 인공물을 통해 문화를 알 수 있는 비결은 그 인공물이 의미하는 바를 파악하는 것에 있다. 조직문화의 인공물에는 개인행동, 의례의식, 일화, 관례, 상징물 등이 있다.

그림 20-1
조직문화의 수준

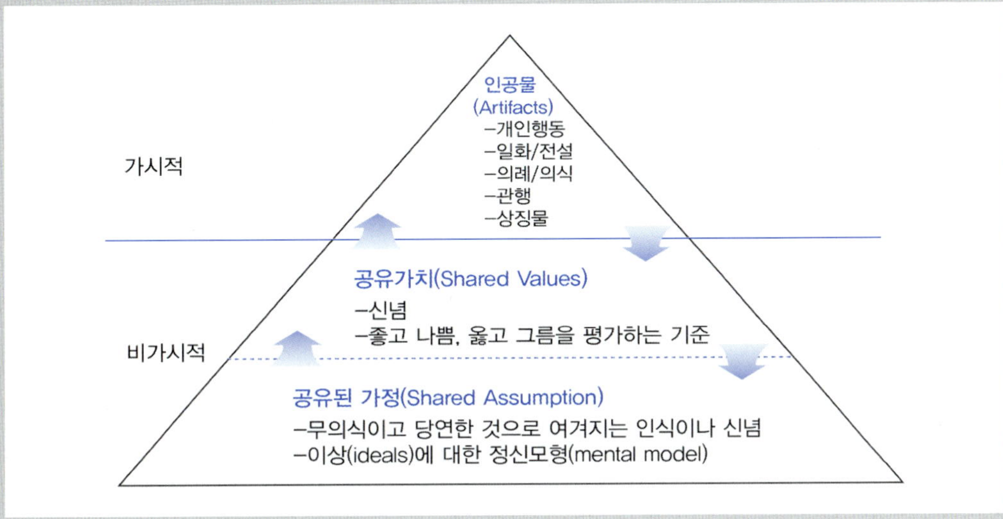


자료 : Schein, E. H.(1985), p.9.

### 개인행동

문화는 조직의 구성원들의 행동의 검증을 통해 부분적으로 이해될 수 있다. 개인행동은 조직의 가치를 반영하는 행동이다. 특히, 최고경영자의 행동은 이러한 가치에 대한 통찰력을 제공한다. 만약 고객 서비스를 최고의 가치로 여긴다면, 최고경영자는 잦은 매장 방문과 개인 지도를 통해 서비스의 질을 높이려 할 것이다. 따라서 최고경영자는 적절한 행동을 보여줌으로써 조직의 다른 사람들에게 가치를 전달하는 것이다. 모델화된 행동은 Bandura의 사회학습이론에서 보여주듯이 구성원들에게는 아주 강력한 학습 도구인 것이다.[18] 개인은 다른 사람의 행동을 관찰하고 자신의 행동을 그것과 유사하게 만드는 것을 통해 자신의 것처럼 학습하며, 이러한 행동에 반영된 가치들은 전체 구성원에게 확산된다.

### 의례의식

조직의 의례의식은 중요한 사건을 기념하는 행동 양식이다. 의례의식을 통해 기업의 가치에 부합되는 행동을 한 구성원에게 보상하며, 널리 알려지는 기회를 제공한다. 의례의식은 조직의 가치를 지지하는 사람이 존경받는 영웅이 된다는 메시지를 전달해 주는 역할을 하게 된다.

### 일화

조직의 가치를 가장 효과적으로 전달하는 방법은 일화를 활용하는 것이다.[19] 일화가 거듭 회자될 때, 조직에 의미와 정체성을 부여하고, 특히 새로운 구성원에게 행동의 방향을 제시해 준다. 조직이 가진 일화의 강점은 그 일화를 듣는 사람이 스스로 결론을 내리도록 한다는 것인데, 이것은 아주 강력한 의사소통의 도구가 된다.[20]

### 관행

관행은 조직에서 예전부터 해오던 행동을 의미한다. 관행은 문서화되어 있지 않지만 조직내에서 해야 할 일에 대해서 분명한 메시지를 준다. 예를 들어 어떤 기업은 서로를 부를 때 직책이나 성을 붙이는 것이 직업적인 이미지에 도움이 된다고 하는 반면, 다른 기업은 최고경영자로부터 말단 사원까지 이름을 부르는 것을 선호한다. 관행을 따르는 조직 내부 사람들은 이것이 주는 미묘한 영향을 알아차리지 못하지만, 외부 사람들은 쉽게 알아차린다.

### 상징물

상징물은 소리 없는 메시지를 통해 조직문화를 전달한다. 상징물은 구성원의 조직 정체성과 소속감을 대표하며, 조직의 단결을 공고히 하는데 이용된다.

지금까지 언급한 개인행동, 의례 · 의식, 일화, 관행 상징물은 문화의 다음 수준인 가치를 강화하는 데 기여한다.

## 1.3.2 공유가치(Shared Values)

공유가치는 조직문화의 두 번째 수준이며, 조직문화의 비가시적 부분이다. 공유가치는 개인이 행해야 하고 행해서는 안 되는 것에 대한 신념을 반영한다. 가치는 기업의 회의에서나 지향하는 목표, 연간 보고서 등에서 의식적으로 나타내어진다. 또한 공유가치는 조직문화의 인공물로 나타나기도 한다.[21] 그러나 기업이 지향하는 가치(espoused values)와 실제로 행해지는 가치(enacted values) 간에는 일치하지 않는 경우도 존재하기 때문에 가치에 대한 해석과 판단에 주의를 요한다.

### 1.3.3 공유된 가정(Shared Assumptions)

공유된 가정은 조직의 구성원에게 사물에 대해 어떻게 인식하고 생각해야 할지를 알려주고 행동을 안내해 주는 깊숙이 내재된 신념으로써 조직구성원들의 무의식 속에 내재되어 있다. 조직문화에서 가장 깊이 있고, 가장 근본적인 수준으로서 공유된 가정은 조직문화의 본질이다. 이러한 가정은 매우 강력하게 유지되고 있기 때문에 그것을 위반하는 구성원의 행동은 상상할 수 없다.

## 2. 조직문화의 유형

조직문화의 유형은 다양하게 구분될 수 있다. 유형을 구분하는 기준에 따라 다양한 형태가 생길 수 있지만, 구분 기준과 그 내용의 타당성이 없다면 유형화는 큰 의미를 지닐 수가 없다. 이러한 구분은 규범적인 것이 아니라, 현실 기업들의 조직문화를 분석한 후 그 유형을 사후적으로 구분한 것이다. 조직문화를 유형화하는 것의 유용성에 대해서는 논란이 있을 수 있다. 따라서 조직문화의 특정 유형이 조직성과와 관련된다는 식의 인과관계를 상정하기란 어렵다. 다시 말해, 조직문화 현상을 분석해 보니 사후적으로 이렇게 구분할 수 있는 현재의 상태(is now)이지, 그런 방향으로 가야 한다(to be)는 것이 아니다. 따라서 많은 컨설턴트들이나 학자들이 "to be"로 조직문화 유형을 제시하는 것에 대해서는 주의 깊은 해석이 필요하다.

### 2.1 Deal & Kennedy의 모형

많은 모형들이 조직문화를 묘사하기 위해 제시되었다. 그 가운데 가장 포괄적이며, 잘 알려진 모형은 Deal & Kennedy 모형이다. 〈그림 20-2〉에서는 그들이 분류한 조직문화의 네 가지 기본 유형이 설명되어 있다. 각각은 두 가지 요소의 조합으로 구성되어 있는데, 하나는 관리자의 위험 감수의 정도이며, 또 하나는 관리자의 결정에 따른 결과의 피드백 속도이다. 네 가지 유형은 투박한 성격의 문화, 열심히 일하고 열심히

**그림 20-2** Deal & Kennedy 모형

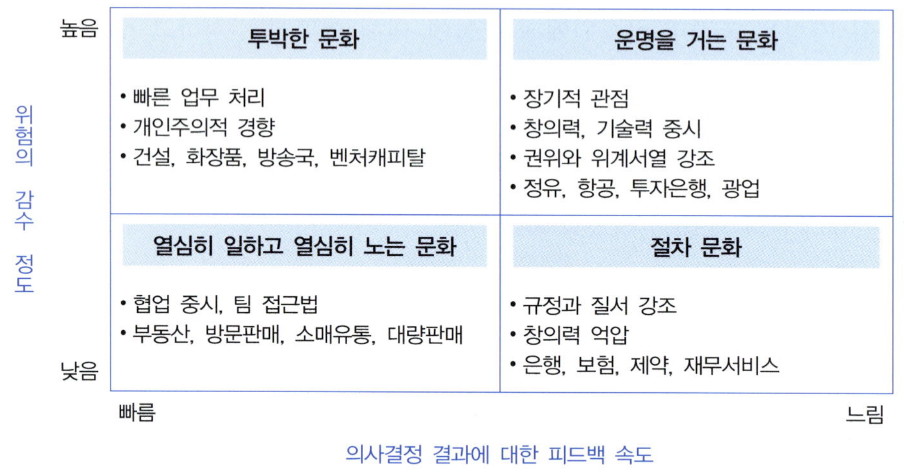


자료 : Deal, T. E. & Kennedy, A. A.(1982).

노는 문화, 기업의 운명을 거는 문화, 절차의 문화이다.[22]

**투박한 문화(tough-person culture)**

감수해야 할 위험이 높고, 의사결정의 결과에 따른 피드백 속도가 빠를 때 나타나는 문화로서, 주로 건설업계나 화장품 회사, 대중 매체와 같은 방송국, 벤처 회사, 경영 컨설팅업계에서 나타난다. 이 문화는 투박한 태도와 개인주의, 짧은 기간 안에 업무를 완성하는 강점이 있지만, 과거의 실수로부터 교훈을 얻지 못하고 모든 것을 단기간에 이루려는 경향과 협동이 무시되는 약점이 있다. 이 문화에 속한 구성원들은 유행에 민감하며, 주로 실내에서 생활하며, 테니스와 같은 일대일의 운동을 좋아한다.

**열심히 일하고 열심히 노는 문화(work hard/play hard culture)**

감수해야 할 위험이 낮고, 의사결정의 결과에 따른 피드백 속도가 빠를 때 나타나는 문화로 부동산업, 컴퓨터 회사, 방문 판매업, 소매상 등에서 나타난다. 이 문화는 뛰어난 판매능력을 갖고 있고, 문제해결을 위해 팀 접근법을 사용한다. 이 문화는 많은 양의 일을 신속하게 처리하는 강점이 있지만, 빠른 해결만을 찾고 빠른 시간을 지향하다 보니 행동이 먼저 앞서는 단점이 있다.

**기업의 운명을 거는 문화(bet your company culture)**

이 문화는 위험 감수의 정도가 높고, 의사결정의 결과에 따른 피드백 속도가 느릴 때 나타나는데, 정유업, 항공 산업, 자본집약적 산업, 제조업, 투자은행, 광산 및 제철업, 군대 등에서 나타난다. 이 문화의 특성은 장기적 모호성을 감수하며, 의사결정을 재검토하고, 기술력이 뛰어나고, 권위에 대한 강한 존경심 등이다. 강점으로는 창의력이 높고 과학적 발전을 이룰 수 있다는 것이며, 단점으로는 일을 하는데 너무 많은 시간이 소요되며, 단기간의 경제적 변동에 취약하다는 것이다. 이 문화에 속한 개인들은 옷차림 방식이나 주거형태가 직위나 위계서열에 따른다.

**절차 문화(process culture)**

위험 감수의 정도가 낮고, 의사결정의 결과에 대한 피드백 속도가 느릴 때 나타나는 문화로서, 은행, 보험회사, 제약업, 재무서비스 조직, 정부 기관 등에서 나타난다. 이 문화의 특징은 매우 조심스럽고, 방어적이며, 세부적인 것까지 주의를 기울이며, 언제나 규정된 절차를 따른다는 것이다. 이 문화의 강점은 작업장의 순서와 체계가 유지된다는 것이며, 단점으로는 창의적인 사고가 억압되며, 일하는 데 많은 시간이 소요되고 지루하다는 것이다. 이 문화에 속한 개인들은 위계적인 등급에 따라 복장을 착용하며, 조깅이나 수영과 같은 운동을 즐기며 토론을 좋아한다.

## 2.2 Quinn의 모형

Quinn에 의하면 조직은 몇 가지 서로 상호모순되는 가치들을 동시에 만족시킬 수 있어야 높은 성과를 이룰 수 있다고 하였다. Quinn은 두 쌍의 상호 모순된 가치를 강조하는데, 이는 유연성－질서의 차원과 외부지향－내부통합의 차원이다. 이를 그림으로 표시하면 〈그림 20-3〉과 같다. 그림에서 보듯이 두 수평축과 수직축을 결합하면 네 가지 조직문화가 나타나게 된다.[23]

**위계와 질서 문화(hierarchy culture)**

관료적인 문화는 공식화, 규범, 표준 절차, 위계적 조건에 가치를 둔다. 위계와 질서 문화에서는 예측가능성, 효율성, 안정성을 중시하고, 구성원들은 제품과 서비스의 표준화에 관심을 가진다. 행동 규범은 비공식적인 것보다 공식적인 것을 선호하며 관

**그림 20-3**
Quinn의 모형

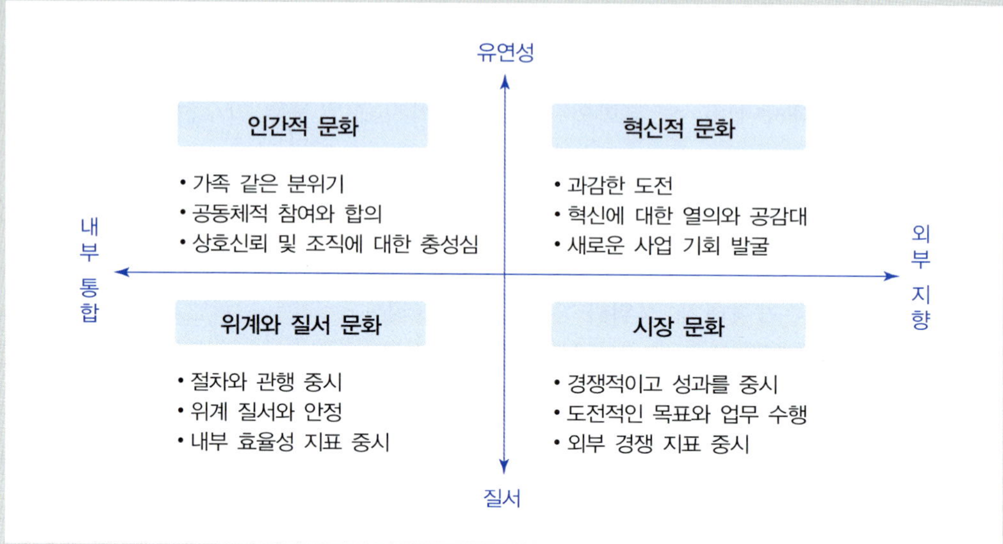


자료 : Quinn, R. E.(1988).

리자들은 자신들을 문서화된 규칙과 기준을 감독, 조직, 집행하는 사람으로 여긴다. 구성원에 대한 과업, 권한과 책임이 분명하게 정의되어 문서화되어 있고 비용에 대한 통제가 강하다.

### 인간적 문화(clan culture)

인간적 문화에서는 전통, 충성심, 개인적 몰입, 광범위한 사회화, 팀워크를 강조한다.[24] 이 문화의 구성원들은 개인과 조직의 관계가 단순한 계약 이상의 의미를 가지며, 조직에 대한 장기적인 몰입과 충성, 소속감을 강조한다. 개인은 조직이 임금 인상, 승진 등에서 공평하다는 것을 신뢰하고 자신들의 행동이 조직을 위한 것으로 생각한다.

### 혁신적 문화(adhocracy culture)

높은 수준의 위험 감수, 역동성, 창조성 등이 혁신적 문화의 특징이다. 혁신적 문화에서는 현재의 상태에 대한 만족보다는 실험과 혁신을 강조한다. 이러한 문화는 환경 변화에 대한 신속한 대응과 변화를 강조하며, 개인의 자율성, 융통성, 창의성을 중요한 가치로 여긴다.

### 시장 문화(market culture)

시장 문화에서는 조직의 목표달성과 생산성을 강조한다. 시장 문화에서는 시장점유율, 이윤창출이 핵심가치가 되고, 도전적인 목표달성을 위한 과업을 명확하게 규정하고 실행 행동을 강조한다. 시장 문화에서는 구성원 간의 경쟁이 조장되고, 목표달성에 대해서는 금전적 보상이 주어진다.

## 2.3 Goffee & Jones의 모형

Goffee & Jones의 최근 연구는 다른 조직문화에 대한 흥미로운 관점과 구성원들에게 새로운 행동의 방향을 제시해 주고 있다. Goffee & Jones는 조직문화에 기초를 둔 두 가지 영역을 제시하였다. 그 하나의 영역은 사교성인데 친근감의 척도가 된다. 사교성이 높은 경우에 사람들은 보상을 기대하지 않고 서로에게 친절을 베풀며, 서로가 친근한 관계를 맺고, 보살펴 준다. 사교성은 인간 지향적, 팀 지향적이며, 결과보다는 과정을 강조한다. 또 하나의 영역은 단결성(유대성)인데, 과업 지향의 척도가 된다. 단결성이 높을수록 사람들은 개인의 단점보다는 공통적인 관심사와 목표에 관심을 집중시킨다. 단결성은 세부적이고 진취적인 것에 관심을 집중한다.[25]

### 연결망 문화(networked culture)

연결망 문화는 높은 사교성과 낮은 단결성의 특징을 가지는데, 이러한 조직은 조직 구성원들을 가족이나 친구로 여긴다. 사람들은 서로를 잘 알고 좋아한다. 그리고 기꺼이 다른 사람들을 돕고자 하고 정보를 공유한다. 이러한 문화의 가장 부정적인 면은 친근감에 초점을 둔 결과로 저조한 성과를 거두거나 정치적 파벌을 형성할 수 있다는 것이다.

### 물질만능 문화(mercenary culture)

물질만능 문화는 낮은 사교성과 높은 단결성을 보이는데, 이러한 조직에서는 모든 관심을 목표의 달성에 두고 있다. 사람들은 목표를 이루기 위해 철저하며 때로는 결연하기도 하다. 물질만능 문화에서는 신속한 일처리와 뚜렷한 목표의식을 강조한다. 물질만능 문화는 단지 목표를 달성하는 승리만이 아닌 경쟁자를 물리치는 것에도 관심이 있다. 이처럼 목표와 목적에 중점을 두는 것은 사람들로 최소한의 정치적 활동을

그림 20-4

Goffee & Jones의 모형

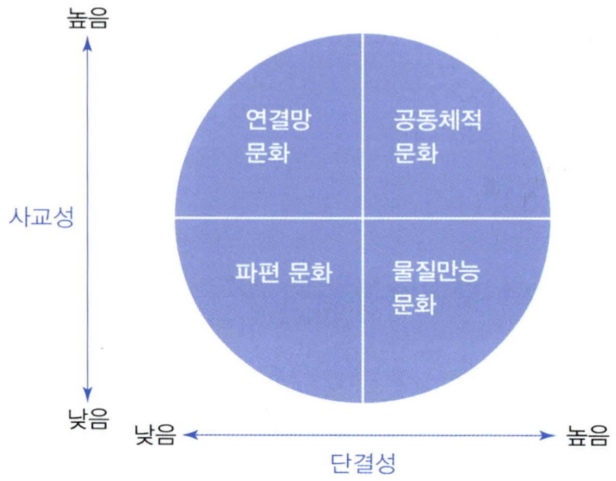


자료 : Goffee, R. & Jones, G.(1988), p.21.

하게 한다. 그러나 이러한 문화의 단점은 성과가 저조한 사람의 경우에는 비인간적으로 대할 수 있다는 것이다.

**파편 문화(fragmented culture)**

파편 문화는 낮은 사교성과 낮은 단결성을 보이며, 이러한 조직은 개인주의자들로 구성된다. 조직보다는 개인이 강조되며, 개인은 자신들의 직업에 대한 몰입이 최우선이자 가장 중요한 것이며, 조직에 대한 정체성은 매우 낮다. 이러한 문화에서는 구성원들이 자신들의 과업 생산성과 질로서만 평가되어진다. 파편 문화의 단점은 다른 사람에 대한 지나친 비판과 동료 간의 협력이 없다는 것이다.

**공동체적 문화(communal culture)**

공동체적 문화는 높은 사교성과 높은 단결성을 지니며, 친근감과 성과 모두에 가치를 둔다. 사람들은 조직에 대한 소속감을 갖고 있지만, 목표 성취에 대해서도 초점을 둔다. 이러한 문화의 리더는 조직의 미래에 대한 선명한 비전을 가지며, 영감을 부여하고 카리스마를 행사한다. 이러한 문화의 단점은 자신들의 전 생애를 쏟아 붓는다는 것이다. 그들의 카리스마 리더는 부하보다는 헌신하는 제자들을 찾게 된다.

## 3. 조직문화의 창달과 발전

조직문화는 갑작스럽게 생겨났다가 흔적도 없이 사라지는 것이 아니다. 조직문화가 만들어지기도 어렵지만, 한번 만들어지면 지속적으로 유지된다는 점에서 그 문화를 유지시키는 요인이 무엇인지를 살펴볼 필요가 있다.

### 3.1 조직문화의 창달

조직의 관습, 전통, 일을 처리하는 일반적인 방식들은 대부분 과거의 경험에서 형성된 것이다. 따라서 조직의 창업자가 이러한 조직문화 형성의 궁극적인 원천이 된다.[26] 조직의 창업자는 전통적으로 조직의 초창기 문화에 주된 영향을 미치는데, 창업자는 조직이 추구해야 하는 비전을 제시하고 예전 관습이나 사상에 얽매이지 않는 새로운 문화를 만들어내기도 한다.

조직문화는 세 가지 절차를 걸쳐 형성된다.[27] 먼저, 창업자는 자신들의 사고방식과 행동방식에 일치하는 사람들을 고용한다. 다음으로, 창업자들은 자신들이 생각하고 느끼는 방식을 구성원들에게 가르치고 사회화 한다. 마지막으로 창업자는 구성원들에게 정체성을 갖게 하는 역할 모델로 행동하며, 이를 통해 구성원들은 자신들의 신념, 가치, 가정을 공유하게 된다.

조직문화가 형성되고 유지되는 과정을 요약하면 〈그림 20-5〉와 같이 나타낼 수 있다.[28] 조직문화는 창업자의 철학으로부터 형성된다. 다음으로 이것은 새로운 구성원을

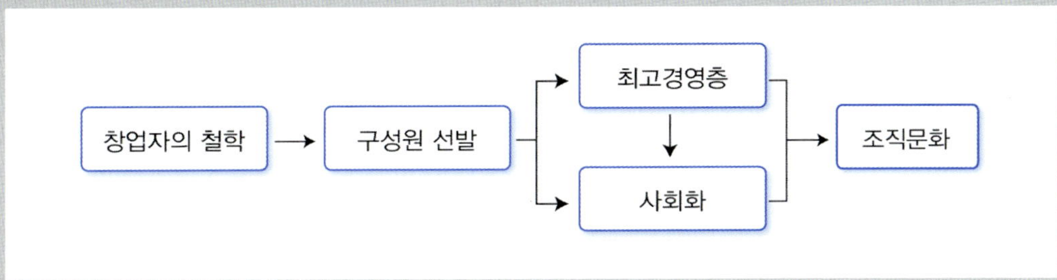


**그림 20-5** 조직문화의 형성 과정

자료 : Robbins, S. P.(2005), p.498.

**그림 20-6**
조직문화의 정립

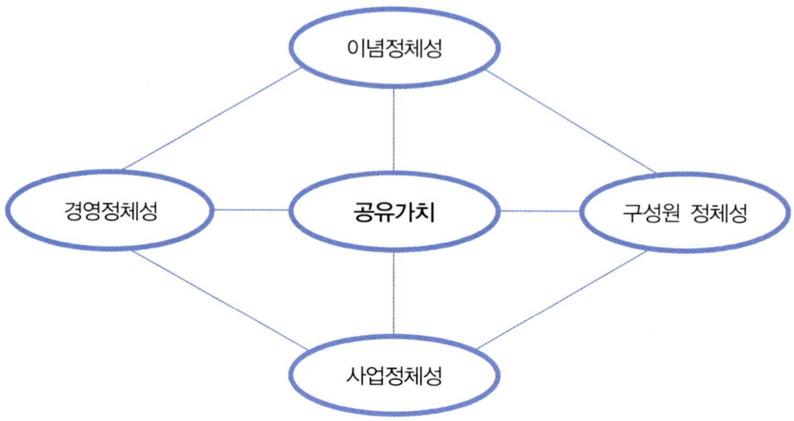


선발할 때 활용되는 기준에 영향을 준다. 최고 경영층의 행동은 허용되는 행동과 그렇지 않는 행동에 대한 일반적인 풍토를 설정해 준다. 구성원의 사회화는 선발과정에서 조직의 가치와 새로운 구성원의 가치가 일치되었을 때 성공하는 정도와 사회화를 활용하고자 하는 최고경영층의 선호도에 달려 있다.

실제 기업에서 조직문화를 정립하기 위해서는 이념적 차원의 정체성과 이를 실천에 옮길 수 있도록 하는 경영시스템과 구성원 정체성, 그리고 사업정체성의 확립과 함께 공유가치가 확립되어야 한다(〈그림 20-6〉 참조). 이념정체성은 사업이념과 경영이념으로 표현되며, 경영정체성은 그 기업의 경영시스템과 제도 및 경영방식으로 나타난다. 예를 들면 SK그룹의 SKMS나 SUPEX는 그 회사의 경영정체성을 나타내고 있다. 구성원 정체성은 흔히 사원정신이나 행동규범, 윤리강령 등으로 표현된다. 사업정체성은 그 기업이 하는 사업이 이념정체성에 부합하고 사업방식이 기업윤리와 사회적 책임에 합당해야 함을 의미한다. 이러한 네 기둥이 튼튼히 구축되어야 공유가치의 정립이 가능하며. 또한 공유가치의 실현도 이 네 가지 기둥이 정합성을 이루어야만 가능하게 된다.

## 3.2 조직문화의 유지와 발전

일단 조직문화가 형성이 되면, 조직은 구성원들로 하여금 유사한 경험을 할 수 있도록 환경을 제공함으로써 조직문화를 유지하는 활동을 하게 한다.[29] 예를 들어 인사제도는 조직문화를 강화하는 역할을 한다. 선발과정, 성과평가 기준, 교육훈련, 경력개발 활동 그리고 승진 절차는 그 조직문화에 부합되는 사람을 고용하고, 그 조직문화를 지지하는 사람에게는 보상을, 반하는 사람에게는 징계를 가한다. 조직문화를 유지하기 위해서는 선발 제도, 최고경영자의 행동, 사회화 과정이 중요한 역할을 한다.

#### 선 발

선발과정(selection process)의 분명한 목표는 조직이 요구하는 기준, 즉 조직의 업무를 성공적으로 수행할 수 있는 지식과 기술, 능력을 가진 개인을 선택하는 것이다. 이러한 선발과정은 조직이 추구하는 가치를 동의하거나, 적어도 그 가치에 많은 의미를 두는 사람을 고용하는 것이다.[30] 선발과정은 지원자에게 조직에 대한 정보를 제공하는 기능을 하는데, 선발과정에서 지원자는 조직에 대해 알게 되고, 만약 그들의 개인적 가치와 조직이 지향하는 가치 사이에 갈등이 있게 되면 그들은 지원하지 않을 것이다. 그래서 선발은 지원자와 조직의 양방향으로 작용하는데, 선발과정을 통하여 조직의 핵심 가치에 대해 적대적이거나 평가절하하는 개인들을 골라냄으로써 조직의 문화를 유지한다.

#### 최고경영자

최고경영자(top management)의 행동 역시 조직문화에 지대한 영향을 미친다. 최고경영자의 말과 행동은 '위험감수가 바람직한지', '관리자가 얼마나 많은 자유를 구성원에게 줘야 하는지', '근무 복장은 어떤 것이 적합한지', '임금 인상, 승진, 다른 보상에 대해서 어떤 행동을 취해야 하는지' 등의 여러 현안에 대한 판단의 기준을 제공하며 자연스럽게 조직의 규범으로 자리 잡게 된다.[31]

#### 사회화

조직이 아무리 정교한 선발과정을 통하여 조직에 적합한 사람을 채용했다고 하더라도 신입사원이 조직의 문화에 완전하게 동화되는 것은 아니다. 경우에 따라서는 새로운 구성원들이 기존의 조직의 신념과 관습에 혼란을 느끼게 되고 변화시키려는 행동을 할 수도 있을 것이다. 따라서 신입사원들을 조직의 문화에 적응하도록 도와주어야 하는데, 이러한 적응 과정을 사회화라고 한다.[32] 조직사회화 과정에서는 조직의 목표와 가치부터 조직내 구성원들 간의 관계에 이르기까지 조직문화와 관련된 광범위한 내용이 다루어진다.[33]

〈표 20-2〉 사회화의 내용

| 구분 | 내용 |
|---|---|
| 조직의 목표와 가치 | 조직의 가시적 비가시적 목표와 가치 |
| 성과 기준 | 직무의 내용과 역할 |
| 언 어 | 조직 특유의 은어, 약어, 특수 용어 |
| 역 사 | 조직의 전통, 관습, 신화, 의례의식 |
| 정 치 | 조직내의 공식적 비공식적 직무관계와 권력구조 |
| 사 람 | 조직구성원들과의 관계 |

자료 : Chao, G. T. et. al.(1994), "Organizational Socialization: Its Content and Consequences," *Journal of Applied Psychology*, 79, pp.730~743을 바탕으로 수정작성

사회화는 세 가지 단계로 구성될 수 있다.[34] 첫 단계는 사전(prearrival) 단계로서 각 개인은 조직에 참여하기 전에 학습을 통하여 앞으로 수행해야 할 업무와 조직에 대해서 자신의 가치, 태도, 기대를 가지고 조직에 들어온다는 것을 분명하게 인식한다. 두 번째 단계는 만남(encounter) 단계로서 자신이 가졌던 기대와 현실 간에 차이가 있음을 확인하는 단계이다. 기대와 현실이 다른 경우, 신입사원은 사회화 과정을 통해 조직의 가치로 자신의 기존의 가치를 대체하게 된다. 마지막 변화(metamorphosis) 단계에서는 신입사원이 조직과 자신의 업무에 대해 편안함을 느끼게 된다. 신입사원들은 조직과 집단의 규범을 내부화하여 받아들이고 동료들에 의해 믿을 만하고 가치 있는 사람으로 여겨진다. 신입사원들은 조직이 기대하는 것이 무엇이며, 어떻게 일을 해야 좋은 평가를 받는지를 분명하게 인식하게 된다. 조직 사회화의 마지막 단계는 성공적인 변화 과정을 통해 새로운 구성원들의 생산성과 조직에 대한 몰입도가 높아지며 이직률이 낮아지는 단계이다.

## 3.3 조직문화의 변화

조직의 환경이 변하면 그에 적응하기 위해 조직의 변화가 필요하며 특히 조직문화의 변화는 장기적 관점에서 조직의 성과에 영향을 미치게 된다. 기업의 전략 변화, 기술혁신, 구성원의 다양성 증가, 인수합병, 세계화 과정을 거치면서 조직의 문화가 변화되거나 의도적으로 변화시키기도 한다.[35] 그러나 조직의 문화가 강할수록 문화의 변화는 어려우며, 문화의 구성요소 중에서 눈에 보이는 가시적인 부분의 변화는 상대적으로 쉽지만, 잠재되어 있는 기본 가정이나 공유된 가치의 변화는 매우 어렵다. 많은 경우에 조직문화의 변화가 실패로 끝나고, 때로는 문화변화를 주도했던 경영자들이 강한 저항에 부딪히기도 한다. 따라서 조직문화의 변화는 매우 신중하고 계획적으로 접근해야 하며 조직이 처한 환경을 고려하여 적합한 전략적 대안을 선택해야 할 것이다.

### 3.3.1 문화 변화의 방법과 전략

기업에서 조직문화의 변화를 위해서는 앞의 〈그림 20-5〉에서 제시되었던 공유가치, 이념정체성, 경영정체성, 구성원 정체성, 사업정체성의 다섯 가지 요소들이 연관성 있도록 변화전략을 구상해야 한다. 그 중에서도 가장 어려운 부분은 구성원들의 변화이다. 구성원들을 중심으로 한 조직문화의 변화 방향은 크게 기존의 조직내부의 구성원을 중심으로 변화시키는 방법과 외부의 구성원을 채용하거나 기존의 구성원을 퇴출시키는 인력의 이동의 두 가지로 구분할 수 있다.[36]

기존 문화를 변화시키는 방법은 구성원 행동의 변화, 구성원 가치의 변화, 문화요소의 재정렬로 구성된다. 조직문화의 변화의 첫 번째 단계는 기존의 구성원들을 대상으로 새로운 조직의 변화 방향에 맞게 종업원들의 행동을 변화시키는 것이다. 그러나 이러한 행동의 변화만으로는 조직의 문화가 변화되었다고 볼 수 없으며, 구성원들의 가치가 변화되었는지를 확인하는 것이 필요하다. 두 번째는 기존의 구성원들의 변화된 행동의 가치나 정당성을 인정하고 새로운 가치체계까지를 받아들여 내면화시키도록 해야 할 것이다. 때로는 가치관의 변화가 전제되지 않은 행동의 변화로는 단기적인 변화에 그치게 되며, 가치관의 변화를 통하여 근본적이고 장기적인 문화의 변화가 가능하게 되는 것이다. 세 번째는 규칙, 일화, 의례 의식, 심벌 등의 조직문화를 구성하는 모든 문화적 표현물이 새로운 문화와 일관성을 유지하도록 재정렬시키고 이러한 과정을 통하여 새로운 문화가 확산되고 정착된다.[37] 다음으로 보상시스템을 재정비하는 것

〈표 20-3〉 조직문화 변화전략

| 전략 | | 내용 |
|---|---|---|
| 기존 문화의 변화 | 행동변화 | 기존 구성원의 행동을 변화시킴 |
| | 가치의 변화 | 가치관의 변화와 공감대 형성 |
| | 문화요소의 재정렬 | 새로운 문화에 맞게 문화요소를 재정렬 |
| | 보상시스템 구축 | 새로운 문화에 적합한 보상시스템 도입 |
| | 리더의 행동 변화 | 리더의 솔선수범 |
| 인력의 이동 | 인력의 유입 | 새로운 구성원의 유입과 사회화 |
| | 인력의 유출 | 변화거부자와 부적응자 퇴출 |

자료 : Nelson, D. L. & Quick, J. C.(2003), pp.555~558, 수정

이다. 문화가 변화되면 새로운 문화와 일치하는 행동을 하는 구성원을 보상하는 시스템을 재정비해야 한다. 리더들은 조직의 비전을 제시하고 구성원들에게는 역할 모형이 되기 때문에 문화를 만드는 과정뿐 아니라 변화의 과정에서도 솔선수범하여 새로운 문화의 방향에 맞도록 행동해야 할 것이다.

조직내부의 구성원들의 변화뿐 아니라 구성원의 유입과 유출을 통해서 조직의 문화를 변화시킬 수 있다. 하나의 방법은 조직 외부의 새로운 사람을 채용하고, 그들로 하여금 새로운 조직의 문화에 적응하도록 사회화시키는 것이다. 또한 변화된 문화를 강화시키고 정착시키기 위해서는 기존의 변화에 적응하지 못하거나 변화를 거부하는 기존의 구성원들을 조직외부로 유출하는 것이다.[38]

### 3.3.2 인수합병과 조직문화의 관리

많은 기업들이 인수와 합병 과정을 거치고 있으며, 이러한 과정에서 조직문화에 관심을 가질 필요가 있다. 특히 인수합병 과정에서 문화충돌로 인하여 결합이 어려워지거나 합병이 실패로 돌아가는 사례가 보고되고 있다.[39] 두 기업 간의 성공적 결합을 위해서는 조직의 리더들은 문화적 충돌을 방지하기 위한 사전조사와 평가 과정을 거쳐야 할 것이다. 이러한 문화감사를 통하여 인수합병과정에서 두 기업의 문화를 분석하고 문화적 충돌 가능성을 확인하는 것이 필요하다. 두 회사의 문화적 차이를 확인하고, 이러한 차이가 갈등을 유발하는지를 판단하고 이를 바탕으로 두 문화 간의 결합을 위한 전략을 수립할 필요가 있다.

〈표 20-4〉 인수합병시의 조직문화 결합 전략

| 합병전략 | 정의 | 적용조건 |
|---|---|---|
| 동화(assimilation) | 피합병회사가 합병회사의 문화를 수용 | 피합병회사의 문화가 약할 때 |
| 박탈(deculturation) | 피합병회사에 합병회사의 문화를 강제적으로 도입 | 피합병회사의 문화가 제대로 작동하지 않을 때 |
| 통합(integration) | 두 개 이상의 문화를 결합하여 새로운 문화를 창출 | 기존의 문화를 개선시킬 수 없을 때 |
| 분리(separation) | 문화 결합 없이 각자의 문화가 독립적으로 존재 | 두 기업이 속한 산업이 다르고, 각각의 문화가 성공적으로 작동하고 있을 때 |

자료 : Malekzadeh, A. R. & Nahavandi, A.(1990), pp.55~57.

인수합병 과정에서 두 개의 문화를 결합시킬 수 있는 전략은 크게 동화(assimilation), 박탈(deculturation), 통합(integration), 분리(separation)로 구분된다.[40] 동화 전략은 피합병 회사의 문화가 약하거나 제대로 작동하지 않을 때, 피합병회사의 종업원들이 합병회사의 문화를 자발적으로 받아들이게 하는 전략이다. 박탈전략은 피합병회사의 종업원들이 강하게 저항함에도 불구하고 합병회사의 문화를 피합병회사에 강제적으로 도입하여 기존의 피합병회사의 문화를 강제적으로 없애버리는 전략이다. 통합전략은 두 회사의 종업원들이 기존 문화의 문제점을 인식하고 있을 때, 인수합병 과정을 통하여 새로운 문화를 만들어 나가는 전략이다. 분리전략은 합병회사와 피합병 회사가 속한 산업이 다르고, 각자가 속한 산업에서 성공적인 성과를 내는 경우에 인수합병 이후에도 합병회사와 피합병회사가 각자의 문화를 유지하는 전략이다.

### 3.3.3 글로벌 조직문화의 구축

최근 기업들이 국제화되기 위해서 국제적 관점에서의 조직문화에 대한 이해와 지원이 필요할 것이다. 글로벌 조직문화를 형성하기 위해서는 우선 세계의 모든 사람이 이해할 수 있도록 가치를 분명하게 할 필요가 있다. 이러한 가치는 최고경영층으로부터 모든 구성원들에게 공유되어야 할 것이다. 글로벌 기업들은 집권화와 분권화 사이에서 갈등을 겪게 되는데, 강력한 조직문화는 전 세계에 흩어져 있는 다양한 조직들을 통합하고 하나의 정체성을 형성하여 국제경쟁력을 강화시키는 역할을 하게 된다. 글로벌 문화는 구축하기 위한 지침은 다음과 같다.[41]

① 전 세계의 다양한 문화를 통합할 수 있는 간단명료한 미션을 수립한다.

② 지역적으로 분산되어 있는 조직 간에 정보흐름을 원활하게 하고 일관성을 유지하도록 하는 시스템을 구축한다.
③ 경영자들이 글로벌 마인드와 사고방식을 가지게 한다.
④ 본국과 현지 국, 지역 간의 교환근무가 가능한 글로벌 경력경로를 구축한다.
⑤ 문화적 다양성을 중요한 자산으로 활용한다.
⑥ 글로벌 경영자 육성 및 교육 프로그램을 개발한다.

## 4. 조직문화의 유용성과 성과

### 4.1 조직문화와 경영체질개선

모든 조직은 지속적인 성장을 위해서는 변화와 혁신이 필요함은 앞 장에서 설명하였다. 오래전 Schumpeter는 기업가 정신의 원천은 혁신이고 기업의 존속은 혁신에 달려있다고 하였다. 기업이 변화와 혁신을 위해서는 무엇보다도 중요한 것이 그렇게 할 수 있는 조직문화가 구축되어야 한다. 관료적이고 권위주의적인 조직문화 하에서는 혁신은 불가능하다.

또한 기업이 지속적으로 존속하려면 자율경영 체제로 경영체질이 개선되어야 한다. 이미 이 책의 제1장에서 자율경영의 의의와 실천방향에 대해서 설명하였다. 구성원들이 스스로 알아서 일하고 그 결과에 대해 책임을 지는 자율정신은 훈련이나 교육만으로 되는 것이 아니라 그렇게 할 수 있는 조직문화가 형성되어 있어야 한다.

경영혁신과 자율경영으로 경영체질 개선을 위해서는 그것을 가능하도록 하는 조직문화가 뒷받침되어야 한다.

### 4.2 창조지향적 조직문화

창조지향적 조직문화는 조직구성원들의 창의성을 높이고 창조적 성과를 창출하게 한다, 조직문화가 창조지향적이기 위해서는 무엇보다도 실패를 인정하는 문화가 필요하다. 실패는 성공의 어머니라고 했듯이 조직이 실패에 대해 관대하지 않으면 구성원들의 창의성을 촉진시키기 어렵다. 오늘날 벤처의 시작은 '기업내 기업가정신(intrapreneuring)'에서부터 출발된 것이다. 기업내에서 구성원들의 창의적인 아이디어가 제품개발로 연결될 수 있도록 재정적, 기술적, 인력 지원을 아끼지 않았고, 실패에 대해서는 전혀 패널티가 없고 대신 성공에 대해서는 큰 보상을 주는 이 제도가 3M 회사를 비롯해 미국의 우량기업들을 성공으로 이끈 원동력이었다.

조직구성원들로 하여금 생각할 여유를 많이 주어야 한다. 최근 3M은 근무시간 중 15%에 해당하는 시간을 공식 업무와는 무관하게 자율적으로 개인시간으로 활용하게 했더니 오히려 매출액이나 성과가 더 상승했다는 것은 '생각할 여유'로 인해 구성원들의 창의적 활동이 활성화되었기 때문이다.

창조적 개발이 실현되기 위해서는 조직구성원들의 열정과 지속적인 관심이 있어야 한다. 역사적으로 발명이나 창조적 개발은 끊임없는 열정과 관심에 의해 일어났다. 발명은 99%의 땀과 1%의 영감에 의해 일어난다는 말은 곧 99%에 해당하는 열정과 관심이 투입되었을 때 어느 순간 영감과 만난다는 뜻이다.

조직내에서 창의성은 구성원들 간 소통이 활발할 때 실현된다. 조직에서의 소통은 인체에서 피돌기와 마찬가지다. 혈액순환이 나쁜 사람은 항상 창백하고 생기가 없듯이, 소통이 잘 안 되는 조직은 조직의 생기와 활력을 잃어버리게 되고 결국은 조직의 창의성은 없어진다.

창조경영이란 용어 자체가 논란의 여지가 있지만, 오늘날 그냥 통상적으로 쓰는 창조경영은 개념이 아니고 실천 그 자체다. 따라서 이의 실천은 바로 창조지향적인 조직문화가 구축되어야 가능하다.

### 4.3 조직문화와 근로윤리

강하고 긍정적이며 우량 조직문화는 그 자체가 조직의 윤리규범이다. 따라서 조직문화는 구성원들의 윤리행동에 영향을 미친다. 강하고 우량의 조직문화는 조직목표 달성내용과 그 과정을 제시해 주기 때문에 종업원들도 긍정적 조직행동을 하게 되며 일하는 태도가 근로윤리를 바탕으로 하게 된다.

또한 긍정적인 조직문화는 종업원들로 하여금 자신들의 일에 대한 의미를 갖게 하고 어떤 정신으로 일을 해야 하는가에 대한 영적 지침을 제공함으로서 영혼이 있는 근로자가 되게 한다. 영혼이 있는 근로자들이 많을수록 조직내에서 인간존중의 경영이 실천되고 신뢰가 구축될 수 있다.

### 4.4 조직문화에 의한 통제

조직문화는 조직내에서 구성원들에게 일체감을 형성하고 구성원들에게 동일한 의미를 형성하며, 행동의 방향과 지침을 제시하는 통제시스템의 역할을 수행하고 있다는 점에서 유용하다.

① 사회적 접착제(social glue) : 조직문화는 구성원들을 서로 연결하고 조직을 위하여 하나로 만드는 사회적 접착제 역할을 하는데, 종업원들에게 일체감과 소속감을 가지게 한다. 조직문화는 구성원의 사회적 정체성에 대한 욕구를 충족시키고 조직의 문화를 자신의 것으로 내면화시키는 역할을 수행한다.[42] 특히 조직의 동료 또는 조직과의 일체감이 강할수록 조직에 대한 만족감과 충성심이 높아지게 된다.

② 의미 형성(sense making) : 조직문화는 구성원들이 조직내에서 일어나는 사건들의 의미를 이해하도록 방향을 제시한다.[43] 경영자들은 구성원들에게 조직의 정체성을 형성하기 위하여 회사의 로고나 각종 인공물을 사용하기도 한다. 또한 조직문화는 종업원들에게 조직이 구성원들에게 기대하는 바를 이해하고 다른 사람과 상호작용하는 방식을 배우게 한다.

③ 통제시스템(control system) : 조직문화는 구성원의 행동과 의사결정에 영향을 미치는데, 구성원들이 해야 하는 행동과 하지 말아야 하는 행동의 지침을 제공하여, 구성원들이 조직이 원하는 방향으로 움직이도록 하는 역할을 한다.[44] 최근에는 조직이 통제의 범위를 넓히고, 구조를 단순화시키며, 구성원에게 권한을 부여해 가는 경향을 보이고 있기 때문에 조직문화가 구성원들의 행동의 방향을 제시해야 하기 때문에 통제시스템으로서의 문화의 역할에 대한 관심이 커지고 있다.[45]

## 4.5 조직문화와 조직성과

많은 기업의 경영자들이 조직문화에 관심을 가지고 조직문화의 관리에 힘쓰고 있는 주된 이유는 조직의 문화가 조직의 성과에 영향을 미칠 것으로 예측하기 때문이다. 어떠한 조직문화를 가질 때 조직의 성과가 높아지는가에 대해서는 세 가지의 관점에서 설명이 가능하다.[46]

첫 번째 관점은 강한 문화를 가진 조직이 더 좋은 성과를 낸다는 것이다. 문화의 강도는 구기업의 지배적 가치와 가정이 종업원들에게 얼마나 광범위하고 깊이 있게 자리 잡고 있는지에 따라 결정된다. 조직이 강한 문화를 가지고 있을수록, 조직의 구성원들이 조직의 목표에 대한 공감대를 형성하고 있기 때문에 목표 달성에 대한 의지가 강하며, 구성원을 압박하거나 통제장치가 없더라도 성과가 좋다는 것이다.

두 번째의 조직의 문화가 조직이 속한 산업이나 조직의 전략에 적합할 때 좋은 성과를 낼 수 있다는 것이다. 예를 들면 제조업에 적합한 관료적 문화는 유연성을 강조하는 정보산업에는 적합하지 않다는 것이다. 그러나 이러한 관점은 단기적인 성과를 설명하는 데에는 적합하지만 장기적 관점에서의 조직문화의 변화는 설명하지 못하고 있다.

세 번째 관점은 조직의 문화가 환경의 변화에 잘 적응할 때 조직의 성과가 좋아진다는 것이다. 적응적 문화는 구성원들에게 새로운 도전을 하도록 장려하고 조직의 리더들도 변화를 주도하며, 고객의 요구에 많은 관심을 가지고 있다. 적응적 문화에서는 조직의 다양한 이해관계자(주주, 고객, 종업원)들의 요구를 충족시키기 위하여 지속적으로 조직문화를 변화시킨다. 특히 이러한 적응적 문화는 장기적 관점에서 조직의 성과를 향상시키는 데 기여하는 것으로 알려져 있다.

이처럼 조직의 문화가 구성원들에게 넓고 강하게 공유되어 있고, 조직의 특성에 적합하며, 환경의 변화에 유연하게 대처하고 변화하는 문화는 조직의 성과를 향상시키는 긍정적 효과를 보이고 있다.

## 4.6 조직문화의 부정적 효과

문화는 구성원들이 조직에 몰입하게 하고, 환경변화에 적응하게 하는 긍정적 효과를 보이고 있으나, 강한 문화가 반드시 조직에 긍정적 영향을 미치는 것이 아니라 때로는 조직의 변화와 발전을 가로막는 장애물이 되는 양날을 가진 검에 비유되기도 한다.

#### 변화의 장애물

조직문화는 조직의 공유된 가치가 지금보다 더 나은 조직의 유효성을 추구하는 방향과 일치하지 않을 때 장애물이 될 수 있다. 이런 상황은 주로 조직이 처한 환경의 변화가 심할 때 발생하는 경우가 많다.[47] 환경이 빠르게 변화할 때, 조직의 경직된 문화는 더 이상 적절하게 대처하지 못하게 된다. 일관된 행동은 조직이 처한 환경이 안정적일 때, 조직에게는 좋은 자산이 될 수 있다. 그러나 그것은 조직에게 짐이 될 수 있고, 환경의 변화에 대응하는 것을 어렵게 할 수 있다.

#### 다양성의 장애물

강한 조직문화는 기존의 구성원과는 다른 새로운 구성원(다양한 인종, 성, 장애인 등)의 유입을 방해하기도 한다.[48] 경영층은 기존의 조직문화를 유지하기 위하여 조직의 핵심적인 가치를 인정하는 사람을 고용하기를 원한다. 그러나 동시에 경영층은 다양한 배경을 지닌 구성원들 고용하기를 원하는 이유는 그들이 회사에 가져올 또 다른 강점이 있을 수 있기 때문이다. 강한 조직문화로 인하여 이러한 다양성이 억압된다면 강한 조직문화는 다양성의 장점을 방해하는 장애물이 될 수도 있다.

#### 인수합병의 장애물

경영층이 인수합병을 결정하는데 있어서 중요한 요소는 재정적인 이점과 생산성의 상승효과 등이 있다.[49] 최근에는 두 회사의 문화적 융화가 가장 주된 관심사가 되었는데, 양호한 재정적 상태나 생산설비가 인수합병의 좋은 매력임에도 불구하고, 실제적인 인수합병의 성사는 두 조직의 문화가 어떻게 잘 융화되느냐에 있는 것처럼 보인다. 실제로 1990년대 많은 인수합병이 있었지만 대부분 실패로 돌아간 가장 큰 이유로 인수합병 회사 간의 조직문화의 갈등 때문이다.

# 주석(endnote)


1 Burck, C. G. (1981). *Working Smarter* (68~73). *Fortune*, June 15, 1981.

2 O'Reilly, C. A., & Chatman, J. A. (1996). Culture as social control: Corporations, cults, and commitment. *Research in Organizational Behavior*, Vol. 18, 1996, 18, 157~200.

3 Kotter, J. P., & Heskett, J. L. (1992). *Corporate Culture and Performance*. New York: Free Press.

4 Tushman, M., & O'Reilly, C. A. (1996). *Staying on Top: Managing Strategic Innovation and Change for Long-Term Success*. Boston: Harvard Business School Press.

5 Deal, T. E., & Kennedy, A. A. (1982). *Corporate Cultures: The Rites and Rituals of Corporate Life* (4). Reading, Mass.: Addison-Wesley.

6 Schein, E. H. (1983) The role of the founder in creating organizational culture (p.14). *Organizational Dynamics*, Summer.

7 Peters, T. J., & Waterman, R. H., Jr. (1982). *In Search of Excellence: Lessons from America's Best-Run Companies* (103). New York: Harper & Row.

8 Polanyi, M. (1958). *Personal Knowledge*. Chicago: University of Chicago Press; Goffman, E. (1959). *The Presentation of Self in Everyday Life*. New York: Doubleday; Berger, P. L., & Luckman, T. (1967). *The Social Construction of Reality*. Garden City, N. Y.: Anchor Books.

9 Moorhead, G., & Griffin, R. W. (2002). *Organizational Behavior: Managing People and Organizations* (7th Ed. 493).

10 Moorhead, G., & Griffin, R. W. (2002). *ibid*.

11 Geertz, C. (1973). *The Interpretation of Culture*. New York: Basic Books.

12 Clark, B. (1970). *The Distinctive College*. Chicago: Adline.

13 Durkheim, E. (1961). *The Elementary Forms of Religious Life* (220). New York: Collier.

14 Borgida, E., & Nisbett, R. E. (1977). The differential impact of abstract vs. concrete information on decisions1. *Journal of Applied Social Psychology*, 7(3), 258~271.

15 Martin, J., & Powers, M. E. (1983). Truth or corporate propaganda: The value of a good war story. *Organizational Symbolism*, 1, 81~92.

16 Barney, J. B. (1986). Organizational culture: can it be a source of sustained competitive advantage?. *Academy of Management Review*, 11(3), 656~665.

17 Schein, E. H. (1985). *Organizational Culture and Leadership* (9). San Francisco: Jossey-Bass.

18 Bandura, A. (1977). *Social Learning Theory*. Englewood Cliffs, N. J. : Prentice-Hall.

19 Levinson, H., & Rosenthal, S. (1984). *CEO: Corporate Leadership in Action*. New York: Basic Books.

20 Sathe, V. (1983). Implications of corporate culture: A manager's guide to action. *Organizational Dynamics*, 12(2), 5~23.

21 Argyris, C., & Schon, D. A. (1987). *Organizational Learning*. Reading, Mass.: Addison-Wesley.

22 Deal, T. E., & and Kennedy, A. A. (1982). *Corporate Cultures: The Rites and Rituals of Corporate Life*. Addison-Wesley, Reading, Mass.

23 Quinn, R. E. (1988). *Beyond Rational Management: Mastering the Paradoxes and Competing Demands of High Performance*. San Francisco: Jossey-Bass.

24 Kerr, J., & Slocum, J. W. (1987). Managing corporate culture through reward systems. *The Academy of Management Executive*, 1(2), 99~107.

25 Goffee, R., & Jones, G. (1988). *The Character of a Corporation* (21). New York: Harper Business.

26 Schein, E. H. (1989). The role of the founder in creating organizational culture. *Readings in Managerial Psychology*, 278.

27 Schein, E. H. Leadership and Organizational Culture. In F. Hesselbein, M. Goldsmith, & R. Beckhard. (Eds.), *The Leader of the Future* (61~62). San Francisco: Jossey-Bass.

28 Robbins, S. R. (2005), *Organizational Behavior* (11th. ed., 497~498). Prentice-Hall.

29 Harrison, J. R., & Carroll, G. R. (1991). Keeping the faith: A model of cultural transmission in formal organizations. *Administrative Science Quarterly*, 552~582.

30 Schneider, B. (1987). The people make the place. *Personnel Psychology*, 40(3), 437~453.

31 Hambrick, D. C., & Mason, P. A. (1984). Upper echelons: The organization as a reflection of its top managers. *Academy of Management Review*, 9(2), 193~206.

32 Wanous, J. P. (1992). *Organizational Entry* (2nd ed.). New York; Addison-Wesley.

33 Chao, G. T., O'Leary-Kelly, A. M., Wolf, S., Klein, H. J., & Gardner, P. D. (1994). Organizational socialization: Its content and consequences. *Journal of Applied psychology*, 79(5), 730.

34 Maanen, J. V., & Schein, E. H. (1997). Career Development. In J. R. Hackman & J. L. Suttle (Eds.), *Improving Life at Work* (1~62). Santa Monica, CA: Goodyear.

35 Nelson, D. L., & Quick, J. C. (2003). *Foundations, Realities, & Challenges, Organizational Behavior* (4th ed.).

36 Nelson, D. L., & Quick, J. C. (2003). *ibid.*

37 Hill, C. W. L., & McShane, S. L. (2009). *Principles of Management* (242~246). McGraw-Hill.

38 Nelson, D. L., & Quick, J. C. (2003). *Foundations, Realities, & Challenges, Organizational Behavior* (4th ed., 393~395).

39 Schorg, C. A., Raiborn, C. A., & Massoud, M. F. (2004). Using a "culture audit" to pick M&A winners. *Journal of Corporate Accounting & Finance*, 15(4), 47~55.

40 Malekzadeh, A. R., & Nahavandi, A. (1990). Making mergers work by managing cultures. *Journal of Business Strategy*, 11(3), 55~57.

41 Nelson, D. L., & Quick, J. C. (2007). *Understanding Organizational Behavior* (3rd ed., 404~405).

42 Alvesson, M. (2002). *Understanding Organizational Culture*. Sage.

43 Louis, M. R. (1980). Surprise and sense making: What newcomers experience in entering unfamiliar organizational settings. *Administrative Science Quarterly*, 226~251.

44 O'Reilly, C. A., & Chatman, J. A. (1996). Culture as social control: Corporations, cults, and commitment. In B. M. Staw & L. L. Cummings (Eds.). *Research in Organizational Behavior* (vol.18, 157~200). Stamford, Conn.: JAI Press.

45 O'Reilly, C. A., & Chatman, J. A. (1996). *ibid.*

46 Nelson, D. L., & Quick, J. C. (2003). *Foundations, Realities, & Challenges, Organizational Behavior* (4th ed., 393~395).

47 Sørensen, J. B. (2002). The strength of corporate culture and the reliability of firm performance. *Administrative Science Quarterly*, 47(1), 70~91.

48 Lindsay, C. (1990). Paradoxes of organizational diversity: Living within the paradoxes. In L. R. Jauch & J. L. Wall (Eds.). *Proceedings of the 50th Academy of Management Conference* (374~378). San Francisco.

49 Buono, A. F. & Bowditch, J. L. (1989). *The Human Side of Mergers and Acquisition: Managing Collisions Between People, Cultures, and Organizations*. San francisco: Jossey-Bass.

# 찾아보기
## INDEX (국문)

ㄱ

# 찾아보기
# INDEX (영문)

## 저자소개

**박오수**(서울대학교 경영대학 교수)

서울대학교 상과대학 경영학과를 졸업하고 동 대학원에서 경영학 석사, 미국 Pennsylvania 주립대학교에서 경영학 박사 학위를 취득했다. 만 26세에 인하대학교에서 교수생활을 시작하여 미국 Stanford대학교 객원교수를 역임하고 서울대학교에서 기획실장, 경영대학 학장, 발전기금 발전기획단장을 역임하였다. 한국경영학회 회장, 한국인사·조직학회 회장, 한국윤리경영학회 회장, 대한리더십학회 회장을 역임했다. 그리고 우리나라 최고 기업들의 경영시스템과 기업문화 구축과 글로벌화에 크게 기여하였다. 현재 한국공학한림원 정회원이며 세계인명록사전(Who's Who in the World)에 수년 전부터 등재되고 있으며, Man of The Year 2011(The American Biographical Institute)로 선정되기도 했다.

주요 저서로는 경영학사, 한국기업의 인사평가변천사, 기업이미지 제고전략, 경영학연습, 사회인지론(번역), 그리고 Affect in Organization: How Feelings and Emotions Influence in Managerial Judgement(1986)외 수많은 논문들이 있다.

저자와의 협의로 인지생략

**조직행동**

저 자 박오수
발행자 한헌주
발행처 도서출판 **경문사**
서울특별시 서대문구 독립문로 21-9
전화 738-7035 FAX. 722-4678
E-mail : kmsp@korea.com
홈페이지 : http://www.kmsp.co.kr
등 록 1995년 11월 9일 제300-1995-138호

2015년 5월 22일 초판인쇄
2015년 5월 29일 초판발행

정가 34,000원

ISBN 978 89-420-0831-5 93320